세계
노동
운동
사 4

세계노동운동사 4

1판 1쇄 | 2020년 2월 10일

지은이 | 김금수

펴낸이 | 정민용
편집장 | 안중철
편   집 | 강소영, 윤상훈, 이진실, 최미정, 김정희(외주 교정)

펴낸 곳 | 후마니타스(주)
등록 | 2002년 2월 19일 제2002-000481호
주소 | 서울 마포구 신촌로14안길 17(노고산동) 2층
전화 | 편집_02.739.9929/9930 영업_02.722.9960 팩스_0505.333.9960

블로그 | humabook.blog.me
S N S | humanitasbook
이메일 | humanitasbooks@gmail.com

인쇄 | 천일_031.955.8083 제본 | 일진_031.908.1407

값 30,000원

ⓒ 김금수 2020
ISBN 978-89-6437-344-6 04300
        978-89-6437-164-0 (전6권)

이 도서의 국립중앙도서관 출판예정도서목록(CIP)은 서지정보유통지원시스템 홈페이지(http://seoji.nl.go.kr)와
국가자료종합목록 구축시스템(http://kolis-net.nl.go.kr)에서 이용하실 수 있습니다.(CIP제어번호 : CIP2020003117)

세계
노동
운동
사

김금수 지음

4

후마니타스

세계노동운동사 4   차례

제21부 냉전 체제 시기(1940년대 말~1950년대 전반)의 정세 변화와 노동운동

세 계 노 동 운 동 사 1   차례

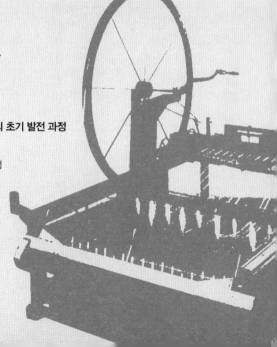

세계노동운동사 2 차례

세 계 노 동 운 동 사 5   차례

세계노동운동사 6 차례

1.

"왜 세계 노동운동의 역사를 돌아보는가?" 이런 질문을 받고 얼른 대답을 내놓지 못했다. 한참 생각한 끝에 나온 대답은 이러했다. "노동운동의 역사는 계급투쟁의 역사이면서, 자본주의 체제에 대한 반역의 역사이고, 시대의 반동에 도전하는 파열의 역사이며, 사회 발전을 추동하는 변혁 운동의 역사이다. 세계 노동운동의 역사를 돌아보는 일은 곧 노동운동의 발전을 위해서일 뿐만 아니라, 사회변혁을 통한 사회 발전을 추구하는 데 중요한 교훈을 찾기 위해서이다."

그런데 그런 교훈은 손쉽게 찾아지지 않는다. 그렇기에 세계 노동운동의 역사를 돌아보면서 수많은 국가들에서 일어난 다양한 사례를 통해 성급하게 해답을 구하기보다 진지하게 물음을 제기하는 일이 우선적으로 요구된다. 때로는 섣부른 교훈보다 좋은 물음이 더 도움이 될 수 있기 때문이다. 여기에 더해 일상적으로 학습하고 토론하고 실천하는 것이 세계 노동운동의 역사를 되살리는 길이다.

2.

노동운동의 역사는 자본주의의 발전과 더불어 전개되었다. 자본주의는 역사적으로 봉건제도를 모태로 하여 그 안에서 태동했으며, 노동자계급은 자본주의 전개에 따라 본격적으로 형성되었다. 지역과 국가에 따라 다르긴 하지만, 자본주의 시대의 막은 14~15세기 그 발전의 맹아기를 거쳐 16세기 무렵에 열렸다. 이런 가운데 노동자와 자본가 사이의 투쟁은 자본주의적 생산관계의 성립과 더불어 시작되었고, 노동운동도 16세기부터 그 출발을 보게 되었다. 이렇게 본다면 노동운동의 역사는 거의 5세기에 걸쳐 발전을 거듭했다.

이와 같은 노동운동의 전개 과정은 자본주의 체제에서 배태되는 온갖 모순과 대결해야만 하는 과정이었다. 기나긴 역사의 과정 속에서 노동운동은 무수한 패배를 통해 승리의 발판을 구축하게 되었고, 정체의 과정 속에서도 고양의 계기를 마련할 수 있었다. 그 과정은 극심한 고난과 시련의 연속 그것이었다. 거기에는 참혹한 희생이 수반되었다. 그런 가운데서도 노동운동은 끊임없이 발전해 왔다. 그리하여 노동운동의 역사는 우리에게 소중한 교훈을 남겨 주었다.

그렇다면 현재의 노동운동 상황은 어떠한가. 세계 노동운동은 어두운 침체 국면에서 벗어나지 못하고 있다. 국제독점자본의 지배 또는 자본의 지구촌화가 확장되는 가운데 세계 자본주의는 전반적 위기에 가까울 정도의 상황에 놓여 있다. 노동자계급의 노동·생활 조건은 곤궁한 상태에 있고, 노동시장의 유연화 책략에 따라 고용 불안정이 점점 더 커지고 있다. 게다가 소득 불평등이 심화되고 있고, 기계와 인공지능이 인간의 일자리를 대체하고 있다. 그런데도 사회보장이나 사회정책이 노동자의 삶을 충실하게 보전하거나 보호하지 못하고 있는 실정이다. 이런 도전에 직면한 노동운동은 국가의 틀에서 벗어나지 못한 채 국제적인 전열조차 갖추지 못하고 있다. 대부분의 국가들에서도 조직과 투쟁 그리고 정치 세력화의 올바른 전략·전술을 확립하지 못해 정체와 혼동을 겪고 있다.

노동운동의 미래는 어떤가. '노동의 종말' 또는 '노동운동의 쇠락'이라는 표현이 자주 등장한다. 그런데도 '노동운동은 논리적으로는 필연적이며, 실질적으로는 불가피한 사회현상'이라는 주장이 여전히 설득력을 갖는다. 영국의 저명한 역사학자 에릭 홉스봄은 노동운동이 지속적으로 발전하게 될 것이라는 근거를 다음과 같이 설명한다.

첫째, 마르크스가 예언했듯이 최소한 피고용자로서 이해관계가 고용주의 그것과 본질적으로 다른 임금·봉급 소득자가 다수 존재하기 때문이다.

둘째, 계급으로 일컬어지건 아니건 간에 사회계층, 즉 상반되는 이해관계를 가진 사회집단들이 아직 존재하기 때문이다. 이들 사회집단의 정치는 역시 계속될 것이다.

셋째, 국가가 소멸하지 않았기 때문에 노동운동은 계속될 것이다. 정치는 아직 사회 개혁을 위해 불가피한 투쟁 영역으로 남아 있다. 그래서 국가 차원에서 노동조합을 약화시키고 있는 세계경제에서 정치의 중요성은 더욱 커지고 있다.

그렇지만 홉스봄은 또한 20세기 말 두 가지 위험이 노동운동을 위협하고 있다고도 주장한다. 노동운동 지도자들이 시장 이데올로기 앞에 무릎을 꿇는 일과 시민의 탈정치화를 들고 있다. 탈정치화와 무력감은 노동운동을 위해서뿐만 아니라 민주주의 자체를 위해서도 커다란 위험이라고 강조한다. 그러면서 결론적으로 "민주주의 없는 노동운동은 불가능하다"고 역설한다(『당대비평』, 1999년 겨울호).

저자가 쓴 『세계노동운동사』1·2·3권이 발간된 지 꼬박 7년 세월이 흘렸다. 이번에 나온 4·5·6권은 그 후속편이라 할 수 있는데, 1945년을 기점으로 제2차 세계대전 이후 1970년대 말까지의 노동운동 전개 과정을 다루었다. 1·2·3권이 나온 이후 이렇게 많은 시간이 흐른 데는 그만한 이유가 있었다. 저자의 천학비재淺學菲才 탓이 크지만, 39개 국가의 노동운동 역사를 되돌아보는 데 필요한 참고문헌과 자료를 구하는 데 어려움이 많았고, 학습과정을 통해 검토와 수정·보완을 거쳐야만 했기 때문이다.

1·2·3권은 자본주의 발생과 노동자계급 형성에서부터 1945년 제2차 세계대전 종료시기까지의 노동운동 역사를 서술의 대상으로 삼고 역사의 큰 흐름을 중심으로 다루었다. 이를테면 산업혁명과 노동자계급 형성의 새로운 단계, 러다이트운동, 차티즘운동, 1848년 혁명, 인터내셔널의 창립과 활동, 마르크스주의의 대두, 파리코뮌, 러시아 사회주의혁명, 세계 경제공황과 노동자투쟁, 제2차 세계대전과 반파시즘 투쟁 등이 중심이 되는 주제였다.

4·5·6권은 시기별·국가별 노동운동의 전개 과정을 중심으로 다루었다. 시기별로는 1945~1948년, 1940년대 말~1950년 전반, 1950년대 후반~1960년대 전반, 1960년대 후반~1970년대를 설정했다. 국가별로는 선진 자본주의국가 7개국, 사회주의국가 8개국, 아시아 7개국, 라틴아메리카 7개국, 아프리카 10개국이 그것이다.

각 시기별 정세 변화와 노동운동 전개 과정의 특징을 살펴보면 대략 다음과 같이 요약될 수 있다.

첫 번째 시기는 제2차 세계대전이 끝난 직후의 격동과 혼돈의 시기이다. 미국이 주도하는 세계 자본주의 체제의 재편이 이루어졌고, 식민지 체제의 붕괴와 민족해방투쟁의 새로운 전제 조건이 조성되고 식민지·종속국가들의 정치적 독립이 실현되기 시작했다. 또 소련을 중심으로 한 사회주의국가

블록이 형성되었고 유럽 국가들을 비롯한 여러 국가들에서 사회주의 세력과 공산주의 세력이 정치적 주류에 합류했다.

이 시기 국제 노동운동은 비약에 가까울 정도로 고양되어 노동운동 역사에서 그 유례를 찾기 어려운 거대한 성장을 이룩했다. 반면 이 같은 노동운동의 발전에 당혹함과 위협을 느낀 국가권력과 자본가계급은 이를 저지하기 위해 끊임없는 개입과 통제, 그리고 억압 행위를 실행했다. 이에 따라 노동운동의 발전 과정에서는 노동자계급의 계급적 자각을 높이고 활동 역량을 키우는 일이 주요 과제로 제기되었다. 나아가 다른 한편으로는 파시즘의 붕괴가 곧 사회주의혁명으로 이어져야만 한다는 노동운동가들의 혁명적 조급성을 극복해야만 했다.

두 번째 시기는 이른바 '차가운 전쟁'으로 표현되는 냉전 체제의 조성과 공고화가 진행되면서 핵 개발 경쟁이 강화된 시기이다. 미국을 중심으로 한 자본주의국가 진영과 소련을 중심으로 한 사회주의국가 진영이 경쟁과 대결, 또는 대리전쟁의 형태로 상호 적대 관계를 이어갔다.

냉전의 진전과 함께 미국의 세계경제 재편과 패권 장악의 결과로 생긴 국제 정세의 급격한 변화는 노동운동 발전에 대해 큰 도전으로 작용했다. 노동운동은 국제적 반동의 역공세에 직면해 후퇴와 패배, 세력의 분할과 재편성을 겪게 되었다.

세 번째 시기는 1950년대 후반기~1960년대 전반기 시기이다. 이 시기에는 선진 자본주의 열강들이 공세적인 군사 동맹 체제를 구축하고 군비 확장 경쟁과 핵무기·군사기술 개발을 추진했다. 사회주의국가들은 1950년대 후반 들어 정치·사상적 공동체로서 사회주의 체제 형성을 완료했다. 1953년 스탈린 사망 이후 소련에서 진행된 정치 노선 전환은 사회주의국가들에게 커다란 파급효과를 가져왔다. 1950년대 후반부터는 양극 체제의 완강한 대결에서 데탕트détente로 접어들었다. 경제적으로는 호황기로 표현될 정도로 높은 경제성장률이 상당한 기간 유지되었다.

한편, 1950년대 말부터 1960년대 초기에는 개발도상국가들에서 정치적 독립과 경제적 자립의 계기를 맞았고, 민족해방투쟁이 격화되어 국제정치 체제에 중대한 영향을 가져다주었다. 특히 이 시기 아시아·라틴아메리카·아프리카 국가들은 '비동맹 운동'을 전개했다.

노동운동은 1950년대의 침체 국면을 거쳐 1960년대의 활기찬 고양 국면을 나타냈다. 1950년에 진행된 과학기술 발전과 국가독점자본주의의 재편성에 따른 사회·경제의 변화는 노동운동의 새로운 고양을 위한 객관적 조건을 조성했다.

네 번째 시기는 1960년대 후반기와 그 이후 냉전 체제의 해체와 '남북문제'의 대두, 그리고 경제적 불황을 정세의 특징으로 한 시기이다. 1960년대 들어 냉전 체제가 크게 흔들리기 시작하면서 세계는 다극화 시대로 들어섰다. 선진 자본주의국가들에 대한 미국의 지배력이 상대적으로 약화되고, 사회주의국가들이 독자적인 사회주의사회 건설을 추구했다. 그리하여 '핵 균형 위에 선 평화' 체제가 성립했다. 개발도상국가들은 1960년대에 이어 1970년대에도 '제3세계'의 독자적인 발전을 위해 다양한 노력을 기울였다.

한편, 경제적으로는 1950년대와 1960년대의 높은 경제성장과 번영을 이룩해 '황금시대'를 구가하던 세계경제가 1970년대 들어 제어할 수 없는 일련의 사태와 더불어 위기를 맞게 되었다.

이와 같은 정치·경제 정세에서 노동자계급의 파업 투쟁이 격렬하게 전개되었다. 대표적인 사례를 들면 프랑스의 1968년 5~6월 투쟁, 이탈리아의 1969년 '뜨거운 가을', 일본의 1974년 '춘투', 영국의 1972년, 1974년 탄광 노동자 파업, 미국의 1974년 파업, 에스파냐의 1974년 총파업, 독일(서독)

의 1969년, 1974년 파업 등이다. 이 밖에도 여러 국가들에서 많은 노동자투쟁이 전개되었다. 이 같은 맹렬한 투쟁은 노동자계급의 조직 역량과 정치적 성장을 바탕으로 하여 전개되었다.

이렇듯 네 시기의 노동운동 전개 과정을 통해서도 노동운동 발전의 자기논리, 즉 합법칙성이 관철되고 있음을 알 수 있다. 노동운동은 침체와 고양, 패배와 승리, 그리고 정체와 도약의 과정을 거치면서 발전한다. 거기에는 급격한 발전의 시기와 완만한 발전의 시기가 교차한다. 자본주의적 사회관계가 존재하고 지배와 피지배 상태가 유지되는 한, 노동자계급은 사회체제의 개량, 개혁, 나아가 변혁을 위해 끊임없는 투쟁을 이어 가게 될 것이다. 그리하여 노동운동의 발전은 노동운동 역사의 큰 흐름을 이루게 된다.

3.

1945년 이후 1970년대 말에 이르는 기간의 정치·경제 정세 변화와 노동운동의 전개 과정을 담은 이 책은 시기에서는 그다지 긴 편이 아니었지만, 여러 국가들을 대상으로 했기 때문에 참고문헌과 자료를 수집하는 데도 많은 어려움이 따랐다. 참고문헌으로 소련과학아카데미국제노동운동연구소의 『국제노동운동사: 역사와 이론 문제』 제7권 『제2차 세계대전 후 노동자계급과 민족해방혁명』(번역본)을 활용하고자 했으나, 내용의 빈곤으로 큰 도움이 되지는 못했다. 아무튼 많은 부족함을 지닌 채 책은 나오게 되었고, 그 부족함과 한계는 후일 다른 사람들이 채워 주길 바랄 뿐이다.

먼저 『세계노동운동사』 1·2·3권에 이어 4·5·6권의 출판을 맡아 준 후마니타스 출판사에 고마움의 인사를 드린다. '세계노동운동사' 학습 모임과 강좌에 참가해 발제와 토론을 통해 공동 작업한 사람들, 책의 교정과 편집을 맡아 수고해 준 사람들, '세계노동운동사' 회원과 한국노동사회연구소 사람들, 그리고 전국민주노동조합총연맹(민주노총) 교육원 관계자들의 도움이 컸다.

개인으로는 내용 수정 부분까지 지적해 준 이원보 노사발전재단 대표이사장, 최승회 세계노동운동사연구회 이사장, 연표를 작성해 준 이지섭 전국금융산업노동조합 홍보실장, 국내외 자료 수집을 도와준 윤효원 인더스트리올 컨설턴트와 이정희 한국노동연구원 연구위원에게 고마움의 인사를 드린다. 끝으로 책을 쓰는 데서부터 출판에 이르기까지 든든한 후원자가 되어 준 아내 이정희와 참고문헌과 자료 수집, 그리고 원고 수정 작업을 도와준 딸 소남, 아들 지환에게도 이 기회에 고마움을 표하고자 한다.

2020년 1월
김금수

제20부 제2차 세계대전 이후 국제 정세 변화와
전후 초기 노동운동(1945~1948년)

1장
전후 국제 정세 변화와
노동운동 동향

20세기는 유사 이래 가장 잔인한 시기였다.

20세기는 전쟁만이 아니라 혁명,

그리고 제국의 붕괴를 그 특징으로 하는 세기였다.

국가 내부에서 일어나는 혁명이나 해방투쟁은,

특히 냉전 시기에는 국제 상황과 밀접하게 연관되어 있었다.

…… (오늘날에는) 전쟁과 평화의 구분이 불명확해졌다.

제2차 세계대전은 몇 가지 예외가 있기는 하지만

전체로 볼 때 선전포고와 더불어 시작된 것도 아니었고,

평화조약으로 끝나지도 않았다.

그 뒤로 고전적인 의미의 전쟁과 평화로

구분하기는 어려운 시기가 이어졌다.

그래서 그런 상황을 표현하기 위해

'냉전'이라는 신조어까지 등장했다.

(Hobsbawm 2007, 20~21)

1. 세계대전 결과와 국제 정세 변화

제2차 세계대전은 독일을 위시한 추축국[1]의 치명적인 패배로 끝났다. 6년 동안 진행된 세계대전은 엄청난 규모의 경제적·사회적 손실을 가져왔고 역사상 가장 큰 인명 피해를 낳았다. 전쟁 때문에 5,500만 명 이상이 목숨을 잃었고, 전쟁 기간에 소요된 총비용은 3조 달러[2]에 이르렀다(김종현 2007, 528). '탐욕의 끝'을 적나라하게 드러낸, 인류사의 비극이었다.

전쟁의 과정과 결과는 국제 정세에 일찍이 경험하지 못했던 거대한 변화를 초래했다. 먼저 제2차 세계대전은 세계 자본주의 체제의 구조 변화를 가져왔다. 식민지·종속국가들에서 제국주의 지배 체제가 붕괴하기 시작함에 따라 민족해방투쟁 전개를 위한 새로운 전기轉機가 마련되었다. 제2차 세계대전의 종료와 더불어 사회주의 진영이 독자적인 블록을 형성함으로써 미국(아메리카합중국USA)이 주도하는 자본주의 진영과 소련(소비에트사회주의공화국연방USSR)이 주도하는 사회주의 진영 사이의 날카로운 대결 국면이 조성되었다. 이런 국제 정세의 변화를 '세 개의 세계' 또는 '세 가지의 구조 변화'라고 표현하기도 한다.

제2차 세계대전 이후 국제 정세 변화를 세 축을 중심으로 좀 더 자세히

1_추축국(樞軸國; Axis-Powers): 제2차 세계대전에서 미국·영국·소련 등의 연합국(聯合國; Allied Powers)과 싸웠던 나라들이 맺은 국제 동맹을 가리키는 말로, 히틀러의 나치 독일과 무솔리니의 파시스트 이탈리아가 1936년 10월 25일에 맺은 우호 협정이 기초가 되었다. 두 나라가 유럽과 세계의 국제 관계에 큰 변화를 일으킬 추축(樞軸, 중심축)이 될 것이라고 선언했던 무솔리니의 말에서 추축국이라는 표현이 비롯되었다. 독일과 이탈리아 외에도 일본, 루마니아, 불가리아, 헝가리, 이라크, 핀란드, 리투아니아, 크로아티아, 슬로베니아, 만주국 등이 추축국에 속한다.

**2_참전국의 전쟁 비용이 1조1,170억 달러였다는 설명도 있다(Alexandrov 1986, 692).

살펴본다.

첫 번째는 미국 주도의 세계 자본주의 체제 재편이다. 미국은 제1차 세계대전이 끝났을 때 이미 사실상의 중심국 지위를 차지하고 있었지만, 당시 미국의 경제력 확장은 자체 영토에 기반을 둔 것이었고 그 세력권도 아메리카 대륙을 중심으로 팽창했다. 그러다가 제2차 세계대전이 끝났을 때 미국은 산업·금융·군사 부문의 막강한 영향력으로 세계를 장악한 상태였다. 유럽 자본주의국가들이 전쟁 기간에 총력전을 수행하느라 심각한 피해를 입어 경제력에서 상대적으로 취약해진 반면, 미국은 연합국에 대한 군수물자 공급국으로서 완전고용을 이룩하고 생산력 증대를 꾀하면서 괄목할 만한 경제 발전을 달성했다. 그리하여 자본주의 세계의 공업생산에서 미국이 차지하는 비중은 1938년의 36.3퍼센트에서 1948년에는 53.4퍼센트로 크게 증가했으며, 수출도 1938년의 13.0퍼센트에서 1948년의 21.9퍼센트로 신장했다.

미국은 세계 석탄 생산량의 절반을 생산하고 있었고, 세계 석유 생산량의 3분의 2를, 전력의 절반 이상을 생산하고 있었다. 미국의 생산능력은 조선·항공·자동차·무기·기계기기·화학공업 등의 분야에서도 실로 막강해 다른 어느 자본주의국가도 미국의 생산능력에 미치지 못했다. 그리하여 자본주의 세계에서 미국의 상대적인 경제 지위는 엄청나게 강화되었다(보 1987, 270).

미국은 이와 같은 경제력을 토대로 하여 전후 세계 자본주의 체제의 재건과 부흥을 주도했다. 국제통화기금IMF[3]과 '관세와 무역에 관한 일반협정'

---

[3]_세계무역 안정을 목적으로 1944년 체결된 브레턴우즈협정에 따라 1945년에 설립되어, 1947년 3월부터 국제부흥개발은행(IBRD)과 함께 업무를 개시한 국제금융 기구다. 이 두 기구를 총칭해 브레턴우즈 기구라고도 한다. 2011년 기준 가입국은 총 188개국이며, 본부는 미국 워싱턴에 있다.

표 20-1 | 전후 선진 자본주의국가의 지위 변화   단위: %

	공업생산				수출			
	1938	1948	1953	1958	1938	1948	1953	1958
미국	36.3	53.4	51.5	43.7	13.0	21.9	18.9	16.4
영국	13.8	11.4	10.4	10.2	10.3	11.5	9.0	8.8
프랑스	5.7	4.1	3.8	4.8	3.7	3.7	4.9	5.0
서독	11.5	3.7	7.4	9.8	-	1.4	5.7	8.5
네덜란드	1.8	1.3	1.4	1.5	2.5	1.8	2.6	3.0
이탈리아	4.1	2.8	3.3	3.9	2.4	1.9	1.8	2.4
캐나다	2.2	3.3	3.1	2.9	3.7	5.4	5.1	4.6
일본	3.6	0.9	2.1	3.4	4.7	0.5	1.5	2.7

자료: 宮崎犀一 외 1981, 『近代國際經濟要覽』, 138; 144; 이대근 1993, 179에서 재인용.

주: 공업생산은 1948년도 미국의 달러로 환산한 부가가치에 의거한 것임.

    수출은 달러로 환산한 FOB(본선인도가격) 가격 기준임.

GATT[4]은 전후 미국을 중심으로 한 세계 자본주의 체제의 재건을 위한 기본 수단이었으며, 유럽부흥계획ERP(마셜플랜)은 유럽 자본주의의 부흥과 안정을 위한 미국 대외경제 정책의 주요한 일환이었다.

국제통화기금은 무역과 외환상의 규제를 없애고 국제적으로 상품과 서비스의 자유로운 이동을 실현한다는 데 목적을 두었다. 이를 위해서는 통화의 국제 교환성을 회복하고 외환 관리를 철폐해야 했으며, 통화의 평가절하 경쟁을 배제해 외환시세를 안정시켜야 했다. 그 방책으로 각국의 통화가치는 달러화를 중심으로 결정하기로 했다. 각국의 환율은 달러화에 대한 평가를 중심으로 상하 1퍼센트 이내로 고정하기로 했으며, 금 1온스가 35달러로 교환되도록 달러화 가치를 설정했다.

4_1947년 10월 30일 제네바에서 조인한 관세·무역에 관한 다국 간 일반 협정 및 그것에 따른 국제기관을 가리킨다. 협정은 자유롭고 무차별적이고 다각적인 무역의 확대·발전을 목적으로 수입 제한 폐지와 관세 경감 등을 규정했다. 1948년부터 발효되었다.

국제통화기금이 국제유동성 공급 능력을 증대하고 탄력성을 부여했지만, 세계무역 균형의 확대 촉진이라는 본래의 목적은 충분히 실현하지 못했다. 그런 가운데 세계경제 상황이 변화하면서 미국의 국제수지 불안정, 금 유출, 달러 가치 동요에 따른 국제유동성의 질적 악화, 금 생산의 한정성에 따른 국제유동성 부족 사태가 발생했다. 이에 따라 국제통화기금 개조를 둘러싸고 광범한 논의가 진행되었다(大阪市立經濟硏究所 編 1965, 351).

'관세와 무역에 관한 일반협정'은 1947년 미국 주도로 23개국 대표가 스위스 제네바에 모여 관세를 비롯한 무역장해 제거를 목적으로 교섭을 벌인 결과에 따라 도출된 협정이다. '관세와 무역에 관한 일반협정'은 다각적이고 무차별적인 국제무역의 확대·발전을 목적으로 최혜국 조항을 두어 개발도상국들이 도입한 차별대우를 비롯한 약간의 예외를 제외하고는 어떠한 형태의 특혜적 무역협정도 금지했다. 한편 무역의 수량 제한을 폐지해 그것을 협정 체결국에 무차별적으로 적용했다. 다만 국제수지상의 곤란이나 개발도상국의 유치산업 보호 요구 등 다수의 예외 규정 및 조치를 설정했다.

협정 체결 국가들 사이의 이해관계는 서로 달랐고 이들 국가가 추구한 통상 정책도 다양했지만, '관세와 무역에 관한 일반협정'은 애초에 설정한 목표를 어느 정도 달성할 수 있었다. 이런 성과를 바탕으로 그 뒤 관세 인하 교섭이 계속 진행되었는데, 1950년대 중반까지 미국은 50퍼센트의 관세 인하를 단행했다.

미국이 주도해 성립된 IMF-GATT 체제가 전후 세계 자본주의 체제의 재건 및 새로운 전개의 바탕이 되었다고 한다면, 유럽부흥계획은 서유럽 국가들이 전후의 위기를 딛고 자본주의 재건과 부흥을 실현할 수 있도록 지렛대 구실을 했다. 유럽부흥계획은 전후에 미국이 서유럽 16개국에 대해 수행한 대외 원조 계획으로서, 1948~1951년 미국이 경제협력기구ECA를 통해 유럽에 제공한 원조액은 총 112억 달러에 이르렀다. 또 1951~1953년에 미국은 26억 달러에 이르는 상품을 유럽 국가들에 추가로 제공했다. 유럽부흥계획은 대부라기보다는 원조의 성격을 띤 정책으로서 달러 부족에 허덕이던 유럽 자본주의국가들의 재건에 중요한 역할을 했다. 1951년 미국은 '상호안전보장법'Mutual Security Act, MSA을 제정해 군사 원조를 제공함으로써 사회주의 진영에 대한 자본주의 진영의 결속 강화를 시도했다.

유럽부흥계획이 투자 촉진, 수입 증가, 인프라 재건 등에 끼친 영향도 컸지만 그보다는 정치적이고 심리적인 측면이 더 강했다는 견해도 있다. 서유럽 사람들이 파멸의 위기감에 빠져 유럽의 미래에 대해 크게 비관하고 있을 때, 미국의 원조 약속은 안정과 장기 발전에 대한 전망을 제시했다는 것이다(양동휴 2006, 170). 다시 말하면, 전후 동유럽 사회주의화의 물결과 구 식민지에서 전개된 민족해방투쟁의 격화, 그리고 선진 자본주의국가 내 사회주의 세력 확대 등에 따른 체제 위기 상황에 직면해 이를 타개하기 위한 수단으로 대두한 것이 마셜 원조 계획이었다고 할 수 있다.

제2차 세계대전 이후 진행된 이와 같은 미국 주도의 정세 변화에 따라 세계 자본주의 체제는 각국 사이의 이해관계 대립과 경제적·정치적 불균등성을 드러내면서 재편되었다(이대근 1993, 192~193).

두 번째는 식민지 지배 체제 붕괴와 민족해방투쟁의 새로운 전제 조건 조성, 그리고 정치적 독립 실현이다. 제2차 세계대전이 낳은 중요한 결과의 하나는 이전과는 비교할 수 없을 정도로 잘 조직된, 그리고 광범위한 규모의 민족해방운동 전개를 위한 전제 조건이 조성되었다는 사실이다.

제2차 세계대전을 계기로 세계 자본주의 체제의 주요 구성요소로 존속해 온 식민지 지배 체제가 뿌리째 흔들리면서 민족해방운동이 고양되었을 뿐만 아니라 식민지·종속국가들이 잇따라 정치적 독립을 이룩했다. 이들 국가의 정치적 독립은 한꺼번에 이루어진 것이 아니라 상당한 기간에 걸쳐 단계적으로 이루어졌다. 첫 번째 단계는 1945~1949년으로 이 시기에 주로 아시아 지역에서 14개국이 독립했으며, 두 번째 단계인 1960~1962년에는 주로 아프리카 지역에서 28개국이 독립했다(김종현 2007, 532).

제2차 세계대전 이후, 구질서를 부활하려 시도한 식민지 영유국의 기도는 어디서나 맹렬한 저항에 부딪혔고, 때로는 식민지 인민의 무력항쟁까지 불러일으켰다. 인도, 버마, 말레이시아, 필리핀에서 이런 투쟁이 전개되었다. 1945년에 인도네시아, 1947년에는 인도의 독립이 선포되었으며, 1949년에는 중화인민공화국이 수립되었다. 중동 지역의 모든 국가가 반식민지 투쟁의 무대가 되었는데, 이런 투쟁은 제국주의뿐만 아니라 국내 전제 권력까지 투쟁 대상으로 삼았다.

식민지 지배 체제 붕괴는 세계 자본주의 체제의 구조 변화를 촉진한 요인으로 작용했다. 신생독립국가들은 경제적으로 세계 자본주의 체제에서 이탈해 독자적인 발전 방향을 추구했기 때문이다. 예컨대 신생독립국가들은 세계 전역에서 정치적인 해방이 완수되기도 전에 자국의 자연자원이나 경제 수단에 대한 지배권을 되돌려 받고자 했다. 앞의 사례로는 1951년 이란의 석유 국유화를 들 수 있고, 뒤의 사례로는 1956년 이집트의 수에즈운하 국유화를 들 수 있다. 이른바 '제3세계'가 형성되기 시작한 것이다.

그러나 식민지·종속국 상태에서 파행적跛行的 경제구조를 장기에 걸쳐 유지해 온 식민지 국가들이 정치적 독립을 실현했다고 하여 곧바로 완전한 경제적 자립을 이룩하기는 어려웠다. 그래서 신생독립국가들은 경제 자립을 위한 독자적인 경제개발 정책을 추구했으며, 그 과정에서 선진 자본주의 국가들과 새로운 차원의 경제 관계를 형성·유지했다. 한편, 선진 자본주의 국가들도 자본주의 체제의 안정적 성장을 위해 종래와는 다른 형태로 신생

독립국가들과 경제 관계를 긴밀하게 유지하고 확대할 필요가 있었다. 여기에서 '신식민지' 문제나 '종속' 문제, 그리고 '남북' 문제가 새롭게 제기되었다(김종현 2007, 533).

세 번째는 소련을 중심으로 한 사회주의 블록의 형성이다. 사회주의경제 체제는 1917년 러시아 사회주의혁명을 계기로 지구상에 대두했고, 그것은 세계 자본주의 체제에 큰 충격을 안겨 주었다. 왜냐하면 선진 자본주의국가들의 상품 수출 시장, 원료 공급지, 그리고 자본수출 대상으로서 일정한 위치를 차지해 왔던 러시아가 사회주의국가로서 세계 자본주의 체제에서 벗어남으로써 전 지구적인 자본주의 체제가 그만큼 축소되었기 때문이다. 다만 사회주의국가는 그때까지 소련 한 나라뿐이었으며, 국제경제에서 차지하는 위상도 높은 편이 아니어서 그 영향력도 강대하지 못했다.

그러나 제2차 세계대전 기간과 그 이후 국제정치 및 국제경제에서 차지하는 소련의 지위는 이전과는 비교할 수 없을 정도로 커졌다. 제2차 세계대전 발발 이후 1941년 6월 22일 독일군은 소련에 대한 침략을 단행했고, 한때는 유럽 지역에 속한 소련 영토의 대부분을 점령하기도 했다. 그러나 1943년 2월 스탈린그라드 전투 이후 전쟁 국면은 전환되었고, 소련은 1944년 가을 전 영토를 완전히 탈환했으며 소련의 붉은 군대는 독일군과 그 동맹군을 격퇴했다. 제2차 세계대전에서 소련은 파시스트 침략자들에게 패배를 안겨 주는 데 결정적인 역할을 수행했다. 군사 측면에서 보더라도 제2차 세계대전에서 가장 중요한 전투는 독일군과 소련군 사이에서 벌어진 전투였다.

한편 1944년 3월부터 1945년 4월까지 동유럽 국가들(폴란드·헝가리·루마니아·불가리아·체코슬로바키아)은 소련군의 진주進駐와 자국 내 저항운동의 결합을 통해 독일의 지배에서 벗어났다. 유고슬라비아와 알바니아는 독일군이 퇴각하는 가운데 국내의 사회주의 세력이 주체가 되어 스스로 해방을 전취했다. 이들 동유럽 7개국 가운데 헝가리·루마니아·불가리아는 독일과 동맹 관계에 있던 추축국이었기 때문에 1947년 2월 파리강화조약이 체결될 때까지 소련이 관리했다. 또 폴란드에는 소련군의 주둔이 계속되었다. 얄타협정은 이들 국가에서 자유선거를 통한 신정권 수립을 약속했다.

1947년 초까지 동유럽 국가들에서는 연립 또는 연합의 형태로 공산당이 주도하는 정권이 수립되었다. 이른바 '공산화'가 진행된 것이다. 이들 정권은 공통적으로 '인민민주주의'[5]를 지향했다. 그리하여 소련을 중심으로 하는 사회주의 블록이 형성되었다(奧保喜 2009, 27~28; 33).

한편 전후 유럽을 비롯한 여러 국가들에서는 공산주의 세력이 정치의 주류에 합류하게 되었다. 이것은 1941년 이전까지 공산주의 세력이 고립 상태에서 벗어나지 못했던 상황에 비추어 본다면 놀라운 일이 아닐 수 없다. 1945년 가을부터 1946년 여름까지 치러진 선거에서 공산당·사회당·기독교민주당 등으로 이루어진 다채로운 구성이 일반 투표의 4분의 3을 차지했다. 1945년 10월 프랑스 제헌의회 선거 74.9퍼센트, 1946년 6월 이탈리아 선거 74.6퍼센트, 1946년 2월 벨기에 선거 86.8퍼센트, 1946년 5월 네덜란드 선거 72퍼센트 등이 그러했다.

공산주의 정당들은 어디서나 이전보다 훨씬 많은 득표를 했다. 그 세는 프랑스·핀란드·아이슬란드·이탈리아 등에서 가장 강력했고, 룩셈부르크·벨기에·덴마크·노르웨이·네덜란드 등에서는 처음으로 두 자릿수 득표를

5_동유럽 각국의 공산당은 인민민주주의를 서유럽형 의회제 민주주의나 일당독재(프롤레타리아독재)의 소련형 민주주의와는 다른 독자적인 민주주의라고 주장하면서 프롤레타리아독재를 채택하지 않고 사회주의로 이행하는 새로운 길이라고 주장했다.

표 20-2 | 전후 첫 번째 선거에서 공산당이 획득한 득표율

국가	선거 연도	일반 득표율(%)
오스트리아	1945	5.4
벨기에	1946	12.7
체코슬로바키아	1946	37.9
덴마크	1945	12.5
핀란드	1945	23.5
프랑스	1946	26.0
독일연방공화국	1949	5.7
헝가리	1945	16.9
아이슬란드	1946	19.5
이탈리아	1946	19.0
룩셈부르크	1945	13.5
네덜란드	1946	10.6
노르웨이	1945	11.9
스웨덴	1944	10.3
스위스	1947	5.1

자료: Eley 2002, 290.

기록했다. 공산당의 경쟁자는 새롭게 등장한 보수 세력, 기독교 민주주의 정당들이었다. 샤를 드골과 제휴한 프랑스의 인민공화운동MRP, 이탈리아의 기독교민주당, 네덜란드의 가톨릭인민당 등이 그런 정당들이다. 그리고 노동자 인터내셔널 프랑스 지부(사회당), 벨기에 사회당, 네덜란드 노동당 등이 사회주의정당으로서 존재를 과시했다(Eley 2002, 290~291).

공산당 세력이 이와 같이 정치의 주류에 들어서게 된 이유는 무엇인가. 그것은 반파쇼 레지스탕스 운동에서 공산주의자들의 역할이 특별하게 컸고, 그 결과 전쟁 기간에 그들의 정치적 위상이 크게 향상되었기 때문이다. 에릭 홉스봄은 공산주의자들이 레지스탕스 운동에서 두드러진 역할을 수행하게 된 데는 두 가지 특성이 있다고 설명한다. 하나는 공산주의자들이 국제주의를 존중하기 때문에 어떤 애국적 요구보다 반파쇼적인 호소를 더 잘 받아들인다는 것이다. 다른 하나는 적들조차 감동시킨 용감성, 자기희생,

그리고 과단성을 함께 소유하고 있다는 사실이다(Hobsbawm 1996, 167).

이와 같은 사회주의 진영의 독자적인 세력 형성 및 확대는 어쩔 수 없이 미국이 주도하는 자본주의 진영과 소련을 중심으로 하는 사회주의 진영 사이의 대립 심화로 귀결될 수밖에 없었다.

제2차 세계대전이 끝난 이듬해인 1946년 들어 미국 정부 내에서는 대對 소련 정책을 재검토해야 한다는 목소리가 점점 커졌다. 마침 그런 때, 주소련 미국 대사관 대리대사였던 조지 케넌이 1946년 2월 본국에 타전한 장문의 전보에서 소련이라는 국가의 본질은 '러시아 제국의 전통적·본능적 불안감'을 계승한 것이며, 병적인 안전보장 의식에 근거해 조성된 팽창주의라고 표현했다. 케넌의 '팽창국가'라는 설명은 소련에 대해 강경론에 기울어져 있던 정부 관료들의 관점과 별반 다르지 않았다. 이 전보야말로 미국의 대소 강경노선을 부추긴 '냉전'[6]의 시발이었다고도 할 수 있다.

같은 해 3월 미국을 방문한 윈스턴 처칠이 미주리 주의 웨스트민스터대학교에서 연설하면서 "발트해의 슈체친에서 아드리아해의 트리에스테에 이르기까지 유럽 대륙에 '철의 장막'이 드리워져 있다"고 했다. 그는 소련의 움직임을 팽창 정책이라고 비판하면서 여기에 대응하기 위해서는 미국과 영국이 단결해야 한다고 역설했다. 그로부터 8일 후, 스탈린은 처칠을 '전쟁 도발자'라며 격렬하게 비난했다.

1947년 3월 12일, 미국 대통령 해리 트루먼은 '그리스-터키 원조법안' 승인을 위해 특별교서를 발표했는데, 이것을 '트루먼독트린'이라 부른다. 그

6_냉전이라는 용어는 미국 정치가 버나드 바루크가 1948년 10월 사우스캐롤라이나 주 의회에서 연설하면서 "제2차 세계대전은 끝났으나, 우리는 지금 날로 뜨거워지고 있는 냉전의 한복판에 있다"고 말한 것이 널리 퍼진 것이다.

요지는 공산주의 세력 확대를 저지하기 위해 자유 및 독립 유지에 노력을 기울이며, 소수자의 정부 지배를 거부하는 의사를 가진 여러 나라에 대해 군사·경제적 원조를 제공한다는 것이었다. 이런 정책 방향에 따라 당시 공산주의 세력의 직접적인 위협에 직면하고 있던 그리스와 터키의 반공反共 정부에 대해 미국은 경제·군사 원조를 제공했다. 이와 같은 정책 방향은 그 후 미국 외교정책의 기조가 되었으며, 유럽부흥계획ERP과 북대서양조약기구NATO로 구체화되었다.

트루먼독트린은 소련을 바로 지칭하지는 않았지만, 소련을 전체주의 세력으로 규정해 비난함으로써 이데올로기를 바탕으로 한 격심한 미소 대립의 시작을 알림과 동시에 '냉전'을 공식 표명한 선언이었다.

소련은 이에 대응해 동유럽 및 프랑스·이탈리아 공산당과 더불어 1947년 9월 코민포름[7]을 결성했다. 코민포름은 결성 회의에서 트루먼독트린이나 유럽부흥계획을 통해 세계는 미국을 우두머리로 하는 제국주의·반민주주의 진영과 소련을 주축으로 하는 반제국주의·민주주의 진영이라는 화해할 수 없는 진영으로 나뉘었다고 선언했다(奧保喜 2009, 42~43). 냉전이 현실로 대두된 것이다.

7_코민포름(Cominform)은 Communist Information Bureau(공산주의자정보기구)의 약칭으로, 1947년 9월 바르샤바에서 소련공산당 주도로 창설한 공산주의 국가의 정보국이다. 참가국은 소련을 중심으로 체코슬로바키아·불가리아·루마니아·헝가리·폴란드·유고슬라비아·프랑스·이탈리아 등 9개국이다. 미국을 중심으로 한 서유럽의 반공 체제와 투쟁할 것을 선언하고 행동의 통일, 경험 및 정보 교환, 활동의 조정을 위해 코민포름을 설치할 것을 결정했다. 소련공산당을 중심으로 한 국제 공산주의 지도 기관으로서 일면을 보이기 시작하면서, 1956년 4월 그와 같은 활동 방법과 조직 형태가 공산주의 운동의 발전을 저해한다는 이유로 해체되었다.

표 20-3 | 제2차 세계대전 이후 국제 정세 변화 양상

	식민지 해방	자본주의 진영	동서 관계	사회주의 진영
1943	미·영·중의 도움으로 조선 독립 약속.	케인스 안과 화이트 안 제기. 연합군 이탈리아 상륙.		코민테른 해체.
1944	브라자빌회의, 이스티클랄(Istiqlal) 선언.	연합군 프랑스 상륙. 브레턴우즈 회의.		불가리아와 헝가리에 소련군 진주.
1945	인도네시아공화국 독립 선언. 베트남 8월 혁명과 베트남 민주공화국 임시정부 독립 선언. 라오스와 캄보디아 독립 선언. 콩스탕틴과 세티프 등장(알제리). 리비아에 대한 탄압과 국가 수립. 시리아와 레바논 독립. 카이로에서 아랍연맹 창설.	연합군의 서유럽 진격. 영국 노동당 정부 성립.	미·영·소 3국 수뇌의 얄타회담과 얄타협정 성립. 포츠담회담과 포츠담협정 체결. 미군 남조선 진주, 소련군 북조선 진주. 미·소군 독일 대치. 미국 히로시마에 핵폭탄 투하. 파리에서 세계노동조합연맹(WFTU) 결성. 국제연합 유엔헌장 채택.	소련군 서유럽 진군. 체코슬로바키아 프라하에서 대독 인민 봉기. 유고슬라비아가 연방인민공화국 선언. 루마니아에 민족민주전선 정부 성립. 폴란드 임시정부 성립.
1946	중국 국공내전 시작. 프랑스군 통킹만 진주. 영국군 인도네시아 진주. 영국 트란스요르단 독립 승인. 필리핀 공화국 독립. 프랑스-베트남 협상 실패. 인도차이나전쟁 발발. 네덜란드-인도네시아 협정 체결.	그리스 내전 시작. 이탈리아 공화국 선포.	제1회 국제연합총회. 미국 비키니 해안에서 원자폭탄 실험.	알바니아 인민공화국 선언. 체코슬로바키아에서 민족전선 내각 성립. 불가리아인민공화국 선언.
1947	마다가스카르 폭동. 네덜란드 자와에서 군사 작전 실시. 인도 연방과 파키스탄 자치령 분리. 프랑스 통킹만 공세. 버마 민주공화국 독립 선언. 말레이시아 연방정부 성립. 실론 독립. 인도차이나전쟁(계속).	트루먼독트린 선언. 유럽부흥계획 발표. 벨기에·프랑스·오스트리아 정부에서 공산주의자 배제, 그리스에서 국민해방전선이 자유그리스 정부 수립. 미국 뉴욕 주, 브라질, 그리스에서 공산당 불법화. 그리스와 터키에 대한 미국 원조 법안 채택. 미국 파업규제법 제정. 프랑스 노동총맹(CGT)과 노동자의힘(FO) 분열. 핀란드와 노르웨이 선거에서 공산당 참패.	코민포름 발족.	폴란드 인민공화국 성립, 루마니아 인민공화국 성립.
1948	대한민국과 조선민주주의인민공화국 탄생. 네덜란드·인도네시아 휴전. 간디 암살당함. 실론(지금의 스리랑카) 자치령 수락. 제1차 중동전쟁. 네덜란드의 인도네시아에 대한 재개입. 인도차이나전쟁(계속).	이탈리아노동총연맹(CGIL) 분열.	소련 베를린 봉쇄 시작. 국제연합총회에서 세계인권선언 채택.	체코슬로바키아 공산당 정권 장악. 비공산주의 계열 장관들 사표 제출. 티토와 코민포름 사이의 불화. 유고슬라비아 코민포름에서 축출. 동베를린 폭동 발생, 소련군 군중을 향해 발포. 헝가리 민첸티 추기경 체포. 중국 공산주의자 진군.

1949	네덜란드 자카르타에서 철수. 요르단과 이스라엘 국가 창설. 리비아 독립에 관한 국제연합 투표. 인도차이나전쟁(계속). 라오스와 캄보디아 독립협정 체결. 베트남 국가 창설(바오다이).	미국·영국·프랑스·캐나다 등 12개국이 북대서양조약기구(NATO) 체결. 독일 민주공화국(동독) 수립. 서독일 정식 발족. 공산주의 또는 용공 경향의 가톨릭 신자 파문. 미국 내 공산주의 활동 탄압. 장제스 대만 정부 수립.	베를린 장벽 철거. 국제자유노동조합연맹(ICFTU) 결성.	소련 원자폭탄 보유 사실 발표. 헝가리 인민공화국 수립. 중화인민공화국 수립. 소련 장성 폴란드 국가 수뇌에 임명. 경제상호원조회의(COMECON) 창설.
1950	아이보리코스트(지금의 코트디부아르) 폭동. 인도차이나전쟁(계속).	유럽경제동맹제도. 반미 활동에 관한 법률 제정. 미국 매카시 선풍. 그리스 내란 종식.	한국전쟁 발발. 중소우호동맹상호원조약 조인. 미국 수소폭탄 제조 결정.	오데르-나이세 국경에 관한 동독-폴란드 협정.
1951	이란 석유 국유화 선언. 카사블랑카 폭동. 수에즈운하 지대의 반영 폭동과 영국 군사 개입. 리비아 독립. 인도차이나전쟁(계속).	유럽 철강·석탄 공동시장 설치. 미일 평화·동맹 협정 체결. 그리스와 터키에 대해 NATO가입 권유.	샌프란시스코 강화회의. 평화조약과 일미안보조약에 조인. 한국전쟁(계속).	당서기였던 슬란스키가 프라하에서 체포. 중국 티베트 간섭.
1952	튀니지 폭동과 파업. 공산주의자 탄압. 이집트 카이로 유혈 폭동과 나기브 권력 장악. 케냐 마우마우(반영 민족주의 비밀결사)에 대한 경계 태세. 영국·이라크 외교 관계 분열. 모로코 카사블랑카 폭동. 인도차이나전쟁(계속).	유럽석탄철강공동체(ECSC) 조약 조인. 유럽 6개국 유럽방위공동체(EDC) 조약 조인. 연합국과 서독 사이 본 협정 체결. 영국 첫 핵 실험.	한국전쟁(계속).	
1953	모로코 국왕 폐위. 모사데크 실각 및 이란에 대한 미국 원조 실시. 카사블랑카 대공세. 인도차이나전쟁(계속).		미국 최초의 핵탄두 실험. 한국전쟁 휴전. 소련 수소폭탄 제조 선언. 중국공산당 국제연합 가입 거부.	스탈린 사망. 소련 수소폭탄 보유 사실 공표. 헝가리 라코시 퇴진과 나지 권력 장악. 동독 파업 및 시위.
1954	디엔비엔푸 및 제네바에서 인도차이나에 관한 협상. 나세르 이집트 평의회 의장 취임과 나기브 퇴진. 튀니지 국내 자치 원칙 시행. 알제리 민족해방전선(FLN) 결성, 무장봉기. 네덜란드·인도네시아 연맹 폐기. 알제리 오레스에서 폭동 발생. 알제리 전쟁 발발. 케냐 마우마우 봉기.	미국 일본·파키스탄·대만과 군사협정 체결. 마닐라 회의에서 동남아시아조약기구 구성. 유럽방위공동체 설립 실패와 서독의 NATO 가입.	미국 비키니에서 수소폭탄 첫 실험.	
1955	카사블랑카 공세와 모로코 왕정복고. 바그다드 조약기구 발족. 알제리 전쟁(계속). 아시아·아프리카 반둥회의.		4대 열강 제네바 회의 개최.	소련 동유럽 8개국과 바르샤바조약에 조인.

| 1956 | 모로코, 튀니지, 수단, 말레이시아, 가나 등 독립. 실론 민족연합전선 내각 성립. 나세르 수에즈운하 국유화 선언과 영국·프랑스 개입. 제3차 중동전쟁 발발. 알제리 전쟁(계속). | 미국 영국과 프랑스에 전쟁 종결 압력 행사. | 흐루쇼프 20차 당대회에서 스탈린 비판 비밀 보고서 제출. 코민포름 해산. 소련 탱크 폴란드 군중에 대한 발포. 고무우카 복귀. 라슬로 라지크 복권. 헝가리 폭동. 소련 탱크 부다페스트 진주. |

자료: 보 1987, 273~275; 浜林正夫 외 1996, 연표 2~6.

2. 노동운동 전개

제2차 세계대전이 종료되면서 국제 노동운동은 비약에 가까울 정도로 고양되었으며, 이전까지의 세계 노동운동 역사에서 그 유례를 찾아보기 어려울 정도로 거대한 성장을 이룩했다. 이는 전후라는 역사적 시기의 특수성 때문에, 즉 국제 노동운동의 활동 영역이 엄청나게 확대되고 시대적 임무가 더할 나위 없이 중대하고도 다양해진 데 따른 결과였다.

전후 노동운동을 둘러싼 대내외 상황은 크게 변화했다. 세계 자본주의 체제로부터 이탈한 국가가 사회주의사회 건설을 활기차게 추진했고 동유럽 국가들이 본격적으로 인민민주주의 국가를 수립해 갔으며, 아시아·아프리카·라틴아메리카 국가들이 반제국주의 민족해방투쟁을 더욱 유리한 조건에서 맹렬하게 전개했다. 여러 나라들에서 노동자 정당이 정권을 장악하거나 연립 정권을 구성했는가 하면, 의회에 의원단을 진출시켰다. 대부분의 국가들에서는 노동운동에 대한 억압적 통제 장치들이 위력을 상실하는 상황이 전개되었다. 이런 국제 정세와 국내 정세의 변화는 노동운동이 발전하는 데 대단히 유리한 조건으로 작용했다. 노동운동의 발전 양상은 노동자계급의 생활과 투쟁 조건에 영향을 끼치는 여러 요인, 각 지역 및 국가에서 형성되는 조건, 그 밖의 국내 정세 및 국제 정세에 따라 불균등성과 다양성을 나타냈다(The USSR Academy of Sciences 1987, 20~21).

여기서는 먼저 국제 노동운동 동향의 특징을 살펴보고, 다음 몇 개의 장에서 각국의 노동운동 전개 양상을 지역별로 나누어 살펴보기로 한다.

전후 국제 정세와 국내 상황은 앞에서 살펴본 바와 같이 노동운동 발전에 대단히 유리하게 작용했으나, 국가권력과 자본가 세력은 노동운동을 끊임없이 억압하고 통제하고자 했다. 서유럽에서는 영국과 미국 주둔군이 노동자투쟁을 여러 가지 형태로 억압하는 한편, 반동 세력과 부르주아지를 고무했다. 서유럽의 진보 세력은 전쟁 기간이었던 1944년, 영국군이 그리스에 직접 개입했던 일[8]을 결코 잊지 못한다.

서독의 경우에는 전후 초기 권력기관이었던 미국·영국·프랑스 점령 당국이 파시스트 단체의 활동을 금지하고 부르주아 민주주의적 자유를 되살렸으며, 나치와 나치에 결합했던 독점자본에 대해 제재 조치를 취했다. 그러나 점령군 당국은 노동자계급의 운동에 대해 일정한 통제를 가했으며, 부르주아지가 자기 세력을 정비하고 경제적 지위와 함께 정치적 지위도 그대로 유지할 수 있도록 조치했다. 그뿐만 아니라 점령군의 직접적인 지지를 받아 서독에서는 부르주아 대중정당이 새로 창립되었다.

전후 초기 일본과 이탈리아의 경우에도 독점 부르주아지에 대한 점령 당국의 비호 정책이 큰 영향을 발휘했다. 점령 지역 이외의 다른 자본주의

8_영국군이 그리스의 레지스탕스 운동 조직의 권력 탈취에 반대해 왕정을 지지했던 일을 말한다. 1944년 12월에 그리스가 해방되면서 그리스 국토 대부분을 군사적으로 장악한 인민해방전선(EAM)은 영국의 지원을 받는 그리스 정부와 대립했으며, 수도 아테네를 장악하려고 했으나 패배했다.

국가들에서도 노동운동의 비약적 발전에 대해 당혹과 위협을 느낀 국가권력과 자본가계급이 노동운동에 대한 여러 가지 형태의 개입과 통제, 그리고 억압을 시도했다. 노동운동에 대한 이와 같은 억압과 통제는 민주주의의 완전한 실현과 노동운동의 발전을 저지하고 이를 경계하려는 국가권력과 자본가계급이 자본주의 제도를 온전하게 유지하기 위한 의도에서 나온 방편이었다.

한편 자본가계급은 민주주의 세력과 사회주의 세력이 크게 성장·발전함에 따라 상대적으로 세가 약화되었으나, 여전히 방대한 예비력을 보유하고 있었다. 몇 세기에 걸쳐 축적한 부를 비롯해 과학과 기술 발전의 성과물을 자신들의 이익을 위해 독점할 가능성, 다국적 기업으로의 경제력 고도 집중, 독점체와 부르주아 국가 사이의 세력 결합 등이 바로 그 내용이었다. 또 자본가계급은 여러 해 동안 정치적 책략을 펴 보았고, 교육받지 못한 주민들의 무지와 편견을 이용하거나 혁명운동 과정에서 일어나는 모순을 악용해 본 경험이 있었다. 또한 제2차 대전 이후 북대서양조약기구와 그 밖의 침략 블록 창설에 따른 미증유의 국제적 자본력 결합, 서유럽의 경제 통합과 정치 통합, 미국 중앙정보국CIA과 그 밖의 각종 제국주의 간섭 기구의 반혁명 활동 등이 모두 자본가계급의 힘을 뒷받침했다.

이와 같이 노동운동을 둘러싼 상황과 조건은 긍정적 요인과 부정적 요인을 동시에 내포하고 있었다. 이런 요인들은 상황 판단을 어렵게 했고, 노동운동 발전과 관련해 복잡한 과제를 제기했다.

노동운동 발전에서 제기되는 최대의 과제는 무엇보다 국가권력과 자본 측의 통제·지배에 대한 계급적 대응이 되겠지만, 이런 과제 말고도 노동자계급이 지닌 정치적 자각 및 정치적 경험의 차별성과 부정적 측면을 극복하는 일이 주체적 당면 과제로 제기되었다. 노동자계급 사이에 자본주의 현실이 불러일으키는 편견과 환상, 즉 부르주아지의 강력한 선전 기관이나 부르주아 정당과 사회개량주의자들이 만들어 내는 편견과 환상이 전쟁 기간에 조성된 참혹한 사건들과 연계되어 여전히 팽배해 있는 현실에서, 이를 극복하는 일이 결코 용이한 과제는 아니었다.

또 노동자계급 사이에는 특히 전쟁이 가져다준 폐해가 심각했던 경우에 '혁명적 조급성'이 넓게 파급되었는데, 노동운동은 이런 경향을 극복해야만 했다. 전쟁 기간과 전후에 일부 저항운동 참가자들 사이에 퍼져 있던 극좌적 견해의 근저에는 파시즘 붕괴가 곧바로 사회주의혁명으로 이어지지 않으면 안 된다는 인식이 존재하고 있었다. 이런 견해는 안팎의 정세 판단을 잘못한 데서 비롯되었고, 이것은 '막연한 믿음'과도 일맥상통하는 것이었다. 파시즘에 대한 승리는 반드시 전쟁, 빈곤, 노동자 착취에 종지부를 찍고 새로운 삶을 가져다줄 것이며, 새로운 세력이 권력을 장악하고 부르주아 지배와 사회적 불평등을 끝낼 것이라는 믿음이 그것이었다. 이런 '행복한 기대'는 엄중한 현실에 부딪쳐 좌절하게 될 경우, 바로 실망해 승리의 결과에 대한 환멸을 낳을 수도 있었다.

그리고 대중의 정치적 무경험은 전쟁과 궁핍이 낳은 무관심이나 피로감과 결합되어 무력함과 자포자기를 초래하기도 했다. 이런 분위기를 적극 이용한 것은 교회 세력이었다. 전후 가톨릭·프로테스탄트계 종교 정당의 역할과 영향력이 급증한 것은 바로 이런 사실과 관련이 있었으며, 대중의 무관심을 극복하는 일이 주요 과제로 제기되었다(The USSR Academy of Sciences 1987, 44~45).

이와 같은 중요 과제의 해결을 위해서는 노동자계급의 조직력 확대·강화와 노동운동 각 부문 사이의 굳건한 단결, 그리고 노동자 정당의 통일 촉진, 민주주의와 전체 인민의 이익 수호를 위한 단호한 옹호자로서의 사명

이행, 국제적 단결과 연대의 강화 발전을 추진하는 방향으로 노동운동이 향할 수밖에 없었다.

이런 관점에서 전후 초기 노동운동의 발전 동향을 개괄해서 살펴본다.

이전의 추축국

먼저 제2차 세계대전에서 추축국에 속했다가 패전국으로 전락한 독일, 이탈리아, 그리고 일본의 노동운동은 그 전개 양상이 서로 다르기는 하지만 운동의 부활과 재건을 빠르게 이룩했다는 점에서는 공통적이었다. 독일의 경우, 아돌프 히틀러 파쇼 체제가 궤멸하자 노동자계급은 국가기구와 다름 없었던 '노동전선'에서 탈퇴해 노동조합운동의 재조직을 위한 활동을 전개했다. 소련 점령 지구에서는 노동조합 조합원이 1946년 당시 200만 명에 이르렀으나, 미국과 영국 그리고 프랑스 지구에서는 그 절반에도 미치지 못했다. 그 이유는 미국 정부 정책이 노동조합운동 재건을 극히 제한된 범위 안에서만 허용했기 때문이었다. 그러나 몇 년 지나지 않아 서독의 경우에도 노동조합 조직이 확대되었으며, 조직 체계도 직능별 조직을 배제하고 체계적인 산업별 조직 형태를 추구했다. 노동조합운동은 주요 산업의 사회적 소유와 경제 관리에 대한 노동조합의 동등한 참가 등 경제정책의 개혁을 주장하면서 노동자 생활 개선을 위해 온힘을 기울였다.

이탈리아 노동조합운동은 1943년 연합군의 이탈리아 진주와 더불어 재건이 추진되었고, 1944년 6월에는 '노동조합 통일 실현에 관한 선언'(로마협정)이 체결되어 노동조합운동 통일이 이룩되었다. 노동조합운동은 '독점적 지위를 가진 기간산업의 국유화를 통한 국가 경제생활의 철저한 민주화'를 주장하면서 경제 재건에 노력을 집중하는 한편, 파업투쟁을 자제했다.

일본 노동조합운동은 제2차 세계대전의 종료와 더불어 급속하게 고양되었으며, 전쟁 이전 어느 시기보다 한층 더 발전된 양상을 보였다. 노동조합운동은 급속히 대규모 조직화를 달성했다. 노동조합 조직 체계는 일본 특유의 기업별 노조 형태를 취했고, 노동조합 전선은 이탈리아의 경우와는 달리 두 개의 전국 중앙 조직으로 분열되어 형성되었다. 1946년 1월에 결성된 일본노동조합총동맹과 같은 해 8월에 결성된 전일본산업별노동조합회의가 그것이었다. 일본의 노동운동은 1945년 말부터 1946년에 걸쳐 대단히 격렬하게 전개되었다. 노동조합 조직들은 높은 임금 인상을 요구하면서 생산관리투쟁을 전개했는데, 이 생산관리투쟁은 생산 부흥 요구와 함께 민주화 요구 등 대중적 정치투쟁과 병행해 펼쳐졌다.

노르웨이·덴마크·네덜란드·벨기에·룩셈부르크 등은 전쟁이 진행되는 동안 독일 점령하에 있던 국가들이었다. 독일이 지배하는 동안에는 정당이나 노동조합 또는 협동조합이 제대로 기능하지 못했다. 그러나 파시스트들이 물러나면서 노동조합을 비롯한 대중조직들이 빠르게 복구되었으며, 각 나라에서는 조직 확대와 활동의 적극화를 추진했다. 한편 사회주의 또는 공산주의 정당 운동에 대해서는 연합군과 보수 정치 세력, 그리고 바티칸(가톨릭)이 억제 조치를 취했다.

이전의 연합국

다음으로 제2차 세계대전에서 연합국가에 속했던 영국·프랑스·미국을 포함한 선진 자본주의국가의 노동운동 동향을 살펴본다. 영국은 전쟁 때문에 막대한 경제적 손실을 입었지만, 파시즘의 침략을 직접 겪지는 않았다. 그래서 노동운동은 그 기반을 유지할 수 있었다. 노동조합운동은 일정 수준의 조직 역량을 보존했으며, 전후에는 조직세가 더욱 확대되었다. 이런 노동조합운동의 성장·발전은 제3차 노동당 정부의 성립을 뒷받침했다. 노동당 정부는 철강·운수·석탄·전기·가스 등 주요 산업의 국유화를 단행했으며, 사회보장제도를 확충했다. 그러나 이와 같은 노동당 정부의 경제 부흥 정책은 임금동결을 비롯한 노동자계급의 희생 위에 시행되었으며, 이에 따른 노동자계급의 불만은 결국 정권 교체를 불러왔다.

전후 프랑스 노동운동은 전쟁 기간에 전개된 저항운동의 연장선상에서 출발했으며, 1944년 9월 노동조합운동은 마침내 합법화되었다. 노동조합운동은 조직 확대를 추진하는 한편, 전쟁으로 황폐해진 경제를 재건하고 노동자와 인민의 생활수준을 개선하는 데 노력을 집중했다. 노동조합운동은 주요 산업과 부문을 국유화하고 사회보장제도를 확충하기 위한 활동을 적극 전개했다. 생산관리를 위해 공장위원회가 조직되었고 노동자평의회가 설립되었으며, 이와 동시에 노동자의 경영 참여가 추진되었다.

미국 노동조합운동은 1945년 가을, 전쟁 종료와 더불어 유례없는 조직 발전을 이룩했다. 이런 조직 역량을 바탕으로 미국노동총연맹AFL은 반공주의를 지향하면서 산업별조직회의CIO와 대립했다. 미국 노동조합운동은 전후 세계 자본주의 체제를 주도하고 국제 반공 정치 전략을 선도했던 미국 정부의 정책을 지지했다. 그뿐만 아니라 국제자유노동조합연맹ICFTU을 결성해 국제 반공 노동 전선을 구축했다. 미국 정부는 이에 힘입어 노동운동을 통제하는 법을 제정했다.

제2차 세계대전 이후 캐나다 노동조합은 조합원의 4분의 3이 미국의 노동조합과 조직적으로 결합되어 있었고, 미국 노동조합운동의 강력한 영향을 받았다. 캐나다 노동조합운동이 반동적인 미국 노동조합 지도부에 종속되어 있다는 사실은 캐나다를 정치·경제적으로 종속화하려는 제국주의자의 적극적인 책략을 방조하는 것과 다름이 없었다(Foster 1956, 438~439).

영국 연방국가에 속했던 오스트레일리아 노동조합운동은 100년도 넘는 역사를 가지고 있었으며, 전후 주 40시간 노동일제를 획득할 정도로 강한 투쟁력을 발휘했다. 오스트레일리아 노동조합운동은 65퍼센트의 높은 조직률을 보였으며, 국제 연대에 대한 큰 관심으로 네덜란드 제국주의에 대한 인도네시아 인민의 저항 및 민족 독립투쟁을 지지했다. 뉴질랜드 노동조합운동도 오스트레일리아 노동운동과 마찬가지로 높은 조직률을 과시했으며, 주요 산업의 국유화를 요구했다.

동유럽 인민민주주의 국가

동유럽 인민민주주의 국가들, 즉 체코슬로바키아·폴란드·루마니아·유고슬라비아·불가리아·헝가리·알바니아 등에서는 노동자계급과 그 동맹자들이 히틀러 파쇼 세력과 지난날의 착취 세력을 축출하고, 공산당과 노동자당의 주도로 인민전선 정부를 수립하는 과정에서 강력한 노동조합운동의 토대를 마련했다(The USSR Academy of Sciences 1987, 44~45).

동유럽의 경우, 나치 점령하에서는 합법적으로 노동조합운동을 전개하는 것이 거의 불가능했다. 그러나 전후 1947년 말에 이르기까지 노동조합운동은 노동자, 농민, 그 밖의 반파시스트 세력이 증대되는 가운데 조직 확대를 이루어 노동조합원 1,700만 명 이상을 포괄하게 되었다(Foster 1956, 411). 인민민주주의 국가의 노동조합운동은 통일된 단일 조직 체계하에 산업별 노동조합을 조직하는 형태를 채택했으며, 현장 단위에서는 노동자평의회 또는 공장위원회를 설치했다.

노동조합운동은 경제 재건을 위해 사회주의 특유의 방법을 적용했으며,

국가 경제기관이나 국유산업에 노동조합 대표를 파견했다. 노동조합은 특정 부문에서 행정적 기능을 담당하기도 했으며 다양한 사회시설을 운영했다.

아시아 국가

전후 아시아 지역 국가들에서 노동조합운동은 급속하고도 거대한 성장을 이룩했다. 제2차 세계대전 기간에는 노동조합이 존재하지 않았거나 보잘것없는 조직에 지나지 않았으나, 세계대전의 종료와 더불어 아시아 국가의 노동조합운동은 조직노동자 2천만 명을 포괄할 정도로 급속하게 성장함으로써 세계노동조합운동의 최전선에 나서게 되었다. 이것은 세계 노동운동 발전에도 중대한 의의를 갖는 일이었다.

중국의 혁명적 노동조합운동은 인민민주주의 공화국 수립을 기본 임무로 설정했으며, 혁명 이후에는 생산 증강과 노동자의 생활 개선을 위해 노력했다. 인도의 노동조합운동은 전쟁 기간 및 전후 시기에 인도의 독립과 노동자계급의 권익 보장을 위해 힘든 투쟁을 이어 나갔다. 새로운 인도 자치령 정부가 수립되었을 때 노동조합운동은 공업 국유화 확대와 노동자의 권리 신장을 강력히 요구했다.

그 밖의 아시아 국가들도 민족해방운동을 수행하는 가운데 전후 시기를 맞이했다. 이들 국가의 민족해방운동은 새로운 조건에서 전개되었으며, 때로 무장투쟁으로 전화하기도 했다. 이 과정에서 노동조합운동도 함께 성장해 나갔다.

라틴아메리카 국가

제2차 세계대전이 종료된 후 다른 지역, 다른 국가들과 마찬가지로 라틴아메리카 국가들의 노동조합운동은 조직 측면에서나 투쟁 측면에서 유례없는 발전을 이룩했다. 노동조합운동은 경제적 요구와 함께 정치적 요구 실현을 위해 강도 높은 투쟁을 전개했다.

전쟁 기간에 라틴아메리카노동총동맹CTAL은 거의 모든 라틴아메리카 노동조합의 지도적 중심 역할을 수행했으며, 라틴아메리카 노동운동의 지도체로서의 위상을 보유한 채 종전을 맞이했다. 라틴아메리카노동총동맹은 미국의 끈질긴 와해 공작에도 아랑곳하지 않고 노동자의 통일 행동과 다가올 노동조합운동 전체의 조직적 통일을 위해 끊임없는 활동을 폈다(Foster 1956, 479~480). 전후 라틴아메리카에 대한 미국의 지배가 한층 더 강화된 조건에서 라틴아메리카 노동운동은 대규모 파업투쟁을 비롯해 집회와 시위투쟁을 전개했다. 마치 뒷날 라틴아메리카 여러 나라에서 발생하는 혁명운동을 예비하기라도 하듯 과감한 투쟁들이 잇따라 전개되었다.

아프리카 국가

아프리카 국가의 노동운동은 제2차 세계대전 중에 여러 가지 대내외적 상황 변화에 직면했고, 전후에는 새로운 조건에서 제국주의 식민주의자와 기생 자본가들을 물리치고 민족해방을 실현하기 위한 노동자투쟁이 전개되었다.

전후 아프리카의 노동조합운동은 임금 인상 및 노동시간 단축을 비롯한 노동조건 개선, 기본적인 주택 문제와 교육 문제 해결, 사회보장제 시행, 인종차별 철폐 등 당면 과제 해결을 위한 투쟁을 추진해야 했다.

한편 아프리카 국가들의 연대 활동이 폭넓게 펼쳐졌다. 1947년 10월 아프리카 국가들의 노동조합회의가 세네갈의 수도 다카르에서 열렸는데, 이 회의에는 노동자 80만 명을 대표하는 21개 조직에서 60명의 대표가 참석했다. 1951년 10월 말리의 바마코에서 세계노동조합연맹WFTU과 프랑스 노동총동맹CGT이 공동으로 개최한 대회에는 14개 국가에서 144명의 노동조합 대표가 참가했다(Foster 1956, 444~445).

전후 노동운동의 특징과 국제연대

지금까지 제2차 세계대전 이후 초기 단계의 세계 노동운동 전개 과정을 개괄해 살펴보았는데, 전후 노동운동의 특징으로 꼽을 수 있는 노동자 정당의 통합과 협력에 관해 살펴본다.

전후에 노동운동 발전과 관련해 중요한 의의를 갖는 것은 노동자 정당의 통합 또는 결합 문제였다. 실제로 공산당과 사회당의 통합에 관한 구상이 프랑스, 이탈리아, 덴마크, 노르웨이 그리고 그 밖의 몇몇 국가들에서 활발하게 논의되었다. 서독에서는 노동자계급의 통합을 위한 운동이 본격적으로 전개되었다. 이미 1945년 7월 사회민주당과 공산당이 협력 관계를 수립했고, 파시스트 체제의 잔재를 청산하기 위한 투쟁과 기아·경제공황·실업 해소 및 정치 민주화, 민주적 가치관 수립, 인민 대중의 생활 상태를 개선하기 위한 투쟁을 강령 내용으로 하여 행동통일위원회를 설치했다.

사회당과 공산당의 이러한 협력은 1944~1947년에 걸쳐 많은 나라들에서 이루어졌다. 특히 프랑스와 이탈리아에서는 행동통일협약을 통해 정착된 협력 관계가 노동자계급의 역량을 강화하는 요인이 되었고, 노동운동이 모범 사례로 흔하게 거론되는 귀중한 경험이 되었다. 이와 같은 협력 관계는 노동조합운동이 새로운 원칙에 따라 발전할 수 있도록 이바지했고, 노동자계급의 조직적 통일과 다양한 형태의 일상투쟁에서 행동통일 강화를 촉진하는 요인으로 작용했다(The USSR Academy of Sciences 1987, 35).

전후 노동운동 동향에서 빼놓을 수 없는 것은 노동운동의 국제연대 문제이다. 자본주의국가에서 노동자계급의 조직력과 통일성, 활동과 투쟁, 그리고 의식성 향상은 프롤레타리아의 국제 결합 확대 및 강화와 불가분의 관련을 갖고 있다. 1945년 9월 말 결성된 세계노동조합연맹WFTU은 56개국 조직노동자 6,700만 명을 대표하는 346명이 모여 만든 결사체로서, 대규모 프롤레타리아 연대 조직이라는 점에서 국제노동운동 통일 대열의 승리라고 할 수 있다.

대회에서 채택된 헌장은 세계노동조합연맹의 활동 원칙, 즉 노동조합의 자주성, 노동조합 민주주의, 긴밀한 상호원조, 경험 교환과 활동의 상호존중을 명확하게 규정했다. 이 헌장은 또 세계노동조합연맹의 목적을 명시했는데, 연맹이 강조한 것은 다음과 같다. 연맹은 인종·국적·종교 또는 정치적 신조에 관계없이 전 세계 노동조합을 조직하고 결합해야 하며, 노동조합이 존재하지 않는 국가에서는 그 결성에 협력하고 모든 파쇼적 정치 형태와 파쇼의 움직임을 절멸하기 위해 투쟁해야 한다. 동시에 전쟁과 그 원인을 근절하기 위해 투쟁하고 경제적·사회적 권리와 민주적 자유를 수호하며 모든 노동자의 통일을 강화하도록 해야 한다.

세계노동조합연맹과 진보적인 국제노동운동 세력이 취한 국제주의 노선은 전후 새로운 국제 정세에서, 더욱이 민족해방운동이 점점 고양되는 상황에서 특히 중요한 역할을 수행했다. 전후 초기에 몇몇 식민지·종속국가들이 독립을 쟁취한 것은 제국주의 식민지 지배 체제에 대한 중대한 타격이 되었고, 제국주의 본국의 노동운동 발전에도 유리하게 작용했다(The USSR Academy of Sciences 1987, 37~39).

2장
선진 자본주의국가의 노동운동

'신질서'의 붕괴는 유럽에 거대한 혁명적 열기를 불어넣었다.

이것은 대중들의 불확실하고 혼란스러운,

그러나 급진적이고 사회주의적인 충동을 표현하고 있었다.

특히 전 유럽에 걸쳐 지하로부터 출현한 다양한 레지스탕스 그룹들이 가진

강령은 어느 것이나 은행과 대규모 산업의 국유화를 요구하고 있었다.

이 강령들에는 사회주의자와 공산주의자의 서명뿐만 아니라

기독교 민주주의자의 서명도 있었다.

19세기 프랑스 사회주의의 격언은 프루동의 '재산은 도둑이다'였다.

레지스탕스 시대에 상응하는 격언은 '재산은 적과의 협력이다'였다.

_『이코노미스트』 1945년 12월 1일자
(Armstrong et al. 1991, 22에서 재인용)

제2차 세계대전은 미국을 제외한 선진 자본주의국가들에 대해서도 막대한 피해를 입혔다. 전쟁 종료와 더불어 각국은 경제·사회의 부흥을 위해 온힘을 기울였는데, 그 과정에서 여러 가지 새로운 시도들이 취해졌다. 많은 불균등 현상이 모습을 드러냈으며, 다양한 특징들이 눈앞에 나타났다. 이와 같은 정세에서 노동운동의 활동 영역은 광범해졌고, 노동운동은 새로운 중대 임무와 맞닥뜨렸다. 전후 초기 선진 자본주의국가들에서 진행된 정세 변화와 노동운동의 전개 과정을 국가별로 살펴본다.

1. 영국

노동당 정권의 성립

영국은 전쟁에 따른 피해를 입기는 했으나, 파쇼 진영에 점령당하지는 않았다. 1945년 7월에 치러진 총선거 결과는 노동당의 압도적 승리였다. 보수당이 213석, 자유당 12석, 그리고 그 밖의 정당이 22석을 얻은 데 비해, 노동당은 393석을 획득했다. 총선거에서 노동조합 간부 출신이 124명 출마했는데, 4명을 빼고는 모두 당선되었다. 보수당의 처칠 수상은 제2차 세계대전을 승리로 이끈 주역으로서 국민들이 자신을 지지해 줄 것으로 생각했지만, 선거 결과는 예상과 전혀 달랐다. 이런 선거 결과는 전후 획기적인 사회개혁을 바라는 영국 국민의 기대를 반영한 것이었다. 클레멘트 애틀리[1]를 수

1_런던 주 퍼트니에서 출생했다. 영국 총리(1945~1951)와 노동당 당수(1935~1955)를 역임했다. 옥스퍼드 대학에서 법률을 공부한 후 런던 변호가에서 사회개혁 활동에 종사했다. 1922년 하원의원으로 당선, 제2차 노동당 정부(1929~1931)에 입각했다. 노동당 정부는 건강보험제도를 비롯한 복지국가의 기반을

상으로 하는 노동당 내각 20명 가운데 각료 6명이 노동조합 출신이었다. 노동당 정부는 의료보험 제도를 확립하는 과정에서 영국의료협회와 힘겨운 투쟁을 벌여야 했고, 그 과정에서 공공 병동 내에 개인 부담 침상 설치 등 몇 가지 사항을 양보해야 했다. 또 석탄·전기·가스·철도·항공·영국은행·전신전화 등의 국유화는 별다른 반대 없이 의회에서 가결되었지만 도로운송·철강·제당 산업 등의 국유화는 순조롭게 진행되지 못했다. 철강 산업 국유화를 둘러싸고 상원의 반대에 부딪친 노동당 정부는 하원에서 가결된 법안의 유보 기간을 2년으로 규정한 1911년의 의회법을 수정해 이를 1년으로 단축하려 시도했다(스펙 2002, 272~273).

애틀리 노동당 정부는 국내에서는 개혁 정책을 펴면서도 대외적으로는 제국주의 정책을 그대로 유지했다. 영국 노동당 정부는 인도나 버마(지금의 미얀마)에서 '분할통치'라는 종래의 정책을 유지했으며, 민족 독립운동에 대해서는 일정하게 양보하는 태도를 보였다. 그러나 다른 한편으로는 자본가나 지주의 도움을 받아 인민의 요구를 억제했다. 노동당 정부는 1947년 독립을 보장한 인도를 반공운동의 중심에 두고자 했으며, 말레이시아에서 전개된 노동자투쟁과 민족해방운동을 '더러운 전쟁'으로 규정해 탄압했다. 영국은 인도·파키스탄·버마 정부와 특수한 군사협정을 체결했다(黃元起 編 1954, 상권, 44~45).

구축함과 동시에 석탄·전기 등 기간산업의 국유화를 실행했다.

영국노동조합회의의 세력 증대

제2차 세계대전 이후 영국 노동조합운동은 큰 어려움을 격지는 않았다. 노동조합 조합원 수는 1938년 당시 605만3천 명이었고 1945년에는 780만3천 명으로 증가했다. 그 가운데 영국노동조합회의TUC에 가입한 조합원은 1938년 466만9천 명이었고, 1945년에는 667만1천 명이었다. 전쟁 기간에 진행된 산업구조 변화가 개별 노동조합이 발전해 가는 데서 큰 차이를 초래한 것은 당연한 일이었다. 운수일반노동조합TGWU의 조합원 수는 이전에 70만 명도 되지 않았으나, 1945년 당시에는 100만 명을 상회했다. 조합원 수의 증가는 주로 금속·기계·화학 노동조합 그룹에서 이루어졌다. 조합원 수가 증가하고 노동운동이 사회의 권위를 획득함과 동시에 국민의 신뢰를 얻게 되면서 노동자들은 높은 수준의 요구 실현을 기대했다(Pelling 1992, 222; 226).

노동당 정부는 노동조합의 요구에 따라 1927년에 제정된 '노동쟁의 및 노동조합법'[2]을 철폐했다. 이로써 공무원 노동조합이 영국노동조합회의에 가입했으며, 노동당에 가입한 노동조합원 수가 크게 늘어났다. 당비 납부가 법적 승인 없이 가능하게 되어 노동당의 정치자금이 증가했다.

한편 노동조합운동은 대정부 관계에서 전혀 예상하지 못한 새로운 문제(전후 부흥의 어려움에 따라 제기된 문제)에 부딪쳤다. 미국의 '무기 대여'[3] 원조

2_이 법은 정치파업과 연대파업 금지, 대중적 피케팅 금지, 공공 부문 노동조합의 노동조합 전국 조직및 정당 가입 금지, 노동조합의 정치자금 모금 활동 금지 등을 규정했다.

3_무기대여법(Lend Lease Act, 1940~1945)은 미국이 제2차 세계대전 기간에 연합국들에게 전쟁 물자를 제공하기 위해 제정한 법이다. 이 법은 미국이 1941년 12월 전쟁에 직접 뛰어들기 약 9개월 전인 1941년 3월에 발효되었다. 이 법은 전쟁 물자를 구입할 때 해당국이 선불로 지불하고 직접 운송하도록 요구한 '캐시 앤 캐리' 법안을 무효화시켰다. 전쟁과 공습 때문에 경제가 피폐해진 영국은 더 이상 무기를 구입하고 운송할 능력이 없었기 때문이다. 이 법은 1945년 9월 2일 만료되었다.

가 1945년 가을에 돌연 중단된 것이다. 달러 대부 문제를 협의해 협약을 체결했으나, 정부는 국제수지 호전을 위해 생산성을 획기적으로 향상시켜야 했다. 이에 따라 정부는 영국노동조합회의 총평의회에 칙령 제1305호(파업을 비합법으로 규정하고, 노동쟁의가 발생했을 경우 노·사 쌍방이 전국중재법원의 결정에 따르도록 의무화하는 것을 규정했다)의 존속에 동의하라고 요청했다. 총평의회는 1942년의 '전쟁 전 노동관행 부활법'Restoration of Pre-War Practices Act[4]의 효력을 한동안 정지시키는 것에도 동의했다. 노동조합 지도부는 모든 측면에서 정부와 밀접한 관계를 유지했다. 무수한 행정 결정에 대한 자문에 응하면서 거기에 참여하는 대신, 노동조합은 파업권을 포함한 노동자의 가장 중요한 권리를 포기해야 했다(Pelling 1992, 236).

정부는 생산성 향상의 중요성을 강조함과 동시에 임금 규제를 통해 임금 인상을 제한했다. 총평의회는 정부의 방침을 받아들였다. 사실상의 임금 동결 조치인 임금 규제는 1945년부터 1949년까지는 큰 저항 없이 수용되었으나, 1950년에 열린 영국노동조합회의 대회는 총평의회의 방침에 반대해 "임금 규제를 실시할 근거가 전혀 없다"고 선언한 결의안을 채택했다.

총평의회가 노동당 정부의 정책, 특히 그 가운데 임금 규제 정책을 더 이상 지지할 수 없게 된 까닭은 노동조합 지도부 내에 '두려움을 살 만한' 공산주의자 그룹이 대두했기 때문이었다. 공산당이 군소정당이라는 사실(1945년 선거에서 2명의 의원이 당선되었을 뿐이었다)을 고려한다면, 충분한 설명이 되지 못할지도 모른다. 그러나 전쟁 전 '공동전선' 운동을 제창한 시기에 있어서도, 공산당은 신중한 협력 체제를 취해 그 실행을 위해 열성적으로 행

4_노동조합이 일시적으로 포기했던 노동관행을 전쟁 종결 이후 노동조합이 그 부활을 희망하는 경우 언제든지 부활시킬 수 있다는 규정을 포함하고 있다.

동함으로써 노동조합 상층 지도부의 중요한 지위를 상당 부분 획득했다.

당시 공산주의자들이 주도권을 행사한 노동조합도 여럿 있었다. 전기노동조합ETU, 전국주조노동자노동조합, 소방단원노동조합 등이 그러했다. 또 다수의 공산주의자가 대규모 노동조합 임원으로 선출된 경우도 있었다. 탄광노동자 조직이 그러했고, 웨일스와 스코틀랜드 지역에서는 공산주의자들이 지도부를 장악했다. 합동기계공노동조합 임원 중에도 공산주의자들이 있었으며, 운수일반노동조합 집행위원회 위원 34명 가운데 9명이 공식 공산당 당원이었다. 영국노동조합회의 총평의회에는 공산주의자 위원이 단 한 사람뿐이었다.

노동조합에 공산주의자들이 진출하는 문제는 냉전이 시작된 1947년에 들어와 첨예화했다. 동유럽 여러 나라들은 유럽부흥계획ERP 가입을 거부했다. 코민포름은 미국 정부와 영국 정부를 비난하면서 영국 수상 애틀리와 노동조합 출신 보건부 장관 어나이린 베번을 노동자계급에 대한 '유해한 파수꾼'으로 선언했다. 공산당은 생산증강 정책과 유럽부흥계획에 반대하는 운동을 벌였으며, 임금 규제 정책 시행을 반대했다. 그리고 비공인 파업wild cat strike도 불사했다.

공산주의자들의 이와 같은 행동 방침에 대해 맹렬한 반격이 일어났다. 1948년 10월, 영국노동조합회의 총평의회는 공산주의자들이 "유럽부흥계획을 반대한다"는 성명서를 발표했으며, "민주주의 옹호"Defend Democracy라는 팸플릿을 통해 공산주의자들을 비난하는 내용을 실어 각급 노동조합에 배포했다. 팸플릿의 내용에 따르면, 노동조합은 공산주의자가 노동조합의 주요한 자리에 취임하거나 또는 노동조합 대표로서 활동하지 못하도록 막기 위해 행동해야 한다고 역설했다. 그와 같은 행동은 다음과 같은 정당성을 갖는다고 했다. "공산주의는 우리의 노동운동이 갖는 전체적인 개념과는 배치된다. 민주적으로 결정되어야 할 우리 노동운동의 정책을 외부 단체의 명령에 맡겨 둔다면, 그것은 우리의 전통에 반하는 것이며 권위를 손상시키는 일이 될 것이다"(Pelling 1992, 233).

이와 같은 총평의회의 결정에 따라 공산주의자들이 노동조합의 중요한 지위에 선출될 수 없도록 하는 규칙을 제정한 경우도 있었고, 공산주의자들이 노동조합 임원 지위에 취임하지 못하도록 하는 결의안을 통과시킨 경우도 있었다. 냉전체제에 들어가면서 반공주의적 경향은 점점 더 강화되었고, 1951년 총선거에서 보수당이 승리함으로써 영국 노동운동은 어두운 시기를 맞게 되었다.

2. 프랑스

제4공화정의 출범

세계대전에서 연합군의 승리가 현실로 다가옴에 따라 프랑스에서는 1944년 6월 2일 프랑스민족해방위원회CFLN[5]가 중심이 되어 임시 정부를 선포했고, 8월 25일 파리가 해방되었다. 9월에는 드골을 임시정부 수반으로 하여 공산당까지 포함하는 내각이 구성된 상태에서 전쟁 종결을 맞았다. 1945년 10월 21일 실시된 국민투표와 총선거에서 국민의 대다수가 반대표를 던져 제3공화정[6]은 종식되었으며, 제헌의회 의원이 새로운 헌법을 제정할 의무

5_1943년 6월 알제리에서 드골과 앙리 지로가 주도해 결성한 조직이다.

6_제3공화정(Troisième République française)은 1871년 프랑스-프로이센 전쟁 이후부터 1940년 제2차 세계대전 때 독일군에게 점령당하고 해방될 때까지의 프랑스 정부를 말한다.

표 20-4 | 1945년 10월 21일 실시한 제헌의회 선거 결과

	득표수	득표율	의석수
공산주의자	5,024,174	26.12	159
사회주의자	4,491,152	23.35	146
급진파, 레지스탕스사회민주주의연맹 외	2,018,665	10.49	60
인민공화운동(MRP)	4,580,222	23.81	150
보수파, 독립파 외	3,001,063	15.60	64
기권	4,965,256	20.10	-

자료: 프라이스 2001, 402.

를 띠고 선출되었다.

총선거에서 유권자의 4분의 3은 공산주의자(프랑스공산당PCF), 사회주의자(인터내셔널프랑스지부SFIO), 인민공화운동MRP 등 뚜렷한 정체성을 지닌 정당을 지지했다. 이와 같은 선거 결과는 1943년 5월 27일 정치집단과 레지스탕스 조직의 대표들로 구성된 레지스탕스전국위원회CNR[7]가 중심이 되어 헌법제정 의회를 구성한 것이나 다름없었다. 이른바 제4공화정이 출범한 것이다.

제4공화정은 정치적으로 4개의 국면으로 구분될 수 있다. 첫 번째 국면은 공산주의자, 사회주의자, 기독교민주당이 연합한 3당 체제 내각이 통치했던 시기이다. 이 국면은 1947년 5월에 끝나며, 경제·사회 개혁이 실시된 시기였다. 두 번째 국면은 급진파와 다른 중도파들의 연합이 공산주의자와 드골주의자 모두를 반대하며 제3 세력을 형성해 이전의 3당 체제를 대체했

7_1943년 5월 모든 저항운동 조직을 지도하기 위해 결성된 조직이다. 이 조직에는 레지스탕스 조직 8개가 참가했는데, 공산당, 사회당, 부르주아 정당 4개, 노동조합 조직(프랑스 노동총동맹과 프랑스기독교노동총동맹) 2개가 그것이었다. 레지스탕스전국위원회 결성은 저항운동 조직을 통일하는 중요한 계기가 되었다.

던 시기이다. 세 번째 국면은 1951년 선거 이후 급진파와 보수파가 내각을 구성하고 지배 집단으로 대두한 시기이다. 이들의 지배는 1956년 사회주의자와 그 제휴 세력이 다수파가 되어 심각한 재정 문제와 알제리 식민전쟁에 대응하는 노력을 재개할 때까지 계속되었다(프라이스 2001, 403).

여기서는 첫 번째 국면에 해당하는 시기의 상황부터 살펴본다. '3당 협력 체제'tripartisme에 동의한 세 정당은 상호 협력하기를 열망했고, 이런 열망은 레지스탕스전국위원회 강령에 포함된 개혁안을 실천하겠다는 강력한 의지를 반영했다. 1944년 3월 15일 채택된 레지스탕스전국위원회 강령은 인민의 요구에 충실한 경제개혁과 사회개혁의 목표와 내용을 담고 있었다.

경제개혁의 주요 내용은 경제·사회적 민주주의 확립, 파시스트적 통제 철폐, 국가정책에 생산 종사자의 의견을 반영하는 방식의 생산력 강화, 독점적 주요 생산수단·공동노동산물·에너지·지하자원·대은행 등의 국유화, 노동자 경영 참여 등이었다.

사회개혁의 주요 내용은 단체협약 개선을 통한 노동과 휴식의 권리 보장, 인간다운 생활을 보장하는 임금체계 개편과 임금수준 향상, 통화 안정을 통한 구매력 보전, 노동조합의 자유로운 활동 보장과 그것에 따른 경제적·사회적 조직체로서 권리 강화, 국가와 수익자 대표의 관리에 따른 완전한 사회보장제도 확립, 고용 안정, 농산물 가격 안정 정책 시행을 통한 농업노동자의 생활수준 향상과 안정, 지역 투자 강화를 통한 농업노동자와 공업노동자 사이의 소득격차 해소, 퇴직금제도 설치, 파시스트의 테러 행위로 희생된 사람들을 위한 손해배상과 연금제도 마련 등이다.

레지스탕스전국위원회 강령에는 전후 프랑스 노동운동이 목표로 제기했던 주요 내용들이 포함되어 있었다. 그런 점에서 전후 프랑스 노동운동의 출발점은 무엇보다 반파시즘 저항운동의 연장선상에서 형성되었다고 볼 수 있다(광민사 편집부 1980, 79~80).

경제개혁과 사회개혁이 여러 영역에서 시행되었는데, 먼저 1944년 9월 14일 임금 50퍼센트 인상과 물가 동결령이 발표되었다. 이것은 정부가 노동자 측 요구를 온전하게 수용했다기보다는 노동자들의 생산 의욕을 높여 경제 재건을 추진하려는 의도를 더 강하게 내포하고 있었다.

다음으로 산업(석탄·항공·전력·가스 등)과 금융기관(프랑스은행과 4대 은행, 보험회사), 그리고 독일과 협력했던 대기업의 국유화가 추진되었다. 국유화 정책은 사회주의 방식의 국유화가 아니라 국가가 주식을 소유하는 형태로 경영 관리권을 행사하는 방식을 택했다. 국유 산업은 정부, 경영자, 노동조합 등 각 이익대표 집단이 공동으로 관리하는 형태를 취했다.

이런 기반 위에서 프랑스 특유의 노동자 경영 참여가 구체적으로 이루어졌다. 기업 단위 노동자대표제는 인민전선 정권 시기에도 시행되었으나, 전후에는 레지스탕스전국위원회의 강령이 제시한 노동자 경영 참여가 활발하게 추진되었다. 1945년 2월 22일, 기업위원회에 관한 법이 제정되었다. 기업위원회 법제화는 해방 당시 많은 기업에서 저항파 노동자들이 생산위원회 또는 경영위원회를 설립했던 사실과 기업경영에 노동자가 참여하는 일이 사실상 자연발생적으로 실현되었던 사실을 현실적인 근거로 하여 이루어졌다.

기업위원회법은 종업원 100명 이상을 고용하는 산업·상업 기업을 적용 대상으로 했고, 기업위원회의 기능은 노동·생활 조건 결정을 위한 노사협의, 사회적 시설 관리, 경제적 영역에서의 기업 관리·운영에 대한 노동자 참여 등 세 가지 주요 내용을 규정했다. 1946년 수정법에서는 적용 대상이 종업원 50명 이상을 고용하는 기업으로 확대되었고, 기업위원회의 기능도 기업의 조직·관리·운영 전반에 대한 노동자 참여로 확대 규정되었다. 노동조합은 기업위원회를 기업 내 노동조합운동의 발판으로 삼았다.

한편 사회보장제도 개선에 관한 행정 조치는 1945년 10월 5일의 포고령을 통해 실행되었다. 먼저 가족수당은 노동이 불가능한 사람들(환자, 실업자, 많은 자식을 부양하는 독신 여성)과 자식 2명 이상을 양육하고 또 그 자식이 15세 이하인 사람들에게 수입에 관계없이 지급되었다. 또 임신수당, 출산수당, 가족수당과 함께 사회사업에 지출될 개인·집단적 단위에서의 급부제도도 시행되었다.

사회보장관리위원회에는 노동조합 대표와 사용자 대표 외에도 가족조합도 참가했다. 노동조합 대표로는 프랑스 노동총동맹CGT,[8] 노동총동맹-노동자의힘CGT-FO,[9] 프랑스기독교노동총동맹CFTC[10]이 참가했다.

프랑스 노동총동맹의 노선 대립과 분열

레지스탕스전국위원회CNR의 강령에 기초해 프랑스의 재건과 개혁 작업이 진행되는 가운데, 노동운동은 한편으로는 파업투쟁을 전개하면서도 다른 한편으로는 재건과 개혁 작업에도 적극 참가했다.

1946년 4월, 프랑스 노동총동맹은 노동조합원 550만 명을 대표하는 전

8_1895년에 결성된 프랑스 최초의 노동조합 전국 중앙 조직으로서 1906년 아미앵헌장을 채택해 아나르코 생디칼리즘을 운동 노선으로 채택했다.

9_1948년 노동총연맹에서 분리되어 결성된 노동조합 전국 중앙 조직으로서 공산주의 노선에 반대해 개량주의적인 이론과 실천을 주장했다. 노동총동맹-노동자의힘(CGT-FO) 결성을 위해 미국노동총연맹-산업별조직회의(AFL-CIO)가 원조 자금으로 3만 5천 달러를 지원했다.

10_1919년에 결성된 노동조합 조직으로서 계급투쟁에 반대해 사회 평화 및 직업의 조직화를 위한 활동을 강조했다.

후 제1회 총동맹 대회를 열었다. 대회에 참가한 대의원의 80퍼센트는 공산주의자들이었다. 그들은 주요 산별노동조합(금속·건설·섬유·철도·지하자원·식품·농업)과 지방노동조합을 장악하고 있었다. 공산주의자의 이런 지도력은 독창력, 조직 능력, 헌신성, 그리고 10년 동안 파시즘에 대항한 투쟁 경험을 통해 획득된 것이었다. V. R. 로원은 이런 공산주의자의 지도력을 두고 "공산주의자가 보유한 지도력은 오랜 지하활동과 감옥 생활에서 형성되었다. …… 그 지도력은 다른 경쟁자들보다는 더 강건하고 더 훈련되었으며 더 유연했다"라고 표현했다(Foster 1956, 421).

공산주의자들은 노동총동맹 안에서 지배적인 지위를 차지했지만, 자신들의 힘을 신중하게 행사했다. 공산주의자들은 노동총동맹 집행기관 내에서 다른 분파 사람들에게 그들이 받은 지지보다 훨씬 높은 비율의 역할을 제공했으며, 공산주의 노동조합 지도자 브누아 프라송과 사회당의 레옹 주오를 노동총동맹의 공동 사무총장으로 선출했다.

노동총동맹은 전후 초기에는 전쟁으로 황폐해진 생산을 부흥하고, 또 그런 경제 재건을 통해 노동자의 생활 향상을 꾀하는 데 노력을 집중했다. 노동총동맹은 제1회 총동맹 대회에서 "노동자들이 최대한의 생산을 달성하기 위해 필요한 노동력을 발휘할 것을 호소한다. …… 더욱 높은 임금은 우리의 노력과 노동의 과실로서 달성될 수밖에 없다"는 결의를 채택했다(Foster 1956, 421).

이런 결의에도 불구하고 격렬한 파업의 물결이 전국으로 퍼져 나갔다. 1946년 파리 인쇄 노동자 파업을 비롯해 1946년 체신노동조합 파업, 1947년 4월의 국영 르노 공장 파업 등이 그것이었다. 르노 공장 파업은 4월 25일 노동자 1,500명이 임금 인상을 요구해 발생했는데, 4월 28일에는 파업 참가자가 3만 명으로 늘어났다. 곧 노동분쟁 조정이 시작되었으나, 중요한 것은 노동총동맹이 이 파업을 조직적으로 지원했다는 사실이다. 이와 같은 사태를 맞아 공산당원인 노동부 장관이 내각에서 물러났다.

1947년 4월부터 7월까지 파리 지구의 철도·탄광·은행·표백 노동자와 리옹의 교통노동자들이 파업에 들어갔고, 그 밖의 지역들에서 파업이 잇따라 발생했다. 연말에 이르러서도 생계비 앙등에 따라 파업은 도무지 완화될 기미를 보이지 않았다. 게다가 11월 14일에는 석탄 채굴에 대한 보조금 지급이 중지됨으로써 석탄 값이 40퍼센트나 인상되었다. 석탄 값 인상은 가스·전력·교통 요금, 나아가서는 식료품 가격 인상까지 부추겼다. 11월 12일에는 마르세유에서 전차 요금 인상 반대 운동이 일어난 것을 계기로 르노와 파드칼레의 석탄노동자 파업에서부터 해운, 조선, 금속, 건설, 공무원 파업으로 확대되었다. 파업 참가 인원은 250만 명에 이르렀다. 파업은 폭동의 양상을 보였다.

파업이 이처럼 노도와 같이 전국을 휩쓸게 된 배경에는 미국의 유럽부흥계획(마셜플랜)에 대한 노동자 저항이라는 정치적 요인도 있었다. 노동총동맹의 프라숑은 조직 내에 국민파업대책위원회를 설치해 파업투쟁을 통제하고자 했으나 결코 성공을 거두지는 못했다. 정부 권력과 파업 지도부 사이의 다툼이 거세지면서 11월 중반부터 12월 초에 이르러 파업은 기세를 누그러뜨렸다.

1946년과 1947년의 파업투쟁 과정에서 노동총동맹 내부의 노선 대립이 조직 분열로서 표면화했다. 12월 18일 노동총동맹-노동자의힘CGT-FO이 조직되어 노동총동맹으로부터 분리하기로 결정했고, 1948년 4월 12~13일 정식 결성되었다. 노동총동맹은 1895년 결성 이후 세 번의 분열을 경험했는데, 첫 번째는 1922년 공산주의 노선을 표방한 통일노동총동맹CGTU의 발족이었고, 두 번째는 1939년 프랑스기독교노동총동맹의 이탈이었으며, 세 번째가 이 '노동자의힘' 결성이다.

　이와 같은 노동조합 분열 속에서도 석탄 산업의 파업은 계속되었다. 9월 18일, 정부의 석탄 산업 축소와 미국산 석탄 수입 증대 정책에 반대해 제기된 파업이 민주통일 정권 수립 및 유럽부흥계획 시행 반대라는 정치적 성격을 띤 파업으로 전환되었다. 정부는 군대를 동원해 파업을 진압했다. 파업의 주요 무대였던 알레와상·에틴느에서는 무력 충돌로 광산 노동자 다수가 목숨을 잃는 사태까지 벌어졌다. 프랑스 노동운동은 이 파업을 계기로 정체기에 들어갔으며, 프랑스 자본주의의 재건이 본격화함에 따라 점점 체제 안으로 편입되었다(광민사 편집부 1980, 95).

3. 독일

독일의 패전과 비나치화·비군사화

1945년 당시 독일은 폐허였다. 전쟁에 지치고 불확실한 미래로 인해 고통받던 독일인들은 무너진 제국帝國의 파편과 잔해 속에서 겨우 목숨을 이어가고 있었다(풀브룩 2001, 301). 1945년 5월 8일 연합군 측에 무조건 항복함으로써 독일이라는 국가 형태가 소멸되고, 연합국이 직접 통치하게 된 상태였다.

　제2차 세계대전에서 승리한 전승국들은 독일의 장래를 예측할 수도 없었거니와, 독일 점령을 둘러싼 처지도 각자 달랐다. 패전 후 독일은 미국·영국·프랑스·소련 4개국에 의해 분할 점령되었다. 전후의 독일 점령 정책을 구상하기 위한 자리였던 1945년 2월의 얄타회담이나 1945년 7월과 8월의 포츠담회담에서는 전승국들이 네 개의 점령 지구에 일괄적으로 적용될 실행 가능한 정책을 이끌어 내지 못했다. 개별 점령 지구는 각 점령국의 방침에 따라 통치할 수밖에 없었다. 점령 초기에는 점령 정책의 기본 목표가 명료했다. 독일의 비非나치화, 비군사화라는 목표가 그것이었다(浜林正夫 외 1996, 74~75).

비나치화 정책의 대표적인 조치로는 1945년 11월부터 1946년 10월까지 열린 뉘른베르크 전범 재판을 들 수 있다. 독일 제3제국의 지도자들에게 통상의 전쟁 범죄에 추가해 '평화에 관한 죄', '인도에 관한 죄'를 묻는 재판이었다. 뉘른베르크 재판은 사회의 최고위층에 대한 비나치는 물론이고, 일반 국민 차원에서도 나치 경력 소유자의 공직 추방이나 교육 민주화(나치 및 군국주의 사상 교육 배제, 민주주의 사상 중시) 등을 통해 비나치화 목표를 추구했다.

그런데 소련 점령 지구의 비나치화 작업이 나중에 시행된 별도 재판이나 토지개혁, 국유화 조치 등을 통해 구조적 변화 및 인물 교체 등 대단히 과격하게 진행되었던 반면, 서부 독일의 비나치화는 상대적으로 비효율적으로 진행되었고, 그 결과 역시 의도와는 전혀 다르게 나타났다. 비나치화의 근본 목표가 과연 독일에서 나치를 제거하려는 것인지, 아니면 나치에게서 나치즘의 오명을 벗겨 주려는 것인지 애초부터 불분명했으며, 점령국들은 초기에 '범죄의 집단성'이라는 처벌 개념에 근거해 일련의 차별 정책을 시행했다.

그러나 장문의 설문지에 대한 답변을 토대로 하여 독일인들을 '주범' major offenders에서 '무죄'exonerated에 이르는 다섯 단계로 분류하는 작업은 관료주의의 악몽이었다. 이것은 독일인들을 제3제국에 연루된 사실에 직접 대면시키기보다, 그들로 하여금 변명을 늘어놓고 과거를 은폐하도록 만들었다. 결국 나치들은 대체로 뉘른베르크 재판(모든 전승국이 참여했다)을 받았거나 또는 나중에 별도의 재판을 받았던 거물들을 제외하고는 차츰 서독 사회에 편입되었다(폴브룩 2001, 306).

한편 비군사화는 독일 공업생산의 제한과 관련되었는데, 군수 생산이나 항공기 생산은 금지되었고 철광과 기계 등의 생산도 크게 제한되었다. 다만, 생산 제한을 둘러싼 점령국들 사이의 견해차가 있었다. 제2차 세계대전에서 가장 큰 피해를 입은 소련은 실물 배상에 관심이 컸으며 점령 지구의 공장 설비를 대량 해체해 자국으로로 운반해 갔다. 이에 비해 다른 점령국들은 공장 해체에 대해서는 비교적 소극적이었다. 토지개혁 측면에서도 소련 점령 지구에서는 대단히 철저하게 개혁이 행해졌지만 다른 점령국들의 점령 지구에서는 불철저했다(浜林正夫 외 1996, 75).

독일 동부 지구를 점령한 소련과 독일 서부 지구를 점령한 미국·영국·프랑스의 통치 방식은 얼마 지나지 않아 뚜렷한 대조를 보였다. 두 점령 지구의 통치 상황을 살펴본다.

소련은 전쟁 종료와 더불어 정력적인 활동을 펼치고 있던 독일공산당 DKP을 합법화하기 위해 정당 활동의 자유를 승인했다. 모스크바에서 훈련 받은 독일 공산주의자들은 당 대표 발터 울브리히트와 함께 이미 1945년 4월 말 베를린에 들어와 재빨리 지역 정치를 장악했다. 1946년 4월에는 독일 공산당과 사회민주당이 통합해 독일사회주의통일당SED을 창설했다. 당시 소련 점령 지구에는 독일사회주의통일당 말고도 독일기독교민주연합CDU과 독일자유민주당도 활동하고 있었다. 이 밖에도 친親독일사회주의통일당 정당으로서 독일민주농민당과 독일민족민주당이 창설되었다. 소련 점령 지구의 이들 정당은 1948년까지 독일사회주의통일당의 실질적인 영향권 안에 있었다.

소련 점령 지구에서는 이런 빠른 정치 변화뿐만 아니라 급격한 사회·경제의 변화도 이루어졌다. 먼저 토지개혁이 단행되었다. 100헥타르 이상의 대토지와 나치 당원이 소유하고 있던 토지가 몰수되어 재분배되었다. 그 가운데 일부는 소농 및 토지를 갖지 못한 농업노동자에게 돌아갔고, 일부는 동유럽에서 귀환한 독일인들에게 배분되었으며, 또 일부는 국유화되었다. 대기업·광산·은행이 국유화되었고, 나치 전범들의 재산이 몰수되었다. 그리하여 오랜 역사의 뿌리를 소유했던 융커[11]가 몰락했고, 대자본가들이 물질 기반을 완전히 상실했다. 한편 정치에서는 독일사회주의통일당이 주도권을 행사했다(풀브룩 2001, 304~305).

미국·영국·프랑스가 점령한 서부 독일에서도 변화의 바람이 불긴 했으나, 동부 지구처럼 그렇게 거세지는 않았다. 점령국들은 서부지역에서 과격한 사회·경제의 변화가 일어나는 것을 바라지 않았다. 그들은 서부 독일에서 자본주의 시장경제 체제를 유지하려 노력했다. 또 점령국들 사이의 이해관계도 각기 달랐다. 프랑스는 배상금을 가차 없이 수취해 가려 했고, 영국은 머지않아 현실화될 가능성이 높았던 대중적 기아 사태를 방지하기 위해서는 서북부 공업지대에 식량을 수입해야 한다고 판단했다. 미국 역시 독일 경제를 무너뜨리기보다는 재건해야 한다고 주장했다.

당시 서부 독일의 경우 낮은 생산량, 불충분한 배급, 그리고 전쟁 기간에 축적된 거대한 유동성 자산 문제가 결합해 상품에 대한 엄청난 초과 수요를 창출했지만, 1947년 말 당시 산업생산은 1936년 수준의 절반밖에 되지 않

11_ 융커(Junker)는 프로이센의 지배 계급을 형성한 보수적인 토지 귀족을 일컫는다. 동부 독일 지방에서는 농민의 부역 노동으로 상품을 생산하는 대농장이 경영되었다. 이와 같은 대농장을 소유·경영한 토지 귀족을 융커라 불렀다. 융커는 농장을 경영하며 프로이센 행정 기구에서 중요한 직위나 상급 장교 지위를 독점했고, 큰 세력을 휘둘러서 특권을 유지했다. 융커 세력은 통일 후의 독일에도 존속했는데, 제2차 세계대전 후 동부 독일의 토지개혁에 의해 소멸되었다.

왔다. 전쟁 시기의 폭격으로 수송 부문이 심한 타격을 받아 원료가 제대로 공급되지 않았으며, 불충분한 식량배급으로 석탄 생산이 위축되었다. 철강 산업은 비군사화의 희생양이 되었고, 식량 생산은 전쟁 이전 수준의 70퍼센트에 지나지 않았다. 형편이 이러한데도 서부 독일의 점령 당국은 기존의 경제 통제를 유지하는 것 이상은 아무것도 할 수 없었다(Armstrong et al. 1991, 47~48).

이런 상황에서 유럽 재건을 위한 방책으로 나온 것이 1947년 6월 발표된 유럽부흥계획이다. 유럽부흥계획은 유럽의 정치적·경제적 재건을 추진하되, 개방을 통해 새로운 시장을 개척하고 미국의 새로운 국제적 역할을 강화함과 동시에 트루먼독트린에서 밝힌 대로 유럽에서 소련의 팽창주의를 억제하는 것을 골자로 하는 다목적 재건방안이었다. 즉 유럽부흥계획은 서부 독일을 소련 점령 지구로부터 떼어내, 새롭게 등장한 냉전 구도에 맞추어 설계된 서유럽의 포괄적인 정치·경제 조직망 속에 편입시킨 조치였다 (풀브룩 2001, 308~309).

1947년 1월에는 이미 미국과 영국의 점령 지구가 2국 공동 통치 지구 bizone로 통합되었고, 의사擬似 정부라고 할 수 있는 경제평의회가 설치되었다. 이에 대응해 소련 점령 지구에서도 초보적 행정 조직인 독일경제위원회가 설치되었다. 여러 가지 사안에 대해 독자 노선을 추구해 온 프랑스도 결국 미국과 영국의 정책에 보조를 맞췄다.

1948년 2월에는 미국·영국·프랑스와 베네룩스 3개국(벨기에·네덜란드·룩셈부르크)이 런던에서 개최한 6자 회담에서 독일 서부지구의 유럽부흥계획 참가와 연방 체제 수립 방침을 논의했다. 이 회담에서 독일 서부 지역을 서유럽 진영으로 편입시키는 방침이 제시되었다. 이와 같은 방침에 따라 1948년 6월에 서부 지구에서 행해진 화폐개혁, 즉 지금까지 통용되었던 라이히스마르크Reichs Mark를 도이치마르크Deutsche Mark로 대체한 조치는 소련이 결코 받아들일 수 없는 조건을 포함하고 있었다. 경제통제 정책의 대폭적인 완화 방침에 따라 실시된 화폐개혁에 대응해 소련도 자국의 점령 지구에서 독자적인 화폐를 도입했다.

또 소련은 이를 명분으로 소련 점령 지구에 위치해 있으면서 4개국 공동관리 대상이었던 베를린과 서부 지구 사이의 교통을 봉쇄하고 서베를린으로의 전력 공급을 중단했다. 이것이 이른바 '베를린 봉쇄'이다. 이에 서부지구 점령국들은 1948년 가을부터 이듬해 봄까지 항공편으로 생활필수품을 공수空輸해 가며 소련의 베를린 봉쇄에 대항했다. 전쟁 발발 위기가 1949년 5월까지 이어졌고, 그사이 독일 동서 분할은 확고한 사실로 굳어지기 시작했다.

독일연방공화국과 독일민주공화국 수립

이로써 서부 독일은 가열되는 냉전에서 전체주의와 공산주의에 대한 투쟁의 민주적 동맹 세력으로 급부상한 것이다. 1948년 여름부터 서부 독일에 세워질 새로운 국가의 헌법이 논의되었다. 주 대표자 총회가 1949년 5월 23일 "기본법"(통일 독일의 헌법이 제정될 때까지의 잠정적인 법이라는 의미까지 포함해 이 명칭이 사용되었다)을 공포했고, 독일연방공화국이 수립되었다. 히틀러의 제3제국이 몰락한 지 4년 만에 새 국가가 수립된 것이다. 서독이 안고 있는 어둡고 은폐된 문제가 무엇이든, 서독은 변화하는 전후 세계에서 서유럽의 정치적·경제적 동맹 네트워크의 동반자가 된 것이다. 소련 점령 지구에서도 베를린 봉쇄 기간에 헌법 제정 작업이 진행되었는데, 1949년 3월 헌법안이 인민평의회에서 승인되었고, 이 헌법에 따라 1949년 10월 7일 독일민주공화국이 공식 성립되었다(풀브룩 2001, 309~310).

이처럼 독일의 동서 분단은 패전 후의 점령이라는 전제 아래 냉전이 심화됨에 따라 어쩔 수 없이 발생한 것이다. 독일인들은 국가의 통일과 자립을 강하게 희망했지만, 국제 대립의 냉혹한 현실은 오히려 분단을 고착화하는 방향으로 작용했다(浜林正夫 외 1996, 76).

노동조합운동의 부활과 전국 중앙 조직 설립

전후 독일의 정치·경제적 변화가 이와 같이 급격하게 진행되는 가운데, 노동운동은 어떻게 전개되었는가를 살펴본다.

독일의 경우, 제2차 세계대전이 종료되기 몇 해 전에 이미 노동운동은 그 토대를 완전히 상실했다. 그래서 노동자들은 전후에 자신들의 조직과 정당을 새롭게 조직하지 않으면 안 되었다. 노동자들은 공장 단위로 노동자평의회를 결성해 나치에 협력했던 기업주를 추방하고 관리권을 장악했으며, 점령군 당국과 접촉해 식량·의류·주택 등을 조달하기도 했다. 노동자평의회는 지역적 연대를 시도했고, 군수산업의 국유화를 요구하기도 했다. 이런 움직임을 기초로 하여 노동조합운동이 부활하기 시작했다.

소련 점령 지구에서는 1945년 6월 10일 독일 점령 소련군 최고사령관 주코프 원수의 명령 제2호에 따라 반파시즘 정당과 노동조합의 활동이 인정되었다. 1945년 6월 17일, 베를린 시청 광장에서 지난날 노동조합 조직에서 활동했던 간부 600여 명이 모여 집회를 열었다. 집회에는 과거 비합법 활동을 벌였거나 망명 생활을 했던 사람들, 수용소에 갇혀 있다가 풀려난 사람들이 참가했다. 이들은 통일된 노동자계급의 사상적·정치적 지도에 따라 자유로운 노동조합을 건설할 필요성을 인식하고 있었다. 집회에서는 통일된 자유 노동조합의 설립을 호소하는 선언이 채택되었다. 선언에는 나치 사상과 독일 군국주의 부활 가능성 저지, 행정기관 및 기업에서 파시스트 분자 추방, 평화적인 경제 재건을 추진하는 점령 당국 지지, 사회보장 정책 실시, 노동자계급 이익 옹호, 반파시즘 민주 진보 정신에 따른 근로인민 교육 등이 포함되었다.

1945년 12월과 1946년 1월, 노동조합 기관 선거가 실시되어 노동자들은 자신들의 대표를 선출했다. 1946년 2월 9일 베를린에서 전소 점령지구 노동조합 제1회 대회가 열렸는데, 이 대회에서 노동조합원 160만 명을 대표하는 자유독일노동조합총연맹FDGB이 설립되었다(바른케 1954, 101~102). 1949년에 자유독일노동조합총연맹은 세계노동조합연맹WFTU에 가입했다.

한편 미국·영국·프랑스 점령 지구에서도 1945년 후반기에 기업과 지역의 노동조합 조직을 재건하는 운동이 시작되었다. 이들 노조는 서로 다른 점령국의 법률에 따라 각각의 점령 지구에서 활동을 벌이다가 1947년 11월 영국과 미국 점령 지구에서 공동노조위원회가 설치되었고, 프랑스 점령 지구 노조도 그 뒤를 따랐다.

전후 독일에서 미국 정부는 노동조합운동을 승인하기는 했지만 그 범위는 극히 제한했다. 이와 관련한 미군정의 정책에는 몇 가지 특수한 점이 있었다. 첫째로 어떠한 희생을 치르더라도 재건된 노동조합에 대한 지도를 공산주의자들이 장악하게 할 수는 없다는 점, 둘째로 서독 분리를 유지하려는 미국의 계획에 간섭할지도 모를 통일된 노동운동 세력의 형성을 저지해야 한다는 점, 셋째로 무엇보다 노동운동이 서독의 자본주의를 위협하는 행동을 취하는 것을 막는다는 점 등이었다(Foster 1956, 422).

1946년 11월 이후 4개국 점령 지구의 노조 지도부는 동·서독 회의를 몇 차례 열었으며, 12월 하노버 회의에서는 독일 경제를 민주주의 원칙에 따라 재건한다는 결의를 채택했다. 이 결의에는 "양차 세계대전의 발생은 자본의 집중, 독점, 카르텔, 트러스트의 형태를 취하면서 자신들의 경제적 패권을 남용해 전쟁으로 몰고 갔던 세력의 존재를 독일 국내에서 찾아내지 않으면 안 된다는 사실을 밝혀 주었다"는 내용이 들어 있었다. 그러나 소련 점령 지구 내에서 결성된 자유독일노동조합총연맹과 함께 전 독일노동조합총연맹을 조직하려던 계획은 미국노동총연맹-산업별조직회의AFL-CIO 독일 분국의 방해 행위를 비롯한 여러 가지 제약 때문에 좌절되었다.

1949년 10월 뮌헨에서는 독일연방공화국의 노동조합 전국 중앙 조직인 독일노동조합총연맹DGB이 결성되었다. 독일노동조합총연맹은 결성 당시 16개 산별노조에 소속된 노동조합원 490만 명을 포괄했다. 독일노동조합총연맹이 창립대회에서 채택한 프로그램은 "노동조합은 기본법 제14조와 제15조에 근거해 기초적인 공업생산(석탄·광석·석유 채굴), 기간산업(철강, 기초적 화학제품), 에너지 산업, 식료품 제조, 주요 수송 수단, 신용제도의 사회화를 요구한다"고 선언했다. 또한 이런 국유화 산업의 총체는 '집중적인 경제계획화'를 위해 사용되어야 한다고 강조했다. 독일노동조합총연맹은 사회화 및 계획화 말고도 경제의 노사 공동 관리를 주장했다(마르티네 1983, 65).

노동조합의 조직 재건과 더불어 1947년부터는 파업투쟁이 전국적으로 벌어졌다. 먼저 루르 지방 전역에서 파업의 물결이 세차게 일어났다. 처음 나온 요구는 식량과 주거 문제에 관한 것이었지만, 이는 곧 국유화 요구로 전환되었다. 동일한 것을 요구하며 뒤셀도르프와 에센에서도 대규모 파업이 일어났다. 2월에는 공장협의회들이 투표를 조직해 국유화에 대한 의견을 물었다. 광산에서 실시된 투표 결과는 찬성이 90퍼센트였다. 파업은 계속 확산되었다. 3월 25일에는 부퍼탈에서 노동자 8만5천 명이, 그리고 뒤셀도르프에서 노동자 8만 명이 파업에 참가했다. 파업이 최고조에 이르렀을 때는 노동자 35만 명이 거리로 나와 대중 시위를 벌이기도 했다. 광산 노동자들은 작업을 하면서도, 효과적인 '천천히 일하기'go slow 방식을 이용했다.

같은 해 4월 1일, 브룬스비크Brunswick에서는 노동자 시위대와 군대 사이에 충돌이 벌어졌으며, 무장한 순찰대가 거리를 순회했다. 『이코노미스트』(1947년 5월 24일자)는 노동조합연맹의 역할에 대해 다음과 같이 보도했다. "지금까지 노조 간부들은 노동자들이 파업투쟁을 자제하도록 만들려 했으며, 영국군 당국에 협조하는 정책을 논의하고 실행해 왔다. 그러나 현재 대중의 분위기는 금지와 억제가 별로 소용없는 상황이 되었다. 식량 공급의 개선과 행정 혼란의 일소만이 어떤 변화를 가져다줄 것이다"(Armstrong et al. 1991, 50~51).

1947년 이후 냉전체제를 맞아 독일 노동운동은 분단된 두 개의 독립국가 창설, 파시즘이 초래한 폐해, 전쟁이 남긴 물질적·정신적 유산, 외국의 점령과 지배, 독점자본의 공세 등으로 큰 도전에 직면하게 되었다.

4. 이탈리아

패전과 당면 중대 문제: 숙청·정치체제·경제

1945년 5월, 이탈리아가 제2차 세계대전에서 패망한 뒤 파르티잔을 중심으로 한 레지스탕스 조직은 로마에서 정부 통치권을 인수할 준비를 하고 있었다. 이 시기에 이탈리아는 세 가지 중대 문제에 직면해 있었다. 첫 번째는 파시스트와 그 동조자들을 처벌하고 그들을 공직에서 몰아내는 '숙청' 문제였다. 두 번째는 제도 문제였는데, 어떤 형태의 헌법과 정부가 전후 이탈리아에 적합할 것인가를 선택하는 일이었다. 세 번째는 경제문제로, 전후 경제 재건을 비롯해 인플레이션·실업 등의 문제와 좀 더 장기적인 경제구조 문제를 어떻게 해결할 것인가에 관한 것이었다(듀건 2001, 346).

먼저 숙청 과정을 보자. 가장 악명 높았던 파시스트들은 이미 레지스탕스 대원들이 체포해 처형했다. 1945년 봄부터 여름까지는 무차별적인 보복과 복수의 악순환이 반복되었다. 그해 4~6월의 3개월 동안 대략 1만5천 명이 살해되었다. 누가 파시스트였는가를 밝혀내는 것이 문제였지만, 누가 파시스트가 아니었는가를 가려내는 쪽이 더 현실적이었다. 제2차 세계대전 기간에 수백만 명이 국가파시스트당PNF에 동참했거나 다른 파시스트 조직에 등록했던 것이다.

인민해방위원회가 숙청 작업에 착수해 파시스트 협력자들을 고발하기 시작하자 혼란과 반발이 일어났다. 재판부의 수많은 판사들과 배심원들은 피고인들 못지않게 자신들에게도 책임이 있다는 사실을 알았고, 그 때문에 파시스트 협력자에 대한 판결을 주저하거나 거부했다. 결국 실용주의 또는 일종의 '집단적 과실'이라는 정서가 우세해졌고, 체계적인 숙청을 단행하려던 시도는 실패로 돌아갔다. 숙청 실패의 결과는 사회 전반에 확산되어 관료정치가 지속되었고, 수많은 중요 입법안들이 채택되지 않은 채 쌓여만 있었다.

다음으로 정치체제 결정에 관해서 보자. 1946년 5월, 이탈리아 국왕 비토리오 에마누엘레 3세는 왕조를 구하기 위해 자신의 아들인 움베르토 2세에게 왕위를 물려주고 퇴위했다. 한 달 뒤인 6월 2일 제헌의회Constituent Assembly 선거와 함께 국민투표가 실시되었다. 그 결과, 2백만 표 차이로 공화제가 채택되었다. 특히 충격을 던져 준 것은 북부와 남부의 정치적 대립이었다. 로마와 남부는 군주제를 선택한 반면, 북부는 이를 거부했다.

제헌의회 선거에서는 총 556석 가운데 기독교민주당PDC이 207석을, 이탈리아사회당PSI이 115석을, 이탈리아공산당PCI이 104석을 차지했다. 행동당은 겨우 7석을 차지했으며, 1947년에 해산했다. 의회는 상원과 하원으로 구성되었으며, 많은 지역에서 자치권이나 독자적인 법률에 따라 보통선거를 통해 구성되는 의회를 설치한 지방정부가 들어섰다.

1946년 7월 26일 기독교민주당 지도자 알치데 데 가스페리[12]를 수상으로 하는 정부가 출범했고, 이탈리아공산당과 이탈리아사회당 그리고 소수의 이탈리아공화당PRI 당원이 입각했다. 1948년 1월 1일부터 제헌의회가 제정한 새 헌법이 시행되었고, 이 헌법에 따라 1948년 4월 18일 총선거가 실시되었다. 선거전은 대단히 격렬했고, 교회는 기독교민주당을 적극 지원했다. 미국 측에서도 이탈리아공산당을 배제하기 위해 온갖 노력을 기울였으며, 이탈리아공산당이나 이탈리아사회당이 선거에서 승리하게 될 경우 군사 개입마저 불사하려 했다. 이탈리아공산당에게는 이에 대응할 만한 수단이 아무것도 없었다.

선거 결과는 기독교민주당의 압도적 승리였다. 기독교민주당은 48.5퍼센트의 득표율을 획득했고, 상·하원 합쳐 574석 가운데 305석을 차지했다. 이탈리아공산당과 이탈리아사회당은 각각 31퍼센트의 득표율을 기록했는데, 이것은 1946년 선거에 비교해 8퍼센트 감소한 것이었다. 그러나 이탈리아공산당의 의석수는 106석에서 140석으로 증가한 반면, 이탈리아사회당 의석수는 115석에서 41석으로 크게 줄었다. 이것은 1947년에 벌어졌던 이탈리아사회당의 분열에서 기인한 결과였다. 이로써 향후 40년 동안의 이탈

12_알치데 데 가스페리(1881~1954). 이탈리아의 정치가이다. 제2차 세계대전 후 이탈리아 왕국의 마지막 수상이었으며, 뒤이어 이탈리아 공화국의 초대 수상을 지냈다. 기독교민주당 창당에 참여했고, 1945년부터 1953년까지 8년 동안 총리로 재직하며 이탈리아 발전의 기틀을 닦았다.

리아 정치 구도가 형성되었다고 할 수 있다. 정치체제는 기독교민주당과 이 탈리아공산당이라는 두 정당으로 분극화되었고, 다른 시각으로 볼 때는 이 탈리아는 일당 체제의 국가가 되었다고 할 수 있다(듀건 2001, 350~351; 360).

전후 이탈리아가 직면했던 세 번째 과제인 경제문제에 관해서 본다. 전후 이탈리아 경제는 서유럽 경제체제에서 경제계획이나 국가 개입을 통해 빠르게 복구되고 발전했다. 기본 공익사업(철도, 탄광, 전화, 전기 일부)은 이미 국유화되어 있었고, 정부는 1930년대에 은행업에서 중요 지분을 획득했던 참이었다. 이 덕분에 국가는 신용을 효과적으로 통제할 수 있게 되었다. 은행들은 철강·조선·기계 공업의 지분을 소유하고 있었다. 산업에 대한 투자가 급속하게 회복되어, 1946년에는 산업의 고정자본 투자가 거의 전전戰前 수준으로 회복되었다. 생산은 1947년 당시 전쟁 이전 수준의 90퍼센트에 이르렀다.

전후 이탈리아를 복구하는 데서 미국 원조는 주요한 요소였다. 1943년 부터 1948년까지 이탈리아는 유럽부흥계획에 따라 현금 15억 달러와 20억 달러 상당의 물자를 미국에서 지원받았다. 이 과정에서 섬유산업이 큰 혜택을 입었다. 대규모 철강 기업인 핀시데르Finsider와 피아트FIAT 등 대규모 공기업과 사기업들도 선진 산업국가들을 따라잡는 데 필요한 새로운 공장들을 매입하면서 호황을 누렸다.

산업 투자와 생산이 급격하게 증가하는 가운데, 인플레이션이 급속하게 진행되었다. 1947년 초 물가상승률은 공식 생계비지수에 따르면 연간 거의 100퍼센트에 이르렀다. 임대료가 엄격하게 통제되고 빵 배급이 실시되었으나 식량 가격은 빠르게 올라 국민소득의 약 10퍼센트가 농민과 자본가적 농장주의 손으로 이전되었다.

1946년 초 노동-자본 교섭으로 타결된 임금협정 상의 '임금 물가연동제'

는 노동자의 실질임금 저하를 부분적으로 보호해 주었을 뿐이었고, 더구나 여기에는 7개월 동안의 임금협상 휴전 조항이 포함되어 있었다. 높은 수요와 방대한 정부 적자는 인플레이션을 가속화했다(Armstrong et al. 1991, 52~54).

인플레이션의 가속화와 더불어 실업의 증대, 소비 축소, 투기 만연, 효과적인 계획 부재는 노동자계급의 저항을 불러일으켰다. 전국적인 파업은 일어나지 않았지만, 많은 지역에서 파업이 발생했다. 1947년 6월 유조차운전 노동자, 인쇄 노동자, 부두 노동자, 호텔 종사 노동자들이 일으킨 거대한 파업의 물결은 총파업으로 발전했다.

노동조합운동의 통일 선언: 로마협정 체결

지금까지 전후 초기 이탈리아가 직면한 주요 과제였던 파시스트 숙청, 정치체제와 제도, 그리고 경제 복구 문제에 대해 살펴보았다. 이 시기 노동운동 전개 과정을 개괄해 보기로 한다.

이탈리아 노동운동은 1943년 연합군의 이탈리아 진주와 더불어 다시 본궤도에 올랐다. 노동운동의 재활성화는 1943~1944년의 총파업과 봉기를 불러왔다. 1944년 6월 로마협정Pact of Rome으로 불리는 '노동조합 통일 실현에 관한 선언'이 체결됨에 따라 노동조합 통일이 이루어졌다. 이 협정에는 세 개의 지도적 경향인 공산주의·사회주의·기독교민주 계열의 지도적 노동조합 대표들이 서명했다.

로마협정은 정치적 견해차나 종교적 신조에 관계없는 노동조합의 통일을 호소했다. 로마협정은 통일 노동조합이라는 대원칙 이외에도 다음과 같은 사항을 규정했다. ① 전체 노동조합 간부 선출에 있어 총괄적 내부 민주주의를 보장할 것(기초 조직에서부터 총지도부 조직에 이르기까지 모든 지도부 구성에서 소수파의 합당한 비례 참여를 보장함), ② 정파를 막론하고 모든 성원들에게 의사표명의 자유를 최대한 보장하고, 모든 정치적 견해와 종교적 신조에 대해 상호 존중할 것, ③ 노동과 국가의 이익을 보호하거나 인민의 자유를 보장하고 발전시킨다는 전제에서 근로 대중의 조직적 표현에 따라 민주 정당의 활동을 지원할 수 있는 가능성을 갖지만 원칙적으로는 모든 정당으로부터 독립을 유지할 것 등이었다(정병기 2000, 117).

로마협정에 따라 결성된 노동조합 전국 중앙 조직이 이탈리아노동총연맹CGIL이었다. 이탈리아노동총연맹은 1945년 1월 나폴리에서 최초의 대회를 열었다. 대회에는 노동조합원 130만 명[13]을 대표하는 해방지구의 대의원이 주로 참가했다. 이 대회는 21년 만에 공개적으로 열린 최대의 대회였으며, 여기서 규약을 채택하고 요구 프로그램을 선언했다. 이탈리아노동총연맹은 전쟁이 종료된 뒤, 1947년 6월 피렌체에서 전국대회를 열었다. 대회는 공공사업 및 산업의 광범한 국유화, 대토지소유제의 해체를 포함한 개혁적인 강령을 채택했다.

이탈리아노동총연맹은 1947년에 이르기까지 파업을 자제했으며, 오히려 파업을 억제하기까지 했다. 노동운동을 주도했던 이탈리아공산당은 1943년 7월 베니토 무솔리니 몰락 이후 피에트로 바돌리오 정부와 협력 관계를 맺어 인민전선 정책Popular Front Policy을 추구했고, 이런 정책을 1947년 5월 가스페리 정부에서 축출될 때까지 계속 유지했다. 이탈리아공산당의 이와 같은 협조 정책은 노동조합운동에 직접 영향을 끼쳐, 이탈리아노동총연맹

---

[13]_이탈리아노동총연맹 조합원 수는 1945년 7월 300만 명으로 발표되었으며, 1947년 6월에 발표된 숫자는 573만 명이었다.

은 임금동결 협정에 합의하는가 하면 전후 경제 복구를 위해 '작업 리듬, 규율 그리고 생산을 촉구'하는 데서도 협조적인 태도를 취했다. 이런 노동운동 기조는 충격적이고 눈물겨운 경제 상황을 반영하는 것이었다(Armstrong et al. 1991, 55).

해방 후 시간이 지남에 따라 이탈리아공산당과 이탈리아노동총연맹이 추구했던 정치·경제·사회의 개혁 목표 실현 가능성은 점점 희박해졌다. 저항운동을 통해 쟁취한 기업 경영 공동결정권이 단계적으로 폐지된 것이 그 한 가지 사례였다. 더욱이 직장평의회Commissioni interne조차 노동조합의 분열로 말미암아 1948년 이후부터 현저하게 약화되었다.

노동운동의 침체와 분열

이탈리아공산당·이탈리아사회당과 이탈리아노동총연맹이 정부 정책 결정 과정에 다양한 형태로 참여했는데도, 1947년 이후의 역학관계가 세력을 되찾은 대자본 측에 유리한 방향으로 전환된 것은 노동운동의 침체를 불러온 몇 가지 요인들에서 기인했다. 그 첫째 요인으로는 연합군의 진주를 들 수 있다. 1947년 7월의 '평화협정'이 체결될 때까지 연합군정은 이탈리아 지배계급을 위해 공개적·비공개적으로 힘썼다. 유럽부흥계획이나 북대서양조약기구 가입도 이런 맥락에서 이루어졌다.

두 번째 요인으로는 1947년 초부터 노골화된 노동조합운동 내 정파들 사이의 대립과 분열을 들 수 있다. 1947년 6월에 열린 이탈리아노동총연맹 피렌체 대회에서 노동조합 통일이라는 원칙은 재확인했으나, 이 대회에서 치른 선거에서는 정파들 사이의 역학관계가 분명하게 드러났다. 선거 결과 공산주의계가 57.8퍼센트, 사회주의계가 22.6퍼센트, 기독교민주계가 13.4

퍼센트, 사회민주계(대회 개최 몇 개월 전에 이탈리아사회당에서 분리된 이탈리아사회당 우파) 2.2퍼센트, 그리고 공화계가 2.0퍼센트를 각각 차지했다.

분쟁의 초점은 이탈리아노동총연맹의 기본 방침을 '순수 노동조합'의 요구로 한정할 것인가, 아니면 정치적 요구도 병행하면서 실제 행동을 취할 것인가 하는 문제였다. 기독교민주계 조합원들이 민주적 권리 보장과 확대를 위한 정치적 태도 표명을 허용한 이탈리아노동총연맹 규약 제9조의 무조건 삭제를 주장한 반면, 공산주의계와 사회주의계 조합원들은 이 조항에 대해 일정한 제한(75퍼센트의 찬성으로 가능하도록 하는)을 수용하겠다는 견해를 표시했다.

세 번째 요인은 1948년 이후 실행된 통일 노동조합의 분열이었다. 1948년 7월 14일 이탈리아공산당 지도자 팔미로 톨리아티 암살 기도가 일어난 뒤, 이탈리아노동총연맹이 파업 감행을 호소했다. 이에 따라 작업 중단과 저항시위가 이루어졌으며 시위대와 경찰대 사이에 유혈 충돌이 잇따랐다. 이런 사태를 맞아 기독교민주계는 공산주의계와 사회주의계가 정치적 목적으로 파업을 남용했다는 이유를 들어 총파업을 즉각 중지할 것을 요구하는 최후통첩과 함께 이탈리아노동총연맹 탈퇴를 선언했다.

이어 7월 22일 이탈리아노동자기독교협회ACLI는 새 노동조합 전국 중앙조직 설립을 공표하고, 10월 자유이탈리아노동총연맹LCGIL이라는 가톨릭계 노동조합을 설립했다. 1949년에는 사회민주계와 공화계 조합원들이 사회당에서 탈당한 일부 노동조합 간부들과 함께 이탈리아노동총연맹을 떠났다. 이들 가운데 소수는 가톨릭계와 함께 1950년 4월 이탈리아노동조합총연맹CISL을 결성했고, 기독교민주계의 대세 장악을 우려한 나머지 노동조합원 다수도 곧 이탈리아노동연맹UIL을 설립했다. 이탈리아노동총연맹 분열이 이탈리아 노동운동에 끼친 영향은 대단히 컸다. 이는 그 뒤의 냉전 시기 이탈리아 노동운동 발전을 가로막은 요인으로도 작용했다(정병기 2000, 126).

5. 에스파냐

프랑코 정권의 국제적 고립

제2차 세계대전의 국면이 추축국 측에 불리하게 되자 에스파냐의 독재자 프란시스코 프랑코는 추축국으로부터 이탈하려 했으며, 국내에서도 파시스트 체제를 수정하려 했다. 1942년 7월, 입법기관인 코르테스Cortes가 설치되었다. 그러나 이러한 명칭은 허울일 뿐이었고 프랑코 총통의 권한이 코르테스를 압도했다. 코르테스는 민주주의적인 의회와는 달리 관직에 종사하는 사람들로 구성되었는데, 국가조합주의운동연합에스파냐팔랑헤당 산하 단체나 지방의회에서 선출되어 프랑코의 지명으로 최종 결정되었다.

연합군이 북아프리카에 상륙했을 때 미국의 프랭클린 루스벨트 대통령은 에스파냐 주재 대사 카턴 헤이스를 통해 이 작전은 에스파냐 영토를 대상으로 하는 것이 아니라 에스파냐의 정치체제를 문제 삼는 것이라고 전했다. 프랑코는 그 뒤로 루스벨트의 서한을 그의 정권 유지를 위한 비장의 카드로 사용했다.

1943년 이탈리아가 항복했을 때, 프랑코는 10월 3일 '비교전'으로부터 '중립' 쪽으로 외교정책을 바꾸었다. 또 프랑코는 내전 때 투옥된 사람들의 형량을 줄였고 일부를 석방했다. 이와 같은 국제 정세의 변화에 편승해 에스파냐 군부는 1941년 로마에서 죽은 알폰소 13세의 셋째 아들 돈 후안을 옹립해 왕정 부활을 기도했다. 돈 후안은 왕위 계승 권리를 주장했으며 영국의 지지를 얻었으나, 프랑코는 이런 움직임이 자기 체제에 대한 위협이라

간주하고 경계했다. 또 군부의 왕당파도 왕정 부활을 실현할 수 있는 힘을 갖지 못했다(齊藤孝 외 1998, 185~187).

한편 내전 종료 후 국외로 망명했던 공화파는 미국과 영국이 프랑코 정권을 물러나게 할 것으로 기대하고 국제 여론에 호소하고 연합국 정부들에 제안하기도 했으나, 결국 그러한 기대는 실현되지 않았다. 망명자들의 운동에서도 공화주의 좌파, 사회당 계열, 공산당 계열 등이 각각 별도로 활동을 진행해 통일된 방침을 결정하지 못했다. 또 남프랑스와 툴루즈로 망명해 독일에 대항하는 프랑스인들의 레지스탕스에 가담했던 에스파냐 공산주의자 및 무정부주의자는 1944년 독일군이 남프랑스로부터 철수하자 피레네산맥을 넘어 에스파냐 국내로 들어와 프랑코 정권 타도를 목표로 게릴라 활동을 벌였으나, 에스파냐 인민의 적극적인 반응을 얻지는 못했다.

1945년 5월 5일, 나치 독일이 항복함으로써 유럽에서의 제2차 세계대전이 종료되었다. 프랑코 정권은 추축국들과 같은 축에 속했다고 하여 국제적으로 심한 비난을 받았다. 1946년 2월 9일에 열린 국제연합UN 총회에서는 파나마의 제안으로 프랑코 체제의 에스파냐를 국제연합에 가맹시키지 않기로 결의했다. 이 무렵, 에스파냐에서 프랑스로 망명했던 크리스티노 가르시아가 에스파냐에서 처형되는 사건이 벌어졌다. 가르시아는 프랑스인의 대독일 레지스탕스 운동에 참가했으며, 전후에는 에스파냐에서 반프랑코 투쟁을 하다 체포되었다. 1946년 2월 22일 가르시아가 사형을 당한 사실로 프랑스 여론이 들끓었으며, 3월 1일 프랑스 정부는 에스파냐와 맞닿은 국경을 폐쇄했다. 3월 5일에는 미국·영국·프랑스 3국이 공동성명을 발표했다. 프랑코 정권을 비난하면서 정치범 석방, 팔랑헤당 해체, 자유선거와 의회의 복구를 촉구하는 성명이었다.

1946년 4월부터 국제연합에서는 에스파냐에 관한 토의가 이루어졌다.

결국 같은 해 12월 12일, 국제연합총회는 '프랑코 파시스트 정부'를 국제연합의 어떤 기관에도 가입시키지 않고, 각국은 에스파냐로부터 외교관을 철수시킬 것을 권고하는 결의를 채택했다(찬성 23, 반대 4, 기권 20). 이 결의를 채택한 표결에서 미국은 기권했으며, 콜롬비아를 비롯한 라틴아메리카의 4개국은 반대표를 던졌다. 프랑코 체제의 에스파냐는 국제적으로 고립되었으며, 프랑코와 우호 관계에 있는 나라는 살라자르 독재 체제의 포르투갈과 페론 정권의 아르헨티나 등 유사한 체제를 유지하고 있던 국가들뿐이었다(齊藤孝 외 1998, 187~190).

프랑코 정권의 국제적 고립은 반프랑코 세력에게 프랑코 정권을 타도할 수 있는 절호의 기회였다. 1946~1948년에 반프랑코 게릴라 투쟁이 과감히 진행되었으나 프랑코에 반대하는 세력들이 군건한 결속을 이루지 못했고, 엄격한 통제 아래 적극적인 투쟁을 전재할 수 있는 조건을 창출하지 못해 프랑코 체제를 위협할 정도의 힘을 발휘하지는 못했다. 반대로 프랑코는 국제적 곤경을 이용해 국민에게 비장감을 불어넣으면서 정권의 장악력을 강화하고자 했다.

프랑코는 1947년 7월 6일, 국민투표를 거쳐 '국가원수계승법'을 공포했다. 에스파냐를 가톨릭의 전통에 따라 왕국으로 규정하고 프랑코 총통을 국가원수로 격상시키는 법이었다. 에스파냐는 왕국이면서 왕이 존재하지 않으며, 프랑코가 죽을 때까지 국가 원수의 지위를 지키고 게다가 프랑코는 후계자를 지명할 수 있는 기묘한 정치체제를 갖게 되었다. 당시까지 제2공화국 헌법 대신 코르테스설립법(1942년 7월), 에스파냐국민헌장(1945년 7월), 국민투표법(1945년 10월) 등 정치체제 관련 몇 개의 중요 법률이 기본법으로서 역할을 했다. 국가원수계승법은 그와 같은 중요한 법률들의 종합판이 된 셈이었다.

알폰소 13세의 계승 문제를 둘러싸고 그의 아들 돈 후안과 프랑코의 대립이 첨예화했으나 1948년 8월에 양자 사이에 회담이 이루어졌다. 이 자리에서 돈 후안의 아들 후안 카를로스를 에스파냐에서 교육해도 된다는 결정이 내려졌다. 프랑코는 후안 카를로스를 돈 후안의 영향에서 벗어나게 함과 동시에 장래의 국왕으로 내정했다(齊藤孝 외 1998, 190~191).

에스파냐는 제2차 세계대전 후 국제적으로 고립되고 유럽부흥계획 지원 대상에서 배제됨에 따라 경제적으로 큰 어려움을 겪게 되었다. 인플레이션이 계속되었고, 국제수지는 만성적인 적자에 허덕였다. 에스파냐 경제는 제2차 세계대전 이전에도 내전으로 인해 완전히 황폐해져 있었다. 국민소득은 내전 이전의 28퍼센트로 줄어들었으며, 주로 농업과 목축업에 의존했다. 원자재와 시설재가 모자랐고, 배급제를 실시했을 정도로 곡물 부족이 심각했다. 외교적 고립 상태에서 위기에 대처하기 위해 자급자족 체제와 경제적 민족주의 기치를 내걸고 1941년에 국립산업연구원INI을 세워 에스파냐 산업화의 주도적 역할을 담당하게 했다. 그 밖에 제철회사, 석유공사, 아스타노와 바산 조선소, 이베리아 항공사 등도 산업화에 기여했다. 에스파냐 경제는 외교적 고립에서 벗어난 1953년 이후 차츰 회복되기 시작했다(강석영 외 2005, 335).

자율적 노동조합운동 통제와 기본 권리 규제

에스파냐에서 전개된 자율적 노동조합운동은 프랑코 체제 이전부터 존재해왔다. 그러나 프랑코 체제 이후에는 자율적 노동조합운동에 대한 법적인 금지와 강도 높은 국가 개입으로 그 공식적인 활동이 중지되었다. 먼저 프랑코 체제 이전 노동조합운동의 전개를 개략적으로 살펴본다.

자율적 노동조합운동은 사회주의 계열의 노동총동맹UGT과 아나르코 생디칼리즘 경향의 노동전국총동맹CNT, 그리고 프랑코 체제에서 출범한 노동자위원회총동맹CCOO과 노동조합총동맹USO으로 분열되었다. 에스파냐 노동조합의 분열은 노동조합운동의 노선과 이념, 정당과의 관계, 민족주의적인 정서 등으로 인한 것이었다(ILO 1985, 28; 조효래 1995 133에서 재인용).

노동총동맹은 마르크스주의적 교의에 근거한 사회혁명보다는 사회개혁에 실용적으로 접근하는 것을 노선으로 삼았다. 그래서 임금 및 노동조건 개선에 집중해 노력을 기울였으며, 정치적으로는 에스파냐사회노동당PSOE의 노동조합 파트너로서 활동했다. 노동총동맹은 노동전국총동맹과 함께 제2공화국 시기 대표적인 노동조합이었다. 노동전국총동맹은 전통적으로 아나르코 생디칼리즘에 기반한 노동조합으로서 공장위원회 선거 참여를 거부함으로써 공식적인 노동조합으로서의 영향력을 어느 정도 잃어버렸다. 노동조합총동맹은 가톨릭 행동파와 사회주의자들을 포괄하고 있었으며, 종교적 기반과 경제주의적 지향을 명분으로 프랑코 체제에서도 용인되었고 엄격한 통제를 받지 않았다. 노동조합총동맹은 초기에 노동자위원회CO를 지지했으나, 공산당의 영향력 행사에 반대해 노동자위원회에 대한 지지를 철회했다.

노동자위원회총동맹은 프랑코 체제에서 노동자 저항을 주도했던 각 지역의 자연발생적 노동자위원회 전국 결집체로서 형성되었다. 노동자위원회는 1960년대 중반에 지역 수준에서 노동자 활동을 조정하기 위한 기구로 성립되었는데, 주로 프랑코 체제의 '수직적 조합체계'인 에스파냐노동조합조직OSE에 참여함으로써 합법적 활동 영역을 최대한 활용했다. 에스파냐노동조합조직에 대한 '민주적 점령' 또는 '침투'에 성공하자, 노동자위원회총동맹의 조직 모델과 노동조합으로서의 기능은 크게 변화했다.

권위주의 체제에서 노동자위원회총동맹 조직 모델은 모든 노동자들이 참여할 수 있도록 느슨하게 구조화된 개방적 운동과 대중 행동을 지도하고 조정할 수 있는 엄격한 비밀조직의 융합이라는 특징이 있었다. 이러한 모델은 보안이 철저한 대신 대중에 접근하는 데 한계가 있는 비밀조직과 집합적 노동 동원의 기회를 제공하지만 탄압에 취약한 공개 운동 사이의 딜레마를 해결하기 위한 것이었다. 조직 구조와 노동 동원의 이러한 불일치는 권위주의 체제에서는 불가피한 현상이라기보다는, 오히려 모든 노동자들을 포괄함으로써 조합원과 비조합원 간의 분리를 극복하는 노동조합의 새롭고 창조적인 형식으로 인식되었다(Fishman 1990, 422; 조효래 1995, 133~134에서 재인용). 이러한 노동조합운동의 분열을 극복하고 통일을 이루기 위한 노력은 여러 측면에서 이루어졌다.

　　프랑코 체제의 노동 정책은 강제 가입을 기초로 한 '수직적 노동조합' 설립, 파업 금지, 임금·노동 조건에 대한 노동부 규제라는 세 가지 요소를 기본 축으로 하고 있었다. 1938년의 노동기본법Fuero del Trabajo은 파시스트적 조합주의Corporatism 이념과 팔랑헤당의 조직 원리, 그리고 사회정의와 관련한 가톨릭 원칙을 혼합한 노사관계의 조합주의적 구조를 확립했다. 노동자들과 기업주가 함께 의무적으로 가입해야 했던 수직적 노동조합은 팔랑헤당의 당원들이 통제했고, 노동부는 임금과 노동조건을 규제했다. 이런 상황에서 노동조합은 단체교섭권을 행사하지 못했고, 노동조합은 사회적 규율의 도구로서 노동문제를 담당하는 국가의 보조기구로 인식되었다. 이런 노동 체제는 1958년 이후 단체교섭제도의 도입과 기업 레벨 공장위원회Jurados de empresa의 확립으로 변화되었고, 자율적 노동조합운동이 고양되었다(조효래 1992, 141).

보론: 에스파냐 노동운동의 초기 단계

19세기 노동운동

에스파냐의 근대적 노동운동은 19세기 들어 전개되기 시작했다. 이 시기는 정치적으로는 1812년의 왕권을 제한한 헌법 제정, 페르난도 7세의 집권(1814~1833), 이사벨 2세의 자유 체제와 제1공화국 수립(1833~1874), 부르봉 왕조의 부활과 에스파냐 재건(1874~1902)이라는 큰 변화를 겪었던 때였다.

경제적으로는 자유주의적 경제정책에 따라 외국자본의 도입을 통한 산업화가 추진된 시기이다. 카탈루냐에서는 영국·프랑스제 기계 수입으로 목면공업이 근대화되었으며 대공장이 설립되었다. 바스크 지방의 철공업은 영국 자본으로 증기기관을 설치해 근대화의 첫걸음을 내딛었다. 세고비아와 베하르에서는 양모산업이 발달했고, 발렌시아에서는 견직, 그리고 세비야에서는 아마 산업이 발흥했다. 마르베야에서는 제철업이 시작되었고, 아스투리아스와 빌바오에는 제련소가 세워졌다.

산업의 발전으로 부르주아지가 형성되었고, 그들은 사회적 신뢰를 확립하기 위해 가톨릭을 지지했다. 레오폴도 오도넬은 중도 자유주의를 표방하며 자유주의연합UL을 조직했으며, 자유주의연합은 1858년부터 1863년까지 6년 동안 집권했다.

이와 같은 정치·경제 정세의 변화가 급속하게 진행되는 가운데 근대적인 노동운동도 발전하기 시작했다.

에스파냐의 노동운동은 유럽의 다른 나라에 비해 상대적으로 늦게 발전했다. 1825년 최초로 노동조합이 결성되어 임금 인상과 노동조건의 개선을 요구했다. 1830년대에는 카탈루냐의 직물산업에 종사하는 노동자들이 노동조합을 조직했다. 1864년 국제노동자협회, 즉 제1인터내셔널이 창립되자 카탈루냐의 가장 활발한 노동자 그룹은 1869년 제1인터내셔널에 가입하고 마드리드·바르셀로나·안달루시아에 지부를 설치했다. 제1인터내셔널 내부의 이념적 분파인 마르크스주의파와 바쿠닌주의파의 이념적 분열은 에스파냐 노동운동에도 그대로 반영되었다(강석영 외 2005, 288~289).

1870년 바르셀로나에서 열린 제1회 에스파냐 노동자 대회에서는 바쿠닌의 혁명방법론[14]이 채택되었다. 카탈루냐에 뿌리를 내린 인터내셔널의 사상은 1869년부터 1873년까지 안달루시아·발렌시아로 확장되었다. 인터내셔널 에스파냐 지부 조직 구성원 약 2만5천 명을 포괄했다(齊藤孝 외 1998, 73~74).

1872년 사라고사 대회에서부터 노동운동은 마르크스의 과학적 사회주의파와 바쿠닌의 무장부주의파로 양분되었으며, 두 진영이 별도로 노동운동을 전개했다.

사회주의자들은 1872년 분열된 후, 파블로 이글레시아스가 주도해 1879년에 에스파냐사회노동당PSOE을 창설했다. 에스파냐사회노동당이 제정한 정강 정책은 계급을 타파하고, 개인 재산을 사회에 환원하며, 노동자들에게 정권을 이양한다는 것이었다. 이러한 정강과 활동 때문에 에스파냐사회노

14_바쿠닌이 설정한 혁명의 목표는 무정부 상태의 건설이다. 그는 혁명적 상황이란 모든 착취 질서에 지속적으로 존재하는 것이라고 전제하면서, 혁명적 엘리트의 지도를 받는 인민 대중의 자발적인 봉기를 혁명으로 규정한다. 아울러 당 이론을 거부하고 과도기 설정을 거부하며 그는 프롤레타리아트의 독재를 포기할 것을 요구한다. 무정부주의의 사회적 이상은 다른 어떤 조직보다도 큰 연합체로서 자유롭게 결성할 수 있는 '자유로운 연합체', 자율적 공동체를 기초로 설정하고 있다. 이런 연합체들은 지역적이고 집단적인 자유는 물론이고 개인적 자유 일체를 최대한 보장하고 반(反)혁명으로부터 그 구성원들을 보호할 수 있어야 한다는 것이다. 그러므로 중앙정부나 경찰, 상비군은 없어야 하고 모든 개개인의 존재 근거는 개인의 완전한 평등이라고 주장한다.

동당은 카노바스 델 카스텔로 정권으로부터는 승인받지 못했으나, 1881년 정당 및 사회단체의 승인으로 프락시도 마테오 사가스타 정권에서는 에스파냐사회노동당 활동이 어느 정도 묵인되었다. 사회주의자들의 활동이 활발했던 지역은 카스티야를 중심으로 산업의 중심지인 마드리드, 광산 지역인 아스투리아스, 비스카야, 우엘바 등이었다.

1887년에 제정된 사회단체결사법은 노동조합의 결성을 승인했으며, 1890년의 개정 선거법은 보통선거 실시와 노동자의 투표권을 명시함으로써 노동운동 발전에 하나의 전기가 되었다. 에스파냐사회노동당은 1888년에 바르셀로나에서 대회를 개최했는데, 여기서 노동총동맹UGT이 결성되었다. 에스파냐사회노동당과 노동총동맹은 명분상으로는 독립적이고 자율적인 관계였으나, 실제로는 결성 때부터 깊은 관계를 맺고 있었다(강석영 외 2005, 289~290).

한편 무정부주의자들은 1888년 발렌시아 대회에서 에스파냐지역노동연맹FTRE을 대체해 에스파냐지역무정부주의기구OARE를 창설했다. 이 무렵 무정부주의자들은 안달루시아와 카탈루냐에 거점을 확보하고 지중해 연안에서 활동을 이어 나갔다.

에스파냐에는 19세기 중엽 마르크스주의에 앞서 바쿠닌주의가 먼저 보급되었다. 특히 끊임없는 한발이나 기아에 허덕이던 안달루시아의 농민들에게는 신비주의적인 '천년 왕국'에 대한 소망과 금욕적인 도덕, 그리고 무정부주의적 사상이 결합되어 막연하게나마 어떤 희망으로 떠올랐다. 사회정책이 전무했던 부르봉왕조 체제의 국민들은 아무런 혜택도 받지 못했다. 여기에 에스파냐가 산지로 인해 고립된 작은 지역으로 나뉘어져 있다는 등의 지형적 조건이 국가에 대한 반감과 국가 없는 사회라는 이상을 민중에게 심어 주게 되었다.

무정부주의의 아성이 된 곳은 노동운동이 다른 지역에 비해 일찍 발전한 카탈루냐였다. 카탈루냐에서는 19세기 말에 프랑스로부터 유입된 생디칼리즘이 아나키즘과 합류해 아나르코 생디칼리즘 운동이 활발하게 전개되었다. 바르셀로나는 혁명의 온상으로 불리게 되었는데, '비극의 1주일'[15] 후 정부의 혹심한 탄압 정책으로 바르셀로나의 노동자들은 한층 더 무정부주의에 경도되었다.

비극의 1주일과 노동조합의 통일 투쟁

1910년 10월 말, 바르셀로나에 모인 에스파냐 각지의 무정부주의 계열 노동운동 지도자들은 '카탈루냐지방노동자연합'을 확충해 전국 조직으로 개편할 것을 결의하고, 다음 해인 1911년 9월 8일 바르셀로나에서 노동전국총동맹CNT을 결성했다. 노동전국총동맹은 운동 노선을 아나르코 생디칼리즘으로 설정했다(齊藤孝 외 1998, 85~86).

　　운동 노선이 달라 분열되어 있던 노동총동맹과 노동전국총동맹은 1909년 비극의 1주일 때는 함께 총파업을 단행했다. 1917년 8월 13일의 총파업

15_1909년 7월 9일 모로코의 광산 지역에서 에스파냐군과 베르베르(Berber)인 주민들 사이에 충돌이 일어나, 약 2주일 사이에 대규모적인 전투가 두 차례 일어났다. 안토니오 마우라 내각은 병력 부족을 보충하기 위해 예비역을 소집했다. 예비역 소집은 노동자의 반감을 불러일으켰고, 이에 따라 모로코 전투에 대한 반대 운동이 대대적으로 일어났다. 7월 26일, 바르셀로나에서 자연발생적으로 총파업이 일어나 노동자와 경찰 사이에 격렬한 충돌이 발생했다. 이날부터 8월 1일까지의 1주간이 '비극의 1주일'로 불리웠다. 이 노동자투쟁의 한 가지 특징은 전쟁 반대 운동이 빠르게 반교회운동으로 바뀌었다는 점이다. '비극의 1주일' 투쟁은 정부의 계엄령 포고로 진압되었는데, 이 과정에서 시민 약 100명이 죽고, 노동자 2천 명 정도가 체포되었다. 군법회의는 투쟁 지도자에게 극형을 선고했다. 투쟁 참가자 2천 명가량이 카탈루냐로부터 프랑스로 도피했다.

도 노동총동맹과 노동전국총동맹이 사전 합의에 따라 결행한 것이었다. 제
1차 세계대전 시기에 총파업은 경제적 요구뿐만 아니라 왕정 폐지를 투쟁
의 슬로건으로 내걸었다. 총파업은 전국에 걸쳐 실행되었으며, 특히 마드리
드·비스카야·아스투리아스·발렌시아·사라고사 등에서 치열하게 전개되었
다. 이에 정부는 전시 사태를 선언하고 군부를 동원해 무력으로 강력히 총
파업을 제지함했다. 아스투리아스를 제외한 지역에서 8월 20일 총파업이
종료되었다. 총파업 결과, 군사평의회는 에두아르도 다토 정권을 가르시아
프리에토로 교체하고 중앙집권적인 정부를 수립했다. 이것은 사실상 보수
당의 종말과 양당 제도의 종식을 의미했다(강석영 외 2005, 307; 310).

6. 미국

미국 주도의 세계 구상

제2차 세계대전이 종료된 이후, 미국은 연합국의 전후戰後 세계 구상과 세계
자본주의 체제 재편을 주도했다. 1941년 8월, 미국 대통령 프랭클린 루스벨
트와 영국 수상 윈스턴 처칠은 대서양 위에서 회담을 갖고 영토 불확대, 민
족자결, 통상 자유화, 사회보장 충실, 항해 자유, 전반적 안전보장제도 확
립, 군비 축소 등의 원칙이 포함된 전후 세계 구상(대서양헌장)을 발표했다.

　당시 미국은 아직 전쟁에 참가하기 전이었지만, 같은 해 3월에는 무기대
여법을 제정해 연합국 측에 대량의 무기를 원조하며 중립법이라는 제약 조
건이 있었음에도 친연합국 태도를 드러냈다. 그러다가 1941년 12월 8일 일
본군의 진주만 공격으로 미국-일본 전쟁이 시작되었고, 독일과 이탈리아는
일본·독일·이탈리아 3국 동맹 규정에 따라 미국에 대한 선전포고를 감행했

다. 유럽 전쟁과 태평양 전쟁이 겹치면서 제2차 세계대전은 세계 전쟁으로 확대되었다. 1942년 1월 1일 미국·영국·소련·중국 등 26개국이 공동성명을 발표했는데, 이 선언으로 대서양헌장이 연합국 측의 공통된 세계 구상임이 재확인되었다.

세계대전 기간에 미국은 다른 연합국들을 대상으로 대량의 군수품을 공급하는 병기창 구실을 함으로써 엄청난 생산 증대를 달성할 수 있었고, 조선·항공·자동차·무기·기계기기·화학공업, 나아가 원자력 등의 부문에서 두드러진 기술 혁신을 일구어 냈다. 그 결과 전후에 전 세계 광공업 생산액의 62퍼센트와 금 보유액의 66퍼센트가 미국에 집중되었다.

미국은 이와 같은 막강한 생산력을 토대로 통화 면에서는 국제통화기금, 금융 면에서는 국제부흥개발은행IBRD, 무역 면에서는 '관세와 무역에 관한 일반협정'GATT을 세 축으로 하여 미국을 중심으로 통상자유화를 추구하는 세계 경제체제, 이른바 브레턴우즈 체제를 구축했다.

이처럼 미국이 제2차 세계대전을 통해 세계 자본주의 체제의 주도권을 장악하게 된 사실은 미국 국내 정치에도 직접 반영되었다. 그러나 당초 미국 정부는 통상 교섭이나 경제원조 등 주로 경제적 수단으로 통상 자유화를 실현할 수 있을 것으로 보고 낙관했으나, 미·소 대립의 격화나 세계 각 지역에서 벌어진 혁명운동의 고양이라는 현실에 부딪쳐 군사적인 대외 간섭 능력 강화를 추구하게 되었다. 원폭의 독점, 전략 공군 강화, 그리고 해외 기지망의 유지는 제2차 세계대전 기간에도 추구해 온 터였지만, 미국 국민의 대다수는 전쟁 종결과 더불어 동원 해제와 복귀를 당연한 것으로 인식했기 때문에 미국의 총병력은 대전 종결 시에는 1,212만 명이었다가 1948년에는 144만 명까지 줄었다.

이와 같이 전후 초기 미국 정부의 대외 군사 간섭 의도와 능력 사이에는 큰 간격이 존재했는데, 트루먼 정권은 이 간격을 메우기 위해 1947년에 국가안전보장법National Security Act을 제정하고 육·해·공군을 국방총성에 통합했으며, 외교·군사·내정 정책의 조정을 촉진하는 최고결정기관으로서 국가안전보장회의NSC를 설치했다.

　미국의 이런 군사적·경제적 체질은 그 뒤로 더욱 고착화되었으며, '군산복합체'로 불리는 군부와 일부 산업 독점체의 유착 구조가 형성되었다. 이것은 미국이 자본주의 세계의 패권국 지위를 고수하기 위한 조치였다(浜林正夫 외 1996, 69~70).

노동자투쟁의 고양과 권력·자본의 반격

미국이 제2차 세계대전 기간에 경제 대국으로 성장하고 전후에는 세계 자본주의 체제 재편을 주도하는 가운데, 노동자계급의 노동·생활 조건은 경제·사회의 변화에 직접 영향을 받았다. 노동자계급의 투쟁도 고양 국면을 나타냈다. 미국의 노동자계급은 전쟁 기간의 생산 및 고용 증대, 경제 호황 덕분에 어느 정도 경제적 이득을 보았다. 1941~1944년 사이에 제조업의 경우 평균 실질소득이 19퍼센트 증가했으며, 노동시간은 40.5시간에서 45시간으로 늘어났다. 1인당 소비는 세금 인상과 배급제 때문에 향상되지 못했으나, 실질소득의 증대로 저축이 증가했다.

　그러나 전쟁이 끝나자 이런 유리한 상황이 위협받게 되었다. 초과 노동이 없어지고 비전쟁 노동자non-war workers의 주당 임금은 1945년 봄부터 1946년 겨울 사이에 10퍼센트 하락했으며, 전쟁 노동자의 임금은 31퍼센트 감소한 것으로 추정되었으며 그들의 실수령액은 11퍼센트 감소해 1941년 수준으로 떨어졌다. 이런 상황에서 노동자의 파업투쟁이 격렬하게 전개되었다. 1945년의 파업 건수는 4,750건이었고 파업 참가 인원은 346만7천 명이었으며, 파업에 따른 노동손실일수는 3,802만5천 일이었다. 1946년 1월에는 전기 노동자 17만5천 명과 철강 노동자 80만 명, 제너럴모터스ᴳᴹ 노동자 22만5천 명, 그리고 그 밖의 다른 노동자 약 100만 명이 파업에 돌입함으로써 노동손실일수는 2천만 일로, 2월에는 2,300만 일로 크게 증가했다. 1946년 한 해 동안의 노동손실일수는 1억1,600만 일을 기록했다.

1946년에는 유리 제조 노동자, 캘리포니아 기계 노동자, 뉴잉글랜드의 섬유 노동자, 그리고 제너럴모터스 노동자들이 100일 이상 파업을 벌였다. 이 가운데 가장 주목을 끈 것은 제너럴모터스 파업이었다. 노동조합은 회사 측에 대해 30퍼센트의 임금 인상 요구(48시간에 해당하는 임금으로 지급과 주당 40시간 노동)를 제시하면서 회계장부 공개를 요구했다. 파업 노동자들은 투쟁을 통해 요구 사항의 절반 이상을 관철시켰다. 회사 측은 노동조합으로부터 작업 속도 조정에 반대하지 않을 것과 파업하지 않을 것을 보장받으려 했으나 노동조합의 거부로 계획을 달성하지 못했다.

이와는 반대로 얼마 뒤 포드Ford 회사 경영진은 고용과 해고, 승진과 좌천, 생산 스케줄의 결정, 그리고 사규를 어긴 혐의가 있는 파업노동자와 그 밖의 노동자 징계에 이르기까지 무제한의 권리를 확보하는 새로운 관리 유형을 만들었다(Armstrong et al. 1991, 12~13).

1946년 5월에는 철도 노동자들이 파업을 일으켰고, 같은 해 5월 말에는 광산 노동자들이 대규모 파업을 단행해 큰 폭으로 임금을 인상시켰다.

정부와 자본 측은 노동자계급의 격렬한 파업투쟁에 대응해 여러 가지 방책을 강구했다. 1946년 트루먼 대통령은 '정부가 소유한 어떤 산업에서도 파업을 분쇄할 수 있는 비상조치권emergency powers'을 승인하는 법을 통과시키도록 의회에 압력을 가했다. 또 자본가 측은 산업 압류와 중지 명령 등의 위기 조치를 넘어 노동조합운동에 한층 더 근본적인 공세를 펴도록 의회에 요구했다. 의회는 1947년 6월 테프트-하틀리법Taft-Hartley Act을 채택함으로써 정부와 자본가 측의 요구를 수용했다. 이 법의 주요 내용은 다음과 같다.

- 클로즈드 숍closed shop[16]을 불법화하고, 각 주가 유니온 숍union shop을 금지하는 법안을 통과시키는 것을 허용한다.
- 회사에 대해 인준되지 않은 노조를 인정하도록 강요하는 2차 파업 또는 보이콧boycott을 불법화한다.
- 계약이 종료되기 전 60일 동안의 냉각기간을 의무적으로 갖는다.
- 노동조합의 계약 파기나 불법파업 또는 보이콧에 대해 회사는 노조를 고소할 수 있다.
- 공무원의 파업을 금지한다.
- 대통령은 '국민의 건강과 안전'에 영향을 줄 수 있는 파업에 대해 노동쟁의 조정 기간을 80일로 연장하는 법원의 명령을 요구할 수 있으며, 파업이 진행되기 전에 비밀 투표 실시를 요구할 수 있다.
- 노동조합 간부에게 자신은 공산당원이 아니며, 정부를 전복하기 위해 '비헌법적인' 수단을 사용하기를 주장하는 어떠한 단체의 지지자도 아니라는 선서를 요구할 수 있다.
- 노동조합은 연방 선거에 출마한 후보자를 위해 헌금할 수 없다.

16_클로즈드 숍은 노동조합원만을 고용하는 협정 또는 업체를 가리키고, 유니언 숍은 노동자를 채용한 뒤 일정 기간 안에 노동조합에 가입시키는 협정 또는 업체를 말한다. 반면, 오픈 숍(open shop)은 노동조합에 가입하지 않은 사람도 고용하는 협정 또는 업체이다.

노동자에 대한 공세와 외교정책 제안을 연결하는 공통의 끈은 '공산주의 위협'에 대한 강조였다. 1946년 당시 공산당은 노동조합운동에 일정한 기반을 형성하고 있었다. 산업별조직회의CIO를 비롯해 전기 노동조합, 식품·담배 노조, 비철도수송 노조, 농기계 노조, 그리고 주요 공업도시의 지역노조 연합 등에서였다. 또 공산당은 미국자동차노동조합UAW에 대해서도 어느 정도 영향력을 발휘했다.

이 무렵 트루먼독트린과 유럽부흥계획의 채택으로 공산당에 대한 공격이 힘을 얻게 되었는데, 이는 공산당뿐만 아니라 진보운동과 전투적인 노동운동에 대한 탄압으로 이어졌다(Armstrong et al. 1991, 76~78).

전후 노동자투쟁이 급격하게 고양되고 이에 대한 국가권력과 자본의 공격이 강화되는 가운데 노동조합 전국 중앙 조직은 이런 상황 변화에 적극적으로 대응하지 못했다. 전쟁 기간에도 노동조합 지도자들은 임금 인상을 제한하는 강제중재를 포함해 정부의 무파업 정책에 협조했다.

그런데도 전쟁이 종결된 뒤, 미국 노동조합은 유례를 찾기 어려울 정도의 조직 확대를 이룩했다. 1945년 말에서 1948년 말에 이르기까지 미국노동총연맹AFL의 가맹 인원은 693만1,229명에서 750만 명으로 불어났다. 산업별조직회의는 그때까지 노동조합원 수를 발표하지 않았으므로 이미 발표한 600만 명으로 추산했다. 노동부 발표에 따르면, 1946년 당시 체결된 단체협약의 적용 대상이 되는 노동자 수는 1,480만 명이었다.

미국노동총연맹은 냉전이 시작되기 전 3년 동안 세계노동조합연맹WFTU을 악의적으로 공격했다. 반면 산업별조직회의는 세계노동조합연맹 창설에 기여했으며 그 활동을 지지했다(Foster 1956, 437~438).

7. 일본

무조건 항복과 미군 점령

1945년(쇼와 20년) 8월 15일, 일본 제국주의는 연합군 측에 '무조건 항복'을 선언했다. 이는 일본이 반파시즘 전쟁을 수행했던 연합국의 포츠담선언을 조건 없이 받아들여 그것을 성실히 이행할 것을 서약했다는 뜻이다.

1945년 7월 베를린 교외에 있는 포츠담에서 미국, 영국, 중국, 소련 대표들은 주요 연합국 회의를 열고 일본의 항복 조건을 정했다. 포츠담선언에는 다음과 같은 내용이 포함되었다. ① 일본 국민을 속이고 세계 정복을 목표 삼은 과오를 저지른 권력과 세력을 영구히 일소한다. ② 일본 제국주의가 침략전쟁을 통해 타민족으로부터 침탈한 영토를 방기한다. ③ 군대를 완전히 무장해제하고 해체한다. ④ 민주주의의 부활·강화를 방해하는 일체의 장해를 제거하고, 언론·종교·사상의 자유와 기본 인권을 존중하고 확립한다. ⑤ 재군비와 군수산업을 금지하고 평화 경제를 건설한다. ⑥ 일본 국민의 자유로운 의사에 따라 민주적·평화적 정부가 수립될 경우 점령군은 물러난다(犬丸義一 외 1989, 60~61).

제2차 세계대전의 결과 일본 제국주의는 붕괴되었다. 패전을 계기로 일련의 '민주적 개혁'이 단행되었으며, 전전의 일본 자본주의 구조는 크게 바뀌었다. 첫째로, 천황제 권력은 기본적으로 해체되어 '국정에 관한 기능'을 상실하게 되었다. 둘째로, 농지 개혁에 따라 반봉건적이고 기생지주寄生地主를 양산할 뿐인 토지소유제가 일소되었다. 셋째로 신헌법 및 노동관계 법령의 성립에 따라 노동 3권이 보장되고 노동조합 활동의 자유가 승인되었다. 넷째로, 노동기준법의 제정에 따라 노동자들의 보호 조치가 행해졌다. 이와 같은 일련의 민주적 개혁의 결과는 반봉건적 사회 형태에 머물렀던 전전의 일본과 그 자본축적 방식에 중대한 변화를 가져왔다. 그러나 전후의 이 '민주화'는 인민의 힘으로 밑에서부터 전개된 민주변혁을 위한 투쟁을 일정하게 반영한 것이기는 하지만, 기본적으로는 미국이 주도한 위로부터의 민주화였다. 미국은 일본을 상품과 자본의 수출시장으로서 지배함과 동시에 아시아 지배에 있어서 일본이 갖는 지리적 편의를 독점하는 데 필요한 범위 내에서 민주적 개혁을 추진했다(戶木田嘉久 2003, 상권, 49).

일본을 점령한 군대는 명목상으로는 연합군이었지만, 실제로는 태평양전쟁 당시 가장 강대한 무력을 사용해 일본군을 패퇴시킨 미군이었다. 형식상 일본에 대한 점령 정책을 공동으로 수립하기 위해 9개국 극동위원회가 워싱턴에 설치되었고, 점령군 사령부의 자문기관으로서 미국·영국·소련·중국의 4개국 '대일對日이사회'가 도쿄에 설치되었으나, 어떻든 군대를 관장한 더글러스 맥아더 사령부가 일본 점령에 대한 결정적 권한을 갖는 사실상의 단독 점령이었다.

패전 다음 날, 황족 가운데 자유주의자로 알려진 하카시쿠 니노미야를 수반으로 하는 내각이 성립했다. 전후 최초의 이 내각은 전쟁 기간 자유주의계 또는 군부 내의 개명파를 망라한 패전 처리 정부였다. 이 정부는 연합군총사령부GHQ와 마찰을 빚어 10월 5일 총사직했고 10월 9일에는 시데하라 내각이 들어섰다. 이리하여 절대적 천황제는 해체되고, 일본 정부는 법제상 입헌군주제 형태를 갖추게 되었다(犬丸義一 외 1989, 67).

1945년 10월 4일 연합군총사령부는 치안유지법, 치안경찰법, 국방보안법을 폐지하고 정치범 즉각 석방, 특고경찰[17] 폐지, 천황제 비판 자유를 공

17_특별고등경찰의 약칭으로 1911년부터 1945년 폐지될 때까지 반체제적인 언론·사상·종교·사회 단체에 대한 사찰과 탄압을 행했던 일본의 비밀경찰을 일컫는다. 창설 당시에는 공산주의자를 주된 사찰 대

표했다. 10월 10일 정치범 3천 명이 석방되었으며, 일본공산당이 당 결성 이후 23년 만에 합법 정당으로서 공개 활동을 시작했다. 이와 함께 연합군 총사령부는 1945년 10월 11일 '5대 개혁'에 관한 명령을 발표했다. 명령의 주요 내용은 ① 참정권 보장을 통한 일본 여성의 해방(일본 여성이 정치체의 일원이 됨으로써 일본 가정 복지에 직접 기여하게 될 새로운 정치 개념을 도입하게 될 것이다), ② 노동조합 결성 촉진(착취와 혹사로부터 노동자를 보호하고 생활수준 향상을 위한 발언권 확보 권리를 보장하기 위해서이다), ③ 학교교육의 자유주의화, ④ 비밀수사와 학대를 통해 끊임없이 국민에게 공포를 안겨 주었던 제도의 폐지, ⑤ 경제 조직의 민주화 등이었다(樋口篤三 1990, 123~124).

연합군총사령부의 5대 개혁 안에는 부수적으로 농지개혁도 포함되어 있었다. 두 차례에 걸친 농지개혁에 따라 산과 임야를 제외한 농지에 대해서는 반봉건적인 지주 토지소유제도가 해체되었다.

한편 국제 민주 세력 감시 조직으로서 '극동위원회'는 일본의 '노동조합에 관한 16개 원칙'을 결정해 노동조합 결성을 장려하고 활동을 보장하기로 했다. 이에 따라 노동조합법은 1945년 12월 22일에, 노동관계조정법은 1946년 9월에, 노동기준법은 1947년 4월 7일에 공포되었다.

미국의 이와 같은 정책 구상 배경에는 군부·재벌·관료 등 '구세력'의 재기再起를 견제할 사회 세력을 육성하고 민주주의적 가치관을 보급할 수 있는 제도적 장치를 만들고자 하는 의도가 있었다. 또 미국 측은 전전 일본의 경제구조 및 노동문제와 관련해 사회적 덤핑social dumfing으로 일본의 국제 경쟁력이 불공정하게 강화되었으며, 이를 뒷받침한 것이 노동운동에 대한

상으로 했지만, 차츰 사찰 대상을 확대해 반정부 인사들을 사찰했다.

국가권력의 탄압이라는 인식을 갖고 있었다. 여기에는 중국을 중심으로 하여 전후 극동 질서의 재편성을 시도하려는 구상에 따라 일본에 가혹한 평화 hard peace를 요구하려는 의도가 저변에 깔려 있었다고 할 수 있다(竹前榮治 1970, 124; 145; 이종구 1987, 30에서 재인용).

5대 개혁이 추진되는 가운데 일본국 헌법이 제정되어 1946년 11월에 공포되었고, 1947년 5월 3일 실시가 예정되었다. 일본국 헌법은 ① 주권재민 主權在民과 국가 주권, ② 전쟁 방기放棄의 평화주의, ③ 의회제 민주주의, ④ 국민 기본 인권 보장, ⑤ 지방자치라는 민주·평화 5원칙을 확립했다(犬丸義一 외 1989, 69). 헌법 제28조는 노동자의 단결권, 단체교섭권, 단체행동권을 보장했다.

한편 정당 활동도 재개되었다. 제2차 세계대전 기간에는 모든 정당이 해산되고 대정익찬회大政翼贊會라는 어용 기관이 구성되었으며, 제국의회는 유명무실화했다. 일본공산당은 1922년 7월 15일에 창립되어 1945년에 합법화되었고, 전후 1945년 11월 2일에는 일본사회당이 결성되었다. 11월 9일에는 일본자유당이, 11월 16일에는 일본진보당(뒤에 민주당으로 이름이 바뀌었다)이, 11월 18일에는 일본협동조합동맹당이, 12월 18일에는 일본국민협동당이 결성되었다.

전후 최초의 총선거는 1946년 4월 10일에 행해졌다. 선거 결과는 자유당 141석, 일본진보당 94석, 일본국민협동당 14석, 무소속 119석, 일본사회당 93석, 일본공산당 5석으로 보수정당이 249석을 획득해 전체 의석 466석의 과반수를 차지했다. 이 최초의 총선거는 일본 최초의 자유선거이기도 했으나, 그 결과는 천황제 유지를 찬성한 것으로 해석되었다(藤村道生 1981, 292).

1947년 4월 25일 신헌법에 따라 치러진 총선거에서 일본사회당이 143석을 획득해 제1당이 되었고, 자유당이 131석으로 제2당이 되었다. 민주당은 121석을 차지했고, 일본공산당은 4석밖에 획득하지 못했다. 그리하여 일본사회당 가타야마 데쓰 위원장을 수상으로 하는 일본사회당·민주당·일본국민협동당 3당 연립내각이 구성되었다.

가타야마 정부는 '내핍 생활'을 내세워 물가와 임금 안정을 강도 높게 시행했으며, '기업재건정비법'을 제정해 '독점자본의 합리화' 계획을 지원함으로써 독점자본의 재건을 촉진했다. 이처럼 가타야마 내각은 사회주의정당다운 정책은 실행하지 못했고 오히려 독점자본의 지원자 역할만 함으로써 노동자의 기대를 저버렸으며, 일본사회당 좌파도 정부를 비판했다. 그리하여 가타야마 내각은 1948년 2월에 물러났으며, 그 뒤를 이어 민주당의 아시다 히토시를 수상으로 하는 일본사회당·민주당·일본국민협동당 3당 연립내각이 구성되었다. 아시다 정부도 뒤에서 자세히 살펴보겠지만, 국가공무원법 전면 개정을 목적으로 한 정령政令 201호의 공포를 시작으로 직계제 기본임금 설정을 통한 임금 인상 억제, 노동자의 생산관리투쟁에 대한 탄압 등으로 사회당의 신뢰를 잃고 말았다. 거기에다 쇼와덴코昭和電工 의혹이라는 오직汚職 사건[18]으로 1948년 10월 아시다 내각은 퇴진했다(塩庄兵衛 1985, 120~121).

한편 1947년 12월에 트루먼독트린이 발표되고 자본주의 진영과 사회주의 진영이 냉전 체제에 돌입하자 미 점령군은 공산당을 집중 공격하기 시작했으며, 노동운동과 민주 세력을 탄압하고 분열을 일으키려는 공세를 더욱 강화했다. 더욱이 미국은 일본을 '반공의 방벽'이자 '극동의 군사공장'으로

18_당시 실시되고 있던 '경사생산'(정부 자금 원조를 통해 철강·석탄 등 특정 부문만을 특별히 장려하는 생산)과 관련해 보수당인 민주당을 중심으로 한 의혹 사건으로서, 정부 융자를 둘러싸고 사회당의 서기장이자 아시다 내각의 부수상이었던 니시오 스에히로의 수뢰가 함께 드러난 오직 사건이다.

삼아 일본 전국토를 군사전략상의 전진기지로 만들고자 했다.

노동조합 조직화와 생산관리투쟁

이와 같이 제2차 세계대전 이후 일본 사회가 격변을 겪는 가운데, 일본 노동운동은 전후 다른 국가들의 노동운동과 마찬가지로 부흥 및 고양의 양상을 보였다. 사실상 일본은 선진 자본주의권에 속하는 국가였는데도, 노동운동은 강력한 세력화의 오랜 전통을 지니지 못한 채 침체를 거듭했다. 일본 노동조합운동은 전전의 전성기에도 노동조합원 50만 명 정도만을 포괄한 상태를 유지하다가 1930년대 후반부터는 국가권력과 자본의 극심한 탄압 때문에 그 명맥마저 유지하기가 어려웠다.

전후 일본 노동자들은 오랜 전쟁과 패전의 타격으로 극도로 곤란한 처지에 놓이게 되었다. 1947년까지 산업 생산은 전전의 10분의 1 수준에서 3분의 1 수준으로밖에 증가하지 못했으며, 1947년의 실질임금은 전전 수준의 30퍼센트에 지나지 않았다. 전후 6개월 동안 월간 42퍼센트라는 높은 인플레이션율이 유지되었고, 농업이 황폐한 가운데 식량난이 심각한 상태에 이르렀으며 전후 반년 사이에 실업자는 400만 명에 이르렀다. 이 밖에도 만연하는 투기, 높은 재정 적자, 국제수지 적자 등 불안정의 징후가 나타났다. 낮은 생산과 이윤은 한층 더 심각한 현실을 반영했다(Armstrong et al. 1991, 41~42).

이와 같은 상황에서 노동자들은 조직화와 투쟁을 전개하기 시작했다. 먼저 조직 상황을 보면, 1945년 11월 당시 509개 노동조합이 결성되어 38만 명의 노동자가 조직되었으며, 1946년 6월에는 1만2천 개 노동조합에 노동조합원은 368만 명으로 크게 증가했다. 조직률은 41.5퍼센트였다. 대규모적이고 급속하게 조직된 이들 노동조합은 기업별 노동조합 형태를 취했으며, 전후 출발부터 양대 전국 중앙 조직으로 분열된 양상을 드러냈다.

1946년 1월 일본노동조합총동맹이 결성되었고, 8월의 제1차 전국대회에서 본격적으로 조직을 확립했다. 이때 노동조합원 수는 85만 명으로 발표되었다. 일본노동조합총동맹은 사회당에 대해서만 지지를 표명했다. 같은 해 8월에는 전일본산업별노동조합회의가 결성되었다. 전일본산업별노동조합회의는 전전의 '일본노동조합평의회'와 '일본노동조합전국협의회'의 계급적·민주적 전통과 세계노동조합연맹이 결성 때 표방한 통일전선 사상을 계승하고자 했다. 전일본산업별노동조합회의는 또 노동조합의 지역적 결합과 전국적인 산업별 단일노동조합 조직화를 강조했다(犬丸義一 외 1989, 75). 일본노동조합총동맹과 전일본산업별노동조합회의에 가입하지 않은 중립적인 노동조합도 일정 숫자를 유지하고 있었다.

노동자계급의 급속한 조직화 작업이 진행되는 가운데 노동·생활 조건 개선과 민주주의 실현을 위한 격렬한 투쟁이 전개되었다. 전후 초기 투쟁에서 등장한 전술이 이른바 '생산관리투쟁'이었다. 1945년 10월, 요미우리신문 노동자들은 전쟁 시기 언론에서 전쟁에 협력할 것을 부채질한 책임을 추궁해 사장 퇴진을 요구하면서 경영자를 배제한 채 자주적으로 신문을 편집·발행하기 위한 투쟁을 벌였다. 제1차 요미우리신문 투쟁은 성공을 거두었다. 생산관리투쟁은 생산 부흥 요구와 민주화 요구를 결합한, 창의적인 투쟁 방식이었다. 이 투쟁 전술은 여러 곳으로 파급되었다(塩庄兵衛 1985, 109).

1945년 12월에는 게이세이전철 노동자들이 임금 500퍼센트 인상을 요구하면서 투쟁을 전개했는데, 노동조합은 처음에는 무임승차로 승객을 수송하다가 다음에는 차량을 늘리고 승객들에게 요금을 받아 투쟁이 끝날 때까지 회사에 넘기지 않고 노동조합이 운임 수입을 관리했다. 노동자들은 결국 임금을 크게 인상시키고 승리했다. 생산관리투쟁은 그 밖에도 일본강관 쓰루미鶴見, 도쿄도 직원, 도시바Toshiba, 도호東寶 촬영소, 미쓰비시 미우다三菱美睍, 미쓰이 미우다三井美睍 탄광 등의 노동조합이 생산·업무 관리를 시행해 승리를 거두었다.

노동자의 생산관리투쟁에 대해 국가권력과 자본은 이런 투쟁이 노동자 권력의 기초를 형성하게 될지도 모른다는 우려에서 '경영권 확립'을 명분으로 반격을 시도했다. 1946년 2월 1일, 내무·사법·후생·상공 4부 장관 공동 명의로 "폭행·협박·소유권 침해 등의 위법행위를 단호히 단속한다"는 취지를 담은 성명을 발표했으며, 같은 해 6월 13일 정부는 생산관리는 정상적인 쟁의행위 수단으로 인정하지 않겠다는 방침을 밝혔다.

1946년 5월 1일, 1935년 제16회 노동절 이후 11년 만에 제17회 노동절 시위가 열렸다. 도쿄에서는 인민광장(현재는 천황궁 앞 광장을 일컫는다)에 노동자·학생·시민 등 50만 명이 모였으며, 전국에서는 200만 명 이상의 노동자와 시민이 집결해 시위행진을 벌이면서 '일한 만큼 먹어라', '민주 인민 정부 수립하자'라는 구호를 외쳤다. 또 5월 19일에는 '식량 메이데이'로 불리는 대집회에 군중 25만 명이 집결해 정부와 점령군에게 식량위기 해결을 요구하면서 '민주전선 즉시 결성'을 주장했다(犬丸義一 외 1989, 78~79).

1946년 여름 들어 연합군총사령부GHQ의 협력을 얻은 일본 정부는 먼저 노동자의 파업권을 제한하는 노동관계조정법을 입법하고 6월의 제2차 요미우리신문 노조 투쟁에 대한 탄압 조치를 시행했으며, 일본국유철도日本國有鉄道와 해원海員 노동자에게 대량 해고를 통보했다. 국철 12만5천 명, 해원 4만3천 명 해고에 대해 국철노동조합과 해원노동조합은 공동투쟁위원회를 설치하고 해원노동조합은 9월 10일부터, 국철노동조합은 9월 15일부터 파업을 결행하기로 결정했다. 투쟁은 해원노동조합의 무기한 파업으로부터 시작되었으며, 많은 노동조합들이 동조 파업을 벌였다. 국철노동조합과 해원노동조합이 주도한 완강한 투쟁은 국철과 해원 노동자들에 대한 해고 조치를 완전히 철회하도록 함으로써 큰 승리를 거두었다.

그 뒤 전일본산업별노동조합회의는 '합리화' 정책 분쇄와 임금 인상을 기본 요구로 내세우고, 민간 산업을 중심으로 한 해고 반대 '산업별 통일투쟁'을 10월에 집중 전개하기로 결정했다. 이것이 '산별 10월 투쟁'이다. 전일본산업별노동조합회의 방침에 따라 도시바 노련 조합원 5만 명이 10월 1일부터 파업에 들어가 56일 동안의 장기 투쟁 끝에 2만 명에 대한 해고 방침을 철회시켜 승리를 거두었다.

10월 투쟁에서 큰 역할을 할 수 있을 것으로 예상했던 신문·방송 노동조합들은 일본방송협회NHK 노조의 22일 동안의 파업 말고는 연합군총사령부의 위협과 간섭으로 파업을 결행하지 못했다.

10월 투쟁의 중심은 전기산업 파업투쟁이었으며, 이 투쟁은 대단히 중요한 의의를 갖는 사례였다. 전기산업 투쟁은 54일 동안에 걸친 파업을 통해 자신들의 임금 인상뿐만 아니라 공동 투쟁에 참가하고 있는 노동조합 투쟁을 지원함과 동시에, 세제 개혁과 생활수준을 보장할 수 있는 임금을 설정하기 위해 임금심의회를 설치하기로 정부의 약속을 받아내는 등 큰 성과를 올렸다. 그리하여 생활급이 중심이 되고 능력급은 비교적 적은 이른바 '전기산업형 임금체계'를 성취한 것이다.

산별 10월 투쟁에는 노동자 56만 명 이상이 참가했고, 파업 참가자는 32만 명에 이르렀다. 이 '산업별 통일투쟁'은 임금 인상뿐만 아니라 7시간 노동시간제, 노동조합 활동의 자유, 일방적인 인사 조치 불가 등의 조항을 규정함으로써 노동자 권리를 신장했다(塩庄兵衛 1985, 112~113).

2·1 총파업

이 시기 최대의 노동자투쟁은 2·1 총파업이었다. 산별 10월 투쟁으로 민간 산업 노동자의 노동조건은 어느 정도 개선되었으나, 공공 부문 노동자의 임금수준은 민간 산업에 비해 45퍼센트에 지나지 않았다. 또 전후 관료기구에는 여전히 전전의 반봉건적 또는 비민주적 요소들이 남아 있었기 때문에 관료기구 민주화에 대한 노동조합의 요구도 상당히 높은 편이었다.

이와 같은 상황에서 산업별 10월 투쟁이 국철, 교원, 체신, 공무원 등 공공 부문으로 확대된 사실은 어쩌면 당연한 일이었다고 할 수 있다. 공공 부문 노동자들은 임금 인상, 최저임금제 실시, 근로소득세 철폐, 종합소득세 면세점 인상, 노동관계조정법 폐지 등을 요구했다. 이런 요구는 민간산업 노동자에게도 공통적인 절실한 요구였기 때문에 전일본산업별노동조합회의를 비롯해 민간 부문 노동조합들도 투쟁에 합류했다. 그러나 정부는 전관 공청노동조합공동투쟁위원회全官公廳勞動組合共同鬪爭委員會의 요구를 전면 거부했다.

이에 전관공청노동조합공동투쟁위원회는 파업투쟁 체제를 수립하고, 12월 17일 전국 각지에서 요시다吉田 내각 타도와 생활권 확보 국민대회를 열었다. 여기에 전일본산업별노동조합회의, 일본노동조합총동맹, 국철 노조, 도노련都勞連, 사회당, 공산당이 참가해 도각실행위원회倒閣實行委員會를 설립했다.

1947년 1월 1일 전일본산업별노동조합회의는 '준비는 되었는가, 전진이다. 민주주의혁명의 해 1947년!'이라는 슬로건을 내세웠다. 같은 날 요시다 수상은 라디오를 통해 파업 움직임을 보이는 노동자들을 '불순분자'라고 규정했다. 1월 15일에는 전관공청노동조합공동투쟁위원회를 비롯해 전일본 산업별노동조합회의, 일본노동조합총동맹 등 전국의 노동조합이 참가해 전국노동조합공동투쟁위원회를 구성하고, 2월 1일 오전 0시에 총파업에 돌입한다고 선언했다.

정부 당국은 1월 22일, 처우 개선 잠정안을 제시하고 현행 급여 50퍼센트 인상이라는 양보안을 냈으며 중앙노동위원회에 알선을 의뢰했다. 1월 31일 오후에는 맥아더 사령관이 총파업 금지 성명을 발표했다. 같은 날 밤에는 전관공청노동조합공동투쟁위원회 의장 이이 미지로伊井彌四郎가 라디오 방송을 통해 "일보후퇴 이보전진, 노동자·농민 만세, 우리는 단결하지 않으면 안 됩니다"라면서 파업 중지 명령을 발표했다. 총파업 중지 지령은 견고한 투쟁 결의를 다지고 있던 노동자들에게는 충격이 아닐 수 없었다. 2·1 총파업 계획은 최후의 순간에 무산되고 말았다.

그러나 총파업 투쟁 계획으로 중요한 성과도 거뒀다. 공공 부문 노동자의 노동조건이 크게 개선되었으며, 급여 수준은 600엔에서 1,200엔으로 평균 2배 인상되었다. 각 노동조합은 차례로 단체협약을 체결했고, 그것이 민간산업으로 확대되었다. 그리고 2·1 총파업 투쟁 준비 과정에서 노동전선의 통일이 한 걸음 진전되었다. 산업별 전국 조직이 차례로 결성되었고, 3월에는 조직노동자의 84퍼센트인 446만 명을 포괄하는 전국노동조합연락협의회가 구성되었다(塩庄兵衛 1985, 117~118).

8. 그 밖의 자본주의국가들

제2차 세계대전 기간에 독일 히틀러군은 노르웨이, 덴마크, 네덜란드, 벨기에, 룩셈부르크를 점령해 정당과 노동조합을 비롯한 사회단체 활동을 금지했다. 대전의 종료와 더불어 노동조합과 관련 조직들은 빠르게 복구되었으며, 어느 나라의 경우에나 조직노동자 수가 전쟁 이전 수준을 넘어섰다. 연합군과 사회민주주의 우파 그리고 가톨릭교회는 인민민주주의를 실현하려는 움직임을 가로막았다.

오스트리아 노동자들은 전쟁이 종료되자마자 노동조합운동을 재건했으며, 1948년 4월 오스트리아노동총동맹ÖGB을 결성했다. 1948년 12월 당시 조합원 17만8,680명을 포괄했는데, 이는 전 산업 노동자의 3분의 2에 해당하는 수치였다. 노동운동은 주로 사회민주주의자들이 주도했다.

스웨덴은 전쟁 기간에 중립국을 표방했으나 나치의 영향을 강하게 받았다. 1947년 105만3,266명의 조합원을 포괄한 노동조합운동은 전후에 그리 발전하지 못했다. 스웨덴은 오랫동안 사회민주당 정부가 온건한 개량주의 정책을 시행해 왔다.

오스트레일리아 노동운동은 1세기가 넘는 역사를 지니고 있으며, 강력한 투쟁 전통을 축적했다. 오스트레일리아노동조합평의회ACTU는 1945년 당시 조합원 150만 명을 포괄했는데, 이는 조직 가능한 노동자의 65퍼센트에 해당했다. 오스트레일리아노동조합평의회는 세계노동조합연맹WFTU 창립에 적극적인 역할을 수행했으며, 뉴질랜드 노동조합과 함께 네덜란드 제국주의에 대항한 인도네시아 인민의 저항과 민족독립을 위한 투쟁을 지지했다(Foster 1956, 426~427; 440~441).

사회주의 블록 국가의 노동운동

유고슬라비아, 알바니아, 그리스, 체코슬로바키아 등의 공산당은
주요한 전국적인 세력이 되었다. ……
공산주의자들이 막대한 희생을 치르면서
레지스탕스 운동을 주도한 결과
대중적인 인정을 획득했고,
비공산주의 좌파뿐만 아니라
파시즘에 반대하는 보수주의자와 자유주의자들까지도
어쩔 수 없이 공산주의를 받아들였다.
또 효율적인 조직과 명쾌한 이데올로기, 대중의 지지 덕분에
1944~1945년의 해방투쟁에서 정치적 지도부로 부상했다.

(Eley 2002, 288~289)

1. 소련

극심한 전쟁 피해와 제4차 5개년 계획

소련은 제2차 세계대전으로 극심한 피해를 입었지만, 전후에는 세계적인 강대국으로 나설 수 있는 전기를 맞았으며, 사회주의 세계 체제 형성을 주도하는 역할을 수행하게 되었다.

소련은 전쟁 당사자로서는 제2차 세계대전의 엄연한 전승국이었다. 그러나 국가 내부의 실상은 전혀 달랐다. 소련은 제2차 세계대전으로 엄청난 인명 손실과 물질 피해를 입었다. "인류 역사상 어느 전쟁의, 어느 참전국보다도 그 피해는 극심했다"는 호스킹의 표현이 실상을 잘 반영한 것으로 보인다(김학준 2005, 352).

전쟁으로 발생한 인명 손실은 정확한 숫자조차 파악하기 어려웠다. 전장에서 목숨을 잃은 사람과 파시스트 강제노동수용소에서 일하다 죽은 사람까지 합쳐 전쟁으로 사망한 소련 인구는 대략 2천만~2천5백만 명으로 추산되고 있다. 전쟁 난민의 수도 엄청나, 무려 2천5백만 명에 이르렀다고 한다. 물질적인 손실 역시 컸다. 도시와 마을 1,710개가 파괴되었으며 7만 개이상의 촌락이 불탔다. 또 공업 기업 3만2천 개와 철도 6만5천 킬로미터가 파괴되었다. 콜호스 농장 9만8천 개와 소프호스 농장 약 5천 개, 병원과 학교 수만 동이 약탈당하거나 부서졌다. 히틀러의 나치 군이 파괴하고 약탈한 6,790억 루블 상당의 재화를 포함해 소련 국민들이 입은 물질적 손해는 전부 2조6천억 루블(전쟁 전 가격으로 환산해)에 이르렀다. 그리고 농지나 중화학공업 설비가 큰 규모로 파괴되었으며 국가 전체의 생산력에 결정적인 손실이 생겼다. 이에 따라 인민들은 식량과 의류, 주택 등 가장 필수적인 물품들이 턱없이 부족해 심대한 고통을 당해야만 했다(포노말료프 1991, 125~126).

이와 같은 경제·사회 상황에서 소련은 짧은 시일 안에 전쟁이 남긴 피해를 복구하고, 국민경제 부흥을 통해 인민 생활의 안정화를 꾀하지 않으면 안 되었다. 특히 경제적 측면에서 생산력 증대를 통해 사회주의 생산관계를 발전시키고 개선하는 일, 생산수단의 집단적 소유를 더욱 강화하는 일, 노동의 양과 질에 걸맞은 사회주의적 분배 원칙에 벗어난 모든 경우를 조속히 일소하는 일, 실질임금을 인상하는 일, 그리고 물자 배급 할당제를 폐지하는 일 등이 경제 부흥을 위한 주요 과제로 떠올랐다. 이런 과제들은 1946년 소련 최고회의[1]에서 채택된 '제4차 5개년 계획'에서 구체화되었다.

제4차 5개년 계획의 정치·경제적 과제는 "국내 재난 지역을 부흥하고 공업과 농업을 전쟁 이전 수준으로 회복한 다음, 그 수준을 대폭 높이는 것"이었다. 5개년 계획은 중공업과 철도 수송 부문의 발전을 최우선 과제로 제시했고, 이런 과제 해결을 기초로 농업과 일상 소비 물자를 생산하는 공업을 전쟁 이전 수준 이상으로 발전시키는 것을 목표로 삼았다. 또한 상품 가격을 계통적으로 인하해 상업을 광범하게 발전시키고 학교나 고등교육 시설을 부흥·확장하며, 이와 함께 국민보건을 개선하는 일 등을 제안했다(포노말료프 1991, 128~129).

제4차 5개년 계획 추진을 위한 재원은 주로 패전 독일과 독일 우방들로부터 받아낸 배상금과 그 밖의 지불금, 그리고 소련군이 주둔한 국가들로부터 받은 주둔지원비 등에서 충당했다. 전시의 노동법안이 폐지되지 않고 그대로 실시되어 필요한 부문에서 노동력을 동원할 수 있었다. 여기에다 필요한 노동력을 보충하기 위해 군인 1천만 명 이상에 대한 군 복무가 해제되었

1_소련 국가권력의 최고 기관이며 유일한 입법기관이다. 연방회의와 민족회의의 이원제인데, 보통 1년에 두 번 소집된다. 대의원의 임기는 4년이다.

다(김학준 2005, 354).

한편, 5개년 계획 달성을 위해 당 조직은 노동조합 조직과 콤소몰Komsomol[2] 활동에 적극적으로 참여하도록 하여 노동자들을 '전 연방 사회주의 경쟁'에 끌어들였다. 개별 노동자가 이룩한 성과를 작업반, 각 공장, 공장 전체 작업의 생산성 향상으로 발전시키는 과정이 조직화되었다. 그리고 당 조직은 모범적인 높은 성과 노동 사례를 들어 노동자들을 교육하고 모범 노동자의 경험을 모아 대중에 선전했다(포노말료프 1991, 129~130).

전후 경제 복구를 주요 목표로 설정한 제4차 5개년 계획은 4년 3개월 만에 앞당겨 달성되었다. 대공장 6천 개 이상이 복구·건설되어 조업을 시작했고, 1950년의 공업 총생산고는 전쟁 전 수준을 73퍼센트나 초과했다. 농업의 생산 기반도 두드러지게 개선되었으며, 제4차 5개년 계획이 끝날 무렵에는 전쟁 전의 농업생산 수준을 넘어섰다. 그러나 전반적으로 농업생산은 충분하지 못해 소련 경제의 주요한 취약점으로 남게 되었다.

공업의 급속한 성장과 농업 부문에서 이룩한 일정한 발전을 바탕으로 하여 국민들의 소득과 복지 수준도 점점 향상되었다. 1947년 말에 식료품 할당 배급제는 대규모 국영 상업과 협동조합 상업으로 대체[3]되었다. 1947년 12월에는 통화 개혁이 실시되었고, 대중 소비 물자 가격이 1947~50년의 3년 동안 세 차례 인하되었다. 이에 따라 노동자와 봉급생활자, 그리고 농

2_정식 명칭은 공산주의청년동맹이다. 공산당의 지도에 따라 청년들에게 공산주의 교육을 실시해, 그들이 공산당과 국가의 사업에 자주적으로 참가하도록 만들고자 하는 공산당원 양성 단체이다. 그 대상은 15~26세의 청년이다.

3_전쟁 기간과 전후에 걸쳐 빵을 비롯한 기본 식료품은 엄격한 배급 전표 방식으로 배급되었는데, 1946년에서 1947년까지는 배급제도의 폐지와 물자-통화 관계의 평형화를 이루기 위한 예비 조치가 취해졌다. 그 뒤, 1947년 말에 통화 개혁이 실시되면서 배급제도도 함께 폐지되었다.

민의 실질소득이 증가했다. 그리고 5개년 계획 기간 중에 도시와 노동자 주거 지역에서는 총면적 1억 제곱미터 이상의 주택이 복구 또는 신축되었고, 농촌 지역에서는 주택 270만 호가 복구 또는 신축되었다.

제4차 5개년 계획을 수행하는 데는 큰 어려움이 뒤따랐다. 그 어려움을 모두 다 극복한 것은 아니었으나, 총체적으로 볼 때 5개년 계획은 전후 소련의 경제 부흥과 국민의 생활 향상, 그리고 사회주의의 물질·기술적 기반 확충을 위한 중요한 계기가 되었다(포노말료프 1991, 137~140).

스탈린의 사회주의 건설 노선

그러나 당시의 사회주의 건설이 스탈린 노선에 기초해 추진됨으로써 많은 모순점과 한계를 드러냈다. 스탈린이 추구한 사회주의 건설 노선의 특징에 관해서 살펴본다.

첫째, 스탈린은 세계 자본주의로부터 경제적으로 자립할 수 있으며, 제국주의의 포위 공격으로부터 소비에트 체제를 지킬 수 있는 사회주의적 공업화의 추진을 최우선 과제로 설정했다. 이런 과제의 실현을 위해 스탈린은 중화학 공업화와 '농업의 집단화'를 강제로 추진했다.

둘째, 사회주의 공업화와 농업 집단화를 강행하면서 스탈린은 사회주의적 소유(국가 소유와 국가 통제를 받는 협동조합 방식의 소유)로의 전환을 위한 단일 계획경제 체제의 확립을 사회주의 실현의 절대적 기준으로 제시했다. 나아가 스탈린은 사회주의적 소유로 전일화된 단일 계획경제 체제가 사회적 생산력을 계획·균형적으로 발전시킬 수 있는 유일한 체제라며 정당화했다. 스탈린의 사회주의관은 '높은 단계'의 공산주의 체제로 나아가는 이행 목표로 추구되어야 할 내용을 사회주의 단계에서 실현하고자 하는 주관주의적 개입주의 또는 주관적 계급투쟁주의를 대변하는 것으로 해석된다.

셋째, 사회적 소유 관계의 급격한 변화에 따르는 계급 저항을 억누르고 사회주의 공업화를 위한 대중 동원을 최대화하기 위해 국가 강제력이 최대한 활용되었다. 스탈린은 '당의 국가집행권력 장악'을 적극 옹호했으며, 인민주권 기구인 소비에트 기구와 노동조합을 비롯한 대중조직을 당의 의지를 관철시키는 '수송 벨트'로 간주했다. 이에 따라 당의 실천은 인민대중으로부터 분리되었고, '당과 국가의 융합' 또는 '당의 국가기관화'가 진척되었다(김세균 1990, 202~204).

미국의 마르크스주의 경제학자 폴 스위지는『마르크스주의와 현대』에서 전후 소련이 시행한 경제개발 방식을 근본적으로 비판한다. 스위지는 국가가 생산수단의 소유권을 갖게 되면 정치적으로나 경제적으로 중앙집권적 제도가 된다고 말하면서, 일하는 사람들이 자신이 생산한 잉여생산물(생산 과정에 대해서도)을 지배하지 않는다는 점에서 '국가 사회'는 착취하는 사회라고 규정한다. 그리고 소수의 지배계급이 권력을 가지면 특권의 독점 현상이 발생하고 권위주의적·억압적인 체제가 형성되기 마련이며, 밑으로부터 이루어지는 진정으로 민주주의적이고 자기해방적인 운동의 전개는 철저하게 배제된다고 주장한다(歷史学研究会 編 1982, 156~157).

지금까지 살펴본 바와 같이 소련은 제4차 5개년 계획의 추진으로 전후의 경제 재건과 사회주의의 물질·기술적 기반을 확충하는 한편, 당의 정치 활동과 이데올로기 활동을 확대·강화함으로써 정치적 안정과 발전을 추구했다. 무엇보다 파시스트 침략군에 대항한 전쟁에서 승리함으로써 소련의 지위가 강화되었고 국제적 영향력도 커지면서 소련 사회주의 제도는 더욱 강화되었다.

구 식민지 체제의 붕괴, 자본주의국가 내부의 민주 세력 증강, 그리고 자본주의의 전반적 위기 심화에 따라 더욱 전후 소련 사회주의의 진전이 가속화되었다. 이는 한편에서는 사회주의 세계의 체제 형성을 촉진했으며, 다른 한편으로 미국을 축으로 하는 현대 자본주의 체제와의 전면 대립 양상을 조성했다.

소련은 지구상의 일부 지역(전쟁이 끝났을 때 적군赤軍 또는 다른 공산주의 군대가 점령한 지역)을 지배하거나 우세한 영향력을 행사했으며, 군사력으로 자신의 영향권을 확대하려 하지는 않았다. 미국은 다른 자본주의 세계에 대해서뿐만 아니라 이전에 식민 열강이 소유했던 기존 제국주의 헤게모니 잔존물을 탈취함으로써 서반구와 대양들에 대해서도 통제력과 지배력을 행사했다. 그 대신 미국은 소련의 헤게모니가 인정된 지역에 대해서는 간섭하지 않았다(Hobsbawm 1996, 226).

사회주의가 한 국가의 범위를 넘어섬으로써 사회주의국가들 사이의 새로운 국제 관계, 즉 사회주의국가들의 '공동체'를 형성하는 일이 새로운 과제로 제기되었다. 소련은 제2차 세계대전 이전에는 대외정책에서 몽골인민공화국[4]을 제외하면 자본주의국가들과만 관계를 맺었다. 그러나 전후에는 소련과 동유럽 인민민주주의 국가들 사이에 새로운 형태의 관계가 형성되었다. 새로운 사회주의적 관계를 수립하는 데 필요한 경제·정치·이데올로기 기초가 형성된 것이다.

사회주의 세계 체제는 독립된 주권 국가의 각국별 사회주의 경제의 총체이며, 사회주의국가에 고유한 경제적 법칙성에 따라 발전한다. 여기에는 사회주의국가들의 국제분업과 생산의 전문화·협동화가 요구된다. 또 사회

4_몽골인민공화국은 제2차 세계대전이 끝날 때까지 성립해 있던 유일한 인민공화국(1921년 7월 11일 수립)이었다.

주의적 대외정책의 일반 원칙인 국가와 국가 사이의 완전한 동등, 상호 내정 불간섭, 영토 보전의 상호 존중, 평화 옹호 등이 강조될 수밖에 없다(포노말료프 1991, 154; 158).

이와 같은 원칙에 따라 무역이 경제협력의 기본 형태가 되었으며, 점점 사회주의 세계시장이 형성되었다. 이에 따라 차관 원조가 큰 의의를 갖게 되었다. 생산 및 기술 분야의 상호 원조도 매년 증가했다. 경제협력이 확대됨에 따라 경제 관계를 조정할 기구가 필요해졌다. 이와 같은 상황에서 사회주의권의 경제 부흥과 협력을 증진하는 한편, 미국이 주도하는 유럽부흥계획 및 유럽경제협력기구에 대응하기 위해 1949년 소련과 유럽 인민민주주의 국가들은 경제상호원조회의COMECON[5]를 창설했다.

이보다 앞서 1947년 9월에는 공산주의자정보기구Communist Information Bureau, 즉 코민포름이 설치되었다. 이 기구는 소련공산당 주도로 유럽 9개국 공산당이 참가해 창설한 공산주의 국가의 정보국이다. 참가국은 소련·체코슬로바키아·불가리아·루마니아·헝가리·폴란드·유고슬라비아·프랑스·이탈리아의 9개국으로, 소련이 중심이 되었다. 이들 국가는 미국을 내세운 서유럽의 반공 체제와 투쟁할 것을 선언하고 행동의 통일, 경험·정보 교환, 활동의 조정을 위해 코민포름을 설치한다고 선언했다. 이들은 유럽부흥계획이 미국의 확장 정책의 일환이라며 비난하고, 1948년 6월에는 유고슬라비아 공산당을 제명[6]했다. 코민포름은 1956년 해산할 때까지 세계 각국

5_1949년 소련 주도로 유럽경제협력기구에 대항해 창설된 사회주의국가들의 경제협력 기구를 서방 측에서 이르는 말이다. 공산권의 몰락에 따라 1991년에 해체되었다.

6_유고슬라비아가 코민포름에서 제명된 것은 다음과 같은 이유 때문이었다. ① 소련과 소련공산당에 대한 비협력적인 태도. ② 자본주의에서 사회주의로 가는 과도기에 계급투쟁이 첨예화한다는 이론을 부정하는 농민 중심의 부하린 이론 주장. ③ 공산당의 역할을 경시하고 인민전선을 과대평가하는 태도. ④ 종

의 공산당을 지도하는 역할을 담당했으며, 그런 의미에서 냉전 초기 단계에서 사회주의 진영을 대표했던 중요한 기구라고 할 수 있다.

이와 같은 정치·경제 기구를 통한 협력과 상호 원조, 경제 관계 조정을 효과적으로 행하고 자본주의 진영의 공세에 공동으로 대응함으로써 세계 사회주의 체제가 형성·강화되었다.

이와 같은 세계 사회주의 체제의 형성과 강화를 '소련의 동유럽 지배와 통제', '인민민주주의의 스탈린화'로 보는 견해도 있다. 일리는 소련의 동유럽 지배가 초기에는 다양한 모습을 띠었다고 설명한다. '사회주의로 가는 민족적 길'이라는 슬로건은 이미 1945년에 서유럽 각국 공산당의 특징적으로 내세운 것이었고, 1946년 여름부터 1947년 말까지 동유럽에도 적용되었다[7]고 한다.

요컨대 동유럽에서는 민주주의가 성공할 기회가 희박했을 뿐만 아니라 덧없이 지나가 버렸다는 것이다. 동유럽의 후진성과 파시즘이 행한 파괴, 냉전의 영향과 같은 불리한 조건이 있었던 데다 스탈린주의(소련의 영향력과 각국의 실천)는 결국 이겨내기 어려운 것이었기 때문이다. 1947년 봄 이후 더욱 엄격해진 소련의 통제는 '민족의 길'에 종지부를 찍었다. 일리는 "경직된 중앙집권적 국가, 비공산주의자의 관직 배제, 공직자 교체, 단일 정당 정

파주의적 관료주의와 트로츠키적인 군대식 지도 방식을 채용한 것. ⑤ 형제 당이 제기하는 비판을 받아들이지 않는 태도. ⑥ 비판을 받은 뒤에 보이는 외관상의 좌익 모험주의적인 정책들(소상공업의 국유화, 계급으로서 부농을 없앤 것) 등이다(포노말료프 1991, 159).

7_스탈린은 1946년 7월에 체코슬로바키아의 고트발트가 모스크바를 방문했을 때 민족 독자의 길을 승인했고, 그 뒤 헝가리의 라코시, 불가리아의 디미트로프, 폴란드의 고무우카 등이 모두 이런 독자 노선을 소련 모델에 따르지 않고 시행했다. 고무우카의 말을 빌리자면, 폴란드의 길을 위해서는 "단일 정당은 말할 것도 없고 노동자계급의 독재도 유용하거나 필요하지 않았다"(Eley 2002, 553).

부로의 전환, 시민 자유와 헌법 기본권의 유보, 소련에 대한 순종 등을 통해 일치가 강화됨으로써 인민민주주의 국가들은 대중의 지지를 잃게 되었다"고 주장한다(Eley 2002, 307).

하먼은 동유럽에서는 메마르기 짝이 없는 스탈린주의 이데올로기가 강요되었고, 이것에 이의를 제기하는 사람들은 예외 없이 감옥이나 노동수용소에 갇혔다면서, 소련은 자기 블록 안에서 "정치・경제・이데올로기 활동을 블록 전체의 요구에 유보 없이 종속시킬 것"을 강요했다고 설명했다(Harman 2008, 546).

이와 같은 세계 사회주의 체제의 형성 및 사회주의국가 상호 관계에 관한 비판은 이후 전개되는 소련과 인민민주주의 국가들 사이의 갈등과 모순, 그리고 사회주의 체제가 안고 있는 문제점들을 해명하는 데서 일정한 시사점을 제공하게 될 것으로 보인다.

동유럽 인민민주주의 국가 수립과 노동운동

동유럽 국가들은 제2차 세계대전 기간에 나치 독일을 비롯한 추축국의 점령을 받았거나, 독일・이탈리아・일본 동맹체에 가입해 있었다. 1944년 3월에서 1945년 4월까지 소련군은 폴란드・헝가리・루마니아・불가리아・체코슬로바키아에 진주했고, 이에 호응해 공산주의자들이 저항 투쟁을 벌인 결과 최종 승리를 거두어 정권을 수립함으로써 동유럽 국가는 새로운 전환의 시대에 들어섰다. 유고슬라비아와 알바니아의 경우는 국내 저항 세력이 주체가 되어 해방을 달성했다(이정희 2005, 481).

동유럽 국가들이 새로운 정권을 수립하는 과정은 저항운동의 주체에 따라 네 가지로 나누어 볼 수 있다. 첫 번째는 유고슬라비아・알바니아 유형이다. 유고슬라비아의 경우는 산악 지대를 거점으로 한 공산당 중심의 파르티 잔 세력이 런던에 있는 망명 정권과 연계해 세르비아 민족주의자 그룹인 체트 니크chetnik[8]의 저항운동과 더불어 소련의 총공격에 호응하면서 독자적으로 추축군과 싸워 해방을 쟁취했다. 이와 동시에 구정권을 부정하고 스스로 새로운 권력기관을 창설했다. 첫 번째 유형은 파르티잔 전쟁을 통해 사회변혁을 이룩한 사례이다. 전후 내전으로 유럽 진영에 편입되었지만, 그리스의 경우도 이 유형에 속한다.

두 번째는 폴란드 유형이다. 폴란드는 전국이 독일군의 군사기지가 되었으며, '절멸정책'絶滅政策으로 불리는 독일의 잔인한 인종 정책에 따라 참혹한 희생을 당했다. 그 때문에 여러 가지 형태의 저항운동이 전개되었으며, 최대의 저항 조직은 영국 런던에 자리 잡은 자유주의 경향의 망명정부와 밀접하게 연계된 국내군이었다. 1944년 8월 국내군은 군사적으로는 독일에 대해, 정치적으로는 소련에 대해 바르샤바 봉기를 감행했으나 실패했다. 그 뒤 소련이 진주함으로써 바르샤바가 해방되었으며, 소련 주도로 공산당을 중심으로 한 연립 정권이 수립되었다.

세 번째는 체코슬로바키아 유형이다. 체코슬로바키아의 경우, 런던의 망명 정권과 모스크바에 망명한 공산당 지도부가 협력해 군사기지화되어있던 국내에서 산발적인 저항운동을 벌였다. 슬로바키아에서는 바르샤바 봉

8_제2차 세계대전 당시 드라자 미하일로비치가 이끈 세르비아 민족주의 유격대이다. 본래 결성 목적은 추축국 및 추축국에 협력하는 크로아티아와 싸우는 것이었지만, 실제로는 요시프 브로즈 티토가 이끄는 공산 유격대와 항쟁하거나 크로아티아계 유격대인 우스타샤(Ustaša)가 세르비아인들을 학살한 것에 대한 보복으로 크로아티아인들을 학살하는 일에 더 힘을 쏟았다. 제2차 세계대전 종전 이후에 체트니크는 신생 유고슬라비아사회주의연방공화국 건국 과정에서 배제되었으며, 미하일로비치를 비롯한 체트니크 간부들은 체포되어 처형되었다.

기와 거의 같은 시기에 런던에 있던 망명 정권 계열 군사 조직과 공산당 계열 조직이 참가해 대규모 슬로바키아 민족 봉기를 일으켰다. 그러나 봉기는 실패했고, 체코슬로바키아의 해방은 1944년 말에서 1945년 봄 사이에 진행된 소련의 무력 개입으로 이루어졌다. 전후의 연립 정권은 망명 정권과 모스크바의 공산당 지도부가 타협을 이룬 가운데 망명 정권의 에드바르트 베네시를 대통령으로 추대해 성립되었다.

네 번째는 추축국 측에 가담했던 루마니아·불가리아·헝가리 유형이다. 루마니아와 불가리아의 경우, 1944년 말부터 다음 해 가을 사이에 소련군의 진주로 국토가 해방되었으며, 추축국에 가담했던 정권이 쿠데타로 타도되고 공산당을 포함한 연립 정권이 수립되었다. 헝가리의 경우는 대전 기간에 독일의 지배에서 벗어나기 위한 민족주의적인 반정부 운동이 전개되었으나 결국에는 1944년 3월에 독일이 헝가리를 점령했다. 저항운동은 충실하게 준비되지 않은 채, 같은 해 12월 소련군이 독일군을 퇴치함으로써 반독일파 군인을 수반으로 하고 소농업자당을 중심으로 하는 연립 정권이 수립되었다(歷史学研究会 編 1996a, 45~47).

1944년 이후 해방된 동유럽 국가들에서는 연립 정권의 모체가 되는 새로운 조직들이 형성되었다. 이들 조직은 제2차 세계대전 기간에 추축국 측에 가담하지 않았던 반파쇼 세력이었으며, 대부분 통일전선 형태를 취했다.

동유럽에서 진행된 인민민주주의 혁명 과정의 특징에 관해 E. 칼베는 ① 프롤레타리아 국가 형성과 구 지배계급의 점진적 권리 박탈, ② 정치적 변혁과 사회·경제적 변혁의 밀접한 결합, ③ 혁명적 민주 세력 사이의 광범한 동맹과 계급 세력의 낮은 분산성, ④ 평화적 방식의 계급투쟁 수행 등을 지적하고 있다(Kalbe 1978, 30; 김세균 1990, 194에서 재인용).

칼베가 주장하는 바와 같이 동유럽에서 전개된 인민민주주의 혁명 과정은 그것이 사회주의 이행이라는 기본 성격을 지니면서도 민주적 절차를 통해 광범한 대중적 기반을 다지는 가운데 권력 문제와 사회·경제적 변혁 과제들을 해결하고자 했다는 특징을 갖는다. 이 시기의 인민민주주의론은 다당제 민주주의적 전통을 사회주의 건설에 활용하며, 반파시즘·반독점 인민전선에 가담하는 모든 정치 세력들이 서로 대등한 처지에서 협력하는 가운데 노동자계급의 전위당이 인민의 지지와 사상적 설득에 기초해 사회주의 건설을 주도해 나가는 것을 기본 내용으로 하고 있었다. 또 인민민주주의론은 다른 계급들에 대해 부르주아 민주주의적 권리를 인정하면서 동시에 국가 행정기구에 대한 인민주권 기구 우위와 민주적 통제 확보를 주요 과제로 제시했다(김세균 1990, 194~195).

제2차 세계대전 이후 인민민주주의 체제를 수립한 동유럽 국가들은 동독과 체코슬로바키아를 제외하고는 노동조합운동의 역사가 짧은 편이었다. 히틀러 지배 체제 이전에 대부분의 국가들에서는 노동조합운동이 적은 수의 노동조합원을 포괄한 채, 국내 자본가와 제국주의의 지배 아래서 명맥을 유지하면서 활동을 전개해 왔다. 히틀러 군대가 동유럽 국가들을 점령하자, 노동조합들은 곧바로 파괴되거나 지하로 내몰렸다. 노동조합운동은 가혹한 탄압의 대상이 되었다. 그러나 전쟁 말기에는 노동조합운동이 반파시스트 세력과 협력하면서 되살아나기 시작했다.

제2차 세계대전 이후 동유럽 국가들의 노동조합운동을 재조직하고 새로운 방향을 설정하는 과정에서 노동자계급은 대체로 소련의 노동조합 유형을 따랐다. 동유럽 노동자의 기본적인 경제·정치·사회적 임무가 소련의 그것과 완전히 일치하지는 않았지만, 동유럽 국가들의 경제 운용 방식이나 정치체제가 사회주의적인 기초 위에 있었다는 점에서는 기본적으로 일치했기 때문이었다(Foster 1956, 411~412).

이와 같은 특징과 과제를 안고 출발한 인민민주주의 국가 성립 과정과 노동운동 전개를 국가별로 살펴본다.

2. 폴란드

사회주의를 향한 폴란드의 길

제2차 세계대전으로 폴란드는 엄청난 피해를 입었다. 제2차 세계대전으로 폴란드 전체 인구의 22.2퍼센트에 해당하는 603만 명이 목숨을 잃었는데, 이는 인구 비율로 따지면 유럽 국가들 가운데 최대의 인명 손실이었다. 게다가 영토 변화에 따른 인구 감소가 더해져 1938년 3,458만 명이었던 폴란드 인구는 1946년에는 2,393만 명으로 크게 줄어들었다.

제2차 세계대전 이후 폴란드가 민주주의 혁명을 거쳐 사회주의혁명으로 성장·전화하는 과정은 크게 다음의 세 시기로 나눌 수 있다. 제1기(1944년 7월~1945년 6월)는 국토 해방이 진전됨에 따라 지역적으로 불균등하지만 민주주의적 혁명 과제를 실현하고, 아울러 사실상 사회주의적 개혁에 착수한 시기이다. 제2기(1945년 6월~1947년 1월)는 부르주아 세력의 반혁명 공세가 강화되고, 그것을 극복함으로써 혁명을 사회주의혁명으로 성장·전화시키기 시작한 시기이다. 제3기(1947년 1월~1948년 12월)는 부르주아 세력의 저항을 근본적으로 일소하고 인민 권력을 강화함과 더불어 노동자계급의 조직적 통일과 그 지도 역할을 강화함으로써 사회주의혁명으로의 성장·전화 과정이 확고해진 시기이다.

1944년 들어 소련군의 폴란드 진주가 시작되었고, 7월 21일에는 공산당(나중에 노동자당으로 이름을 바꾼다)과 사회당, 그리고 농민당 일부가 중심이 되어 폴란드민족해방위원회PKWN를 설립했다. 폴란드민족해방위원회는 결성 다음 날인 7월 22일 이른바 '7월 선언'을 발표했다. 선언의 주요 정치적 내용은 다음과 같다. 국내국민평의회9가 임시의회 역할을 수행하게 되며, 여기서 선출된 폴란드민족해방위원회가 유일한 합법적 행정기관이 된다. 폴란드민족해방위원회는 새 헌법이 제정될 때까지 1921년 헌법에 기초해 임시정부 역할을 수행한다. 전 국민을 결집하고, 소련군과 공동으로 독일 점령자를 완전히 분쇄할 때까지 계속 투쟁한다. 나라의 정치 생활을 전면적으로 민주화한다. 민주적인 사회개혁을 실시한다. 경제를 부흥시키고 국민의 물질적 상태를 개선하며, 점령자로부터 받은 상처를 치유한다(시바타 마사요시 1990, 106~107).

1944년 9월 11일, 국내국민평의회는 지금까지의 잠정 규칙을 대신할 국가기구에 관한 법률인 '국민평의회의 조직과 기능에 관한 법률'을 채택했다. 이 법률에 따라 국내국민평의회 권한은 최고입법기관으로서 국가 예산, 중요 재정 사항, 중요 국제조약 및 통상조약 등을 직접 심의 또는 승인한다. 폴란드민족해방위원회의 구성과 임면, 임시정부의 조직과 그것에 따른 폴란드민족해방위원회의 해산, 군사령관 임면, 국가기관의 기능 감찰 등은 국내국민평의회 권한에 속한다. 국내국민평의회의 입법 권한 일부를 지방 국민평의회에 이양할 수 있으며, 지방기관의 활동을 통제하는 권한이 지방 국민평의회에 주어졌다. 군사 면에서는 인민군과 폴란드 제1군이 통합해 폴란드군이 창설되었고, 치안유지를 위해 민경대가 조직되었다. 이와 같이 주요 국가기관들이 새로이 만들어지거나 부분적으로 구 국가기관들이 민주적

9_국내국민평의회는 원래 독일 점령 아래서 지하 인민저항운동의 중앙 지도 기관으로 결성되었다.

으로 개편되었다.

1944년 9월 6일, 폴란드민족해방위원회는 '토지개혁 시행령'을 채택했다. 수용 대상은 폴란드인 지주를 비롯해 나치 점령군에 협력한 독일 국적의 폴란드인들이 소유한 토지였다. 수용된 토지는 우선 농업노동자와 빈농에게 분배되었다. 또 폴란드군 병사, 전쟁고아, 파르티잔 투쟁 참가자에게도 돌아갔다. 토지개혁 시행 결과, 구 폴란드왕국 지역에서는 238만4천 헥타르의 토지가 46만6,900세대의 농가에 분배되었고, 재통합지역에서는 368만5,700헥타르의 토지가 60만1,500세대의 농가에 분배되었다. 토지개혁과 아울러 대기업·은행·철도 등의 국유화 정책이 추진되었으며, 은행제도와 통화제도가 개혁되었다. 국민경제의 부흥이 진행되었고, 문화·교육 시설이 다시 열렸다(시바타 마사요시 1990, 111~122).

폴란드민족해방위원회가 7월 선언에서 제시한 여러 가지 개혁을 실행하는 가운데 1945년 6월 폴란드 전 영토가 파시스트 점령군으로부터 해방되었으며, 공산당·농민당·사회당·가톨릭노동당 등이 참여해 폭넓은 '폴란드 국민통일임시정부'가 수립되었다. 1946년 6월 30일의 국민투표와 1947년 1월 19일의 제헌의회 선거를 통해 인민 권력이 굳건한 기반을 갖추게 되었다(歷史学研究会 編 1996a, 50).

1945년 8월, 소련과 체결한 협정에 따라 폴란드 최대의 관심사였던 국경 문제가 타결되었다. 동쪽 국경선으로 커즌선Curzon Line이 최종 결정되고, 서쪽은 포츠담회의 결정에 따라 오데르-나이세선Oder-Neisse Line이 잠정적으로 결정되었으며 그 너머 동쪽 독일의 일정 영토는 평화조약 체결 때까지 폴란드 행정에 속하게 되었다. 이에 따라 폴란드는 동쪽에서 250킬로미터 정도 서쪽으로 나아갈 수 있었다.

국내외 정세가 크게 바뀌고 인민 권력의 개혁 작업이 추진되는 가운데

1945년 6월부터 1947년 1월 사이에는 부르주아지와 지주 세력의 반혁명 활동이 활기를 띠면서 전개되었다. 7월 선언에서 제시된 개혁 과제들을 실시함에 따라 부르주아지와 지주 세력은 정치·경제적으로 심대한 피해를 입었다. 부르주아지와 지주 세력은 혁명이 더 진척되는 것을 막고, 인민 권력을 분쇄함과 동시에 권력을 창출하기 위한 활동을 강화했다.

부르주아지와 지주 세력은 폴란드에 주재하던 영·미 사절단의 중개로 런던 망명 그룹과 연락을 유지했으며, 합법적인 정치·조직 중심을 만들어 합법적으로 반대 운동을 전개했다. 또 폴란드농민당 설립을 통해 정치 기반을 형성하기도 했고, 폴란드사회당에 입당해 그 지도부를 장악하려 했으며, 노동조합운동을 분열시켜 세력을 형성하려 시도하기도 했다. 이들은 정치·조직적 수단을 이용해 국가기관 내부에서 일정한 지위를 차지하고, 그 지위를 이용해 반혁명 활동을 전개하는 투쟁 방법을 사용했다. 또한 반동적인 지하 군사 조직과 테러 단체를 결성해 노동자·농민 활동가를 살해하고 대중을 협박하기도 했다.

부르주아지와 지주 세력의 이와 같은 활동은 부분적으로 성공을 거두기도 했으나, 노동자와 농민 대중의 분노를 불러일으켜 결국에는 실패로 끝났다(시바타 마사요시 1990, 123~125).

이와 같은 상황에서 1945년 12월, 폴란드노동자당 제1회 대회가 바르샤바에서 열렸다. 대회에서는 사회주의로의 이행을 지향할 것, 그것의 실현을 보장하는 조건으로 노동자계급의 완전한 정치·조직적 통일을 달성할 것, 노동자-농민 동맹을 강화할 것, 소련 및 인민민주의 국가들과의 협력을 증진할 것을 결정했다. 또한 국민경제 부흥·발전 3개년 계획의 입안 및 공업·운수·은행의 국유화법 제정을 제안했다.

1946년 1월 3일, 여러 우여곡절 끝에 국내국민평의회는 '국민경제 주요 부문의 국가 소유로의 이행에 관한 법률'과 '새 기업의 조직 및 공업·상업에서 사적 이니셔티브의 지지에 관한 법률'을 채택했다. 이 시기의 국유화는 제1시기의 국유화 조치와 임시 국가 관리를 바탕으로, 그것을 법적으로 확인하는 형태를 취하면서 진행되었다.

한편 1946년 초에서 1947년 1월까지 1년 동안은 새 헌법을 제정하는 헌법제정의회 선거를 중심으로 하여 정치 세력 간에 격렬한 대립과 마찰이 이루어졌다.

노동자당·사회당·농민당을 주축으로 하는 국민전선은 인민 권력을 강화하고, 그동안의 성과를 확대하기 위해 선거운동에 총력을 기울였다. 국민전선 가맹 정당들은 국민투표 실시를 제안했다. 국민투표는 다음 세 가지 문제에 관한 것이었다. ① 이원제 국회 대신 단원제 국회를 바라는가, 그렇지 않은가. ② 사적 이니셔티브를 남겨 둔 채 토지개혁과 국민경제 부문의 국유화 결과로 형성된 경제제도를 새 헌법으로 확인하는 것에 찬성하는가, 반대하는가. ③ 현행 서부 국경 문제에 대해 찬성하는가, 반대하는가. 국민투표 실시를 위해 국내국민평의회는 1946년 4월 27일 '국민투표에 관한 법률'을 채택했다. 국민투표는 1946년 6월 30일에 실시되었다. 긍정표는 ①에 대해서는 68.2퍼센트, ②에 대해서는 77.3퍼센트, ③에 대해서는 91.4퍼센트 나왔다.

1947년 1월 19일에는 제헌의회 선거가 실시되었고, 공산당을 중심으로 한 '민주주의 블록'이 투표의 80.1퍼센트를 획득했다. 반혁명 정당인 폴란드 농민당의 득표율은 10.3퍼센트에 지나지 않았다. 사회당의 치이란케웨체를 수반으로 하는 연립내각이 출범했다. 정부는 곧 인민민주주의 체제 구축을 위한 작업에 착수했다(시바타 마사요시 1990, 130~133).

1947년 2월에 열린 제헌의회는 '소헌법'을 채택했다. 소헌법은 국내의 기본적인 사회·경제 개혁 내용을 규정했으며, 폴란드 국가 헌법이 제정될 때까지의 최고 기관 권한과 직무를 설정했다. 헌법은 '국가평의회'[10]설치와 양원제 의회 폐지를 규정했다. 1947년 2월 5일, 국가평의회 의장 겸 대통령에는 볼레스와프 비에루트가 선출되었다. 1948년 12월에는 폴란드노동자당과 폴란드사회당이 합동으로 폴란드통일노동자당PZPR)을 창설하고 정권을 장악했다(이정희 2005, 484~486, 489).

폴란드는 제2차 세계대전으로 엄청난 경제적 피해를 입었으며, 전후에 경제 복구와 사회개혁 조치를 과감하게 추진했다. 1946년 1월 국유화법에 따라 종업원 50명 이상을 고용하는 모든 광공업 기업이 국유화되었고, 1947년 당시 광공업 부문의 국유화 비율은 90퍼센트에 이르렀다.

이와 같은 조건에서 1947년 7월 7일, 국내국민평의회는 '경제개발 3개년 계획'을 채택했다. 3개년 계획의 주요 과제는 다음과 같았다. ① 국가의 생산력을 전반적으로 발전시키고, 그것에 기초해 노동자의 물질·문화적 생활수준을 향상시킨다. ② 생산수단의 생산을 빠른 속도로 발전시킴으로써 국민경제에서 공업생산고를 대폭 증대시킨다. ③ 국민소득을 전쟁 전 수준과 비교해 10퍼센트 증대시키고, 그것의 비율을 공업 발전에 이바지하도록 한다. ④ 국민경제에서 사회주의 경제 형태를 강화한다. ⑤ 재통합 지역을 폴란드의 다른 지역과 긴밀하게 결합시킨다.

경제계획 추진에서 중심 과제는 공업 개발이었으며, 이런 과제를 해결하는 데서 필요한 것은 투자 재원과 원료 등이었다. 소련의 원조는 폴란드

10_ 국가평의회는 소련의 최고회의 간부회에 해당되며, 국내국민평의회는 소련의 중앙·지방 소비에트에 해당한다. 3권 분립에 따르자면 전자는 당과 정부 직에 해당되며, 후자는 국회에 해당한다. 즉 폴란드에서는 당과 정부가 지방·중앙 의회보다 우월한 권한을 가졌다.

경제계획 추진에서 필요불가결한 요소가 되었다. 1947년 3월에 경제협정을 체결한 뒤 소련은 총액 2,855만5천 달러의 차관을 폴란드에 금으로 공여했고, 대량의 철도 차량을 제공했다. 또 두 나라 사이의 쌍무적인 통상협정을 통해 소련은 각종 연료를 공급했다. 같은 해 8월 말에는 신통상협정이 체결되어 소련으로부터 식용 곡물 30만 톤이 공급되었으며, 두 나라 사이에 기술 협력도 추진되었다. 1947년 9월 코민포름과 1949년 1월 경제상호원조회의COMECON의 결정으로 폴란드는 차츰 소련에 의존하는 외교·무역 정책을 취하게 되었다(시바타 마사요시 1990, 130~133).

폴란드노동조합총평의회 결성과 산업별 조직 재편

이와 같이 제2차 세계대전을 전후해 정치·군사·경제·국제 관계 면에서 격변을 겪는 가운데, 폴란드 노동운동은 갖가지 고난과 도전에 직면했다. 폴란드 노동운동은 전쟁 기간에는 다른 동유럽 국가와 마찬가지로 파시스트 점령군의 야만적인 탄압으로 비합법 상태에서 활동을 전개해야만 했다. 그러다가 전쟁 말기에는 공산당이 주도하는 저항 세력과 협력하며 조직을 재건하고 활동을 벌여 빠른 성장을 이룩했다.

1944년 임시정부가 들어설 무렵인 1944년 11월에는 폴란드노동조합총평의회CCPTU가 결성되어, 조직이 빠르게 확대되었다. 1945년 12월 노동조합원은 133만3,109명이었는데, 1947년 말에는 300만 명으로 크게 불어났다. 노동조합의 조직 형태도 획기적으로 바뀌었다. 전쟁 이전에는 전국에 존재하는 노동조합 수가 343개였는데, 1947년에는 하나의 전국 중앙 조직으로 통일되었으며 전국 산업별 조직은 38개로 재편되었다.

폴란드의 노동조합은 국가에 광범한 영향력을 행사했으며, 국가가 노동조합 내부 문제에 간섭하는 행위를 금지하는 법률에 의해 그 독립성이 제도적으로 보장되었다. 그뿐만 아니라 관련 법령은 생산, 임금 조건, 사회보장 등 노동자의 이익에 관계되는 사항에 대해서는 가장 먼저 전국노동조합연맹의 승인을 받아야 한다고 규정했다.

노동조합운동은 노동자계급의 노동·생활 조건 개선과 노동자를 위한 보건·문화 시설 확충을 위해 활동하는 한편, 산업 발전을 위해서도 헌신적으로 노력했다. 폴란드에서는 1938년에는 석탄 3,800만 톤이 생산되었는데, 1954년에는 1억 톤으로 생산량이 크게 증가했다. 철강 생산량은 1938년의 150만 톤에서 1954년에는 460만 톤으로 증가했다.

폴란드 노동조합운동은 기업 관리나 사회시설 운영을 위한 잘 짜인 조직을 갖추고 있었고, 조직은 대부분 지원 노동자들로 구성되어 있었다. 공업 기업의 경우가 전형적이었는데, 노동자들이 공장 조사관, 사회복지·사회보장·문화교육활동 부문의 조직자, 관리자위원회 위원으로 선출되었다. 공장 조사관만도 20만 명에 이르렀다(Foster 1956, 416~417).

3. 체코슬로바키아

국민전선 정부 성립

1939년 3월 15일 독일 나치는 체코슬로바키아를 점령해 '보헤미아-모라비아 보호령'으로 국가 명칭을 바꾸고, 보호령의 통치자로는 1938년 11월에 대통령으로 선출된 에밀 하하를 그대로 앉혔다. 독일 점령군은 모든 정당활동을 금지하는 한편, 하하를 대표로 하는 유일한 독재 정치조직인 '민족협동체'를 설치했다. 1939년 11월까지 모든 고등 교육기관이 폐쇄되었으며, 많은 정치인을 비롯해 교사·대학교수·지식인 등이 강제수용소에 수용되었다.

독일 점령 이후, 서유럽 각지에 살고 있던 체코인과 슬로바키아인들이 망명정부를 수립하는 운동을 벌이면서 저항운동을 지원했다. 제2공화국 대통령을 역임했던 에드바르트 베네시는 체코슬로바키아민족위원회를 창설해 1939년 11월에 서유럽 국가들로부터 승인을 받았다. 제2차 세계대전 기간에 베네시는 영국 런던에서 임시정부를 수립하고 대통령으로 선출되었으며, 임시정부는 연합국 측에 가담해 체코슬로바키아 해방을 위해 참전했다(이정희 2005, 410~411).

한편 베네시는 체코슬로바키아의 안전보장을 위해서는 유럽·미국뿐만 아니라 소련과도 협력 관계를 유지해야 한다고 판단해 1943년 12월에 일찌감치 망명정부와 소련 사이의 우호상호원조조약을 체결했다. 독일 점령 시기의 반나치 저항운동은 공산주의 세력과 망명정부 세력 사이의 협력을 통해 전개되었으며, 체코슬로바키아에서는 망명 정권과 모스크바에 거점을 둔 공산당 지도부가 상호 협력해 전후의 정권을 담당할 조건을 마련했다.

한편, 부르주아지도 국내 저항을 위한 지도부를 설립하고 런던에 망명정부를 조직해 세력을 결집했다. 그들은 히틀러 독일의 지배로 인해 국내에서 경제적·정치적·사회적 기초를 모두 잃어버린 사람들이었다. 그런 상황이었음에도 그들이 망명정부를 세울 수 있었던 것은 자본의 국제적 유대가 존재했기 때문이었다.

망명파 부르주아지의 주요 정책은 대체로 다음과 같았다. ① 해방 후 뮌헨협정 이전 공화제로 회귀, ② 국내 대중적 저항운동에 대한 부정, ③ 체코슬로바키아 민족해방운동과 소련의 결합에 대한 부정(특히 초기에는 독일·소련 불가침조약을 이용해 반소·반공 선전을 강화), ④ 서유럽 제국주의 열강과의 제휴 강화, ⑤ 서유럽 열강 정부의 지원에 기초해 일련의 외교적 술책을 통해 국외에서의 저항운동을 마치 운동 전체의 주요 요인인 양 간주하고 나라의 해방 추구.

프티부르주아지와 애국적 지식인층은 청원위원회를 조직해 뒷날 국내 저항 중앙지도부에 참가한다. 그러나 그 하부 조직은 때로 공산주의 그룹과 통일 행동을 취한다. 우파 사회민주주의자 가운데 망명파 부르주아지를 추종하는 인사들도 여기에 참가한다(시바타 마사요시 1991, 296~297).

1944년 10월, 소련군은 카르파티아-우크라이나에 진주했으며, 1945년 3월과 4월에는 슬로바키아 영토 대부분을 해방시켰다. 이런 상황에서 베네시 망명정부는 3월에 신정부 수립 문제를 논의하기 위해 모스크바를 방문해 공산당과 전후의 신정권에 관한 교섭을 벌였다. 이런 조건 아래서 1945년 3월 체코슬로바키아공산당 주도로 공산당·사회민주당·국민사회당·인민당 등 4개 정당과 슬로바키아의 공산당·민주당 사이에 체코인과 슬로바키아인의 '국민전선' 창설에 관한 협정이 체결되었다. 같은 해 4월 5일, 국민전선은 해방된 슬로바키아의 코시체에서 국민전선 정부를 조직하고 그 강령을 채택했다.

코시체 강령은 신정부가 반파시즘 노선을 지지하는 광범한 세력의 국민전선 정부임을 규정했다. 강령은 모든 파시스트 조직을 불법화하고 제3공화국의 이익에 위배되는 일체의 정당 건설을 금지했다. 코시체 개혁안은 슬로바키아의 주권과 자치권을 승인하고 체코와 슬로바키아 양 민족의 평등을 보장했다. 슬로바키아에서는 봉기를 지도했던 국민평의회가 입법부 역할을 수행했다. 행정부는 위원제 방식으로 개편되었다. 또한 주요 산업체, 신용 금융, 광산업 부문을 제한적으로 국유화할 것을 규정했고, 새로운 토지개혁을 약속했다. 노동자의 노동권 보장, 노동·생활 조건의 개선과 종합적인 사회정책의 기초 창출, 노동자들이 최고 교육을 받을 수 있는 권리 보장, 노동위원회와 직장위원회에 대한 선출권 확립 등도 규정했다. 1945년 10월에 소집된 임시국회는 베네시를 대통령으로 임명했다(歷史學硏究会 編 1996a, 51; 이정희 2005, 501~502).

국민전선 정부는 먼저 국가기관의 민주화를 추진함과 더불어 적국인, 민족 반역자, 적국 협력자 재산의 국민 관리와 제1차 국유화를 실시했다. 공장평의회는 기업으로부터 파시스트와 그 협력자들을 추방하고 무장 노동자로 구성된 공장 보안대를 조직했다. 공장평의회는 기업에 대한 국민관리국의 지도에 참가하고, 그 도움을 받아 기업 활동을 직접 또는 간접으로 관리했다.

1945년 10월 24일, 기업 국유화에 관한 일련의 대통령령이 만들어지고 실행에 옮겨졌다. 국유화 조치를 취한 결과, 1946년 말 당시 공업 부문의 대기업 2,867개가 국유화되었고, 이들 기업은 200개 국영기업에 통합되었다. 철도, 방송국, 영화관 등도 국가 관리로 이관되었다. 은행의 국유화는 국내 금융자본과 외국 금융자본에 큰 타격을 주었으며, 동시에 국가의 경제·정치적 자립을 강화하는 중요한 기반이 되었다.

1945년 5월 21일에 채택된 '국민관리령'으로, 국유화 조치는 공업과 은행 등에만 그치지 않고 농업에까지 확대되었다. 6월 21일에는 반나치즘 투쟁에 참가한 사람을 제외한 독일인과 헝가리인, 나치즘에 봉사한 반역자와 대적 협력자, 전시에 점령자에게 봉사한 기업이나 그 외 회사들의 모든 토지 및 농업 자산을 무상으로 몰수하고 분할하기로 규정한 법령이 공포되었다. 7월 20일에는 피수용지로의 이주에 관한 법령이 공포되었다. 토지개혁 실시에 따라 총 294만6,395헥타르가 수용되었는데, 그 가운데 농지는 165만1,016헥타르였다. 이것은 전체 토지의 40.8퍼센트였고, 전체 농지의 72.7

퍼센트에 해당하는 것이었다(시바타 마사요시 1991, 323~326).

1946년 들어 국민전선 정부의 혁명적 개혁이 진행되는 과정에서 부르주아지는 국민 관리, 국유화, 토지개혁 등으로 정치·경제적으로 큰 타격을 받았다. 이들은 혁명을 저지하고 자본주의 제도를 지키며, 뮌헨 협정 이전의 체제를 부활시키기 위한 반혁명 계획을 공공연히 표방하면서 실행에 옮기기 시작했다.

이런 가운데 1946년 5월 26일 헌법 제정 국민회의 선거가 실시되었다. 선거 결과, 체코슬로바키아공산당은 슬로바키아공산당과 합쳐서 38퍼센트의 득표율을 기록했고, 전체 의석 300개 가운데 114석을 차지했다. 국민사회당의 득표율은 23.6퍼센트, 인민당은 20.2퍼센트, 사회민주당은 12.1퍼센트였다. 슬로바키아에서는 민주당이 62퍼센트 지지를 획득했다. 국민회의 내에서 민주당을 비롯한 비공산당이 186석을 차지했고 공산당이 114석을 확보했으나, 실질적인 결정은 각 정당의 지도자 회의에서 승인을 받아야 했다(시바타 마사요시 1991, 329; 334).

1948년 2월에는 반혁명 쿠데타 사건이 발생했다. 1948년 2월 20일 국민사회당, 인민당, 슬로바키아 민주당 소속 각료 12명이 비공산당원 경찰 간부 파면 철회를 요구하며 사표를 제출했다. 이 사건에 대해 체코슬로바키아공산당 중앙위원회와 슬로바키아공산당 중앙위원회는 공동 성명을 발표하고, 인민대중의 궐기를 호소함과 더불어 그 조직적 수단으로서 국민전선행동위원회의 조직을 호소했다. 이와 같은 공산당의 호소에 호응해 2월 22일에는 노동자 200만 명을 대표하는 공장평의회 대표 8천 명이 참석해 전국대회를 열었다. 2월 24일에는 노동자 250만 명이 참가해 1시간 총파업을 감행했다. 이런 전국적 투쟁의 압력으로 베네시 대통령은 2월 25일 각료 12명의 사표를 수리했고, 새로운 클레멘트 고트발트 내각의 조각을 인정했다.

곧이어 5월 9일에는 신헌법이 채택되었으며, '인민민주주의' 체제가 확립되었다. 5월 말에는 공산당이 내놓은 국민전선의 단일 후보자 명부에 의거해 선거가 치러졌고 여기서 국민전선은 89퍼센트의 지지를 얻었다. 베네시는 신헌법에 서명하길 거부하고 6월 7일 대통령직을 사임했다. 6월 14일 고트발트가 대통령에 취임하고 새 공산당 정부가 수립되었다. 체코슬로바키아공산당은 곧이어 사회민주당을 흡수했으며, 1948년 9월에는 슬로바키아공산당과 통합했다(시바타 마사요시 1991, 329; 334).

1948년 이후 체코슬로바키아는 사회주의 체제로 빠르게 이행해 갔다. 2월 쿠데타 이후 공업의 국유화가 급속하게 추진되었는데, 1948년 4월부터 제정된 일련의 국유화법에 따라 종업원 50인 이상의 모든 공업 부문 기업이 국유화되었으며, 전체 공업생산의 91.5퍼센트가 국가 관리에 들게 되었다. 그리하여 1954년에는 공업 부문의 국유화율이 99.7퍼센트에 이르게 되었고, 소매업도 99.4퍼센트까지 사회화되었다.

체코슬로바키아에서는 1946년부터 추진된 경제 부흥 2개년 계획 시행 이후, 1949년 1월부터 본격적인 경제개발 5개년 계획이 시작되어 공업의 급속한 중공업화, 농업의 집단화·기계화를 중심 과제로 하여 많은 급진적 조치가 취해졌다. 자본과 노동력은 경공업·서비스업·농업의 각 부문으로부터 중공업 부문으로 집중적으로 옮겨 갔으며, 기초 공업 제품과 생산재의 생산이 급증했다.

농업 부문에서는 1947년 3월에 150만 헥타르 이상의 농지가 수용되어 소농과 국가에 이관되었다. 1949년 2월, 새로운 농업협동조합법이 실시되어 농업의 집단화가 시작되었다. 농업의 집단화는 공업의 경우처럼 순조롭게 진행되지는 못했다.

대외적으로는 소련을 중심으로 하는 사회주의권과의 협력도 빠르게 진전되었다. 1948년 12월 체코슬로바키아는 소련과 통상협정을 체결했으며, 다음 해인 1949년 1월에는 경제상호원조회의COMECON에 가맹했다. 그 결과 체코슬로바키아는 소련을 비롯한 동유럽 여러 국가들과의 무역을 증대시킬 수 있었다(矢田俊隆 2002, 289~291).

체코슬로바키아노동조합중앙평의회 결성과 혁명적 노동조합운동

체코슬로바키아에서 이와 같이 정치·경제 정세가 급격하게 변화하는 가운데 1946년 이후 노동조합운동은 계급·조직적 통일을 추진하면서 새로운 운동 기조를 설정했다. 제2차 세계대전 이전 체코슬로바키아에는 노동조합 전국 중앙 조직이 18개나 존재해 극심한 분열 양상을 보였으며, 독일 점령 시기 노동조합운동은 합법적 활동을 금지당했다. 독일군이 체코슬로바키아로부터 퇴각하기 시작한 1944년 말 체코슬로바키아노동조합중앙평의회 CCTU가 결성되었다(Foster 1956, 412).

1946년 체코슬로바키아노동조합중앙평의회 제1회 대회가 열렸다. 대회에서는 다음과 같은 운동 기조가 결정되었다.

① 정치와의 관계: 혁명적 노동조합운동은 정치적 중립이 아니라 계급적 조직으로서, 전인민의 참된 자유와 평등은 자본주의 제도 아래에서는 달성될 수 없고 오로지 사회주의 제도 아래에서만 달성될 수 있다는 것을 명확히 하며 스스로 사회주의적 조직임을 천명한다.

② 정부와의 관계: 혁명적 노동조합운동은 독립된 전국적 조직으로서 국민전선 정부가 혁명 이념을 수행하는 정책을 계속 취하고 인민의 번영과 생활수준의 향상을 추구하는 한에서 정부를 자발적으로 지지할 것임을 밝힌다.

③ 정당과의 관계: 혁명적 노동조합운동은 대중조직으로서 비당파적 조직이다. 이 운동은 인민민주주의의 길을 따라 구체제를 폐지하고 새로운 합법적 체제를 확립하기 위해 노력하는 모든 정당을 지지하는 동시에 인민민주의 제도의 전복과 구 자본주의 제도의 부활을 기도하는 모든 정당과 세력에 대해서는 반대할 것임을 천명한다.

④ 사기업과 관계: 생산수단의 소유자가 자신의 노동으로 생계와 충분한 이윤을 손에 넣는 것에는 반대하지 않지만, 불로소득의 원천인 자본축적은 인정하지 않는다. 자본주의적 개인 기업에 대해서는 지지할 수 없지만, 노동자의 상태와 민족의 자유 독립을 위협하지 않는 한에서 허용할 수도 있다. 타인의 노동을 착취할 가능성이 제거되지 않는 한, 혁명적 노동조합은 그런 가능성을 제한하고 제거하기 위해 노력한다.

⑤ 국영기업과 관계: 국영기업의 존재와 그것의 번영은 노동조합과 민족에 중요한 이익이 된다. 국유화 부문의 생산 성과는 국가와 전 인민의 소유물이다.

⑥ 노동자의 요구에 대해: 노동조합은 강고한 기초 위에 선 새로운 경제를 준비하지 않으면 안 된다. 그것을 위해 노동자의 모든 힘을 통일시켜야 한다. 따라서 전전과는 달리 요구들을 제출할 때는 경제 전체에 대한 책임감에 기초하지 않으면 안 된다. 바로 이것이 인민민주주의제도하의 노동조합 정책이 전전의 그것과 구별되는 근본적인 특징이다. 노동조합 정책의 목적은 노동자 생활수준의 직접적인 향상만이 아니라 지속적인 향상을 보장하는 데 있다.

⑦ 파업에 대해: 혁명적 노동조합운동은 노동자의 가장 유력한 무기인 파업권을 포기하지 않는다. 만일 노동자의 이익과 권리가 위협받는다면 최후의 수단으로 주저 없이 파업권을 행사할 것이다. 만일 노동자와의 약속을

헌신짝 버리듯이 저버린다거나 무효화한다면, 또는 인민민주의의 길을 통해 사회주의로 전진하는 대신 낡은 자본주의 제도로 되돌아가려 한다면, 전국적인 총파업이 가장 유효한 회답이 될 것이다(시바타 마사요시 1991, 332~333).

이와 같은 운동 기조를 설정한 체코슬로바키아의 '혁명적 노동조합운동'은 노동조합운동이 갖는 기본적인 독립성과 자주성을 도외시한 채, 인민민주주의 체제를 수립하는 데서 정부·공산당과 협력하면서 중요한 추진 주체가 되었다.

4. 헝가리

헝가리 인민공화국의 성립

제2차 세계대전이 발발했을 때 헝가리는 독일과 동맹 관계를 맺고, 연합국을 상대로 전쟁에 들어갔다. 1944년 3월 독일군은 헝가리 정부의 요청이라는 형식으로 헝가리를 쉽게 점령했다. 그것은 소련이 동유럽을 점점 지배해 나가고, 헝가리 인민들 사이에서 반파시즘 분위기가 고조되자 당시 히틀러 독일의 유일한 동맹국이었던 헝가리를 반소反蘇 전쟁의 일대 작전 근거지로 만들기 위한 것이었다(紫田政義 1975, 396). 독일군은 소농업자당과 사회민주당 당원, 연합국에 동조한 정치가, 반나치 지도자를 체포했다. 이 과정에서 많은 유태인들이 학살당했고, 45만 명이 아우슈비츠 강제수용소에 간혔다.

독일군이 동부 전선에서 패배해 전세가 불리해지자, 1944년 8월 왕국 섭정인 미클로시 호르티가 연합군 측에 휴전을 제안했다. 헝가리의 제안에 대해 연합국 측은 헝가리가 이제 국경선 너머에 상주해 있는 소련군의 지시에 따라야 한다고 간단히 대답했다. 1944년 9월 말에는 소련군이 헝가리 남동부 국경을 넘어 밀고 들어갔다. 같은 해 10월 중순에는 헝가리 제2 도시 데브레첸이 해방되었고, 같은 해 12월 2일에는 헝가리공산당MKP을 비롯해 소지주당, 사회민주당, 전국농민당, 노동조합 등으로 구성된 민족독립전선이 결성되었다. 12월 21일에는 민족독립전선을 주축으로 하여 임시정부가 수립되었다.

임시정부는 1945년 1월 18일 대독일 선전포고를 하고 이어 1월 20일에는 연합군과 휴전협정을 체결했다. 같은 해 4월에는 전 헝가리가 독일군과 헝가리군으로부터 해방되었다(矢田俊隆 2002, 216~217).

이런 상황에서 대중적 민중운동이 급격하게 고양되면서 민중운동 조직들이 성장하기 시작했다. 각 도시와 농촌에서 인민위원회, 국민위원회가 조직되었다. 국민위원회는 민족독립전선에 가입한 정당 대표들과 당적을 가지지 않은 사람들로 구성되었고, 그 대다수는 노동자, 근로 농민, 지식인, 수공업자 등이었다. 국민위원회는 민족독립전선의 지방기관 구실을 하게 되었으며, 인민대중의 민주주의적인 통일을 강화하면서 인민의 지방권력기관이 되었다(시바타 마사요시 1991, 404).

1945년 11월에는 전후 최초의 총선거가 실시되었다. 선거 결과 자유주의적 정강을 내건 소지주당이 중소기업가와 지주의 시시를 받아 득표율 58퍼센트를 얻어 전체 의석 409석 가운데 245석을 획득해 제1당이 되었고, 공산당이 득표율 17퍼센트로 70석을 얻어 제2당이 되었다. 그다음으로 사회민주당이 득표율 17퍼센트로 69석을 얻어 제3당이 되었고, 전국농민당은 7퍼센트 득표율로 23석을 차지해 제4당이 되었다.

전후 헝가리에서 처음부터 공산당 세력이 지배적이었던 것은 아니다.

소지주당이 국회에서 압도적 다수를 차지한 결과, 그 당 당수인 틸디 졸탄가 신내각의 수반이 되었으며, 연합국관리위원회 의장 클리멘트 보로실로프와의 협정에 따라 민족독립전선은 유지되었다. 내각은 4당 연립으로 구성되었으며, 각료 18명 가운데 9명이 소지주당 소속이었고, 내무부 장관으로는 공산당 소속 너지 임레가 취임했다.

선거에서 패배해 곤란한 처지에 놓인 공산당은 소지주당을 당면한 공격 목표로 삼고 1947년 8월의 두 번째 총선거에 대비함으로써 민족독립전선 내부의 대립이 차츰 격화되었다. 이런 상황에서 1946년 2월 1일 국회는 군주제 폐지와 공화국 수립을 공포했고, 틸디가 대통령으로 선출되었으며 같은 당의 너지 페렌츠가 총리로 임명되어 4당 연립내각이 성립했다(矢田俊隆 2002, 220~221).

소지주당이 선거에서 승리를 거두자, 당내에서는 자본가 세력의 지원을 받은 각 정파의 지배권 확립 운동이 벌어졌다. 또 소지주당의 지도부는 민족독립전선의 민주주의 강령(토지개혁, 대공업과 은행의 국유화, 행정기관의 민주화 등)을 충실하게 이행하지 않았다. 이런 상황을 맞아 같은 해 3월, 공산당·사회민주당·전국농민당·노동조합이 '좌파 블록'을 형성해 민족독립전선 강령의 실행을 요구했다(黃元起 編 1954, 하권, 114).

한편 헝가리공산당은 1944년 말 당시에는 당원 수가 2만 명에 지나지 않았다. 그러나 망명했던 지도자들이 귀국하고 새로운 지지자들을 확보함과 동시에 상당수의 구 '화살십자당' 당원을 흡수함으로써 1946년 말쯤에는 당원 20만 명을 포괄하는 영향력 큰 정당으로 성장했다. 공산당은 사회민주당과 노동조합을 비롯한 사회단체들과 함께 소지주당 정부에 대한 공격을 시작했다.

연립내각에서는 소련으로부터 귀국한 공산당 서기장 라코시 마차시가 부수상으로 취임해 실권을 장악했고, 공산당의 라슬로 라지크가 내무부 장관에 취임해 치안 기관인 '국가보안국'의 힘을 업고 차례차례 정적을 고립시키고 배제하는 전술을 폈다. 그리하여 1847년 초까지 소지주당의 중요한 지도지는 거의 체포되었고, 같은 해 6월 너지 수상은 사임을 표명하고 스위스로 망명했다.

이와 같은 정치 정세의 급격한 변화를 배경으로 하여 1947년 8월에 실시된 제2회 총선거에서 공산당은 제1당으로 진출했으며, 소지주당은 저조한 득표율밖에 획득하지 못했다. 1947년 8월 31일 실시된 선거에서는 민족독립전선이 60.8퍼센트의 득표율을 기록했고, 공산당의 득표율은 22.3퍼센트였다. 헝가리공산당은 선거 이후 소지주당에 대한 공세를 더욱 강화했다. 1948년 6월, 헝가리공산당과 사회민주당이 합당해 헝가리노동자당MDP으로 개편되었다. 7월에는 노동자당 창립에 공헌한 구 사회민주당 좌파 서커시치가 틸디의 후임으로 대통령에 취임했다. 이어 1949년 2월에는 헝가리인민공화국이 선포되었고, 5월에는 헝가리가 인민민주주의 국가로 전환되었다(이정희 2005, 524; 黃元起 編 1954, 하권, 116).

1944년부터 헝가리인민공화국 선포에 이르는 동안의 정치 상황 변화를 살펴보았는데, 이제 전후 경제 상황과 경제계획 실시에 따른 경제 정세 변화를 살펴보자.

헝가리는 전쟁으로 인해 전전 연간 국민소득의 5배에 이르는 엄청난 물적 손해를 입었다. 그런데도 구 추축국으로서 소련과 그 밖의 나라들에게 거액의 배상금을 지불하지 않으면 안 되었다. 1946년에는 전 생산의 65퍼센트, 그다음 해에는 국가 예산의 26.4퍼센트가 배상금으로 지불되었다. 소련은 헝가리에 있는 독일의 자산을 전부 몰수하고, 소련으로 이송할 수 없는 것에 대해서는 합병회사를 설립해 이익을 회수해 갔다.

이와 같은 악조건 때문에 헝가리 경제는 1945~1946년에 고도의 인플레이션을 겪게 되었다. 1946년에 실시한 통화개혁에 따라 구 화폐단위인 펭괴Pengő가 폐지되고 새로운 화폐단위 포린트Forint가 도입되었다. 그다음 해부터 추진된 3개년 계획은 여러 가지 악조건 속에서도 성과를 거두어, 계획이 완료될 무렵에는 거의 전쟁 전의 생산 수준으로 회복되었다(이정희 2005, 523).

1945년 3월 15일 토지개혁법이 제정되고 곧바로 토지개혁이 실시되었다. 헝가리에서는 1천 홀드(1홀드는 0.57헥타르이다) 이상의 대토지 소유자가 국토의 30퍼센트 이상을 차지하고 있었다. 토지개혁의 대상이 된 토지는 독일인이나 전쟁범죄인의 소유지, 1천 홀드 이상의 사유지 모두, 1천 홀드부터 100홀드까지의 사유지에 대해서는 100홀드를 초과하는 부분(자작농은 200홀드)이었다. 개혁 대상이 된 토지는 정부가 유상으로 수용했다. 헝가리 해방 전투에 참가한 농민은 300홀드까지 소유할 수 있었다. 토지개혁을 통해 329만 홀드가 64만여 농가에 분배되었다. 이와 같은 토지개혁의 시행으로 헝가리 농촌 사회는 소농민층이 주류를 이루는 사회구조로 바뀌었고 또 전체 인구의 과반수를 농민층이 차지하게 되었다(歷史学研究会 編 1996a, 60; 이상협 1996, 257~258).

1945년 12월에는 공산당이 제기한 국유화 선언이 발표되었으며, 탄광·철강·금속 관련 기업이 국유화되었다. 1947년 11월에는 은행이 국유화되었다. 1948년 3월 28일에는 노동자 100명 이상의 공업 및 광업 기업의 국유화가 결정되었다. 1948년 6월에는 공업·광업·교통 산업 노동자의 86퍼센트가 국유기업에서 일하고 있었다. 1947년부터 시작된 제3개년 계획은 1949년 말에 완료되었는데, 이에 따라 생산은 거의 전쟁 전 수준에까지 회복되었다(黃元起 編 1954, 하권, 116~117).

헝가리중앙노동조합평의회 결성과 공장위원회의 기업 관리

전후 헝가리의 정치·경제 상황은 동유럽 다른 국가들보다 복잡한 양상으로 변화했는데, 이런 가운데서도 헝가리 노동운동은 점차 조직을 복원하고 빠른 성장세를 나타냈다. 1945년 1월 18일, 헝가리중앙노동조합평의회CTUC가 창설되었다. 헝가리중앙노동조합평의회의 노동조합원은 1945년 3월 당시 9만 명이었는데, 1948년 중반에는 163만8,387명으로 급증했다(Foster 1956, 412).

헝가리 노동운동은 대체로 헝가리공산당 노선을 지지했으며, 민족독립전선의 민주주의 강령 이행과 산업 국유화, 그리고 과감한 사회·경제 개혁을 요구했다. 공장 단위에서는 노동조합, 공산당, 사회민주당의 대표가 참가하는 공장위원회가 설립되었다. 공장위원회는 기업주가 도망가지 않은 공장을 비롯해 대다수 기업에서 기업을 관리하고, 생산 통제를 실시했다.

이 시기 헝가리의 정치·경제·사회 상황에 비추어 볼 때 노동자계급을 선두로 하는 근로인민과 정부가 혁명적이고 민주적인 정책들을 실현하기 위해서는 정부를 포함한 국가기관 내부와의 투쟁을 대중 투쟁과 결합해 추진하는 것이 필요했다. 당시 혁명적인 개혁을 보장하는 관건은 노동자계급이 공산당과 협력을 유지하는 가운데 국가를 통치하는 데 중요한 지위를 확보하는 것, 노동자계급의 통일과 노농동맹에 기초한 통일전선을 견지하고 강화하는 것이었다(시바타 마사요시 1991, 407).

5. 유고슬라비아

유고슬라비아연방인민공화국의 성립

1943년 9월, 이탈리아군이 붕괴하기 시작하자 유고슬라비아 파르티잔 부대는 다시 세력을 회복했고, 슬로베니아·크로아티아·달마티아·마케도니아·보스니아·헤르체고비나 등을 차례로 해방시켰다. 1943년 말부터 각 지역 파르티잔이 세르비아를 중심으로 집결했다. 11월, 보스니아 중부 야이체에서 제2회 유고슬라비아인민해방반파시즘회의AVNOJ가 열렸다. 회의에는 파르티잔 부대를 형성해 무장투쟁을 전개하고 있는 전국 대표들(마케도니아와 코소보 대표는 출석하지 않았다)이 참가해 유고슬라비아인민해방반파시즘회의가 유고슬라비아 최고의 입법·행정 집행기관이라는 점, 새로운 행정기관인 유고슬라비아해방전국위원회를 설치한다는 점, 그리고 런던 망명정부의 모든 권리를 부정한다는 점을 결정했다. 이 결정은 전후 유고슬라비아 정치체제의 향방을 결정하는 중요한 계기가 되었다.

요시프 브로즈 티토를 의장으로 하는 유고슬라비아해방전국위원회는 1944년 1월, 전후 유고슬라비아의 새로운 정치 기반 모색을 시도하는 가운데 광범한 세력을 포함한 유고슬라비아 전국 규모의 조직으로서 통일인민해방전선 결성을 제안했다. 통일인민해방전선은 기본적으로는 파르티잔 전쟁을 치르면서 유고슬라비아공산당KPJ의 지도로 구성된 반파시스트청년통일동맹이나 반파시즘여성전선 등의 조직을 모체로 했으며, 반파시즘 노선을 견지한 구세력 인사들을 개인 자격으로 받아들이기도 했다.

1945년 3월 베오그라드가 해방되자 곧 유고슬라비아인민해방반파시즘회의 대표 20명, 망명 정권 대표 3명, 전전戰前 정당 대표 5명으로 구성되는 임시정부가 수립되었고, 티토가 임시 연합 정권의 수반이 되었다. 1945년 8

월에는 각지에서 결성된 통일인민해방전선의 대표들이 베오그라드에 모여 수백만 명 규모의 정치조직으로서 '인민해방전선'을 결성했다. 이 조직은 공산당을 중심으로 크로아티아 공화파 농민당, 독립민주당, 유고슬라비아민주당, 세르비아공화당, 세르비아통일농민당과 반파시스트 조직, 그리고 노동조합 조직으로 구성되었다. 인민해방전선은 공산당이 선거에 대비하기 위해 조직한 전선체였다. 제1회 인민해방전선 회의에서 티토는 처음으로 인민민주주의라는 용어를 사용했다(歷史学研究会 編 1996a, 49).

1945년 11월에 실시된 헌법제정의회 선거에서는 인민해방전선이 압도적 승리를 거두었다. 형식에서는 인민해방전선을 모체로 했으나, 실제에서는 공산당의 단독 정권이 수립되었다. 같은 해 11월 29일에 열린 새 의회는 왕정을 폐지하고 연방주의와 민주주의 원칙에 기초한 '유고슬라비아연방인민공화국'을 선포했다. 1946년 1월 31일, 신헌법이 공포되었다.

유고슬라비아는 동유럽 국가들 가운데 폴란드 다음으로 막대한 전쟁 피해를 입은 나라로서 공장이나 수송도로 50퍼센트 이상이 파괴되었고, 전쟁으로 사망한 사람은 총인구의 10.8퍼센트에 해당하는 170만 명에 이르렀다. 이런 상황에서 유고슬라비아는 전쟁 종료와 더불어 경제 부흥을 서두르지 않을 수 없었고, 급진적인 사회주의화 노선을 채택했다. 정부는 1944년 11월과 1945년 11월, 1946년 12월에 잇따라 국유화령을 발표해 농업 부문과 소매업을 제외한 거의 모든 산업 부분, 즉 공업 전체의 80퍼센트 이상, 광업의 87퍼센트, 화학공업의 92퍼센트, 전기산업의 95퍼센트, 전매업 전부를 국유화했다.

농업 부문에서는 1945년 8월에 제정된 토지개혁법에 따라 25헥타르 이상의 소유지, 부재지주와 교회의 소유지가 무상으로 몰수되었으며, 농업생산조합이 사회주의를 향한 초보 단계 기구로서 육성되었다. 토지개혁을 실시하면서 국가가 몰수한 토지는 총 160만 헥타르에 이르렀는데, 이 가운데 4분의 1은 삼림으로 국가 소유가 되었다. 또 4분의 1은 국영 농장(소보즈) 또는 공공기관 재산으로 편입되었고 나머지 80만 헥타르는 농민에게 재분배되었다. 재분배된 토지의 절반가량은 토지가 없거나 소규모 경작지밖에 가지지 못한 26만 농민 가구에, 또 나머지 절반가량은 보스니아·몬테네그로 등 빈곤한 지역 농민들에게 주어졌고, 그 가운데 4만7천 헥타르는 협동조합 형식으로 농민단체에 분배되었다(이정희 2005, 553~554).

한편 유고슬라비아는 시급한 경제 복구를 위해 국제연합 구제재건위원회로부터 4억2,500만 달러의 원조금을 제공받아 식량, 의료품, 산업 공장, 농업 기구 구입에 충당했다. 1946년 5월 22일, 의회는 '일반 경제계획과 국가계획기관에 관한 법률'을 채택했다. 제1차 5개년 경제개발계획은 경제 부흥을 비롯해 경제의 공업화와 전력화電力化, 국유 경제 부문의 강화와 발전, 국민 생활·문화 수준의 향상, 국가의 독립과 국방력의 강화를 기본 목표로 설정했다. 이 5개년 계획을 실행하기 위해 우선 총액 2,783억 디나르를 투자하기로 예정했으나(黃元起 編 1954, 하권, 148), 계획 자체가 지나치게 야심 찬 것이라는 비판을 받았으며, 소련과의 정치적 대립 때문에 제대로 추진되지 못했다.

유고슬라비아 노동조합운동의 재건과 성장

이와 같은 정치·경제 상황의 큰 변화 속에서 유고슬라비아의 노동자계급은 전쟁 기간에는 반파시즘 민족해방투쟁에서 중요한 역할을 했으며, 전후에는 인민민주주의 정권 수립과 경제 부흥 과정에서 주체적으로 임무를 수행하기 위해 적극적인 노력을 기울였다.

전후 유고슬라비아 노동조합은 조직을 재건해 빠르게 성장했다. 유고슬라비아 노동조합은 전쟁 이전 몇 개의 전국 중앙 조직으로 분열돼 있던 조직을 통합했고, 1947년 말 26개 산업별 노동조합 소속 노동조합원 100만 명을 포괄했다. 그 중심은 노동자연합조직OAA이었다. 유고슬라비아 노동조합은 다른 인민민주주의 국가의 노동조합과 마찬가지로 노동조합 민주주의의 기초 위에서 조직을 운영했고, 현장 단위에서는 노동자평의회 또는 공장위원회를 설치해 활동했다.

노동조합은 경제 재건 과정에서 성과급 제도, 생산력 증강 운동, 사회주의 경쟁 등 사회주의 특유의 방법을 채택했다. 또 노동조합은 경제기관이나 국영기업에 노동자 대표를 파견했다. 그리고 노동조합은 노동조건 개선과 사회보장제도의 확충을 위해서도 노력했다(Foster 1956, 413~414).

6. 루마니아

루마니아인민공화국 성립

1939년 제2차 세계대전이 발발했을 때, 루마니아는 초기에는 사태를 관망하다가 결국 추축국 편에 섰다. 카롤 2세가 1940년 9~10월에 독일군의 루마니아 주둔을 승인해 루마니아는 사실상 독일의 군사 점령 상태에 들게 되었다. 루마니아는 전쟁 수행을 위해 경제적으로나 군사적으로 전력을 기울였다. 우선 루마니아는 귀중한 유류·곡물·식료품·군수품 등을 독일에 대량 수출했고, 그것도 극심한 부등가 교환 원칙에 의해 이루어졌다. 1941년에는 30개 사단을 전선에 파견했다. 전쟁이 계속됨에 따라 루마니아는 엄청난 피해를 입었고, 이에 따라 반파시즘 민족해방운동이 고양되기 시작했다

(이정희 2005, 434~435).

1944년 3월 말, 소련군이 루마니아 국경을 넘어 진격했다. 이에 따라 루마니아에서는 대외정책의 방향 전환을 위한 움직임이 활발해졌다. 공산당은 이온 안토네스쿠 독재 정권 타도를 목표로 하여 광범한 세력 결집을 시도했다. 같은 해 6월에는 공산당, 사회민주당, 민족농민당, 민족자유당이 중심이 되어 통일전선 국민민주블록을 결성했다. 8월 국민민주블록은 국왕 미하일Mihail과 그의 군 수뇌부 측근을 끌어들여 연합국과 휴전을 거부한 안토네스쿠 정권 타도를 목표로 쿠데타를 일으켰다.

쿠데타가 성공한 후, 국왕은 군인과 국민민주블록 지도자들로 구성되는 신정권 수립을 지시했다. 8월 말에는 콘스탄틴 사나데스쿠 장군을 수반으로 하는 신정권이 수립되었고, 9월에는 신정권이 소련과 휴전협정을 체결하고 대독代獨 참전을 선언했다.

그 이후 국민민주블록 내의 대립이 표면화했다. 정치 변혁을 지향하는 민족농민당과 소련군을 등에 업고 권력을 장악하고자 하는 공산당 사이의 대립이었다. 공산당은 1944년 10월 12일에 사회민주당, 농민전선, 애국자동맹, 루마니아노동총동맹과 함께 국민민주주의전선을 새롭게 결성했다. 한편 민족농민당과 민족자유당은 토지개혁, 국내의 민주화, 노동자 권리 옹호를 전면에 내세우면서 통일전선에서 탈퇴했다. 그리하여 국민민주주의전선과 신정부 사이에 긴장이 고조되었으며, 사나데스쿠 정권은 퇴진 압력을 받았다.

공산당은 소련의 영향력에 힘입어 국민민주주의전선 내에서 힘을 더욱 키웠다. 12월에는 친서유럽파 니콜라에 라데스쿠 장군을 수반으로 하는 정권이 수립되었다가 1945년 3월에는 농민전선 지도자 페트루 그로자를 수반으로 하는 국민민주주의전선 중심의 신정권이 출범했다. 이 정권은 사실상 공산당이 주도하는 정권이었다. 신정권의 수립을 둘러싸고 영국과 미국의 항의와 국제적 비판이 쏟아졌고, 한편으로는 국왕과 우파 정당, 그리고 그로자 정부 사이의 대립이 격화되었다. 같은 해 12월에는 모스크바 외상회의에서 타협이 이루어져, 민족농민당과 민족자유당에서 각각 한 명씩 입각했다(歷史学研究会 編 1996a, 52~53).

1946년 11월 19일, 총선거가 실시되었다. 공산당, 사회민주당, 자유당 분파, 농민전선, 민족인민당(애국자동맹)은 통일 블록을 형성해 선거전을 전개했다. 선거 결과 통일 블록은 유효 투표의 71.8퍼센트, 총 의석 414석 가운데 347석을 획득했다. 선거를 통해 루마니아의 기본 세력은 공산당을 비롯한 노동자계급, 근로 농민, 진보적 인텔리겐치아라는 사실이 확인되었고, 정부 내에서 공산당의 지위가 강화되었다. 이런 정세에서 1947년 12월 30일 미하일 국왕은 정부로부터 퇴위 요구를 받아 이를 수락한 뒤 망명했고, 같은 날 루마니아인민공화국RPR이 선포되었다.

1948년 2월, 루마니아 공산당은 사회민주당 좌파와 함께 노동자당RWP을 창설했으며, 국민민주주의전선을 개편해 노동자당·농민전선·민족인민당·헝가리인민동맹을 결집한 '인민전선'을 결성했다. 3월 28일에는 제헌의회 선거가 실시되었는데, 인민전선이 총 92퍼센트의 득표율로 의석 414개 가운데 405개를 차지했다. 4월 13일, 국민의회는 신헌법을 채택했다(이정희 2005, 536~537).

루마니아의 경제개혁은 그로자 정권 시기에 시작되었다. 1945년 3월 23일, 전범자와 부재지주 소유 농지 가운데 50헥타르 이상인 농지를 무상으로 몰수하는 내용의 농지개혁법이 제정되어 실시되었다. 그 결과, 15만 5,823명으로부터 146만8,946헥타르의 토지가 몰수되었다. 그 가운데 110만9,569헥타르는 토지가 없거나 5헥타르 미만으로 소유한 농민 91만7,777

명에게 분배되었다. 그리하여 40만 호 이상 새로운 농가가 생겨났고, 약 50만 호 농가가 토지 면적을 확장하게 되었다(시바타 마사요시 1991, 512).

1945년 여름부터 그로자 정부는 경제 부흥 정책을 실시했다. 정부는 경제 부흥을 '사회주의 단계로 이행하는 데 필요한 전제 조건을 조성하는 중요한 수단'으로 간주했다. 같은 해 11월 각 부처 간 경제회의를 대체해 국민경제최고회의가 설치되었다. 국민경제최고회의는 경제활동 전반에 대한 개선, 경제·재정·사회 문제 개선, 각 부처 활동의 개선에 관한 문제들의 연구와 각료회의에 제출할 정책 제안, 경제계획 작성을 위한 법안 준비, 대외경제 협정안 작성 등의 업무를 담당했다.

1946년 들어서서 경제 부흥 정책은 일정한 성과를 보였다. 철강·시멘트·석탄 생산이 증가했으며, 철도의 복구도 어느 정도 완료되었다. 1946년 12월에는 루마니아 중앙은행이 국유화되었다. 1947년 이후부터는 경제를 안정화하고 본격적인 경제 부흥 및 발전의 조건을 만드는 것이 정책의 주요 과제가 되었다. 변화된 정책은 다음과 같다.

첫째, 경제에 대한 민주주의적 국가 관리가 강화되었다. 1946년 12월에 실시한 루마니아 국민은행의 국유화는 그러한 작업의 일환이었다. 당시까지 이 은행은 부르주아지가 장악하고 있었고, 인플레이션을 주축으로 투기 및 국민경제 부흥 조치들에 대한 정치투쟁 도구 구실을 했다. 1947년 8월 15일 이후 국민은행은 상공부가 세운 생산계획에 따라 공업 금융업무를 수행했다.

둘째, 국민경제부를 상공부로 개조했다. 상공부는 사영 공업 기업에 대해 생산·유통·가격과 외국무역에 관한 방침, 감독, 통제의 전권을 가지게 되었다.

셋째, 1947년 5월 부문별 공업 관리국이 창설되었다. 그것은 주식회사 형태를 취하며 상공부 및 자본가 대표를 포함한 관리회의를 통해 관리되고 국가는 권리를 위임한 대표를 통해서 관리 대상 공업 기업의 활동에 효과적으로 개입했다.

넷째, 1947년 7월 경제활동을 집중적으로 통제하는 법이 제정되었다. 이 통제법 제정으로 상공부는 농산물, 원 연료, 수입 상품의 조달을 통제할 수 있게 되었다. 또한 국영 및 사영 기업에 생산 정보를 정기적으로 제출하도록 요구할 수 있게 되었다.

이와 같은 조치들은 인플레이션을 종식하고 경제적 부흥을 실현하기 위한 목적도 지니고 있었지만, 사회주의적인 개혁의 준비 작업이기도 했다(시바타 마사요시 1991, 523~524).

1948년 4월 채택된 신헌법은 루마니아 경제의 세 가지 소유 형태를 국가 소유, 협동조합 소유, 그리고 개인 소유로 분류했으며, 근로 농민의 권리는 토지개혁에 따라 보장된다고 확인했다. 그리고 국가가 계획화를 통해 경제 부문들의 조화로운 발전과 현존 생산수단의 합리적 이용, 모든 인민에 대한 노동권리 보장을 수행한다고 규정했다(黃元起 編 1954, 하권, 123~124).

루마니아노동총동맹 재편과 산업별 조직 체계 구축

이와 같은 정치·경제 상황의 변화가 선개되는 가운데 노동운동 상황은 어떠했는가를 살펴본다. 루마니아노동총동맹RGCTU은 30년 동안의 비합법 상태를 거친 끝에 1945년 비로소 재편되었으며, 1947년에는 노동조합원 150만 명을 포괄하는 조직으로 성장했다. 전국 조직도 개편되어, 19개 전국 산업별 조직이 체계를 갖추게 되었다. 이들 조직은 노동조합운동 전체의 새로운 성장과 함께 노동자평의회나 공장위원회를 통해 각 사업장 내에서 조직의 기초를 마련했다(Foster 1956, 413).

1947년 9월 27일 공산당과 사회민주당의 서기국은 공동성명을 발표해 노동자계급의 통일 강화는 부르주아 세력을 최종적으로 분쇄하고 부르주아 민주주의 혁명을 완성하는 기본 조건이라는 데 동의하고, 양당의 정치·조직·사상의 통일 달성을 양당 당원과 노동자계급에 호소했다. 같은 해 10월, 사회민주당 제18회 대회가 열렸는데, 대회는 공산당과 사회민주당의 공동 성명을 지지하면서 노동자계급의 통일·단결을 강조했다. 노동조합 측도 산업별 노동조합 대회에서 양당 공동성명을 지지했다.

같은 해 11월에 열린 루마니아노동총동맹 제2회 대회는 정세의 새로운 국면을 분석하고 프롤레타리아독재 시행과 사회주의로 이행을 목표로 하는 투쟁에서 노동조합이 직면하게 되는 과제를 검토해 적극 실천하기로 결정했다(시바타 마사요시 1991, 527).

루마니아 노동조합운동도 다른 인민민주주의 국가의 노동조합과 마찬가지로 국가기관에 영향력을 행사하면서 경제 부흥과 재건에 적극 협력했으며, 경제·사회 정책의 개혁을 위해 노력을 기울였을 뿐만 아니라 노동자계급의 노동·생활 조건 향상과 권리 보장을 위해 효과적인 활동을 전개했다. 루마니아 헌법은 "국가 사회복지부의 활동(건강, 공장 감사, 사회보장 등)의 조직·지도·통제는 루마니아노동총동맹의 국가사회복지평의회를 통해 시행된다"고 규정해, 정책 수행에 있어서도 노동조합의 역할을 강조했다(Foster 1956, 414).

7. 불가리아

반파시즘 민족해방운동과 불가리아인민공화국 성립

1940년 가을 독일군이 불가리아를 점령했고, 1941년 3월 1일 보리스 국왕은 히틀러로부터 유고슬라비아 영토의 일부를 할양받는 조건으로 추축국측에 가담했다. 그리고 독일군의 불가리아 영토 통과를 승인하면서 유고슬라비아를 점령하는 데 불가리아군을 동원할 수 있도록 했다. 그리하여 독일군은 불가리아 국내에 주둔할 수 있게 되었으며, 독일에 대한 불가리아의 군사적·정치적·경제적 종속은 결정적으로 강화되었다.

불가리아에 대한 나치 독일의 지배 특징은 불가리아의 군주주의가 유지해 왔던 정치기구를 존속시키면서, 이들 기구를 이용한 '간접지배'의 형태를 취했다는 점이다. 이때 일련의 법률이 새롭게 제정되고 히틀러의 '제3제국' 형에 따라 지배 방식이 보완되었다(시바타 마사요시 1991, 179).

불가리아에서는 전쟁 중에 비교적 빠른 시기부터 반파시즘 민족해방운동이 시작되었다. 반파시즘 민족해방운동의 발전 과정은 크게 나누어 다음과 같은 단계를 거친다. 제1단계(1941년 3월~6월)는 파시스트의 발칸제국 침략을 반대하고 독립 회복, 소련과의 전쟁 반대, 소련과의 우호 확립을 요구하는 운동 시기이며, 제2단계(1941년 6월~1942년 7월)는 자각된 노동자를 중심으로 인민의 저항운동과 파르티산 운동이 점점 발전하는 시기이고, 제3단계(1942년 7월~1943년 8월)는 조국전선이 결성되는 시기이다. 제4단계(1943년 8월~1944년 8월)는 저항운동과 파르티잔 운동이 대중화하는 시기이고, 제5단계(1944년 8월 말~9월 9일)는 혁명적 정세 속에서 9월 9일 봉기가 승리함으로써 반파시즘 민족해방운동이 인민민주주의 혁명으로 성장·전화한 시기이다(시바타 마사요시 1991, 189).

독일이 불가리아를 제3제국의 통제를 받는 상태에 두려는 의도가 드러나면서 무장 저항운동이 일어나기 시작했으며, 독일군이 1941~1942년 동부 전선 전투에서 패배하자 파르티잔의 저항운동은 더욱 강화되었다.

1942년 7월, 불가리아 노동자당(공산주의자당)을 비롯해 농민동맹, 사회민주당 등 반파시즘 정치 노선을 취한 비합법 정당과 애국적인 지식인·군인 조직인 즈베노인민동맹이 합세해 조국전선을 결성했다. 노동자당이 주도하는 조국전선은 1944년 9월 초 조국전선 산하의 파르티잔 부대에 일제 봉기에 관한 지령을 내렸다. 이런 상황에서 소련군이 국경을 넘어 불가리아로 진격해 들어갔다. 이에 따라 소피아 정부는 추축국에 대한 종속적 자세를 거두고 수만 명의 정치범, 유태인, 저항군을 석방하고 스스로 점령 지역에서 철수할 것을 약속하며 물러났다. 인민 봉기는 9월 8일 밤부터 9일 아침까지 계속되었으며, 즈베노인민동맹 지도자인 키몬 게오르기예프를 수반으로 하는 조국전선 정부 수립으로 마무리되었다. 이 정부는 연립 정권 형태이기는 했으나, 실제로는 전국에 걸쳐 강력한 조직을 갖고 있는 노동자당이 실권을 장악하고 있었다. 1944년 10월, 게오르기예프 정권은 연합국 측과 휴전협정을 체결하고, 곧이어 구체제의 청산[11]과 토지개혁을 추진했다 (歷史学研究会 編 1996a, 53~54).

이 과정에서 정교회 지원을 받는 농민동맹이 1945년 8월로 예정되어 있는 총선거의 선거 방식을 둘러싸고 노동자당과 대립했다. 노동자당은 조국전선 단일 후보자 명부 방식으로 선거를 치르자고 주장했고, 농민동맹은 정

11_1945년 3월까지 '인민 법정'을 통해 처형된 친독일 인사는 섭정인 3명, 전 각료 22명, 전 국회의원 28명을 포함해 2,138명이 넘었고, 그 밖에 수천 명이 유죄 판결을 받았다. 그 규모는 동유럽 국가들 가운데 가장 컸으며 방식 또한 가장 엄격했다(이정희 2005, 544).

당별로 선거를 치르자고 했다. 패전국 불가리아 재건을 위한 '연합국관리위원회'를 관장하고 있던 미국·영국·소련 가운데 영국과 미국은 총선거를 11월 18일로 연기하라는 입장이었고, 지나치게 빠르게 전후 개혁이 추진되는 깃을 바라지 않던 소련도 총선거 연기를 인정했다. 선거 직전에는 일찍이 코민테른의 사무총장이었던 노동자당의 게오르기 디미트로프가 귀국해 불가리아 정국의 중심에 섰다.

결국 노동자당은 자신들의 선거 방식을 고수했고, 농민동맹이 총선거를 보이콧한 가운데 조국전선이 유효 표 중 88퍼센트를 획득해 선거에서 압승을 거두었다. 조국전선 정부는 미국과 영국의 승인을 얻기 위해 타협책을 모색했다. 12월에 열린 모스크바 외상회의에서 영국과 미국은 농민동맹의 니콜라 페트코프와 사회민주당의 코스타 룰체프의 입각을 승인 조건으로 요구하고, 이들에게 내무부 장관과 법무부 장관의 지위를 줄 것을 제의했다.

1946년 3월, 조국전선은 농민동맹과 사회민주당의 다수파를 규합해 제2차 게오르기예프 내각을 구성했다. 1946년 9월 8일 군주제 존립 여부를 묻는 국민투표가 실시되었는데, 총 투표자 가운데 92.7퍼센트가 군주제 폐지에 찬성했다. 이에 따라 9월 15일 불가리아인민공화국 성립이 선포되었다.

불가리아인민공화국 수립 이후, 최초의 제헌의회 선서가 1946년 10일 27일 실시되었다. 여기서 조국전선은 총투표의 70.7퍼센트를 획득해 의석 총수 465석 가운데 364석을 차지했다. 선거 결과 디미트로프를 수반으로 하는 조국전선 정부가 성립되었다. 1947년 12월 4일, 의회는 신헌법을 채택했다(이정희 2005, 544~545).

이와 같은 정치 정세의 변화 속에서 실시된 주요 경제개혁은 조국전선 정부가 주로 담당했다. 다른 동유럽 국가에 비해서는 전쟁 피해가 적었던 불가리아에서는 독일인, 이탈리아인, 전쟁범죄인 등의 자산이 접수되어 1947년 2월 강화조약이 체결될 때까지 국가관리 상태에 놓여 있었다. 그 이후에는 소련에 대한 배상 조건에 따라 소련에 인도되었다. 1946년부터 1947년까지 불가리아 조국전선 정부는 프랑스 자본 투자 기업과 협정을 맺고 이를 수용했으며, 1947년 12월에는 모든 산업 및 은행 국유화를 선언했다.

불가리아의 토지개혁은 1946년 3월에 제정된 토지개혁법에 근거해 실시되었다. 독일인 소유의 토지와 전쟁범죄인의 토지를 이미 접수한 상태에서, 사유지 가운데 20헥타르를 초과하는 부분, 3헥타르 이상의 부재지주 소유 토지, 수도원 및 교회 소유 토지를 몰수해 국가가 관리하겠다고 규정한 새로운 토지개혁법이 제정되었다. 불가리아에서는 영세한 개인농이 많고 제1차 세계대전 후에 토지개혁이 실시된 적이 있었기 때문에 토지개혁 대상이 된 것은 전국 경지면적의 3.4퍼센트에 지나지 않았다(歷史学研究会 編 1996a, 57; 62).

1947년 4월 1일부터는 국민경제발전 2개년 계획이 시행되었다. 2개년 계획의 기본 과제는 두 가지였다. 첫째는 과거로부터 물려받은 어려움을 극복하고 전쟁 때문에 발생한 경제적 파탄을 부흥하는 것이었고, 둘째는 급속한 공업화와 전력의 증대, 석탄 증산과 농업의 기계화, 가축의 증대와 운수의 개선·확충, 수공업의 발전과 근대화, 상업과 무역의 확대·강화를 위한 기초를 구축하는 것이었다. 2개년 계획의 목표는 불가리아를 농업국가에서 공업국가로 전환하기 위한 조건들을 창출하는 것이었다. 2개년 계획의 시행으로 전체 생산 가운데 공업생산이 차지하는 비중이 20퍼센트에서 30퍼센트로 증가했다. 이런 경제개발 과정의 진전과 관련해 1947년 12월 공업 기업과 은행이 국유화되었다(시바타 마사요시 1991, 229).

불가리아일반노동조합 결성과 사회·경제 개혁 활동 전개

불가리아에서 반파시즘 무장투쟁과 조국전선을 중심으로 한 민족해방투쟁 과정에서 노동자계급은 다양한 형태의 투쟁을 전개했다. 노동자계급은 1942년 이후 파업을 비롯해 사보타주, 그리고 집회와 시위를 통해 반파쇼 투쟁을 확대·강화했다. 1944년 들어서는 페르니크 광산 파업을 비롯한 전국 총파업이 전개되었다. 그리고 많은 노동자들이 파르티잔 투쟁에도 적극 참가했다(黃元起 編 1954, 상권, 125; 127).

1944년 들어 불가리아 노동조합은 21년 동안의 비합법 상태를 마감하고, 노동조합운동의 합법화와 재건에 착수했다. 1944년 결성된 불가리아일반노동조합BGWU은 1947년에는 노동조합원 50만 명을 포괄했다. 노동조합 조직 형태도 재편되었는데, 전국 산업별 노동조합 32개가 조직되었다. 불가리아 노동조합운동은 다른 유럽 노동운동의 경우와 마찬가지로 노동자계급의 노동·생활 조건의 개선과 기본권리 보장을 위해서 활발한 활동을 전개했을 뿐만 아니라 사회·경제 개혁과 사회복지 확충, 사회시설 운영의 개선을 위해서도 노력을 기울였다(Foster 1956, 412; 414).

8. 알바니아

인민해방군의 무장투쟁과 신정권 수립

알바니아는 제2차 세계대전 발발과 동시에 이탈리아의 공격 대상이 되었다. 이탈리아 파시스트 군대는 알바니아를 점령한 뒤 동조자를 이용해 괴뢰 정부를 수립했다. 알바니아 인민의 저항 투쟁은 이탈리아의 침략과 더불어 시작되었고, 그것은 초기에는 자연발생적인 양상을 나타냈으나 외국인 자본가에 대한 노동자들의 투쟁, 파시스트당의 문화 일치를 조장하는 교과서 거부 운동, 농민들의 토지소유에 대한 열망 등이 민족해방투쟁으로 집약되었다(이정희 2005, 474).

알바니아의 경우, 해외 망명정부가 존재하지 않았고 기존 정당은 해체되었기 때문에 지하활동 경험을 쌓은 공산주의자들이 주축이 되어 조직 활동과 선전 활동을 펼쳤다. 이들은 북부의 슈코더르, 중부의 티라나, 그리고 남부의 코르처를 중심으로 투쟁을 전개했다. 한편 반파시즘 저항 투쟁은 파르티잔 무장투쟁으로 이어졌다. 1941년 알바니아 저항운동은 소련 참전으로 크게 국면이 전환되었고, 그런 가운데 더욱 강화되었다. 1941년에는 알바니아공산당이 창설되어 저항운동을 조직적으로 지도했다. 1942년 당시 파르티잔은 40개 부대로 편성되었고, 1만 명으로 불어났으며 공격 태세까지 갖추었다. 1942년 9월에는 공산주의자들과 민족주의자들이 페자Peza에 모여 민족해방전선을 조직했다.

1943년 봄, 공산당은 전당대회를 열어 전국 봉기를 계획했다. 농민대중을 참여시켜 정규군을 형성하는 일이 주요 과제로 제기되었다. 대회는 전략 및 식량 조달, 정치·교육 등에 관한 사항을 결정했다. 1943년 말 파르티잔 부대는 인민해방군으로 개편되었고, 엔베르 호자가 총사령관으로 추대되었다. 당시 인민해방군은 약 5만 명에 이르렀고, 레스코비크와 페르메트를 해방시키는 승리를 거두었다. 인민해방군이 증강되면서 1943년 여름 알바니아 전체는 전쟁 상태에 들어갔다(이정희 2005, 476).

한편 1943년 9월, 연합군이 이탈리아의 시칠리아에 상륙하자 이탈리아 군대는 굴복해 퇴각하고 곧이어 히틀러 군대가 알바니아를 이탈리아 대신 점령했다. 독일 나치는 약 3만 제곱킬로미터 지역에 5개 사단 병력을 주둔 시켰고, 독일군은 잔혹한 형세로 유격대 토벌에 나섰으며 가는 곳마다 방화·살인·약탈을 저질렀다. 가옥 6만여 채가 불탔고, 무고한 민간인 6만 명 가량이 희생당했다. 독일군은 공산주의자와 민족해방전선의 말살을 기도했으나 파르티잔의 공격으로 결코 그런 계획을 완전히 실행하지는 못했다(黃元起 編 1954, 하권, 130).

1944년 봄 소련군이 발칸 반도에 진주하기 시작해 여러 곳에서 승리를 거두자, 알바니아 인민해방군은 독일군에 대항해 치열한 반격을 전개했다. 1944년 11월에는 독일군이 드디어 알바니아에서 퇴각했으며 전국이 해방되었다. 독일군 철수 이후 공산당이 주도해 알바니아 임시정부가 티라나에서 수립되었다. 제2차 세계대전이 종결되기 전에 알바니아에서는 소련의 지원 없이 공산주의자들이 정권을 수립하는 데 성공한 것이다.

1944년 12월과 1945년 1월에 공포한 국유화령에 따라 전범자와 적국 협력자의 재산, 이탈리아인·독일인 소유 기업의 자산이 몰수되었고, 1946년 말까지 공업 부문 전체가 국유화되었다. 임시정부는 1945년 8월 토지개혁법에 따라 적국 협력자의 토지와 20헥타르 이상의 소유지를 무상으로 몰수해 영세농민에게 분배했다. 동유럽에서 가장 이른 사회주의 방식의 경제개혁이었다.

1945년 12월 2일에 실시한 총선거에서 유권자들은 민족해방 의회가 작성한 민주전선의 단일 후보자 명부에 대해 93퍼센트의 찬성표를 행사했다. 이에 따라 1946년 1월 11일 의회는 군주제를 폐지하고 인민공화국을 선언했으며, 3월에는 신헌법을 채택했다.

알바니아에서는 1949~1950년 사이에 2개년 국가계획이 실시되었고,

1951년부터 제1차 5개년 계획이 추진되었다. 생산재 부문 386퍼센트, 소비재 부문 324퍼센트, 농업 부문 111퍼센트 생산량 증가를 목표로 한 실로 야심 찬 계획이었다. 이 시기 경제 건설은 소련과 동유럽 국가들의 원조를 통해 이루어졌으며, 기술자 수천 명이 파견되었다(이정희 2005, 568~569).

노동운동의 부활과 성장

알바니아의 노동자들은 제2차 세계대전 발발 이후 이탈리아 지배 체제 시기부터 저항운동에 적극 참가했다. 노동자 수는 많지 않았으나 반파시스트 운동에서는 큰 역할을 수행했다. 공산주의자들은 노동자들 속에서 선전활동을 아주 유리하게 벌일 수 있었다. 1944년 11월 독일군 퇴각 이후 알바니아 노동조합은 급속하게 성장했다. 1953년 10월에 열린 세계노동조합연맹 WFTU 제3회 세계대회에 보고된 알바니아 조직노동자는 7만6천 명이었다.

알바니아 노동조합은 정부 수립 이후에는 인민민주주의 권력에 대해 협력적인 자세를 취했으며, 사회개혁 및 경제개발 과정에서 특히 그러했다(Foster 1956, 413).

4장
아시아 국가의 노동운동

전쟁은 식민지 해방을 위한 투쟁에 커다란 자극을 주었다.
특히 일본이 침략한 나라들에서 그러했다.
가장 중요한 사례가 중국이었다.
중국은 비록 형식적으로는 독립국이었지만,
수십 년 동안 제국주의의 지배를 받았다.
중국 대부분의 지역에서 일본의 통치가 무너지자,
장제스의 민족주의 세력과 마오쩌둥의 공산주의 세력 사이의
뿌리 깊은 적대가 내전으로 비화할 조짐을 보였다.
외부의 지원은 강력하게 장제스에게 향했다. ……
식민 세력들(영국, 프랑스, 네덜란드)은 극동의 다른 곳,
즉 말레이반도, 인도차이나 그리고 인도네시아에서 민족주의 세력의
강화(일본이 이것을 고무했다)에 대처하지 않으면 안 되었다.
일본인들은 처음에는 그들에게 제국주의로부터의
해방을 안겨 주는 척 했으며,
퇴각 시에는 구제국주의 질서의 재등장을 저지하기 위해
민족주의적 투쟁을 부추겼다.

(Armstrong et al, 1991, 23~24)

1945년 8월 미국과 소련 그리고 중국을 비롯한 아시아 국가 민족저항운동의 공격으로 일본 제국주의가 패망하자, 아시아 전역에서 거대한 민족해방운동이 발흥했다. 그것은 반파시즘 전쟁의 필연적인 연장이라 할 수 있다. 이런 격변은 제2차 세계대전이 끝난 뒤 곧바로 전개된 전 세계적인 혁명적 변화의 주요한 한 부분을 이루었다. 아시아 국가들에서는 노동운동이 전개되는 과정에서 노동조합의 급속하고도 큰 폭의 성장이 이루어졌다. 당시까지 아시아 국가들에서는 노동조합이 전혀 존재하지 않았거나 명맥만 유지한 상태였으나, 전쟁이 종료되자마자 수많은 노동조합이 급속하게 조직되었다. 아시아 지역 노동운동은 발전해 가면서 세계 노동운동에서 가장 크고 가장 진보적이며, 가장 전투적인 영역을 이루었다(Foster 1956, 427).

전후 초기 아시아의 정세 변화와 노동운동의 발전 과정을 국가별로 살펴본다.

1. 중국

두 개의 정치 공간 형성과 대립

1945년 8월 10일 밤, 일본이 연합국 측에 포츠담선언을 조건 없이 받아 들여 무조건 항복할 것이라는 뉴스가 전해지자, 중국의 임시수노 충칭重慶을 비롯한 곳곳에서는 사람들이 폭죽을 터뜨리며 환호했다. 항일전쟁의 승리는 중국으로서는 전후 건국과 부흥을 위해 극히 중대한 계기가 아닐 수 없었다. 이에 따라 전후 처리와 건국의 주도권을 둘러싸고 여러 세력 사이에 격렬한 항쟁이 벌어졌으며, 특히 대표적인 정치 세력인 국민당과 공산당 사이의 대립이 격화되었다.

제2차 세계대전을 주도한 미국은 친미적인 국민당 정부가 주도해 중국의 통일과 안정화를 이루길 바랐다. 이에 대해 중국공산당은 중국 해방구와 피점령 지구에서 일본 제국주의에 대항해 저항한 인민 세력이야말로 일본군과 '괴뢰군'[1]의 항복을 접수할 권리를 갖는다고 주장했다. 공산당은 8월 10일 일본군 무장해제와 치안유지를 위해 출동할 것을 변구邊區 부대에 명령했다. 다음 날인 11일, 장제스 국민당 정부도 공산당과 동일한 명령을 내렸으며, 공산당 소속 부대에 대해서는 현지에서 이탈하지 말라고 지시했다. 공산당은 그 지시를 거부했다. 국민당과 공산당 사이에 일본군 부대의 투항 접수 절차나 공산당군 부대 배치를 둘러싸고 대립이 끊이지 않았으며, 둥베이東北와 허베이華北 등 각지에서 소규모 군사 충돌이 발생하기도 했다(구보도루 2013, 17~19).

이런 사태와 맞닥뜨린 미국은 국민당과 공산당의 대립이 내전으로 확대되지 않도록 억제함과 동시에 장제스의 국민당을 중심으로 한 정부 수립 구상을 가지고 조정에 나섰다. 미국이 이와 같은 방침을 결정한 것은 다음과 같은 정세 판단에 바탕을 둔 것이었다. ① 중국공산당의 힘이 전에 없이 강화되었고 미국의 무력이 아니고서는 이를 제압하기 어렵다는 점, ② 그러나 미국으로서는 전후 유럽의 정치적 위기에 대처하는 것이 제1차 과제가 되고 있다는 점, ③ 미국 국내에서 전후 복원 요구가 강하게 제기되고 있는 상황에서 대량의 군대를 중국에 투입할 수는 없다는 점, ④ 미국이 장제스 정권의 능력에 불신을 품고 있었다는 점 등이 그것이었다(浜林正夫 외 1996, 96).

1_일본이 세운 만주국 군대를 말하는데, 푸이(溥儀)가 황제 자리를 지키고 있었다.

한편 1945년 8월 9일 중국의 동북 지방으로 진격한 소련군은 창춘長春·지린吉林·펑톈奉天을 점령하고 22일에는 뤼순旅順·다롄大連에 이르러 동북의 중심선을 제압했으며, 8월 말에는 장자커우張家口까지 진출했다.

9월 2일 연합국군총사령부는 동북(만주)을 제외한 중국 주둔 일본군은 국민당 정부에 항복하라고 명령했으며, 이에 따라 일본군은 난징南京에서 국민당 정부에 항복했다. 국민당군은 변구 이외의 중국 본토와 대만에 진출해 일본군의 무장해제를 단행했다. 이때 미국은 부대의 이동 및 공수에서 국민당 정부를 직접 도왔다.

이 무렵 중공군 총사령관 주더는 8월 11일 동북에 진격한 소련군에 호응해 동북으로 진출할 것을 부대에 명령했다. 중공군은 9월 2일 산하이관山海關을 점령해 동북으로 들어갔으며, 9월 초에는 선양瀋陽으로 진군했다. 선양에 진주해 있던 소련군은 중공군의 진출을 수용했다. 그리하여 9월 19일 옌안延安의 중국공산당 정치국은 허베이河北 변구에 있는 군대를 움직여 동북과 리허熱河 성, 차하얼察哈爾 성을 장악하는 일을 최우선 과제로 하는 북진남방北進南防 방침을 결정했다.

중국 동북에 대한 공산당의 발 빠른 움직임에 비해 국민당 측의 움직임은 신속하지 못했다. 국민당 대표가 창춘에서 소련 대표와 회담을 시작한 것은 9월 13일이었다. 회담에서 국민당 측은 국민군의 다롄 상륙과 창춘 공수를 승인해 달라고 요구했으나 소련 측이 이에 응하지 않아, 국민군의 동북 진주는 사실상 봉쇄되었다(奧保喜 2009, 71).

이와 같은 상황에서 인민들 사이에서는 내전에 대한 강한 거부감이 표출되었다. 1945년 11월에는 중국민주동맹이 주축이 되어 전후 부흥과 헌정 실현을 목표로 각계반내전연합회各界反內戰聯合會를 조직하고 반전활동을 벌였다. 대외적으로도 국민당 정부 주도의 안정된 통일 중국 재건을 기대하는 미국 정부가 국민당과 공산당 사이를 계속 조정하고 있었으며, 소련 역시 중국에서 내전이 발발하는 것을 원하지 않았다. 국민당은 전후 헌정 실시 구상을 제시했는데, 전쟁이 종결된다면 국민당의 1당 독재 체제인 훈정訓政을 끝내고 민주적인 헌정을 실시하겠다고 약속했다. 이런 분위기를 반영해 각지에서 발생한 국민군과 공산군의 충돌도 규모가 큰 전투로까지 확대되지는 않았으며, 전후 중국은 평화적인 방식으로 안정되리라 전망했다. 공산당도 이 시기를 '평화와 민주주의의 신단계'로 표현했다(구보 도루 2013, 19~20).

이런 상황에서도 국민당은 1945년 5월에 열린 제6회 전국대회에서 전후 예정된 헌정 실시 이후에도 국민대회를 통해 정권 운영의 주도권을 확보한다는 방침을 정했다. 이 결정에 대해 공산당은 같은 해 4~6월의 제7회 전국대회에서 각 정당과 각 정파가 평등하게 참가하는 연합 정부 형태를 제시하고 국민당의 주도권을 견제하고자 했다. 국민당과 공산당은 전후 구상을 둘러싸고 첨예하게 대립하는 양당 주장의 타협점을 찾기 위해 1945년 8월부터 10월까지 충칭에서 회담을 열었다. 장제스와 마오쩌둥의 최종 회담을 거쳐 10월 10일 드디어 합의 문서가 공표되었다.

'10월 10일 협정'(쌍십협정)은 내전 회피와 정치협상회의(국민대회예비회의) 개최 등을 결정했으나, 군의 통합이나 해방구의 해소 등 권력 통합에 관해서는 합의가 이루어지지 않았다. 또 헌법을 채택할 국민대회의 조직·선거 방법, 그리고 헌법 초안에 대해서도 의견 일치를 이루지 못했다. 협정은 국민당의 지도성을 승인하고, '군대의 국가화'라는 표현에 따라 공산당의 독자적인 무장을 부정하는 등 당시 공산당의 힘에 제동을 걸었다.

1946년 1월 국민당과 공산당 사이에 휴전협정이 성립되고, 정치협상회의가 열렸다. 정치협상회의에는 국민당 8명, 공산당 7명, 민주동맹 9명, 중국청년당 5명, 무당파 지식인 9명 등 모두 38명이 참석했다. 정치협상회의에서 국민당은 헌법을 제정하는 국민대회가 구성되기 전까지는 국민당 정권을 유지할 것, 국민대회는 1936년 국민당 정부가 개최한 국민대회와 동일한 대표로서 구성할 것, 그 후의 정치체제를 정하는 헌법으로 1936년 국민당 정부가 만든 헌법 초안을 채택할 것 등을 주장했다. 이와 같은 국민당의 제안에 대해 공산당을 비롯한 다른 정치 세력은 국민당의 주도권을 저지하는 방향에서 노력을 기울였다.

결국 정치협상회의는 국민당 정부를 개조해 국민당과 다른 당파가 정무부 위원 절반씩을 차지할 것, 헌법 초안을 만들고 5월에 헌법을 채택하는 국민대회를 열 것, 국민대회의 대표는 새로운 선거를 통해 선출하지 않고 1936년의 국민대회 대표 1,200명에 각 당파 대표 총 700명을 추가할 것이라는 방안을 결정했다. 또 헌법 초안은 국민당 정부의 초안을 수정해 권력 구조를 입법부 우위 형태인 의원내각제와 유사하게 결정했다. 통합에 대해서는 군대는 국가에 귀속된다는 의미로 '군대의 국가화'를 규정했다. 이는 각 정당 소속의 '당군'黨軍 해체를 의미하는 것이었다. 또 군대와 당의 분립, 즉 군내에서 공공연한 또는 비밀리에 추진되는 당파의 활동은 금지되었다(奧保喜 2009, 74).

정치협상회의는 제도상의 기구가 아니라 임시 협의기관일 뿐이었다. 참가 정당이나 당파의 회의 결의 수락은 도의석인 의무에 지나지 않았으며, 공식적으로 결의에 대한 동의를 위해서는 각 당파의 중앙위원회 또는 집행부의 승인이 필요했다. 1946년 3월, 국민당 제2회 중앙전체회의는 1936년 헌법 초안 수정에 반대하면서 협상회의의 결정을 결코 인정하지 않았다. 국민당의 이와 같은 행동에 반발한 공산당은 국민대회 참가를 거부했다. 이 때문에 5월로 예정되어 있던 국민대회는 자연 연기되었다.

한편 동북의 주요 도시에서 4월과 5월에 소련군이 철수함에 따라 도시 점거를 위한 국민군과 공산군의 전투가 일어났다. 6월에는 국민당군이 공산당군의 허충華重 해방구를 공격함으로써 전투는 더욱 치열해졌고, 7월에는 국민당과 공산당 사이의 내전이 본격화했다.

내전 초기에는 병력 430만 명을 보유한 국민당군이 병력 127만 명을 보유한 공산당군에 비해 훨씬 우세한 편이었다. 국민당군은 1946년 11월에 공산당 제2의 본거지였던 장자커우를 점령했고, 1947년 3월에는 공산당의 본거지 옌안을 장악했다. 이에 따라 공산당 지도부는 산시陝西 성 북부에서 산시山西 성과 허베이河北 성 산악 지대로 이동했다(구보 도루 2013, 41~42).

이와 같이 내전이 진행되는 가운데 1947년 11월 신헌법[2]에 따라 국민대회 대표 선거가 실시되었다. 공산당과 민주동맹은 선거에 참가하지 않았으며, 입후보를 공천한 정당은 국민당·청년당·민주사회당이었다. 선거로 국민대회 대표 3,045명과 입법원 위원 760명이 선출되었다. 1948년 3월 국민대회에서는 장제스가 총통으로 선출되었다. 총통은 행정원장(총리)을 지명하고 입법원의 동의를 얻어 임명하며, 또 사법원장과 고시원장(인사원장에 해당한다)을 지명하고 감사원의 동의를 얻어 임명하는 등의 막강한 권한을 소유했다.

중화인민공화국 수립

장제스 총통이 이끄는 국민당 정부가 수립되긴 했으나, 내전 양상은 오히려

2_1946년 11월 공산당과 민주동맹이 불참한 가운데 국민당과 청년당, 그리고 민주동맹에서 이탈한 민주사회당이 참가해 열린 국민대회에서 1947년 1월에 제정한 중화민국 헌법이다.

국민당 정부 측에 불리하게 전개되었다. 1947년 여름 무렵부터 인민해방군 (1947년 2월 중국공산당 군대는 인민해방군으로 이름을 바꾸었다)의 반격이 시작되었다. 인민해방군은 둥베이와 허베이를 제압해 들어갔으며, 1948년 9월에는 진지우錦州·창춘·선양을 장악했다. 같은 해 11월에는 둥베이 전역을 점령했으며, 1949년 1월에는 베이징北京에 입성했다. 그리하여 인민해방군이 1949년 4월 창강長江을 건너 진격하자 국민당 정부는 난징에서 광저우廣州로 수도를 옮겼으며, 그 뒤로도 수도를 충칭, 청두成都로 옮기다가 1949년 11월 대륙을 떠나 타이완臺灣으로 건너갔다. 드디어 1949년 10월 1일 중화인민공화국이 수립되었다.

내전에서 공산당 측의 인민해방군이 승리를 거둔 요인에 대해서는 다음과 같은 분석이 상당한 설득력을 갖는다. 첫째, 국민당 정부군이 들어오기 전에 먼저 공산당군이 중국 동북 지역에 병력을 집중하고, 군대를 직접 통솔하는 전략을 세웠다. 둘째, 농촌 지역에서 실시한 토지개혁[3]이 어느 정도 성과를 거둠으로써 공산당은 농민의 지지와 병사 확보에 성공했다. 셋째, 국민당 정부 군대에 대한 공산당의 정치적 공세가 주효했다. 이에 따라 아주 많은 정부군 부대가 공산당 측에 투항하거나 귀속을 요청했다(구보 도루 2013, 43~44).

마오쩌둥은 그의 "현 정세와 우리의 임무"(1947년 12월 25일)에서 중국공산당 인민해방군이 국내 전쟁에서 승리한 요인을 매우 상세하게 시술하고

3_중국공산당은 초기에는 토지 문제에 관해 감조감식(感租感息), 즉 소작료 및 이자 인하 정책을 폈다. 그러다 1946년 5월에는 경자유기전(耕者有其田), 즉 '경작하는 사람에게 토지를'이라는 정책을 끌고 나갔다. 이때에는 부농의 토지에 대해서는 아무런 조치를 취하지 않았다가 1947년 10월에는 지주의 토지소유를 인정하지 않는 것으로 방침을 정하고, 농촌의 전 인구에 토지를 균등하게 배분한다는 내용의 '토지법 대강'을 공포했다(奧保喜 2009, 77).

있다. 그는 1946년 7월부터 1947년 11월까지 17개월 동안의 작전에서 인민해방군이 장제스의 공격을 격퇴하고 해방구의 기본 지역을 보존하는 동시에 공격으로 전환했다고 주장했다. 이렇게 할 수 있었던 것은 군사 면에서 올바른 전략 방침을 실행했기 때문이라면서 공산당의 군사 원칙을 다음과 같이 설명했다.

① 분산되고 고립된 적을 먼저 공격하고, 집중된 강대한 적은 나중에 공격한다. ② 소도시, 중도시, 그리고 광대한 농촌을 먼저 탈취하고 대도시는 나중에 탈취한다. ③ 적의 인적 전력戰力을 섬멸하는 것을 주요 목표로 삼고, 도시나 지방의 고수 또는 탈취를 주요 목표로 삼지 않는다. ④ 어떠한 싸움에서든 압도적으로 우세한 병력을 집중시켜 적을 사방에서 포위하고 한 명도 빠져나가지 못하도록 최선을 다해 완전 섬멸을 꾀한다. ⑤ 준비 없는 싸움도 하지 않고, 승산 없는 싸움도 하지 않는다. ⑥ 용감하게 싸우고 희생을 두려워하지 않으며, 피곤을 겁내지 않고 연속적으로 싸우는 작풍을 발휘한다. ⑦ 가능한 한 적을 운동전을 통해 섬멸한다. ⑧ 도시를 공략하는 문제에서는 적의 수비가 약한 거점이나 도시를 탈취한다. ⑨ 적에게서 노획한 모든 무기와 포로로 잡은 대부분의 인원으로 우리 군을 보충한다. ⑩ 두 지역 사이의 시간을 잘 이용해 부대를 휴식시키고 정비·훈련한다.

또 마오쩌둥은 이와 같은 전략·전술은 인민전쟁이라는 기초 위에 세워진 것으로, 반인민적 군대는 이런 전략·전술을 응용할 수 없을 것이라고 했다. 인민해방군은 인민전쟁의 기초 위에서 군대와 인민의 일치단결, 지휘관과 전투원의 일치단결, 적군 와해 등의 원칙에 따라 자신의 강력한 혁명적 정치 사업을 발전시켜야 한다고 강조했다. 그리고 토지개혁을 단호하고 철저하게 실행하고 후방을 공고히 한 것 또한 내전 승리의 중요한 요인으로 지적했다(마오쩌둥 2008, 153~156).

노동운동의 전개

1945년 8월 일본 제국주의 체제가 무너지고 중국에서 전개된 항일 전쟁이 승리를 거두자 중국 인민은 평화와 민주주의 실현, 그리고 사회·경제의 회복과 발전을 갈망했다. 그러나 중국은 공산당이 지배하는 '해방구'와 국민당이 지배하는 '국민당 통치 지구'로 나뉜 상황에서 두 정치 세력이 전쟁을 벌이는 사태를 맞았다. 이 시기 중국의 노동운동은 해방구 노조의 노동자 조직화와 전쟁 지원, 국민당 통치 지구 노동자들의 투쟁이라는 극히 대조되는 전개 양상을 보였다. 그래서 해방구 노동운동과 국민당 통치 지구 노동운동의 전개 과정을 별도로 살펴본다.

해방구에서 전개된 노동운동

항일 전쟁 종료 이후 해방구는 빠르게 확대되었다. 공산당이 확보한 도시와 광구·철도·도로 등이 증가했고, 거기서 일하는 노동자 수도 증가했다. 1946년 6월 당시 공산당 중앙위원회 노동자운동위원회의 불완전한 통계에 따르면, 산둥山東·산시山西-쑤이위안綏遠·허중華重 3개 해방구에서만 189만 명의 노동자가 일하고 있었고 과거의 혁명 근거지에는 없던 산업노동자들도 여기에 포함되어 있었다. 해방구는 국민당군의 포위와 내전 위협 속에 놓여 있었다.

신해방구 대중 사업과 관련해 마오쩌둥은 다음과 같은 문건을 당 중앙위원회에 보냈다. "대중 사업 내용은 전국 인민을 동원한 매국노 청산 투쟁, 소작료 인하와 임금 인상 운동 그리고 생산 운동이다. 이런 투쟁에서 각종 대중 단체를 조직하고 당의 핵심을 건설하며 대중의 무장과 인민 정권을 건설하고 대중투쟁을 경제투쟁에서 신속하게 정치투쟁으로 승화해 근거지 건설에 참가해야 한다"(중화전국총공회 1999, 347).

마오쩌둥과 당 중앙위원회의 지시에 따라 신해방구 노동자 대중의 주요 사업은 주로 실업 구제, 반역자 청산, 임금 인상과 처우 개선을 위한 투쟁이었다. 이런 투쟁과 함께 노동조합은 노조 조직을 확대하고 노동자에 대한 교육·선전 사업을 전개해 정치의식 향상과 핵심 역량 양성을 추진했다.

1946년 6월 들어 국민당군이 해방구를 공격해 전면적인 내전 상태에 들어감으로써 해방구 노조들은 적극적인 생산 증대, 무장 자위, 후방 공고화, 전방 지원을 위해 전력을 기울였다. 또 해방구 노동조합은 농촌의 토지개혁 운동에 적극 협력했다. 그리고 해방구 내 노조들은 노동자들을 조직해 생산을 통한 전방 지원 활동을 벌였으며, 노동자들을 동원해 군에 입대·참전시키거나 노동자 무장 조직을 만들어 정규군의 작전을 지원했다.

한편 해방구 노조는 세계 노동운동과의 연대를 적극적으로 시도했다. 제2차 세계대전 마지막 기간에 세계 각국의 노동자계급은 공동으로 독일·이탈리아·일본 파시즘에 대항해 투쟁하는 과정에서 노동조합운동의 국제 연대를 강화하기 위한 활동을 구체적으로 전개했다. 1945년 초, 영국·프랑스·소련 노동조합운동이 세계노동조합대표회의 소집 준비 활동에 착수했다. 1945년 2월 6일 세계노동조합대표대회가 런던에서 열렸다. 대회에는 조직노동자 5천만 명을 대표해 38개국에 속한 노동조합 45개 조직과 15개 국제산별노조 대표 204명이 참가해 전후 노동운동 재건에 관해 토의했다. 중국을 대표해 중국노동협회 이사장 주쉐판朱學範을 중심으로 한 중국노조 대표단이 참가했다.

1945년 4월 22일, 중국 해방구 노동자연합회 준비회가 설립되어 덩파鄧發가 주임으로 선출되었다. 해방구 노조는 단체회원 자격으로 중국노동협회에 가입하고, 대표를 선정해 중국노동협회와 함께 세계노동조합대회에 참가하기로 방침을 정했다.

1945년 9월 25일, 제2차 세계노동조합대표대회가 프랑스 파리에서 개최되었다. 56개 국가 조직노동자 6,700만 명을 대표하는 노조 간부 346명이 참가해 세계노동조합연맹WFTU 결성을 결의했다. 중국노동협회는 세계노동조합연맹의 정식 구성 단체가 되었으며, 덩파는 집행위원으로, 주쉐판은 집행위원이자 부의장으로 선출되었다.

그리하여 해방구 노조는 국제노동조합운동에서 자신의 위상과 지위를 높이게 되었고, 지난 18년 동안 단절되었던 세계노동조합운동과의 연대를 회복하게 되었다. 이로써 세계적 차원에서 중국 노동자계급 투쟁이 갖는 영향력이 확대되었다(中村三登志 1978, 236; 중화전국총공회 1999, 365~366).

국민당 통치 지구에서 전개된 노동운동

일본 제국주의 패망 이후 전면적인 내전이 발발하기 전까지 약 10개월 동안 국민당 통치 지구 노동자들은 주로 다음과 같은 내용의 투쟁을 전개했다.

첫째, 노동자 대중은 생활보장을 요구하는 투쟁을 벌였다. 항일 전쟁 종료 후 얼마 지나지 않아 국민당 정권은 난징으로 수도를 옮겨 연해의 비교적 발달한 도시·농촌의 경제를 토대로 삼고자 했다. 국민당 정부는 일본 점령 구역의 재산을 접수하느라 바빠, 전시에 새로이 발전한 도시 공업을 방치했다. 또 국민당 정부가 후방의 국영기업과 군수공업에 대해 긴축 조치를 취하는 바람에 수많은 노동자들이 일자리를 잃었다. 통계에 따르면, 전체 '수복 지구' 실업자는 대략 600만 명에 이르렀고, 상해에서만 실업자 수가 15만5천 명이나 되었다. 이와 함께 높은 물가 상승과 외국 제품의 과도한 소비, 그리고 군사비 증가로 국민경제는 큰 곤경을 맞았다. 이런 상황에서 노동자 대중은 생존과 노동조건 개선을 위해 투쟁을 벌였다(중화전국총공 1999, 353~354).

1945년 9월부터 1946년 5월까지 충칭의 노동자 수만 명이 취업과 임금 인상, 그리고 처우 개선을 요구하는 투쟁에 참가했고, 실업자들이 중국노동협회의 합법적 지위를 이용해 실업 구제 청원 투쟁을 전개했다. 이 밖에도 상하이를 비롯한 국민당 수복 지구 노동자들이 작업 복귀와 취업, 임금 인상, 처우 개선을 목표로 파업·태업·청원·담판 등 여러 형태의 투쟁을 벌였다.

둘째, 노동자 대중은 일본 잔여 세력 청산, 매국노 적발, 선별·심사 반대 등을 위한 투쟁을 전개했다. 일본인 자본가들이 일본 항복 선언과 더불어 작업을 중단하고 노동자들을 해고함에 따라 노동자들은 6개월분의 생활유지비 지급을 요구했다. 노동자들은 일본인 소유 기업에서 책임 있는 역할을 했던 사람들을 적발해 처벌했다. 그리고 국민당 당국이 일본인 기업에서 일했던 노동자들을 '거짓 노동자' 또는 '거짓 직공'으로 규정해 '선별·심사'를 실시하고 이를 구실로 노동자들을 해고하거나 임금 인하를 시행하는 것에 대해 노동자들은 투쟁으로 대응했다.

셋째, 국민당 통치 지구 노동자계급은 국민당의 노조 활동 지배 행위에 대해 반대 투쟁을 벌였다. 1946년 7월, 국민당 중앙정부는 '복원復員 기간 노동운동 지도 방침'을 제정했는데, 이 문건에서 국민당은 다음과 같은 노동운동 통제 방침과 조치를 제시했다. "공개와 비밀을 서로 결합한 지도방식을 채용해 다른 당의 폭동 음모에 타격을 가해야 한다." 여기서 말하는 공개 방식이란 "사회 행정기관이 법에 따라 각 업종의 노동자들을 지도해 각종 노동자 단체들을 조직하고 정부의 노동정책에 따라 적극적으로 이들을 지도한다"는 것을 의미했다. 또 비밀 방식이란 "노동자 단체 내부에 국민당 핵심지도 역량을 건설하며 비밀리에 지도 기능을 확대한다. 아울러 당과 지도 기관은 관련 군경 기관과 공동으로 각지 노동운동 지도 기구를 설립함으로써 역량을 집중해 노동운동을 통일적으로 지도한다"는 것을 의미했다(중화전국총공회 1999, 359~360).

이와 같은 방침에 따라 국민당 정부는 많은 새로운 '황색노조'를 조직하거나 기존 노동조합을 접수·정리·개조 등의 방법으로 직접 통제했다. 국민당 정부의 이런 노동조합운동 지배와 통제에 대해 공산당이 주도하는 노동조합운동이 노동자들의 반대 투쟁을 이끌었다.

넷째, 노동자 대중은 평화 및 민주주의 실현을 위한 운동에 참가했다. 일본 제국주의가 무너진 뒤, 국민당 통치 지구에 있던 노동자계급과 인민은 민주·평화 실현을 위한 운동을 벌였다. 1945년 12월 쿤밍昆明에서 내전에 반대하고 평화와 민주를 요구하는 학생운동이 일어났을 때, 국민당 정부가 이를 잔혹하게 진압한 '12·1참사'가 발생했다. 노동자들은 국민당의 폭력 행위에 항의해 집회·파업·모금·지원 형식으로 학생들의 투쟁을 지지·성원했다.

또 1946년 6월 23일 국민당 정부가 전면적인 내전을 시작할 즈음 상하이의 100여 개 노조에 속한 노동조합원과 130개 학교 소속 교사·학생, 각계 인사 등 10만여 명이 집결해 대규모 대중 집회와 시위를 벌이면서 내전을 반대하고 평화를 요구했다(중화전국총공회 1999, 361~362).

1946년 하반기 이후 국민당군과 공산당군의 대립이 전면적인 내전으로 확대되면서 국민당 통치 지구에서 이루어지는 인민운동이 점점 고양되고, 노동자 대중의 투쟁도 새롭게 발전했다. 먼저 1947년 한 해 동안 20여 개 대도시 또는 중소도시에서 50여 개 업종 노동자 320만여 명이 파업투쟁을 벌였다.

이 시기 국민당 통치 지구 노동자들의 투쟁은 미군의 폭행에 대한 항의 운동에서 촉발되었다. 불완전하나마 정부 통계에 따르면, 1945년 8월에서 1946년 11월까지 상하이·난징·베이핑北平·톈진天津·칭다오靑島 등 5개 시에서 발생한 미군의 폭행 사건은 3,800건이었고, 이에 따른 중국인 사상자는 3,300명 이상이었다. 1945년 8월부터 1946년 7월까지 미군 차량 사고는 1,500건에 이르렀고, 미군이 성폭행한 중국 여성의 수는 3백 명이 넘었다. 이에 1947년 초까지 상하이·톈진·충칭·광저우 등 여러 도시에서 노동자를 비롯한 인민 120만여 명이 미군 폭행에 항의하는 파업·동맹휴학·집회·시위 등에 참가했고, 투쟁 횟수도 3천여 건에 이르렀다(중화전국총공회 1999, 377~378).

국민당 정부가 '경제 긴급조치 방안'을 공표하고 1947년 1월의 생활비 지표 수준으로 임금을 동결하자 1947년 2월부터 국민당 통치 지구의 노동자들은 집단적으로 경제 긴급조치 방안에 반대하고 임금 인상을 요구하는 투쟁을 전개했다. 여러 지역에서 파업과 시위가 벌어졌고, 대규모 대중투쟁이 도시를 휩쓸었다. 1947년 당시 전국적으로 파업에 참가한 노동자 수는 누계 320만 명으로 추산되었다.

이와 같이 노동자투쟁이 맹렬하게 전개되는 가운데, 국민당 정부는 정보기관을 동원해 노동운동을 탄압했다. 그 대표적인 사례가 상하이 부통富通인쇄소와 상해전력공사 노조 사건이다. 1947년 9월, 국민당 정보기관이 부통인쇄소의 편집진과 상해전력공사 노조 간부 10여 명을 체포했다. 이에 항의해 상하이전력공사 노조 노동조합원 2천여 명을 비롯해 프랑스 전력공사 노동자 2천 명이 파업에 참가했고, 투쟁이 확대되어 상하이 전체의 견직·모방·기계 부문 노동자들이 파업을 벌여 국민당의 탄압 행위에 항의했다.

1948년 1월 28일에는 상하이의 신신방적 제9공장申新紡績第九工場 노동자 7천여 명이 임금소득세 징수와 자본가 측의 배급 쌀 횡령 등에 항의해 파업을 일으켰다. 2월 2일 국민당 당국은 군인·경찰·정보원 5천여 명과 장갑차·기마대를 동원해 노동자투쟁을 진압했다. 이 과정에서 여성노동자 3명이 사망했고, 5백여 명이 다쳤으며 2백여 명이 체포되었다. 이른바 '신구 참사'이다. 신신방적 노동자들은 투쟁에서 쇠파이프와 공구를 들고 맞섰다. 이런 유혈 참사에 대해 상하이의 노동자들과 노동조합은 국민당의 탄압 행위를 규탄하고 후원회를 조직해 투쟁했다. 국민당 당국은 체포된 노동자 대부분 석방했으며, 노동자들도 약간의 처우 개선 요구를 관철했다(中村三登志 1978, 244~245).

중화전국총공회 결성

중국 내전이 점점 격화되어 막바지로 접어든 가운데, 노동운동은 새로운 역할과 임무를 추구하게 되었다. 국민당 정부와 공산당은 1948년에 각기 노동조합 전국 중앙 조직을 결성하고 내전에 대비하고자 했다.

국민당 정부는 1947년 6월 '노동조합법'을 개정해 성省 단위 총공회, 전국 업종별 연합회, 그리고 전국총공회 결성을 승인했다. 노동조합을 통제함과 동시에 각급 총공회에서 대표를 뽑아 국민대회에 참가하게 하는, 이른바 '헌정'憲政을 실시하기 위해서였다. 1948년 4월 18일부터 22일까지 난징에서 국민당 노조 대표 대회가 열렸으며, 대회에서 루징스陸京士를 위원장으로 하는 중화민국전국총공회가 결성되었다. 전국총공회에는 철도·우정郵政·광산·해원海員·운수·염업 등 6개 산업별 총공회, 19개 성과 10개 시의 총공회가 참가했으며, 조합원은 500만 명으로 발표되었다.

한편 해방구 하얼빈에서는 1948년 8월 1일부터 8월 22일까지 제6차 전국노동대회가 열렸다. 대회에는 해방구 노동자 대표와 국민당 통치 지구 도시노동자 대표, 산업부문 대표 등 전국의 조직노동자 283만 명을 대표하는 518명이 참가했다. 이 자리에서 중화전국총공회中華全國總工會가 재건되었다. 대회에서 채택된 '중국 노동운동의 당면 임무에 관한 결의'는 강령의 성격을 띤 중요 문건이었다.

결의는 "중국 노동자계급의 역사적 임무는 신민주주의 혁명 승리를 쟁취하고 유지하며 공고화하는 것뿐만 아니라 그 바탕 위에 사회주의 미래를 실현하는 것이다. 전국 노동자계급의 공동 임무를 완수하기 위해서 국민당 통치 지구의 노동운동은 대중과의 연계, 역량 축적, 그리고 세력 확대를 더욱 잘하고 가능한 한 모든 인민대중의 혁명투쟁을 열심히 지원하고 이에 참가함으로써 인민해방군의 도착을 맞이해야 한다"고 밝혔다. 결의는 또 공업생산이 해방구 노동자들의 특히 중요한 임무라고 강조했다. 중화전국총공회는 같은 해 10월 제1차 전체 집행위원회 회의를 소집해 천윈陳雲을 위원장으로, 리리싼李立三·주쉐판·류닝이劉寧一를 부위원장으로 선출했다.

제6차 전국노동대회 개최와 중화전국총공회 재건 활동은 노동자계급이 인민해방군을 협력·지원하고 신민주주의 혁명을 앞당기는 데 크게 기여했다(중화전국총공회 1999, 377~378).

2. 인도

인도와 파키스탄의 분리 독립

인도는 제2차 세계대전의 종료와 더불어 곧바로 독립을 이룩하지 못했다.

독립을 위한 험난하면서도 긴 과정이 인도 인민들 앞에 가로놓여 있었다. 세계대전 기간에 투옥되었던 민족운동 지도자들은 석방되었으며, 인도국민회의[4]와 영국 사이의 교섭·대결 구도가 다시 펼쳐졌다.

전쟁이 끝나자마자, 인도에서는 두 개의 비교적 규모가 큰 반영국 시위가 벌어졌다. 그 하나는 동남아시아 민족의 독립운동을 억누르기 위해 인도인 부대를 파견하는 것에 대한 항의였다. 다른 하나는 영국이 인도 국민군 장병을 재판에 회부한 데 대한 항의운동이었다.

전자는 영국 식민주의자들이 일본군을 무장해제하겠다는 구실로 인도인 부대를 영국인의 지휘 아래 인도네시아와 인도차이나에 파견한 것에서 촉발되었다. 해당 지역에 대한 지배권을 다시 확립하려는 네덜란드와 프랑스 제국주의 세력을 지원할 목적으로 인도인 부대를 파견한 것이었다. 영국은 인도네시아에도 자본을 투입했기 때문에 그 권익을 보호할 목적도 있었다. 1945년 10월 25일을 국민회의는 '동남아시아 연대의 날'로 정하고 대규모 집회와 시위를 조직했다. 봄베이(현재의 뭄바이)와 캘커타(현재의 콜카타)의 항만 노동자들은 인도네시아로 가는 선박의 식량과 무기 적재積載를 거부했다.

후자는 1945년 11월 영국군에 투항한 인도 국민군 장병에 대한 군사재판이 델리의 레드포트에서 열린 데서 촉발되었다. 재판에 회부된 피고인들은 영국에 대한 반역죄를 저질렀다고 하여 기소되었다. 말하자면 이들은 언

4_1885년 12월, 봄베이에서 창립된 인도의 보수정당이다. 영국은 세포이항쟁 이후 영국에 협조적인 관리와 지식인들을 조직해 반영 민족운동을 막고 친영 진영을 구축하려 했다. 국민회의는 처음에는 영국에 협조했으나 영국이 벵골분할령을 발표하자 반영 운동의 중심체로 전환했다. 20세기 초에는 진보파의 지도에 따라 스와라지(독립)를 지상 과제로 삼았다. 제1차 세계대전 후 간디와 네루의 지도로 인도 전역으로 그 활동 범위를 넓혔다. 그 후 오늘날까지 제1당의 지위를 유지하고 있다.

합군에 대해 반기를 들었다는 점에서 연합군에 대항한 것으로 해석되었지만, 인도인의 민족적 판단으로는 조국 인도를 위해 투쟁한 애국자들이었다. 이들이 식민주의자 영국인의 재판 대상이 된 것은 결코 용납될 수 없는 일이었다. 캘커타를 중심으로 하여 학생·노동자·하급 공무원들의 항의 행동이 일어났으며, 이와 같은 항의 행동은 전국 각지로 확대되었다. 영국 식민주의자들은 경찰은 물론이고 군대까지 동원해 항의 행동을 진압했다(中村平治 1993, 160~161).

1945년 7월, 영국 본국에서는 노동당 내각이 탄생했다. 9월에는 런던과 뉴델리에서 중앙입법참사회와 주 의회의원 선거를 1935년 법에 따라 실시한다는 방침이 발표되었다. 이에 따라 영국령 인도에서는 1945년 12월에 중앙입법참사회[5] 선거가, 다음 해 2월에는 주 의회 선거가 실시되었다. 선거 결과 일반선거구에서는 인도국민회의가, 분리선거구[6]에서는 전-인도무슬림연맹[7]이 압도적인 승리를 거두었다. 선거에서 드러난 두드러진 사실은

5_ 영국인 지배자들은 점점 격렬해지는 인도 민족주의 운동을 견제하기 위해서는 유화책이 필요하다고 판단하고 정치적 개혁을 실시했는데, 그 하나가 1861년에 제정된 '인도참사회법'이다. 이 법은 그 후 몇 차례 개정되었다. 1892년의 인도참사회법은 총독집행위원회(총독부 자문기구) 위원과 입법참사회(의회) 의원 중 일부를 인도인 가운데서 선출하게 함으로써 인도인이 식민 정치에 참여할 수 있는 길을 열었다. 1909년의 인도참사회법은 제국입법참사회 총 60개 의석 가운데 27석은 관료가 아닌 의원으로서 선거를 통해 선출하도록 규정했다. 일반선거구, 분리선거구, 특별선거구에서 함께 선출하는 27명 가운데 6명은 무슬림 분리선거구에서 선출하도록 했다. 지방 입법참사회의 경우도 중앙의 제국입법참사회와 비슷한 비율로 분리선거구가 인정되었다. 1919년의 인도통치법은 입법참사회를 확대하고 내각책임제, 지방자치제 등을 도입했다. 그러나 총독의 권한은 여전히 막강했고 정치제도는 인도를 계속 영국에 의존하도록 만들었다.

6_ 인도참사회법상 무슬림은 일반선거권 이외에 분리선거권을 부여받았는데, 결국 분리선거구에 배정된 의석수만큼 그들은 특혜를 받은 셈이었다.

7_ 1906년에 조직된 인도 무슬림의 정치조직을 말한다. 이 조직은 인도에 있는 이슬람교도들의 보호와 그들의 권리 향상을 위해서 결성되었는데, 초창기에는 영국에 대해 협력적인 중류·상류층의 사람이 많

전-인도무슬림연맹이 전인도 무슬림을 대표하는 지위를 확보했다는 점이다.

한편, 1946년 3월 영국 노동당 내각의 애틀리 수상은 인도 독립을 인정하겠다는 성명을 발표했다. 그리하여 영국 정부는 사절단을 인도에 파견해 정권 이양 절차를 밟기 시작했다. 그러나 마하트마 간디와 자와할랄 네루가 이끄는 국민회의가 통일 인도를 주장하는 데 반해 무함마드 알리 진나[8]가 이끄는 전-인도무슬림연맹은 무슬림이 다수를 차지하고 있는 주를 구성 단위로 파키스탄 분리 독립을 주장했다.

이런 상황에서 1946년 3월 13일 인도 독립 절차를 토의하기 위해 영국 노동당 내각의 각료 사절단Cabinet Mission이 인도에 도착했다. 사절단은 국민회의와 전-인도무슬림연맹, 그리고 인도의 정치 지도자들과 토의를 거쳐 인도 독립에 관한 사안을 결정할 예정이었다. 그러나 5월 5일부터 12일까지 심라에서 벌인 교섭에서는 합의가 이루어지지 못했다. 그리하여 5월 16일 사절단은 이른바 연방제 독립 방안을 제시했다. 각료 사절단은 분리국가 파키스탄을 부정하면서 다음과 같은 두 단계 안을 내놓았다. 먼저 중간정부 수립 제안이다. 인도인이 제헌의회를 수립하되 헌법이 제정될 때까지 중간정부를 세우고, 다음으로 제헌의회에서 제정될 헌법의 전제로서 이른바 '힌

이 참가했다. 이슬람교는 본래 힌두교와는 내립 편계에 있었지만, 1919년부터는 영국의 인두 통치에 저항하는 세력으로 전환해 반영 민족운동을 추진하던 인도국민회의와 협력했다. 그러나 1924년 다시 친영적인 경향을 취하면서 국민 회의파와 다투기도 했다. 1940년 들어 전-인도무슬림연맹은 인도의 분리 독립 계획을 적극적으로 추진했다.

8_ 진나(1876~1948)는 영국 옥스퍼드대학교에서 법률을 공부하고 돌아와 봄베이(지금의 뭄바이)에서 변호사로 활동했으며, 1910년에는 인도 제국의 입법참사회 의원으로 당선되었다. 1929년 전-인도무슬림연맹의 대표로서 런던 회의에 참석해 영국의 분할 통치 정책을 지지했다. 그는 제2차 세계대전 후 인도가 독립할 당시 파키스탄을 무슬림 국가로 분리할 것을 주장해 성공을 이루었고, 1947년 파키스탄의 초대 대통령이 되었다.

두 연방'과 '무슬림 연방'이 다음과 같은 통일인도연방을 구성한다는 계획이다. ① 중앙정부가 통일연방의 외교, 방위, 교통, 통신을 관리한다. ② 통일연방 산하에 현재의 주 의회가 다음과 같은 세 개의 지역으로 나누어진다. 첫 번째 지역은 연합주, 마드라스(오늘의 첸나이), 비하르, 오리사, 중앙주 등 힌두 다수파주이다. 두 번째 지역은 펀자브, 신드, 북서 변경주 등 북서 무슬림 다수파 주이다. 세 번째 지역은 벵골, 아삼 등 북동 무슬림 다수파 주(아삼은 무슬림 다수파 주는 아니나 벵골과 함께 같은 지역으로 분류되었다)이다. 각 지역은 각각의 행정·입법 기관을 중앙과 주의 중간 단계에 설치한다. ③ 각 주는 일정 연한 뒤 연방에서 탈퇴할 권리를 갖는다. ④ 주 의회를 모체로 하여 각 주의 종교 정파별 인구비례에 따라 선출된 의원으로 헌법제정의회를 구성한다(歷史学研究会 編 1996a, 87~88; 奧保喜 2009, 115).

사절단의 이 제안은 연방제를 채택함으로써 국민회의의 주장을 받아들인 것이며, 연방과 주의 중간에 지역 단위를 설치함으로써 전-인도무슬림연맹의 파키스탄을 배려한 것으로 해석된다. 국민회의는 이 제안을 받아들였으며, 전-인도무슬림연맹도 일단 사절단의 제안을 수용했다. 그리하여 7월에는 각 주 의회에서 제헌의회 의원 선거가 실시되었으며, 총 292석 가운데 국민회의가 203석, 전-인도무슬림연맹이 73석을 차지했다.

국민회의는 헌법제정의회 참가는 승인했으나, 연방과 주의 중간에 설치하는 중간정부에 대해서는 종파별 구성에 문제가 있다는 이유로 불참을 표명했다. 한편 전-인도무슬림연맹은 1946년 7월 29일 열린 중앙·주 의회 의원총회에서 영국 사절단 제안 수락을 전면 철회하고 그 대신 파키스탄과 힌두를 위한 두 개의 헌법제정의회 설치라는 강경한 분할 안을 제시했다. 전-인도무슬림연맹의 이런 대응은 독립을 위한 평화적 해결 포기를 의미하는 것이었다(山田晉 1980, 233).

전-인도무슬림연맹은 8월 16일을 파키스탄 국가 즉시 실현을 위한 '직접 행동일'Direct Action Day로 정했다. 그날이 되어 캘커타에서 힌두교도와 무슬림교도 사이의 대규모 충돌이 일어났다. 사흘 동안의 종교 폭동으로 사망자 6천 명, 부상자 3만 명이 발생했으며, 수많은 사람들이 집을 버리고 캘커타를 떠났다(S.K. Majumdar 2004, 239; 조길태 2000, 546에서 재인용). 이른바 '캘커타의 대살육'이다. 이 유혈 사건은 동벵골의 폭동, 비하르의 반무슬림 폭동, 1947년의 펀자브 폭동으로 비화되었다. 1946년 8월부터 다음 해 2월까지 대량학살, 방화, 약탈 등이 빈번한 공포의 시기가 이어졌으며 사망자 수는 무려 1만2천 명에 이르렀다. 이런 가운데 헌법제정의회가 12월에 발족되었으나, 전-인도무슬림연맹 의원은 여기에 참가하지 않았다.

결국 영국은 사태 수습이 불가능하다는 사실을 자각하고, 1947년 2월 다음 해 6월 말까지 인도에서 물러나겠다고 선언했다. 이와 같은 선언도 폭동을 잠재우지 못하게 되자, 6월 마운트베튼 총독은 무슬림 다수 거주지역인 펀자브 주와 벵골 주를 둘로 나누어 서펀자브와 동벵골을 파키스탄에 귀속하기로 했다. 국민회의와 전-인도무슬림연맹은 다같이 총독의 결정을 받아들였다. 그리하여 1947년 8월 15일 정권은 인도와 파키스탄에 이관되었고, 인도는 힌두교도가 많은 인도연방과 이슬람교도가 많은 파키스탄으로 분리되었으며, 각각 영국연방의 자치령으로서 독립을 달성했다. 인도인들은 약 2백 년 동안의 영국 지배로부터 영광스런 녹립을 쟁취한 것이다. 인도연방에서는 네루를 수상으로 하는 국민회의 내각이 성립했고, 파키스탄에서는 전-인도무슬림연맹 지도자 진나가 국가원수인 총독으로 취임했다.

인도 분할 독립에 따라 서쪽으로는 펀자브 주, 동쪽으로는 벵골 주를 경계로 하여 그어진 국경선을 넘어 종교 집단의 대량 이주가 일어났다. 파키스탄으로부터 힌두교도와 시크교도 750만 명이 인도연방으로 넘어갔으며,

인도연방으로부터는 이슬람교도 720만 명이 파키스탄으로 이주한 것으로 추산되었다. 그러나 1949년 당시 인도에는 무슬림 약 3,200만 명이, 파키스탄에는 비무슬림 약 1,500만 명이 그대로 남아 있는 것으로 추정되었다(山田쫄 1980, 233).

인도와 파키스탄의 분리 독립은 몇 가지 부정적 측면을 드러냈다. 첫째, 인도·파키스탄의 분열에 따라 사상 최대의 난민 대이동이 일어났다. 둘째, 분리 독립에 따라 경제 통합이 파괴되었다. 셋째, 독립운동을 통해 성장한 인민의 통일된 에너지·조직·운동이 분단되고 약체화되었다(山田쫄 1980, 242~244).

노동자 투쟁의 고양과 노동조합 전국 중앙 조직 결성

제2차 세계대전 종료 이후 인도가 영국 식민지로부터 독립을 이룩하는 과정에서 노동자계급의 투쟁은 전례를 찾기 어려울 정도로 크게 고양되었다.

전후 인도는 경제·정치·노동 운동에서 급속한 발전을 이루었다. 기업주들은 전쟁 기간에 조세 구조의 불리함에도 불구하고 막대한 이윤을 거뒀다. 반면에 인플레이션 때문에 생계비 지수가 해마다 상승해 노동자들은 생활고에 시달렸다. 이런 상황에서 노동자들의 투쟁이 크게 고양되었다.

먼저 파업투쟁 동향을 보면, 〈표 20-5〉에서 보는 바와 같다. 1945년의 파업 건수는 820건이었던 것이 1946년에는 1,629건으로서 갑절로 늘어났으며 1947년에도 높은 건수를 유지했다. 파업 참가 노동자 수는 1945년 74만7,530명이었던 것이 1946년에는 196만1,948명으로 급증했으며 1947년에도 184만781명이 참가했다. 노동손실일수도 1945년 405만4천 일에서 1946년 1,271만7,762일로 약 3배가량 증가했으며, 1947년에는 1,656만

표 20-5 | 1945~1947년 파업 발생 추이

연도	파업 건수	파업 참가자 수	노동손실일수
1945	820	747,530	4,054,499
1946	1,629	1,961,948	12,717,762
1947	1,811	1,840,784	16,562,666

자료: ILO 1952, *Yearbook of Labour Statistics*.

2,666일을 기록했다. 파업으로 관철하고자 한 요구는 임금 25퍼센트 인상, 최저임금 인상, 노동조합 활동의 자유 등이었고, 파업 형태도 종래와는 다른 양상을 보였는데 통고 없는 파업 돌입, 다양한 형태의 파업, 취업 거부, 동정파업, 폭력 행위 등이 그것이었다.

이 시기 파업의 특징은 공업 부문 노동자의 투쟁이 아니라 철도·우편·전신 부문과 공무원, 은행 및 상업 부문 노동자들의 투쟁이었다는 사실이다. 델리와 파트나에서는 경찰관들이 파업을 벌였다(Sharma 1982, 101~102).

이와 같은 파업투쟁이 진행되는 가운데 조직노동자의 수도 증가했고, 많은 노동조합이 새롭게 결성되었다. 〈표 20-6〉에서 보는 바와 같이 1944~1945년의 노동조합 수는 865개이고 조직노동자 수는 82만9,088명이었으나, 1947~1948년에는 노동조합 수 2,766개에 조직노동자 수는 166만2,929명으로 크게 증가했다.

1947년 5월에는 인도 국민회의가 주도해 인도전국노동조합회의가 결성되었다. 인도전국노동조합회의는 산업 관계에서 계급평화 정책을 강조했고, 노동분쟁을 조정과 중재를 통해 해결하고자 했다. 인도전국노동조합회의는 설립 당시 노동조합 200개와 노동조합원 57만5천 명을 포괄했다.

한편 1920년 10월에 창설되어 인도공산당의 지도를 받으며 노동운동을

연도	노동조합 수	조합원 수
1944~1945	865	829,088
1945~1946	1,087	864,031
1946~1947	1,225	1,331,962
1947~1948	2,766	1,662,929

자료: 山田鐸 1980, 223.

주도해 온 전인도노동조합회의는 조합원 70만 명을 포괄했으며, ① 인도의 사회주의화, ② 생산수단 국유화, ③ 언론·출판·결사·집회 자유, ④ 파업권 보장, ⑤ 카스트·종교·인종에 바탕을 둔 정치·경제적 차별 조치 폐지 등을 목표로 투쟁을 전개했다.

노동자계급 투쟁을 억누르기 위해 영국 식민지 당국은 공장위원회와 산업재판소 설치를 골자로 하는 '1947년 노동쟁의법'을 제정했다. 인도전국노동조합회의 결성과 영국 당국의 통제 조치에 따라 노동전선을 주도해 왔던 전인도노동조합회의의 대중적 기반은 두드러지게 축소되었고, 전투·계급적 전선 통일의 가능성은 약화되었다(山田鐸 1980, 224).

3. 베트남

베트남민주공화국 수립

제2차 세계대전이 종료된 뒤, 베트남에서는 1945년 9월 2일 호찌민을 수반으로 하는 베트남민주공화국이 수립되었다. 그런 뒤에도 프랑스의 재침략, 제네바협정과 남북 분단, 미국의 개입에 따른 베트남전쟁 확대라는 험난한 과정이 전개되었다.

1945년 7월에 열린 포츠담회담에서는 미국·영국·소련 사이에 베트남 내의 일본군 무장해제를 위해 북위 16도선을 경계로 하여 북에는 중국 국민당 군대가, 남에는 영국군이 진주한다는 합의가 이루어졌다.

포츠담협정에 따라 9월 중순, 루한 장군이 이끄는 15~20만 명의 중국 국민당 정부군이 베트남 북부에 진주했다. 중국군은 베트민[9] 정권을 탄압하지는 않았으며, 그 대신 친중국적인 베트남 정치 세력인 베트남국민당의 정치 참여를 요구했다. 베트민 정부는 이런 요구를 받아들였다. 베트민 세력은 북부를 중심으로 활동하고 있었고, 남부에서는 공산당이 행정위원회를 설치했으나 지도권을 확보하지는 못했다. 그리하여 9월 10일 행정위원회는 민족주의 그룹과 종교 집단의 대표를 중심으로 하는 기구로 개편되었다.

1945년 9월 12일, 남부에는 영국 장군 더글러스 그레이시 지휘 아래 주로 인도 병사들로 구성된 영국-인도 군대 7,500명이 들어와 일본군의 무장해제를 명령했다. 9월 22일에는 일본군이 반년 전부터 수용하고 있던 프랑스군 수천 명에게 무기를 지급했으며, 이들 프랑스군은 그다음 날 도착한 프랑스 공수대와 합류했다. 영국군은 계속 증원되었으며 이전의 프랑스 식민지군도 프랑스 선발대와 함께 재편성되었다. 영국의 인도인 군대는 점점 증원되어 거의 2만 명에 이르렀고, 1945년 말까지 프랑스군도 거의 같은 수

9_베트민(Việt Minh; 越盟; 월맹)은 베트남독립동맹(Việt Nam Độc Lập Đồng Minh Hội)의 약칭이다. 1941년 공산당 중앙위원회는 프랑스와 일본 파시스트를 타도하는 투쟁에 각계각층의 인민과 각 민족의 혁명 세력을 결집하기 위한 '베트남독립동맹' 결성을 결의했다. 베트민의 하부 조직으로는 베트남노동자구국회, 농민구국회, 학생구국회 등 14개 조직이 있었다. 베트민 창설로 인도차이나 각지에 존재하던 구국 조직이 민족해방이라는 구체적 목표를 향해 급속히 발전했다. 베트민은 1945년 일본 패망 후 프랑스가 다시 꼭두각시로 세워 놓은 바오다이 황제의 베트남국을 무너뜨리고 베트남 북부 지역을 빠르게 점령해 베트남민주공화국(북베트남)을 세웠다.

가 되었다.

같은 시기에 일본이 항복하자마자 프랑스의 드골은 프랑스의 옛 영광을 되찾기 위해 티에리 다르장리앵 제독을 인도차이나 고등판무관에 임명하고 곧이어 남부에 장 세딜을, 북부에는 장 생트니를 파견했다(유인선 2002, 368).

1946년 1월에 이르러 프랑스군은 남부 도시를 거의 모두 제압했고, 16도선 이남의 주권은 영국군으로부터 프랑스 고등판무관으로 이관되었으며, 고등판무관의 지원으로 코친차이나 임시정부가 수립되었다.

영국이 이처럼 프랑스가 인도차이나에서 세력을 부활시키도록 용인한 것은 영국 자신의 말레이시아 내 세력 부활 기도를 인정받기 위한 것이기도 했지만, 유럽 대륙 내 정치 역학에서 프랑스의 지나친 국위 실추를 바라지 않기 때문이기도 했다. 말하자면 독일에 대항하는 세력으로서 프랑스가 일정한 힘을 갖는 건 영국의 전통적인 세력 균형 정책과도 합치된다는 계산이었던 것이다. 한편 미국은 1945년 8월에 열린 트루먼과 드골의 회담에서 프랑스의 인도차이나 복귀를 방해하지 않겠다고 약속한 바 있었다(奧保喜 2009, 102~103).

1946년 1월에는 베트남민주공화국에서 역사상 처음으로 선거가 실시되었다. 선거 결과, 의석의 과반을 베트민과 그 동조 세력이 차지했으며, 호찌민을 행정 수반으로 하는 정부가 수립되었다. 2월에는 프랑스가 중국과 중국-프랑스 협정을 체결했다. 프랑스는 광저우 만灣 조차지, 윈난雲南 철도 등의 이권을 방기하는 대신, 중국은 프랑스군의 북위 16도선 이북 진주를 인정하고 중국군을 베트남으로부터 철수하기로 했다. 이로써 프랑스가 인도차이나 전체를 다시 장악할 수 있는 길이 열린 것이다.

1946년 3월 베트남민주공화국 정부는 프랑스와 교섭을 벌여 베트남-프

랑스 잠정협정Modus Vivendi Franco-Viétnamien을 체결했다. 민주공화국은 인도
차이나연방과 프랑스 연합의 일부가 되고, 독자적인 정부·의회·군대·재정
을 갖는 '자유로운 국가'가 된다는 조건이었다. 프랑스는 북부·중부·남부
세 지역의 합병 문제를 국민투표로 결정할 것을 약속했으며, 민주공화국은
프랑스군의 북부·중부 지역 진주에 대해 저항하지 않기로 했다. 또 프랑스
군은 앞으로 5년 동안 병력 2만5천 명을 주둔시키되 1952년까지 철수하기
로 했다. 1946년 3월 18일, 프랑스군은 북부의 중심 도시 하노이에 아무런
저항도 받지 않고 진주했다.

베트남-프랑스 잠정협정에서 민주공화국 정부는 5년 후 프랑스의 완전
철수라는 약속을 받아냈으며, 인도차이나연방과 프랑스군의 북부 진주를
인정했다. 당시 베트남의 공산주의자들이 프랑스와 타협한 이유는 불분명
하다. 프랑스에서 좌파 정권 수립에 대한 기대를 걸었을 수도 있고, 중국 주
둔군이 프랑스와 베트남 사이의 합의가 성립될 때까지 프랑스군의 북부 상
륙을 허가하지 않았던 것이 원인으로 작용했을 수도 있다.

제1차 인도차이나전쟁 발발

4월에는 베트남-프랑스 잠정협정 시행을 논의하기 위한 회담이 시작되었으
나, 인도차이나연방의 지위와 베트남민주공화국의 주권을 둘러싸고 회담은
시작부터 난항을 겪었다. 호찌민과 프랑스 정부 고위 관리 사이에 대화가
이루어졌으나, 아무런 합의도 도출하지 못했다.

그런 상황에서 베트남 각지에서는 프랑스군과 베트남 인민 사이에 무력
충돌이 발생했다. 1946년 11월 20일 프랑스 초계정이 중국 밀수선을 나포
한 것을 계기로 마침내 총격전이 벌어졌고, 같은 날 랑선에서도 충돌이 일

어났다. 11월 21일 하이퐁 시내의 정면충돌로 악화된 정세는 12월 17일 하노이 시내의 전투로 확대되어 시민 수백 명이 사망했다. 이에 분노한 하노이 시민들은 바리케이드를 치고 전투태세를 갖추었다. 당시 프랑스 전범 조사단이 그곳에서 1945년 3월 일본군에게 살해된 프랑스 군인의 묘지를 조사하고 있었다. 12월 19일 인도차이나 공산당은 전국 규모의 항전을 결정하고 호찌민의 이름으로 전 국민에게 궐기하라는 호소문을 발표했다. 이렇게 하여 제1차 인도차이나전쟁이 시작된 것이다(眞保潤一郎 1986, 117).

전쟁은 제1단계인 방어(경쟁) 단계(1946년 12월~1947년 12월)에서 제2단계인 대치(균형) 단계(1948년 1월~1950년 9월)로 넘어갔다가 제3단계인 총반격 단계(1950년 9월~1954년 7월)로 진전되었다(岡倉古志郎 외 1967, 하권, 11). 전투는 처음에는 프랑스군이 우세한 양상을 보였고, 베트민군의 주력은 홍강 델타에서 밀려나 산악 지대로 물러났으며, 민주공화국 정부와 행정기구도 북부 근거지로 이전했다.

이와 같이 베트민에게 지극히 불리한 전세에서도 호찌민은 '북베트남 동지에게 보내는 편지'라는 형식으로 저항 전쟁에서 경계해야 할 '작풍'을 다음과 같이 지적했다. 지방 근성, 파벌주의, 군사주의와 관료제도, 협량함, 형식주의, 책상머리 일처리, 규율의 이완, 이기주의와 부도덕 등이 그것이다(坂本德松 1971, 139~140).

1947년 10월, 프랑스군은 베트민군의 산악 거점을 공격하는 이른바 '레아 작전'Opération Léa을 개시했다. 이 작전의 주된 목표는 8천 제곱킬로미터에 이르는 민주공화국 정부군의 거점인 험난한 산악 지대를 점령하는 것이었다. 프랑스군은 1만2천 명의 병력을 투입해 한 부대는 배로 홍강과 로Lô 강을 거슬러 올라가고, 다른 한 부대는 랑선을 출발해 까오 방을 점령한 다음 남하해 두 부대가 베트민의 중심부인 박깐을 동시에 공격하는 양면 작전을 폈다. 공격은 민주공화국 정부군에 막대한 피해를 가져다주었다.

　프랑스군은 민주공화국 정부가 지배하고 있던 몇몇 도시를 점령하는 한편 보급창과 무기 생산시설을 파괴하고, 수천 명에 이르는 민주공화국 정부군을 사살하거나 생포했다. 그러나 프랑스군은 병력 부족으로 얼마 후 점령지에서 철수했다. 1948년 들어 전선은 홍강 델타와 산악 지역을 가르는 선에서 교착 상태에 빠졌다. 그리하여 베트민의 게릴라 활동은 홍강 델타와 레아 작전 이후 프랑스군이 점령한 중국 국경지대 등에서 전개되었다.

　프랑스 정부는 레아 작전의 실패에 따라 다시 정치적 해결을 모색하는 방향으로 선회했다. 프랑스 측은 호찌민의 민주공화국에 대항하는 민족주의 정권을 수립해 이 정권과 협상을 벌인다는 구상을 내놓았다. 이때 등장한 것이 이른바 '바오다이 해결책'Solution Bão Đại이다. 당시 바오다이는 호찌민 정권에 밀려 중국에 망명해 있던 베트남 국민당과 베트남독립동맹회, 남부 종교 단체인 까오다이와 호아하오, 그리고 중부와 북부의 전직 관리들로부터 지지를 받고 있었기 때문에 그가 최적의 인물로 지목되었다.

　바오다이는 1948년 3월 베트남 각계의 대표자(대부분은 코친차이나 임시정부 각료와 그 정부가 임명한 중부·남부 인도차이나 행정위원회 위원)들과 홍콩에서 회의를 가졌다. 이런 절차를 거쳐 베트남 각지를 대표하는 인사 40명으로 구성된 베트남 대표자 회담이 열렸으며, 1948년 6월 5일에는 '하롱만 협정'이 체결되고 베트남 임시중앙정부가 수립되었다. 이 정부는 코친차이나 임시정부와 마찬가지로 코친차이나(남부)를 중심으로 북부와 중부의 일부 지역을 명목상 추가한 데 지나지 않았다. 그것도 실질에서는 프랑스군이 확보하고 있는 '점과 선'상에만 한정되어 있는, 말하자면 가공의 정권이라고 볼 수 있었다. 하롱만 협정의 허구성이 드러나고 인도차이나를 둘러싼 국제 정세가 크게 변하는 바람에 프랑스의 구상은 뜻대로 전개되지 않았다.

베트남 인민들에게는 호찌민의 민주공화국 아니면 프랑스라는 두 가지 선택의 길밖에 없었으니, 민족주의자들은 싫든 좋든 민주공화국 쪽에 가담하지 않을 수 없었다(유인선 2002, 376~377).

군사적인 측면에서도 프랑스의 지배 역량은 점점 취약해지고 있었다. 베트민의 게릴라전은 고도의 기동전에 진지전을 포함한 근대전 형태를 취하고 있었으며, 양적·질적인 측면에서 베트남 인민과 인도차이나 각 민족에게 유리하게 전개되고 있었다(眞保潤一郎 1986, 123).

민족해방운동과 노동자계급의 역할

이와 같은 반제 민족해방운동과 궤를 같이해 노동자계급의 투쟁이 하나의 큰 흐름을 형성했다. 1940~1945년의 시기에 전국노동구제협회는 임금 인상과 권익 향상을 위해 여러 형태의 투쟁을 전개하는 한편, 무기를 탈취하고 게릴라 기지를 건설해 1945년 8월 일본 파시스트로부터 권력을 장악하기 위해 노동자와 근로인민 사이에서 선동 및 조직화 작업을 해나갔다. 이와 함께 노동조합은 여러 사업장에서 혁명적 노동자위원회를 설치했다.

1946년 6월 20일, 전국노동구제협회는 노동총동맹으로 이름을 바꾸었다. 노동총동맹 건설은 통일된 전국중앙조직 건설이라는 측면에서 베트남 노동조합운동 역사상 중요한 사건이라고 할 수 있다. 1946~1954년 사이의 반프랑스 저항 전쟁 시기 베트남 노동조합은 전국 차원의 저항운동에서 선도적 역할을 수행했다.

노동조합은 혁명군이 사용할 무기와 군사 장비 제조 병기공장을 건설하기 위해 기계와 원료를 도시에서 정글로 운반하는 것을 돕도록 노동자들에게 지시했다. 한편 노동조합은 저항 전쟁 초기에 청년노동자들로 하여금 베트민에 참가할 것을 독려했으며, 그 결과 노동자 저항 전쟁 참가자가 전체 군사 인력의 33퍼센트 선에 이르렀다.

한편 베트남 노동조합은 계속되는 저항 전쟁 상황에서 소비재 생산과 농기구 생산, 그리고 자급자족을 확보하기 위해 생산 증대를 꾀해야만 했다. 점령 지역에서는 노동조합 간부들이 노동자들의 일상적인 이익을 위해 투쟁할 것을 설득했고, 적의 경제적 행동을 방해했으며 반전운동을 선동했다.

저항 전쟁 기간에 베트남 노동조합은 조직 확대를 이룩했는데, 노동조합원은 1947년의 14만 명에서 1949년의 31만 명으로 증가했다. 그리고 1949년 6월 베트남 노동조합이 이탈리아 밀라노에서 열린 세계노동조합연맹WFTU 제2차 총회에 대표를 파견했다(Foreign Languages Publishing House 1988, 13~14).

4. 인도네시아

인도네시아공화국 수립

1945년 8월 15일, 일본이 무조건 항복을 선언하고 제2차 세계대전이 종료되면서 인도네시아 독립 투쟁이 본격적으로 전개되었다. 그보다 앞서 일본 군의 인도네시아 침공 당시 민족운동 지도자들은 일본군 선전을 맹신했으며, 일본군이 독립 또는 자치를 승인할 것으로 판단하고 각료 후보 명단까지 작성했다. 그러나 이런 기대는 군정 시작 때부터 어긋났으며, 일본의 배신 행위는 인도네시아 국민들에게 심한 불만을 안겨 주었다. 그 때문에 민족운동 지도자들은 군정에 협력하지 않았으며 인민의 독립 의욕을 높이기 위해 노력하는 한편, 일본군에 독립을 요구했다.

1943년 가을에는 일본이 인도네시아에서 조국방위의용군을 편성했는데, 조국방위의용군은 의용군 3만5천 명으로 구성되었으며 이들은 일본군으로부터 무기를 지급받았다. 1945년 3월, 일본은 수카르노[10]와 무함마드 하타[11] 등을 중심으로 한 독립준비조사위원회를 발족시켰다. 이 조사위원회는 민족독립 지도자 외에 각계 대표와 화교, 그리고 아랍인 대표를 포함한 62명으로 구성되었으며, 일본인도 8명 참가했다. 수카르노와 하타 등 인도네시아 측 위원들은 이 회의 명칭이 '조사위원회'라는 데 불만을 나타냈으며, 독립준비회로 할 것을 요구하고 사실상 이에 따라 활동했다. 같은 해 5월 활동을 시작한 조사위원회는 7월 15일까지 8월에 수립될 공화국 헌법의 기초를 포함해 건국의 대강을 결정했다. 거기에는 수카르노가 제안한 판차실라Pancasila, 즉 민족주의·인도주의·민주주의·사회정의·신에 대한 신앙이라는 건국 5개 원칙의 정신이 들어 있었다(和田久德 외 1999, 219).

10_ 수카르노(1901~1970)는 인도네시아 수라바야에서 출생해 반둥공과대학 재학 시절부터 학생운동을 조직해 활동했다. 1927년 인도네시아 국민당을 결성해 민족해방운동을 전개하다 1933년 네덜란드군에 체포되어 10년 동안 감옥에 갇혀 지냈다. 1942년 일본군이 수카르노를 석방했고, 1945년에 네덜란드군이 복귀하지 않는 틈을 이용해 독립을 선언했다. 1946년에서 1949년까지 네덜란드군에 대항해 독립운동을 벌이다가 1949년 독립이 되자, 초대 대통령이 되었다. 1955년에는 반둥에서 아시아-아프리카 회의를 열고 반식민주의를 주장하며 신생 국가의 단결을 호소했다. 1959년 이후에는 '교도민주주의'를 주장했으며, 1963년 국민협의회에서 종신 국가원수로 지명되었다. 그러나 1965년 9월 30일, 군부 쿠데타로 실각했다.

11_ 하타(1902~1980)는 네덜란드 로테르담경제대학교 재학 당시부터 인도네시아 유학생협회 간부로서 독립운동을 벌였고, 1932년 귀국 후에는 국민당 좌파로 활약했다. 1934년 네덜란드 식민지 당국에 체포되어 유형 생활을 하다 1942년 일본군의 석방 조치로 풀려났다. 1945년 독립선언 후 부통령에 취임했으며, 1948~1950년에는 수상이 되었고 공화국 수립 후 부통령을 역임하다가 1956년 수카르노 대통령의 독재정치를 비판하다 사임했다. 1965년 9·30 사건 후로는 신체제(新體制)를 지지했고, 수카르노 실각 후에는 수하르토 정부에서 특별 고문으로 일했다.

같은 해 7월, 일본군은 인도네시아 독립 용인을 정식으로 결정했다. 8월 7일에는 독립준비위원회 21명의 인선을 시행하고, 같은 달 18일에 준비위원회 발족을 결정했다. 8월 15일, 일본이 항복함으로써 인도네시아 독립문제는 인도네시아인들의 손으로 넘어가게 되었다.

1945년 8월 17일, 수카르노는 인도네시아공화국의 독립을 선언했다. "우리 인도네시아 민족은 이제 인도네시아 독립을 선언한다. 권력의 위양과 그 밖의 사항은 신중한 방법으로 가장 짧은 기간 안에 실시할 것이다." 며칠 뒤 인도네시아공화국 헌법이 공포되었다. 헌법은 다음과 같은 내용을 규정했다. ① 국가 경제는 사회적 토대 위에서 협력해 건설한다. ② 국가와 인민의 생활을 위해 중요한 생산 부분은 국가가 소유한다. ③ 토지와 하천, 그리고 여기에 소재한 천연자원은 국가 소유로 하며, 최대한 인민의 복지 향상을 위해 이용한다(소련과학아카데미 2012, 139).

이 헌법에 따라 수카르노를 대통령으로, 하타를 부통령으로 하는 신정부가 수립되었다. 신정부는 일본군으로부터 훈련받은 민병 조직(조국방위의용군)을 배치해 자와를 통제했으며, 인도네시아공화국을 방위할 태세를 갖추었다.

9월 29일, 연합군으로서 영국군은 일본군 무장해제를 목적으로 자와와 수마트라에 상륙했으며, 그 뒤를 따라 네덜란드가 식민 통치를 부활할 목적으로 군대를 동원해 인도네시아에 상륙했다. 이때 각지에서 민병 조직과 인도네시아 인민의 격렬한 저항행동이 일어났다.

보르네오와 세레베스(지금의 술라웨시) 등 인도네시아 동부에서는 오스트레일리아군이 일본 해군을 무장해제했으며, 1946년 1월 오스트레일리아군은 네덜란드군과 교대했다. 같은 해 3월, 영국은 자와와 수마트라에 대한 지배권을 네덜란드에 이양했다. 이에 따라 네덜란드군이 자와와 수마트라에 진주해 주요 도시들을 장악했고, 공화국군은 농촌 지역을 중심으로 네덜란드군에 대항해 계속 싸웠다(奧保喜 2009, 107).

네덜란드군과의 교대 기한을 1946년 12월로 설정한 영국군의 알선으로 1946년 10월에는 네덜란드와 인도네시아공화국 사이에 정전이 이루어졌다. 다음 달인 11월 15일에는 링가자티 협정이 체결되었고, 이에 따라 영국군은 철수했다. 링가자티 협정의 내용은 다음과 같았다. ① 네덜란드는 자와와 수마트라에서 행사하는 공화국의 사실상의 지배권을 인정한다. ② 두 당사자는 구舊 네덜란드령 동인도의 전 지역, 즉 공화국과 그 이외의 섬들로 구성되는 인도네시아 연방 실현을 위해 노력한다. ③ 인도네시아 연방과 네덜란드 왕국은 네덜란드 여왕을 원수로 하는 네덜란드·인도네시아 연합을 형성하고, 연합은 독자의 외교·국방의 집행기관을 갖는다. 그 뒤 네덜란드는 동인도네시아국, 서보르네오국 등의 괴뢰국가를 세워 연방 구성국으로 삼았다.

결국 인도네시아공화국은 지역적으로 자와 섬, 마두라스 섬, 수마트라 섬으로 한정하고, 그 밖의 보르네오·세레베스·서뉴기니 등의 광대한 지역에서는 이미 네덜란드군의 통치가 이루어지고 있음을 인정해 네덜란드가 지배할 것을 결정했다. 또 공화국은 인도네시아 경제의 주요 부분인 외국인 경영의 농장과 광산 등에 관여하지 않겠다는 약속을 했다. 링가자티 협정은 한마디로 네덜란드와 수카르노 공화국의 역량을 현실적으로 반영해 인도네시아공화국 쪽에 대단히 불리하게 체결되었다(이마가와 에이치 2011, 상권, 278).

이와 같은 협정 내용의 불리함에도 인도네시아공화국은 독자적인 외교를 폈다. 또 네덜란드 경찰부대가 '공동경찰대'의 일부로서 네덜란드 기업의 안전을 위해 공화국 영내에 출입하고자 했으나, 공화국은 이를 거부했다. 이에 대해 1947년 7월 링가자티 협정 불이행을 구실 삼아 네덜란드군은 인도네시아공화국에 대해 '경찰 행동'이라 부르는 침공을 시작했다. 이른바 제 1차 경찰 행동이다. 인도와 오스트레일리아가 국제연합안전보장이사회에 제소를 하게 되었고, 안보리는 적대 행위를 그만두고 평화적인 수단으로 해결할 것을 요청했다. 네덜란드 측은 이런 요청을 받아들여 8월에 전투를 일단 중지했다.

그런 뒤 미국이 제안한 3국 위원회 중재안이 승인되었다. 즉 인도네시아와 네덜란드가 각각 지명한 오스트레일리아와 벨기에, 그리고 양국이 지명한 미국으로 구성되는 3국 위원회가 성립된 것이다. 이 위원회의 알선에 따른 협의는 미국 군함 렌빌Renville 호 위에서 행해졌으며, 1948년 1월 인도네시아와 네덜란드는 렌빌 협정으로 불리는 휴전협정에 조인했다. 이 협정은 군사 면에서 우위에 있는 네덜란드 측에 일방적으로 유리했다. 이 협정에 기초해 네덜란드는 인도네시아 각 지역에 괴뢰를 앉혀 국가와 자치령을 성립시켰고, 이를 인도네시아는 승인했다. 이 협정은 국내에서 큰 불만을 불러일으켰으며, 아미르 샤리푸딘[12] 내각은 협정 성립 후 얼마 지나지 않아 총사퇴했다.

12_ 샤리푸딘(1907~1948)은 1937년 인도네시아인민운동당을 창립했고, 1939년 다른 정당들과 인도네시아정치연맹이라는 통일전선을 만들어 서기가 되었다. 1942년 일본군이 진주하자, 지하 저항운동을 조직했다. 1943년 일본군에 체포되어 사형을 받게 되었으나, 수카르노의 중재로 목숨을 구했다. 1945년 전쟁이 끝난 뒤에 인도네시아사회당을 조직하고, 수탄 샤리르의 사회인민당과 합동해 좌익연합을 형성했다. 1945년 11월 이래 샤리르 내각의 국방 장관을 역임하고, 1947년 7월 수상직에 올랐다. 그러나 당시 네덜란드의 대규모 군사행동에 대한 철저한 항전을 지도하지 못해 1948년 1월 사직했다. 그 뒤 공산당 및 노동당 일부와 합동해 단일 공산당을 재건하고, 인민민주전선을 형성했으며, 1948년 9월의 마디운 사건에 연루되어 처형당했다.

마디운 봉기

정권에서 물러난 샤리푸딘은 좌익연합을 인민민주전선으로 재편함과 동시에 수탄 샤리르와 결별을 선언했다. 인민민주전선은 정부에 반네덜란드·친소 정책을 요구했다. 샤리푸딘은 국방 장관을 역임하면서 군내에 상당한 자기 세력을 배치하는 데 성공했으며, 제4군관구(수라카르타 지구) 제10사단은 당시 하타가 추진하고 있던 국군 합리화 정책에 불만을 나타내면서 인민전선에 대한 지지를 보냈다. 한편 이 지구 안에는 서부 자와의 포켓 지역에서 철퇴해 온 마슈미MASYUMI당이 지지하는 시리완키 사단이 주둔하고 있었고, 국군 내에서 두 세력은 심각하게 대립하는 상황이었다. 여기에 더해 소로 지구에는 탄 마라카파 세력도 깊이 뿌리를 내리고 있어서 인민민주전선파의 세력 신장과 더불어 대립은 심각한 지경에 이르렀다. 그 결과 시리완키 사단을 지지하던 마라카파의 무장부대인 들소 부대 지도자 무왈디의 납치·살해 사건, 인민민주전선파 제10사단장 수타르토 사살 사건 등이 일어났다.

이처럼 무력 대립이 심했던 시기에, 소련에서 무소가 귀환해 공산당을 지도하게 되었다. 그는 인민민주전선의 지도권을 장악해 사회당, 노동당, 사회주의청년단 등을 공산당에 통합시켰다. 그리하여 "근로 농민에게 토지를"이라는 슬로건을 내세우면서, 부르주아민주주의혁명 지향의 대중화 노선을 추구함과 동시에 평화적인 민족정부를 수립하고 민족 단결로 네덜란드 침공을 저지한다는, 위로부터의 통일전선 형성을 목표로 했다.

무소의 지도가 실행되고 있는 가운데서도 제10사단과 시리완키 사단 사이의 군사적 대립은 점점 격화되었고, 같은 해 9월에는 소로 시내에서 소규모 충돌이 되풀이되었다. 그리하여 소로에 국군 중립 부대가 진주하게 되었고, 마디운 시내로 거점을 옮긴 인민민주전선파는 9월 18일 드디어 마디운 시의 권력 탈취를 위해 봉기했다. 그들은 마디운 시를 해방시키고 스팔디를 수반으로 하는 정권을 수립했다. 이 봉기는 포노로고·쿠데이리·부로라 등으로 파급되었으며, 공산당이 시 정권을 장악했다.

　정부는 이를 '무소 공산당의 반란'으로 규정하고 봉기 진압에 나섰다. 정부 군대는 2개월 동안 반란을 진압하고 주동자들을 체포 및 처형했다. 무소는 도주하는 도중에 사살되었고, 샤리푸딘은 12월에 체포되어 총살당했다. 결국 봉기는 실패하고 말았다. 인도네시아 공산당은 이 사건으로 국민들의 불신을 샀고, 공화국 정부는 미국의 막강한 외교적 지지를 획득했다(和田久德 외 1999, 240~242).

　마디운 사건으로 공화국 내의 전력이 약화되고 혼란을 겪는 가운데 네덜란드군은 재식민지화의 호기를 맞게 되었다. 그리하여 렌빌 협정 파기를 통고한 네덜란드는 1948년 12월 19일 다시 공화국에 대한 침공을 단행했다. 제2차 경찰 행동이다. 네덜란드군은 공화국 수도 자카르타를 점령해 수카르노를 체포하고 그 밖의 도시들도 점령했다. 이에 공화국군은 농촌 지역에서 게릴라전을 전개했다. 1949년 1월, 국제연합안전보장이사회는 네덜란드의 군사행동을 비난했으며, 미국은 전쟁을 멈추지 않을 경우 유럽부흥계획에 따른 경제원조를 중단할 수밖에 없다고 통보했다. 드디어 네덜란드는 인도네시아 재정복을 단념하고 같은 해 8월부터 석방된 공화국 지도자들과 원탁회의를 열었으며, 11월에는 서부 뉴기니아(인도네시아 측은 서西이리안Irian으로 부른다)를 제외한 인도네시아의 완선 주권을 인도네시아공화국에 이양하고 네덜란드군이 철수한다는 덴하흐Den Haag 협정을 체결했다. 덴하흐 협정 내용은 다음과 같다. ① 네덜란드는 인도네시아연방공화국에 인도네시아(서부 뉴기니아를 제외한) 완전 주권을 12월 30일까지 위양한다. ② 네달란드와 연방공화국은 상호 완전한 독립을 기초로 우호협력을 맺기 위해 네달란드-인도네시아 연합을 창설한다. ③ 주권 위양 후 네덜란드군은 철퇴하고 네덜란드령 동인도군은 해체하며, 일부를 연방 국군에 편입한다. ④ 네덜란드령 동인도 정부의 부채를 연방공화국이 맡으며, 전자가 법률에 따라 보장받은 권리들을 계속 인정한다(和田久德 외 1999, 244).

그리하여 1949년 12월 27 인도네시아연방공화국이 수립되었다. 1950 년 8월, 인도네시아공화국은 다른 연방 구성 국가들을 병합해 단일 공화국을 선포했다.

전인도네시아중앙노동자조직과 인도네시아혁명적노동조합연맹 결성

제2차 세계대전 종료 및 일본 제국주의의 패망부터 주권을 완전히 회복한 뒤 단일의 인도네시아공화국 성립에 이르기까지의 노동운동 전개 과정을 살펴본다.

인도네시아 노동자계급은 공화국 체제를 수립하는 과정에서 중요한 역할을 수행했다. 노동자들은 수라바야·마젤란 등의 대도시에서 공화국 선포를 지지하는 대중 집회를 열고 인도네시아공화국만을 권력으로 인정한다고 선언했다. 노동자 대표들은 공화국 체제 수립을 위한 투쟁에서 노동자들이 맡아야 할 역할을 토의했다. 노동자들은 독립 선언 뒤 한 달이 채 못 된 1945년 9월 15일, 자카르타에서 노동조합 조직인 인도네시아노동전선BBI을 결성했다. 정부 당국은 3일 뒤 인도네시아노동전선을 인도네시아 노동자 및 노동조합의 중심 기구로 인정했다.

인도네시아노동전선은 기업을 보호하고 기업이 정상적으로 운영될 수 있도록 노력했으며, 일본군의 무장해제와 식민주의자들이 관리하던 기업을 접수하는 일을 수행했고 공화국 정부를 지지하는 집회와 시위를 조직했다 (소련과학아카데미 2012, 141).

1946과 1947년에는 많은 노동조합들이 잇따라 조직되었다. 대부분은 소규모 지역 노동조합이었으나 대규모 노동조합과 전국 노동조합이 연이어 조직되었다. 설탕산업노동조합SBG, 철도노동조합SBKA, 플랜테이션노동조합 SARBUPRI, 부두노동조합, 해원노동조합, 정부기관노동조합 등이 결성되었다.

이들 노동조합은 '수직'노동조합이라 부르는 전국 연맹체, 인도네시아통합노동조합GASBI과 산업별 노동조합을 지향하는 인도네시아통합산업별노동조합GSBV을 결성했으며, 이 두 조직은 통합해 1946년 11월 29일 새로운 조직체 전인도네시아중앙노동자조직SOBSI을 창립했다. 이 조직은 산업별 노동조합연맹 30개의 통합 조직으로서 노동조합원 150만 명을 포괄했다. 전인도네시아중앙노동자조직 창립자와 지도자 대부분은 사회주의자와 공산주의자들로서 공화국 정부와 밀접한 관계를 갖고 있었다.

전인도네시아중앙노동자조직은 자바 동부의 대도시 말랑에서 1947년 5월 16일부터 18일까지에 걸쳐 제1차 대의원 대회를 열어 사회주의사회의 건설을 목표로 내걸었다. 위원장에 하르조노, 부위원장에 세티아지트, 사무총장에 은조노가 취임했다. 당시 세티아지트는 인도네시아노동당PBI 당수이자 인도네시아공화국 정부의 부총리를 맡고 있었다. 전인도네시아중앙노동자조직 내부에서 공산주의의 영향력이 커짐에 따라 노동운동 단일 조직으로서 통일성은 견고하지 못했다.

공화국 정부는 사회당의 수탄 샤리르를 수반으로 하여 공산당, 인도네시아노동당, 사회주의청년그룹, 농민전선, 그리고 전인도네시아중앙노동자조직의 지지를 받고 있었다. 샤리르 정부의 정책에 반대하고 전인도네시아중앙노동자조직의 노선에 찬동하지 않는 노동조합들은 인도네시아혁명적노동조합연맹GASBRI을 결성했다.

공화국 정부는 노동부를 설치하고 노동관계법을 제정했으며 산업재해 보상 보험제도를 시행했다. 그리고 유해·위험 작업에 대한 여성·연소 노동 보호 조치 등이 행해졌다(Iskandar Tedjasukmana 2009, 31~33).

전인도네시아중앙노동자조직은 공산당, 사회당, 노동당, 사회주의청년 연맹Pesindo 등이 힘을 합쳐 1948년 2월 출범시킨 인민민주전선FDR에서 중요한 역할을 수행했다. 인민민주전선의 의장은 인도네시아공화국 정부의 수카르노 대통령 밑에서 국방부 장관과 총리를 지낸 아미르 샤리푸딘이 맡았지만, 인민민주전선의 운명은 오래가지 못했다. 인도네시아공화국 정부의 하타 부통령은 무장 조직들에 대한 '합리화' 정책을 주도했고, 이에 반대한 인민민주전선의 지역 조직이 1948년 9월 봉기를 일으켜 자바섬 동부의 작은 도시 마디운을 점령했다.

수카르노 대통령은 9월 봉기를 인도네시아공화국 정부 타도와 소비에트 정권 수립을 위한 음모라고 보았다. 정부 내의 우익 지도자들은 9월 봉기를 좌파 세력을 분쇄할 기회로 활용했다. 마디운 사태는 전인도네시아중앙노동자조직의 운동에 대해 대단히 부정적인 영향을 끼쳤다. 가맹 조직 34개 가운데 19개가 탈퇴했다. 조직적으로 봉기를 지지하지는 않았기 때문에 불법화되지는 않았지만, 전인도네시아중앙노동자조직의 사업과 활동은 정부와 군대의 심한 탄압을 받았다. 특히 군부는 전인도네시아중앙노동자조직으로 대표되는 급진적 노동운동을 불신하면서 적대적 관계를 유지했다 (Hadiz 1997, 47).

혼란 속에서 전개된 노동자투쟁

사회·경제적 측면에서 이 시기의 노동조합운동은 한마디로 혼란스러운 상황에서 발전했다. 임금 인상 요구는 대단히 높았고, 단체교섭이 존재하지 않는 상태에서 일정한 계획이나 지도도 없이 파업이 이루어졌다. 사업장 곳곳에서는 폭력이 난무했다. 당시 가장 큰 파업은 인도네시아공화국플랜테이션노동조합SARBUPRI에 속한 플랜테이션 농장의 농업노동자들이 1950년 8월과 9월에 일으킨 파업이었다. 1947년 2월 출범한 인도네시아공화국플랜테이션노동조합의 초대 위원장 마루토 다루스만은 그 뒤 마디운 사태로 체포되어 처형당했다. 70만 명이 넘는 인원이 참가한 파업을 해결하기 위해 정부가 개입했고, 이전의 평균 임금을 훨씬 상회하는 수준에서 농장 노동 estate labour에 대한 최저임금이 도입되었다. 인도네시아공화국플랜테이션노동조합은 1953년 9월에도 임금 30퍼센트 인상과 임시직 사용 금지를 요구하며 제2차 파업에 돌입했다.

이와 같이 인도네시아 노동운동은 복잡한 국내외 상황에서 발전했다. 실제로 인도네시아 주권이 국제적으로 인정되자마자 봉건 반동 세력이 활동을 전개했다. 이들은 테러 집단의 도움을 받아 이슬람을 바탕으로 한 신정주의神政主義 국가 건설을 위해 투쟁을 벌였다. 또 우파 무슬림 극단주의자들은 자와 서쪽에 다르알이슬람Dar al-Islam이라는 이슬람 국가를 세우고, 국가의 목표를 공산주의의 위협과 그것을 관용하는 무신론자들을 척결하는 것으로 설정했다. 자본가 측에서도 노동자계급이 그동안 투쟁으로 쟁취한 성과들을 도로 빼앗아가기 위해 모든 수단을 동원했다.

이와 같은 도전을 극복하기 위해 노동운동은 조직을 복원하고 투쟁력을 강화함과 동시에 정치 역량을 확충하기 위해 전력을 기울였다(소련과학아카데미 2012, 144~145).

5. 필리핀

필리핀 공화국 수립과 미국의 경제·군사 지배

1942년 1월부터 일본이 필리핀을 점령해 지배해 오다, 1945년 2월 미국 군대가 필리핀에 다시 진주해 일본을 물리치고 군정을 실시함으로써 필리핀은 새로운 정치 국면을 맞았다. 제2차 세계대전은 끝났지만, 필리핀은 다시 미국의 지배 상태에 들게 되었다. 말하자면 제국주의 지배 체제가 개편된 것이다.

민족의 힘을 묶어 제국주의 지배에 통일적으로 대항하기 위해 1942년 2월 필리핀공산당PKP이 주도해 노동자, 농민, 학생, 종교 단체의 연맹체인 항일민족통일전선을 창설했다. 항일민족통일전선은 파르티잔 부대와 지방에서 구성된 자위대를 통합해 항일인민군 후크발라합Hukbalahap[13]을 발족했다. 후크발라합은 일본군 격퇴와 지주 타도를 목표로 하여 중부 루손의 삼림지대를 거점으로 농민 지지를 획득한 가운데 활동했다.

일본군이 패퇴한 뒤, 기아와 혼란 속에서 필리핀공화국이 출범했다. 민족의 염원이었던 독립이 이와 같은 혼란과 황폐 속에서 실현된 것은 필리핀 민족에게는 큰 불행이었다.

1946년 4월, 공화국 초대 대통령과 국회의원을 선출하는 독립과도정부commonwealth의 마지막 총선거가 실시되었다. 선거전은 지주·매판자본가를

13_후크발라합은 제2차 세계대전 시기 필리핀에서 결성된 항일 조직이다. 후크발라합은 '항일인민군'이라는 타갈로그어의 약자이다. 원래는 일본과 싸우기 위해 결성되었지만, 이후 1946년에는 후크발라합 반란으로 알려진 투쟁을 통해 필리핀 정부와 대결을 벌인다. 그러나 이후 필리핀 대통령이 되는 라몬 막사이사이의 개혁과 진압을 통해 소멸된다.

기반으로 하는 2대 정당인 국민당과 자유당, 그리고 혁신연합전선인 민주동맹DA 사이에서 치러졌는데, 의회 선거에서는 자유당이 크게 승리했다. 이와 함께 자유당의 마누엘 로하스와 엘피디오 키리노가 대통령과 부통령으로 당선되었다. 후크발라합을 중심으로 결성된 민주동맹도 선거에 참가해 국회 의석 6개를 차지했으며, 대통령 선거에서는 국민당의 세르히오 오스메냐를 지지했다.

미국은 1934년에 제정된 필리핀 독립법에 기초해 필리핀 독립을 승인했고, 1946년 7월 4일 필리핀공화국은 독립을 선언했다. 미국은 이런 필리핀을 두고 '민주주의의 진열창'이라면서 세계에 과시했다. 그러나 현실은 그 반대여서 필리핀은 신식민주의의 전형과 다름없었다. 필리핀의 독립은 외형적인 것에 지나지 않았으며, 대단히 불완전한 상태였기 때문이다. 그리고 미국 독점자본은 식민지 시대와 마찬가지로 필리핀 경제의 중추를 장악해 막대한 이윤을 획득했다. 한편 미국과 결탁해 자신들의 지배권을 유지하려는 필리핀 지주와 부르주아 상층의 계급적 공세가 점점 더 강화되었다(谷川榮彦 1971, 267).

필리핀공화국이 출범하던 날 필리핀과 미국 사이에 체결된 '필리핀통상법'Bell Trade Act[14]은 많은 문제점을 가지고 있었는데, 핵심적인 문제는 다음과 같은 두 가지였다. 그 하나는 통상법에 따라 다시 필리핀·미국 사이의

14_1946년 7월 4일 필리핀이 독립했을 당시 필리핀 경제는 황폐한 상태였다. 필리핀은 미국 정부의 전쟁배상금 지불과 자본 유입을 절실히 필요로 했다. 필리핀통상법은 미국에 대한 필리핀의 수출 할당량을 정하고, 필리핀의 페소와 미국 달러의 환율을 2 대 1로 고정시켰으며, 양국 사이에 8년 동안 자유무역을 행하다가 이후 20년에 걸쳐 점진적으로 관세를 적용할 것을 규정했다. 천연자원 개발과 공공시설 운용에서 미국인에게 필리핀인과 동등한 권리를 허용하도록 필리핀 헌법의 개정을 요구한다는 이유로 이 법안에 많은 필리핀인들이 반대했다. 미국은 8억 달러의 전쟁배상금을 지불하는 대가로 필리핀에 대해 무역법 비준을 요구했고, 필리핀은 이에 따를 수밖에 없었으나 국민의 호응을 얻지 못했다.

자유무역 관계가 유지되게 되었다는 사실이다. 1946년 7월부터 8년 동안은 자유무역 기간으로 정하고, 그 이후 20년 동안은 필리핀의 대對미국 수출과 미국의 대필리핀 수출 쌍방에 각국의 기본 관세가 매년 5퍼센트씩 체증적遞 增的으로 붙게 되었다. 그리하여 이 기간에 미국의 대필리핀 수출은 무제한 으로 인정되었으나, 필리핀의 대미국 수출은 사탕, 마닐라 마麻 등 특정 상 품의 할당량에 한정되었다. 평등성을 상실한 이와 같은 통상법에 따라 필리 핀은 독립 이후에도 4반세기 이상 미국 의존형 단일경작monoculture 경제를 유지하게 되었다.

다른 한 가지 문제는 통상법에 포함된 평등권 조항이다. 이 조항에 따라 미국인은 필리핀의 천연자원 이용과 공공사업 운영에서 필리핀인과 동등한 권리를 인정받았다. 1935년에 제정된 필리핀 헌법은 천연자원 이용권과 공 공사업 운영권을 필리핀 국민 또는 필리핀 국민이 자본 60퍼센트 이상을 소유한 회사와 단체에 한정해 부여했기 때문에, 이 규정은 헌법에 위반되는 것이어서 헌법 개정을 필요로 했다. 이 통상법의 체결과 헌법 개정을 강행 하기 위해 민주동맹과 일부 국민당 의원을 탄압해야 했다.

경제 지배에 뒤에는 군사 지배가 이어졌다. 미국은 필리핀을 반공 세계 전략의 최전선 기지로 삼기 위해, 1947년 3월에 필리핀 정부와 두 개의 군 사협정을 체결했다. 그 하나는 '군사기지협정'으로서, 이 협정에 따라 미국 은 필리핀에 존재하는 군사기지 23개를 99년 동안 사용하게 되었다. 다른 하나는 '군사원조협정'으로서, 이 협정에 따라 필리핀 4군은 장비·지도·훈 련 전반에 걸쳐 미군 원조를 받게 되었다. 1951년 8월에는 미국과 필리핀이 '상호방위조약'을 체결했다. 필리핀공화국은 경제와 국방의 자주권을 빼앗 기게 된 것이다(池端雪浦 외 1977, 145~146).

로하스 대통령은 미국인에게 필리핀인과 동등한 대우를 보장해 주기 위

해 헌법을 개정해야 했고, 이를 위해 민주동맹을 비롯한 반대파 의원 7명의
의석을 박탈했다. 의원직 박탈의 명분은 의원들이 일본군 점령 시기에 후크
발라합 게릴라 활동을 전개하면서 필리핀 지주를 비롯해 필리핀인을 살해
했는데, 그와 같은 행위는 불법에 해당한다는 것이었다. 후크발라합에 대해
정면으로 도전하는 조치였다.

후크발라합의 저항 투쟁

1946년 8월 후크발라합은 정부에 저항하겠다고 선포하고 무장 게릴라 투
쟁에 돌입했는데, 완전무장한 농민 병사 1만 명이 호응했다. 필리핀 내전이
시작된 것이다. 내전은 필리핀 정부가 채택한 대미종속 정책과 이와 더불어
부활한 대농장주 및 지주 지배에 대한 농민들의 끈질긴 저항에서 비롯되었
다. 1946년 8월 당시 정부에 대항한 단체는 후크발라합뿐이었으며, 필리핀
공산당과 합법 조직인 민주동맹 및 노동단체는 합법 활동을 고수했다(이마
가와 에이치 2011, 상권, 283).

이런 상황에서도 로하스 정부는 신생독립국가의 기반을 다지기 위해 여
러 가지 정책을 펴는 한편 부정부패 척결을 강조했으나, 결코 성공을 거두
지는 못했다. 또 후크발라합의 무장투쟁을 제어하지 못했고, 저항 세력의
반대 운동도 누그러뜨리지 못했다. 이런 가운데 1948년 4월 15일 로하스가
사망했고, 부통령 키리노가 대통령직을 승계했다.

키리노 행정부(1948~1953년 집권)는 국민경제의 회복과 국민 상호 간의
신뢰 회복을 목표로 내세우고 로하스의 정책들을 그대로 추진했다. 1949년
11월 8일에 시행된 대통령 선거에서 키리노가 당선되었지만, 선거를 두고
는 '가장 치졸하며 유혈 속에 치러진 선거'라는 비판이 쏟아졌다. 키리노 정

부는 부정부패의 만연, 정부기금 낭비, 실업과 물가 폭등에 따른 경제 피폐, 후크발라합의 게릴라전에 대한 무대책, 1947년 중간 선거와 1949년 대통령 선거전에서 나타난 기만 및 테러 행위 등으로 국민들로부터 심한 저항을 받게 되었다(양승윤 외 2007, 66).

노동조직위원회 결성과 노동운동 탄압

제2차 세계대전 종료와 더불어 전개된 필리핀의 정치적 지형 변화 속에서 노동자계급은 필리핀 공산당, 항일민족통일전선, 후크발라합, 그리고 민주동맹과 정치 노선을 함께하면서 노동자들의 노동·생활 조건의 향상과 권리 보장을 위해, 그리고 필리핀 인민의 정치·경제적 이익을 수호하기 위해 투쟁을 전개했다.

1945년 4월 노동조합 전국 중앙 조직인 노동조직위원회CLO(이후 노동조직회의CLO로 이름이 바뀌었다)가 결성되었다. 노동조직위원회는 노동자투쟁을 본격적으로 조직했다. 1946년 1월의 마닐라 철도노동자 파업은 단체협약 체결과 임금 인상이라는 성과를 거두었다. 이 밖에도 1945년 6월부터 1946년 7월까지 노동조직위원회는 49건의 파업을 주도했다. 이런 투쟁의 성과는 조직 확대로 이어졌는데, 결성 당시 1만 명이었던 노동조합원이 1946년에는 8만 명으로 늘어났다. 이 가운데 3만5천 명은 마닐라 거주 노동자였으며 나머지는 군도群島의 중심인 루손섬의 여러 지역에 거주하는 노동자들이었다.

다른 지역에서 노동자 조직의 중심이 된 노동조합은 필리핀노동연맹PFL이었다. 노동연맹의 노동조합원은 7만 명이었으며, 노동조직위원회와 필리핀노동연맹 사이에는 행동 통일 협정이 체결되었다. 1946년 말 공식 등록된 노동조합 수는 237개였고 조합원수는 7만5천 명이었다. 그 이후로도 등록된 노동조합 수와 조직노동자 수는 빠르게 증가해 1949년에는 869개 노동조합에 노동조합원 수는 14만 명으로 늘어났다.

노동지 조직의 확대와 노동자투쟁의 고양에 대응하기 위해 정부 당국은 협동조합 형태의 노사협조적 노동조직을 육성하고자 했으며, 노동조합 설립 절차를 복잡하게 해 민주적인 노동조합의 등록을 거부했다. 또 노동자의 단체행동권을 규제하기 위해 강제중재 제도를 되살렸다.

노동운동에 대한 탄압 속에서도, 노동자계급과 근로인민은 무장투쟁에 활발히 참가하며 국내 반동 세력과 미 제국주의를 위협할 정도의 조직력과 정치적 적극성을 보였다(소련과학아카데미 2012, 154~156).

6. 말라야

영국의 말라야 재점령과 말라야연방 협정 발표

1941년 12월 8일 일본은 말라야를 점령했으며, 그다음 해인 1942년 2월 15일 영국군은 일본군에 항복했다. 1945년 8월, 일본이 무조건 항복함으로써 같은 해 9월 영국이 말라야에 다시 진주했다. 영국군이 진주하기 전 말라야에서는 말라야항일인민군MPAJA이 정글에서 나와 일본군을 무상해세시켜 그 무기를 접수했고, 반역자살해부대는 대일 협력자를 처형했다. 이런 가운데 9월 5일 영국군이 진주해 군정을 실시했다.

1945년 10월 영국은 싱가포르를 제외한 말레이반도 모든 주를 하나의 통일된 행정단위로 편성하고, 영국 말레이 총독이 통치하는 강력한 식민 정부 구성을 골자로 하는 '말라야연합'Malayan Union 안을 수립했다. 말라야연합안의 주요 내용은 말라야를 모국으로 인정하는 모든 사람들에게 시민권을 부여한다는 점, 페낭과 말라카는 계속해서 영국의 해협식민지로 존속한다는 점, 싱가포르는 영국 직할 식민지로 잔류해 보르네오 북부의 영국령 사바와 사라와크에 대한 행정을 관할한다는 점, 말라야 각 주의 술탄 지위는 인정하되 그들의 실질적인 영향력은 이슬람 종교 문제에 국한한다는 점 등이었다.

말라야연합이라는 새로운 통치 제도를 통한 영국의 중앙집권화 시도는 이제까지의 분권적 통치 방식과는 근본적으로 다른 변화가 일어난다는 의미였기 때문에 말레이인들의 강력한 반발에 부딪혔다. 말레이인들이 반발하는 이유는 두 가지였다. 하나는 말라야연합 체제가 이제까지 말레이 술탄들에게 부여되었던 권위와 지위를 현격하게 약화시킬 것이라는 우려 때문이었다. 다른 하나는 중국인과 인도인 등 이주민들에게 원주민과 동등한 시민권을 허용함으로써 그동안 말레이인들에게만 주어졌던 기득권이 침해될 수 있다는 경계 때문이었다.

말라야연합 안에 대한 말레이인들의 반대는 구체적인 행동으로 나타났다. 1946년 3월 말라야연합 안에 반대하는 정치·사회 단체 41개가 참가해 통일말라야국민조직UMNO을 결성하고 다토 온 자파르를 의장으로 선출했다 (양승윤 외 2010, 53~54).

통일말라야국민조직은 말레이인 왕족·귀족 출신 엘리트를 지도 그룹으로 하고 말레이인 대중이 이를 지지하는 형태의 말레이 최초 대중운동이었다. 통일말라야국민조직은 말라야연합 안에 반대하면서 술탄의 권한을 회복하고 또 비말레이계 주민에 대해 제한된 시민권을 부여하는 것을 골자로 하는 대안을 제시했다.

영국은 1946년 5월 통일말라야국민조직의 제안을 받아들이기로 결정했다. 이에 따라 영국 식민 당국은 말라야연합 안을 포기하고 자치정부 수립을 위한 조기 선거공약과 함께 말레이인들의 의사를 수용한 말라야연방 Federation of Malaya 협정을 발표했다. 1948년 2월 1일, 다음과 같은 내용의 연방협정이 발효되었다.

1. 9개의 주와 페낭·말라카는 연방을 형성한다. 싱가포르는 독립된 식민지로 존재한다.

2. 술탄은 각각 전쟁 이전의 통치권을 회복한다.

3. 연방정부의 행정권은 영국인 고등판무관이 행사한다.

4. 입법의회는 75명으로 구성되며, 그 가운데 50명은 민간 대표로서 고등판무관이 각 주, 각 식민지, 주된 경제 권익, 인종 그룹을 대표하는 사람을 임명한다. 민간 대표는 말레이인 22명, 중국인 14명, 유럽인 7명, 인도인 5명, 실론 (지금의 스리랑카)인 1명, 유라시아인 1명으로 한다. 그 외에 각 주의 말레이인 총리(합계 9명), 페낭·말라카에서 각 1명씩의 대표가 포함되며, 나머지 14명은 고등판무관이 적절하게 임명한다. 민간 대표는 실행 가능하게 되었을 때 선출한다.

5. 고등판무관은 입법회의 의장이 되며, 통과된 의안에 대한 거부권을 갖는다.

6. 고등판무관은 말레이인의 전쟁 이전 지위와 다른 인종 그룹의 합법적 권익을 보호해야 한다. 고등판무관은 이민 정책에 관해 통지자(술탄)와 협의해야 한다.

7. 연방 정부는 국방·외교·치안·사법·상업·교통·통신·재무를 관할하고, 각 주와 각 식민지 정부는 그 지방의 행정·종교·교육·농업·토지 문제를 관할한다. 술탄은 각 주에서 행정회의와 입법회의의 보좌를 받아 행정권을 행사한다.

8. 통치자 회의는 필요에 따라 개최하고, 총독은 적어도 연 3회 출석한다.

9. 시민권은 다음과 같은 사람에게 부여한다.

① 자동적으로 주어지는 사람

- 술탄의 신민.

- 영국 시민으로서 페낭 또는 말라카에서 출생해 연방 내에서 15년 이상 계속 거주한 사람.

- 연방 내에서 출생한 영국 시민으로서 그 아버지가 마찬가지로 연방 내에서 태어났거나 계속해서 15년 이상 거주한 사람.

- 연방 내에서 출생한 사람으로서 일상어로 말레이어를 사용하고, 말레이 습관을 존중하는 사람.

- 연방 내에서 출생한 사람으로서 그 양친이 마찬가지로 연방 내에서 출생했거나 최소한 계속해서 15년 이상 거주한 사람.

② 시민권을 신청할 수 있는 사람

- 연방 내에서 출생해 신청에 앞서 12년 가운데 최소한 8년 이상 거주한 사람.

- 연방 내에서 신청에 앞서 20년 가운데 15년 이상 거주하고 있는 사람.

말라야연방 안은 술탄의 권한을 강화했고, 시민권도 말레이인 이외의 사람들은 취득하기 까다롭게 되었으며, 말레이인의 이익을 보호하는 경향이 강했다. 영국의 처지는 이율배반적이었다. 말레이인 보호 정책을 취하면 중국인·인도인 등 비말레이계 주민의 반발을 불러일으키게 될 것이고, 평등주의(비말레이계 주민에게 유리한 정책)를 취하면 반드시 말레이인들이 반대할 것이기 때문이었다. 연방 안에 대해서는 비말레이계 주민 가운데 최대 그룹인 중국인이 강하게 반발했다.

말라야연방 협정 역시 말라야의 독립을 보장한 것은 결코 아니었으며, 지난날 식민지 종주국이었던 영국 식민통치의 부활을 목표로 한 것이었다는 점은 명백한 사실이었다(池端雪浦 외 1977, 319~321).

1947년 인구센서스에 따르면, 말라야연방의 인구 구성은 말레이인 243만 명, 중국인 188만 명, 인도인 53만 명, 그 밖의 인구 7만 명으로 총 491만 명이었다. 연방에서 제외된 싱가포르의 인구는 94만 명이었고, 그 가운데 중국인이 73만 명이었다.

싱가포르가 말라야연방에서 분리된 이유는 첫째로 전략적 중요성 때문이었다. 영국은 싱가포르에 수에즈 동쪽의 최대 해군기지를 설치해 아시아 지역 군사령부를 배치하고자 했다. 둘째, 싱가포르를 말라야연방에 편입시키면 인구 구성에서 중국인이 말레이인보다 많게 될 것이므로 통일말라야 국민조직이 이를 꺼려 할 것이라는 계산 때문이었다. 중국인들 가운데 말라야연방 협정에 따라 자동적으로 시민권을 취득한 사람은 35만 명, 신청해 취득한 사람은 29만 명으로 총 64만 명이었다.

1948년 2월, 말라야연방 협정 발효와 더불어 말라야공산당MCP은 무장봉기를 결행하기로 결정했다. 전말라야통일행동회의AMCJA가 강력하게 주장했던 평등한 시민권과 통일 말라야 형성이 연방 협정에 따라 좌절되었다고 판단했기 때문이었다. 말라야공산당은 말라야인민항영군MPACA이라 부르는 게릴라 부대를 조직했다. 그 중심은 이전의 말라야인민항일군MPAJA 전사들이었다. 초기에는 지원자가 적었으나, 6월 들어서는 약 3천 명에 이르렀다. 그들은 정글에 들어가 전쟁 종료 뒤에 숨겨 두었던 무기를 꺼내 무장을 갖추고 고무 농원과 주석 광산을 습격했다. 인민항영군의 투쟁이 본격화하자, 영국 식민지 당국은 같은 해 6월 비상사태를 선포하고 탄압 조치를 취했다. 공산당원을 비롯해 많은 사람들이(1950년 6월까지 2만 명 이상) 체포되었고, 진보적인 노동조합과 단체들이 불법화되었으며, 집회·결사·거주·행동의 자유가 제한되고 기본 인권이 침해당했다. 이런 가운데서도 투쟁은

계속되어, 1949년 2월에는 군대의 명칭이 말라야민족해방군MRLA으로 바뀌
었다(池端雪浦 외 1977, 319~321).

범말라야노동조합연맹 결성과 '파업의 해' 투쟁

제2차 세계대전의 종료와 더불어 일본제국주의가 말라야에서 퇴각하고 영
국 제국주의가 복귀하는 과정에서 노동자계급은 조직 활동과 파업투쟁을
맹렬히 전개했다. 영국군사정부BMA는 1945년 말라야공산당의 노동조합 장
악을 막기 위해 영국의 전국철도노동조합NUR 활동가인 존 앨프리드 브레이
저를 노동조합 자문관으로 초빙했고, 1946년 노동조합 자문국을 설치해 노
동조합 등록제를 시행했다.

1947년에 등록된 노동조합은 267개였고, 그 가운데 말라야공산당MCP의
영향을 받고 있던 노동조합 82개가 범말라야노동조합연맹PMFTU을 결성했
다. 출범 당시 범말라야노동조합연맹의 조합원 수는 26만3,598명으로 말레
이시아 전체 노동자의 과반과 조직노동자의 85퍼센트를 차지했다. 범말라
야노동조합연맹은 창립대회 결의문에서 민주적 자치 요구를 내걸었으며,
사회보장제 도입, 노동 능력 상실에 따른 실업자에 대한 보조금 제공, 하청
고용 금지, 최저임금제 실시, 그리고 최장 연속 노동시간 규제 제도 도입을
요구했다(소련과학아카데미 2012, 153).

영국 제국주의는 말레이시아에서 급속히 성장하는 공산주의 세력을 용
인하지 않았다. 영국군사정부는 신속하게 행동을 개시해 1948년 6월 12일
PFMTU의 등록을 취소했고, 유럽인 플랜테이션 농장주 3명이 살해된 것을
빌미로 6월 16일 비상사태를 선포했다. 그리고 7월 23일 말라야공산당을
불법화했다. 100개가 넘는 노동조합의 등록이 취소되었으며, 합법적인 활

동 공간을 상실한 공산주의 성향의 노동운동 운동가들은 밀림으로 들어가 게릴라 활동에 참여했다. 1948년 6월 선포된 비상사태는 1960년 7월 31일이 되어서야 해제되었다.

영국 군정은 브레이저를 도와 반공산주의 노동조합 결성에 나섰다. 반공주의자였던 브레이저는 정당은 물론 정부와 사용자로부터 독립된 노동조합운동을 건설하는 데 관심을 보였다. 그러나 영국 군정은 말라야의 새로운 노동조합이 산업이 아닌 노동자의 직업trades에 따라 조직되어야 한다는 규제를 가했다. 의원 75명으로 구성된 입법협의회Legislative Council에서 노동조합 활동 경력을 가진 6인이 노동 그룹을 따로 꾸렸다(Zaidi 1975, 12~14).

1948년 범말라야노동조합연맹이 해산된 뒤 영국 군정은 1949년 2월 등록된 163개 노동조합 가운데 80개 노동조합 대의원 160명이 참가하는 말라야노동조합 대의원 대회를 열도록 했다. 이 대회는 국가 지원으로 반공주의 노동조합을 조직하는 것을 목표로 개최되었다.

전후 초기에 고무 생산 부문과 주석 채굴이 재개되면서 노동자 수도 빠르게 증가했다. 파업투쟁도 큰 규모로 전개되었다. 1946년 1월 말, 싱가포르와 말라야 서부 지역 노동자 17만 명이 파업을 벌였다. 파업 노동자들은 영국 당국이 체포한 공산주의자들을 조건 없이 석방하라는 말라야공산당의 요구도 지지했다. 1946년 4월 1일부터 말레이반도에서 약 2천 건의 파업이 일어나 71만3천 일의 노동손실일수가 기록되었다. 1947년에는 파업투쟁이 더욱 세차게 일어났으며, 1947년은 '파업의 해'로 기록되었다.

영국 식민 당국은 1947년 5월 시위가 격렬하게 전개되는 지역에 계엄령을 선포했으며, 같은 해 10월에는 파업 참가자를 해고할 수 있는 법령을 채택했다. 또 1948년 6월 1일에는 동일 직종 노동자들이 결성한 노동조합에 대해서만 연맹 가입을 인정하는 법안이 제정되었다(소련과학아카데미 2012, 154).

7. 남조선

미군의 점령과 군정 실시

1945년 8월 일본 제국주의가 제2차 세계대전에서 패망함으로써 조선은 식
민지 지배에서 벗어날 수 있었다. 그러나 조선의 해방은 조선민족 자체 역
량으로 이루진 것은 아니었고, 연합국 측의 힘이 결정적으로 작용한 결과였
다는 점에서 불완전한 것이었다. 더욱이 일제가 물러난 뒤 미국과 소련이
분할 점령하는 상황이 전개되었다.

미군은 1945년 9월 8일 남조선 점령을 위해 인천에 상륙했다. 9월 9일
미국 태평양 방면 육군총사령부 맥아더 사령관은 포고 제1호를 발표해 "북
위 38도선 이남의 조선과 조선 주민에 대해 군정"을 편다는 것과 점령에 관
한 조건을 밝혔다. 제1조는 "북위 38도 이남의 조선 영토와 조선 인민에 대
한 통치의 모든 권한은 당분간 본관의 권한하에 시행된다"고 규정했다. 제3
조는 "점령군에 대한 모든 반항 행위 또는 공공안녕을 교란하는 행위를 감
행하는 자에 대해서는 용서 없이 엄벌에 처할 것이다"라고 밝혔다. 제5조에
서는 "군정 기간에 있어서는 영어를 모든 목적에서 사용하는 공용어로 한
다"고 했다(일월서각 편집부 1983, 427).

남조선을 점령해 군정을 선포한 미국의 기본 과제는 무엇이었을까? 커
밍스는 다음과 같이 설명한다. "지나친 변혁의 물결을 저지할 성채bulwark를
쌓는 것, 이것이 1945년 가을 한국에서 주어진 미국의 과제였다. 그러나 무
엇을 막기 위한 어떠한 성채? 그것은 미국의 입장에서 볼 때 공산주의에
대한 민주적이고 충실한 우방의 성채였다"(일월서각 편집부 1983, 129).

이와 같은 성채를 쌓기 위한 정치적 목표는 ① 한반도에 대한 소련의 영
향력을 억제하고, ② 미국식 대의민주주의 제도를 가진 친미적 정부를 수립

해, ③ 개방된 시장경제 체제를 확립하고자 하는 것이었다(김광식 1985, 181).

미군정이 설정한 목표를 실현하기 위한 기본 정책은 ① 보수 우익 정치 집단과의 제휴(포섭) 강화, ② 독자적인 군대 창설, ③ 강력한 경찰력 확립, ④ 진보 좌익에 대한 공세적 탄압과 그 밖의 경제정책이었다(일월서각 편집부 1983, 152).

보수 우익 정치 세력과 제휴를 강화하고 앞으로 구성될 정부 구상과 관련해 미군정이 선택한 남조선의 정치 세력은 한국민주당(한민당)과 이승만의 연합 세력이었다. 한민당은 1945년 9월 16일 고려민주당·조선민족당·한국국민당이 합당해 창설된 보수정당으로서 초기에는 대한민국 임시정부 법통을 옹호했으나 이승만을 지지해 대통령으로 추대하는 데 기여했다. 송진우, 김성수, 장덕수, 조병옥 등이 중심이 된 한민당은 지주·자본가 등 부르주아지, 일제 시기 고급 관료 및 경찰 등 친일 분자, 언론계 출신과 해외 유학파 등으로 이루어져 있었다.

미군정은 군정 장관의 고문관을 비롯해 군정청 부서에 한민당 인사들을 대폭 충원했으며, 대법원장과 대법관, 지방법원장, 경무부장, 수도청장 등 주요 직책에 한민당 당원을 임명했다.

한편 한민당이 당원들의 친일 행적 때문에 국민들로부터 비판을 받고 있던 터에, 미군정은 '민족주의적 정통성'을 지닌 우익 인사로서 이승만을 제휴 대상으로 지목했다. 1945년 10월 16일에 이승만의 귀국이 이루어졌고, 이승만은 10월 23일 독립촉성중앙협의회를 만들었다. 한민당은 독립촉성중앙협의회의 주축이 되었으며, 이승만에게 충분한 정치자금을 대고 조직 활동을 뒷받침했다. 이들은 특히 미군정 내의 집행기관을 통해 이승만 지지 활동을 전개했다. 한민당과 이승만의 밀월 관계는 제헌국회 성립 때까지 계속되었고,[15] 이 연합이 단독정부 수립을 이끈 국가 형성 세력의 핵심을 이루게 되었다(김광식 1985, 135).

이와 같이 미군정은 한민당과 이승만을 중심으로 한 정치 세력과 남조선 정치를 주도하는 가운데, 민족주의 세력과 진보·좌익 세력은 배제했다. 구체적으로는 조선인민공화국, 김구와 한국독립당, 김규식과 민족자주연맹, 여운형과 조선인민당, 조선공산당과 남조선로동당, 조선노동조합전국평의회(전평)와 전국농민조합총동맹 등이었다.

다음으로 미군정의 주요 정책의 하나였던 '독자적인 군대 창설' 과정을 살펴본다. 미군정은 남조선 점령 6주 후부터 38선을 지키고 '내부의 소요를 진압하기 위한' 군대 창설을 계획했다(일월서각 편집부 1983, 157). 미군정 당국은 1945년 11월 13일 군정법령 제285호를 발표하고, 이에 따라 국방사령부를 설치했으며 사령부 내에 군사국을 두고 그 아래에 육군과 해군의 두 개 부를 두었다. 또 10월 21일 발족한 경무국을 통합해 국방사령부 감독 아래 두기로 결정했다. 1945년 12월 초, 군정 당국은 핵심 장교 60명을 선발해 군사영어학교에 입학시켰다. 그 가운데 40명은 일본군 출신이었고, 20여 명은 광복군 출신이었다.

1946년 1월 15일, 미군정은 모든 사설 군사 단체를 해산하고 이와 동시에 남조선국방경비대를 설치했다. 1946년 5월 1일에는 군사영어학교를 폐쇄하고, 장교 충원을 위해 남조선국방경비사관학교를 설립했다. 1946년 6월 국방경비대는 통위부로, 군사국은 조선경비대로 이름이 바뀌었다.

군대 창설 계획이 실시된 지 1년이 채 못 된 1946년 11월 조선경비대 병

15_제헌국회 때부터 이승만은 대통령중심제 정부 형태를, 한민당은 의원내각제 중심의 정부 형태를 주장함으로써 그들 사이의 이해 대립이 날카로워졌다.

력은 6천 명을 넘어섰고, 1947년 12월에는 7천 명의 전투 병력과 부수 인원을 합쳐 각각 1만 명 규모의 완전한 장비를 갖춘 3개의 여단을 보유하게 되었다. 정부 수립 직전인 1948년 여름에는 소규모의 해안경비대를 포함해 총병력이 5만 명을 넘어섰다. 이렇게 진행된 남조선 군부의 형성 과정은 소련에 대항하고 남조선에서 좌익 세력을 억제할 수 있는 실질적인 힘을 확보하고자 한 미군정의 의도를 잘 반영했다(김광식 1985, 162).

국립경찰의 창설도 미군정의 목표와 통치 방식에 맞게 추진되었다. 미군정 실시 이후 얼마 동안 일본인 경찰들이 경찰 직무를 수행했고, 1945년 9월 14일 기준으로 니시히로西廣 경무국장까지 직위를 유지하고 있었다. 그러나 다수의 조선인들을 경찰관으로 채용함으로써 10월 말 이후에는 특별한 경우를 제외하고는 전체 경찰관이 조선인으로 운용되었다. 미군정은 기존 경찰 조직을 대부분 활용해 경찰을 재건했는데, 1946년 10월 무렵에는 2만5,600명가량의 경찰 병력을 유지하게 되었고, 1947년 말에는 2만8,852명의 경찰을 운용했다.

경찰 간부의 구성을 보면, 1946년 11월 당시 경위급 이상이 1,157명이었고, 그 가운데 949명이 일제 시기에 경찰 경력을 가진 것으로 나타났다. 일제 시기 경찰에 몸담았던 조선인 8천 명 가운데 5천 명 정도가 미군정 경찰 조직에 참여하게 되었고, 이들은 또 경찰 간부직의 80퍼센트를 차지했다.

경찰 조직은 중앙은 1945년 10월 21일 설치된 경무국이, 지방은 각 도지사 예하의 경찰국장이 통제했으나, 1945년 12월 군정 장관 명령에 따라 미군정은 각 도의 경찰부를 독립시켰고 중앙집권적으로 경찰 조직을 정비했다. 미군정은 봉기와 비상사태에 대처할 수 있도록 경찰 조직을 정비·강화한 것이었다(김광식 1985, 166~167).

미군정이 실시한 기본 정책 가운데 중심은 진보·좌익 세력에 대한 공세적 탄압이었던 것으로 보인다. 미군정이 행한 일련의 정책들은 좌익의 기반을 분쇄하고 우익의 기반을 강화하려는 목표를 가지고 있었다. 이런 목표를 실현하기 위해 미군정은 경찰과 군대를 활용했다. 이 정책의 가장 큰 표적은 조선인민공화국과 조선노동조합전국평의회였고, 모든 좌익 단체가 공격의 대상이었다(일월서각 편집부 1983, 162).

미군정의 공격 대상이 되었던 정치 세력과 사회단체에 대해 살펴본다. 1945년 8월 15일 일본 천황의 항복 선언 직후 여운형을 중심으로 설립된 건국준비위원회는 전국에 걸쳐 인민위원회를 조직했고, 9월 6일 열린 전국인민대표자회의에서 조선인민공화국을 구성했다. 중앙인민위원 명단에는 이승만·김구·김규식 등 잘 알려진 우익 민족주의자들도 포함되어 있었지만 모두 본인의 동의를 얻은 것은 아니었으며, 9월 8일 발족한 한민당 발기인들은 조선인민공화국에 반대하는 성명을 발표했다. 10월 10일에는 미군정 장관 A. V. 아놀드는 남조선에는 미군정뿐 다른 정부는 존재하지 않는다고 경고했다. 같은 해 12월 12일, 조선인민공화국은 불법화되어 미군정의 공격을 받았다.

조선인민공화국과 더불어 조선노동조합전국평의회(전평)가 탄압의 주요 표적이 되었는데, 전평에 관해서는 뒤에서 자세히 살펴본다. 전평은 1945년 11월 5일과 6일에 걸쳐 결성되었으며, 전평은 행동 강령에서 '조선인민공화국을 지지하자'고 선언했다. 전평은 1946년 9월 총파업, 1947년 3월 총파업, 1948년 2·7 총파업을 단행했다. 전평은 미군정 시기 가장 강력한 대중조직으로서 미군정과 정면 대결하면서 노동자계급의 경제·사회적 지위 향상뿐만 아니라 정치적 요구 실현을 위한 투쟁을 전개해 미군정의 혹심한 탄압 대상이 되었다.

이 밖에도 조선공산당과 그 후신인 남조선로동당, 민주주의민족전선, 전국농민조합총동맹, 진보적인 청년·학생·여성·학술 단체 등이 미군정과 우익의 공격을 받았다.

이와 같은 기본 정책 외에도 미군정은 몇 가지 경제정책을 시행했다. 먼저 토지 정책이다. 1947년 9월, 미군정과 입법의원 사이에 '유상 매상 유상 분배'를 기초로 한 토지 정책이 논의되다가 입법의원들이 심의를 회피하자, 미군정은 1948년 3월 23일 군정법령 제173호로 중앙토지행정처 설치령을 공포하고 군정법령 제2호 '적산에 관한 건'에 따라 접수해 군정법령 제52호에 따라 설립된 신한공사 관리의 귀속농지를 분배했다.

다음으로 귀속재산에 관한 정책이다. 1945년 12월 12일, 군정법령 제33호 '재在조선 일본인 재산의 귀속에 관한 건'을 통해 미군정은 모든 종류의 일본인 재산을 접수·관리하게 되었다. 귀속재산은 1947년부터 미국인 고문관의 재량으로 불하되었다. 그것은 연고주의에 바탕을 두었기 때문에 미군정에 쉽게 접근할 수 있는 개인에게 불하되었으며, 시가보다 낮은 가격에 장기연부상환 조건으로 실시되었다.

그리고 미군정은 미곡 정책과 잉여농산물 도입 정책을 실시했다. 미군정은 초기에 쌀의 자유 판매를 허용했고, 1946년 2월 미곡수집령을 공포했으며, 1946년 5월에는 미국의 잉여농산물을 도입했다. 이와 함께 미군정은 원조경제 정책을 시행했는데, 가리오아Government Aid and Relief in Occupied Areas, GARIOA, 즉 점령 지역 구제기금 원조가 그것이다. 주요 도입 물자는 식료품, 농업용품, 피복, 기존시설 유지용품, 그리고 의료품 등 대부분 소비품이었다(김광식 1985, 171~180).

미군정의 정책에 대한 조선 인민의 반대와 저항은 여러 가지 형태로 나타났다. 노동자의 파업투쟁과 농민의 저항, 청년·학생들의 자주독립 요구

운동 등이 그러했다. 특히 대한민국 정부 수립을 전후해 1948년 제주도 4·3항쟁, 같은 해 10월 19일부터 전개된 여수·순천항쟁 등 인민 봉기와 항쟁이 잇따라 일어났다. 그리고 미군정의 통제와 탄압의 대상이 된 정치 세력들의 미군정 반대 운동이 제기되었다.

이런 상황에서 남북 분단국가 성립의 징후가 강해졌다. 미국·영국·소련 외상이 참석한 1945년 12월 28일 '모스크바 3상 회의' 결정 사항인 신탁통치와 임시정부 수립 문제를 토의하기 위해 1946년 3월 20일에 열린 제1차 미소공동위원회와 1947년 5월 21일에 열린 제2차 미소공동위원회가 결실을 맺지 못한 채 결렬되었다. 이에 따라 남조선과 북조선은 독자적인 정부 수립을 준비했다. 그리하여 남조선에서는 1948년 8월 15일 '대한민국' 정부가 수립되었고, 북조선에서는 1948년 9월 9일 '조선민주주의인민공화국'이 수립되었다.

미군정의 노동정책

미군정 시기 남조선 경제는 식민지 경제구조를 청산하지 못한 채 재편성되었고, 종속적인 식민지 경제구조가 새로운 형태로 확대 재생산되었다(박현채 1988, 87). 통치 주체는 일본 제국주의 권력에서 미군정으로 바뀌었으며, 반봉건적 지주제는 그대로 온존했고 일본인의 귀속재산은 정치권력과 자본의 결합에 따른 매판적인 관료 자본의 형성으로 귀결되었다. 이에 따라 자주적 민족통일국가 수립은 좌절되었고 분단이 고착되었으며, 인민의 민주적 요구는 결코 실현되지 못했다.

먼저 미군정 시기 노동 상황부터 살펴본다. 당시의 노동 관련 통계는 대단히 불완전하고 부정확해, 조선은행 조사부의 『조선경제연보』 말고는 유용한 자료를 찾기 어렵다. 1946년 당시 남조선 인구는 1,936만9,270명이었고 1949년 인구는 약 80만 명 증가한 2,016만6,756명이었다. 1946년 11월 당시 전매 사업장과 관영 사업장을 제외한 사업장 총수는 5,249개소로, 1944년 6월의 9,323개소에 비해 43.7퍼센트 감소되었다. 이들 사업장에 종사한 노동자 총수는 1946년 11월에는 12만2,159명으로, 1944년 6월의 30만520명에 비하면 59.3퍼센트 감소했다. 1947년 3월에는 노동자 5인 이상 사업장 총수가 4,500개소였는데, 1943년의 1만65개소에 비해 55.3퍼센트 감소한 것이다. 5인 이상 사업장에 종사하는 노동자 총수는 13만3,939명으로, 1943년의 25만5,393명에 비해 47.5퍼센트 감소했다. 그리고 1946년 11월 당시 남조선의 실업자·무직자 총수는 110만1,723명이었는데, 그 가운데 전쟁재해에 의한 것이 57.8퍼센트였다. 그 밖의 원인에 의한 실업자 수는 46만4천 명에 이르렀다(조선은행 조사부 1948, Ⅰ-3; Ⅰ-201~203).

다음으로 미군정의 노동정책을 살펴본다. 미군정은 가장 먼저 일제 통치 시기 노동자 착취와 억압을 목적으로 제정되었던 악법들을 1945년 10월 9일 공포된 법령 제11호로 폐기했다. 그다음으로 재조선미국육군사령부군정청은 경제 법령으로 법령 제14호 일반노동임금에 관한 법령(1945년 10월 10일), 법령 제19호[16](1945년 10월 30일), 법령 제34호 노동조정위원회법 (1945년 12월 8일), 법령 제97호 노동문제에 관한 공공정책 및 노동부 설치에 관한 법령(1946년 7월 23일), 법령 제112호 아동노동법규(1946년 9월 18일), 법령 제121호 최고노동시간에 관한 법령(1946년 11월 7일)을 공포·시행했다.

16_법령 제19호는 정식 명칭 없이 편의에 따라 '국가적 비상시의 선언 등'이라든가, '노무의 보호에 관한 법령'이라든가 또는 '폭리에 대한 취체 법규'로 불렸다.

법령 제19호의 시행에 따라 노동자의 단체행동권이 봉쇄되었다. 법령 제19조 제2호(노무의 보호)는 "개인이나 개인집단으로서 직업을 순수順粹하고 방해 없이 근무하는 권리는 이를 존중하고 보호할 것이다. 이런 권리를 방해하는 것은 불법이다. 공업생산의 중지 또는 감축을 방지함은 조선군정청에서 민중 생활상 필요불가결한 일이라 했다. 이 목적을 위해 약속과 조건에 대해 발생하는 쟁의는 군정청에 설치된 조정위원회에서 해결할 것이니 그 결정은 최후적이고 구속적이다. 사건이 조정위원회에 제출되어 해결될 때까지 생산을 계속해야 할 것이다"라고 규정하고 있다(조선은행 조사부 1948, II-44).

법령 제34호에 따라 1945년 12월 28일 군정노동조정위원회가 설치되어 노동쟁의를 조정하게 되었다. 법령 제97호에 따라 상무부 노동국을 노동부로 승격시켰다. 법령 제121호에 따라 기준 노동일을 1주당 48시간으로 하고 최고 노동시간은 60시간을 초과할 수 없도록 규정했다. 미군정이 공포한 이와 같은 법령이나 노동정책은 법령 19호를 제외하고는 공포만 되었거나 실질적인 제도로서 실시되지 못한 채 대한민국 정부의 입법 및 정책 과제로 넘겨지게 되었다(한국노동조합총연맹 1979, 257; 261). 다시 말해, 미군정의 노동정책은 노동운동에 대한 통제 외에는 유효한 성과를 거두지 못했다.

노동조합의 결성과 전국 중앙 조직 건설

이와 같은 상황에서 노동자들은 대량 실업, 실질임금의 저하, 생활필수품의 결핍, 극심한 인플레이션, 열악한 노동·생활 조건, 노동기본권의 부당한 침해 등으로 큰 고통을 겪었다. 노동자계급은 자신들의 사회·경제적 지위 향상과 권리 보장을 위해서뿐만 아니라 제도·정치적 요구를 실현하기 위해 경제투쟁과 함께 정치투쟁을 전개했다.

　노동자계급은 일제 패망 바로 뒤부터 1930년대 이후 금지되었던 노동조합 결성에 착수했다. 전국의 사업장과 지역에서 만들어진 노동조합들은 산업별 노동조합을 결성하거나 전국 중앙 조직을 세웠다. 1945년 11월 5~6일에 결성된 조선노동조합전국평의회(전평)와 1946년 3월 10일 조직된 대한독립촉성노동총연맹(대한노총)이 그것이다. 두 전국 중앙 조직을 중심으로 미군정 시기 노동운동의 전개 과정을 살펴본다.

　1945년 11월 5일과 6일 서울 중앙극장에서, 주요 산업지대에 조직된 215개 산업별 지부, 사업장에 조직된 1,194개 분회, 전국 산업별 노동조합 16개에 소속된 조합원 21만7,073명[17]을 대표하는 505명의 대의원이 참석해 전평을 결성했다. 대회에서는 허성택이 위원장으로, 박세영과 지한종이 부위원장으로, 한철이 서기국장으로 선출되었다.

　결성 대회에서 채택된 실천 요강은 다음과 같다. ① 조선의 완전독립, 즉 친일파·민족반역자를 제외한 진보적 민주주의에 입각하는 민족통일전선 정권의 수립에 적극 참가한다. ② 민족자본의 양심적인 부분과 협력해 산업 건설을 함으로써 공황과 악성 인플레이션을 극복한다. ③ 이와 같은 운동을 통해 노동자의 이익을 옹호하고 노동자 대중을 교육·훈련해 자체 조직을 확대·강화한다(한국노동조합총연맹 1979, 269~270).

　대회는 '행동 강령'을 결정했는데, 그 주요 내용은 다음과 같다. 최저임 금제 확립, 8시간 노동제 실시, 동일노동 동일임금 지불, 7일 1휴제와 연 1 개월간의 유급휴가제 실시, 산전 산후 2개월 동안 유급휴가제 실시, 유해·

17_준비위원장의 경과 보고에서 연락 부족과 아직 정리되지 못한 부분이 있기 때문에 조직된 숫자를 정확히 알 수 없으나 조합원 수는 50만 명가량이라고 보면 된다고 밝혔다(안태정 2005, 94).

위험 작업 7시간제 확립, 14세 미만 유아 노동 금지, 노동자를 위한 편의시설과 여성노동자를 위한 공장 설비 설치, 단체협약권 확립, 해고·실업 반대, 일제와 민족반역자 그리고 친일파 기업의 공장위원회 보관과 노동자 관리권 참여, 사회보험제 실시, 청부제 반대, 언론·출판·집회·결사·파업·시위 자유, 농민운동 지지, 조선인민공화국 지지, 조선의 자주독립, 세계노동자계급 단결이 그것이었다.

전평은 산업별 조직 형태를 조직 원칙으로 설정했으며, '북조선 총국'의 설치를 창립대회에서 결정했다. 또 전평은 경제투쟁과 정치투쟁의 결합을 추구했고 노동자 공장관리운동과 민중생활 확보를 위한 산업건설 협력 방침을 지지했다. 그리고 은 민주주의민족전선을 비롯한 민족통일전선 활동에 참가했고, 모스크바 3상 회의 결정과 미소공동위원회 개최를 지지했다. 노동조합운동의 국제연대를 위해 전평은 1945년 10월에 창립된 세계노동조합연맹WFTU에 가맹했다(안태정 2005, 260~274).

전평은 1946년 9월 총파업, 1947년 3월 총파업, 1948년 2·7파업과 5·8 파업을 감행했다. 그러나 1947년 들어서는 미군정과 우익 정당 및 사회단체의 탄압으로 사실상 합법 활동을 할 수 없게 되었으며, 전평 조직은 1947년 9월 당시 노동조합 13개 소속 노동조합원 2,465명으로 대폭 축소되었다(조선은행 조사부 1948, III-156). 그러나 1948년에도 전평 주도의 대규모 파업이 전개된 것을 보면, 실제 조직은 통계상의 수치보다는 훨씬 많았을 것으로 판단된다.

대한노총은 1945년 11월 21일 조직된 '대한독립촉성전국청년동맹'을 모체로 하여 결성되었다. 한국노총은 대한노총의 성립 과정을 다음과 같이 설명하고 있다. "대한노총은 전평처럼 이미 조직된 전국적 산별 단일노조를 기반으로 하여 구성된 것은 아니었고, 지방 노동조합 기반은 없는 상태에서 우익 민족진영의 청년단체와 정당 관계 인사들에 의해 상층 지도부만 먼저 조직된 것이었다. 대한노총이 참다운 의미에서 전국적인 노동조합을 총괄하는 조직으로 되는 과정은 이미 산별 조직에 뿌리를 박고 있었던 전평 산하 노조를 분쇄·축출하는 반공투쟁 과정과 일치하는 것이다"(한국노동조합총연맹 1979, 278).

대한노총은 1946년 3월 10일 서울 시천교당에서 사업장 15개소 소속 대표 48명이 참가해 결성되었다. 대한노총이 이날 채택한 강령 내용은 다음과 같다. ① 우리는 민주주의와 신민족주의의 원칙으로 건국을 기함. ② 우리는 완전 독립을 기하고자 자유노동과 총력 발휘로서 건국에 헌신함. ③ 우리는 심신을 연마해 진실한 노동자로서 국제 수준의 질적 향상을 도모함. ④ 우리는 혈한불석血汗不惜으로 노자 간 친선을 기함. ⑤ 우리는 노동전선의 통일을 기함.

대회는 고문으로 이승만·김구·김규식·안재홍·조소앙을 추대하고, 위원장에 홍윤옥을, 부위원장에 이일청·김구金龜를 선출했다.

대한노총은 전평 분쇄를 목적으로 적극적인 공세를 취하는 한편, 미군정과 우익 세력의 지원을 받아 조직을 빠르게 확대했다. 1946년 5월 대한노총 운수부 경성공장 지부 연맹 결성을 시작으로 경성전기회사 노조 설립, 광산 부문 조직 확대, 부두노조 장악, 군소 노동단체 결성 등을 통해 조직 확대가 이루어졌다. 그리하여 대한노총 조직은 1948년 당시 노동조합 378개소에 소속된 조합원 4만5,921명을 포괄했다(조선은행 조사부 1949, Ⅳ-183).

대한노총의 결성과 활동을 두고 재조선미국육군사령관 노동고문 미첨은 "한국 노동 상황 보고서"에서 다음과 같이 서술했다.

대한노총은 그 출발에서부터 산업노동자들의 이익을 보호·개선하기 위해 그 결성이 의도된 것은 결코 아니었다. 이 조직은 조선인 대지주와 일제시기에 가까스로 자신의 안녕과 재산을 보존할 수 있었던 자들이 후원하는 정당의 한 부속물이었다. …… 진정한 노동조합의 결성을 지원하기보다는 오히려 그것을 방해하는 데 주된 관심을 두고 있던 공장 경영자, 사업가 그룹, 그 밖의 사람들이 자금을 제공했다. 그래서 대한노총은 노동자들에 대해 큰 호소력을 갖지 못했다. 대한노총이 표방한 슬로건이나 목적은 결국 가능한 한 열심히 노동을 하면서도 문제를 일으키지 말라는 호소에 지나지 않았다(Meacham 1947, 22).

위에서 전평과 대한노총의 결성 과정과 조직 상황을 살펴보았는데, 여기서는 미군정 시기 노동쟁의를 통해 노동자투쟁의 실상과 특징을 살펴본다. 미군정 노동부가 조사한 통계가 완전하고 충실하다고 볼 수는 없겠으나, 미군정 시기 노동쟁의의 대체적인 동향은 파악할 수 있을 것이다. 1945년 12월부터 1948년 12월까지(1946년의 11월과 12월의 수치는 집계되지 않았다)의 노동쟁의 건수는 총 342건이며, 참가 인원은 11만4,292명이었다. 노동쟁의 원인으로는 임금 인상이 가장 많았고 다음이 해고 반대, 감독자 배척 순이었다. 노동쟁의에 따른 총 노동손실일수는 28만2,294일이었다. 그리고 노동쟁의 해결 방법으로는 노동조정위원회의 조정보다는 행정 조정이 더 많았다.

미군정 시기에 발생한 노동쟁의로는 1946년의 9월 총파업과 1947년의 3월 총파업, 1948년의 2·7 파업과 5·8 파업이 대표적이고, 그 밖에도 화신백화점 파업, 경전京電 전차승무원 파업, 동양방직 파업을 들 수 있다.

9월 총파업과 인민항쟁

먼저 9월 총파업의 경과와 성격부터 살펴본다. 9월 총파업은 1946년 9월 13일 군정청 운수부 철도국 경성공장 투쟁을 시발로 하여 발생했다. 이날 경성공장 노동자 3천여 명이 노동자대회를 열고 여섯 가지 요구 조건을 미군정 당국에 제시하며 태업에 들어갔다. 노동자들이 제시한 요구 조건은 ① 일급제 반대(전체 월급제 실시), ② 기본급료 인상, ③ 가족수당 한 사람당 600원 지급, ④ 현 물가수당 1,120원을 2천 원으로 증액, ⑤ 식량 배급(본인에게 4홉, 가족에게 3홉), ⑥ 운수부 직원에 대한 동일한 대우 등이었다(한국노동조합총연맹 1979, 318~319).

그해 7월 초순 이후 여러 곳에서 '쌀 획득 투쟁'이 활발하게 전개되고 있던 터에 철도국 경성공장에서도 전평 분회 대표를 중심으로 7월과 8월에 쌀 배급과 임금 인상을 요구하는 투쟁이 시작된 상황에서 철도국이 월급제를 일급제로 바꾸고 종업원을 감축한다는 조치[18]를 발표하자 파업투쟁이 시작되었다.

9월 14일에는 철도국 경성공장을 비롯한 각 직장의 노동자 대표와 운수부 부장, 과장들이 만나 협의를 할 예정이었으나 15일로 연기되었고, 15일의 협의에서도 노동자들의 요구는 관철되지 않았다. 이에 9월 16일 경성 철도공장 노동자들이 다시 요구 조건을 제출하고 9월 21일까지 답을 달라고 요청했다. 한편, 철도국 산하 부산지구와 전남지구에서도 경성공장 노동자들이 제시한 내용과 같은 요구 조건을 제기했으나 모두 관철하지 못했다.

18_ 당시 '적자 타개와 노동자 관리의 합리화'라는 명목으로 철도·운수 부문 종업원이 25퍼센트 해고되었고, 철도 종업원에 대한 해고 안은 이미 1946년 3월에 입안되어 서서히 착수되고 있었다(中尾美知子 외 1984, 109).

표 20-7 | 미군정 시기 노동쟁의 발생 추이

연도	건수	노동자 수	참가 인원	원인(요구 조건)							
				임금인상	공장폐쇄반대	해고반대	노동시간단축	감독자배척	노조승인	휴일임금지불	기타
1945		308	308	1	-	-	-	-	-	-	-
1946	170	-	57,434	107	1	28	1	16	4	4	9
1947	134	53,402	35,161	16	-	35	1	4	1	2	75
1948	37	22,632	21,389	5	-	14	-	2	2	7	5

파업			해결 방법					결과			
건수	인원수	노동손실일수	조정	행정조정	기타			요구 관철		불관철	
					불명	자연소멸	미결	건수	%	건	%
1	308	9,240	-	-	-	-	-	1	90	-	-
80	36,092	234,895	10	40	19	84	17	37	72	30	100
77	24,422	36,506	15	49	-	70	-	42	86	20	100
3	54	1,653	6	27	-	17	-	31	96	6	100

자료: 조선은행 조사부 1948년 『조선경제연보』 III-158과 1949년의 『경제연감』 IV-184.
주: 1945년도는 12월에 한정된 것이고, 1946년도의 경우 11월과 12월분은 집계되지 않았음.

경성 철도공장 노동자들과 기관구원들은 9월 22일이 지나도록 군정청으로부터 아무런 회답을 받지 못했고, 구체적인 대책을 강구하지 못한 가운데 9월 23일 부산 철도공장 노동자들이 파업을 일으켰다. 그다음 날인 9월 24일 아침, 이에 호응해 남조선 철도 모든 공장에서 노동자 4만여 명이 파업에 참가했다. 철도노동자들은 '남조선철도종업원대우개선투쟁위원회'를 만들었으며, 전평은 총파업을 철도산업 부문에만 한정하지 않고 남조선 전체 산업 부문으로 확대·발전시키기 위해 '남조선총파업투쟁위원회'를 조직했다.

남조선총파업투쟁위원회는 9월 26일 '총파업 선언서'를 발표했다. 선언서는 "3천만 동포여 궐기하자. 생존을 위해 싸울 때가 왔다. 곡창 남조선에 쌀이 없어지고 물가는 천정부지로 폭등해 천수백만의 인민대중이 아사餓死에 직면하고 있다"로 시작해 다음과 같은 구체적인 요구 조건을 제시하고 있다.

1. 쌀을 달라. 노동자와 사무원, 모든 시민에게 3홉 이상 배급하라.

1. 물가등귀에 따라서 임금을 인상하라.

1. 전재민과 실업자에게 일과 집과 쌀을 달라.

1. 공장 폐쇄, 해고 절대 반대.

1. 노동운동의 절대 자유.

1. 일체 반동 테러 배격.

1. 북조선과 같은 민주주의적 노동법령을 즉시 실시하라.

1. 민주주의 운동 지도자에 대한 지명수배와 체포령을 즉시 철회하라.

1. 검거·투옥 중인 민주주의 운동자를 즉시 석방하라.

1. 언론·출판·집회·결사·시위·파업의 자유를 보장하라.

1. 학원의 자유를 무시하는 국립대학교 안을 즉시 철회하라.

1. 해방일보, 인민보, 현대일보, 기타 정간 중인 신문을 즉시 복간시키고 그 사원을 석방하라(안태정 2005, 380~382).

한편 철도노동자의 파업투쟁에 대해 대한노총은 "남조선 철도를 중심한 파업은 민중의 기근을 이용해 일부가 책동해서 일으킨 사건이다"라고 하면서 "우리 노동자는 침착하게 직장을 사수하며 합법적 수단으로 생활 문제를 해결해 건설로 매진하자"는 요지의 담화를 발표했다(한국노동조합총연맹 1979, 322).

전평이 철도파업을 전체 산업 부문에 걸친 전국 총파업으로 확대·발전시키려는 움직임을 보이자, 미 군정청 장관 아처 러치는 9월 29일 라디오 방송을 통해 노동자들의 직장 복귀를 권고했다. 그다음 날인 30일 새벽, 미 군정청은 수도경찰청 소속 경찰 3천 명을 동원해 대한노총과 반공 청년단체의 지원을 받는 가운데 철도국 경성공장, 기관구, 통신구 등에서 농성 중이던 파업노동자 1,200명과 간부 16명을 검거했다. 이 과정에서 두 사람이 목숨을 잃었다. 결국 투쟁위원회 총본부는 해체되었고, 서울에서 전개된 투쟁은 더 이상 지속되지 못했다(한국노동조합총연맹 1979, 323).

철도 파업은 멈추었지만 동정파업 형태로 확대된 투쟁은 더욱 열기를 더해 갔다. 9월 28일부터 10월 초까지 서울중앙전신전화국·우편국·부산전화건설국·경성전기주식회사를 비롯해 남조선 일대의 운수, 통신, 그 밖의 산업 기관들이 마비 상태에 들어갔다. 10월 2일, 인천의 조선식량공장에서 전평 소속 노동자 300명이 조선기계제작소 및 조선제강 노동자의 협력을 얻어 대한노총 소속 노동자 600명과 충돌했다. 인천경찰서, 국방경비대, 미군 헌병 300명이 출동해 노동자 400명을 검거했다. 10월 3일에는 실업 선원의 생활 보장을 요구하며 태업을 벌이고 있던 해원동맹 산하 노동자 1만 명도 파업에 가담했다(中尾美知子 외 1984, 111).

9월 총파업은 조직노동자의 전국 총파업에 그치지 않고 인민항쟁으로 이어져 확산되었다. 10월 항쟁의 주 무대는 대구 지역이었다. 9월 25일 이후 철도 총파업에 합세한 대구의 파업 공장은 40여 개였는데, 이 파업노동자들은 10월 1일 집회를 연 뒤 학생 및 일반 시민 약 1만 여 명과 함께 시위를 벌였다. 시위 도중 경찰의 발포로 노동자 두 사람이 사살되는 사태가 발생했다.[19]

경찰의 만행에 분노한 대구 시민 1만5천여 명은 밤샘 항의 시위 끝에 다음 날인 10월 2일 오전 10시쯤 대구경찰서 앞 광장에 집결해 항의집회를 열었다. 집회 도중 연설을 하던 청년이 경찰의 총에 맞아 쓰러졌다. 이 광경을

19_당시 전평 간부였던 이일재의 증언에 따르면, 사살당한 사람은 대팔연탄공장 조합원 황말용과 철도노조 조합원 김종태였다고 한다(이일재 2009, 70~71).

목격한 군중들은 대구경찰서를 비롯한 인근 지서를 습격하고 무기를 탈취해 무장한 뒤 100~200씩 대오를 지어 대구 시내를 장악했다. 드디어 인민항쟁이 시작된 것이다(박세길 1988, 76).

인민항쟁[20]에 대처하기 위해 미군정 당국은 계엄령을 선포하고 탱크와 기관총으로 무장한 미군을 동원해 대대적인 진압에 나섰다. 그러나 봉기는 대구와 인접해 있는 지역으로 무섭게 번져 나갔다. 서울에서도 10월 3일 시민 1만 명이 미 군정청 청사 앞에서 집회를 열고 '쌀을 달라', '식민지 교육 반대', '테러 배격', '수감 중인 애국자 석방' 등의 요구를 내걸고 시위를 벌였다. 인민항쟁은 10월 초순부터 11월 초순까지 경상도 지역뿐만 아니라 서울, 충남도, 충북도, 경기도, 황해도, 강원도, 전남도 등 전국에 걸쳐 확산되었으며, 전북도의 경우 12월 중순에 인민항쟁이 일어났다. 전국에 걸친 인민항쟁 참가자는 대략 200만 명으로 추산되었다.

인민항쟁의 조직자들은 각 지방인민위원회와 그 산하 단체들(노동조합, 농민조합, 청년단체, 여성단체 등)이었다. 인민항쟁 참여자들의 요구는 친일파 반대, 미군정 반대, 인민위원회 주도의 치안 행정, 식량 및 생활난 해결, 민주주의 실현 등이었다(안태정 2014, 31~34).

20_사건 발생 64년 만인 2010년, 진실화해위원회는 이 사건을 '대구 10월 사건'이라고 이름을 지었다. 진실화해위는 "사건을 진압하러 출동한 경상북도와 대구 지역의 경찰에 의해 60명의 민간인(대구·경북 포함)이 적법 절차 없이 희생된 사실을 확인했다"는 내용의 잠정적인 진실규명 조사 결과를 유족들에게 통보했다. 2013년 1월, 대한민국에서 이 사건에 대한 재판부의 의미 있는 결정이 나왔다. 대한민국 재판부(부산지법)는 '대구 10월 사건'의 희생자들에게 국가가 배상해야 한다는 판결을 내렸다. 재판부는 "경찰이 정당한 이유와 적법한 절차 없이 국민의 기본권인 신체의 자유, 생명권, 재판을 받을 권리를 침해한 만큼 손해를 배상할 의무가 있다"고 밝혔다. 이어서 재판부는 피고의 시효소멸 주장에 대해 "국민의 기본권을 보장할 의무가 있는 피고가 오히려 조직·집단적으로 희생자들의 생명을 박탈하고도 아무런 조처를 하지 않다가 뒤늦게 유족들이 미리 소송을 제기하지 못한 것을 탓하는 것은 신의성실의 원칙에 반한다"고 비판했다.

약 3개월 동안 계속된 인민항쟁으로 위기에 놓인 미군정은 남조선 전역에 대해 계엄령을 선포하고 미군을 비롯 경찰, 국방경비대, 우익 반공청년단 등을 동원해 대대적인 진압 작전을 폈다. 이 과정에서 항쟁에 참가했던 사람 1,500여 명이 목숨을 잃었고, 2만6천여 명이 부상을 당했으며, 1만5천여 명이 체포·연행되었다(박세길 1988, 78).

미군 G-2 보고서에 따르면, 1946년 12월 1일 기준으로 대구·경북 지역에서 당시 경찰과 국방경비대 측이 집계한 피해자 수는 사망 82명, 부상 129명, 실종 및 포로 151명이었고, 시위대 측에서는 사망 88명, 부상 55명, 체포 33명으로 집계되었다. 그러나 이 통계는 정확한 것이라고 보기는 어렵다. 민간인이 피해를 본 경우에는 그 가족들이 보복을 두려워하여 신고하지 않은 경우가 많았기 때문이다(김상숙 2016, 156~157).

1946년의 인민항쟁의 원인과 배경은 무엇이었을까? 대체로는 인민 생활의 극심한 궁핍, 미군정의 일제 식민지 정책 답습, 친일 민족반역자 기용 등에 따른 인민의 불만이 그 배경으로 지목되고 있다(김윤환 외 1982, 72; 역사학연구소 1995, 260; 박세길 1988, 80).

미군정의 강경한 진압 작전으로 10월 인민항쟁은 많은 희생을 치른 뒤 끝났지만, 노동자계급은 9월 총파업과 인민항쟁을 통해 투쟁 경험을 쌓았고 의식과 조직과 투쟁 전술의 발전을 추구하게 되었다. 이 사실은 그 뒤에 이어진 투쟁들에서 잘 드러난다.

전평이 주도한 9월 총파업은 미군정과 대한노총을 비롯한 우익 정치 세력의 강력한 공격으로 패배로 끝났으나, 그다음 해인 1947년 3월에 다시 총파업이 발생했다. 3월 총파업은 24시간이라는 시한부 파업으로 시작되었지만, 파업이 시작된 뒤에는 그 파급 효과가 연쇄적으로 발생해 전국으로 확산되었다.

1947년 3월 22일 서울을 비롯한 남조선 주요 도시의 철도 기관구, 체신 기관, 경전, 그 밖에 대구, 부산, 인천, 광주, 전주 등의 많은 공장과 사업장에서 파업이 일어났다. 한편 각급 학교에서도 동맹휴학이 벌어졌다. 파업에서 제기된 요구 조건은 경찰 간부 처단, 경찰의 민주화, 테러 방지, 실업 방지, 검거된 좌익 지도자 석방, 생활 확보, 국대 안 반대 등이었다. 3월 총파업으로 많은 사람들이 구속되었는데, 3월 28일 당시노동조합 간부뿐만 아니라 남조선로동당, 민주주의민족전선, 조선민주청년동맹 등 구속된 인사는 2천여 명에 이르렀다.

1947년 7월부터 사실상 불법화된 전평은 1948년 들어서는 그 역량 면에서 두드러지게 약화되었다. 이런 상황에서도 전평이 감행한 파업은 이른바 '2·7구국투쟁'과 5월 8일의 남조선 단선·단정單選·單政 반대 투쟁이었다. 2·7파업은 당시 대한민국 정부 수립을 위한 총선거를 준비할 목적으로 1948년 2월 8일 남조선에 오기로 되어 있던 국제연합 한국위원단의 입국을 반대하는 투쟁이었다. 5·8파업은 남조선 단독 정부인 대한민국 정부 수립을 위해 치르는 5월 10일 총선거에 반대하는 투쟁이었다. 2·7파업과 5·8파업은 미군정과 경찰, 반공 청년단체, 대한노총의 발 빠른 대응으로 큰 힘을 발휘하지 못했다. 이들 파업이 실패로 끝난 뒤, 전평은 사실상 와해되었다 (한국노동조합총연맹 1979, 332; 335).

이 밖에도 미군정 시기에 일어난 주요 파업으로 ① 1945년 4월 19일 화신백화점 종업원들이 해고 반대 및 임금 인상을 요구했던 파업투쟁, ② 1946년 3월 4일 남조선전기주식회사 대구지점 종업원들의 해고 반대 및 처우 개선, 친일파 사장 배격을 위한 파업투쟁, ③ 1946년 5월 30일 동양방직 노동자들이 8시간 노동제 실시, 노조 승인, 후생 시설 정비·확충 등을 요구한 파업, ④ 1947년 3월 22일 경성전기주식회사(경전) 전차종업원 파업 등을 들 수 있다(김윤환 외 1982, 104).

미군정 시기 노동자투쟁과 노동운동은 통치 권력인 미군정이 제정하고 채택한 법령이나 정책 기조에 따라 규제되었다. 그래서 노동운동은 자본에 대한 교섭이나 대응보다는 미군정을 대상으로 투쟁을 벌여 요구 조건을 실현해야만 했다. 노동조합운동의 조직 역량이나 투쟁 역량이 취약한 조건에서 노동자계급의 경제·사회·정치적 요구 실현은 대단히 힘겨운 과제가 아닐 수 없었다. 더욱이 합법적 기반마저 상실한 채 미군정과 우익 정치 세력, 그리고 대한노총의 집중적 공격에 직면한 전평 진영은 존립마저 위협받게 되었다. 노동운동은 이제 깊은 수렁과도 같은 침체기를 맞이했고, 다음 단계의 고양을 위해 기나긴 시련과 역경을 겪으면서 이를 극복해 나가야 했다.

8. 북조선

소련군 점령과 인민위원회 활동

소련은 1945년 8월 8일[21] 일본을 상대로 선전포고를 했으며, 같은 달 12일에는 웅기와 나남, 16일에는 청진, 22일에는 원산에 상륙해 일본군을 무장해제시켰다. 소련군은 24일에 평양에 진주했고, 8월 말에는 북위 38도선 이북 전역을 점령했다.

소련군 사령관 이반 치스차코프 대장의 포고문[22]은 "조선 인민이여! 붉

21_8월 9일 0시라는 설명도 있다.

22_이 포고문은 소련 제25군 사령부가 중국 옌지에 머물렀던 8월 15일 작성된 것이라고 하나 언제 어느 지역에 먼저 뿌려졌는지 분명하지 않으며, 각종 문헌에도 포고문 발표 날짜는 기록돼 있지 않다.

은 군대와 동맹국 군대들이 조선에서 일본 약탈자들을 구축했다. 조선은 자유국이 되었다. 그러나 이것은 오직 새 조선 역사의 첫 페이지가 될 뿐이다"로 시작해 "진정한 사업으로 조선의 경제·문화적 발전에 대해 고려하는 자라야만 모국 조선의 애국자가 되며 충실한 조선 사람이 된다. 해방된 조선 인민 만세!"로 끝맺는다(일월서각 편집부 1983, 429).

소련 점령 정책의 목표는 한마디로 북조선에 한정된 정권 조직을 만들어 내는 것이었다. 소련군이 북조선에 진주했을 때 각 도에 건국준비위원회가 결성되어 있었지만, 중앙과 밀접한 관계가 형성되어 있지 않아 소련군의 제안에 따라 협상 과정에서 명칭을 바꾸었다. 건국준비위원회, 집행위원회, 자치위원회와 같이 지역에 따라 다양했던 명칭도 도 수준에서는 인민정치위원회, 또는 인민위원회라는 명칭으로 차츰 바뀌었다. 이것은 전반적으로 좌파 세력의 강화와 조직의 체계화라는 양상으로 나타났다. 소련군은 9월까지 북위 38도선 이북 전 지역에 진주해 각지의 인민위원회에 치안과 행정을 위임하고 지역에 따라서는 조직 작업도 지원했다. 소련군은 기본적으로 권력의 핵심 부분을 장악하면서 그 밖의 행정은 인민위원회에 맡겼다. 9월 말까지 각 도 인민위원회 조직이 마무리되었다(서동만 2005, 58).

소련의 북조선에 대한 정책 구상이 어떠한 것이었는가는 1945년 9월 20일자로 소련군 최고사령관인 스탈린과 알렉세이 안토노프 군 참모총장으로부터 알렉산드르 바실렙스키 극동 총사령관 및 연해주군관할구역군사평의회, 제25군군사평의회에 보낸 암호 전보에 잘 나타나 있다. 거기에는 북조선 점령에 따른 소련군 최고사령부의 7개 항목 지시가 열거되어 있다. 첫째로 "북조선 영토 내에 소비에트와 그 밖의 소비에트 정권 기관을 수립하지 않고, 또 소비에트 질서를 도입하지 않을 것", 둘째로 "북조선에 반일적인 민주주의 정당·단체가 광범한 연합에 기초를 둔 부르주아 민주주의 정권을 확립할 것", 셋째로 "이 점에 관해 적군赤軍이 점령한 조선 각 지역에 반일적인 민주주의 단체·정당이 형성되는 것을 방해하지 않고, 그 활동을 원조할 것" 등의 내용이 들어 있다(서동만 2005, 60).

1945년 10월 8~10일에는 평양에서 치스차코프 제안으로 평안남도, 평안북도, 황해도, 함경북도, 함경남도의 5도 인민위원회 대표 75명이 모여 '5도 인민위원회 연합회의'를 열고, 농업생산과 식량 성출誠出 문제, 군수 공장을 민수 공장으로 개편하는 문제, 금융·재정 문제, 지방 기구의 정비·통일 문제 등에 관해 토의했다. 인민위원회로 명칭이 통일되고, 면·군·시·도 인민위원회의 체계화가 결정되었다. 그리하여 1945년 11월 말 이전에 북조선 전역의 도·시·군·면 단위까지 인민위원회 조직이 완료되었다. 11월 19일에는 '북조선 5도 행정국'이 발족해 10개의 국이 조직되고, 각 국의 국장이 임명되었다. 5도 행정국은 북조선에서 중앙집권적 정부 수립의 모체가 되었다.

1946년 2월 7일에는 북조선의 정당 및 사회단체 간부, 도 인민위원회 위원장, 행정국장 등 32명이 모여 북조선임시인민위원회 결성에 합의했고, 다음 날인 2월 8일 138명이 참석한 본회의, 즉 '북조선 각 정당·사회단체, 행정국 및 각 도·시·군 인민위원회 대표 확대협의회'가 열려 북조선임시인민위원회 수립이 정식으로 결정되었다. 임시인민위원회는 통일전선 성격을 띠는 의결 기구와 중앙집권화를 추진하기 위한 강력한 행정 집행 기구의 두 부분으로 구성되었다. 위원장에는 김일성(공산당)이, 부위원장에는 김두봉(독립동맹)이, 서기장에는 강량욱(민주당)이 선출되었다(서동만 2005, 148~149).

임시인민위원회는 2월 23일에 일제 잔재 청산, 국내 반동 세력에 대한 투쟁, 중요 산업의 국유화 및 개인 상공업 장려, 무상몰수 무상분배 원칙에 다른 토지개혁 실시, 8시간 노동제 확립 등 20개 정강을 발표했다. 그 가운데 가장 중요한 것은 토지개혁이었다.

1946년 3월 5일 북조선임시인민위원회는 '북조선 토지개혁에 관한 법령'을 공포했다. 당시 북조선 총 농가 호수의 6.8퍼센트에 지나지 않는 지주가 총 경지면적의 58.8퍼센트를 차지하고 있었으며, 총 농가 호수의 약 70퍼센트는 소작농 또는 자작 겸 소작농이었다.

토지개혁 법령은 일본 제국주의(일본 국가, 일본인, 일본인 단체), 민족반역자, 5정보 이상 소유한 조선인 지주, 자경自耕하지 않고 전부 소작을 주는 자, 5정보 이상 소유한 성당·승원 그 밖의 종교단체 소유의 토지, 면적의 여하를 불문하고 계속적으로 소작을 주는 전체 토지를 무상으로 몰수해 이를 토지 없는 농민과 토지가 적은 농민들에게 무상으로 분여分與함으로써 소작제도를 영원히 철폐할 것을 규정했다. 또 지주에 대한 농민들의 채무 일체를 무효로 하며 지주의 소유였던 축력·농기구·주택 등을 몰수해 농민들에게 분여하되, 건물은 학교·병원·사회단체 등이 이용하도록 할 수 있다고 했다. 분여 받은 토지는 매매하거나 소작을 주거나 저당할 수 없다는 내용도 규정되어 있었다.

토지개혁은 1개월도 채 안 되는 사이에 급속히 진행되어, 몰수된 토지는 총 경지 면적의 52퍼센트에 이르렀고 지주의 토지는 약 80퍼센트가 몰수되었다(역사학연구소 1995, 249~250).

조선민주주의인민공화국 수립

한편 1945년 8월 이후 남북의 공산주의자를 포함해 어떤 정치 세력도 미국과 소련의 분할 점령이라는 현실을 극복해 낼 수는 없었다. 당시 북조선에는 조만식을 중심으로 하는 민족주의 세력과 공산주의 세력, 그리고 우익 민족주의 세력이 연립 상태를 이루고 있었다. 공산주의 세력으로는 김일성을 중심으로 한 파르티잔 그룹, 소련군 점령 요원으로 북조선에 온 소련계 공산주의자, 국내 공산주의 그룹이 있었다.

남조선에는 이미 9월 11일 조선공산당이 재건되어 있었기 때문에 북조선의 공산당 조직을 만드는 일은 공산당의 남북 분립이라는 형태로 이루어질 수밖에 없었다. 그리하여 1945년 10월 13일 '서북 5도 당 책임자 및 열성자 대회'가 열렸고, 이 대회에서 '조선공산당 북부조선분국'이 공식 결성되었다. 공산당 분국의 결성은 서울에 있는 조선공산당 중앙 조직과 복잡한 타협을 벌인 끝에 이루어진 것이다.

북조선분국은 1946년 4월쯤 북조선공산당이라는 명칭을 쓰기 시작해 남조선의 조선공산당에 대한 독자성을 분명히 했다. 1946년 8월 28일부터 30일까지 3일 동안 북조선공산당과 신민당이 합당해 북조선로동당을 창립했다.[23] 합당 후의 당원 수는 36만6천여 명이었다. 김일성은 로동당 창립의 목적을 "민주주의 조선의 완전 독립국가를 건설하는 데 있어서 그 주력이 되며, 민주주의민족통일전선 가운데 있어서 그 주동이 된다"는 데 있다고 밝혔다(서동만 2005, 175~176). 로동당 창당에 앞서 7월 21일에는 북조선민주주의민족통일전선이 결성되었다.

북조선민주주의민족통일전선과 북조선로동당이 창립된 뒤 1946년 11월 3일 도·시·군 인민위원회 선거가 실시되었고, 그다음 해 2월과 3월에 리 인민위원회 선거와 면 인민위원회 선거가 실시되었다. 1947년 2월 17일부

23_김일성과 박헌영은 비밀리에 소련을 방문해 스탈린과 직접 면담하는 자리에서 스탈린의 합당 제안에 동의했다. 두 사람은 귀국한 뒤 서둘러 북조선에서는 북조선공산당과 신민당의 합당을, 남조선에서는 조선공산당·인민당·남조선신민당의 합당을 추진했다(서동만 2005, 17)

터 20일까지 북조선 도·시·군 인민위원회 대회가 열렸고, 참가자 1,186명이 투표해 북조선인민회의 대의원 237명을 선출했다. 2월 21일에는 북조선인민회의 상임위원회가 구성되어 로동당의 김두봉이 의장이 되었다. 1948년 8월 25일에는 인구 5만 명당 대의원 1명의 비율로 212명의 최고인민회의 대의원을 선출했다. 최고인민회의 제1차 회의는 9월 2일부터 10일까지 평양에서 열렸다. 9월 8일에는 헌법이 채택되었고, 9월 9일에는 초대 내각이 구성되었다. 수상에 김일성, 부수상에 박헌영·홍명희·김책이 선출되었고, 노동상에는 허성택이 임명되었다. 조선민주주의인민공화국 정부가 수립된 것이다(서동만 2005, 225).

다음으로 조선인민군 창설 과정에 대해 살펴본다. 북조선의 군 창설 작업은 1946년 중반부터 시작되었다. 인민군 창설은 소련군과의 협의를 거치는 가운데, 김일성 그룹을 중심으로 소련계 군인도 포함한 하바로프스크 88특별여단 출신자들이 주도하고 연안계 군인이 참가하는 형태로 진행되었다. 소련군의 점령을 배경으로 소수의 소련계를 매개로 하여 김일성 중심의 만주 항일 파르티잔 출신자와 연안의 조선의용군 출신자 두 개 그룹이 인민군의 모체가 되었다(서동만 2005, 250).

먼저 김일성을 중심으로 한 '만주파', 즉 동북항일연군교도려東北抗日聯軍矯導旅[24] 대원들은 1945년 7월 말 새로 개편된 중국공산당동북위원회 내에 조선공작단을 만들고, 소련 점령 상태의 '북조선 지역 내 소련군경비사령부'

24_1939년부터 전개된 일제의 항일유격대 대토벌 작전에 따라 소련으로 이동한 항일유격대(김일성 부대, 최용건 부대, 김책 부대)는 소련 극동국의 권고에 따라 통합되었다. 이렇게 만들어진 부대가 88특별여단이었고, 동북항일연군교도려라 일컬었다. 동북항일연군교도려(단)는 항일전쟁 당시 중국 동북지방(만주)에서 중국인·조선인 혼성 부대였던 동북항일연군 생존자들로 편성되었다. 소위 '제88국제여단'으로, 이들 중 조선인 부대원은 광복 직후 북한으로 대거 귀국해 '조선인민군' 창설의 모태가 되었다.

부사령 직책을 갖고 조선에 들어왔다. 한편 1945년 10월에 중국 연안에서 돌아온 조선의용군 무장부대는 점령 당국의 지시로 입북이 저지되었고, 그 가운데 일부만이 무장해제된 채로 돌아올 수 있었다. 그 뒤로 1949년 7월과 1950년 4월 두 차례에 걸쳐 국공내전에 참가했던 조선인 부대가 김일성의 요청에 따라 중국에서 북조선으로 인도되어 인민군의 주력을 형성했다.

1946년 2월에는 정치 간부와 군사 간부 양성을 위한 평양학원이 개원되었고, 같은 해 7월에는 군사 간부 양성을 위한 중앙보안간부학교가 설립되었다. 다음달 8월에는 보안간부훈련소라는 이름으로 보안간부훈련부대가 만들어졌다. 보안간부훈련부대 창설에는 파르티잔파, 연안계, 소련계가 참가했다. 훈련소라는 명목으로 평양·개천·신의주·정주·회령·나남·청진 등에 분소가 설치되고 그 밑으로 대대, 중대, 소대, 분대가 편성되었다. 1947년 5월 무렵 보안간부훈련대대부는 내부적으로 '인민군'으로 불렸다.

이런 과정을 거쳐 1948년 2월 8일 조선인민군 창설이 정식으로 선포되고, 9월 9일 조선민주주의인민공화국 정부가 수립되었다. 9월 10일, 최고인민회의는 미국과 소련 양국 정부에 대해 즉시 군대를 철수하도록 요청하는 성명을 발표했다. 소련 정부는 이를 받아들여 군사고문단만을 남긴 채 1948년 12월까지 소련군을 철수시켰다.

인민군의 창군 이념은 1948년 2월 8일 창건 기념식에서 행한 김일성의 연설에서 잘 드러나 있다. "로동자, 농민을 비롯한 근로인민의 아들딸들로서 조직된 인민군" "인민을 위해 복무하는 인민의 군대"로서 "과거 일제의 가혹한 탄압하에서 우리 조국과 인민의 해방을 위해 반일 무장투쟁에 일생을 바쳐 온 진정한 조선의 애국자들을 골간으로 하여 창설되었다"(서동만 2005, 262).

북조선직업총동맹 결성과 오기섭 논문 사건

북조선에 소련군이 진주한 뒤 조선민주주의인민공화국이 수립되기까지 노동조합운동의 전개 과정을 살펴본다.

1945년 8월 이후, 흥남·함흥·원산 지역에서는 일제 패망과 더불어 감옥에서 풀려난 사람들을 중심으로 노동조합이 결성되었다. 1945년 9월 7일, 황해도 노동조합 결성을 시발로 하여 10월 22일에는 탄광노동조합 대표자 회의가 열렸고, 10월 23일에는 평안남도 광산노동조합이 결성되었으며 같은 달 28일에는 철도노동조합이 결성되었다(서동만 2005, 114).

1945년 11월에 결성된 조선노동조합전국평의회(전평)의 결정에 따라 북부조선분국이 설치됨으로써 북조선 지역의 조직화가 빠르게 진행되었다. 11월 하순에는 각 산업별노조 형태의 북조선위원회 결성이 이루어지고, 11월 30일 평양에서 '전평 북조선총국' 결성 대회가 개최되었다. 산업별 조직 14개, 분회 853개에 속하는 노동조합원 19만6백여 명을 포괄했다. 위원장 현창형, 부위원장 박수갑을 비롯해 집행위원 31명이 선출되었다. 1946년 2월 25일에 이르러 북조선총국은 산업별노조 16개, 분회 941개 노동조합원 26만 명으로 성장했다. 1946년 3월 30일 전평 북조선총국 제1차 확대집행위원회가 열려 북조선의 독자성을 더욱 명확히 하기 위해 조직 명칭을 '북조선로동총동맹'으로 바꾸었다(민주주의민족전선 1946, 422).

한편, 기존 전평 북조선총국과는 별도로 기술자와 사무직 종사자들을 '직업동맹'이라는 형태로 조직하려는 시도가 이루어지고 있었다. 이것은 북조선의 독자적인 통일전선을 결성하고자 하는 움직임이었다. 1946년 4월 5일에는 북조선인민교원직업동맹이, 1946년 5월 20일에는 평안남도사무직업동맹이 결성되었다. 이는 같은 해 5월 25일 제2차 확대집행위원회에서 조합원 50만 명을 포괄하는 북조선직업총동맹으로 개편되었다. 직업총동맹은 노동자뿐만 아니라 기술자·사무원까지 조직해 동맹의 행동 강령을 승인하는 산업별 직업동맹과 단일 직업동맹으로 구성했다고 밝혔다. 위원장은 최경덕, 부위원장은 박수갑이 선출되었다(서동만 2005, 280~281).

직업총동맹은 행동 강령에서 "인민정권 북조선인민위원회를 절대 지지하며, 그의 강화를 위해 적극 노력한다", "노동 규율과 국가 법률 준수, 실천의 모범이 되며 노력, 동원, 조직과 기술 향상을 도모해 계획적으로 수행할 것을 임무로 함"이라고 표명했다(민주주의민족전선 1946, 423).

이 개편은 북조선 지역 대중 단체들이 남조선으로부터 완전 분리 독립할 뿐만 아니라 '노동조합'에서 '직업동맹'으로 기능과 성격을 바꾼다는 의미를 내포했다. 그러나 북조선에서 노동자계급의 조직 역량이 강했던 만큼 노동자 조직에 대한 통제가 결코 쉬운 일은 아니었다. 북조선임시인민위원회 로동국장 오기섭의 논문이 불러일으킨 논란이 그런 사실을 잘 말해 준다.

오기섭은 『인민』 1947년 1월호에 "북조선임시인민위원회 로동행정부의 사명"이란 논문을 게재했고, 그 바로 뒤에 『로동신문』에 "국가와 직업동맹에 관해"라는 논문을 발표했다. 오기섭의 논지는 다음과 같다. 직업동맹은 노동자계급의 이익을 위해 투쟁하는 노동자의 집합체로서, 노동법령의 집행기관은 될 수 없다. 노동자는 언제든지 자기 계급의 이익을 위해 투쟁의 무기를 버려서는 안 될 것이며, 투쟁 방식은 생산수단이 착취의 대상이 되고 있는 영국이나 미국 등 자본주의국가 방식이 되어서는 안 되는 동시에, 생산수단이 전부 국가 수중에 있는 소련 방식도 안 될 것이다. 직업동맹은 권리의 역사성과 경제적 제한성을 무시하는 오류를 범해서도 안 되고, 국가도 역사 단계와 생산력 발전의 정도를 고려하지 않고서 노동 행정을 집행해서는 안 된다고 강조했다.

오기섭의 이와 같은 주장에 대해 임시인민위원회와 당 중앙위원회는 강력하게 반발했다. 1947년 1월 임시인민위원회 상무위원회는 오기섭의 이론을 두고 '트로츠키주의적 이론'이라며 비판했다. 또 3월 15일 열린 당 중앙위원회 6차 회의에서 당 부위원장 주녕하는 오기섭이 자본주의 사회의 노동조합 이론을 북조선에 적용해 북조선 노동자의 투쟁 대상이 마치 국유화된 산업경제 기관인 것처럼 주장함으로써 노동자를 고의로 선동했다고 보고했다. 김일성은 회의 결론에서 오기섭을 추궁해 그의 이론은 국영기업소 내에서도 자본과 노동 사이에 계급적 이익의 대립이 존재한다고 인정하는 것이고, 노동자가 인민 정권을 상대로 투쟁해야 한다고 주장하는 것이라고 반박했다. 이 회의에서 오기섭을 당 중앙상무위원 직에서 해임하고 자신의 오류를 인정하는 서면 진술을 제출하도록 결정했다. 또 각 도당과 직업동맹에서도 이 결정서 내용을 토의해 사상 교양 사업을 광범하게 전개하도록 했다. 이 사건은 직업동맹의 독자성이 공식적으로 부정되었다는 의미를 갖는다(서동만 2005, 281~284).

오기섭 사건은 조선민주주의인민공화국 체제에서 노동운동의 기능과 성격이 어떻게 결정될 것인지, 전략 목표와 운동 기조가 어떻게 전개되고 발전될 것인지를 관심 깊게 지켜보게 한다.

5장

라틴아메리카 국가의 노동운동

미국은 구식(舊式)의 제국주의와 대륙 전역에 불어닥친
'반 양키' 운동이 가져온 외교·경제적 손실에 대응하기 위해
'선린외교 정책'을 표방했고,
그것은 한 아메리카 국가가 다른 아메리카 국가의 문제에
개입하지 않는다는 원칙으로 나타났다.
그러나 그것은 형식의 변화였지 내용의 변화는 아니었다.
미국은 니카라과의 아나스타시오 소모사,
도미니카공화국의 라파엘 트루히요,
쿠바의 풀헨시오 바티스타 같은 독재자들과
우호 또는 협력 관계를 유지함으로써
카리브 지역에서 계속 헤게모니를 장악할 수 있었다.
나머지 지역에서도 자본 투자와,
이 지역의 주된 무역 상대국으로서의 역할을 통해
미국이 라틴아메리카에서 갖게 된 엄청난 경제적 영향력은
대체로 남아프리카 대륙 대부분에서
미국의 정책이 어렵지 않게 승인받을 수 있게 해주었다.

(킨 외 2014, 하권, 23~24)

제2차 세계대전이 발발하자, 라틴아메리카 국가들은 미국 주도의 범汎 아메리카주의를 명분 삼아 서로의 결속을 다지면서 추축국가 측에 선전포고를 했다. 그러나 20여 개에 이르는 라틴아메리카 국가들이 동일한 형태로 친미·반추축국의 자세를 취한 것은 아니었다. 이탈리아 전선에 군대를 파견한 브라질이나 태평양 전선에 공정부대를 보낸 멕시코와 같이 적극적으로 연합국 측에 가담한 국가가 있는가 하면, 칠레나 아르헨티나와 같이 전쟁 말기까지 친추축국 자세를 견지한 국가도 있었다.

범아메리카주의는 제2차 세계대전 종료 이후 더욱 기세를 떨쳤고, 아메리카 협조 체제가 굳게 확립되었다. 그 결과, 이 지역에서 행사되는 미국의 영향력은 한층 더 강화되었다. 이에 반해 영국의 지위는 이미 제1차 세계대전을 계기로 저하되었으며, 제2차 세계대전 이후 영국 포함 독일·프랑스 등 유럽 국가들의 영향력이 크게 약화되었다. 세계대전 기간에 미국 주도로 확립된 아메리카 협조 체제[1]는 1947년의 아메리카상호원조조약 체결을 계기로 더욱 강화되었다.

또 이 과정에서 성립된 경제협력 체제는 라틴아메리카 국가들로 하여금 미국 주도의 아메리카 협조 체제에 적극적으로 참여하게 하는 요인으로 작용했다. 미국은 군사원조, 군사 고문 파견, 공중보건 보급 계획 지원, 경제 개발을 위한 자금과 기술 제공 등 군사·경제적인 지원 활동을 벌였다. 이런

1_아메리카 협조 체제는 이미 1930년대 전반에 루스벨트 대통령이 제창한 선린 정책의 결과였다. 미국과 라틴아메리카 국가들의 관계는 1936년 부에노스아이레스에서 열린 아메리카평화특별회의, 1938년 리마에서 열린 제8회 아메리카국가회의와 아메리카외무부장관회의를 통해 긴밀한 협조 관계로 발전했다. 아메리카외무부장관회의는 1939년 파나마에서, 다음 해 1940년에는 아바나에서 개최돼 아메리카 대륙 차원의 집단 안전보장 체제를 확립했다. 1942년 1월 리우데자네이루에서 열린 제3회 아메리카외무부장관회의에서는 추축국에 대한 국교단절 권고안이 채택되었으며, 아메리카 국가들이 함께 제2차 세계대전에 참가했다.

지원 활동의 대가로서 미국은 라틴아메리카 국가들로부터 전략물자의 우선 구매와 군사기지 설치 등의 혜택을 제공받았다(國本伊代 1992, 220~221).

제2차 세계대전은 라틴아메리카 경제구조에도 큰 변화를 가져왔다. 1929년 대공황 이후 라틴아메리카 국가들은 제1차 산품의 수출시장 위축과 수출 가격이 저하로 경제적 곤란에 부딪쳤다. 아르헨티나·칠레·브라질·멕시코 등의 국가는 국내 공업을 활성화해 공산품을 자급해 외화를 절약했다. 그리고 제2차 세계대전 기간에는 수입대체산업 활성화를 추진했다. 그러나 다른 라틴아메리카 국가들은 미국 경제권의 틀 안에서 수출을 위한 1차 산품의 증산으로 불황을 타개하고자 했다. 제2차 세계대전 후에는 선진 공업국의 무역이 확대되고 세계적으로 제1차 산품의 생산과 그것을 대체하는 신제품이 개발됨으로써 국제시장에서의 경쟁이 극심해졌다. 수출이 점점 어려워지자 이들 국가는 경공업을 중심으로 공업화 정책을 추진했으나 많은 곤란을 겪었다(增田義郎 1998, 242~243).

이와 같은 정치·경제 상황의 변화 속에서 노동자들은 광범한 민중 세력과 연대 전선을 형성해 민족해방과 민주주의, 그리고 사회개혁과 새로운 사회의 건설을 위한 투쟁을 전개했다. 제2차 세계대전 직후 라틴아메리카 각국의 정치·경제 상황 변화와 노동운동의 전개 과정을 살펴본다.

1. 아르헨티나

군부 쿠데타와 페론 등장

제2차 세계대전이 끝나기도 전인 1943년 6월 4일, 아르헨티나 군부는 쿠데타를 일으켜 보수연합 정권인 라몬 카스티요 대통령을 축출하고 정권을 장악했다. 처음에는 아르투로 라우손이 대통령에 취임했으나, 내각 구성에서 민간인이 다수를 차지해 이전의 정부와 다를 바 없다는 이유로 라우손을 물러나게 하고, 카스티요 정부에서 국방부 장관을 역임한 페드로 라미레스 장군을 대통령으로 추대했다. 각료 8명 가운데 7명이 군인이었다.

세계대전이 미처 끝나지도 않은 시기에 군부가 쿠데타를 일으킨 이유는 무엇이었던가. 다음과 같은 설명이 제시되고 있다. ① 1930년대 이후 부정 선거로 얼룩진 의회제도에 대해 군부가 불만을 품고 정치 쇄신을 요구하면서 1943년 9월로 예정된 대통령 선거를 저지하려 했다는 사실, ② 브라질이 미국의 무기대여법에 의해 원조를 얻어 군사력을 비약적으로 강화시키고 있는데 카스티요 정부가 거기에 대항하는 효과적인 군비강화책을 취하지 않아 군부의 초조감이 커졌다는 사실, ③ 미일 전쟁 발발 이후 중립 정책을 견지한 카스티요 대통령이 9월로 예정된 대통령 선거에서 추축국과의 단교를 주장한 코스타스를 보수파의 후보자로 추천해 군 내부의 중립주의 비판을 불러일으켰다는 사실 등이 지적되고 있다(中川文雄 외 1985, 356~357).

1943년 10월, 라미레스 내각에서 온건파가 물러나고 군부의 강경파인 발카르세 장군이 부통령이 되었다. 미국은 이런 변화에 신경을 곤두세우면서 라미레스 정권을 파시스트 정부라고 비난했다. 1944년 1월 말, 아르헨티나는 미국과의 국교 단절을 선언했다. 이런 상황에서 아르헨티나 군부는 라미레스를 축출하고 발카르세를 대통령으로 추대했고, 미국은 발카르세 정권에 더욱 강경한 압력을 행사했다. 그럼에도 발카르세 정권은 자급자족 경제체제 수립을 추진하면서 군비를 확장했다. 1944년 중반에 이르러 발카르세는 명목상의 지도자로 바뀌었고, 실권은 그의 부관인 후안 도밍고 페론이 장악하게 되었다(강석영 1996, 하권, 56~57).

페론은 1895년 부에노스아이레스 주의 로보스에서 태어났고 1911년 육군사관학교에 입학한 이후 직업군인의 길을 걸었다. 1943년에는 대령으로서 연합장교단GOU을 구성해 쿠데타에 참가했다. 쿠데타 직후에는 육군 차관을 역임했고, 1943년 10월에는 노동국장에 임명되었는데 이때부터 노동운동 지도자들과 접촉하기 시작했다. 같은 해 12월에는 노동국이 노동복지부로 승격되면서 초대 장관으로 취임했다. 그는 노동자 보호 정책을 한층더 활발하게 추진하는 한편, 노동쟁의에 개입해 노동자 측에 유리한 조건으로 해결했다. 연금제도의 수급자 층도 대폭 확충했다. 또 노동조합 결성을 촉진했고 단체교섭에 개입[2]함과 동시에 노동법규를 정비했으며, 1944년 10월에는 농업노동자의 보호를 목적으로 한 '페온법'을 공포했다. 그 밖에도 유급휴가의 제도화, 노동재판소 설치 등의 개혁 작업을 잇따라 실시했다. 페론은 노동총동맹CGT과 철도노동조합UF을 비롯한 기존 노동조합 세력을 육성함과 동시에 새로운 분야의 산업노동자들과 농업노동자들에 대해서도 관심을 기울였다.

노동운동의 통일과 조직 확대를 위해 노력하고 있던 노동총동맹 지도부는 페론의 정책에 적극 협력했고, 노동총동맹은 정부 정책에 힘입어 조직을 확장할 수 있었다. 1941년 356개였던 노동조합 수는 1945년 말 969개로 증가했다. 그러나 노동조합원의 수는 같은 시기에 44만 명에서 53만 명으로 증가했을 뿐 두드러지게 확대되지는 못했다(이계현 1996, 77).

이와 같이 친페론 경향의 노동조합들은 조직을 확장했지만, 정부 정책에 반대하는 노동조합들의 경우는 오히려 축소되었다. 정부는 이런 방식으

2_1944년 한 해 동안 1천여 건의 단체협약이 노동복지부의 중재로 체결되었고, 그다음 해에는 많은 파업투쟁이 노동자 측에 유리하게 타결되었다. 페론이 노동복지부 장관으로 있는 동안 국가의 복지 연금이나 보험 혜택을 받는 사람이 40만 명에서 200만 명으로 증가했다(이계현 1996, 77).

로 노동조직들을 노동총동맹 안으로 통합시킬 수 있었다. 독립적인 노동조합 지도자들은 높은 지위를 제안받거나 또는 지위 박탈의 위협을 받음으로써 권력에 굴복당했다. 정부에 협력하지 않을 경우, 감옥에 가거나 추방되는 것 가운데서 선택할 수 있을 뿐이었다(Troncoso et al, 1962, 53).

페론은 아르헨티나의 국력을 강화하기 위해서는 단순히 군사력을 강화하는 것만이 아니라 공업화 및 국민의 단결이 필요하다고 1930년대부터 주장해 왔다. 빈부의 격차가 심한 아르헨티나에서 국민의 단결을 실현하기 위해서는 우선 하층 대중(노동자)의 지위를 높여 빈부 격차를 시정하지 않으면 안 된다고 생각했다. 그는 "국민적 단결은 평등화된 사회에서만 가능하다"고 주장했다. 구체적으로는 여러 가지 사회정책을 통해 노동자를 자본가와 대등한 지위에까지 올려 세워 국가의 힘으로 노사 협조의 조화로운 사회를 수립하고자 했다. 그런 의미에서 페론의 노동정책은 노동자를 보호하는 측면과 국가의 힘으로 노동자를 노사 협조 체제의 틀 속으로 편입시키는 규제의 측면이 표리일체를 이루고 있다고 할 수 있다.

노동정책을 통해 대중으로부터 강한 지지를 획득한 페론은 정부 내의 입지도 강화되었다. 1944년 1월 라미레스 대통령이 일본 및 독일과의 단교를 단행하자, 페론과 그 그룹은 이 조치를 미국에 대한 굴복이라고 비난하면서 2월에는 라미레스를 물러나게 하고 발카르세 장군을 부통령에서 대통령으로 추대했다. 페론 자신은 노동복지부 장관직에 더해 육군 장관직을 맡게 되었고, 7월에는 부통령직을 겸임하게 되었다.

이 시기 아르헨티나는 중립 외교를 견지했는데, 페론은 "전쟁에서 추축국이든 연합국이든 어느 쪽이 승리한한다 해도 아르헨티나와는 무관하다"고 주장해 미국과 마찰을 빚었다. 아메리카 대륙 내에서 고립될지 모른다는 우려에서 발카르세 정부는 전쟁 종료가 가까워진 1945년 3월 27일 독일에 대해 선전포고를 했고, 중립 외교를 포기하자 미국과의 대립이 비로소 해소되었다. 이 시점에서 페론은 노동자의 권리를 지키고, 국가주권을 옹호하는 인물이라는 이미지를 국민들에게 각인시키는 데 성공했다. 그리하여 페로니즘Peronism이 형성된 것이다(中川文雄 외 1985, 360~363).

페로니즘에 대해 지주층이나 대자본가들은 강력하게 반발했으며, 그들은 1945년 5월에 부임한 미국 대사 스프루일 브래든의 반페론 주장에 힘을 얻어 공공연한 비판을 시작했으며, 6월 12일에는 상공업계 대표가 페론의 노동정책에 반대하는 성명을 발표했다. 한편 페론의 정책을 파시스트라고 규정한 급진당·사회당·공산당 등의 정당들도 제2차 세계대전 중에 시행된 계엄령이 일시적으로 해제된 8월에 대대적인 반정부 활동을 시작했으며, 9월 19일에는 이런 정당들이 주도한 '헌법과 자유' 행진이 수도에서 거행되었다.

이런 움직임에 대해 페론을 옹호하는 노동자의 움직임도 점점 활발해졌는데, 7월 12일 노동복지부 청사 앞에서 열린 정부 지지 집회에는 노동자 30만 명이 모였다. 이와 같이 페론에 대한 반대와 지지를 둘러싸고 국론이 양분된 가운데 1945년 10월 9일에는 에두아르두 아바로스 장군이 이끄는 군 내부의 반페론파가 봉기해 페론을 공직에서 추방해 마르틴가르시아섬에 유폐했다. 그러나 페론의 실각으로 그동안 획득한 많은 성과를 상실할 것을 우려한 노동자들은 군사 정변을 묵인하려 하지 않았다(中川文雄 외 1985, 364~365).

노동총동맹은 페론의 축출에 대해 저항하기 시작했으며, 10월 14일 '혁명적인 총파업'을 10월 18일 48시간 동안 벌이기로 '원칙적으로' 결정했다. 그러나 파업 예정 하루 전인 10월 17일 페론 지지 노동자 30만 명이 대통령궁으로 행진해 페론의 석방과 복직을 요구했다.

아르헨티나 역사상 일찍이 볼 수 없었던 대규모 시위에 놀란 아바로스 장군은 자신이 기도했던 쿠데타가 실패했음을 인정하고 물러났다. 발카르세 정부는 페론을 석방해 복직시키고, 1946년 2월에 대통령 선거를 실시하겠다고 발표했다. 페론은 석방된 후 '노동당'Partido Laborista을 결성했으며, 1946년 2월에 실시된 대통령 선거에서 보수당·급진당·사회당 등 여러 정당을 규합해 '민주연합'Unión Democrática의 호세 탐보리니 후보를 누르고 당선되었다. 대통령 선거와 동시에 실시된 국회의원 선거에서도 노동당 소속 52명이 당선되었는데, 그 가운데 13명이 노동자 출신이었다.

페론 대통령은 정치 주권, 경제적 독립, 사회정의라는 세 가지 슬로건을 내세웠다. 이와 함께 자주 외교, 외국 자산 국유화, 정부 주도의 공업 육성, 사회보장 실현을 주요 정책으로 제시했다.

페론은 군부·노동조합·교회의 지지를 기반으로 노동당과 노동자계급의 연대를 강화했으며, 경제적 자립화 정책을 추진했다. 주요 산업의 국유화에 따른 외자 의존 탈피와 공업화를 통한 산업구조의 다각화가 목표로 설정되었다. 주요 산업의 국유화와 관련해서는 페론 대통령 취임 직전 발카르세 정부가 실시한 중앙은행 국유화(1946년 3월 실시)에 이어 1946년 9월에는 전화 회사를 접수했다. 1947년 7월 9일에는 일찍이 에스파냐로부터의 독립 선언이 발표되었던 투쿠만 시에서 '강력한 외국 자본주의로부터의 해방', 즉 '공화국의 경제적 독립선언'이 발표되었다. 1948년 2월 18일에는 영국계 철도의 국유화를 결정한 안데스 협정이 체결되었고, 3월 1일에는 영국계 철도의 국유화가 실시되었다. 이 밖에도 해운업, 항공업 분야가 잇따라 국유화되었다.

공업화와 관련해서는 제1차 5개년 계획(1947~1951년) 때 전력·자동차·화학공업 등 중공업 발전에 역점이 주어졌으나, 실제로는 섬유산업을 비롯한 경공업이 발전되었다(中川文雄 외 1985, 367~368).

페론은 1948년 들어 정의주의Justicialismo를 주창하면서 개혁 반대 세력을 압박하기 시작했다. 1948년 12월에는 헌법을 개정해 대통령 임기를 6년으로 연장했다. 또 선거인단 제도를 폐지하고, 직선제에 무제한의 재선을 허용해 중앙집권제를 강화했다(강석영 1996, 하권, 60).

페로니즘과 노동운동

페로니즘과 노동조합운동 사이의 관계에 대해서는 앞에서 개략적으로 살펴보았다. 페론이 1943년 12월 노동부 장관에 취임한 이후 시행한 정책과 1946년 대통령에 취임한 이후 채택한 노동 정책 및 제도를 중심으로 노동운동의 전개 과정을 살펴본다.

페론은 노동사회복지부 장관에 취임한 뒤 2년 동안 아르헨티나 노동자들에게는 획기적으로 유리한 여러 가지 법령을 공포했다. 그 하나는 상업노동자를 위한 연금제도였고, 다른 하나는 은행노동자의 최대 노동시간 및 최저임금에 관한 것이었다. 그리고 공장노동자의 최저임금과 최고 노동시간, 설탕 제조 노동자의 최저임금 등이 설정되고, 언론노동자에 대한 연금제도와 모든 노동자에 대한 1년 10일의 유급휴가 제공이 법령으로 규정되었다.

이런 정책 시행에 대해 노동총동맹은 찬성했으나, 반페론주의 노동조합은 페론 정부 정책에 반대하다 결국에는 노동총동맹으로부터 밀려났다. 그리하여 1945년에 이르면 아르헨티나의 대다수 노동조직은 노동총동맹에 속하게 되었고, 노동총동맹은 페론의 강력한 지지를 받았다. 시간이 지날수록 현장 노동조합원들은 특정 노동조합 간부들보다 한층 더 페론을 지지하게 되었다(Alexander 2003a, 75; 78).

1946년 6월 4일, 페론이 대통령에 취임한 이후 페론 정부가 시행한 몇 가지 특기할 만한 정책을 들면 다음과 같다. ① '노동자 권리' 보장을 위해 새로운 노동관계법을 제정하고 임금을 인상했으며, 조직 확대를 지원했다. ② 노동조합 지도자들에게 상당한 정도의 정치적 배려를 제공했다. ③ 노동 운동에 대한 강력한 연대를 지속했다. ④ 노동조합과의 연대는 페론 정권의 독재적 성격 강화의 한 측면이었다. 언론 자유는 크게 훼손되었으며, 그것은 반대 정당의 활동을 위축시켰다. 그뿐만 아니라 때로는 반대당에 대해 테러가 가해졌으며, 반대 진영 인사나 노동 현장 지도자를 투옥하거나 살인하는 등의 일이 자행되었다. ⑤ 경제적인 영역에서 페론 정부는 산업화를 적극적으로 추진했다. 보호관세, 외환 관리, 저신용 기업이나 개인에 대한 대출 등이 산업화를 뒷받침했다(Alexander 2003a, 87~88).

이 시기에 노동조합 조직 확대도 급속하게 이루어졌다. 1945년 당시 노동조합원이 53만 명이던 것이 1947년에는 150만 명으로, 1950년에는 200만 명으로 증가했으며, 조직 형태에서도 산업별 체계가 확산되었다(이계현 1999, 90~91).

1945~1947년의 파업 발생 추이를 살펴본다. 〈표 20-8〉에서 보는 바와 같이 1945~1947년 사이 아르헨티나에서 일어난 파업은 연평균 84건이며, 1946년이 142건으로 가장 많았다. 1946년은 페론이 대통령에 당선된 해이고, 의회와 지방자치체 선거가 치러진 해이다.

파업 참가자 수는 1947년에 54만1,377명으로 가장 많았으며, 노동손실 일수도 346만7,193일로 가장 많았다.

앞에서 본 바와 같이 1948년 들어 페론은 계급 화해와 사회 통합을 목표로 하는 '정의주의'를 내세웠다. 이른바 페로니즘이 자리를 굳히게 된 것이다. 그렇다면 노동운동의 관점에서 페로니즘을 어떻게 평가해야 할 것인가.

표 20-8 | 1945~1947년 아르헨티나 파업 발생 추이

연도	파업 건수	파업 참가자 수	노동손실일수
1945	47	44,186	509,024
1946	142	333,929	2,047,600
1947	64	541,377	3,467,193

자료: ILO 1955, *Yearbooks of Labour Statistics*.

페로니즘이 국가 통치 체제의 주요 기준으로 설정되면서 노동자들은 일정한 경제적 혜택을 받았고, 노동조합운동은 조직을 확대하고 노동운동을 통합했으며 산업별노조 형태를 통해 수직적 통제를 이룩할 수 있었다.

이와 같은 상황에서 노동조합 간부들은 페론 정부를 지원하기 위해 만들어진 정치 기구에서 주요한 역할을 수행했으며, 정부 내에서도 요직을 차지했다. 이를테면 내무부 장관과 노동부 장관직을 노동조합 간부 출신이 맡았다. 그리고 페론 정권 시기에 많은 노동조합 지도자들이 국회의원으로 활동했으며, 지방자치체 의회에서도 많은 노동조합 간부들이 중요한 역할을 했다(Alexander 2003a, 90).

이와 같은 경제·조직적 성과에도 불구하고 노동운동에 대한 국가권력의 통제를 통한 체제 내로의 포섭이 이루어져, 노동운동은 본래의 주체성과 투쟁성을 상실하게 되었고 계급적 독자성을 확보하지 못했다는 평가가 제기되었다. 자율적 단결권, 정부의 간섭 없는 단체교섭권, 법적 제약 없는 단체행동권 등이 보장되지 않았던 것을 그 근거로 들 수 있다. 더욱이 친페로니즘 노동조합의 주도권 행사와 조직적 통제가 조직 내에서 이데올로기적 분열과 분파주의를 낳았다는 주장이 상당한 설득력을 갖는다(Troncoso et al. 1962, 54).

다른 평가는 페론주의자들이 노동자들에게 '민족주의'와 '가족주의'를 고

취해 자신들의 정치 목적을 달성하려 했다는 주장이다. 페론주의자들이 노동자계급을 비롯한 근로인민에게 부르주아 민족주의 사상을 심어 대중의 정치의식을 자신들이 설정한 방향으로 이끌어 가려 했다는 것, 또한 프롤레타리아의 마음에 가족주의paternalism 환상을 심어 '신의 뜻에 맞는 인물'이 수반을 맡고 있는 국가는 '초계급적'이라는 믿음을 불어넣으려 했다는 것이다(소련과학아카데미 2012, 328).

또한 페로니즘을 '국가통합조합주의' 유형으로 규정하는 평가도 있다. 특혜와 탄압을 함께 시행하는 페론의 노동운동 통제 방식으로 종래 생디칼리스트와 사회주의자들이 지배했던 노동총동맹을 정부 통제 속으로 끌어들였다는 것이다. 다시 말해 노동조합이 페론과 에바 페론의 정치권력을 강화하는 정치적 도구가 되었다는 주장이다. 하나의 이익집단을 체제 내로 수용해 지배적 정치연합의 파트너로 참여시킨다는 의미에서 이와 같은 노동 통제 방법을 스테판 및 오도넬의 용어를 따르면 전형적인 국가통제조합주의 inclusionary state corporatism 유형이라 볼 수 있다는 것이다(최장집 1984, 134).

2. 칠레

입헌적 정치제도의 붕괴

1932년부터 살바도르 아옌데 정권이 무너진 1973년까지 약 40년 농안, 칠레는 다당제 정당정치에 기반을 두고 철저한 민주화를 추구했다. 그러나 이 정치적 민주화는 역설적이게도 국정의 정치적 경합과 분극화를 초래했으며, 그 결과 칠레 경제를 대외적으로 취약하게 만들었다. 그리하여 안데스 여러 국가들 가운데서 예외적으로 안정된 입헌적 정치제도 자체가 붕괴되었다(中川文雄 외 1985, 206).

1942년 4월 2일에 대통령에 취임한 후안 안토니오 리오스는 제2차 세계대전 기간인 1943년 1월 추축국가인 독일·이탈리아·일본과 외교 관계를 단절하고, 1945년 4월 13일 일본에 선전포고했다. 제2차 세계대전 이후 리오스는 재임 중 전임 대통령 페드로 아기레 세르다 정부가 추진했던 수력발전소 및 제철소 건설, 석유 탐사, 농업진흥책 등을 계속 추진했다. 리오스는 '통치는 생산이다'라고 주장하면서 농목업 개발 계획을 수립해 식량 증산, 농토 개간, 관개 수리 시설 확충 등에 힘쓰고 기계화 농업과 집약농업에 치중함으로써 인플레이션을 겪기도 했으나, 한편으로는 국영석유공사ENAP를 설립하기도 했다.

1946년 6월 리오스가 사망한 후, 알프레도 두알데가 부통령 자격으로 직무를 수행했다. 제2차 세계대전 종결과 더불어 노동자들의 투쟁이 고양되면서 민중의 불만이 분출되었다. 이런 가운데 1946년 9월에 실시된 대통령 선거[3]에서 급진당을 주축으로 한 칠레공산당·자유당 연합 세력이 '민주동맹'을 구성해 급진당의 가브리엘 곤살레스 비델라를 당선시켰다. 비델라는 급진주의자 3명, 자유주의자 3명, 공산주의자 3명을 내각에 입각시켰다. 특히 칠레공산당 출신 장관들은 농업, 공공사업, 지방 장관직 등을 맡았다. 정부는 집권 초기에는 칠레공산당과 협력해 행정부를 구성했으나, 자유당이 칠레공산당의 진출에 위기감을 갖고 정부로부터 이탈했다. 게다가 정부는 냉전의 개시와 미국의 압력에 따라 '민주주의 수호를 위한 법률'을 제정해 칠레공산당 각료 해임과 칠레공산당의 비합법화(1958년까지 계속되었다)

3_1차 투표에서 과반수 득표자가 없어 10월 실시된 의회의 결선투표를 거쳐 확정되었다.

를 단행했다. 그리하여 공산주의자 4만~5만 명이 지하로 숨어드는 상황이 빚어졌다. 그 뒤 비델라 정부는 1948년 2월 급진파, 자유주의, 민주주의, 전통적 보수파 인사들로 거국 내각을 구성했다(강석영 2003, 295~296).

칠레의 경제구조와 노동운동의 특징

비델라 정부의 탄압에도 아랑곳없이 노동조합운동에 대한 공산주의 세력의 영향력은 일정 기간 그대로 유지되었다. 그들의 강력한 영향력은 탄광 및 질산광산, 건설, 제분공업, 항만도시, 기타 소규모 산업에까지 미치고 있었다. 사회주의자들은 철도, 구리광산, 직물공업, 화학공업, 목재산업 등의 노동조합에 대해 영향력을 행사했다. 그러나 칠레공산당에 대한 불법화와 사회주의자들의 파벌주의에 따른 지도력 결여로 노동운동에 대한 공산주의자 및 사회주의자들의 영향력은 점점 약화되었다. 그럼에도 노동자계급은 결코 투쟁을 멈추지 않았다(Troncoso et al. 1962, 66).

여기서 칠레 노동운동의 특징부터 살펴본다. 먼저 노동자의 정치 참여 또는 정치투쟁이 비교적 빠르게 전개되었고 비교적 강력했으며, 제국주의 지배에 대한 반대 투쟁이 적극적으로 추진되었다는 사실을 들 수 있다. 이런 사실은 칠레의 경제구조를 검토함으로써 파악할 수 있다.

농업생산력이 19세기 노예제적 생산방식의 온존에 따라 극히 낮은 상태에 머물러 있었다는 점, 농업의 자본주의화가 진행되지 않았을 뿐만 아니라 국민적 생산력 구조에 대한 전망이 없었다는 점, 극심한 단일경작monocultuer 개발 방식으로 미국이 경제의 중추를 장악해 경영하고 있었다는 점, 지주와 부르주아지가 제국주의와 결합해 불균형 발전을 추진한 결과 파행적 경제구조가 형성되었다는 점 등이 칠레 경제구조의 특징으로 지적된다(巢山靖司

1981, 257).

칠레에 대한 선진 자본주의국가의 지배는 19세기 중반부터 시작되었고, 특히 영국 기업은 칠레의 대지주와 결합해 그들의 소유지에서 종사했던 노예들을 최하층 노동자로 편성하고 그 위에 영국 기술노동자들을 배치해 그들을 지배하도록 했다. 한편 미국은 1898년 에스파냐와의 전쟁 이후 칠레에 진출하기 시작했고, 20세기 들어서는 광공업 투자에 집중했다. 1930년에는 칠레에 투자된 외국자본 가운데 미국 자본이 70퍼센트를 차지했다. 칠레 산업에서 광업, 그 가운데서도 구리가 차지하는 비중은 압도적이었다. 그것은 단일화된 산업구조를 잘 나타내는 것으로서 미국이 칠레 경제를 어떻게 잠식했는지를 단적으로 보여 준다.

다른 산업의 경우에도 지주 또는 부르주아지가 외국자본과 결합해, 자본과 노동의 관계는 이전의 대토지 소유자와 노예의 관계에서 나아가지 못했다. 그리하여 노동자에 대한 지배는 경우에 따라 폭력적이었고, 노동자들은 혹독한 노동조건과 저임금에 시달렸다.

농업 부문에서는 직접적인 생산자운동이 거의 전개되지 못했으므로, 정치 영역에서 지주 및 부르주아지에 대응할 수 있는 세력은 노동자계급뿐이었다. 지주·부르주아지와 노동자계급 사이의 갈등은 격렬해졌고, 지배 집단은 노동자계급을 힘으로 제압하려 했다(巢山靖司 1981, 257~260).

그리하여 노동운동은 경제투쟁과 함께 정치투쟁을 지속적으로 전개했으며, 1912년의 사회주의노동당(1922년 칠레공산당으로 개편했다) 창설에 참가했다. 1936년 3월에는 칠레공산당, 칠레사회당, 급진당, 민주당, '좌익공산당'과 함께 칠레노동총연맹CTCH이 인민전선을 결성했으며, 인민전선은 1938년 실시된 대통령 선거에서 급진당의 페드로 아기레 세르다를 후보로 내세워 당선시켰다.

표 20-9 | 1945~1947년 칠레의 파업 발생 추이

연도	파업 건수	파업 참가자 수	노동손실일수
1945	512	80,341	-
1946	196	94,737	-
1947	176	67,759	1,116,109

자료: ILO 1955, Yearbooks of Labour Statistics.

칠레인민전선 정부는 제국주의 기업 규제, 독점 금지, 계획경제, 농지개혁, 정치적 민주주의 실현을 강령으로 설정했다. 인민전선 정부 시기 노동조합운동은 큰 발전을 이룩했는데, 조직노동자는 1938년 이전의 12만6천 명에서 1941년에는 17만3천 명으로 크게 증가했다.

인민전선 정부는 칠레공산당과 칠레사회당의 반목과 갈등, 농업노동자의 세력 침체 등으로 1941년에 붕괴되었다. 1946년 대통령에 당선된 급진당의 비델라 정권은 미국의 냉전적 대외정책과 불황에 따라 점점 정치적 반동화의 길로 나아갔다. 이런 정세는 노동운동에도 파급되어 노동운동은 침체 및 패배 국면에 빠져 있다가, 1950년대 들어 노동자의 통일조직 결성을 위한 운동이 활발하게 일기 시작했다(巢山靖司 1981, 265~267).

1945~1947년 사이의 파업발생 추이는 〈표 20-9〉에서 보는 바와 같은데, 노동자계급의 파업투쟁은 1945년을 고비로 점점 저조한 상태로 접어들었다.

1945~1947년 사이의 연평균 파업 건수는 약 295건이며, 1945년이 512건으로 가장 많았다. 그러나 파업 참가자 수는 9만4,737명을 기록한 1946년이 가장 많았다. 파업에 따른 노동손실일수는 1945년과 1946년의 통계는 없고 1947년의 경우 111만6,109일이었다.

3. 브라질

군부 주도의 지배 체제 전환

제2차 세계대전이 발발하자 제툴리우 바르가스[4] 브라질 정부는 1939년 9월 2일 중립을 선언했다. 그 뒤 1942년 1월 제2차 범아메리카 외무부 장관 회의 이후에는 추축국가들과 관계를 단절했다. 그리고 5월에는 브라질과 미국 사이에 정치·군사 비밀협정이 체결되었다. 1942년 8월 독일이 브라질 상선 5척을 침몰시키는 사태가 벌어지자, 브라질은 독일과 이탈리아에 선전포고를 했으며 1944년 6월에는 유럽 전선으로 브라질 원정대를 파병했다.

전쟁 기간인 1943년부터 브라질 정부는 정치적 민주화와 선거 실시에 대한 강력한 요구에 직면하게 되었고, 민중의 거센 저항에 부딪쳤다. 바르가스 정부는 전쟁 시기이므로 선거 실시는 어렵다고 선언했다. 그러나 민주화 요구는 갈수록 강력해졌고, 1944년 말에는 자유주의 반정부 세력의 저항행동이 많은 사람들의 지지를 받게 되었다(Alexandrov 1986, 690).

바르가스 독재 체제는 상호 대립하는 요소를 힘으로 통합해 냈다는 특

4_바르가스(1882~1954)는 브라질의 정치인이다. 바르가스는 브라질 남부 히우그랑지두술 주 출신으로 법대를 졸업한 후 변호사가 되었고, 1908년 주 의회 의원이 되면서 정계에 입문했다. 그 후 연방 하원의원과 재무장관을 지낸 후 1928년 히우그랑지두술 주지사가 되었다. 1930년 대통령 선거에 출마했으나 낙선했고, 그해 10월 히우그랑지두술 주에 기반을 둔 군인들이 쿠데타를 일으킨 뒤 추대해 임시 대통령으로 취임했다. 1934년에는 대통령으로 선출되었다. 1937년 대통령 선거에서는 선거전이 과열되자 정국 불안을 이유로 친정부 쿠데타를 일으켰고, '신국가'를 표방하면서 전체주의적인 독재 권력을 휘둘렀다. 그러나 1945년 10월 이전에 그를 지지했던 군부 세력이 쿠데타를 일으켜 물러났다. 1950년에 다시 대통령 선거에 출마해 노동자와 농민층의 지지로 당선되어, 1951년 1월 제21대 대통령으로 취임했다. 그러나 재정 문제와 관련된 정부 내부의 추문이 일어나자 군부는 바르가스의 사임을 강요했고, 1954년 8월 그는 스스로 목숨을 끊었다.

성을 지니고 있었다. 교육의 보급과 언론 통제, 보통선거의 실시와 의회 폐쇄, 산업자본의 육성과 농민의 이익 옹호, 산업자본에 대한 규제 완화와 노동자의 이익 옹호 등이었다. 이와 같은 특성 때문에 바르가스에 대한 평가는 관점에 따라 다를 수밖에 없었다(西川大二朗 1972, 219).

바르가스 정부는 전쟁 중이라는 이유로 독재를 정당화하면서 평화 시기가 되면 선거를 실시하겠다고 약속했다. 그러나 1944년 말, 자유주의 반정부 세력의 움직임에 정부의 태도가 바뀌었다. 반정부 측에서 대통령 후보로 공군 사령관인 에두아르두 고메스를 내세웠기 때문이다. 한편 언론은 차츰 검열의 눈을 피해 선거 실시를 주장하는 인터뷰나 취재 기사를 내보내기 시작했다.

이런 상황에서 바르가스 대통령은 1945년 2월, 1937년 헌법을 보완하는 이른바 '부가 조항'을 발표했다. 이 조항은 90일 기한 내에 반드시 총선거 일정을 결정하도록 규정했다. 그리고 정확히 90일 후 유권자 등록 및 선거 실시에 관한 새로운 선거법이 공포되었다. 대통령 선거와 제헌의회 선거는 1945년 12월 2일로, 주 의회 선거는 1946년 5월 5일로 결정되었다.

이 시기에 바르가스는 대통령 선거에 출마하지 않겠다고 선언했다. 이에 따라 정부 내에서는 에두아르두 고메스에 대항할 후보로 전쟁부 장관 에우리쿠 가스파르 두트라 장군이 물망에 올랐다.

선거 국면에 접어들면서 여러 정당들이 결성되었다. 신국가Estado Novo[5]에 적대적이면서 민주당 전통을 잇는 자유주의 반정부 세력이 1944년에 이

---

[5]_1937년 11월 바르가스가 군부의 지원으로 쿠데타를 감행해 제정한 헌법에서 채택한 국가 체제이다. 신국가는 국가비상사태 선언과 함께 대통령의 강력한 중앙집권 지배 체제를 확립해 권위주의적 정책과 아울러 민중주의적 정책을 추구한 바르가스의 국가주의직 통치 체제를 말한다.

미 전국민주연합UDN을 결성해 바르가스 체제에 대항했으며, 선거를 앞두고 부르주아지와 중간 계층에 대한 조직 활동을 더욱 강화했다. 결성 초기에 전국민주연합에는 사회민주주의자 소그룹과 소수의 공산주의자들까지 참여했다. 1945년 6월에는 바르가스 대통령, 국가 관료기구, 각 주 행정관 등이 주도하는 민주사회당PSD이 결성되었으며, 같은 해 9월에는 브라질노동당PTB이 출범했다. 이 정당의 결성에도 바르가스가 관여했으며, 노동부와 노동조합이 주도적 역할을 수행했다. 브라질노동당의 결성 목적은 도시 노동자 대중을 바르가스의 기치 아래로 결집시키는 것이었다.

바르가스 반대 세력은 미국과 공감대를 형성해 바르가스의 퇴임을 재촉했다. 1945년 10월 전쟁부 장관 고이스 몬테이루 장군이 앞장서 군 병력을 동원해 바르가스의 사퇴를 압박했고, 바르가스는 이에 굴복해 대통령직에서 물러났다. 이렇게 군부의 주도로 지배 체제가 전환되었다(파우스투 2012, 335~339).

대통령 선거는 당초 예정대로 1945년 12월 2일에 실시되었으며, 동시에 신헌법제정의회 의원 선거가 행해졌다. 대통령 후보로는 반바르가스파를 규합한 전국민주연합의 에두아르두 고메스와 바르가스파를 결집한 민주사회당·브라질노동당 연합 진영의 에우리쿠 가스파르 두트라가 출마해, 두트라가 압도적 표차로 당선되어 대통령에 취임했다. 바르가스 자신도 여러 주에서 상원이나 하원 의원으로 동시에 당선되었으나 끝내는 히우그랑지두술의 상원의원을 택했다. 의회 선거에서는 민주사회당이 상원과 하원에서 과반수 의석을 확보했고, 다음으로 민족민주연합이 뒤를 이었다.

두트라 정권은 전후의 혼란을 어느 정도는 극복했다. 전시의 수출 호조와 수입 억제에 따라 외화 준비는 비교적 양호한 편이었지만, 수입대체공업이 전후에도 점점 신장되어 설비 수입에 대한 수요가 증대되자 외화를 잠식하게 되었다(齊藤廣志 외 1978, 246~247).

1946년 9월 제헌의회는 자유민주주의를 토대로 하는 새로운 헌법을 채택했고, 정부 형태를 연방공화국으로 설정했다. 바르가스 독재 정권 시기에 제정된 노동법은 그대로 답습되어 '통일노동법'CLT이라는 이름으로 공포되었다. 노동기본권과 관련해 단체행동권은 원칙상으로는 보장되었지만, 거의 모든 경제활동 분야를 '필수 활동'으로 규정해 사실상 봉쇄되었다.

한편 두트라 정권 시기에 브라질공산당PCB에 대한 탄압이 시작되었다. 탄압의 배경에는 보수주의의 압력, 브라질공산당의 세력 증대, 강대국과의 관계 변화 등의 요인이 있었다. 브라질공산당의 정치적 기반과 역량이 갈수록 커지면서 부르주아지, 군부, 과두 세력 등이 공산당의 합법 활동에 대해 강력하게 반발했다. 1946년 당시 제4당으로 부상한 브라질공산당은 약 18만~20만 명의 당원을 포괄했다(파우스투 2012, 347~348).

대외적으로는 1947년 9월 2일, 미국과 라틴아메리카 18개국은 브라질의 리우데자네이루에서 아메리카상호원조조약을 체결했고, 이 조약은 그다음 해인 1948년 12월 3일 발효되었다. 이 조약은 제2차 세계대전 말에 열린 '미주회의'(1945년 2월 21일부터 3월 8일까지)가 채택한 차풀테펙협정Act of Chapultepec 내용, 즉 아메리카 국가 가운데 어떤 국가에 대한 공격은 다른 아메리카 국가들에 대한 침략으로 간주하고, 그것에 따라 취해야 하는 방법을 협의한다는 규정을 발전·구체화한 것이다. 이것은 아메리카국가기구 헌장 6장 '집단 안전보장'에 규정된 특별조약에 해당한다. 이 조약을 통해 미국은 아메리카 대륙에서 경제적 지배력을 강화했을 뿐만 아니라 '평화와 안전을 위협받을 때' 직접 개입할 수 있는 권한을 장악했다. 이에 따라 미국은 1948년 코스타리카와 니카라과 사이의 분쟁에 개입할 수 있었다(강석영 1996, 하권, 138).

미국이 아메리카 대륙에서 정치적 주도권을 확대하고 강화하는 가운데, 브라질은 미국의 지배력에서 벗어날 수 없는 상황에 놓여 있었다. 1948년 브라질공산당은 불법화되었고, 소련과의 관계도 단절되었다. 미국의 전쟁 과잉 물자들을 연합국들이 구매하는 사태가 벌어졌고, 브라질 군대도 미군 장비를 구입했다. 미국은 브라질 경제에 직간접적으로 큰 영향을 미쳤다(최영수 2010, 268).

노동자투쟁의 고양과 노동조합운동 내의 세 가지 조류

1945년 10월 29일, 군부 쿠데타로 바르가스가 대통령직에서 물러나면서 신국가 체제도 종말을 고했다. 이에 따라 노동조합운동도 큰 영향을 받았다. 1946년 들어 노동조합과 독재 정권과의 유대가 점점 이완되기 시작했으며, 노동조합 내에서 자유로운 선거가 실시되었다. 실질적인 자유가 회복됨에 따라 노동운동은 빠르게 회복되었다. 먼저 노동조합원의 수가 빠른 속도로 증가했다. 리우데자네이루담배노동조합의 경우, 1944년 800명이었던 것이 1946년 10월에는 3,200명으로 늘어났다. 또 리우데자네이루 호텔노동조합은 같은 시기에 720명에서 1만2천~1만3천 명으로 크게 증가했다. 금속노동조합도 1944년과 1946년 사이에 노동조합원이 배 이상 늘어났으며, 다른 노동조합도 비슷한 경향을 나타냈다.

노동조합원의 증가에서뿐만 아니라 투쟁 측면에서도 같은 노동운동이 고양되고 있음이 드러났다. 1940년대 중반부터 약 10년 동안 파업이 이전 시기에 비해 훨씬 증가했다. 많은 파업이 산토스에서 일어났는데, 거기서는 공산주의자들이 주요 노동조합에 영향을 미치고 있었다. 파업은 특히 1945년 4월과 5월에 많이 발생했다. 굿이어Goodyear 공장을 비롯해 마틴스의 커

피 기계 제조 공장, 알비온 제조 회사와 상파울루의 금속 노동자 파업, 상파
울루 상업노동자의 임금 인상 요구 파업, 상파울루 철도노동자의 임금 40
퍼센트 인상 요구 파업 등이 주요 사례였다.

새롭게 조직된 노동조합에 대해 공산주의자들은 적극적으로 영향력을
행사했다. 공산주의자들은 그들 자신의 지도력으로 독립적인 조직을 결성
하려 노력하기보다는 노동부에 등록된 합법적 노동조합을 통해 투쟁하는
정책을 채택했다. 공산주의자들은 정부가 승인한 노동조합을 통해 1946년
산토스 항구도시의 37개 노동조합 거의 전부와 혜시피 북동쪽의 노동조합
에 적극적인 영향력을 행사할 수 있었다. 또한 공산주의자들은 리우데자네
이루와 상파울루에서 전투적으로 활동했다(Alexander 2003b, 80~83).

합법적으로 설립된 노동조합의 투쟁이 고양되는 가운데, 다른 한편으로
는 1944년 말부터 많은 법외 노동 그룹이 나타나기 시작했다. 이들 조직의
대부분은 공산주의자들의 지도를 받았다. 1945년 4월, 노동자통합운동MUT
이 설립되었다. 노동자통합운동은 공산당의 합법화를 이룩하기 위한 운동
을 지원할 뿐만 아니라 공산주의자들을 노동조합운동 지도부에 진출시키기
위해 노력했다. 노동자통합운동의 활동은 거의 1년 동안 계속되었다
(Alexander 2003b, 83~84).

1945년 들어 노동자들의 파업투쟁이 활발하게 전개되었고, 노동운동도
고양되었다. 1945년 5월 한 달 동안 36건의 파업이 발생했고, 그 가운데 많
은 경우가 노동자 측 승리로 끝났다. 브라질 노동자계급은 경제적 요구와
함께 독재 체제 폐지, 민주주의 질서 회복 등 정치적 요구도 함께 제기했다
(The USSR Academy of Sciences 1985, 707).

1945년 중반 들어 노동조합이 바르가스 옹호 캠페인을 벌임에 따라 대
통령 선거를 앞둔 정치 정세가 급변했다. 이른바 케레미스타queremista로 불

린 이 운동은 노동조합이 내건 슬로건 '케레모스 제툴리우'Queremos Getúlio, 즉 "우리는 제툴리우를 원한다"는 문구에서 따온 것으로, 바르가스가 대통령직을 맡고 있는 동안 제헌의회를 구성하고 대통령 직접선거는 신헌법 제정 이후로 연기하며 바르가스도 선거에 출마하라고 요구한 캠페인이었다. 이러한 노동조합의 움직임을 지켜보던 바르가스 반대 세력은 미국과 공감대를 형성해 바르가스의 퇴임을 재촉했다(파우스투 2012, 337).

1945년 10월 바르가스가 대통령직에서 물러나고 1946년 1월에 두트라 정권이 출범한 뒤 1년 반 동안 파업이 빈발했다. 국립은행 노동자 파업을 비롯해 리우데자네이루 공공 부문 노동자 파업, 히우그랑지두술 석탄광 노동자 파업 등이 주요 사례였다. 1946년 2월과 3월에 상파울루에서는 노동자 10만 명이 참가한 대규모 파업이 일어났다. 두트라 정부를 등에 업은 기업주 그룹은 강력하게 파업투쟁에 대응했다. 민주사회당의 지원을 받는 상파울루의 공업 부문 기업주들은 리우데자네이루와 상파울루에서 전쟁 이후 노동조합운동의 전투성 회복을 위한 노력을 강력히 억압하고자 했다.

당시 노동조합운동 내에는 세 가지 조류가 존재했다. 공산주의 경향의 '좌파'와 정부의 통제를 받는 '우파', 그리고 바르가스를 지지하는 '중간파'가 그것이었다. 1946년 9월, 좌파와 중간파가 노동조합 중앙조직 건설을 추진했다. 1946년 9월 9일부터 약 1주일간 리우데자네이루에서 전국노동자대회가 열렸다. 대의원 800여 명이 브라질노동총연맹CGTB 설립을 결정하고, 임시 집행위원회를 선출했다. 또 브라질노동총연맹은 라틴아메리카노동총동맹CTAL과 세계노동조합연맹WFTU에 가입하기로 했다. 브라질노동총연맹은 공개적으로 몇 개월 동안 활발한 활동을 전개했다(Alexander 2003b, 90~91).

그러나 1947년 5월, 하원의원 두 사람의 고발을 계기로 연방최고법원은 브라질공산당의 등록을 무효화했다. 같은 시기에 노동부는 노동조합 14개에 대한 '개입'을 명령했고 공산당이 영향력을 행사했던 브라질노동총연맹을 해산시켰다. 정부의 탄압과 통제가 강화되는 상황에서도 육상 운송, 상업, 산입 노동자 사이의 연대가 형성되고 조직이 확대되었다(Troncoso et al. 1962, 80).

1947년에는 상파울루와 히우그랑지두술의 화이트칼라 노동자들 중심의 전국상업노동연맹CNTC이 결성되었다. 같은 해 전국 단위의 제조업 노동자 조직의 연맹체로서 전국산업노동연맹CNTI이 설립되었다. 1949년 8월에 열린 첫 번째 총회에는 가맹 노동조합을 대표하는 541명의 대의원이 참석했다. 1948년에는 여러 개의 전국 조직이 결성되었다. 항만노동조합 18개가 가입한 전국항만노동조합연맹FNE, 시내 전차 노동조합의 전국운수노동자연맹FNTT, 병원·호텔·여행업체 노동조합 51개가 가맹되어 있고 노동조합원 수가 18만5천 명에 이르는 전국여행·병원노동연맹FNTTH이 조직되었다. 이 밖에도 몇몇 노동조합 연맹체가 결성되었다(Alexander 2003b, 91~92).

4. 멕시코

미국의 대(對)멕시코 정책

제2차 세계대전이 발발했을 때 멕시코는 중립을 선언했다. 그러나 1941년 12월 7일 일본의 진주만 기습 공격으로 미국이 일본에 선전포고를 하고, 1942년 5월 독일 잠수함이 멕시코 국적 유조선 2척을 공격해 격침시키자 멕시코는 추축국에 대항했다. 같은 해 12월에는 일본과도 국교를 단절했다. 이런 상황에서 아빌라 카마초 정부는 라사로 카르데나스 델 리오 대통령 집권기에 악화되었던 미국과의 관계를 개선하려 했다. 그 이전에도 1941년 11월에 미국과 일반 협정을 체결했으며, 경제·군사 협력 관계를 구축했다. 카마초 정부는 미국과 이 밖에도 부채, 무역, 이주노동자, 수水자원, 기술 지원, 1938년 국유화로 촉발된 석유 문제[6] 등과 관련해 협정을 맺고 협력 조치를 취했다. 그 가운데 주요한 사항이 부채 탕감이었는데, 멕시코는 미국에 진 부채의 90퍼센트를 탕감하기로 미국과 합의했다(멕시코대학원 2011, 325).

미국은 1942년에는 멕시코와 브라세로Baracero 협정[7]을 체결해 멕시코인 20만 명이 미국의 농장과 철도 등에서 일할 수 있도록 했다. 그 밖에도 미국은 멕시코로부터 전략물자 구입을 약속했다. 미국의 이와 같은 대對멕시코 정책은 미국의 전후 세계 구상, 즉 미국 주도의 세계 정치 체제 지향과 세계적 규모의 통상 자유화 정책에 따른 것이었다.

제2차 세계대전 기간에 해당하는 1940~1946년 사이에 집권한 아빌라 카마초 정부는 제2차 5개년 계획을 추진하면서 '국민 단결'Unidad Nacional을 강조했다. 특히 카마초 정부는 사회보장제도와 최저임금제 실시를 추진했으며, 대외 교역을 확대했다. 멕시코는 제2차 세계대전 기간에 경제적으로 괄목할 만한 발전을 이룩했다.

6_멕시코는 1938년 3월 석유산업의 국유화 조치를 단행했고, 그 때문에 미국·영국·프랑스 등이 멕시코산 석유를 구매하지 않자 독일·이탈리아 등 새로운 시장을 찾았다. 1942년 멕시코는 국유화 이후 보상하지 않은 스탠더드 사를 비롯한 석유회사들에 보상금 2,400만 달러에 이자 500만 달러를 가산해 지불하기로 하는 협정을 체결했다.

7_브라세로 협정은 미국과 멕시코 정부가 체결한 노동력에 관한 외교적 합의다. 브라세로라는 뜻은 에스파냐어로 육체노동, 즉 단순노동을 의미한다. 브라세로 협정은 제2차 세계대전으로 모병제에서 징병제로 전환해 노동력이 부족해진 미국에 멕시코가 농업에 종사할 노동력을 제공하는 것에 초점이 맞추어져 있다.

세계대전 종료 이후 멕시코는 1945년 12월에 헌법을 개정함과 동시에 선거법을 개정해 중앙집권화를 단행했다. 1946년 1월, 멕시코혁명당PRM은 제도혁명당PRI으로 이름을 바꾸고, 당의 슬로건도 '일하는 사람의 민주주의를 위해'에서 '민주주의와 사회정의를 위해'로 변경했다. 이것은 제도혁명당이 멕시코혁명의 정통적인 후계자임을 자처하면서 개혁지향적인 방침으로부터 경제발전주의로 정책을 전환해 간다는 것이었다. 이것은 카르데나스 집권 시기에 우선시했던 노동자·농민의 이해관계보다는 상·중간층의 이해관계를 우선시한다는 것을 의미하며, 상대적으로 노동자·농민이 차지하는 당내 영향력이 저하되었음을 나타내는 것이었다. 제도혁명당은 여러 이익집단을 통합하고 이해를 조정함으로써 당에 대한 지지를 확보해, 권위주의적인 일당지배 체제를 확립했다(二村久則 외 2006, 120~121).

1946년 7월에 실시된 대통령 선거에서 제도혁명당 후보 미구엘 알레만 발데스가 다른 후보와의 많은 표 차이로 당선되었다. 동시에 치러진 의회 선거에서는 제도혁명당이 전체 상원 의석을 독점했고, 하원도 압도적 다수를 차지했다. 발데스 정부는 정치적으로 자유민주주의 체제를 확립하기 위해 지방 족벌 정치 청산과 지속주의地屬主義 제거 등의 정치개혁을 단행했고, 경제적으로는 경제개발을 적극 추진했다. 특히 경제개발을 위해 국내시장의 보호, 국세 면제, 사회적 하부구조 개선, 신용대부의 증대, 공공에너지 관련 시설 및 서비스 확대 등의 정책을 시행했다. 또 농지개혁을 실시해 소농의 농지 규모 확대 및 국내 농산물 보호 정책을 수립하고, 농업 근내화를 위한 예산을 증액했다. 그러나 발데스 정부는 외채 증가, 혁명 시기의 산업시설 파괴, 그리고 석유산업의 국유화로 인해 자금 조달의 어려움을 겪었다.

멕시코는 경제개발에 필요한 돈 가운데 5천만 달러를 1947년 미국 수출

입은행EXIMBANK으로부터 제공받았으며, 1950년에는 석유 개발 자금의 일부를 지원받았다. 1947년 3월에는 불법노동자Mojados 문제에서 노동자와 고용주 사이의 직접적인 계약 체결로 입국이 가능하도록 미국과 협정을 체결했다. 미국 정부는 멕시코 노동자 1만 명을 받아들였다(강석영 1996, 상권, 157).

이와 같이 멕시코 경제개발은 제2차 세계대전 이후 미국의 냉전 외교를 통한 협력과 미국 경제에 대한 전면적인 의존에 의해서만 가능했다.

국가 주도적 노동조합 관료주의

1940년부터 1946년까지 집권한 카마초 정권은 정치적인 반대자와 노동조합 지도자들을 탄압하기 위한 법적인 무기로서 이른바 '청산 범죄'를 자행했다. 1941년 9월에는 대통령으로부터 의견을 청취하기 위해 관저에 들어간 노동자 8명을 연방 군인이 사살하는 사건이 발생했다.

1942년에는 전국프롤레타리아총동맹CPN과 멕시코노동자농민총동맹COCM이 결성되었다. 결성과 동시에 국가는 제2차 세계대전 참여를 이유로 노동자들의 활동을 제한했다. 1942년 5월, 멕시코노동총연맹CTM은 전쟁 기간에 일어난 파업투쟁에서 노동조합원들을 배제하려 했으며, 노동분쟁의 해결을 정권의 처분에 맡기려 했다.

다음 달인 6월에는 주요 노동조합 조직들(멕시코노동총연맹, 멕시코노동자농민총동맹, 전국프롤레타리아총동맹 등)이 '노동자 연대 협정'에 서명했는데, 협정은 전쟁 기간에 파업을 하지 않을 것과 군사적으로 필요한 물자를 공급하는 데 정부와 협력할 것을 그 주요 내용으로 했다. 이들 조직은 카마초의 지시에 따라 노동부 장관의 부속기구로서 전국노동자협의회를 구성했으나,

얼마 지나지 않아 해산되었다.

1941년부터 1943년 사이에 노동자들은 큰 폭의 물가 상승으로 고통받았으며, 이에 상응하는 인금 인상을 요구하면서 파업을 벌였다. 1943년 섬유 노동자와 광산 노동자들이 파업을 벌여 임금 인상 요구를 관철했다. 철도노동자들도 파업을 벌였으며, 수많은 노동자들이 시위에 참가했다. 같은 해 9월 7일 대법원은 파업이 노동법 위반이라는 결정을 내렸다.

1945년 4월 7일 전쟁이 종료되자, 멕시코노동총연맹을 비롯한 노동조합 연맹들이 "인간성과 조국의 운명을 결정짓는 이 중요한 시기에 나라의 완전한 경제적 자율성과 경제적 발전, 그리고 민중의 물질·문화적 생활조건 향상을 위해 함께 투쟁하고자 단결할 것"을 밝혔다. 또 그들은 전쟁 기간에 "나라의 독립을 위한 애국적인 동맹"을 새롭게 할 것을 강조했다 (Delarbe 1976, 144~145).

발데스 정권은 산업화를 촉진하기 위해 이전보다 친기업적이고 노동배제적인 정책을 폈다. 이 시기 노동정책의 특징은 임금 억제, 노동자 불만 표출 통제, 그리고 노동조합에 대한 국가 주도의 관료적 간부charrismo 지배였다. '엘 차로'El charro로 불리는 철도노동조합의 사무국장 디아스 데 레온은 정부와 협력 관계를 유지했으며, '국가 주도적 노동조합 관료주의'를 위한 모델을 창출하다시피 했다. 국가주도적 노동조합 관료주의는 노동조합 지배의 특수한 형태로서 다음과 같은 특징을 갖는다. ① 노동조합 지도력을 뒷받침하기 위한 정부의 강제 수단 활용, ② 폭력의 체계적 사용, ③ 노동자 기본권리 침해, ④ 노동조합 기금의 오용과 횡령, ⑤ 노동조합 지도자와 정부 그리고 자본가 사이의 묵계, ⑥ 총체적인 형태의 부패 행위가 그것이었다. 멕시코 노동조합운동 내에서 계속된 국가주도적 노동조합 관료주의는 노동조합 지도자의 개인적인 영향력과 현장 노동조합원들의 저항력 부족뿐만 아니라 주로 노동조합과 국가 사이에 존재하는 밀착된 관계의 결과였다 (Alonso 1972, 98; DeLarbe 1976, 146에서 재인용).

이 과정에서 발데스 정권은 반공주의를 내세워 노동운동에 대한 통제를 강화했고, 노동운동 내부의 분열을 조장했다. 노동자들의 파업권도 정부의 조정과 중재를 통해서만 행사될 수 있었으므로, 사실상 단체행동권은 봉쇄된 상태였다.

노동조합운동은 제2차 세계대전 기간의 노동운동 분열도 극복되지 못했다. 노동조합 전국 중앙조직 가운데 가장 대표적인 조직은 노동조합원 125만 명을 포괄하는 멕시코노동총연맹이었다. 이 조직의 중심을 차지한 것은 건설업, 제조업, 석유공업, 교통산업, 호텔 등의 부문이었다. 그다음으로 큰 조직은 멕시코지역노동자총연맹CROM으로서 직조업과 선박회사 노동자 약 4만 명이 소속돼 있었다. 멕시코지역노동자총연맹은 라틴아메리카에서 페로니즘이 기세를 펴자 국제 페로니즘 노동단체를 조직했다. 1920년대 멕시코지역노동자총연맹의 강력한 경쟁 조직이었던 노동총동맹CGT은 지금은 조직 규모에서 가장 약체인 조직으로 축소되었다. 1949년에 결성된 멕시코노동자농민공산주의총동맹UGOCOM은 2만 명 정도의 설탕·농업·광산 노동자를 조직했으며, 1942년에 결성된 멕시코노동자농민총동맹은 멕시코노동자농민공산주의총동맹보다도 규모가 작았다(Troncoso et al. 1962, 105).

이와 같은 노동조합운동의 분열은 노동운동의 발전을 크게 제약했을 뿐만 아니라 멕시코 노동자계급을 비롯한 근로인민이 축적해 온 혁명 전통을 계승하기 어렵도록 만들었다.

5. 볼리비아

민족혁명운동의 창설과 인민 봉기

볼리비아는 태평양전쟁(1879~1904년)에서 칠레와 싸워 패배해 안토파가스타Antofagasta 지방을 빼앗긴 이후, 바다로 나갈 수 있는 출구를 잃었다. 그 때문에 볼리비아로서는 국경 분쟁이 잦은 차코 지방을 확보하고 파라과이 강을 거쳐 파라나강을 가로지르는 통상 루트를 여는 것이 오랜 숙원 사업이었다. 그리하여 1932년 볼리비아군은 차코 지방으로 진격했다. 그러나 파라과이 군을 맞아 패배했으며, 차코 지방의 태반을 잃었을 뿐만 아니라 3년 동안의 전쟁에서 군인 7만5천 명이 목숨을 잃었다.

이 무렵 볼리비아는 세계 대공황의 영향으로 국내 최대 산업인 주석 광업이 타격을 받아 불황에 시달렸다. 차코 진격은 당시 다니엘 살라망카 정권(1931~1935년)이 국민의 불만을 누그러뜨리기 위해 실행한 전쟁이었다. 그래서 반전운동이 거세게 일어났으며, 탈주병도 1만 명을 상회했다(歷史学研究会 編 1996a, 282).

볼리비아는 3년 동안의 전쟁 끝에 방대한 영토를 상실한 채 패배했다. 패전 후 볼리비아에는 사회주의를 표방하는 진보적 정치 세력이 대두했으며 노동운동과 농민운동도 고양되었다. 1941년에는 민족혁명운동MNR이 결성되었고, 1943년에는 혁명적노동자당POR이 창설되었다. 1936년에는 최초의 노동조합 전국 중앙조직으로 볼리비아노동조합총연맹CSTB이 결성되었다. 1942년 12월에는 카타비 주석광산 광부들이 파업을 단행해 광산 노동자 수십 명이 죽고 노동조합 지도자 40명 이상이 투옥되었다(Troncoso et al. 1962, 73).

이런 상황에서 볼리비아에서 정치 정세의 변화를 주도한 것은 군인이었다. 1936년 쿠데타 이후 다비드 토로 정권(1936~1937년), 헤르만 부시 정권(1937~1939년), 괄베르토 비야로엘 정권(1943~1946년) 등의 이른바 '사회주의 군사정권'이 차례로 집권했고, 노동부 설치나 노동관계법의 제정, 광산물 수출의 국영화, 스탠더드오일 사의 국영화 등 노동자 보호 정책과 민족주의 성격이 짙은 정책을 실시했다. 한편으로 혁명운동 세력은 혹심하게 탄압했다. 비야로엘 정권은 군 비밀결사 '조국의 도리'RP와 민족혁명운동의 지지를 바탕으로 성립되었으며, 볼리비아광산노동조합연맹FSTMB 결성을 비롯해 노동운동 조직화를 지원했다. 당시 미국과 일부 국가들은 이 정권의 노선에 의혹을 보이면서 1944년 6월까지 승인을 거부했다. 1946년 7월, 쿠데타가 발생해 4일 동안 1천여 명이 희생되는 참극 속에서 비야로엘도 함께 피살되었으며, 임시정부가 들어섰다(歷史学研究会 編 1996a, 283; 강석영 1996, 하권, 269).

비야로엘 피살 뒤 1952년 볼리비아혁명까지 '여섯 해 동안'[8]에, 임시정부(정부평의회Junta de Goierno, 1946~1947년), 엔리케 에르트소그 정권(1947~1949), 마메르토 우리올라고이티아 정권(1949~1951년), 군사평의회(1951~1952)와 보수 약체 정부가 이어졌다.

이 '여섯 해 동안' 노동운동과 반체제운동에 대한 탄압이 이어지는 가운데 자유주의적 경제정책이 실시되었다. 보수 세력은 모스크바계의 좌파혁명당PIR과 상호 협력해 노동자 지배를 시도했다. 그러나 이와 같은 전술을 시행한 끝에 좌파혁명당은 노동자의 지지를 송두리째 잃었고, 1949년까지 힘 있는 정치 세력으로서의 지위마저 상실했다.

8_이 기간을 특별히 묶어 '세세니우'(Sexenio)라고 부른다.

한편 민족혁명운동은 불법화되었고, 노동운동과 농민운동에 대한 탄압이 극심해 대부분의 지도자들은 망명하거나 지하로 숨어들어 갔다. 그러나 1940년대 말에 귀국한 민족혁명운동 지도자들은 노동운동에 대한 영향력을 강화해 노동조합 지도자들을 민족혁명운동에 규합함으로써 정치 역량을 증대시킬 수 있었다.

1948년 1월 민족혁명운동 제4회 대회에서는 선거를 통한 정권 장악을 목표로 하면서 무장봉기 노선의 가능성을 추구한다는 결정이 채택되었다. 그리하여 다음 해 8월 코차밤바·산타크루스·포토시 등에서 노동자들이 무장을 갖추고 궐기했으며, 혁명평의회를 수립했다. 수도에서는 지원 파업이 조직되었고, 농민들은 도로에 바리케이드를 설치하고 군대의 진입을 막았다. 그러나 봉기는 군의 무차별 공격으로 저지당했다. 이와 같은 인민 봉기는 1952년의 4월 혁명으로 이어졌다(中川文雄 외 1985, 117~118).

볼리비아노동조합총연맹의 혁명 노선

1943년 12월 비야로엘 정권이 들어섰을 때, 이 정권에 대한 노동자 조직의 태도는 다양했다. 정권 출범 초기에는 노동자들이 대체로 호의적인 태도를 보였다. 단지 아나르코 생디칼리즘 그룹인 국제노동자연맹FOL은 다른 정권에 대해서와 마찬가지로 비야로엘 정권에 대해서도 반대했다.

비야로엘 정부는 좌파혁명당과 그 영향을 받는 다른 노동조합의 강한 반정부 행동에 대해 강경하게 대처했다. 친좌파혁명당 성향의 볼리비아노동조합총연맹CSTB 지도자들은 감옥에 가거나 추방되었으며, 정부에 대해 호의적인 볼리비아노동조합총연맹 집행위원회가 새로이 선출되었다. 결국에는 볼리비아노동조합총연맹와 경쟁하는 새 노동조직 볼리비아노동총연맹CTB이 정부 지원으로 설립되었다(Alexander 2005, 49~51).

노동운동 발전사에서 비야로엘 정권 시기의 중요한 사건은 볼리비아광산노동조합연맹의 성공적인 설립이었다. 볼리비아광산노동조합연맹의 설립 대회는 1944년 6월 후아누니에서 열렸다. 볼리비아광산노동조합연맹의 조직을 촉진한 데는 비야로엘 정부와 민족혁명운동의 역할이 컸다. 이는 스탈린주의적인 볼리비아노동조합총연맹 분파가 벌인 '민주적'인 캠페인을 중화하고 다수 노동자의 지지를 획득하기 위한 전략에서 비롯된 것이었다.

볼리비아광산노동조합연맹의 두 번째 대회는 1945년 7월 포토시에서 열렸다. 이 대회 역시 비야로엘 정부와 민족혁명운동의 지원을 얻어 개최되었다. 대회는 모든 노동조합원들의 토요 휴무를 요구하는 결의를 채택했다. 볼리비아광산노동조합연맹은 빠르게 성장했다. 결성 초기에 23개였던 가맹 노동조합이 63개로 늘어났으며, 비야로엘 정부가 물러나는 시기에는 광산 노동자의 90퍼센트가 조직되어 있었다.

노동조합은 단순히 임금 인상 투쟁이나 준법 활동만 전개한 것은 아니었다. 문자를 읽고 쓸줄 모르는 노동자들을 대상으로 야학을 개설해 읽고 쓰기를 가르쳤으며, 더 나은 기능을 원하는 노동자들을 대상으로 기술 훈련도 실시했다. 그 밖에도 도서관을 설치하고, 라디오 방송국을 세웠으며 각종 체육 프로그램을 만들어 시행했다.

비야로엘 정권 시기 또 하나의 중요한 사건은 전국공장노동조합연합 USTFN의 성장이었다. 전국공장노동조합연합은 1941년 10월에 설립되어 정부 승인을 받았으나 주로 비야로엘 정권 시기에 성장했다. 1947년 중반에 이르러 23개 노동조합이 가입했으며 노동조합원은 1만8천 명이었고 그 대부분은 라파스의 공장노동자들이었다. 전국공장노동조합연합은 가맹 노동조합의 임금, 노동시간, 노동조건에 관한 교섭을 적극 지원했다.

비야로엘 정권 시기에 광산 노동자들의 투쟁 말고도 몇몇 중요한 파업 투쟁이 전개되었다. 1945년에는 구아퀴 라파스 철도노동자들이 파업을 일으켜 임금 20퍼센트 인상을 달성했다. 1945년 10월에는 중재재판소가 인쇄 노동자들의 임금을 15~25퍼센트 인상하는 결정을 내렸다. 인쇄 노동자들은 앞으로 2년 동안 임금 인상을 요구하지 않기로 했다(Alexander 2005, 51~53).

1946년 7월 비야로엘 정권이 무너지고 난 뒤까지 존속했던 노동조합은 볼리비아노동조합총연맹, 국제노동자연맹, 전국공장노동조합연합, 철도노동조합연맹CSTF과 그 밖의 몇몇 조합들이었다.

1947년 중반 볼리비아노동조합총연맹은 스스로 자신들이 좌파혁명당의 영향을 받고 있으며, 볼리비아노동조합총연맹에 운수노동자와 건설노동자를 포함해 160개 노동조합이 가입해 있다고 주장했다. 볼리비아노동조합총연맹은 9개 지역에 지역연맹을 설치했는데, 그 9개 부문 연맹과 2개 산업별 노동조합 대표로 구성되는 집행위원회가 운영을 맡았다. 볼리비아노동조합총연맹은 비야로엘 정권이 물러난 이후 보다 활발하게 활동했다. 전국공장노동조합연합은 볼리비아노동조합총연맹으로부터 퇴출되었으며, 광산노동조합과 철도노동조합은 거기에 가입하지 않았다.

1947년 5월에 열린 볼리비아노동조합총연맹 제3차 대회는 정치 행동에 대한 결의안을 채택했는데, 거기서도 좌파혁명당의 지배가 드러났다. 결의안은 노동조합이 수행해야 할 계급정치는 진정한 혁명적 노동조합주의이며, 과학적으로 정의하면 마르크스-레닌주의적 실천과 이론이라고 밝혔다.

볼리비아노동조합총연맹은 계속 탄탄한 역량을 유지했다. 볼리비아노동조합총연맹은 1947년 당시 노동조합원 7천 명을 포괄하고 있었는데, 철도·전차·전화국·전력회사·발전소에서 일하는 노동자들을 포함했다. '여섯

해'의 하반기에는 철도노동자들의 상황이 어려워졌다. 볼리비아노동조합총연맹의 지도자 대부분이 속해 있던 좌파혁명당과 정부 사이의 관계가 악화되었고, 1949년 초 은행노동조합의 파업을 지원하기 위한 연대파업을 벌인 결과 볼리비아노동조합총연맹은 불법화되었다.

1946년 이후 새로운 노동조합 그룹이 설립되었다. 그 하나가 전국교원노동조합연맹CNM이었는데, 1947년 5월 당시 2만8천 명을 포괄하고 있었다. 교원노동조합은 토로 정권(1936~1937년) 시기에 존재했다가 1942년 엔리케 페냐란다 정부의 법령에 따라 법외 노동조합으로 바뀌었다. 1947년 초에는 민족혁명운동의 영향을 강하게 받는 전국중앙노동기구CON가 발족했다. 거기에는 광산 노동자, 인쇄 노동자, 건설노동자, 제빵노동자, 농업노동자 등의 노동조합이 가입돼 있었다. 몇 개월 뒤에는 전국 대부분의 노동조합이 주요 정책 목표를 실현하기 위한 투쟁을 전개하고자 전국집행위원회에 결집하기도 했다. 볼리비아노동조합총연맹 지도부는 1947년 당시 노동조합원 수가 30만이라고 발표했다(Alexander 2005, 55~59).

'여섯 해 동안'에 볼리비아광산노동조합연맹은 의심할 여지없이 볼리비아에서 가장 강력하고 전투적인 노동조합이었고, 정부로부터 가장 심한 탄압을 받았다. 볼리비아광산노동조합연맹 내부에는 두 개의 주요 정치 그룹이 존재했다. 그 하나는 민족혁명운동 그룹이고 다른 하나는 트로츠키주의 혁명노동자동맹LOR-CI 그룹이었다. 민족혁명운동 그룹은 비밀리에는 혁명적노동자당에 가입해 있으면서 공개적으로는 민족혁명운동의 구성원 자격을 유지하고 있었다. 트로츠키주의 그룹은 광산노동조합 활동에 전념했다.

볼리비아광산노동조합연맹은 1946년 11월 풀라카요에서 대회를 열었다. 이 대회에서 핵심 테제가 채택되었다. 테제의 주요 내용은 다음과 같다.

볼리비아에서의 프롤레타리아혁명은 다른 피착취 계급의 배제를 의미하는 것이 아니다. 반대로 그것은 농민, 기술자, 그리고 프티부르주아지의 다른 부문과 혁명적 동맹을 맺어야만 한다. 프롤레타리아트 독재는 국가 차원의 이런 동맹의 반영이다. '프롤레타리아혁명'이나 '프롤레타리아트 독재'는 변혁이나 새로운 국가에서의 노동자계급의 주도적 역할을 강조하는 것이다(Alexander 2005, 63~66).

풀라카요 대회는 다가오는 선거에서 '광산 노동자 블록'을 만들기로 결정했으며, 이 블록의 후보자 가운데 9명이 당선되었다. 두 명은 상원의원에, 일곱 명은 하원의원에 당선되었다.

포토시의 대량 학살 사건

볼리비아광산노동조합연맹은 '여섯 해 동안'에 큰 도전에 맞닥뜨렸다. 1947년 1월 28일, '포토시의 대량 학살'로 알려진 일이 일어났다. 파티노광산회사가 노동조합을 깨뜨리기 위해 노동자 전원을 해고하고 '말썽꾸러기'가 아닌 사람만 재고용한다고 한 것이다. 에르트소그 대통령도 해고된 노동자는 가능한 한 빨리 현지에서 떠나라고 경고했다. 핑계를 대며 남아 있는 자는 공공질서를 해치는 선동가로 간주할 것이라고 밝혔다. 1947년 9월 5일, 내각은 파티노 사의 제안을 완전히 수용하는 결정을 발표했다. 그러나 파티노광산회사와 정부의 조치는 결코 노동자 조직을 파괴하지 못했다.

1949년 5월 에르트소그 대통령이 물러나고 부통령 우리올라고이티아가 대통령직을 승계했는데, 그 역시 노동조합 탄압 정책을 유지하려 했다. 1949년 5월 28일 광산노동조합의 많은 지도자들을 구속했으며, 그 대부분을 칠레로 추방했다. 노동조합 지도자 구속 및 추방 사태에 노동자들은 파업으로 대응했으며, 정부는 광산 지역을 '비상 지역'으로 선포하고 파업 진압을 위해 군대를 파견했다. 군대와 다이너마이트로 무장한 광산 노동자가 정면충돌했다. 결국 많은 노동자들이 체포·구속된 끝에 파업은 끝을 맺었다.

볼리비아광산노동조합연맹의 상층 지도부 대부분이 체포됨에 따라 의회 내의 광산 노동자블록이 비상인 상태에서 연맹의 지도부를 맡았다. 그러나 곧이어 이들은 의회에서도 추방되었다. 볼리비아광산노동조합연맹 간부 대부분은 재판에 회부되었으며, 재판이 길어져 1951년 1월까지도 종료되지 않았다. 노동조합 지도자 4명은 사형선고를 받았으나 집행되지는 않았다. 또 다른 4명에게는 10년 형이 선고되었으며, 나머지 8명은 6개월과 8개월 형을 선고받았다. 이들 모두는 1952년 4월 혁명이 발발하자 석방되었다 (Alexander 2005, 65~66).

1948년부터 1952년 4월까지의 기간에 좌파혁명당, 민족혁명운동, 혁명적노동자당의 지배를 받지 않는 새로운 전국 중앙 조직을 설립하려는 노력이 이루어졌다. 아메리카대륙노동자총연맹CIT의 도움을 받아 볼리비아노동총연맹이 설립되었다. 볼리비아노동총연맹의 조직 역량은 최소한 오루로에서는 중심을 잡은 것 같았다. 오루로의 지역 조직들은 볼리비아노동총연맹에 가맹했다.

그러나 1950년 5월의 총파업이 실패하면서 우리올라고이티아 대통령은 전국적으로 공산주의자와 나치 파시스트는 노동조합 간부직에서 물러나야 한다는 법령을 발표했다. 이와 같은 정부의 노동조합 탄압 조치에 따라 새로운 전국 중앙 조직을 건설하려던 볼리비아노동총연맹은 큰 결실을 맺지 못한 채 1952년 4월 혁명을 맞게 되었다(Alexander 2005, 67~68).

6. 과테말라

아레발로의 '개인 가치의 완성과 사회 진보의 조화'

제2차 세세내전이 빌빌하자, 호르헤 우비코 정권은 연합국 측에 가담해 미국에 공군기지 설치를 허용함과 동시에 독일인 소유의 커피 농장을 몰수했다. 우비코 정권은 국립경찰을 창설해 정치집단을 감시하면서 장기 집권을 위한 기반을 구축했다. 우비코 집권 시기에는 어떠한 정치적 결사체나 노동조합도 인정되지 않았다. 그 결과 자본가는 노동자를 더욱 심하게 착취했고, 국회는 우비코 정권의 결정 사항을 승인하는 기구로 전락했다(강석영 1996, 상권, 186).

이와 같은 우비코의 독재 체제도 제2차 세계대전 말기 세계적인 반파시즘 저항운동이 고조되는 가운데 붕괴되었다. 1944년 6월 대학의 자치를 요구하는 학생들의 집단 움직임과 노동자의 전국 총파업 투쟁, 그리고 이런 투쟁에 동조하는 군부의 동요가 함께 일어나면서 우비코는 1944년 7월 사임했다. 1944년 10월 20일 하코보 아르벤스 구스만 대령, 프란시스코 아라나 대령, 민간인 호르헤 토리에요 가리도가 임시 권력기구로서 혁명평의회를 구성했다(歷史学研究会 編 1996a, 275).

1945년 3월에 실시된 선거에서 아르헨티나에 망명해 있다 돌아온 후안 호세 아레발로가 총 투표의 85퍼센트를 얻어 대통령에 당선되었다. '개인 가치의 완성과 사회 진보의 조화'를 내건 아레발로는 자유주의자로부터 급진파에 이르기까지 광범한 국민의 지지를 받았다. 아레발로 정권은 인디오를 포함한 국민 통합, 교육 개혁, 사회보장제도 정비 등 일련의 사회개혁을 추진했다. 구체적으로는 보통선거제 도입, 표현의 자유 등 기본적 자유 회복, 정당 결성 자유화(단, 공산당은 비합법화했다), 대학의 자치를 실시했다.

지방자치법(1946년), 노동관계법(1947년), 사회보장법(1948년) 등을 제정하고 우비코 정권 시기에 도입된 '부랑자법'[9]은 폐지했다. 그리고 아레발로 정권은 국가 예산의 3분의 1을 교육·보건 및 주택 건설에 배정했으며, 국립선先주민국을 설치했고, 농촌 학교를 많은 곳에 건설했다. 이 밖에도 민족 공업 육성을 위해 과테말라은행과 생산진흥국을 설립했고, 공업진흥법을 제정했다. 전기료 인하, 석유 개발에 대한 외국 기업의 참여 제한(1949년 신석유법) 등 외국자본의 독점 체제를 무너뜨리는 조치도 취했다.

이런 개혁적인 정책과 제도를 시행함에 있어서 몇 가지 걸림돌이 존재했다. 에스파냐어를 쓸 줄 모르는 인디오가 많은 실정인데도 문자 해독을 못하는 사람들에게는 선거권이 주어지지 않았다. 또 국민의 90퍼센트가 농촌에 살고 있으며, 노동자의 경우에도 미국 유나이티드프루트사UFCO 소속 바나나 노동자 1만5천 명과 항만노동자, 중부아메리카국제철도회사IRCA 소속 철도노동자 5만5천 명 말고는 커피 농장에서 계절노동자로 일하는 인디오 농민 정도여서 노동관계법이나 사회보장법의 혜택을 받는 사람도 좁은 범위로 한정되었다.

과테말라노동자총연맹의 민주주의 실현과 민족해방투쟁 노선

이런 조건에서도 바나나 노동자를 중심으로 노동조건 개선을 위한 투쟁과 노동조합 조직화가 진전되었다. 또 인디오에게 선거권이 주어져 인디오 출

9_이 법은 1934년에 제정되었는데, 일정 면적의 토지를 갖지 않은 농민을 부랑자로 규정하고 1년에 150일간 농장이나 공공사업 부문에서 일할 것을 의무화했다. 커피 농원이나 바나나 농장의 노동력을 확보하기 위한 조치였다(歷史学研究会 編 1996, 276).

신 지방 수장이 각지에서 선출되었으며, 중앙 정당이 지지표 획득을 위해 다투어 농촌으로 진출했다. 그리고 노동조합이 농민 조직화에 나서게 되어 농촌에서도 지각변동이 시작되었다(Troncoso et al. 1962, 115~116).

1940년대 중반에 이르러 과테말라의 산업은 섬유·신발·의류·식료품 생산이 주류를 이루었고, 5,500명 정도의 철도노동자를 비롯한 운수 부문 노동자들이 노동자계급의 일정 부분을 차지했다. 노동력의 90퍼센트는 농촌 지역에 고용되었으며, 그 가운데 대부분은 커피 농장에서 일했다. 유나이티드프루트사에 고용된 인원은 1만5천 명에 이르렀다.

새로 결성된 노동조합 전국 중앙 조직 가운데서는 과테말라노동조합연맹FSG과 과테말라노동자연맹CTG, 과테말라지역노동자연맹FORG이 주류를 이루었다. 과테말라노동조합연맹은 주로 철도노동자와 산업노동자들을 포괄했고, 과테말라노동자연맹은 도시노동자 중심의 조직이었으며 과테말라지역노동자연맹은 중간 계층 노동자들의 지지를 받고 있었다.

1947년 당시 과테말라에는 65개 노동조합이 존재했으며, 그 가운데 11개 노동조합만이 법적으로 승인된 조직이었다. 노동관계법은 1947년에 파업권을 인정했으며 산업노동자를 위한 단체교섭을 의무화하면서도 전국적인 차원의 노동조합 결성은 인정하지 않았다. 아레발로 정부의 억압적 조치에도 농업노동자들은 노동조합 조직에 성공했다. 1950년에 결성된 과테말라전국농민연맹CNCG이 그것이었다. 과테말라전국농민연맹은 1953년 당시 노동조합원 수를 20만 명이라고 발표했다. 이 시기에 노동조합운동을 통합하는 운동이 일어났는데, 과테말라노동조합연맹 중심의 조직이 가장 강력한 조직으로 등장했다. 다른 하나는 1946년에 결성된 노동조합전국위원회CNUS였다.

1951년 10월 과테말라노동조합연맹, 과테말라노동자연맹, 과테말라지역노동자연맹 세 조직은 하나로 통합되어 과테말라노동자총연맹CGTG으로 재편되었다. 과테말라노동자총연맹에는 400개 노동조합이 가맹했으며, 1953년 당시 노동조합원은 10만 명이었다(DIDAMO 2014, 4~5).

과테말라노동자총연맹이 채택한 행동 강령은 경제·사회적 권리 쟁취를 위한 노동자들의 투쟁 과제와 함께 반제국주의 해방운동에서 노동자계급이 수행해야 할 전략과 전술을 규정했다. 그 핵심 내용 가운데 하나는 농업개혁과 노동자·농민 동맹 형성을 위한 투쟁에서 노동자계급이 수행해야 할 과업이었다. 강령에서 강조한 바와 같이 과테말라 노동자계급은 민주주의 실현과 독립 쟁취 투쟁에서 중요한 역할을 수행해야 할 사명을 지니고 있었다(소련과학아카데미 2012, 320~321).

아레발로 정권의 개혁 정책이 시행되는 가운데, 중부아메리카국제철도회사에 노동법이 적용되고 유나이티드프루트사의 노동쟁의에 정부가 개입하는 등 미국 기업에 대한 규제가 강화되면서 미국 정부는 신경을 곤두세우기 시작했다. 그러다가 1949년에 석유법이 제정되자 미국 의회와 언론매체들은 아레발로 정권을 '친공 정권'이라며 매도했다(歷史学研究会 編 1996a, 276~277).

7. 쿠바

바티스타의 독재 체제

1933년 쿠데타를 통해 쿠바의 정치적 실권을 장악한 풀헨시오 바티스타는 1940년까지 7년 동안 허수아비 대통령 7명을 내세워 사실상의 통치자로 군림했다. 1934년 라몬 그라우 산 마르틴에 이어 카를로스 에비아, 마르케스

스털링, 카를로스 멘디에타 등으로 정권이 이어졌다. 1935~1936년 사이 호세 바르네트, 1936년에는 미구엘 마리아노 고메스가 집권해 정부의 민간 통제 정책을 수립했다. 같은 기간 바티스타는 농촌 교육과 위생 교육 프로그램을 수립해 시행했다. 이와 같은 프로그램 시행 과정에서 바티스타와 고메스가 마찰을 빚어 고메스가 물러나고, 그 뒤로 1936~1940년 사이에는 페데리코 라레도 브루가 집권해 통치했다(강석영 1996, 상권, 326).

1940년 대통령 선거에서는 바티스타가 대통령에 당선되었으며, 그는 이제 정치의 전면에 나서서 권력을 행사했다. 바티스타 대통령이 헌법에 기초한 문민정부 확립을 추진하려 하자, 일부 장교들이 이에 반대해 봉기했다. 바티스타는 이를 곧바로 진압함으로써 정권의 기반을 한층 더 강화할 수 있었다. 그러나 제1차 바티스타 정권은 제2차 세계대전 시기의 물가 등귀와 관광업의 심각한 부진 등으로 극심한 정치적 불안을 겪었다.

그리하여 1944년 대통령 선거에서는 라몬 그라우 산 마르틴이 급진적인 사회정책을 내세워 넓은 지지를 획득하며 대통령에 당선되었다. 1944년 들어 쿠바에서는 이른바 쿠바혁명당PRC, 즉 아우텐티코당의 시대가 시작되었다. 라몬 그라우는 저명한 의사 출신으로 제라르도 마차도 모랄레스 정권을 상대로 투쟁한 것을 인정받아 지식층으로부터 큰 지지를 받고 있었다. 아우텐티코당이 내건 최초의 강령에는 반제국주의적 성격의 계획과 농업개혁 등이 포함되어 있었다. 그러나 그는 집권한 뒤 미국의 지지를 얻기 위해 반공주의를 지향했으며, 다른 보수정당과 제휴함으로써 점점 국민들의 지지를 상실했다.

1948년 대통령 선거에서는 카를로스 프리오 소카레스가 당선되어 집권했다. 그가 대통령에 취임한 뒤로는 부정과 부패가 더욱 만연했고, 대통령 자신도 라차타 근교에 2백만~3백만 달러에 이르는 저택을 짓고 호화 생활을 영위함으로써 국민들의 지탄을 받았다. 게다가 쿠바의 전후 경제가 심각할 정도로 악화되면서 국민의 정치 불신이 더욱 커졌다. 이런 가운데 1952년 3월 바티스타가 다시 쿠데타를 일으켜 정권을 탈취했다(二村久則 외 2006, 380~381).

쿠바노동총연맹의 조직 확대와 조직 체계 강화

1933년 이후부터 1940년대 후반에 이르는 기간에 노동운동은 정권의 박해와 탄압 속에서도 꾸준히 발전해 왔다. 노동운동의 성장은 쿠바노동총연맹 CTC의 노동조합원 수 증가로도 드러났다. 1939년 창립 당시 가맹 노동조합 569개에 노동조합원 22만666명이었던 것이 제2차 대회 때는 595개 노동조합에 조합원 수는 41만 명으로 증가했다. 제3차 대회가 열린 1942년에는 노동조합 수 961개, 노동조합원 수 40만6천 명으로 크게 늘어났다.

가맹 조직 수와 노동조합원이 늘어나면서 쿠바노동총연맹의 조직구조가 더욱 강화되었다. 쿠바노동총연맹 지도부는 산업별 노동조합을 설립하려 했다. 어떤 경우에는 어느 오래된 노동조합은 직종별 노동조합 형태를 유지했는데, 특히 담배·운수·항만 부문의 경우가 그러했다. 설탕산업의 경우에는 농업 부문 노동자와 설탕 제조 공장노동자가 단일 노동조합 형태를 취했다(Alexander 2002, 88~91).

쿠바노동총연맹은 출범할 때부터 조직 내부에는 몇 개의 이데올로기 성향이 존재했다. 1947년까지는 공산당이 가장 우세한 정치 그룹이었는데, 이 정파는 스탈린주의에 대해서는 어느 정도 적대적이었다. 제2차 세계대전이 종료되었을 때는 쿠바노동총연맹 내에 세 개의 주요 정파가 존재했다. 우세한 정파인 공산주의 그룹에 맞서는 가장 큰 반대 세력은 전 대통령 라몬 그라우가 대표로 있는 아우텐티코당 소속의 노동조합원들이었다. 두 번째로 큰 비공산주의자 그룹은 개혁주의 지도자를 포함한 '독자파'였다. 그 밖에도 아나르코생디칼리즘파와 트로츠키주의자 그룹이 있었다.

1944년 대통령 선거 이후의 정치 정세 변화는 노동운동에 대해서도 큰 영향을 끼쳤다. 특히 쿠바노동총연맹의 경우가 그러했다. 아우텐티코당의 새 대통령과 쿠바노동총연맹의 공산주의 지도자들은 공개적이지는 않지만 친밀한 관계를 유지했다. 라몬 그라우 대통령은 1945년 3월에 설탕노동조합 지도자인 헤수스 메넨데스를 미국과의 쿠바산 설탕 판매 가격 협상에 교섭 대표의 한 사람으로 지명해 보냈다.

설탕산업 종사 노동자들은 설탕 가격 차액 지불, 설탕노동자의 퇴직 규정, 농장의 위생 기준, 시간외수당 개선 등을 주요 목표로 투쟁을 전개해 왔다. 그 중심에 메넨데스가 있었다.

여기서 투쟁의 주요 목표였던 설탕 가격 차액 지불에 관해 좀 더 자세하게 살펴본다. 쿠바는 사전에 정해진 중량과 가격을 기초로 하여 설탕을 미국에 수출했다. 이것은 쿠바의 지주와 미국 수입업자 사이에서 결정된 사항이었다. 노동자의 임금은 그때그때 정해지는 설탕 가격에 따라 결정되었다. 그러나 실제 설탕 가격은 세계시장의 동향에 따라 수시로 변동되었기 때문에 그 차액은 투기꾼들의 수중으로 들어갔다.

한편 쿠바가 미국으로부터 사들이는 생산물 가격은 계속해서 상승했다. 쿠바로서는 심각한 문제가 아닐 수 없었다. 미국에 대한 채무가 증가했고, 생활비가 상승했다. 이런 상황에서 쿠바는 1946년부터 1947년에 걸쳐 쿠바 설탕 판매에 관해 미국과 교섭을 벌였다. 쿠바의 과두정치는 1파운드당 3.675센트라는 터무니없이 낮은 가격으로 판매하고자 했다. 이것은 당시 국제가격인 1파운드당 7센트보다 턱없이 낮았다.

이에 대해 노동자 이익을 대표해 메넨데스가 나섰다. 국민의 압력이 무척 강했기 때문에 라몬 그라우 정부는 미국과의 교섭에 그를 참여시키지 않을 수 없었다. 당시까지 쿠바의 노동자 대표가 이런 국제적 교섭에 참가한 적은 없었다. 메넨데스는 설탕산업 노동자 40만 명과 일반 국민의 지지를 등에 업고 노동자와 국가의 이익을 위해 용기 있게 행동했다. 그리하여 1946년과 1947년 수확기에 미국은 협정 가격과 실제 가격의 차액을 쿠바 측에 지불하기로 합의했다. 1946년의 설탕 가격 차액은 총계 3,700만 페소 이상이었다. 그 가운데 2,900만 페소는 노동자들에게 직접 분배되었고, 나머지는 소작인과 사회사업 부문으로 돌아갔다. 1947년의 차액은 1946년 차액을 훨씬 상회했다. 미국과 쿠바 과두정치 당국은 설탕 차액 지불 제도를 폐지하기 위해 강력한 압력을 행사했다. 1947년 차액 지불이 미처 끝나지 않은 가운데 이 제도는 중지되었다.

메넨데스는 차액의 즉시 지불을 요구하며 광범한 캠페인을 펼쳤다. 이에 대해 반동적 과두정치 당국은 1948년 1월 22일 만사니요에서 메넨데스를 암살했다(キューバ教育省 編 2011, 372~373).

정치 정세의 변화와 다불어 쿠바노동총연맹은 분열의 위기를 맞게 되었다. 그 배경으로 지적할 수 있는 것은 아우텐티코 정부의 정치 상황 변화와 공산주의자의 노선 변화였다. 라몬 그라우 대통령 당선 2년 후인 1946년 아우텐티코당과 그 연합 세력은 국회 양원을 지배했다. 당시 라몬 그라우 대통령은 바티스타에 충성했던 고위 군사 장교들이 은퇴하자 그 자리를 '전문인'들로 대체했다. 그라우 정부는 1946년 중반 이후에는 정치적 위험 없이 공산주의자들의 노동운동 지배를 배제할 수 있는 위치를 확보했다.

1944~1946년 사이 냉전이 시작되면서 공산당의 경향과 정책에도 큰 변화가 일어났다. 전후 공산주의 노선의 변화는 '편파주의'에 대한 투쟁으로

정리할 수 있다. 1947년 중반 들어 실제로 쿠바노동총연맹은 분열되었는데, 독립전국노동위원회CONI의 결성이 그 발단이 되었다. 독립전국노동위원회는 전기노동조합, 전화노동조합, 해상노동조합이 주축이 되어 설립한 조직이었다. 반공산주의 그룹으로서 조직된 것은 아니었고, 오히려 쿠바노동총연맹 내부의 공산주의자-아우텐티코 싸움으로부터 독립적인 영향력을 높이기 위해 결성된 것이었다. 그러나 공산주의자들은 자신들을 반대할 목적으로 설립되었다고 판단하고 독립전국노동위원회가 아우텐티코와 동맹을 맺은 세력이라고 선전했다.

몇 달 뒤 공산주의 계열의 쿠바노동총연맹 고수파, 아우텐티코·독립연맹 소속의 많은 산업, 지역연맹 사이의 경쟁과 투쟁이 더욱 가열되었다. 결국 쿠바노동총연맹은 2개로 분열되었고, 아우텐티코·독립연맹은 그라우 정부의 지원을 받았다. 시간이 지나면서 공산주의 계열 쿠바노동총연맹은 점점 조직세를 잃었으며, 아우텐티코·독립연맹 측이 많은 조직을 포용하게 되었다.

과두정치 권력의 노동운동 탄압

이런 가운데 쿠바의 과두정치 권력은 노동운동의 발전을 억누르기 위해 조직 분열을 획책했으며, 지도부에서 공산주의자들을 배제하기 위해 여러 가지 방책을 동원했다. 이에 대응해 쿠바노동총연맹은 노동자계급의 권리와 쿠바노동총연맹의 활동 자유를 요구하며 단호한 투쟁을 이어 갔다. 1947년 5월 1일에는 노동자의 대규모 시위가 이루어졌다. 시위는 대통령 관저 앞에서 7시간 이상 계속되었다. 중심이 된 슬로건은 '단결! 쿠바노동총연맹!'이었다.

1947년 5월 4일, 제5회 쿠바노동총연맹 대회가 열렸다. 노동조합 900개 소속 대표 1,403명이 참가했다. 대표자들의 이데올로기는 다양했지만, 노동조합운동의 통일이라는 점에서 목표가 일치했다. 그러나 아우텐티코당 전국노동위원회 지도자들은 분열주의적 자세를 취하면서 대회에 참가하지 않았으며, 노동운동에 대한 도전을 공공연하게 선언했다. 1947년 노동부는 자신들이 제정한 법률을 어기면서까지 쿠바노동총연맹 제5회 대회를 무효라고 선언하고 별도 대회를 소집했다.

분리파가 주최한 대회는 전국집행위원회를 임명했으며, 이 위원회는 스스로 반공·민주·노동운동 추진자를 자임했다. 그 뒤 노동자의 이익과 권리를 외면한 지도자들이 장악하게 됨으로써 쿠바노동총연맹CTC은 'CTK'[10]로 불리게 되었다. 노동조합 전국 중앙 조직을 부패 분자와 폭력 집단이 장악한 것이다.

쿠바노동총연맹 창립과 더불어 노동자와 그 지도자, 특히 인민사회당PSP[11] 지도자에 대한 잔인한 보복이 시작되었다. 해고와 인권 유린 행위, 그리고 노동조합에 대한 습격 등이 빈번하게 일어났다.

이런 가운데서도 혁명적인 노동운동가들과 공산주의자들은 노동자들의 피와 땀을 희생하여 부를 축적하는 아우텐티코파의 부패정치를 비판하면서, 노동자의 이익과 권리 확보를 위한 투쟁을 이어 나갔다. 그 때문에 이들은 박해당하고 투옥되기도 했으며, 암살당하는 경우도 있었다. 1948년 5월

10_CTK의 K는 1943년 법률 제7호 별항 K를 의미하는 것인데, 별항 K에서는 교원과 교수의 정원 수를 늘리기 위한 연간 18만 페소 예산 계상이 규정되어 있었다. 이 예산의 상당 부분이 정치가나 관료들의 손으로 들어갔다. 즉 여기서 K는 부정·부패를 상징하는 표현이며, '파업파괴자노동총연맹'이라고 부르며 조롱하기도 했다.

11_쿠바공산당(PCC)이 1944년에 인민사회당으로 이름을 바꾸었다.

1일에는 노동자들과 진보주의자들이 모금해 구입·운영해 온 방송국 '밀디에스'가 폐쇄되었고, 1950년 8월 24일에는 『오이』지 편집부가 활동을 정지당했다(キューバ教育省 編 2011, 374~376). 이런 정세 속에서도 단체교섭 활동은 계속되었다.

이 시기 단체교섭 상황에 대해 살펴본다. 1940년대 초반에 단체교섭과 단체협약 체결은 사실상 관례화되었다. 일반적으로 단체교섭은 개별 사업장 차원에서 이루어졌고, 어떤 경우에는 산업별 차원에서 진행되었다. 특히 설탕산업과 담배산업이 그러했으며, 거기서는 기계화 문제와 관련한 단체교섭이 이루어지기도 했다. 때로는 정부가 단체교섭 과정에 개입하기도 했다. 통상적으로 정부 관리가 알선이나 조정 역할을 맡았고, 중재를 하기도 했다.

이 시기에 단체교섭을 통해 체결된 단체협약 가운데는 대단히 광범위한 내용을 담은 것도 있었다. 이를테면 1950년 쿠바전화노동조합FSTTC과 쿠바전화회사 사이에서 체결된 단체협약은 100쪽에 이르렀으며, 협약은 노동조합 승인을 비롯해 임금, 노동시간, 승진 및 일시해고 절차, 고충처리 절차, 노동조합비 일괄 공제, 결근 휴가 조건, 노동조합 사무실 공간, 그리고 그밖의 여러 가지 사항들을 규정했다. 1943년에는 전국적으로 단체협약이 2,537개 체결되었다는 정부 발표가 있었으며, 1951년에는 4,152개로 발표되었다(Alexander 2002, 89~92).

라틴아메리카 노동조합운동 연대

제2차 세계대전 기간과 전후前後 시기에 라틴아메리카 노동조합운동의 지역 연대를 대표한 조직은 라틴아메리카노동총동맹CTAL이었다. 라틴아메리카노동총동맹은 1938년 9월 멕시코시티에서 결성되었다. 이 창립 대회에는 브라질을 제외한 라틴아메리카 전역의 조직 대표들이 참가했다. 브라질의 경우에는 노동조합 활동이 사실상 금지된 상태였기 때문에 대표를 파견할 수 없었다.

라틴아메리카노동총동맹의 중심 슬로건은 '라틴아메리카의 해방을 위해'였고, 그 행동 원리 선언은 다음과 같다. "라틴아메리카의 육체노동자와 정신노동자는 다음과 같이 선언한다. 세계 대부분 국가의 지배적인 사회체제가 인간에 대한 인간의 착취를 근절하는 정의로운 체제로 바뀌어야 한다. 인간 공동체의 이해에 기초해 지배되는 민주적 시스템, 즉 각국의 경제·정치적 독립과 세계 모든 인민들의 연대를 존중하고 국제 분쟁을 해결하는 수단으로서 군사적 침략을 영원히 추방하며 정복 전쟁을 문명사회의 복지에 역행하는 것으로 해석하는 제도로 대체되어야 한다"(Foster 1956, 352).

라틴아메리카노동총동맹은 세계 차원의 노동조합운동 단결을 강력하게 선언했고 제국주의와 파시즘을 강도 높게 비난했다. 강령의 주요 내용 가운데는 흑인과 선주민 혈통의 다수 인민을 포함한 라틴아메리카 여러 인민의 완전한 평등에 관한 요구도 있었다. 라틴아메리카노동총동맹은 가맹 조직의 노동조합원 수를 공식적으로 발표하지는 않았으나 1944년 당시의 총수를 400만 명으로 추산했다. 이것은 라틴아메리카에 존재하는 노동조합 조합원 수(국가가 통제하는 노동조합의 조합원 수를 포함해)의 4분의 3에 해당하는 수치였다.

아메리카 대륙 내 여러 국가의 노동단체들은 일찍부터 지역 조직 결성을 시도했다. 1918년 11월 13일, 범아메리카노동연맹PAFL이 미국 텍사스의 라레도에서 7개국 대표 72명이 참가한 가운데 설립되었다. 범아메리카노동연맹의 설립은 사실상 미국과 멕시코 대표들이 주도했고, 다른 국가의 대표들 대부분은 미국에 정치적으로 망명했던 사람들이었다. 범아메리카노동연맹의 일반적인 목적은 아메리카 대륙에서 전국적인 연맹의 창설을 도와주고, 각 국가 내에서 기존 노동조합들 사이의 경쟁을 줄이며 이들 노동조합을 범아메리키노동연맹에 가입시키는 일이었다.

1919년에는 제2차 회의가 뉴욕에서 열렸고, 그 뒤로 10년 동안 2~3년마다 회의가 열렸다. 회의가 거듭될수록 참가국 수는 늘었으나, 미국이 주도권을 장악한 범아메리카노동연맹을 라틴아메리카의 많은 노동조합들이 미국 국무성의 하부 기구로 여기면서 사실상 자기 기능을 행사하지 못하게 되었다(Troncoso et al. 1962, 132).

1929년에는 아나르코 생디칼리스트들이 아메리카대륙노동연합ACAT을 조직했다. 한편, 같은 시기에 공산주의자들은 코민테른의 계획에 따라 라틴아메리카노동조합총연맹CSLA을 결성했다. 아메리카대륙노동연합과 라틴아메리카노동조합총연맹은 몇 년 동안 상당한 활동을 전개했으나 참가 조직의 한계와 활동 영역의 제한 때문에 라틴아메리카에서 확고하게 지위를 굳히지 못했다.

이 가운데 라틴아메리카노동총동맹은 제2차 세계대전이 종료될 때까지 상당한 성과를 이룩했다. 쿠바, 콜롬비아, 파라과이, 우루과이, 에콰도르, 페루, 코스타리카에서 노동조합운동이 전국 규모로 통일되었고 라틴아메리카노동총동맹은 그 전체를 포괄하는 단일 연맹체로 발돋움했다. 라틴아메리카노동총동맹은 노동자계급의 세력 강화에 이바지했으며, 많은 건수의 파업을 지도했다. 또한 반파시즘 운동을 촉진했고, 반전 투쟁에 앞장섰다(Foster 1956, 353).

6장

아프리카 국가의 노동운동

식민지 영토에서 전개되는 노동조합운동은
정치적 독립을 위한 민족투쟁과 결코 분리될 수 없다.
실제로 식민지 영토에서는 자유와 독립을 위한 투쟁은
노동조합운동의 성공과 어쩔 수 없이 불가분의 관계를 갖는다. ……
노동자가 인간으로서 자기 자신을 주장하고
더욱 좋은 조건과 생활양식을 위해
자신들의 권리를 지킬 수 있는 기회를 갖게 되는 일은
진정한 정치적 자유라는 조건이 보장될 때에만 가능하다.
식민지 영토에 존재하는 모든 조직의 첫 번째 임무는
그 영토에 있는 그러한 세력을
민족해방투쟁으로 모아 내는 일이다.

_콰메 은크루마
(Woddis 1961, 63)

아프리카 대륙에서 성립한 식민 제도는 근 70년 동안 지속되었다. 그러나 아프리카 인민들은 식민지 지배에 결코 굴복하지 않았다. 제1차 세계대전에 이르기까지 처음 30년 동안 아프리카인 각 집단들이 식민지 지배자에 대항해 완강한 투쟁을 전개했다. 서아프리카에서는 알마미 사모리 투레가 프랑스의 침략에 대항해 와술루 제국Wassoulou Empire; Mandinka Empire(지금의 기니Guinea)을 건설하고 14년 동안 저항을 계속했다. 프랑스군이 다오메 왕국(지금의 베냉Benin)을 점령하는 데는 만 2년이 걸렸다. 현재 잠비아의 마쇼나Mashona족은 이미 마타벨레Matabele족에게 공납을 바치고 있었는데 영국이 새롭게 인두세를 부과하자 1893년과 1896년 두 차례에 걸쳐 봉기를 일으켰다. 독일의 식민지인 독일령 남서아프리카의 헤레로Herero족은 독일 식민지주의자들에게 토지를 비롯한 소중한 재산을 빼앗기자 극도로 분노했다. 1904년 이러한 분노는 폭동으로 이행되어 독일인 123명이 사망한 워터버그Waterberg 사건을 불러일으켰다. 총독은 독일군 1만4천 명을 지휘해 헤레로족을 참혹하게 살육했는데, 이 사건으로 헤레로족 8만5천 명 가운데 살아남은 사람은 1만5천 명에 지나지 않았다. 거의 7만 명이 학살당한 것이다.

식민지 제도는 아프리카 경제와 정치제도를 근본적으로 변화시켰다. 여기에 도입된 식민지 권력 기구와 경제의 파행적 구조, 그리고 인민의 참담한 고통은 필연코 민족 해방과 독립을 목표로 하는 민족·인민 운동을 촉발시켰다.

제1차 세계대전에서 제2차 세계대전에 이르는 30년 동안은 식민지 제도의 상대적 안정기가 유지되었다. 그 뒤로 제2차 세계대전 기간의 경제적인 번영기를 거쳐 1940년대와 1950년대에 걸쳐 민족해방투쟁이 크게 고양되었다(니시카와 준 1971, 204~205).

이런 관점에서 제2차 세계대전 이후 초기 아프리카 국가들의 식민지 지배 체제와 정치 세력 관계 변화, 그리고 노동운동의 전개 과정을 주요 국가별로 살펴본다.

1. 이집트

완전 독립에 대한 전인민의 요구

제2차 세계대전 종료 이후 이집트에서는 인민의 반제국주의 운동과 노동자계급의 파업투쟁이 이전에 비해 더욱 치열하게 전개되었다. 이집트 인민은 1936년에 체결된 영국·이집트 동맹조약[1] 파기와 영국군 완전 철수, 그리고 이집트 독립을 요구했다.

1945년 7월 30일, 무스타파 엘 나하스 정부가 영국 측에 영국군의 완전 철수와 수단을 이집트로 통합하는 내용을 골자로 하는 이집트 측 요구서를 제출했다. 이어서 같은 해 12월 20일에는 마흐무드 파흐미 알 누크라시 수상이 영국 정부에 대해 동맹조약 개정 교섭을 제안했다. 알라메인El Alamein 전쟁[2]으로부터 이미 3년이 지났고 이집트 정부의 동맹조약 개정 요구가 제

1_ 영국과 이집트 사이에 체결된 20년 동안 유효한 조약으로서, 이 조약에 따르면 이집트에 대한 영국 점령을 마감하되 이집트군이 수에즈운하의 안전을 확보할 때까지 영국은 한시적으로 수에즈운하 지대에 군대를 주둔시킬 수 있다는 내용이 포함되어 있다.

2_ 자유 프랑스 인민군, 폴란드군, 그리스군 등의 원조를 받은 영국 제8군과, 수에즈운하를 손에 넣으려는 추축국(樞軸國) 세력(독일과 이탈리아) 간의 전투는 1940년부터 이집트 서부 사막 전역을 휩쓸었다. 알렉산드리아로 진격해 오던 추축국 군대는 1942년 7월 지중해 해안의 알라메인에서 저지당했다. 10월과 11월에는 더욱 결정적인 전투가 벌어져, 추축국 군대는 퇴각할 수밖에 없는 상황으로 몰려 리비아와 튀니지까지 후퇴했다. 영국 제8군의 10퍼센트 병력 정도밖에 안 되는 오스트레일리아 제9사단이 이 승리에서

기되었는데도 영국군은 그대로 주둔하고 있는 상태에서, '2월 4일 사건'[3]에 대한 아픈 기억을 지닌 이집트 인민의 반영국 감정은 더욱 고조되었다. 더욱이 경제 침체가 계속되면서 반영국 분위기는 더욱 고조되었고, 드디어는 1946년 2월 9일 영국에 대한 이집트 정부의 저자세를 비난하는 대규모 시위가 발생했다. 정권 유지가 곤란하다고 판단한 누크라시 수상은 2월 14일 사임했다. 후임으로 이스마일 시드키가 취임했다.

수상에 취임한 시드키는 중대 현안인 동맹조약 개정 교섭에 착수했다. 시드키 정권은 1947년 3월에 대對영국 교섭단을 임명하고 카이로에서 영국 측 대표와 교섭을 시작했다. 6월에는 영국 측이 드디어 '영국의 완전 철수 원칙'을 받아들였다. 이 합의에 따라 다음달 7월에는 영국군이 점유하고 있던 카이로의 시타델Citadel[4]이 반환되었으며, 영국 사령부가 카이로에서 수에즈운하 지대로 이동한다는 사실이 발표되었다. 그 뒤 10월에는 런던에서 이집트와 영국이 교섭을 벌인 결과, 차후 이집트와 그 인접 지역에서 전쟁이 발발할 경우의 상호 협력한다는 것을 조건으로 조약 내용을 1947년 3월 31일까지 영국군이 나일강 델타 지대로부터 철수하고, 더 나아가 1949년 9월 1일까지 수에즈운하 지대로부터 철수한다는 것으로 개정하기로 합의했다.

결정적인 역할을 해냈다.

3_ 제2차 세계대전이 진행되고 있던 1942년 당시 이집트에 주둔하고 있던 영국군이 독일군의 공격을 받아 급박한 사태를 맞이했고, 2월 4일에는 란프손 영국 대사가 이집트 국왕 파루크에게 반독일 인사였던 나하스를 수상에 임명하도록 통고했다. 왕이 이를 거부하자 란프손 대사가 전차와 장갑차를 앞세운 영국군 2천 명을 동원해 궁전 앞에 집결시키고 궁왕 집무실로 밀고 들어갔다. 파루크는 영국 측의 요구에 굴복해 3월 24일 총선거를 실시하게 되었으며, 선거에서 와프드당이 전체 의석 264석 가운데 234석을 차지해 '나하스 대영 협력 내각'이 수립되었다. 이를 두고 '2월 4일 사건'이라 한다.

4_ 해적의 침입이나 선박 내부의 비상 상황 등 선원들이 위급 상황에 처했을 때 피할 수 있는 공간으로, 선원 긴급피난처 또는 성채라고도 한다.

오래도록 계속된 양국 사이의 교섭에서 어려운 의제의 하나로 제기되었던 수단의 지위에 관해서는 '이집트의 공동 왕관 아래 수단과 이집트의 통일'이라는 표현으로 이집트의 상징적 주권을 인정하는 절충안이 마련되었다. 그러나 수단에서는 조약 개정이 수단의 정치적 지위에는 아무런 영향을 끼치지 않는다는 취지의 수단 총독 성명 때문에 타협안이 빛을 잃게 되었고, 12월 9일 시드키 내각은 물러났다. 그 뒤를 이어 성립된 사아드Saad당과 입헌자유당CLP 연립내각의 누크라시 수상은 다음 해인 1948년 7월 11일, 영국군 철수와 수단 주권 문제를 국제연합UN 안전보장이사회에 제소했으나 결말을 보지 못했다(山口直彦 2006, 294~295).

제1차 중동전쟁

이런 가운데 이집트는 또 하나의 도전, 즉 팔레스티나 전쟁(제1차 중동전쟁)을 맞았다. 1948년 5월 14일 밤(5월 15일 오전 0시) 영국의 위임통치 기한이 완료됨과 동시에 시오니스트 임시 국가평의회는 이스라엘 국가 수립을 선언했다.

그다음 날인 5월 15일 이집트, 트란스요르단, 이라크, 시리아, 레바논, 사우디아라비아 등 아랍국가 연합군이 일제히 팔레스티나를 침공했다. 하가나Haganah[5]에서 전환된 신생 이스라엘 국방군은 전쟁 초기에는 수세에 몰렸지만, 얼마 지나지 않아 공세를 취해 지휘 계통이 혼란스러웠던 아랍 각국 군대를 격퇴했다. 1949년 7월까지 이스라엘은 참전한 개별 국가와 휴전

5_하가나는 팔레스타인의 유태인 대다수를 대표하던 시온주의자 군사 조직을 일컫는다.

협정을 맺음으로써 반년 동안의 팔레스티나 내란에 이어 1년여에 걸친 제1차 중동전쟁('팔레스티나 전쟁' 또는 '이스라엘 독립전쟁')은 종료되었다. 국제연합의 조정으로 휴전협정이 성립되었다.

이 전쟁에서 이스라엘은 국제연합 결의 181호에서 할당된 영역을 뛰어넘어 팔레스티나 전체 국토의 77퍼센트를 차지했고, 나머지 23퍼센트 가운데 동예루살렘을 포함한 요르단강 서안지구는 요르단왕국의 일부가 되었으며 가자지구는 이집트 군정 지배에 들었다(歷史学研究会 編 1996a, 136).

팔레스티나 문제는 겉으로 보기에 '아랍 국가들과 이스라엘의 대립' 또는 '아랍인과 유태인의 숙명적 대결'로 보인다. 그러나 본질에서는 제국주의 사이의 이해관계를 반영하고 있으며, 전 아랍 국가 내부 인민의 변혁 요구와 불가분의 관계를 갖고 있다. 바꾸어 이야기하면, 아랍국가와 이스라엘이 현실에서는 중동 인민을 지배하기 위한 동일한 장치의 두 가지 부품으로서 상호 대칭적 관계를 이루고 있는 것이다.

팔레스티나 문제는 제1차 세계대전 후 1920년에 열린 산레모San Remo 회의6와 그다음 해에 열린 카이로 회의에서 전쟁 이전까지 오스만 투르크 제국의 지배를 받아 왔던 중동 아랍 지역에 대해 영국과 프랑스 양국의 위

6_제1차 세계대전이 끝난 뒤 패전국인 오스만투르크와 강화 조약 내용을 확정하기 위해 이탈리아의 산레모에서 열린 연합국 최고 회의이다. 1920년 4월 19일에서 26일까지 열린 이 회의에는 영국, 프랑스, 이탈리아, 일본, 벨기에, 그리스 등의 국가가 참가했다. 산레모 회의 결과 오스만투르크는 아라비아와 북아프리카 지역에 대한 지배권을 빼앗겼으며, 시리아와 레바논은 프랑스가, 팔레스타인과 옛 메소포타미아 지역인 이라크는 영국이 위임통치하게 되었다. 또한 1917년 영국의 외무부 장관인 밸푸어가 유태인이 팔레스타인에 민족의 고향을 건설하는 것을 지지한다며 발표한 밸푸어선언(Balfour Declaration)이 영국의 정책으로 승인되어, 팔레스타인에 유태인 국가가 건설되는 계기가 마련되었다. 아르메니아의 독립과 쿠르디스탄의 자치를 인정했으며, 에게 해의 일부 섬들에 대한 그리스의 지배도 승인했다. 또한 베르사유 조약의 이행에 대한 논의도 이루어졌다. 회의 결과는 현재 중동 지역의 정치 지형과 유태인-팔레스타인인 분쟁에 많은 영향을 끼쳤다.

임통치 제도가 결정된 시점에서 비롯되었다. 이 위임통치 제도를 통해 영국은 이라크·팔레스티나·트란스요르단을, 프랑스는 시리아·레바논을 지배하는 데 성공했다. 팔레스티나는 원래 오스만투르크제국의 지배를 받아 왔던 시리아 남부 지역으로서 이슬람교도(무슬림), 크리스트교도, 유태교도로 이루어진 현지 주민들이 평화롭게 살고 있었다. 그런데 영국 제국주의와 시오니즘Zionism[7]의 결탁으로 팔레스티나라는 근거지가 생기자 유럽에서 대량으로 몰려온 유태인 이주자들이 토지 점거를 감행하기 시작했다. 이런 상황에서 1936년에 팔레스티나 현지 주민들이 무장 저항운동을 벌이면서 유태인 이민 금지, 유태인에 대한 토지 위양 금지, 대의제에 기초한 민족정부 수립 등을 요구했다. 현지 주민의 저항운동은 영국 위임통치 당국과 유태인 무장 세력의 폭력적 탄압으로 분쇄되었다. 1947년 11월 29일 열린 국제연합총회에서는 팔레스티나를 유태인 국가와 아랍 국가로 분할해 각각 독립시키고 예루살렘은 국제 관리를 받도록 한다는 안이 가결되었다.

한편 아랍 국가들은 이스라엘 성립을 준비한 것과 동일한 목적에서 제국주의 세력의 전략에 따라 만들어진 국가이다. 이라크, 트란스요르단, 시리아, 레바논은 팔레스티나와 같은 시기에 영국과 프랑스의 위임통치령으로서 인위적으로 분할한 영역에 성립된 국가이다. 이라크와 트란스요르단은 아라비아 반도 출신의 하심Hāšimī 가家 구성원을 영국이 옹립해 만든 왕국으로서 이라크는 1932년에, 트란스요르단은 1946년에 형식상의 독립을 획득하기는 했지만 군사·외교상의 실권은 영국이 장악하고 있었다. 또 국내에서도 인민들은 영국과 결탁한 왕가와 대토지 소유자 층의 지배를 받고

7_유럽 사회의 유태인 가운데 일부가 벌인 '유태인 국가' 건설운동을 말한다.

있었다. 프랑스가 통치했던 시리아와 레바논은 1941년 형식상의 독립을 획득했으나 인민은 여전히 프랑스 자본과 결합된 대토지 소유자와 매판자본가의 지배를 받았다. 1948년 팔레스티나를 침공한 '아랍 국가'의 체제도 이와 같은 역사적 배경을 지니고 있다(浜林正夫 외 1996, 134~139).

민족해방노동자위원회를 비롯한 전국 중앙 조직 결성

제2차 세계대전 종료 직후에 전개된 노동운동은 이집트의 정치 세력 관계에 큰 영향력을 행사했다. 1945년 10월, '새로운 새벽'[8]과 가까운 노동조합 간부들이 노동자계급의 정치조직 민족해방노동자위원회WCNL를 결성했다. 민족해방노동자위원회는 공개적이고 합법적인 조직이었다. 강령에는 노동자계급의 요구뿐만 아니라 민족적인 요구도 포함되어 있었다. 그 주요 내용은 다음과 같았다. 주 48시간 노동일제 확립, 사회보장제도 도입, 1주일간의 유급휴가 보장, 기간 경제 부문의 국유화, 근로 농민을 위한 농업 문제 해결, 수에즈운하 반환, 이집트로부터 영국군 철수 등이 그것이었다. 이러한 요구를 실현하기 위해 노동자들은 일련의 파업투쟁을 전개했으며, 이는 학생운동 및 와프드당 좌파의 투쟁을 촉진했다. 정부 당국의 탄압이 이어지고 민족해방노동자위원회 지도자들이 계속 구속되었음에도 제국주의에 반대하고 노동자계급과 모든 근로인민의 생활을 향상시키고 정치적 권리를 확대하려는 투쟁은 점점 더 대중적인 성격을 띠게 되었다(Beinin et al. 1998, 336~337).

8_'새로운 새벽'은 1945년 초 공산주의 운동에 동조하는 노동조합 지도자들이 조직한 협회 형식의 조직이다.

1946년 전국 중앙 조직인 이집트노동조합회의CETU는 영국 군대의 이집트 주둔을 반대하는 항의 시위에 참가했으며, 여러 차례 파업 투쟁을 벌였다. 같은 해에 전국노동자학생위원회NCWS가 결성되었는데, 전국노동자학생위원회는 노동조합을 비롯해 공산당 당원, 와프드당 좌파, 무슬림형제단 등이 참여하는 반제국주의 통일전선 구실을 했다. 전국노동자학생위원회가 주도해 여러 곳에서 파업을 전개했으며, 1946년 2월 21일에는 카이로에서 최소 4만 명에서 10만 명 정도가 참가한 것으로 추산되는 이른바 '철군의 날' 총파업이 일어나 전국으로 확산되었다. 3월 4일에는 2월 21일 투쟁에서 사망한 사람을 추모하는 '순교자의 날' 시위가 거행되었다. 카이로 시위는 규모가 그리 크지 않았으나, 알렉산드리아에서는 대규모 군중과 영국 군대가 충돌해 시위자 가운데 28명이 죽고 342명이 부상당했다. 신문사, 공장, 상점, 학교 등이 이에 항의하며 문을 닫았다. 마할라알쿠브라에서는 2만5천 명이 대규모 파업을 일으켰다.

이와 같은 노동자투쟁을 억누르기 위해 시드키 정부는 1946년에 파업 행동을 통제하는 일련의 법률을 제정했다. 또 1946년 7월 10일 공포된 '공산주의와 투쟁에 관한 법률'은 공산주의자뿐만 아니라 진보적인 단체 및 그 구성원에 대한 억압 조치를 규정했다. 이와 같은 법률에 근거해 실제로 공산주의자, 와프드당 좌파 당원, 노동조합 지도자들이 검거되었으며, 전국노동자학생위원회·이집트노동조합회의 등 노동조합 150개의 활동이 금지되었다.

이런 가운데서도 조직의 재건과 투쟁의 부활을 위한 움직임은 계속되었다. 시드키 정부의 억압에 가장 크게 고통받았던 조직은 '새로운 새벽'의 노동자 전위였는데, 1946년 9월 이 그룹은 '해방을 위한 민중 전위'PVL라는 이름으로 다시 조직되었다. 당시에는 25~30명 정도의 회원으로 구성되었으며, 이전보다 훨씬 더 조직 보존에 신경을 기울여야 했다.

'해방을 위한 민중 전위' 못지않게 시드키 정부의 탄압을 극심하게 받았던 이집트민족해방운동EMNL은 1947년 6월 민족해방민주주의운동DMNL과 통합했다. 이 조직의 노동자 부문은 이전의 이집트민족해방운동 구성원들로 이루어졌다. 이스크라[9]와 이집트민족해방운동의 통합은 간부들의 충분한 논의나 합의 없이 이루어졌는데, 그런 이유 때문에 1947년과 1948년에 민족해방민주주의운동이 별도의 조직을 갖게 되었다. 민족해방민주주의운동은 가장 영향력 있는 공산주의자 조직이었고 광범한 노동자계급의 지지를 받고 있었다. 민족해방민주주의운동은 주간신문인 『대중』al-jamahir 지를 발간했는데, 발행 부수는 대략 8천~1만2천 부로 추정되었다. 이 주간신문은 노동자들을 조직하는 데서 좋은 방편으로 사용되었다(Beinin et al. 1998, 350~353).

미스르 방직회사 파업

『대중』지는 미스르Misr 방직회사 노동자들을 조직하는 데서도 큰 역할을 했다. 1947년 6월 2일자에는 1938년 일어난 파업 당시 정부와 회사 사이의 밀착 관계를 폭로하는 기사가 실렸고, 그 기사 내용은 노동자들로 하여금 노동조합을 개편하고 어용노동조합 간부들을 추방하게 만든 계기가 되었다.

9_1940년과 1942년 사이에 '민주연맹'(Democratic Federation)이 세 개의 공산주의 조직으로 분열되었는데, '인민해방'(People's Liberation), 이스크라, 이집트민족해방운동이 그것이었다. 인민해방과 이스크라는 거의 대부분 지식인들로 구성되어 있었고, 이집트민족해방운동만이 노동자들과 접촉고 있었다.

미스르 사에서는 1947년 9월부터 1948년 4월에 걸쳐 파업이 발생했다. 파업은 새로운 기계가 도입되어 노동자 3천 명과 사무직 250명이 해고될 것이라는 소문이 퍼지면서 일어났다. 사측은 1947년 여름 연차가 높은 노동자들을 해고하고 그 자리를 임금이 낮은 신참 노동자들로 대체하는 방침을 실행함했다. 또한 같은 해 9월 2일 회사 경영진은 회사 방침을 어길 시의 새로운 징계 규정을 발표했다. 9월 26일 이런 회사의 조치에 대항해 노동자들이 파업 및 시위를 벌이면서 카페테리아에 불을 지르고 회사 건물을 파괴했으며, 2만 이집트 파운드에 해당하는 회사 재산을 파손했다. 노동자 파업과 시위를 진압하기 위해 경찰이 동원되었고, 이 과정에서 노동자 4명이 죽고 19명이 부상당했으며, 57명이 체포되었다. 사측은 9월 15일까지 공장을 폐쇄했다. 이러한 방침에 대해 노동자들은 사측에 다음과 같은 요구를 제기했다. ① 회사 측의 지배를 받는 현재의 노동조합 해산, ② 새로운 노동조합 지도부 선출, ③ 징계 규정 철폐, ④ 노동자 해고 중지 등이 그것이었다. 회사 측은 이러한 요구에 응답하지 않았으며, 노동자들은 쉬지 않고 회사에 출근했다. 9월 16일 회사가 다시 문을 열었을 때 노동자 1천여 명은 직장 폐쇄 기간에 대한 임금 지불을 요구했다. 그다음 날 파업은 회사 전체로 확대되어 2만6천여 명이 파업에 참가했다. 정부는 마할라알쿠브라에 군대를 파견해 공장을 점거하고 있던 노동자들을 밖으로 쫓아냈다. 사무직 노동자 50명이 파업을 선동했다는 이유로 해고당했다. 노동부가 새 노동조합 지도부 선출에 동의한 후, 10월 4일 공장은 다시 문을 열었다. 노동자들이 제기한 다른 요구는 거부되었다(Beinin et al. 1998, 353~355).

미스르 방직회사의 파업과 직장 폐쇄는 이집트 노동운동에 큰 충격을 주었다. 마할라알쿠브라의 많은 노동자들이 미스르 노동자들에게 연대와 지원을 보냈으며, 슈브라엘케이마의 몇몇 섬유회사 노동자들이 연대파업을 벌였다. 미스르 파업은 공산주의자들을 비롯한 정치 세력과 법률가들의 지원을 받았다. 미스르 파업은 간헐적으로 1948년 4월까지 이어졌고, 1949년 2월 회사와 노동조합 사이에 단체협약이 체결됨으로써 일단락되었다.

미스르 파업 이후에도 여러 도시의 섬유회사들을 비롯해 담배회사, 병원, 공공 부문 등에서 크고 작은 파업투쟁이 잇따라 발생했다. 파업투쟁이 실패로 끝났음에도 노동자의 의사를 진정으로 대표하는 노동조합 지도부를 세우려는 노력은 노동운동 발전의 중요한 계기가 되었다(Beinin et al. 1998, 359~360).

1949년 실시된 의회 선거에서는 와프드당이 승리해 집권했다. 와프드당은 사회개혁 실시와 영국 군대 철수를 선거 공약으로 내세웠으나, 공약을 이행하지는 못했다. 그리하여 민족해방운동은 새로운 국면으로 전환되었다. 노동자들은 민주주의적 자유와 노동조합 기본권리 보장, 1936년의 영국-이집트 조약 폐기, 영국 군대 철수, 외국 독점자본 소유 기업 국유화 등을 요구했다(소련과학아카데미 2012, 162~163).

2. 리비아

리비아연방왕국 수립

1943년 이탈리아의 무솔리니 정권이 붕괴된 후, 이탈리아는 추축국 측으로부터 이탈해 연합국 측에 가담했다. 이런 상황에서 이탈리아 신정부는 파시스트 정권 시대에 획득한 영토가 아니라는 이유를 들어 리비아의 영유를 주장했다. 1942년 리비아를 점령한 영국은 키레나이카와 트리폴리타니아에서, 프랑스는 페잔에서 세력을 유지했다. 그러나 전승국 사이의 대립 때문에 리비아의 지위를 설정하려던 시도는 실패로 돌아갔고, 리비아 문제는 국제연합UN으로 넘어갔다. 영국·프랑스·이탈리아는 리비아를 세 지역으로 분할해 각각 신탁통치 지역으로 설정할 것을 제안했으나, 1949년 5월 국제연합총회는 이 제안을 부결시키고 같은 해 12월 21일 리비아 독립 안을 결의했다. 국제연합이 임명한 고문관의 보좌에 따라 세 지역 대표가 헌법 제정을 비롯한 준비를 추진해 1952년 1월 이전 리비아 독립을 달성한다는 내용이었다.

리비아의 지위를 결정을 하는 데 시일이 오래 걸린 것은 점령국 사이의 대립과 냉전의 영향 때문만이 아니라, 리비아 국내의 정세 때문이기도 했다. 제2차 세계대전 기간에 키레나이카에서는 사누시야Sanusiya 종단의 무함마드 이드리스를 중심으로 한 리비아인들이 결집해 친영국 노선을 분명히 하면서 연합국군과 함께 아프리카 작전에 참가했다. 이드리스는 그 대가로 전후 독립 보장을 요구했으나, 영국은 키레나이카가 또다시 이탈리아의 지배를 받게 되지는 않을 것이라는 언질밖에 주지 않았다. 제2차 세계대전이 끝난 뒤 독립과 이드리스 옹립이라는 점에서는 일치했지만, 키레나이카만이라도 독립을 신속하게 이룩해야 한다는 주장과 트리폴리타니아와 페잔을 포함해 리비아 통일을 실현해야 한다는 주장이 맞섰다. 앞의 주장은 부족 명망가를 비롯한 구세력이 주도했고, 이들은 1946년 '국민전선'을 결성했다. 뒤의 주장은 아랍 민족주의 영향을 받은 청년층이 주도했으며, 오마르 알 무크타르 협회가 이들의 거점이 되었다. 결국 주도권을 행사한 사람은 1947년 11월 망명지 이집트에서 귀국한 이드리스였다. 두 세력은 그의 지도에 따라 통합해 국민회의당NCP을 창립했다. 키레나이카에서는 이드리스를 중심으로 군정 종료에 대비하기 위한 잠정 정부 수립과 헌법 제정 등이 비교적 순조롭게 진행되었다.

트리폴리타니아에는 전후에도 이탈리아인이 많이 남아 있었으므로, 이탈리아 정부는 영유권을 강력하게 주장했다. 트리폴리타니아 민족주의자들은 리비아의 독립과 통일이라는 점에서는 의견이 일치했지만, 10개 이상의 정당으로 나뉘어 세력 다툼을 벌이고 있었다. 이드리스 옹립에 대한 찬반이 최대 쟁점으로, 통일국민당과 리비아해방위원회가 주도해 이탈리아가 다시 지배하는 것을 막기 위해서라도 이드리스 중심으로 리비아 통일을 실현해야 한다는 합의점을 이끌어 냈다. 그러나 잠정 정부의 수립 절차에 대해서는 정당 사이의 의견이 대립했으며, 여론 통일이 좀처럼 이루어지지 않았다.

페잔에서는 프랑스 군정 아래서 부족 세력의 유력자인 아흐마드 사이프 나스르의 잠정 정부가 성립했는데, 잠정 정부는 이드리스 옹립에는 찬성했지만 중앙정부를 강화하는 데는 반대했다.

이와 같이 세 지역 사이에서 의견 대립이 확연하게 드러난 것은 각 지역 지도자 층의 이해와 관련되어 있었기 때문이다. 인구 구성에서 다수를 차지하고 있고 행정과 경제 분야의 인재를 보유하고 있는 트리폴리타니아 지도자는 중앙집권제를 채택해 전국을 제패하고자 했다. 구체제에 의존하고 있던 키레나이카와 페잔 지도자들은 지방분권제로 자기 권한을 지키고자 했다.

1949년 국제연합 결의에 기초해 고문관 10명으로 구성되는 고문단이 임명되었고, 또 세 지역 대표로 구성되는 준비위원회가 결성되어 리비아 독립을 위한 길이 열렸다. 그 뒤로 제헌의회 개설과 잠정 연방정부 발족을 거쳐 1951년 10월에는 헌법이 채택되었으며, 12월 24일에는 독립이 선언되었다. 헌법 공포, 내각 구성, 주권 이관도 진행되었다. 이러한 과정에서 키레나이카와 페잔 대표가 연방제 채택을 주장한 데 대해 트리폴리타니아 대표는 단일 국가 수립을 주장했다. 당시의 정세로는 연방제를 채택하지 않는 한 통일 리비아로 독립하는 것이 불가능하다는 사실을 트리폴리타니아 대표도 인정함으로써 최종으로는 '리비아연방왕국'으로 독립하는 데 합의가 이루어졌다(宮治一雄 2000, 136~139).

리비아노동조합총연합(LGWU) 결성과 세 지역의 독자적 활동 전개

리비아에서는 노동조합운동이 1940년대 초반부터 공식적으로 시작되었다. 1957년과 1962년에 제정된 노동관계법에 따라 단결권이 승인되었다. 조직 형태는 노동조합의 자율적 결정에 따라 정해졌으며, 활동 영역은 세 지방(트리폴리타니아, 키레나이카, 페잔)의 관할 지역으로 나뉘어 이루어졌다. 그 뒤로도 노동조합 조직은 지역에 따라 독자적으로 운영되었다. 리비아 노동조합운동의 상황은 정세에 따라 크게 바뀌었으며, 정치인과 노동조합 지도자의 관계에 영향을 받기도 했다. 1951년 국제연합의 결정에 따라 수립된 리비아연방왕국의 정치체제는 연방제였으며, 트리폴리타니아, 키레나이카, 페잔 세 주州가 독자적인 자율성을 행사했다. 군주정치가 일반화되었다. 인구의 80퍼센트 이상이 문맹 상태였고, 주 사이의 맞겨룸이 치열했다. 오랫동안 정당이 존재하지 않아 국회의원은 당원이 아닌 개인 자격으로 선출되었다. 국가는 봉건적 구조였으며, 권력은 지배 엘리트와 외국 기업, 특히 석유산업에 속한 기업들이 장악하고 있었다. 이런 상황에서 정부에 대응할 수 있는 유일한 세력이 출현했는데, 리비아노동조합총연합LGWU으로 대표되는 노동조합운동이었다(Ananaba 1979, 78).

3. 알제리

파시즘과 식민주의 청산을 위한 투쟁, 그리고 1945년 학살

1942년 11월 연합군이 북아프리카 상륙 작전을 감행했고, 그 뒤 드골의 자유프랑스군이 알제리에 근거지를 구축함에 따라 페르하트 압바스를 비롯한 민족운동가 그룹은 1943년 '알제리 인민선언'Manifeste du peuple algérien을 발표하면서 전쟁 협력 대가로 알제리 자치를 요구했다. 드골 정부는 알제리 제도 개혁 준비에 착수했고, 1943년 콩스탕틴 성명에서는 알제리 해방을 시사했지만, 다음 해인 1944년 3월 발표된 구상은 프랑스인과 알제리인의 평등과 알제리 동화同化를 약속한 데 지나지 않았다. 같은 해 알제리 민족주의자들이 개혁 실현을 촉구하기 위해 '선언과 자유 친구회'를 조직했으나, 자유프랑스 정부의 파리 입성 이후에도 알제리 관련 정책은 변화하지 않았다(宮治一雄 2000, 157~158).

1945년 들어 전쟁으로 야기된 물자 부족과 인플레이션, 농작물 흉작 등에 따른 농민의 생활고 등 사회 불안이 전국을 뒤덮었다. 수많은 빈곤층 농민들이 도시로 몰려들었으며, 그들은 아무런 일자리나 생활수단이 없어 빈민 구제 공영 급식소를 전전했다. 1945년 5월 8일 휴전 조인의 날(전승기념일) 전국 각지에서 축하 행사가 열렸는데, 여기에 참가한 알제리인 대중은 행렬을 지어 '파시즘과 식민주의 타도'라는 슬로건을 적은 현수막을 들고 행진했다. 세티프에서는 군대와 경찰이 시위대를 향해 무차별 발포를 했다. 알제리인들은 경찰관과 유럽인을 습격하고 반격을 가했다. 이것이 알제리 인민당PPA의 지지를 받은 자연발생적 봉기의 시작이었다.

농촌 지대 여러 곳에서는 농민들이 봉기를 감행했다. 5월 봉기에 따른 유럽인 사망자는 103명, 부상자는 110명이었다. 5월 10일에는 식민 당국이 보복 전쟁을 일으켜 민간인을 총격하고, 시위 참가자를 구속해 재판 없이 처벌하는 등의 일이 며칠 동안 이어졌다. 이른바 '1945년 학살'이 저질러진 것이다. 프랑스 당국자는 알제리인 1만5천 명이 죽었다고 말했으나, 알제리 민족주의자들은 4만5천 명이 살해되었다고 주장했다.

알제리 정세는 1945년 5월 8일 이후 크게 변화했다. 알제리인 대중과 유럽인 사이의 간극은 크게 벌어졌다. 도시 하층민(하층 노동자와 실업자), 노동자계급, 알제리 농민층은 집단행동의 위력을 경험했다. 알제리인민당의 새로운 세대가 등장했고, 그들은 무장투쟁을 원칙으로 설정했다. 그로부터 9년 후에는 알제리 전쟁이 시작되었다(Stora 일본어판 2011, 156~157).

알제리는 1946년에 출범한 프랑스 제4공화제에서도 식민지 본국 프랑스와 일체를 이루었고, 종래의 지위를 유지했다. 1947년에 제정된 '알제리 구성법'도 알제리가 프랑스 본국의 일부이며, 또 공동의 조직을 갖는 현縣의 집합체라는 특수한 지위를 유지한다고 규정했으므로 독립에 대한 전망은 어두웠다.

이러한 상황에서 1946년 알제리공산당PCA은 정치 노선에 관한 선언문을 발표했다. 알제리공산당은 선언문에서 식민주의 체제 청산은 반제국주의 강령을 바탕으로 하여 모든 민주주의 조직 역량을 결집하는 방법을 통해서만 가능하다고 밝혔다. 공산당은 알제리민주공화국 수립을 위해서는 공동 투쟁, 제헌의회 소집, 그리고 민족정부 수립이 행동 통일의 기초가 될 수 있다고 강조했다(소련과학아카데미 2012, 166).

1946년을 전후해 알제리 독립을 위한 다양한 형태의 민족운동이 전개되었다. 1946년 압바스를 중심으로 한 알제리선언민주동맹UDMA이 결성되었는데, 이 조직은 알제리를 프랑스와 연합 관계를 갖는 자치공화국으로 전환하는 운동을 벌였다. 같은 해 초에는 민주자유승리운동MTLD이 결성되었다.

이 조직은 인종·종교에 따른 차별 없는 보통선거를 통해 알제리 제헌의회를 선출해야 한다고 주장했다. 그러나 민족해방운동의 흐름은 이미 합법운동 방식에만 매달리지 않을 정도로 성장해 있었다. 민주자유승리운동 구성원 가운데 무장투쟁의 필요성을 강조하는 사람들이 특별조직os을 조직해 무장봉기를 준비하기 시작했다(歷史学研究会 編 1996a, 251).

1947년 9월 20일 프랑스 의회에서 채택된 조직법은 프랑스인과 알제리인 동수의 알제리 의회 설립과 지방자치제도의 정비 등 '공동주권' 구상의 연장선상에서 발의된 것이었고, 민족 차별 철폐를 비롯해 이슬람 축제일과 아랍어 교육 인정을 규정했다. 이 개혁에 대해서는 현상 유지를 바라는 식민주의자들이나 독립을 희망하는 알제리인 민족주의자 가운데 어느 한쪽도 만족하지 않았다. 프랑스 본국의 사회당과 공산당만이 높게 평가했다(宮治一雄 2000, 157~158).

이 시기 정치 세력 사이에 민족해방운동 노선의 통일은 이루어지지 못했으나, 식민주의 청산과 정치적 독립을 쟁취하기 위한 반제국주의 통일전선 결성 가능성은 열려 있었다. 이와 같이 민족해방운동이 여러 갈래에서 전개되는 가운데 노동자계급은 민족해방운동에 적극 참여했다.

프랑스 노동조합 조직 체계 유지

제2차 세계대전 이후 알제리 노동운동은 새로운 전환의 계기를 맞았다. 식민지 체제가 그대로 존속하는 상황이었으므로 프랑스 본국의 노동조합운동 체제가 여전히 유지되었다. 1947년 이후 프랑스기독교노동총동맹CFTC과 노동총동맹-노동자의힘CGT-FO 등의 조직이 출현했는데도 프랑스 노동총동맹CGT이 식민지 알제리에서는 여전히 가장 큰 노동조합이었다. 노동총연맹은 1945년 당시 알제리 노동조합원이 25만 명이라고 주장했다. 그러나 노동조합 활동은 식민지라는 특수성 때문에 안정적으로 이루어지지 못했다.

1945년 5월 사건 이후, 노동총연맹은 알제리 노동자들의 탈퇴와 많은 수의 유럽 노동자 탈퇴를 가져온 1947년의 노동자의힘FO 분리 때문에 노동조합원의 축소를 겪게 되었다. 1940년대 후반 노동총연맹 조합원 수는 약 8만 명으로 추산되었고, 그 가운데 알제리인이 60퍼센트 이상이었다(Anser 1992, 78).

4. 튀니지

신데스투르당의 지도성

튀니지에서는 제2차 세계대전 이후 독립을 요구하는 투쟁이 더욱 강력해졌으며, 민족해방투쟁 세력 가운데 지도성을 발휘한 조직은 신데스투르당(신헌법당)이었다. 이 당은 1934년 하비브 부르기바가 주도해 창설한 정당으로 전국 각지에서 정치적 영향력을 발휘했다. 이 때문에 부르기바는 해외로 추방되었다. 1936년 프랑스에서 인민전선이 집권하면서 부르기바는 귀국했고, 프랑스 새 정부와 튀니지의 개혁 방식에 관해 직접 협상을 벌였으나 뚜렷한 성과는 얻지 못했다. 1937년 신데스투르당은 지부 약 400개와 당원 2만8천 명을 포괄하고 있었으며, 지지자 약 40만 명을 확보했다. 1938년에는 총파업을 성공으로 이끌 정도로 노동자와 농민 측 기반도 확대했다. 도시에서 대중운동이 고양되고 산간 지대에서 게릴라 활동이 동시에 진행된 것은 모로코와 동일했다(歷史学研究会 編 1996a, 256).

제2차 세계대전이 발발했을 때 튀니지의 여론은 프랑스를 지지하는 편이었다. 이탈리아가 참전하자 튀니지 거주 이탈리아인들은 억류당하기도 했다. 그러나 독일의 프랑스 점령 뒤 튀니지는 리비아에 주둔한 독일 및 이탈리아군의 무기 공급 통로로 이용되다가, 결국 1943년 추축국이 패배하면서 프랑스 지배 아래 들었다. 제2차 세계대전 발발 당시 부르기바는 감옥에 갇혀 있었으며, 식민 체제의 개혁 요구에서 튀니지인의 목소리를 대표한 사람은 베이 무함마드 알 몬세프였다. 몬세프는 1942년 즉위했는데, 독일·이탈리아 군 점령, 그리고 연합군의 승리로 이어지는 소용돌이 속에서 그의 정치적 활동이 시작되었다. 몬세프는 프랑스 비시Vichy 정부에 개혁을 요구했을 뿐만 아니라 자기 권한 안에서 정치개혁에 열성을 보여 국민의 신뢰를 획득했다. 그러나 1943년 연합국군이 승리한 뒤 자유프랑스 정부는 독일과 협력한 책임을 물어 몬세프를 퇴위시켰다(공일주 외 1998, 283).

제2차 세계대전 종료 이후 프랑스 정부가 내놓은 개혁은 모로코의 경우와 마찬가지로 '공동 주권' 구상이었으며, 그것은 대평의회와 지방의회에서 튀니지인과 프랑스인 식민자 세력의 균형을 맞추기 위해 나온 것이었다. 이러한 구상에 대해 튀니지인이나 프랑스인 식민자 양쪽 모두 불만을 갖고 반대 운동을 폈다. 결과를 놓고 보면, '프랑스 연합'이라는 틀 안에서의 정치 지위 개선이라는 튀니지인 온건파의 요구마저 받아들여지지 않았다. 그리하여 민족운동이 급진화하고 독립 요구가 전면적으로 제기되었으며, 전술도 과격해졌다. 모로코와 다른 점은 이 과정에서 신데스투르당의 지도성이 확립되었다는 점이다(宮治一雄 2000, 151).

튀니지노동총동맹과 튀니지노동총연맹의 공동 투쟁

튀니지의 노동조합운동은 20세기 초부터 시작되었으며, 1924년 튀니지노동총동맹UGTT이 전국 중앙 조직으로서 처음 결성되었다. 튀니지노동총동맹은 1925년 해산 당했다가 신데스투르당이 노동조합에 대한 지도성을 강화하면서 1946년 재건되었다.

제2차 세계대전 이후 튀니지 민족 독립 투쟁 과정에서 노동조합운동은 중요한 역할을 수행했다. 튀니지 노동조합운동은 신데스투르당으로부터 강력한 영향을 받고 있었다. 튀니지노동총동맹은 세계노동조합연맹WFTU을 탈퇴해 국제자유노동조합연맹ICFTU에 가입했다. 튀니지노동총동맹은 '민족해방의 이름으로' 아랍 노동자와 기업가 사이의 계급 평화 정책을 추진했다.

1946년에는 공산주의자의 영향을 받은 튀니지노동총연맹CGTT이 결성되어 노동자계급의 정치·경제적 요구를 실현하기 위한 투쟁에서 행동 통일을 이루기 위한 노력을 열성적으로 기울였다. 튀니지공산당PCT의 발의에 따라 1948년 9월 튀니지노동총동맹과 튀니지노동총연맹은 노동자의 공동 투쟁 프로그램을 마련해 노동관계법 제정, 노동조합의 자유 보장, 노동자 생활수준 향상을 요구했다(소련과학아카데미 2012, 169~170).

5. 모로코

이스티클랄당의 독립 요구

1940년 6월 프랑스가 독일에 항복을 선언한 뒤 프랑스에는 점령지 관할 괴뢰 정권인 비시 정부가 수립되었는데, 이 정권은 모로코 민족운동을 혹심하게 탄압했다. 1942년 11월, 미국과 영국의 연합군이 모로코 상륙 작전에 성공함으로써 모로코 인민의 해방운동이 활기를 찾게 되었다.

모로코의 술탄 무함마드 5세는 1943년 1월 카사블랑카 교외에서 미국

루스벨트 대통령과 회견했는데, 이 자리에서 모로코 독립 지원을 요청했다. 루스벨트는 장래의 모로코 독립에 대해 적극적인 해답을 제시하지는 않았지만, 술탄이 독립운동 선두에 섰다는 자체는 큰 의미를 갖는 것이었다. 같은 해 12월에 결성된 이스티클랄당PI(독립당)은 다음 해 1월에 독립을 요구하는 선언을 발표했다. 제2차 세계대전 이전에는 금기시되어 있던 독립 요구를 공공연하게 표명할 수 있게 된 것이 전후 최대의 성과였다(歷史学研究会 編 1996a, 256).

제2차 세계대전 종료 이후, 프랑스 정부는 모로코에서의 정치 활동을 완화하고 사회·경제 정책을 실시함으로써 전후 위기를 타개하고자 했다. 그러나 정치개혁, 즉 프랑스 연합이라는 틀 안에서의 보호령 조약 내용 개정에 대해서는 구체적인 안을 내놓지 않았다. 1946년에는 구舊 국민운동계의 민주독립당PDI과 모로코공산당MCP이 재건되었다. 이들 정당은 이스티클랄당 및 술탄과 더불어 프랑스 본국과 식민지 정부에 압력을 가했고, 그 결과 1947년 '공동 주권' 구상이 발의되었다. 그것은 모로코 정부 권한을 확대함과 동시에 지방자치제도를 정비함으로써 소수의 프랑스인 식민자가 다수의 모로코인과 동등하거나 그 이상의 발언권을 행사할 수 있도록 한 것이다. 이와 같은 구상은 독립 요구와는 동떨어진 것이었을 뿐만 아니라 보호령 조약 취지에도 반하는 것이었다. 또한 외국인인 프랑스인에게도 참정권을 부여하는 내용이었으므로 모로코인 민족주의자들은 반대했다. 한편 프랑스인 식민자들은 그것이 모로코인에게 정치 참여의 길을 열어 주는 것이라 하여 개혁 저지 운동을 전개했다.

정치개혁이 확대되고 모로코인 정치운동이 고양되자, 식민지 정부는 탄압 정책으로 이에 대응했다. 이는 1930년대 나타났던 것과 동일한 유형이었으며 튀니지와 알제리에서도 되풀이된 것이었지만, 그 이후의 경과는

1930년대와 달리 결국 세 국가의 독립 실현으로 이어졌다. 다음과 같은 점에서 1930년대와는 조건이 변화한 것이다. 첫째, 모든 당파가 공통의 정치목표로서 독립을 내걸었다. 둘째, 민족운동의 대표로서 술탄이 전면에 나서서 독립에 이르기까지의 중요한 역할을 수행했다. 셋째, 이스티클랄당이 정치 운동의 중심이 되었고 그 지도부는 프랑스 정계와 국제연합에서 선전 활동이나 정치 교섭을 벌였으며, 국내에서는 당의 중견 간부들이 실권을 장악해 대중을 동원하고 때로 직접행동을 조직했다. 넷째, 앞에서 설명한 국제적 조건의 변화를 들 수 있다. 즉 프랑스 정부에 대한 압력 요인이 된 국제연합총회 결의, 마그레브 3국의 민족운동 연대, 소련과 미국의 개입 등이 그것이다(宮治一雄 2000, 144~145).

모로코노동조합총연맹의 파업 투쟁 전개

이와 같이 민족해방투쟁이 고양되는 가운데 노동운동도 이 투쟁에 적극 참여했다. 이스티클랄당과 모로코공산당이 독립 투쟁을 주도했으며, 1946년에 개편된 모로코노동조합총연맹UGSCM에 모로코인 노동자가 많이 참가했다. 1950년에는 모로코인이 모로코노동조합총연맹의 집행부를 장악하기에 이르렀다. 이스티클랄당은 모로코노동조합총연맹과 제휴해 선거 보이콧, 정치 파업 등의 전술을 구사했다.

1946년 모로코공산당이 발표한 프로그램은 모로코의 주권을 잃게 만든 모든 조약과 협정 폐기, 외국 군대 철수, 외국 독점기업체 지배 청산, 보통선거권 보장을 통한 국회 선거, 국민의 민주적 권리를 보장하는 헌법 제정 등을 요구했다. 이스티클랄당과 민주독립당도 이러한 프로그램에 반대하지 않았기 때문에 반제국주의 통일전선 형성을 위한 기반이 마련되었다. 모로코 민족해방투쟁에는 노동자계급과 민족부르주아지뿐만 아니라 술탄인 무함마드 5세를 필두로 한 일부 봉건 세력도 가담했다(소련과학아카데미 2012, 168).

1940년대 말에서 1950년대 초에 걸쳐 모로코에서는 파업투쟁이 고양되었다. 1948년 3월에는 철도노동자 6천 명이 파업을 단행해 철도 운행이 3일 동안 마비되었다. 같은 해 4월에는 부두 노동자, 금속 노동자, 광산 노동자, 인쇄 노동자, 공무원이 파업을 벌였다. 파업 결과 식민지 당국과 기업주들은 임금을 평균 50퍼센트 인상했고 대가족 노동자들에게 보조금을 지불했으며 노동자들에게 노동조합 결성의 자유를 보장했다. 이 시기에는 모로코노동조합총연맹이 노동조합운동을 포괄하고 주도했다(소련과학아카데미 2012, 170).

6. 케냐

케냐아프리카인연합의 대중조직화 운동

제2차 세계대전이 종료된 뒤 케냐에서는 국민들의 민족의식이 높아지는 가운데 제국주의 반대 운동이 본격적으로 일어나기 시작했다. 그 배경에는 다음과 같은 요인들이 작용했다. 첫째, 전쟁 기간에 모든 정치 활동이 전면 금지됨으로써 인민들의 불만이 축적되었다. 둘째, 전장에서 돌아온 아프리카인 참전자들은 자신들이 백인들을 위한 대리전을 했다는 생각을 갖게 되었다. 셋째, 영국이 나치의 침략을 막아 자국의 이익을 지키기 위해 전쟁을 치렀다면, 아프리카인들도 영국 지배로부터 독립하기 위해 투쟁할 수밖에 없다는 각성을 하게 되었다(김윤진 1994, 373~374).

이런 상황에서 1946년에는 엘리우드 마수를 중심으로 한 엘리트 층이 케냐아프리카인연합KAU이라는 정치단체를 결성했다. 결성 초기에는 제임스 기추루가 의장이었으나, 1947년 조모 케냐타가 영국에서 귀국하자 그가 의장으로 선출되었다. 케냐아프리카인연합은 지금까지 부족별로 따로 조직되어 있던 정치단체들을 규합하고 대중의 조직화를 위해 전력을 기울였다. 그 결과, 케냐 각지에 케냐아프리카인연합 지부가 설치되었고 케냐아프리카인연합에 대한 대중의 지지도가 높아졌다. 케냐아프리카인연합은 입법심의회에서 아프리카인의 의석수를 확대할 것, 키판데Kipande[10]를 폐지할 것, 아프리카인에게 토지를 반환할 것을 주장했다. 케냐아프리카인연합의 목표는 케냐 아프리카인 민족주의 정당으로 전환는 것이었다. 1948년에는 케냐토지자유수호단KLFA이 출범했다. 케냐토지자유수호단은 뒤에 마우마우Mau Mau로 불리게 되었다. 케냐토지자유수호단의 회원 수는 전국적으로 확대되었다. 이들의 활동 무대는 케냐 산과 에버데어 산악지대였고, 비밀 결사로 운용되었다(吉田昌夫 2000, 178).

이러한 조직을 바탕으로 제2차 세계대전 직후부터 1932년 토지할당법에 따라 비옥한 토지를 백인들에게 빼앗겨 노동자가 된 키쿠유족이 주도해 파업 및 백인 농장 불법 점거 행동을 자주 벌였다. 이 무렵 케냐아프리카인연합은 총독임명제에 따라 아프리카인 500만 명이 입법평의회에 단 4명의 대표만을 보내고 있는 상황에 반대하며, 임명제를 선거제로 전환하고 대표 수를 확대할 것을 요구했다. 그러나 식민 당국은 이와 같은 요구를 거부했다(西川潤 1971, 244).

10_고용노동에 관한 조례의 하나인 원주민 등록 조례는 16세 이상의 아프리카인 남자를 강제로 등록시키고, 보호구역을 이탈할 때는 키판테로 불리는 등록 카드를 반드시 휴대해야 한다고 규정했다.

아프리카인 노동자들의 조직 운동과 파업투쟁

케냐에서의 노동조합운동은 식민지 체제에서 시작되었다. 일찍이 1919년
에 유럽인들과 인도인들이 '사무직원협회'와 같은 조직을 만들었는데, 식민
정부 당국은 노동조합 활동을 억압하기 위해 노동조합 간부 구속을 비롯한
여러 가지 방법을 동원했다. 이 시기 최초의 공식적인 노동조합은 인도인
이주자 마칸 싱과 몇몇 아프라카인들이 주도해 조직한 동아프리카노동조합
LTUEA, 그리고 동아프리카노동조합회의EATUC였다. 식민 정부는 여러 민족으
로 구성되는 노동조합을 저지하고, 인도 이주민과 아프리카인을 분리시키
기 위해 여러 방책을 사용했다. 이를테면 '인도인노동조합'과 케냐아프리카
인공무원연합KACSA이나 철도아프리카인직원연합RASA이 그러한 사례였다.
1922년에는 아프리카인과 아시아인을 모두 포괄하는 철도기술자노동조합
RAU이 조직되었다(Otenyo 2016, 107~108).

제2차 세계대전 기간 및 전쟁 이후 시기에 노동자투쟁은 전례를 찾기 어
려울 정도로 고양되었다. 1939년, 1944년, 1947년에 몸바사 항에서 총파업
이 일어났다. 1947년 파업은 임금 인상과 집세 인하를 요구 조건으로 내세
웠다. 이 파업은 아프리카인노동자연맹AWF과 아프리카인철도직원노동조합
RASU이 주도했으며, 여기에 호텔과 상점에서 일하는 노동자들이 가담했다.
정부 당국은 파업을 억누르기 위해 경찰과 군대를 동원했다.

1947년 9월에는 어플랜즈Uplands 베이컨 공장에서 파업이 발생했고, 여
기에 경찰 폭력이 가해졌다. 경찰의 발포로 노동자 3명이 죽었으며, 22명이
체포되었다. 그 뒤로 몇 년 동안 노동조합운동이 급속하게 발전함에 따라
식민지 당국은 노동조합의 조직과 활동을 제한하기 위한 법안을 만들었고,
법안은 입법심의회에서 통과되었다.

1948년 9월에는 동아프리카노동조합 사무총장 마칸 싱이 케냐에서는

일찍이 존재하지 않았던 생활비임금회의를 조직했다. 여기에는 아시아·아프리카 노동자 1만 명 이상을 대표하는 16개 노동조합과 단체 대표자가 참가했다. 노동자들의 이와 같은 투쟁과 활동들은 점점 정치활동과 정치투쟁으로 전화했다(Woddis 1961, 80).

7. 우간다

1945년 1월의 인민 봉기

유럽인들이 동아프리카에서 식민지 지배를 확립했던 시기에 부간다는 유럽인들과 협조함으로써 영국의 보호를 받으며 강력한 왕국으로 부상할 수 있었고, 영국은 우간다의 다른 지역을 지배하는 데서 부간다의 도움을 받는 상호 지원 관계를 유지했다. 그러나 1945년 이후부터 상황은 크게 변화했다.

1945년 1월, 부간다 왕국 정부 각료 퇴임을 요구하는 인민 봉기와 파업이 일어났다. 카티키로Katikiro[11] 직을 맡고 있었던 삼위리 와말라는 식민주의자와 협력해 반대 세력을 억압했다. 결국 와말라는 그의 퇴진을 요구하는 강력한 여론에 밀려 사임했다. 와말라의 사임과 함께 루키코Lukiko[12] 내의 반대 세력도 식민 정부의 압력을 받아 밀려났다.

영국 보호령 정부는 식민지에 대한 통제권을 더욱 강화했으며, 카왈야카그와가 새로운 카티키로에 취임해 1946년 3월 선거를 실시했다. 선거 결

11_부간다 왕국 최고 통치자 다음으로 중요한 권력을 수행하는 직책으로 국방, 법무, 재무를 관장했다.
12_카바카(Kabaka, 부간다 왕국의 최고통치자로서 왕에 준함)를 보좌하는 입법·사법 기구를 말한다.

과 선출 의원 31명이 임명 수장 89명과 더불어 새로운 위원회를 구성했으나, 큰 영향력을 발휘하지는 못했다. 이러한 상황에서 제2차 세계대전 이전의 바타카Bataka[13] 운동을 계승한 바타카당이 농촌 지역을 기반으로 결성되어 정치 활동을 시작했다. 1947년 이후 바타카당은 우간다아프리카인농민조합UAFU과 연대해 농민의 경제적 불만을 결집해 부간다 정부에 민주적 요구를 제기했다. 이와 함께 선출된 루키코 구성원 숫자를 늘리고, 일부 구성원과 표리부동한 무자격자는 루키코에서 제명해야 한다는 요구도 동시에 내세웠다. 카바카는 이와 같은 요구를 거부했다. 1949년 캄팔라를 중심으로 부간다 도처에서 폭동과 약탈, 방화와 파괴가 발생했다. 봉기가 진압됨과 동시에 우간다 보호령 정부는 바타카당과 우간다아프리카인농민조합을 비합법화했다(김윤진 1994, 365~366).

1945년의 총파업 투쟁

동아프리카와 중앙아프리카 국가들 가운데 우간다는 독립을 달성한 이후까지 정치가 노동조합운동 발전에 별다른 영향을 미치지 못한 유일한 국가였다. 그것은 두 가지 요인 때문이었다. 한 가지는 백인 식민자 문제가 상대적으로 제기되지 않았다는 점이다. 독립을 전후해 지역 인구의 압도적 다수는 아프리카인이 차지했으며, 유럽인은 1.5퍼센트에 지나지 않았다. 다른 한

13_씨족지(氏族地)를 보유하고 있는 씨족장을 의미하는데, 1900년 부간다협정에 따라 토지사유제가 창설되었을 때, 이전부터 혈연관계에 기초한 토지를 관리하고 씨족지를 보유했던 바타카의 권리는 거의 무시되었다. 그리하여 바타카는 1918년 바타카연합을 결성해 부간다 왕에게 전통적인 씨족지를 부활시켜 달라고 호소했다. 왕은 이런 요구에 동정적이었으나, 의회는 이를 거부했다.

가지는 부간다 왕국의 특별한 위상인데, 이 위상은 물질적인 것이나 역사적인 것에서 기인된 것이었다. 부간다는 우간다 최대의 인종 그룹이고 영토의 3분의 1을 차지하고 있으며, 전체 인구의 약 3분의 1이 부간다에 살고 있었다. 정부와 교회 본부 소재지 또한 부간다에 위치했다.

영국이 우간다에서 그들의 종주권을 강요하고자 했을 때 다른 왕국은 반대했지만, 부간다의 카바카는 성실한 자세로 영국과 협력했다. 사실상 부간다 왕국은 영국이 종주권을 거부하는 왕국을 정복하기 위한 군사 원정을 단행하는 데서 발판 구실을 했다. 그런 협력의 대가로서 영국은 분요로 Bunyoro 영토의 상당한 부분을 분할해 카바카에게 공여했다. 이때 상실된 분요로 영토는 그 후 중요한 정치적 쟁점이 되었으며, 이 문제를 해결하는 것은 그 후 결성된 정당에 주어진 주요 책무가 되었다. 이와 같은 상황 때문에 정치가 노동조합운동 발전에 크게 영향을 미치지 못한 것이다.

이런 상황에서 제2차 세계대전을 전후해 우간다에서 노동조합을 조직하기 위한 다양한 시도가 이루어졌으나 결코 성공을 거두지 못했고, 1952년에 이르러서야 노동조합이 비로소 설립 신고를 할 수 있었다. 그 후 6년 동안 13개 노동조합이 조직되었는데, 노동조합원은 7,370명이었다. 1961년에 등록된 노동조합 수는 34개였으며, 노동조합원 수는 3만9,862명으로 증가되었다. 1955년에는 전국 중앙 조직으로서 우간다노동조합회의UTUC가 설립되었다(Annaba 1979, 40~41).

독립 이전 우간다에서 일어난 인민 봉기의 중심은 노동자투쟁이었다. 그 대표적 사례가 1945년 1월에 발생한 총파업이다. 총파업 참가자들은 생필품 가격 상승에 따른 임금 인상, 부간다 입법회의 의원의 아프리카인 대표권 확대, 영국 식민주의자의 앞잡이 재무장관 콜루비야 해임 등의 요구를 제기했다. 우간다의 많은 도시들에서 파업 참가자의 요구를 옹호하는 집회와 시위가 단행되었다. 식민지 당국은 집회와 시위를 진압하기 위해 무력을 사용했다. 집회·시위 진압 과정에서 코자시에서만 8명이 죽고 12명이 부상을 당했다. 희생자는 다른 곳에서도 발생했다.

파업투쟁이 끝난 뒤, 파업 참가자들이 대대적으로 검거되었다. 캄팔라에서만 319명이 체포되었다. 한편 식민주의자들은 총파업에서 제기된 요구사항 가운데 일부나마 수용하지 않을 수 없었다. 우간다 입법회의에 아프리카인 3명이 참여하는 제도가 도입된 것이 그 한 가지였다. 노동자들의 노력이 식민 통치 체제에 결정적인 변화를 가져오지는 못했지만, 입법회의에 처음으로 아프리카인이 진출하게 된 것은 식민지 통치기관에서의 아프리카인 대표권 확대를 위한 첫걸음이었다(소련과학아카데미 2012, 173).

8. 골드코스트(지금의 가나)

은크루마의 범아프리카주의 운동

영국령 골드코스트는 민족해방투쟁에서 북아프리카 국가들보다는 몇 년 뒤처졌지만, 사하라 사막 이남 국가들 가운데서는 최선두였다. 골드코스트에서 민족주의 운동이 구체적인 형태를 취한 것은 1920년 3월 영국령서아프리카민족회의NCBWA가 창설된 이후였다. 이 조직이 내세웠던 슬로건은 '장래의 자치' 대신 '즉각 자치'였다. 골드코스트에서 전개된 민족해방투쟁은 제2차 세계대전 발발 이후 1940년대 후반 들어 본격적으로 전개되었다. 콰메 은크루마[14]의 귀국이 주요 계기가 되었다.

1947년 11월 통일골드코스트회의UGCC가 결성되었고, 은크루마가 골드코스트에 귀국해 이 조직의 사무총장에 취임했다. 은크루마는 아프리카의 독립과 통일을 목표로 한 범아프리카주의 운동을 제창했다. 그가 구상한 범아프리카주의 운동이란 서아프리카에 있는 각 식민지를 통합해 서아프리카 연방을 창설하는 내용이다. 이 연방은 아프리카 합중국을 최종 단계로 하는 아프리카 대륙권 통일체의 전 단계이며, 이 단계에서는 식민지 자치 또는 독립이 보장된다. 이런 구상에 따르면 점진주의는 허용되지 않으며 즉시 자치의 요구가 강조될 수밖에 없다(歷史学研究会 編 1996a, 258~259).

그런데 1948년 2~3월의 식민지 지배에 저항하는 일련의 저항 투쟁을 계기로 J. B. 단콰를 비롯한 통일골드코스트회의의 개량주의 간부들과 전투적인 자세를 일관되게 견지해 온 은크루마 사이에 견해의 대립이 날카롭게 드러났다. 여기서 말하는 일련의 저항 투쟁이란 1948년 2월의 유럽인 상품과 시리아인 상품에 대한 전국적인 불매 운동(약 1개월 동안 계속되었다), 수도 아크라에서 일어난 복원군인 동맹 시위와 경찰대 발포 사건, 잇따라 일어난 며칠 동안의 시 전체에 걸친 폭동(연합아메리카 회사와 그 밖의 많은 건물이 불타고 사망자는 29명, 부상자는 237명에 이르렀다) 등을 말한다. 이 저항행동은 통일골드코스트회의가 직접 지도한 것은 아니었지만, 통일골드코스트회의는 이 저항행동을 계기 삼아 골드코스트 행정권을 부족장과 인민 대표

14_콰메 은크루마(1909~1972)는 골드코스트 남서쪽 은크로풀에서 출생해 교원 양성소를 수료하고 교사가 되었다. 1935년 미국에 유학, 링컨대학교와 펜실베이니아대학교에서 경제학·사회학·정치학을 공부했다. 1945년 영국으로 건너가 런던대학교 경제학부에서 수학 중 맨체스터에서 개최된 제5회 범(汎)아프리카회의 사무국 일을 담당했다가 1947년 통일골드코스트회의(UGCC)의 사무총장에 추대되어 귀국했으며, 1949년 회의인민당(CPP)을 조직, 반영 활동을 벌이다가 투옥되었다. 1951년 신헌법 제정 후 처음으로 실시된 총선거에 옥중 출마해 당선, 곧 석방되어 1952년 골드코스트 총리가 되었다. 1957년 3월 골드코스트가 가나로 독립하고, 1960년 7월 국민투표로 가나공화국이 정식 출범하자 초대 대통령에 선출되었다. 그러나 1966년 2월 베트남과의 화평 문제로 베이징에 체류 중 본국에서 군사 쿠데타가 일어나 실각되었다. 그 후 기니로 망명, 1972년 루마니아의 부카레스트 병원에서 사망했다.

들로 구성되는 잠정 정부에 즉시 이양하고 제헌의회를 소집하기 위한 조치를 취할 것을 영국 정부에 요구했다. 그러나 돌아온 응답은 은크루마와 단 콰 등 통일골드코스트회의 간부 6명의 체포였다.

이 사건 이후 은크루마는 선전·선동·정치교육 등을 통해 통일골드코스트회의의 대중적 기반 확대를 위해 정력적으로 활동했으나, 1948년 9월 통일골드코스트회의 사무총장 직에서 밀려났다. 다음 해인 1949년 6월 은크루마는 통일골드코스트회의의 청년조직위원회를 당에서 분리시켜 이를 모체로 회의인민당CPP을 결성했다. 회의인민당은 가나의 활동적이고 의욕적인 프티부르주아의 교두보였다. 회의인민당은 가나 민족주의의 다계급적이고 대중적 표현을 구현했다(Kraus 2007, 89).

회의인민당은 골드코스트의 즉시 자치 달성, 민주적인 정부 수립, 부족장과 인민의 단결, 노동조합운동 추진, 서아프리카 통일과 자치 달성 등을 강령으로 제시했다. 또 기본 전술로서 '적극 행동'을 채택했다. 은크루마가 적극 행동을 채택한 이유는 "식민지 인민의 교육 수준이 낮아, 대중의 태반은 읽고 쓸 줄을 모르기 때문에 그들이 이해할 수 있는 길은 단지 한 가지, 즉 행동뿐이다"라는 판단에서였다. 행동 가운데서도 가장 효과적인 적극 행동이란 "국내의 제국주의 세력을 공격하기 위한 모든 합법·조직적 수단이고, 그 무기는 합법적 정치선동과 신문과 교육운동이며, 최후의 수단은 인도에서 간디가 사용한 것과 같은 절대적 비폭력 원칙에 기초한 파업과 보이콧 그리고 비폭력의 합법적 적용이다"라고 은크루마는 주장했다(歷史学研究会 編 1996a, 259~260).

골드코스트노동조합회의 결성

골드코스트에서 전개된 민족해방운동에는 노동자계급의 투쟁이 주요한 추진 동력으로 작용했다. 골드코스트의 노동운동은 오랜 역사를 지니고 있다. 노동운동은 민족주의 운동이 전개되기 이전에, 그리고 독자적으로 발전했다. 영국 식민지 지배 아래에서는 노동조합은 1930년대 후반에 결성된 철도노동조합RWU과 1945년에 결성된 광산노동조합MWU을 제외하고는 대부분 분권화된 기업별 노동조합 형태를 취했다. 골드코스트 노동조합운동은 식민지 체제에 대항하는 정치투쟁에 적극 참여했으며, 민족해방운동을 이끈 회의인민당의 대중적 토대가 되었다.

노동조합운동은 제2차 세계대전 이후 경제성장과 더불어 급속하게 성장했다. 1946년의 노동조합 14개에 소속된 노동조합원 6,300명에서 1949년의 노동조합 54개에 소속된 노동조합원 3만8,135명으로 증가했다. 1950년 1월에 감행된 총파업으로 많은 해고자가 발생했으며, 노동조합은 혹심한 탄압을 받게 되었다(Jon Kraus 2007, 89).

1945년에는 노동자들의 조직 역량을 포괄해 골드코스트노동조합회의GCTUC가 결성되었고, 골드코스트노동조합회의는 임금 인상과 노동조건 개선을 위한 노동자계급의 투쟁을 선두에서 지휘했다(소련과학아카데미 2012, 172).

9. 나이지리아

나이지리아카메룬민족회의의 식민지 부르주아 민족주의 요구

나이지리아에서는 제2차 세계대전 초기에 민족운동이 활발하게 전개되었다. 나이지리아청년운동NYM, 나이지리아학생연맹NUS 등의 청년층이 주축

이 되었다. 은남디 아지키웨는 나이지리아 민족전선의 통일을 목표로 1942
년에 나이지리아재건그룹NRG을 조직했다. 1944년 8월에는 학생운동 조직
및 노동조합, 부족 동맹, 사회단체 등이 중심이 되어 나이지리아민족회의
NCN를 결성했다. 이 조직의 대표로는 원로 정치 지도자인 나이지리아민족
민주당NNDP 위원장 허버트 매콜리가, 사무총장에는 아지키웨가 선출되었
다. 결성 이후 카메룬인 단체도 참가함으로써 이름도 나이지리아카메룬민
족회의NCNC로 바꾸었다. 나이지리아카메룬민족회의가 1945년에 채택한
강령은 정치적 자유, 경제적 보장, 사회적 평등을 기본 요구로 제시했는데,
이를 두고 '식민지 부르주아 민족주의적 요구'라고 평가하는 목소리도 있었
다.

나이지리아카메룬민족회의의 특성으로서는 다음의 네 가지가 지적되었
다. ① 1952년까지는 단체 참가로 제한되어 있었다는 점, ② 나이지리아청
년운동과 나이지리아에서 가장 큰 노동조합인 나이지리아교원노동조합NUT
이 참가하지 않았다는 점, ③ 나이지리아카메룬민족회의의 설립을 계기로
매콜리와 아지키웨 사이에 화해가 이루어졌으며, 1951년 행동당AG이 결성
될 때까지 나이지리아카메룬민족회의가 나이지리아 정치계를 안정적으로
지배했다는 점, ④ 나이지리아카메룬민족회의 가맹 단체는 거의 남부 쪽 조
직에 한정되어 있었다는 점 등이다. 나이지리아카메룬민족회의는 1920년
대의 나이지리아민족민주당과 비교한다면 한층 더 대중적인 운동체였지만,
연합체라는 약점도 동시에 지니고 있었다(나카무라 히로미츠 1994, 141~142).

영국 식민지 정부는 제2차 세계대전 기간에 식민지 통치에 변화를 주고
자 했다. 1944년 부임한 아서 프레데릭 리처즈 총독 주관으로 헌법 개정이
추진되었고, 1946년에는 통칭 '리처즈 헌법'이 공포되었다. 이 헌법의 주요
특징은 나이지리아의 지역·문화적 다양성을 고려해 지역주의를 도입하면

서 나이지리아의 통일화 실현을 기도한 데 있다. 헌법상 중앙에 나이지리아 전국 차원의 입법 심의를 위한 입법심의회가 설치되었다. 서부 주, 동부 주, 북부 주에는 주 심의회가 설치되었고 북부 주에서만 2원제가 구성되었다. 주 심의회 구성원의 반수는 관리가, 나머지 반수는 원주민 통치기구가 선출했다. 이것은 간접 통치 방식의 변용이었다.

이 헌법에 대해서는 온건파도 반대했지만, 나이지리아카메룬민족회의는 격렬하게 반대했다. 1947년 6월에는 리처즈 헌법 개정을 청원하는 대표단이 런던에 파견되었다. 대표단은 식민지부 장관과 면담하고 33개 항목의 요구를 담은 제안서를 제출했다. 영국 정부는 리처즈 헌법을 1948년에 개정하기로 결정했다.

이런 결정에 따라 1948년 3월 아지키웨는 식민지 정부와 협력할 용의가 있다는 성명을 발표했다. 그러나 그의 젊은 추종자인 지키스트Zikist들은 아지키웨와는 달리 영국 제국주의에 대항해 격렬한 투쟁을 전개하고 있었다. 1949년 지키스트 지도자 오시타 아구나, 오지든그베 매콜리 등은 무력으로 정부를 타도할 것을 주장했다. 1950년 2월 18일 지키스트가 계획한 정부 요인 암살 미수 사건이 발각되자 정부는 지키스트들을 체포했으며, 4월에는 지키스트 운동을 금지했다. 이 사건은 청년 조직과 무장투쟁을 주장한 민족주의 운동에 큰 타격을 가져다주었다(나카무라 히로미츠 1994, 143~144).

노동조합의 조직 확대와 계속된 분열

나이지리아에서 노동조합은 1939년 노동조합법령이 제정됨으로써 비로소 합법화되었다. 그 이전에도 노동조합이 존재해, 일찍이 1893년에는 기능노동자상호부조공제개선조합이 만들어졌다. 1919년에는 나이지리아기능노

표 20-10 | 나이지리아 노동조합 조직의 증가 추이

연도	노동조합 수	노동조합원 수
1940	14	4,629
1941	41	17,521
1942	80	26,275
1943	85	27,154
1944	90	30,000
1945	97	-
1946	100	52,747
1947	109	76,362
1948	127	90,864
1949~1950	140	109,998
1950~1951	144	144,385
1951~1952	124	152,230
1952~1953	131	143,282
1953~1954	152	153,089
1954~1955	177	165,130
1955~1956	232	175,987
1956~1957	270	198,265
1957~1958	298	235,742
1958~1959	318	254,097
1959~1960	347	259,072

자료: R.O. Ekundare 1973, *An Economic History of Nigeria 1860~1960*, London; Zasha 1980, 91에서 재인용.

동자노동조합이 결성되었고, 1911년에는 라고스상업판매원조합이 조직되었으며, 1925년에는 나이지리아아프리카인철도노동조합이 결성되었다. 그리고 1931년에는 나이지리아교원노동조합이 조직되었다.

1939년을 전후한 시기의 노동조합운동은 세 가지 주요한 특징을 나타냈다. 첫째, 노동조합은 거의 대부분 철도 부문을 비롯한 정부기관에 고용되어 있는 노동자들로 조직되었다. 둘째, 노동조합은 대부분 남쪽 지역에서 조직·운영되었으며, 1897년부터 1939년 사이 25건이 발생한 파업 가운데 90퍼센트가 남쪽 지역에서 일어났다. 셋째, 공무원노동조합·교원노동조합·철도노동조합의 3대 노동조합을 제외한 1939년 이전의 다른 노동조합들은 부침이 심했을 뿐 아니라 특별하게 파업을 조직한 경우에도 별다른 성

표 20-11 | 1958년의 산업별 노동조합 분포

산업	노동조합 수	노동조합원 수
농업·임업·어업	20	52,103
광산·채석업	14	26,575
제조업	40	10,926
건축·건설업	22	8,037
전기·수도·하수도업	8	4,220
상업	45	7,758
운수·통신업	66	44,458
서비스업	77	80,110
기타	6	1,555
합계	298	235,742

자료: T.M. Yesufu 1962, *An Introduction to Industrial Relation in Nigeria*, 41; Zasha 1980, 103에서 재인용.

과 없이 타결되었다. 중요한 사실은 나이지리아 도시 임금노동자들이 초기 단계에서부터 그들 자신의 권익을 위해 노동조합을 조직하고 투쟁할 필요성을 자각하고 있었다는 것이다. 노동조합법령이 제정되기 이전에 20년 가까이 활동을 이어 간 조직도 있었다(Zasha 1980, 84~85).

1939년 이후 식민 정부는 노동조합 조직과 운영을 규제할 여러 조치를 취했다. 식민 정부 당국은 '용인되는' 노동조합운동만을 승인했으며, 노동조합 설립 신고 제도가 시행되었다. 단결권도 부문에 따라 박탈되었는데, 수도·전기·화재·우편 등이 그러했다. 그리고 모든 전략 부문에서는 파업 행동이 철저히 차단되었다.

이처럼 정부 당국의 규제가 강도 높게 시행되었는데도 노동조합 조직은 〈표 20-10〉에서 보는 바와 같이 해를 거듭할수록 증가했다.

노동조합법령이 제정된 다음 해인 1940년의 노동조합 수는 14개였는데 1946년에는 100개로 증가했고 1955~1956년에는 232개, 1959~1960년에는 347개로 증가했다. 노동조합원 수도 1940년 4,629명에서 1946년 5만 2,747명, 1955~1956년 17만5,987명, 1959~1960년 25만9,072명으로 증가

표 20-12 | 나이지리아 노동조합 전국 중앙 조직 건설 노력의 실패 과정

연도	노동조합 중앙 조직	비고
1943	TUC	전국 중앙 조직 건설의 필요에 따라 건설됨.
1949	NNFL 대 TUC	NCNC 가입 문제로 분열됨. 1945년 총파업에 대한 전략을 둘러싸고 지도부 내에서 일어난 의견 불일치가 불화의 씨앗이 됨.
1950	NLC	마르크스주의자들이 주도하는 통일전선에 합류. 세계노동조합연맹(WFTU)에 가입. 지도부의 좌절로 인해 해산.
1953	ANTUF	해산된 NLC의 복원과 사회주의 실현을 위한 노동당 건설을 목표로 함.
1957	ANTUF 대 NCTUN	세계노동조합연맹과 국제자유노동조합연맹(ICFTU)가입 선택 문제와 지도부 경쟁 때문에 분열됨.
1959	TUCN	공산주의 수용에 동의하며, 노동운동에서 파시즘과 정치적 당파성 배제 주장.
1960	TUCN 대 NTUC	국제자유노동조합연맹 가입 문제로 분열됨.

자료: Zasha 1980, 109.

주: TUC: 노동조합회의(Trade Union Congress).
　　NNFL: 나이지리아전국노동연맹(Nigeria National Federation of Labour).
　　NLC: 나이지리아노동회의(Nigeria Labour Congress).
　　ANTUF: 전나이지리아노동조합연맹(All Nigeria Trade Union Federation.
　　NCTUN: 나이지리아노동조합전국평의회(National Council of Trade Unions of Nigeria).
　　TUCN: 나이지리아노동조합(Trade Union Congress of Nigeria).
　　NTUC: 나이지리아노동조합회의(Nigeria Trade Union Congress).
　　WFTU: 세계노동조합연맹(World Federation of Trade Unions).
　　ICFTU: 국제자유노동조합연맹(International Confederation of Free Trade Unions).

했다. 노동조합 조직률도 1946년 17퍼센트에서 1959년 33퍼센트로 증가했다(Zasha 1980, 92).

1958년 당시 노동조합의 산업별 분포는 〈표 20-11〉에서 보는 바와 같다.

노동조합의 산업별 분포를 보면, 노동조합 수에서는 서비스업이 가장 많고 그다음이 운수·통신업이고 상업과 제조업이 그다음으로 많다. 노동조합원 수에서는 서비스업이 가장 많고 그다음이 농업·임업·어업이며, 운수·통신업이 그다음으로 많다. 운수·통신업, 서비스업, 전기·수도·하수도업, 광산·채석업 등은 모두 국가가 지배·관리하고 있는 산업이고, 이들 산업이 노동조합원의 65퍼센트를 차지하고 있다. 전체 노동조합원의 75퍼센트는 국가에 직접 고용되어 있다(Zasha 1980, 103).

이와 같이 성장한 노동조합운동은 항구적인 전국 중앙 조직을 건설하는 데는 실패했다. 그 배경으로 다음과 같은 요소들이 지적되고 있다. ① 상이한 노동조합 지도자들 사이의 성향, ② 다수의 소규모 노동조합, ③ 국제조직 가입 문제, ④ 국내 정당과의 관계, ⑤ 이데올로기의 불일치와 노동조합에 대한 정부의 강경 정책 등이 그것이었다. 1943년부터 1960년 사이에 노동조합 통일을 위한 노력이 성공을 거두지 못한 경과는 〈표 20-12〉에서 보는 바와 같다.

〈표 20-12〉는 식민지 시기 나이지리아 노동조합운동의 항구적인 전국 중앙 조직 건설을 위한 고통스러운 실패의 과정을 단적으로 보여 준다. 1960년 독립 이후에도 전국 중앙 조직 건설과 조직 사이의 연대를 위한 여러 방책이 모색되었다(Zasha 1980, 109; 118).

1945년의 총파업 투쟁

이런 가운데서도 노동자계급의 투쟁은 계속되었다. 가장 대표적인 것이 1945년 6월에 일어난 총파업 투쟁이다. 총파업의 원인은 실질임금의 저하, 생활필수품의 부족 사태, 정부의 임금 인상 약속 불이행 등이었다. 총파업을 촉발시킨 것은 식민 정부 당국이 유럽인 공무원들의 임금 인상은 실시하면서 임금노동자들의 임금 인상은 거부한 조치였다. 총파업은 44일 동안 이어졌는데, 지도부는 감옥에서 갓 풀려난 마이클 이마우드를 중심으로 꾸려졌으며 파업 참가자의 90퍼센트는 정부가 고용한 노동자와 자리아의 철도노동자들이었다. 파업은 주로 남쪽 지역에서 발생했으며, 광범위한 대중의 지지를 받았다(Zasha 1980, 130~132).

파업 참가자들이 비록 정치적 요구를 제기하지는 않았다 하더라도 1945년 총파업은 정치적으로 큰 의미를 지녔다. 총파업은 나이지리아 노동조합의 힘과 영향력을 발휘해 대중적·조직적 행동을 통해 식민주의자들의 양보를 얻어 내고 근로인민의 정당한 요구를 실현할 수 있다는 가능성을 보여 주었다. 총파업은 노동운동의 발전뿐만이 아니라 민족해방운동의 고양을 촉진했다(소련과학아카데미 2012, 173).

10. 남아프리카공화국

새로운 민족의 기원에 관한 역사

제2차 세계대전은 민족해방운동과 노동운동의 고양·발전을 위한 중요한 계기가 되었다. 아프리카인이 제2차 세계대전에서 반파시즘 투쟁에 참가한 것은 아프리카 민족의 민족의식 향상과 아프리카인 프롤레타리아트의 조직성과 계급의식 성장을 촉진하고, 식민지 반대 및 민족해방을 위한 투쟁을 더욱 적극적으로 전개하기 위한 조건들을 조성했다(The USSR Academy of Sciences 1985, 704).

한편 제2차 세계대전 발발은 남아프리카 백인 지배 계층을 대표하는 아프리카너[15]의 분열을 가져왔으며, 인종분리(인종차별) 정책의 토대를 조성

15_ 아프리카너(Afrikaner)는 남아프리카 공화국에 거주하는 백인 가운데 케이프 식민지를 형성한 네덜란드 이민자를 중심으로 하여 프랑스의 위그노와 독일계 개신교도 등 종교적 자유를 찾아 아프리카 남부에 정착한 이들을 말한다. 아파르트헤이트 시대의 정확한 정의로는 네덜란드계(위그노 등 포함)이고 아프리칸스어를 모국어로 하며, 네덜란드 개혁교회의 신도라는 세 가지 조건을 갖추어야 한다.

했다. 1930년대 아프리카너 지식인들이 주장했던 인종분리 이론을 전쟁 기간에 아프리카너 학자들이 더욱 구체화했으며, 네덜란드 개혁교회의 신학적 전통과 독일 나치즘의 인종주의가 인종분리주의에 큰 영향을 끼쳤다.

앨버트 쿠체의 다음 문장이 인종분리 이론의 내용을 명확하게 표현하고 있다. "남아프리카의 역사는 실제로 새로운 민족의 기원에 관한 역사이다. 그것은 유럽의 여러 민족·집단·개인으로부터 분리되고, 단절되고, 구별되고, 특수화된 사람들이 어떻게든 자신의 천직과 운명, 자신의 전통, 자신의 영혼, 자신의 육체를 갖춘 새로운 '민족 집단'을 형성한 역사이다"(Coetzee 1942, 104; Thompson 2001, 184에서 재인용).

제2차 세계대전 기간인 1941년 영국 수상 처칠과 미국 대통령 루스벨트가 회담을 열고 대서양헌장을 작성했는데, 그 속에는 모든 피억압 민족의 자결권 보장이 강조되었다. 아프리카민족회의ANC는 이 헌장의 의의를 높게 평가하고, 전쟁이 끝나면 남아프리카인도 해방될 것이라고 보았다. 그 전해인 1940년, 아프리카민족회의의 새 의장에 알프레드 수마가 선출되었는데, 아프리카민족회의의 청년층은 수마의 온건한 저항 투쟁 노선에 반대해 1942년 청년동맹YL을 결성하고 의장에 안톤 렘베데를, 사무총장에 올리버 탐보를 선출했다. 여기에 월터 시술루와 넬슨 만델라도 가입했다. 이 조직은 1943년 아프리카민족회의 연례회의에서 공식 조직으로 승인을 받았다. 청년동맹은 아프리카민족회의에서 급진적인 노선을 견지했으며, 그 구성원들은 대부분 젊은 아프리카인 교사와 의과·법학과 학생들이었다. 그들 가운데 일부는 아프리카민족회의가 이전에 채택했던 것보다 더욱 강한 아프리카주의적 접근을 주장하면서 군사 행동을 벌여 나가야 한다고 말했다.

아프리카민족회의 내에서 군사행동에 대한 분위기는 남아프리카공산당SACP이 주도한 반패스법 운동Anti-Pass Campaign으로 고조되었다. 이 운동은

1944년 요하네스버그에서 약 2만 명의 아프리카인이 시위를 벌임으로써 절정을 이루었다(김윤진 2006, 256~257).

1945년 12월 아프리카민족회의는 '아프리카인 요구' 선언을 채택했다. 이 선언에서 아프리카민족회의는 아프리카인 참정권 폐지 반대, 흑·백에 대한 법률의 평등한 적용, 아프리카인 배심원 등용, 부동산 취득 자유, 취업의 기회 균등, 모든 아동에 대한 의무교육, 모든 인종의 동등한 공무원 등용 등을 요구했다(星昭 외 1978, 182).

1946년 국민당은 인종 문제에 관한 정책 선언을 준비하기 위해 사우어를 의장으로 하는 '사우어위원회'Sauer Committee를 설치했다. 위원회 보고서는 아프리카인들의 도시 유입은 강력한 정책으로 통제하고, 아프리카인 거주지를 통합해야 한다고 했다. 아프리카인들은 일시적으로 머무는 방문자이며, 백인들과 동등한 정치·사회적 권리가 보장되어서는 안 된다는 것이다. 아프리카인 대상 교육은 백인 대상 교육과 달라야 하며, 그들 자신의 민족적 특성에 따라 발전되어야 한다고도 주장했다. 또한 국회에 설치된 원주민 대표제도와 원주민 대표위원회의 폐지도 주장했다. 이 밖에도 보고서는 인도인을 동화同化 불가능한 사람들로 규정하며 그들을 강제 송환해야 한다고, 백인 농장으로부터 아프리카인들의 탈출을 방지하기 위해 가능한 모든 방법을 강구해야 한다고 강조했다. 사우어 보고서를 바탕으로 한 인종 문제 정책이 바로 아파르트헤이트[16]였다. 1948년 선거를 준비하면서 국민당은

16_Apartheid. '분리', '격리'를 뜻하는 아프리칸스어이다. 남아프리카에서는 약 16퍼센트의 백인이 84퍼센트의 비백인(非白人)을 정치·경제·사회적으로 차별해 왔다. 백인 우월주의에 근거한 이 인종차별은 17세기 중엽 백인의 이주와 더불어 점차 제도로 확립되었는데, 1948년 네덜란드계 백인인 아프리카너를 기반으로 하는 국민당의 단독 정부 수립 후 더욱 확충·강화되어 아파르트헤이트로 불리게 되었다. 아파르트헤이트는 반투 홈랜드(Bantu Homeland) 정책으로 대표되듯 인종 격리 정책에 따른 인종별 분리를 추

아파르트헤이트 정책을 미래의 확고한 정치 노선으로 채택했다. 국민당은 선거에서 승리해 아파르트헤이트 노선을 제도화했다(김윤진 2006, 260).

남아프리카공화국의 식민 체제는 독특한 형태를 취했다. "남아프리카공화국은 선진 자본주의국가이면서도 삶과 노동, 그리고 통치 방식이 대다수 흑인을 민족적으로 억압하는 상태로 묶어 두는 국가로서, 그 방식은 식민주의자와 식민지 인민들이 서로 따로 살고 있는, 빈번하게는 아주 멀리 떨어진 나라에서 살고 있는 것과 유사한 방식이다"(The African Communist 1978, 21; 소련과학아카데미 2012, 178에서 재인용).

남아프리카공산당SACP 강령은 남아프리카공화국 식민지 지배 체제 특징을 다음과 같이 설명하고 있다. "한 쪽 극인 '백인 남아프리카공화국'에는 자본주의 최고 단계인 제국주의 국가의 모든 특징이 존재하고 있다.…… 다른 한쪽 극인 '흑인 남아프리카공화국'에는 식민지의 모든 특징이 존재하고 있다. 원주민은 무자비한 민족 억압, 빈곤, 착취로 고통당하고 있다. 그들은 민주주의의 모든 권리를 박탈당했다. …… 흑인 남아프리카공화국은 백인 남아프리카공화국의 식민지이다. 바로 이렇게 하나의 국가 안에서 가장 안 좋은 제국주의 특징과 가장 안 좋은 식민주의 특징이 결합된 양상이 남아프리카공화국 체제의 특수한 본질을 규정하는 것이다"(소련과학아카데미 2012, 179).

진하는 한편, 다인종 사회에서 반투 정청법(政廳法, 1951)과 유권자 분리 대표법(1956) 등에 따라 유색인종 참정권을 부정했다. 또한 산업조정법(1956), 패스포트법(1952), 원주민법수정법(1952), 이인종혼인금지법(1949), 집단지역법(1950) 등으로 경제·사회적으로 백인의 특권 유지·강화를 기도했다. 아프리카인들의 끈질긴 투쟁과 국제적인 제재로 1991년 아파르트헤이트의 근간이 된 법이 폐지되고, 1992년 백인 유권자 투표에 의한 개혁 속행을 거쳐 1993년의 모든 정당 및 모든 인종 평등 원칙에 기초해 공동 통치를 결정한 헌법이 채택되었으며, 1994년 만델라 정권 탄생으로 아파르트헤이트는 폐지되었다.

비트바테르스란트 광산 노동자의 대규모 파업

이와 같은 독특한 식민주의 지배 체제에서도 남아프리카공화국 노동자계급은 장기적면서도 완강한 투쟁을 전개했다. 제2차 세계대전 기간에도 남아프리가공화국 노동자들은 60회 이상의 파업투쟁을 벌였다. 그 가운데 가장 대표적인 사례가 1946년 8월에 일어난 비트바테르스란트Witwatersrand 아프리카인 광산 노동자의 대규모 파업이었다. 1941년에는 광산 노동자들이 아프리카인광산노동자노동조합AMWU을 결성하고, 남아프리카 노동운동 지도자의 한 사람이며 아프리카민족회의와 공산당의 당원이었던 존 마크스를 위원장으로 선출했다(土昭 외 1978, 182).

전쟁 기간에도 1941년에 결성된 비유럽인노동조합평의회CNETU 조직은 빠르게 성장했다. 1945년 당시 비유럽인노동조합평의회는 가맹 조직 119개에 소속된 노동조합원 15만8천 명을 포괄하고 있다고 자체 발표했다(Baskin 1991, 11).

1946년 8월 12일 아프리카인광산노동자노동조합이 주도해 아프리카인 광산 노동자 10만여 명이 1일 10실링의 임금을 요구하며 1주일 동안의 격렬한 파업투쟁을 벌였다. 광산회의소는 노동조합과 교섭하기를 거부했을 뿐 아니라 노동조합 자체를 인정하려 하지 않았다. 이런 상황에서 정부는 랜스다운Lansdowne위원회를 설치해 아프리카인 노동자의 임금과 노동조건을 조사하도록 했다. 랜스다운위원회는 1일 3펜스의 생계비 수당을 인정하며 최종 권고했다. 이 권고는 저임금 제도를 공공연하게 인정한 것으로, 광산 노동자의 임금을 생계비와 관련짓지 않고 단순히 보조적인 소득으로 간주했다는 점에서 광산 노동자들의 분노를 촉발시켰다. 위원회가 광산 노동자의 임금을 보조적인 소득으로 보는 근거는 광산 노동자들의 기본 소득은 토지에서 획득된다는 것이었다.

광산 노동자와 노동조합은 5월부터 7월까지 광산회의소 방침을 바꾸기 위해 많은 노력을 기울였으나 아무런 반응도 보이지 않았다. 그리하여 1946년 8월 4일 열린 대규모 집회에서 광산 노동자들은 파업을 결정했다. 8월 12일, 마침내 파업이 결행되었다. 정부와 기업주는 광산 노동자들을 일터로 돌려보내기 위해 군대를 동원했으며, 시위 참가자들에게 발포했고 파업 주동자들을 체포했다. 21개 광산 7만5천여 명의 노동자들이 파업에 참가해 13명이 죽었고, 1,200명이 다쳤다. 마크스를 포함한 50명의 노조 간부가 체포되었다. 비트바테르스란트 광산 노동자 파업은 실패로 끝났지만, 노동운동과 민족해방운동 발전에 많은 교훈을 남겼다(星昭 외 1978, 183).

비트바테르스란트 파업을 앨런 도일은 다음과 같이 평가했다. "베일은 벗겨졌다. 우리는 남아프리카라는 국가가 저임금 노동을 유지하고 지주들에게 막대한 배당금을 보장하기 위해 군대를 동원해 광포한 행동을 보이는 것을 목격했다. …… 광산 노동자 파업은 위대한 역사적 사건의 하나이며, 조명의 섬광을 받으며 국민을 교육하고 허위와 환상을 깨뜨렸다. 파업은 아프리카 정치를 하룻밤 사이에 바꾸어 놓았다. 겁 많은 기회주의와 비굴한 타협주의는 사라졌다. …… 아주 깊은 뜻으로 표현하건대 1946년 8월 12일은 남아프리카 인민의 자유를 위한 투쟁이 진정으로 시작됨을 알리는 날이다"(Alan Doyle 1954, *Fighting Talk; Woddis* 1961, 88에서 재인용).

광산 노동자 파업에 대한 정부의 혹독한 대응은 전후의 노동운동에 대한 정부의 태도를 반영한 것이었다. 전쟁은 종료되었지만, 노동조합에 대한 정부의 자세는 결코 유연해지지 않았다. 노동조합 권리 획득을 위한 투쟁은 토지, 주택, 그리고 정치적 권리를 위한 투쟁과 함께 전개되었다. 나치의 신조인 인종주의는 전쟁 종료와 더불어 유럽 대륙에서는 약화되었으나, 남아프리카에서는 여전히 활기를 띠고 있었다.

표 20-13 | 1945~1947년 남아프리카공화국 파업 발생 추이

연도	파업 건수	파업 참가자 수	노동손실일수
1945	60	16,215	91,180
1946	54	95,735	209,290
1947	80	20,012	1,372,758

자료: ILO 1949, *Yearbooks of Labour Statistics*.

1948년 5월에 실시된 총선거에서 승리한 국민당은 아파르트헤이트 정책을 강력하게 추진했다. 아파르트헤이트 정책은 노동조합운동이나 자유주의 운동, 그리고 남아프리카 흑인해방운동의 암흑시대를 열었다(Baskin 1991, 11).

이러한 조건에서 노동조합의 합법적 투쟁은 기대하기가 어려웠다. 1945~1947년 사이 남아프리카공화국에서 일어난 파업 발생 추이는 〈표 20-13〉에서 보는 바와 같다.

1945~1947년 사이에 발생한 연평균 파업 건수는 65건이며, 파업 참가자 수에서는 1946년이 9만5,735명으로 가장 많았다. 파업에 따른 노동손실일수는 1947년이 137만2,758일로 가장 많았다.

제21부 냉전 체제 시기(1940년대 말~1950년대 전반)의 정세 변화와 노동운동

1장

냉전과 국제 정세 변화

1945년부터 반세기 가까운 동안, 냉전은 국제 관계를 지배해 왔다.

냉전이란 초강대국 사이에 전면 전쟁은 일어나지 않은 채,

극도의 긴장이 존재하는 상태를 일컫는다.

냉전 상태에서 초강대국들은 상호 적대 관계나

은밀한 작전을 통한 개입, 또는 대리전쟁이라는 형태로 대립하면서

상대방에 대해 자국의 이익을 추구한다.

냉전기에는 강대국들의 '열전'은 일어나지 않지만, 위험한 상태가 계속된다.

실제 이 시기에 '뜨거운' 전쟁은 일어나지 않으나,

'차가운' 전쟁이 계속되는 것은 핵병기가 개발되었기 때문에

전쟁을 시작한다는 자체가 자살 행위와도 마찬가지로 되었기 때문이다.

전쟁이 일어난다면 양 진영 다 함께 파멸한다는 것은 분명하다.

그렇기 때문에 양 진영 사이의 투쟁은

극히 간접적인 수단에 의존할 수밖에 없다.

그러한 수단에는 큰 위험이 따르는 경우가 많고,

그 결과로서 긴장 상태가 더 지속되어 양 진영 모두

언제나 고도로 전쟁에 대비하지 않으면 안 되게 되었다.

양 진영 다 함께 핵병기와 그 운반 수단(미사일)의 연구 개발을 위해

막대한 재정을 지출하고, 군비 확장 경쟁의 악순환을 되풀이한다.

그와 같은 상황은 어느 한쪽의 오산 결과에 따라서는

대참사를 불러일으킬 수도 있는 것이다.

(Dockrill et al. 일본어판 2009, 1~2)

1. 냉전체제

제2차 세계대전 종료 이전까지의 국제 관계도 비교적 힘이 센 강대국들이 지배해 오기는 했지만, 제2차 세계대전 후의 세계에서는 강대국 가운데서도 뛰어난 힘을 가진 미국과 소련의 두 초대국 출현했다. 그리하여 세계 체제는 미국을 중심으로 한 자본주의 진영과 소련을 중심으로 한 사회주의 진영으로 나누어져 날카로운 대결 국면을 드러냈다. '냉전'이 도래한 것이다.

냉전은 먼저 이데올로기 싸움에서 비롯되었다. 양 진영은 다 같이 '민주주의'를 기치로 내걸고 서로를 적대시했다. 미국은 소련 사회체제를 전체주의로 규정하고 파시즘과 동일시했으며, 소련은 부르주아 민주주의는 탐욕스런 제국주의 정체를 가리는 가면에 지나지 않는다고 주장했다(柴田三千雄 외 1985, 324).

냉전의 기원에 관해서는 앞에서(제20부 1장) 살펴본 바 있거니와, 미국은 먼저 전후 세계 자본주의 체제의 재건과 부흥을 위해 국제통화기금IMF과 '관세와 무역에 관한 일반협정'GATT 체제를 구축하고, 뒤이어 유럽부흥계획(마셜플랜)을 실시해 유럽 자본주의의 부흥과 안정을 추구했다.

또 미국은 공산주의 세력 확대를 저지하기 위해 1947년 트루먼독트린을 선언했다. 트루먼독트린은 1947년 3월 12일 트루먼 대통령이 국회 상원·하원 합동회의에서 발표한 특별 교서를 말하는데, 이것은 제2차 세계대전 이후 미국의 대외 관계에서 중요한 지침이 되었다. 트루먼은 재정 곤란 때문에 그리스와 터키에 대한 군사·경제 원조를 중지하게 된 영국을 대신해 미국이 두 나라에 대해 4억 달러 원조를 제공할 것을 의회에 제안했다. 의회는 이를 승인했다.

특별 교서의 내용은 다음과 같다. ① 그리스의 국가 존립이 공산주의자가 지도하는 무장 세력에 의해 위협받고 있으며, 그리스의 민주정부에 필요한 원조를 제공할 수 있는 나라는 미국뿐이다. ② 폴란드, 루마니아, 불가리아 등의 인민은 요 몇 년 사이 그들의 의사에 반해 전체주의 정권의 통치를 받고 있다. ③ 세계사의 현재 단계에 있어서는 거의 모든 국민이 생활양식 두 가지 가운데 어느 하나를 선택하지 않으면 안 되게 되었다. 생활양식의 하나는 다수의 의사를 기초로 하는 것이며, 그것은 자유로운 제도, 대의정치 체제, 자유선거, 개인의 자유 보장, 언론과 종교의 자유, 정치적 압제로부터의 자유를 특징으로 한다. 생활양식의 다른 하나는 다수에게 강제적으로 요구하는 소수의 의사를 기초로 하고 있다. 이것은 공포와 억압, 통제된 출판과 방송, 형식적인 선거, 개인의 자유 압박으로 성립된다.

트루먼독트린은 공산주의를 전체주의로 간주하고, 자유로운 국민에게 전체주의를 강제하는 행위는 국제 평화의 기초를 위태롭게 할 뿐만 아니라 미국의 안전을 위협한다고 주장했다. 그 때문에 미국은 자유로운 제도와 국가의 안전을 유지하고자 하는 국민을 원조하지 않으면 안 된다고 설파했다. 트루먼독트린은 이데올로기에 기초한 미국·소련의 대립, 즉 냉전을 공식적으로 선언한 것이었다. 트루먼독트린은 이후 미국 대외정책의 기본 노선이 되었다(奧保喜 2009, 42~43).

트루먼독트린에 이어 유럽부흥계획이 발표되었다. 1947년 6월 5일, 미국 국무장관 조지 마셜은 하버드대학교 연설에서 유럽의 경제 부흥을 촉진하고 미국의 번영을 지속시키기 위해서는 미국의 단호한 노력이 필요하다고 역설했다. 이른바 유럽부흥계획이다. 이 계획은 기아, 빈곤, 절망, 혼란에 대응하는 정책으로서 자유로운 제도가 살아남을 수 있는 정치·사회적 조건을 조성하는 것을 그 목적으로 한다고 했다. 또 원조를 받게 될 유럽 측의 자주성을 존중한다고 주장했다. 그리고 유럽부흥계획은 어느 특정한 국가나 정치사상에 대항하기 위한 정책은 아니며, 원조의 대상을 '유럽'으로 표현했기에 소련을 배제한 것도 아니었다. 그러나 참가하는 유럽 국가들이 공동 계획 수립을 조건으로 하여 소련을 배척할 것을 기대했다.

6월 말 유럽부흥계획 수용을 협의하기 위한 영국·프랑스·소련 3국 외상 회의가 열렸는데, 영국과 프랑스는 공동 계획을 추진하고자 했으며, 소련은 공동 계획 방식이 유럽 국가들의 정치·경제적 주권과 독립을 손상시킬 수 있다며 유럽부흥계획 참가를 거부했다. 그리하여 영국과 프랑스는 소련을 제외한 유럽 국가들 앞으로 초청장을 보냈다. 폴란드·체코슬로바키아·헝가리는 일시 참가를 희망했으나 소련의 압력으로 참가를 포기했으며, 영국·프랑스·이탈리아 등 유럽 15개 국가와 터키가 같은 해 7~9월에 걸쳐 파리에서 열린 회담에 참가했다.

1948년 4월, 미국 의회가 유럽부흥계획을 승인했다. 유럽부흥계획이 종료되는 1952년까지 4년 동안의 원조 총액은 130억 달러에 이르렀다. 이것은 1947년도 미국 정부 지출 총액 365억 달러의 35퍼센트에 상당하는 액수였다. 유럽부흥계획은 전쟁으로 피폐해진 서유럽 국가들의 경제 부흥에 크게 기여했으며, 그 기간에 공업은 제2차 세계대전 이전에 비해 30퍼센트 이상 신장되었다. 전체 원조액 가운데 70퍼센트는 미국 생산물 구입에 사용되어 미국 수출시장 확대에도 크게 이바지했다(奧保喜 2009, 43~44).

이처럼 미국의 원조는 전후 세계경제 재활에서 이른바 혈액 역할을 수행했으며, 무엇보다도 세계 자본주의 중심부의 기능 회복과 군사 체제 강화를 위한 주요 수단이 되었다. 그뿐만 아니라 미국의 대외 원조는 전후 세계에서 미국의 패권을 지탱하는 기둥이 되었으며, 경제적 번영을 유지하는 데서 필수적인 요건이었다. 왜냐하면 피원조국에서 미국의 기업이 원료 및 자원 획득, 통상 및 투자 기회를 자유로이 얻을 수 있게 되었으며, 문호 개방을 촉진할 수 있기 때문이다. 예를 들면, 영국은 미국 원조를 받아들이면서 영국 제국帝國 안에서 미국에 대한 차별대우를 폐지할 것을 어쩔 수 없이 승낙했으며, 또 1948년 미국과 라틴아메리카의 20개국은 콜롬비아 보고타에서 다국 간 통상 우호 조약을 체결하고 상호(즉 미국 자본가에 대한) 일체의 차별이나 투자 활동을 방해할 어떤 조치도 취하지 아니할 것을 약속했다. 이런 문호 개방 조약을 미국은 대부분의 피원조 국가들과 체결했다.

이와 같은 미국 정부의 원조에 따라 조성된 환경에 힘입어 미국의 민간 자본, 특히 다국적기업은 세계 각지에 활발하게 진출했으며, 여러 종류의 원료·자원 개발과 해외 공장·은행의 설립 및 매수買收에 착수했다. 미국 민간 자본의 해외투자액은 선진 국가들의 해외투자 총액의 거의 60퍼센트를 차지했다. 제2차 세계대전 이전에는 미국이 원료와 자원의 수출국이었으나, 공업화가 빠르게 추진되고 기술혁신에 따라 필요한 원료가 다양화됨에 따라 해외 원료에 대한 의존도가 급속하게 높아졌다. 미국 경제에서 해외 자원의 개발과 자원 확보는 이제 사활이 걸린 문제였다. 주변 국가들로부터 값싼 원료와 연료를 안정적으로 공급받는 것이야말로 전후 미국의 번영을 뒷받침하는 하나의 조건이었다.

또 원조는 무기나 군수물자뿐만이 아니라 여러 가지 공업 제품과 농산물 수출에서 유리한 조건을 조성함으로써 미국 기업에 큰 이익을 안겨 주었다. 피원조국의 군비나 기술 시스템을 미국의 그것에 맞추어 규격화했을 뿐아니라 국민의 생활양식에까지 영향을 미쳤기 때문에, 원조가 끝난 뒤에도 미국제 무기·공산품·식량에 대한 장기적인 수요가 창출되었다(柴田三千雄 외 1985, 349~350).

한편 트루먼독트린과 유럽부흥계획이라는 미국의 공세에 대항하기 위해 1947년 9월 소련과 동유럽 국가(알바니아 제외), 프랑스와 이탈리아 등 9

개국 공산당이 '공산주의자정보기구', 즉 '코민포름'을 결성했다. 결성 회의에서 코민포름은 다음과 같은 사실을 표명했다. ① 트루먼독트린과 유럽부흥계획을 통해 세계는 미국을 우두머리로 하는 제국주의·반민주주의 진영과 소련을 지주로 하는 반제국주의·민주주의 진영이라는 두 개의 화해할 수 없는 진영으로 나뉘었다. ② 트루먼독트린과 유럽부흥계획은 자유와 평화라는 가면을 씌워 미국의 정책을 유럽에서 관철하고자 한다. ③ 트루먼독트린과 유럽부흥계획은 사회주의를 추구하는 각국의 독자적인 길, 즉 동유럽 국가 공산당이 제창하는 인민민주주의 노선을 부정하고 있다. ④ 프랑스와 이탈리아 공산당의 '의회주의 환상'을 비난했으며, 양 당의 대표는 자기반성을 행했다(奧保喜 2009, 45~46).

1947년 미국 정부는 무역 자유화를 위해 자본주의 진영 22국과 더불어 '관세와 무역에 관한 일반협정'을 체결했다. '관세와 무역에 관한 일반협정'은 제2차 세계대전 이전 경제블록화와 관세를 둘러싼 대립이 세계대전으로 이어졌다는 사실을 근거로 하여 만들어진 것이다. '관세와 무역에 관한 일반협정' 체제는 무차별 최혜국 대우의 원칙, 자유무역의 원칙, 상호주의의 원칙에 기초하여 무역장벽을 철폐하려 했다. 가맹 국가들은 상호 조건 없이 최혜국 대우를 받으며, 수출입 수량 제한 폐지에 따라 관세를 제외한 무역장벽을 철폐했다. 관세는 상호 교섭을 통해 인하하기로 했다. 그러나 각각의 원칙에 대해서는 여러 가지 예외가 인정되었다. '관세와 무역에 관한 일반협정'은 전후 국제경제 체제를 떠받치는 하나의 지주로서 전후 무역 확대에 지대한 역할을 했다.

한편 소련은 1949년 1월에 유럽부흥계획에 대항하는 형태로 동유럽 국가들과 경제상호원조회의COMECON를 설립했다. 경제상호원조회의는 소련을 중심으로 한 동유럽 사회주의국가들이 단결·협력해 경제 건설을 촉진할 목적으로 가맹 국가들 사이의 국제분업 촉진을 도모하고 궁극적으로는 경제통합을 지향했다. 그리하여 유럽 경제, 나아가서는 세계경제가 동과 서로 양분되었다.

그런가 하면 독일의 베를린은 제2차 세계대전 종료 이후 독일 국토와 마찬가지로 4개의 군사 점령 구역으로 분단되어 있었으며, 연합군 사령관이 하나의 행정체로서 베를린을 통치하고 있었다. 이런 가운데 미국·영국·프랑스가 관리하는 세 개의 구역은 소련 점령 지구 깊숙이 고립되어 있었으며, 미국·영국·프랑스 점령 지구와는 긴 도로와 철도로 연결되어 있었다.

1948년 2월 영국 런던에서 열린 미국, 영국, 프랑스, 베네룩스 3국 외상회의는 다음의 세 가지 사항을 결정했다. ① 독일의 미국·영국·프랑스 점령 지구에서 통합된 경제정책을 실시한다. ② 서쪽 독일을 유럽부흥계획에 참가시킨다. ③ 서쪽 독일의 연방정부를 만든다. 그러자 소련은 연합국공동관리위원회에서 탈퇴했다. 같은 해 6월, 런던 외상회의에서는 미국·영국·프랑스 3국이 자신들의 점령 지구에서 통화개혁을 실시함과 동시에 통제경제체제에서 시장경제체제로 전환한다는 방침을 채택했다. 통화개혁은 새로운 도이치마르크를 발행해 실시하기로 했다. 이런 조치에 대해 소련은 독일을 경제적인 단일체로서 다루기로 한 포츠담 협정 위반이라고 비난하면서, 새로운 통화 도입은 동쪽 독일의 통화를 위협할 수 있다고 단정했다. 그리하여 소련 점령군은 베를린과 서쪽 독일을 잇는 모든 철도·도로·수로를 차단하기 시작했다. 6월 24일, 소련은 4대 강국의 베를린 행정위원회가 폐지되었으며 서유럽 연합국은 더 이상 베를린에 대해 아무런 권리가 없다고 선언했다.

소련의 베를린 봉쇄에 대응해 미국·영국·프랑스는 대형 운송기로 연료, 식량, 물 등 생활에 필요한 모든 물자를 서베를린으로 공수했다. 같은 해 7

월에는 미국이 B29 폭격기 60기를 영국에 보내 소련 측에 핵 공격 위협을
가했으며, 서베를린 물자 공수 방해나 접수 강행을 하지 못하도록 견제했
다. 베를린 봉쇄는 1949년 5월 해제되었는데, 그동안 독일의 분단은 결정적
일 정도로 점점 굳어졌다. 결국 1949년 5월과 10월에 서쪽의 '독일연방공화
국'과 동쪽의 '독일민주공화국'이 수립되었다.

1948년 3월에는 미국과 영국이 대서양 동맹 형성을 위한 교섭을 비밀리
에 시작했다. 7월에는 영국 이외의 서유럽 동맹 가맹국, 즉 프랑스와 베네
룩스 3국까지 참가해 북대서양조약을 둘러싼 교섭이 진행되었다. 다음 해
인 1949년 4월에는 미국, 영국, 프랑스, 베네룩스 3국, 캐나다, 이탈리아, 노
르웨이, 덴마크, 아이슬란드, 포르투갈 12개국이 참가하는 북대서양조약기
구NATO를 결성했다. 북대서양조약기구는 무엇보다도 소련이 행사하게 될
지도 모를 중앙유럽에서의 군사력에 대항하기 위해 형성되었다. 북대서양
조약기구 결성을 계기로 미국은 유럽에 군사기지를 설치해 군부대를 주둔
할 수 있게 되었으며, 미국의 군사력은 유럽에만 한정되는 것이 아니라 세
계적인 범위에까지 영향을 미칠 수 있게 되었다. 북대서양조약기구의 성립
으로 미국과 유럽의 지위는 역전되었다. 말하자면 미국이 유럽의 보호자가
된 것이다.

2. 핵개발 경쟁과 냉전의 공고화

미국은 제2차 세계대전 이후 몇 년 동안 핵병기를 독점하고 있어서 소련에
대해 군사적으로 압도적 우위를 차지하고 있었다. 그리하여 미국은 '전략
폭격'의 방침에 따라 핵 공격력을 강화했다. 여기서 말하는 전략 폭격이란

적의 군사력에 대한 직접 공격이 아니라 도시나 산업시설에 대한 대규모 공중 폭격으로, 전쟁 수행 능력 또는 의지에 타격을 가함으로써 전쟁 승리의 계기를 장악한다는 것이다. 전략 폭격의 구체적 사례는 제2차 세계대전 말 일본의 주요 도시에 대한 B29 폭격기 공습이나 히로시마와 나가사키에 대한 원자폭탄 투하 등이다.

미국의 이러한 전략에 대응해 소련은 핵개발에 최대한의 노력을 기울였다. 1949년 8월, 소련은 드디어 원자폭탄 실험에 성공했다. 소련이 원자폭탄을 개발하는 데는 5년에서 20년이 필요할 것으로 보았던 미국은 불과 4년 만에 소련에서 원자폭탄을 완성한 것에 충격을 받았다. 미국은 이에 원자폭탄의 증산으로 대응하려 했다. 나아가 트루먼 대통령은 1950년 1월 폭발력이 더 강한 새로운 원자핵 융합 폭탄, 즉 수소폭탄 개발을 지시했다. 영국도 원자폭탄 제조에 착수해 1952년 실험에 성공했다.

1949년 10월 1일, 중화인민공화국의 수립과 1950년 6월에 발발한 한국전쟁은 냉전을 한층 더 격화시켰다. 중국혁명과 한국전쟁에 대한 미국의 정책은 상반되었다. 먼저 중국 내전에 대해 미국 정부는 미군의 대규모적인 투입은 불가능하다고 판단했다. 즉 트루먼 정권은 한편으로는 '전능한' 반공 십자군의 사명감을 선전하면서도, 다른 한편으로는 대외 간섭 능력의 한계를 자각하고 있었다. 이런 양면성 때문에 중국혁명 이후에는 공화당의 조지프 매카시 상원의원을 비롯한 우익 정치인들이 민주당 정권의 중국 정책이 중국의 '상실'을 가져왔다고 비난했으며, 미국 내에서 '매카시 선풍'을 불러일으켰다(浜林正夫 외 1996, 67~68).

중국혁명에 뒤이어 발발한 한국전쟁에는 미국이 직접 개입했다. 전쟁이 발발하자 트루먼 대통령은 한반도 가까이 주둔한 미국 공군과 해군에게 남한 군대를 지원하라고 명령했으며, 곧이어 일본에 주둔하고 있던 미국 육군

부대도 한국에 파견했다. 소련이 중화인민공화국의 국제연합 가맹 승인 문제로 항의를 표명하기 위해 안전보장이사회를 보이콧하고 있는 상태에서, 소련이 출석하지 않은 가운데 트루먼 대통령은 6월 말부터 7월 초에 걸쳐 북한의 침략행위를 비난하고 국제연합 가맹국들에게 한국 지원을 요청한 두 가지 결의를 안전보장이사회에서 채택하는 데 성공했다. 영국과 프랑스 등 미국 동맹국도 육상 병력을 한국에 파견했으나, 전투의 대부분은 한국군과 미 극동 군사령관 맥아더 장군이 이끄는 미군 부대가 치렀다. 한국전쟁, 특히 국제연합군의 북한 침공은 냉전을 더욱 격화시켰다(독크릴 외 2009, 68~69).

이런 가운데 미국은 1951년 상호안전보장법MSA을 제정해 군사원조를 통한 자본주의 진영의 결속 강화를 시도했다. 1948년 영국, 프랑스, 베네룩스 3개국은 공동방위를 목적으로 브뤼셀조약Brussels Treaty에 조인했으며, 1952년 8월에는 유럽석탄철강공동체ECSC가 성립되었다. 1958년 1월에는 유럽 지역의 경제 통합을 위한 공동체로서 유럽경제공동체EEC가 출범했다.

소련은 북대서양조약기구에 대항하기 위해 1955년 바르샤바조약기구WTO를 결성했다. 그러나 소련은 지구상의 일부 지역을 지배하거나 지배적인 영향력을 행사했지만, 군사력을 이용해 자신의 영향권을 더 확대하지는 않았다(Hobsbawm 1996, 226).

냉전체제가 공고해지면서 미국과 소련의 국내 정치체제도 개편되었다. 먼저 미국의 경우 냉전이라는 새로운 사태에 대응하기 위해 1947년 7월 대통령이 제안한 국가안전보장법National Security Act이 성립되었으며, 이 법에 따라 육해공 3군을 통괄하는 국방 장관이 새로 임명되었다. 또 국방의 기본 정책을 검토하고 대통령이 의장을 맡는 국가안전보장회의NSC가 신설되었으며, 그 산하에 안전보장 관계의 정보기관으로서 중앙정보국CIA이 설치되었다. 국가안전보장법은 전후 미국 대외정책의 체제적 기본이며, 거기에 기초한 국방성·국가안전보장회의·중앙정보국은 미국이 냉전 정책을 추진하는 데서 중핵기관이 되었다.

또 제1차 세계대전 종료 이후 군비가 대폭 축소되어 병력은 30만 명 규모였는데, 제2차 세계대전 이후에는 병력이 크게 축소되기는 했으나 140만 명을 상회했다(1945년 전쟁 종료 시의 총병력은 1,210만 명이었다). 연방 지출에서 차지하는 군사비 비중은 1940년의 경우 18퍼센트였는데, 제2차 세계대전 후인 1946~1950년에는 46퍼센트, 그 이후에도 50퍼센트 전후의 추이를 나타냈다.

소련에서는 1946~1950년에 걸친 제4차 5개년 계획에 기초해 중공업에 중점을 둔 본격적인 경제 부흥이 추진되었다. 그 결과 1948년 광공업 생산 지수가 전전 수준을 초과했으며, 그 이후에도 공업생산은 증가했다. 그러나 농업은 전쟁에 따른 황폐, 전후의 투자 부족, 무거운 조세 부담으로 인한 의욕 감퇴 등으로 생산이 정체되었으며, 1953년 곡물생산은 혁명 전인 1913년에도 미치지 못했다(奧保喜 2009, 56~57).

소련에서는 스탈린이 1930년대에 대숙청을 단행한 데 이어 집권 말기(1945~1953년)에도 정치적인 각종 탄압을 계속했다. 당시 정치국원으로 서기와 조직국원을 겸하고 있던 사람은 스탈린과 안드레이 즈다노프뿐이었다. 즈다노프의 위상은 강력했다. 그러나 그의 후계자로서 레닌그라드당 조직을 이끌고 있던 바실리 쿠즈네초프가 1946년에 중앙위원회 서기가 되었으며, 그가 발탁한 니콜라이 보즈네센스키가 다음 해 정치국원이 되었다. 이러한 권력 개편에 대해 1946년 정치국원으로 승진한 라브렌티 베리야와 게오르기 말렌코프는 위기감을 느끼게 되었다. 1948년 8월 즈다노프가 사망한 뒤, 그다음 해 봄 쿠즈네초프를 비롯한 레닌그라드의 현現·구舊 지도자들이 해임·제명·체포되었고, 10월에는 보즈네센스키도 구속되었다. 이것이 이른바 '레닌그라드 사건'으로서 1950년 최고재판군사법정 판결에 따라 그들 가운데 6명이 처형되었으며, 나머지 사람들은 징역형에 처해졌다. 이 사건이 베리야에 의해 꾸며졌다는 사실은 1954년 베리야의 부하였던 빅토르 아바쿠모프 재판에서 밝혀졌다(奧保熹 2009, 58~59).

이와 같은 미국과 소련의 국내 정세 변화를 통해 냉전체제는 점점 확고해졌고, 장기화의 길을 따라 진전되었다. 그렇다면 냉전의 책임은 누구에게 있는가. 여기에 대해서는 홉스봄의 견해가 상당한 설득력을 갖는다. 홉스봄의 견해를 간추리면 이렇다. 국내에 힘 있는 공산당이 있건 없건 서유럽의 모든 정부들은 예외 없이 반공적인 경향을 드러냈고, 있을지 없을지도 모르는 소련의 군사 공격으로부터 자신을 보호하는 데 단호했다. 미국과 소련 가운데 하나를 선택할 것을 요구받을 경우, 어떤 정부도 미국을 선택하길 망설이지 않았을 것이다. 그러나 '공산주의 세계 음모'는 적어도 정치적 민주주의 국가라고 불릴 수 있는 어떤 나라에서도 국내 정치의 심각한 위험 요소로 간주되지는 않았다.

국제적 무력 대결의 현실 정치에서 십자군 요소를 도입하고 계속 유지해 나간 장본인은 워싱턴DC였다. 실제로 존 F. 케네디가 선거운동에서 사용한 수사를 보면, 문제는 공산주의의 세계 지배라는 비현실적인 위협이 아니라 현실적인 미국 패권 유지였음이 명쾌하게 드러난다.[1] 그러나 나토 동맹 정부들은 미국 정책에 대해 만족스럽게 생각하지는 않았지만, 혐오스러

1_"우리는 우리의 힘을 창출할 것이고 다시 첫 번째가 될 것이다. 조건부 첫 번째나 제한된 첫 번째가 아니라 절대적인 첫 번째다. 나는 세상 사람들이 흐루쇼프 씨가 무엇을 할 것인가에 관심 갖기를 원하지 않는다. 나는 세상 사람들이 미국이 무엇을 할 것인가에 대해 관심 갖기를 원한다(Beschloss 1991, 28).

운 정치체제의 군사적 역량으로부터 보호받는 대가로 미국의 패권을 받아들일 준비는 되어 있었다. 그들은 워싱턴과 마찬가지로 소련을 신뢰하지 않았다. 요컨대 공산주의 파괴가 아니라 '봉쇄'가 모든 국가의 정책이었다 (Hobsbawm 1996, 236~237).

냉전을 통해 미국이 추구한 것은 과연 무엇이었던가. 포스터는 다음과 같은 논지를 편다. ① 소련 사회주의 정권과 중국·동유럽 인민민주주의 정권을 무너뜨리고 거기에 자본주의를 재건한다. ② 미국의 꼭두각시 정권으로서 독일과 일본을 재무장시킨다. ③ 유럽 시장을 관통해 그것을 장악한다. ④ 영국, 프랑스, 네덜란드 등 식민 제국의 힘을 약화시켜 미국 자신의 이익을 꾀한다. ⑤ 라틴아메리카 전역에 대해 미국의 지배를 강화한다. ⑥ 지중해를 미국의 호수로 만들고 대서양과 태평양을 지배한다. ⑦ 전 세계의 제공권을 장악한다. ⑧ UN을 미국 정부 보조기관으로 만든다. ⑨ 미국을 세계 산업의 중심으로 편성하고 워싱턴을 세계 정치 수도로 만든다(Foster 1956, 446).

3. 한국전쟁의 파장

유럽에서의 냉전 진전과 중국 내전에서의 공산당 우세는 미국의 동아시아 정책에 근본적인 재검토를 촉구했다. 제2차 세계대전 직후에는 미국이 중국을 중심으로 한 전후 동아시아 질서를 구상했으며, 이에 따라 일본에 대해서는 점령 상태로 철저한 비군사화와 민주화를 실시할 계획을 세우고 있었다. 그러나 1948년 초, 미국 국무성 내부에서는 유럽부흥계획의 시행이 일단락되었을 무렵부터 공산주의에 대한 방파제로서 일본을 육성하기 위해서는 더 이상의 민주화를 중지하고 경제 부흥을 촉진해야 한다는 의견이 제출되었다. 이와 같은 재검토론은 1948년에 트루먼의 승인을 얻어 국가안전보장회의NSC 문서 13-2호로 채택되었다.

미국은 일본을 거점으로 한 동아시아의 질서 형성을 목표로 정책을 전환하기 시작했다. 그 후로 일본에서는 일련의 민주화 정책이 방기되었을 뿐만 아니라 전쟁 책임을 물어 공직 추방이 행해졌다. 게다가 1949년 들어 8월에는 소련이 원자폭탄 실험에 성공했고, 10월에는 중국에서는 혁명 정권이 수립됨으로써 미국 정부는 동아시아 정책뿐만 아니라 외교·군사 정책 전반에 걸쳐 큰 폭으로 수정을 가하지 않을 수 없었다.

그 결과 1949년 말에는 동아시아 정책의 전반적인 재검토를 의도한 국가안전보장회의 문서 48호가 채택되었다. 거기서는 서태평양에서 미군의 방위선이 일본-오키나와-필리핀을 잇는 '도서선'島嶼線으로 설정되고, 타이완은 의도적으로 제외되어 있었다. 중국 혁명 정권과 대화의 길을 열 의도가 숨겨져 있었던 것이다. 대소련 정책 전반에 대해서는 먼저 1950년 1월 말에 트루먼 대통령이 수소폭탄 개발 계획을 발표했으며, 4월 초에는 안전보장 정책 전반의 재검토를 내용으로 하는 국가안전보장회의 문서 68호가 작성되었다. '4~5년 이내에' 소련과의 핵전쟁이 일어날 수 있음을 상정하고, 그 전쟁에서 미국이 승리할 수 있을 정도의 대규모 군사 확장 계획을 제안하는 내용이었다. 구체적으로는 현행보다 군사 지출을 몇 배 더 증액하고, 긴급시에는 국민총생산GNP의 절반 이상을 군사생산에 충당하는 준전시체제를 구축할 것을 제언했다. 그러나 트루먼은 그 계획을 뒷받침할 재정이 미성숙되어 있다는 이유를 들어 4월 시점에서는 결정을 보류했다.

이러한 상황에서 1950년 6월 25일 한반도에서 전쟁이 발발했다. 한국전쟁을 두고 트루먼 대통령은 공산주의자가 정치 선전에 의한 '간접 침략'의 단계에서 무력에 의한 '직접 침략'으로 전술을 높인 획기적 사건이라고 단정했다. 그런 판단에 따라 소련이 참석하지 않은 국제연합안전보장이사회의 동의를 얻어 한국에 미군을 중심으로 한 국제연합군을 급파했을 뿐만 아니라 대만에 제7함대 파견, 필리핀에 군사원조 제공, 인도차이나에서 전쟁중인 프랑스군에 대한 군사원조 등을 잇따라 결정했다. 트루먼 정권은 한국전쟁을 기회로 삼아 반공을 위한 전반적인 공세를 폈으며, 일본이나 서유럽에서 재군비를 강화했다(歷史学研究会 編 1996a, 33~35).

한편 미국에서는 한국전쟁을 계기로 전면적인 군비 확장이 시작되었는데, 병력은 150만 명에서 350만 명으로, 연방 예산에서 차지하는 군사비 비율은 1949년의 35퍼센트에서 1951년의 45퍼센트 수준으로 증가되었다. 또 국가안전보장회의 문서 68호의 실시에 따라 미국은 전시가 아닌 평시에도 거대한 군사력을 유지하면서 소련과의 관계에서 제한 없는 핵 군비 확장 경쟁을 전개했다. 그와 같은 상시적인 군사경제화는 원자력과 우주항공기 등 특정 산업 부문에 대해 안정적인 이윤을 보장하게 되었고, 군사비 삭감에 저항하는 '군산복합체'로 불리는 이익집단을 형성했다.

다른 한편 한국전쟁의 파장은 아시아와 아프리카 국가들 가운데 동서양 진영 어디에도 속하지 않는 '제3세계의 길', 즉 뒷날의 비동맹운동이 될 싹을 키웠다. 1954년 7월에는 제네바에서 인도차이나전쟁의 당사자 외에 미국·영국·소련·중국 대표가 참가해 인도차이나 문제의 화평 협의가 이루어졌고, 프랑스군의 인도차이나로부터의 철수와 통일선거 실시 등이 합의되었다. 이 제네바회의는 혁명 중국의 대표가 처음으로 참가한 국제회의였는데, 그 대표였던 저우언라이周恩来는 이 회의에 참가하기에 앞서 인도를 방문해 영토주권의 존중, 불침략, 불간섭, 평등호혜, 평화적 공존 등 평화 5원칙 합의를 공표했다. 한 걸음 더 나아가 이 평화 5원칙은 다음 해인 1955

년 4월 인도네시아에서 아시아·아프리카의 29개국이 참가해 개최된 반둥 회의에서 평화 10원칙으로 발전되었으며, 비동맹운동의 싹이 점점 성장하게 되었다(歷史学研究会 編 1996a, 36~37).

4. 세계노동조합연맹의 분열과 국제자유노동조합연맹 결성

1940년대 말부터 1950년대 초에 걸쳐 노동운동이 경험한 가장 큰 어려움은 냉전의 진전과 미국의 세계경제 재편성을 통한 패권 장악의 결과로 생긴 국제 정세의 급격한 변화와 관련되어 있다. 미국은 '세계의 헌병' 역할을 수행하고 세계 무대에서도, 자본주의 체제 내부에서도 반공 세력 및 그 공세의 조직자이자 지도자가 되었다. 이런 정세 변화 속에서 노동운동은 국제적 반동의 역공세에 직면해 후퇴와 패배, 세력의 분할과 재편성의 시기로 접어들었다(The USSR Academy of Sciences 1987, 61).

세계노동조합연맹은 1945년 10월 제1회 대회에서 각국 사이의 국제적 원조와 경제 부흥을 위한 계획을 채택했다. 그 내용은 다음과 같았다. ① 모든 후진국에서 민주적 통제 아래 산업화와 농업 기술의 진보를 추진하며, 현재의 종속적 지위로부터 해방시키고 인민의 생활수준을 개선한다. ② 이 계획이 이들 국가의 정당한 민족·사회적 이익을 해치려는 내외의 독점적 이윤 추구에 이용되지 않도록 한다. ③ 선진국들이 이들 국가에 장기 차관 등의 기술·재정적 자원을 제공하는 것을 지지한다. 다만, 이들의 원조는 선진국이 빈곤국의 내정에 간섭한다든가 또는 빈곤국을 국제 트러스트 및 카르텔의 영향을 받도록 종속시키든가 하는 것은 허용되지 않는다(Foster 1956, 456).

세계노동조합연맹WFTU의 이와 같은 계획은 미국이 주도적으로 추진하고 유럽 강대국들이 동조하고 있는 유럽부흥계획과는 배치되는 것이었다. 그런데도 세계노동조합연맹 내의 자본주의권 노동조합 진영은 유럽부흥계획을 관철시키기 위해 힘을 결집했다. 미국노동총연맹AFL은 세계노동조합연맹이 유럽부흥계획을 받아들여야 한다고 촉구했으며, 1948년 3월 9일 유럽부흥계획을 승인하는 국가의 노동조합들이 런던에서 회의를 열었다. 이 국제회의는 세계노동조합연맹에 대한 직접적인 도전이었으며, 분열을 획책하기 위한 첫 시도였다.

1949년 1월 19일 파리에서 열린 집행국 회의에서 세계노동조합연맹은 사실상 분열되었다. 영국노동조합회의TUC 총평의회가 보내온 서한이 그 발단이 되었다. 이 서한에 따르면, 세계노동조합연맹은 그 기능을 정지해야 하며 해체된 세계노동조합연맹의 자산을 관리하기 위한 재산관리위원회를 선출해야 한다는 것이었다. 만일 세계노동조합연맹이 영국노동조합회의의 제안을 받아들이지 않을 경우, 자신들은 세계노동조합연맹에서 탈퇴하겠다는 의사를 표명했다. 집행국 회의에서 의장인 영국의 아서 디킨은 영국노동조합회의의 서한을 행동으로 옮길 것을 제안했다. 이 제안이 통과되지도 않았고, 세계노동조합연맹 세계대회 개최 제안도 논의되지 않은 채 집행국 회의는 유럽 국가 참가자들이 퇴장함으로써 사실상 종료되었다. 그것은 세계노동조합연맹의 사실상의 분열을 의미했다. 프랑스 정부는 세계노동조합연맹 본부를 강제로 폐쇄해 빈으로 옮기게 함으로써 분열주의자들을 후원했다(Foster 1956, 458~459).

세계노동조합연맹의 분열에 대해 자본가 측과 미국노동총연맹은 열렬히 환영했다. 1949년 2월 4일, 미국노동총연맹 집행위원회는 "세계노동조합연맹은 파괴되었다. 다음 단계는 자유노동조합이다"라는 제목으로 "미국

노동총연맹과 세계 모든 자유노동조합은 영국의 영국노동조합회의, 산업별 조직회의CIO, 네덜란드노동연맹NFL이 세계노동조합연맹과 일체의 관계를 단절한 것을 진심으로 환영한다"고 밝혔다. 이러한 움직임은 새로운 국제조 직을 만들기 위한 정지 작업이었다.

1949년 11월 28일부터 12월 9일까지 새로운 노동조합 국제조직을 결성 하기 위한 회의가 런던에서 열렸다. 여기에는 53개 국가의 전국 노동조합 중앙 조직 59개 대표 261명이 참가했으며, 노동조합원 4,800만 명을 대표 한다고 발표되었다. 당시 존재하고 있던 국제 산업별 서기국 18개 가운데 14개 대표가 참가했다. 런던 회의는 10일 동안의 회의를 마친 뒤 규약을 채 택하고 곧바로 국제자유노동조합연맹ICFTU의 제1회 대회로 전환되었다. 세 계노동조합연맹과 대결하기 위한 새로운 국제 노동조합 조직이 탄생한 것 이다. 이로써 국제노동조합 조직은 분열의 길을 걷게 되었다.

국제자유노동조합연맹은 1955년 5월에 빈에서 열린 대회에서 가맹 조 합원 수가 5,400만 명이라고 발표했다. 세계노동조합연맹은 1953년 10월 빈에서 열린 대회에서 79개국 노동조합의 조합원 8,858만1,313명을 대표 한 대표자들이 참가했고, 이 가운데 800만 명은 직접 세계노동조합연맹에 가입하지 않은 조합원이라고 보고했다. 1945년 5월 결성 대회에서 발표된 6,700만 명이라는 수에 비해 약 1,400만 명이 증가했음을 알 수 있다. 세계 노동조합연맹이 분열되었음에도 이와 같이 조합원 수가 늘어난 것은 동유 럽의 인민민주주의 국가들에서 노동조합원 수가 증가했기 때문이다. 두 개 의 국제조직 보고를 합치면 전체 노동조합원 수는 1억4,260만이며, 어디에 도 속하지 않은 노동조합원 수와 기독교노동조합의 조합원 수는 적어도 1,200만 명 이상일 것으로 추산되었다(Foster 1956, 460~462).

2장

선진 자본주의국가의 노동운동

유럽 대륙과 일본의 노동운동은 처참하게 패배했다.
노동운동은 1945년에 확보했던 명백히 우세한 위치(작업장에서뿐만
아니라 정치적으로도)로부터 크게 후퇴할 수밖에 없었다.
임금과 생산성 사이의 균형은 사용자에게 매우 유리했다. ……
영국에서는 발전이 상대적으로 덜 극적이었지만,
그럼에도 불구하고 결정적이었다.
1945년에 많은 국민들은 보수당이 다시는 집권할 수 없으리라고 믿었다.
그러나 실제로는 최초로 의회에서 과반수를 차지했던
노동당 정부의 뒤를 이어 13년 동안 계속 보수당이 집권했으며,
사회주의 사상은 크게 침식되었다.
미국 노동운동의 전후 공세는 악의에 찬
반공산주의적 분위기 때문에 봉쇄되었다.
이리하여 새로운 자본주의적 팽창을 위한 기초 조건은 이미 확립되었으며,
1950년대와 1960년대 대호황의 토대는 마련되었다.
그러나 이것이 실제로 진전되는 데는 몇 년의 시간이 더 필요했다.

_Armstrong et al. 1991, 105.

전쟁은 단순히 전투나 싸우는 행위로만 있는 것이 아니라,
전투를 통해서 다투려는 의지가 충분히 알려진
일정 기간의 시기에도 존재하는 것이다.

_Hobsbawm 1996, 226에서 재인용.

1947년부터 본격적으로 전개된 냉전체제는 모든 자본주의국가의 지배계급으로 하여금 무엇보다 먼저 그들의 공통적인 계급 이익을 옹호하는 데 주력하도록 만들었다. 그리하여 자본주의국가의 지배계급은 다음과 같은 과제를 추구했다. ① 정치적 권위와 발전 가능성이 증대된 사회주의와 대결하는 데 필요한 실천 수단과 방법을 찾는 일, ② 자본주의국가들에서 노동자계급과 모든 민주주의 세력이 획득한 성과를 무력화하고 중립화하며 그 세력을 후퇴하게 만드는 일, ③ 식민지 체제 붕괴를 막고, 제2차 세계대전의 경제·정치적 그리고 그 밖의 다른 영향을 가장 강하게 받는 자본주의 체제 내의 해당 부문을 강화하는 일 등이 그것이었다(The USSR Academy of Sciences 1987, 62).

이와 같이 1940년대 말에서 1950년대 초에 이르는 기간에는 전반적으로 자본주의국가의 부르주아지를 비롯한 지배계급의 세력 증대와 공세가 이루어졌고, 노동운동을 둘러싼 조건이 대단히 불리했다. 이러한 조건에서 어렵고도 치열한 노동자투쟁이 성공과 실패를 거듭하면서 진행되었다. 선진 자본주의국가의 노동운동을 국가별로 살펴본다.

1. 영국

노동당 개혁 프로그램의 한계와 보수당 집권

영국 노동당의 애틀리 정권은 1947년 초까지 개혁 프로그램을 거침없이 추진했다. 주요 산업 부문을 국유화하고 포괄적인 국민보험제도를 도입했으며, 국민의료서비스법과 노동조합 관련 법률을 개정하는 등 1945~1946년 의회 회기에서 무려 70개 법안을 채택했다. 노동당 안에서도 열정이 있었고, 당 바깥의 국민 대중도 정부를 굳건하게 지지했다.

그러나 경기 확장 정책을 통해 자금을 조달한 사회개혁 정책들은 정부의 여러 가지 목표 가운데 일부였을 뿐이다. 노동당 정부는 영국 자본주의의 관리자였을 뿐만 아니라 영국 제국주의 정책을 옹호했다. 1947년까지 사회개혁과 자본주의 운용 원리는 서로 충돌하지 않았다.

그런 가운데서도 개혁의 성패를 좌우할 영국 자본주의의 토대가 흔들리고 있었다. 전쟁 시기에 영국 지배계급은 막대한 해외 자산을 잃었다. 거기에다 전쟁 때문에 누적된 부채가 2,723만 파운드에 이르렀고, 제국주의 체제를 유지하기 위한 사업들이 영국 경제의 부담을 가중시켰다. 1948년 3월 당시 영국군은 여전히 93만7천 명이라는 대규모 병력을 유지하고 있었다. 이런 잠재된 취약점들이 1947년 현실로 나타났다. 노동자 200만 명 이상이 해고당했으며, 달러 보유고가 급감했다. 1947년 8월에는 금융 위기가 몰아닥쳤다. 이에 따라 수출을 촉진하고 소비지출을 억제하며 공공투자(특히 주택 건설)를 감축하는 계획들이 수립되었으며, 임금 통제 정책이 시행되었다(클리프 2008, 338~342).

1949년 9월에는 파운드가 4.03달러에서 2.80달러로 평가절하되었다. 이것은 스털링 지역(영국의 파운드 화폐로 무역 결제가 이루어지는 나라들)의 수출 소득(특히 대영제국으로부터의 원료 수출)이 미국의 경제 후퇴로 타격을 입은 뒤 이루어진 조치였다. 파운드화 평가절하에 따라 임금이 동결되었고, 지출 삭감으로 국제수지가 개선되어 기업 이윤이 급상승했다. 기업들은 노동당의 잔여 집권 기간에 높은 이윤을 유지했다.

파운드 평가절하에 따른 임금동결 조치에 대해 노동조합 지도부는 다른 조건을 내걸며 크게 반대하지 않았다. 영국노동조합회의TUC는 임금을 동결하는 대가로 식품보조금 계속 지급, 집세 규제, 사회복지 서비스에 대한 재정 지출 등을 요구했다. 이 요구 사항들이 노동당 정부 집권 마지막 3년 동안 충실하게 시행되지는 않았다. 실질임금 수준은 1946년에서 1951년까지 계속 저하되었다(Armstrong et al. 1991, 102~103).

이처럼 1940년대 말 들어 영국의 정치·경제 정세는 노동자들에게는 대단히 불리하게 작용했다. 노동당 정부에 대한 노동자계급의 지지가 저하되는 가운데, 노동조합 지도부의 통제를 벗어난 비공인·자발적 파업이 빈번하게 발생했다. 1948년 노동당 정부는 런던 항만노동자의 비공인 파업wild cat strike을 진압하기 위해 군대까지 동원했다. 1950~1951년에는 일부 비공인 파업 조직자들이 재판에 회부되기도 했다.

노동당의 외교정책은 한마디로 미국과 '특별 관계'를 형성하는 것이었다. 영국은 새로운 세계 경제·정치 질서에서 미국의 하위 파트너 지위를 받아들여 세계 열강 지위를 유지하려 했다. 영국은 세계 경찰 임무를 미국에 넘겼지만 그리스, 팔레스타인, 중동, 싱가포르, 말레이시아 등 특정 지역에서는 여전히 대규모 군사력을 유지했다. 영국이 1949년에 창설된 북대서양조약기구에 가입한 뒤로 영미 관계는 더 굳건해졌다(클리프 외 2008, 355).

노동당 정부는 집권 말기에 곤궁에 빠져들었다. 기본적인 사회 개량은 실시되었지만, 독점자본의 위력과 권력을 통제하고 노동자의 생활 및 노동 조건을 획기적으로 개선하기 위한 개량은 노동당 지도부의 능력에서 벗어나는 것이었다. 냉전체제하에서 정부와 노동당의 공격 화살은 점점 공산주의자들에게 집중되었고, 외교정책에서는 대서양주의와 반소련 경향이 강하게 드러났다. 노동당에 대한 국민의 지지는 급격히 저하되었으며, 1951년 가을에 시행된 의회 선거에서 노동당은 소수당으로 전락했다. 노동당의 득표수는 보수당보다 많았으나, 많은 선거구에서 보수당이 승리해 의회 내에서 다수당이 되었다. 이리하여 보수당의 13년에 걸친 장기집권이 시작되었다.

보수당은 노동당과는 달리 사기업 활동 강화와 장려를 목표로 설정했고, 1953년에는 국가 비용으로 재정비한 철강업을 전前 소유자에게 반환했다. 이후로도 부분적인 재사유화가 실시되었다. 집세에 대한 통제가 해제되고 공영주택의 건설 규모가 축소되었다.

보수당 정권은 1953년 한국전쟁 종료와 더불어 이루어진 경제성장에 따라 정치적으로 많은 이득을 얻었다. 보수당은 낮은 실업율과 저금리, 향상된 생활수준을 유지할 수 있었다. 또 선거에서 공약했던 대로 식량 배급제도를 폐지했다. 하지만 육로 운송과 철강 산업을 제외하고는 다른 국유화된 부문들은 그대로 유지했고, 여전히 복지국가 건설을 추구했다(스펙 2002, 281~282).

현장위원 주도의 파업 투쟁 고양

1950년대 들어 노동자의 생활과 민주적 기본권리에 대한 독점자본의 공격이 강화됨에 따라 노동자대중의 불만이 커지고 투쟁도 고양되기 시작했다. 파업 건수도 증가했으며, 파업 참가자 수도 늘어났다. 〈표 21-1〉 1946~1955년 영국의 파업 발생 추이에서 보는 바와 같이 1951년부터 파업은 점점 증가해 1955년의 파업 건수는 2,419건이었고, 파업 참가자는 67만1천 명에 이르렀다.

1950년대 전반기에 발생한 파업 가운데 특히 주목되는 것은 1951년의 항만노동자 파업과 1953년의 기계·조선노동자 파업이다.

항만노동자 파업은 1950년 12월 리버풀의 항만노동자가 5년 이상 동결 상태에 있던 임금의 인상, 연 2주간의 유급휴가, 주 40시간 노동시간제 시행 등의 요구를 내걸고 파업을 벌인 데서 시작되었다. 파업이 다른 항만들

표 21-1 | 1946~1955년 영국의 파업 발생 추이

연도	파업 건수	파업 참가자 수	노동손실일수
1946	2,205	526,000	2,158,000
1947	1,721	620,000	2,433,000
1948	1,759	424,000	1,944,000
1949	1,426	433,000	1,807,000
1950	1,339	302,000	1,389,000
1951	1,719	379,000	1,694,000
1952	1,714	415,000	1,792,000
1953	1,746	1,374,000	2,184,000
1954	1,989	450,000	2,457,000
1955	2,419	671,000	3,781,000

자료: ILO 1957, *Yearbooks of Labour Statistics*.

로 확산될 것을 우려한 정부는 1951년 2월 항만노동자 파업을 법률 위반으로 규정해 파업 지도에 직접 관여한 현장위원Shop Steward 7명을 체포했다. 정부의 강경 방침에 항의해 투쟁은 오히려 확대되었다. 노동자들은 구속 노동자 석방과 파업규제법 철폐를 요구하며 재판을 전후해 8차례에 걸친 24시간 파업을 단행했다. 이에 따라 정부는 근 2개월 동안 재판을 연기하지 않을 수 없었다. 결국 정부는 파업규제법을 철폐했고, 노동자들은 전면적인 파업권을 확보했다.

1953년에 발생한 기계·조선노동자 파업은 노동자 170만 명 이상이 참가하고 영국의 주요 조선소는 거의 대부분 작업을 멈춘, 제2차 세계대전 이후 최대 규모의 노동자투쟁이었다. 이 파업은 1926년 총파업 이후 발생한 대규모 파업 가운데 하나였다. 노동자들은 임금 10퍼센트 인상을 요구했으나 노동조합 지도부는 6.5퍼센트 인상으로 타결했다. 이 투쟁을 계기로 각 산업노동자의 파업투쟁이 잇따라 일어났다.

이러한 파업투쟁 전개에서 드러난 특징적 사실은 개량주의적인 노동조합 지도부와 현장 노동조합원 사이의 불일치 및 갈등이다. 이를테면, 1955

년 5월에 일어난 항만노동자 파업에서 산업별 노동조합(본부 조합)인 운수일반노동조합TGWU이 노동조합원들에게 파업 중지를 호소했으나 수천 명의 항만노동자가 파업을 계속한 것이 그러한 사실을 말해 준다(小林勇 1978, 74~75).

1953년과 1954년 들어서도 노동조합은 예년처럼 강력하게 임금 인상을 요구했다. 그 이유는 다음 세 가지였다. 첫째, 각 노동조합은 자기 노동조합원만의 요구를 특별히 고려했다. 둘째, 정부의 재정 정책, 즉 식료품 보조금 인하, 직접세 인하 등이 노동조합원들의 생활수준을 저하시킨다고 판단했다. 셋째, 많은 산업의 노동자들이 이제 매년 임금을 인상하는 것을 당연한 것으로 받아들였다. 이러한 노동자 측 요구에 대해 사용자 측은 어떤 명목의 임금 인상도 거부하려 했다. 1953년 말에는 전후의 '산업 평화'도 결국 종국에 다다른 듯이 보였다(Pelling 1992, 241).

2. 프랑스

사라진 레지스탕스의 꿈

프랑스에서 전개된 냉전은 좌파 정치 세력을 분열시킨 반면, 우파 세력을 다시 일으켜 세웠다. 우파 세력은 반공주의 기치 아래에서 대중의 지지를 확보했다. 1947년 4월에 프랑스인민연합RPF을 창설한 드골과 가톨릭 인민공화운동MRP도 사회혁명에 대한 두려움을 교묘히 이용했다. 공산주의에 대항하는 지구촌 전체의 전쟁이 멀지 않았다는 여론에 따라 드골은 자유기업 체제 내 자본과 노동의 협력, 대립적인 정당정치 지양, 확고하고 효율적인 정부를 강조했다. 제4공화정에 대한 이러한 선전포고는 특히 유산계급의 지지를 이끌어 내, 1947년 말 들어 이 운동은 약 100만 명의 지지자를 확보했다. 공통분모가 없는 여러 집단으로부터 획득한 지지를 유지한다는 건 어려운 일이었으나, 우익 세력 복귀는 부인할 수 없는 명백한 사실이었다(프라이스 2001, 410~411).

이와 같은 상황에서 독점 부르주아지는 노동자계급의 분열을 이용해 반격에 나섰다. 노동운동 분열은 분할 지배divide and rule 전술을 사용할 수 있는 황금 같은 기회를 자본 측에 제공했다. 1947년 말까지 프랑스에 군대를 주둔시켰던 미국은 프랑스 부르주아지의 이러한 공세를 지지했다. 공산당과 사회당이 협력해야만 보수 세력에 대항할 수 있었음에도, 양 정당 사이의 관계는 급속하게 악화되었다.

공산당과 사회당은 대내 정책뿐만이 아니라 대외정책에서도 의견을 달리했다. 프랑스 사회당의 정책을 규정한 것은 사회당의 이른바 '정부 참여'와 '권력 장악' 사이의 원칙에 관한 견해였다. 사회당은 현존 제도를 부정하고 사회주의를 향한 길을 열어 나가는 근본적인 변혁은 노동자 정당이 권력을 획득함으로써만 가능하다고 보았다. 그러나 전후 정세에 비추어 정부 참여(또는 권력의 집행)는 가능했지만, 권력 획득은 유리하지만은 않다고 판단했다. 공산당은 이러한 사회당의 주장을 '부르주아 이데올로기에 대한 점진적인 항복을 변호하고 근본적인 개혁을 위한 투쟁 거부를 정당화하기 위한 논리'라며 비판했다.

1947년 5월 4일 임금·물가 규제 비난, 인도차이나에서의 전쟁 수행을 위한 대부 거절 등 특정 문제와 관련해 제기된 의회의 신임투표에서 각료를 포함한 공산당원이 사회당의 폴 라마디에 정부에 대해 불신임을 표명한 것을 이유로 뱅상 오리올 대통령은 법령으로 공산당원 각료를 내각에서 해임했다. 이러한 조치는 정부에서의 단순한 추방을 의미하는 것이 아니라 공산당에 대한 사회당의 협력 거부이며, 노동자계급 행동통일에 대한 최종적인 포기였다(The USSR Academy of Sciences 1987, 69).

공산당이 정부에서 축출당한 직후, 『이코노미스트』는 이 상황을 다음과 같이 묘사했다. "레지스탕스의 꿈은 사라졌고, 프랑스 사회는 다시 '1936년 당시 인민전선을 붕괴시켰던' 난국에 빠져들었다. 부르주아지는 상당한 정도의 정치·경제적 힘이 조직된 노동자계급으로 넘어가는 것을 용인하지 않는다. …… 따라서 부르주아지는 외국으로의 자산 이전, 화폐 퇴장hoarding, 탈세, 투자 기피, 사치스러운 지출 등으로 대응한다. 충분한 조세 수입을 확보하지 못한데다가 절약을 설득할 능력도 없는 프랑스 정부는 정부 예산의 균형을 유지할 수 없어 인플레이션에 의존해 왔다. 그러나 물가 상승으로 고통받고 있으며 자신들의 거대한 영향력을 의식하고 있는 노동자들은 임금 인상을 위해 공개적인 파업이라는 무기에 호소하고 있으며, 그리하여 인플레이션의 악순환이 더 급속히 진행되고 있다"(『이코노미스트』1947년 7월 26일자; Armstrong et al.1991, 85에서 재인용).

1947년 말에는 정치 지배구조의 큰 변화가 일어났는데, 1947년 11월 사회당 중심의 라마디에 정부는 인민공화운동MRP 소속 로베르 슈만이 이끄는 내각에 자리를 내주었다. 새 정부 정책의 중심은 명백히 우익으로 이동했다. 심지어 새 정부에서는 사회주의자인 내무부 장관 쥘 모크조차도 파업 참가 노동자와 시위대를 공격하는 데 동의했다. '공화정 수호'라는 측면에서 그는 1947년 11월과 12월에 광산 노동자 1만5천 명이 참가한 파업을 진압하기 위해 경찰과 군대 병력 6만 명을 동원했다.

사회당은 불편하게도 점점 더 보수화되어 가던 '제3 세력' 안에 계속해서 남아 있었다. 잇따라 들어선 내각들은 대서양연맹Atlantic Alliance과 식민지 전쟁에 동의했고, 사회개혁에는 반대했으며, 노동운동을 탄압하는 데 찬성했다(프라이스 2001, 409~410).

1951년에는 부르주아 정당과 사회당이 반공 블록을 형성하고 선거제도를 바꾸었다. 선거에서 50퍼센트 이상 득표한 정당이나 정당 블록이 그 선거구 진체 의석을 독점하도록 만든 것이다. 선거제도 개편과 반공 캠페인 때문에 프랑스공산당은 이전에 비해 50만 표를 잃었고, 차지하고 있던 하원의석 179석 가운데 74석을 상실했다. 부르주아 정부 내에서 반공 캠페인에 공헌한 사회당도 1951년 선거에서 투표 총수의 14.4퍼센트(1945년의 경우에는 23퍼센트)밖에 획득하지 못했다(The USSR Academy of Sciences 1987, 70~71).

1950년대 중반에는 프랑스 국내외의 정치 정세가 대단히 모순되고 복잡하게 전개되었다. 인민대중은 정부의 사회·경제 정책을 비롯해 빈번한 각료 교체, 미국을 수동적으로 추종하는 외교정책 등에 강한 불만을 나타냈다. 또 인도네시아와 알제리에서 벌어진 식민지 전쟁과 식민지 지배를 지속시키려는 지배층의 무모한 노력, 군비 확장 경쟁 참가, 정치 세력들 사이의 지나친 대립과 반목, 제4공화국에서 벌어진 부패와 타락 등은 국가 질서를 위태롭게 만들었으며 부르주아 민주주의 제도의 기반마저 흔들어 놓았다.

이 시기 경제정세의 변화 과정을 개괄해서 살펴본다. 제4공화정은 프랑스 경제의 부흥과 성장에서는 상당한 성과를 거두었다. 1947년부터 1952년까지 추진된 경제계획은 석탄, 전력, 철강, 시멘트, 농업 기계화, 운수 정비 기초 등 6개 부문에 우선적으로 자금을 배정해 경제 재건의 장애를 해소하기 위해 노력했으며, 전쟁 이전 수준까지 경제를 부흥시켰다.

1954부터 1957년까지 추진된 제2차 경제계획은 대상 영역을 섬유, 기계, 전기 기구 등 17개 부문으로 확대해 대중적 내구소비재 수요를 충족하는 데 주요 목표를 두었다. 그리하여 국내총생산 25퍼센트 성장이라는 목표를 초과해 달성했다. 1950년대 프랑스의 경제성장률은 4.5퍼센트였다. 프랑스의 산업구조는 크게 변화해 섬유, 의복, 피혁 등 전통적 산업 비중이 낮아지고 중화학공업화가 진전되었다(奧保喜 2009, 364~365)

노동조합운동의 통일을 위한 행동 강령 채택

이와 같은 정치·경제 정세에서 노동자계급의 투쟁은 고양되었으며, 노동조합운동은 새로운 운동 기조의 수립을 모색했다.

1947년 후반 들어 노동자의 생활 상태가 악화되자 노동자계급의 파업투쟁이 전국으로 확산되었고, 같은 해 10~12월에는 무려 노동자 250만 명 이상이 파업에 참가해 파업투쟁이 절정에 이르렀다. 프랑스 노동총동맹CGT이 설치한 파업위원회는 임금의 연동 인상과 물가 상승에 따른 임시수당 지급을 요구 조건으로 내걸었다(The USSR Academy of Sciences 1987, 70).

노동조합운동의 동향을 단적으로 나타내는 파업 발생 추이부터 살펴본다. 1946년부터 1955년까지의 파업 발생 추이는 〈표 21-2〉에서 보는 바와 같다. 파업 참가자 수는 1948년 656만1,176명으로 정점을 찍었다가 1950년대에는 1957년 296만3,837명을 기록한 것을 제외하고는 대체로 100만 명선을 유지했다. 파업 건수는 1950년과 1951년에 급증했다가 그 뒤로 감소했으나 1955년에는 2,672건으로 정점을 이루었다. 이와 같은 파업투쟁들은 노동조합 조직이 분열된 가운데 전개되었기 때문에 그 성과는 그다지 크지 않았다.

1950년 당시 주요 노동조합 전국 중앙 조직으로는 프랑스 노동총동맹 CGT, 노동총동맹-노동자의힘CGT-FO, 프랑스기독교노동총동맹CFTC, 관리감독직원총연맹CGC이 존재하고 있었으며, 이 밖에도 몇몇 조직이 설립되어

표 21-2 | 1946~1955년의 프랑스 파업 발생 추이			
연도	파업 건수	파업 참가자 수	노동손실일수
1946	528	180,067	386468
1947	2,285	2,997,559	22,673,285
1948	1,425	6,561,176	13,133,313
1949	1,426	4,329,959	7,129,150
1950	2,586	1,527,293	11,728,791
1951	2,514	1,754,000	3,495,476
1952	1,749	1,155,202	1,732,577
1953	1,761	1,783,693	9,722,111
1954	1,479	1,318,947	1,440,145
1955	2,672	1,060,613	3,078,706

자료: ILO, 1957, *Yearbooks of Labour Statistics*.

있었다.

이런 상황을 반영해 1955년 6월에 열린 노동총동맹CGT 제30회 대회는 조직의 분열이 노동자계급의 힘을 약화시키고 투쟁을 곤란하게 만든다고 표명했다. 대회는 노동조합운동의 통일을 위한 행동 강령을 채택했다. 강령은 각 공장, 각 직장에서 다른 노동조합에 가입하고 있는 노동자나 미조직 노동자 사이의 공통 요구에 바탕을 둔 통일투쟁을 발전시키고, 이것을 전국 차원의 통일 요구와 결합해 전국적 통일투쟁을 조직하는 것을 목표로 제시했다. 대회가 끝난 바로 뒤인 7월부터 10월 사이 여러 산업에서 발생한 파업투쟁에서 통일투쟁 방침이 실제로 실현되었다. 그 가운데 가장 대표적인 것이 생나제르Saint Nazaire 조선소 노동자 파업이었다(小林勇 1978, 65~67).

생나제르 조선소 파업은 조선소 내의 주물노동자 한 무리가 투쟁을 벌인 것이 발단이 되었다. 이들 노동자는 소속 노동조합에 관계없이 행동통일위원회를 몇 개월 전부터 조직해 통일 요구안을 만들었으며, 7월 들어서는 요구 관철을 위해 단속적斷續的인 작업 거부 투쟁을 시작했다. 현장 노동자 사이에서 토론을 거쳐 결정된 것인 만큼 통일 요구에는 통일행동이 뒤따랐다. 한 부서에서 시작된 투쟁은 공장 전체로 확대되었으며, 노동자 1만2천 명이 모두 참가한 대규모 투쟁으로 발전했다. 파업은 각 부문 전체에 걸쳐 전개되는 경우도 있었지만, 각 부문마다 교대로 전개되기도 했다. 경영자 측의 직장 폐쇄를 막기 위해서뿐만 아니라 노동자 측의 희생을 최소화하기 위해서였다. 파업투쟁을 통해 생나제르 조선노동자는 평균 22퍼센트로 임 금을 대폭 인상하는 데 성공했다.

3. 독일

분단 체제의 고착

1949년 5월과 같은 해 10월에 수립된 독일연방공화국(서독)과 독일민주공 화국(동독)의 초기 헌법에는 유사한 부분이 있었다. 두 나라 모두 대통령이 공식 국가수반이었고, 행정부의 정치 수반은 수상이었다. 두 나라 국가 모 두 전국 선거를 통해 선출되는, 인민의 대표기구인 의회가 있었고 지역을 대표하는 지역 의회가 존재했다. 헌법에는 특정한 형태의 사회·경제 체제 가 규정되어 있지는 않았다. 더욱이 독일연방공화국 헌법은 임시적인 성격 을 강조하기 위해 법률 명칭도 '기본법'Grundgesetz이라 표현했고, 두 나라의 통일을 지향한다는 점을 명료하게 밝혔다. 독일민주공화국 헌법 역시 통일 가능성을 인정했다.

그러나 두 나라 정치체제의 기본 원리에는 근본적인 차이점이 있었고, 이 점은 시간이 지남에 따라 확연히 드러났다. 서독의 대의제 민주주의는 다양한 정당이 참여해 4년마다 한 번씩 치러지는 자유선거에 기초를 두었 다. 그것에 비해 동독의 헌정은 마르크스-레닌주의의 민주집중제 원칙에 바탕을 두고 성립되었다. 동독 의회는 정당들 이외에 다양한 대중조직들이 사전에 할당된 특정 수의 의석을 차지하는 방식으로 구성되었고, 의회를 실질상 지배한 것은 통일사회당이었다. 그러나 독일 분단은 매우 실제적인 성격을 띠었는데도 불변의 체제로 간주되지는 않았다. 분단은 몇 단계를 거치면서 고착되었다. 그 첫 단계로서 동·서독은 각기 1950년대에 동구권과 서구권에 형성된 경제·정치·군사 동맹체제에 편입되었고, 1955년에는 두 나라 모두 완전한 주권을 회복하게 되었다(풀브룩 2001, 310~311).

서독에서는 1949년 8월에 선거가 실시되어 독일기독교민주연합CDU이 새로 구성된 의회Bundestag에서 최대 정당으로 부상했다. 초대 수상으로 콘라트 아데나워[1]가 선출되었고, 연방공화국 초대 대통령에는 자유민주당FDP이 지명한 테오도어 호이스가 선출되었다.

아데나워 정권은 분단된 국가를 서유럽 진영에 통합시켰을 뿐만 아니라 경제부 장관 루트비히 에르하르트[2]와 더불어 '라인강의 기적'을 주도했다.

---

[1]_콘라트 아데나워(1876~1967)는 프라이부르크·뮌헨·본 대학교에서 공부한 뒤 쾰른에서 변호사 생활을 시작했다. 1917년 41세 때 쾰른 시장이 되었다. 나치 시대에는 히틀러에 반대해 두 번이나 투옥되었다. 제2차 대전이 끝난 뒤에는 다시 쾰른 시장으로 일하다 영국군과의 의견 충돌로 물러났으며 독일기독교민주연합(CDU)을 결성해 당 의장이 되었고, 제헌의회에서 수상에 선출되었다. 1951년부터 1955년까지 외무부 장관을 겸하기도 했다. 그는 먼저 대사를 교환한 후 외교 관계를 다시 열고 의안을 해결하는, 이른바 '아데나워 방식'이라는 특수한 외교 방법을 채택한 것으로 유명하다. 또한 유럽경제공동체(EEC)를 창설해 그 실현에 노력했다.

[2]_에르하르트(1897~1977)는 독일의 정치인, 경제학자이다. 콘라트 아데나워 내각에서 경제부 장관을 지내면서 독일의 전후 경제개혁과 경제 회복에 큰 역할을 했다. 그는 '사회적 시장경제'를 채택했고, 이를 바탕으로 이른바 '라인강의 기적'으로 불리는 경제성장을 이룩했다. 1957년 연방정부의 부총리에 임명되었고, 아데나워 총리가 1967년 4월에 사망하자 그 뒤를 이어 수상을 역임했다. 에르하르트 정부는 미온적인 외교 관계와 예산 부족으로 위기를 맞았다. 그는 1966년 말에 사임했으며, 1967년 독일기독교민주연합의 명예 의장으로 임명되었다.

아데나워가 흔들림 없이 추진했던 서유럽 통합 정책은 서유럽을 통합해 공산주의에 대응하기 위한 경제·정치·군사적 보루로 만들고자 했던 당시 미국의 정책과 일치했다.

미국은 냉전 진행과 더불어 서독을 공산주의 대항 세력의 일부로 다시 부흥시키려는 전략을 세웠다. 이에 따라 서독은 1949년 10월에 유럽경제협력기구OEEC 회원국이 되었고, 1951년 4월에는 유럽석탄철강공동체ECSC 발족에 참여했으며 같은 해 5월에는 '유럽평의회'Council of Europe 정회원이 되었다.

1950년 6월 한국전쟁이 발발하자, 유럽 국가들은 한국전쟁을 소련을 위시한 사회주의 진영이 행하는 군사 공세의 서막으로 보고 위기감을 드러냈다. 이런 정세에서 미국은 1950년 9월에 열린 미국·영국·프랑스 외무부 장관 회의에서 서독의 재군비를 제안하는 한편, 유럽 주둔 미군을 대규모로 증강할 의향을 보였다. 미국의 서독 재군비 제안에 대해 영국은 찬성했으나 프랑스는 반대했다. 그러나 프랑스는 미국·영국과 동맹을 맺지 않고서는 자국 방위란 불가능하다는 사실을 인정해, 각 국군을 통합한 단일의 '유럽통합군'을 창설하고 서독 재군비를 허용해 통합군에 편입시키는 것을 골자로 하는 안을 발표했다. 이른바 '플레벤 플랜'Pleven Plan으로 불리는 이 안은 1951년 7월 '유럽방위공동체'European Defence Community 안으로 공표되었다. 궁극적으로는 브뤼셀조약을 대체하려 한 유럽방위공동체 계획은 1954년 8월 프랑스 의회가 서독 재군비를 인정치 않고 조약 비준을 거부함으로써 무산되었고, 이에 따라 브뤼셀조약의 강화 및 확대가 다시 논의되어 1955년 5월 파리협정에 따라 브뤼셀조약기구가 설립되었다.

1952년 5월, 미국, 영국, 프랑스, 서독 대표들이 본에서 회합을 갖고 '독일조약'Deutschlandvertrag에 조인했다. 이 조약은 베를린을 제외한 서독 점령을 종료하고 독일연방공화국의 주권을 회복시킨다는 내용을 담았다. 다만 미국·영국·프랑스 세 나라는 독일 재통일이나 강화조약과 관련해 베를린 및 전체 독일에 대해 보유하고 있는 권리와 군대 주둔권을 계속 갖기로 했다. 이 조약이 발효된 것은 1955년 5월이었다(奥保喜 2009, 161~162).

서독은 1955년 점령 조례Occupation Statute가 만료되자 완전한 주권을 회복했고, 북대서양조약기구 정회원국이 되었다. 1956년에는 상당한 저항이 있었지만 헌법이 개정되어 독일은 군대를 보유할 수 있게 되었고, 이어서 징병제가 도입되었다.

서독이 주권을 거의 완전하게 회복한 뒤, 아데나워는 1955년 9월에 모스크바를 방문해 소련과 국교를 수립했다. 그 직후, 소련은 동독과 주권 회복 협정에 조인했다. 이로써 동서 세력 투쟁의 핵심 대상이었던 독일 문제는 일단락되었다. 그러나 소련이 동독을 국가로서 승인하고 '두 개의 독일'이라는 정책을 취한 데 대해 독일 재통일을 중대 과제로 설정한 아데나워 정권은 강하게 반발하면서, 같은 해 9월 동독과 유럽의 국경선을 승인하지 않고 동독을 승인한 국가와는 소련을 제외하고 외교 관계를 갖지 않는다는 이른바 할슈타인 원칙Hallstein Doctrine[3]을 주장했다. 서독은 오데르-나이세선을 국경으로 인정하지 않겠다고 주장했지만, 동독 정부는 일찍이 1950년 6월에 폴란드와 오데르-나이세선을 양국 국경으로 정한 협정에 조인했다(奥

3_1955년 9월 서독이 소련과 국교를 수립한 뒤 설정한 동독 관련 외교정책의 기본 원칙을 말한다. 서독만이 자유선거를 통해 정부를 수립한 유일한 독일의 합법국가이므로 서독은 동독을 승인하는 나라와는 외교 관계를 단절(대독 전승국인 소련만은 이 원칙에서 예외)하겠다는 것이다. 서독의 기독교민주연합(CDU)이 취하던 반공 외교정책의 축으로서 이 원칙은 유고슬라비아·쿠바 등에 적용되었지만 루마니아와 국교 재개(1967), 유고슬라비아와 외교 관계 재개(1968), 브란트 정권 수립에 따른 동서독 수뇌회담의 실현(1970) 등으로 사실상 끝을 맺었다.

保흘 2009, 161~162).

서독은 이처럼 국제 공동기구에 가입하고 주권을 확보하는 한편 괄목할 만한 경제성장을 이룩했다. 이러한 상황에서 과거의 나치들은 반공 이데올로기를 내세우면서 새로운 민주주의에 실용적인 정당성을 부여하던 1950년대의 보수적인 독일 속으로 아무런 어려움 없이 편입되었다(풀브룩 2001, 311).

한편 동독에서도 정치·경제·사회의 변화가 계속해서 진행되었다. 1952년 주Länder가 폐지되고 대신 지구Bezirke가 설치됨으로써 중앙의 통제가 강화되었다. 1958년에는 주를 대표하던 의회가 폐지되었다. 독일사회주의통일당SED은 내부 정비 작업을 진행했고, 이와 더불어 당 총재 발터 울브리히트⁴의 권한을 강화했다.

동독 역시 건국 이후 새로운 경제정책을 도입했다. 토지개혁, 전쟁범죄인과 나치 범죄인의 자산 몰수, 사회보장제 확충, 노동법제 정비 등을 실행했다. 그러나 경제계획의 수립 및 시행 과정에서 노동자들의 노동 규율이 강화되는 한편, 특정 집단에 특권이 부여되어 노동자들의 불만이 커졌다. 노동자들은 결국 1953년 6월 17일 대규모 파업을 일으켰고, 이는 곧바로 정치적 항의로 이어졌다. 파업은 자연발생적 성격을 띠었으며 소련 군대의 무력 사용으로 중지되었다(풀브룩 2001, 313).

4_발터 울브리히트(1893~1973)는 독일 라이프치히에서 태어났다. 1912년에 사회민주당에 입당했고, 1919년 독일공산당 창립에 참여했으며, 제1차 세계대전이 끝난 뒤 독일공산당에 입당했다. 1928~1933년 연방의회 하원의원으로 있었으나 나치 정권이 수립됨에 따라 소련으로 망명했다. 망명 중 모스크바에서 독일 인민전선 설립위원회의 발기인이 되고, 독일사회민주당과의 통일전선을 꾀했다. 1945년 제2차 세계대전이 끝나자 귀국, 1946년 독일사회주의통일당을 만드는 데서 주도적 역할을 했다. 국내적으로는 사회민주당·공산당의 합동 공작, 대외적으로는 친소 정책으로 전후 동독 부흥의 길을 열었다. 1960~1971년 국가평의회 의장(국가원수)을 역임했고, 1971년 5월 건강상의 이유로 사임했다.

독일노동조합총연맹의 결성과 활동 기조

노동운동은 대단히 복잡하고도 어려운 국면을 맞게 되었다. 독일연방공화국과 독일민주공화국의 노동운동 전개 양상을 살펴본다. 냉전 시작과 함께 국제 공동기구에 가입하고 주권이 회복이 되면서 서독에서는 점령군, 서독의 독점자본, 부르주아 정당, 사회민주당과 노동조합 지도부까지 반공주의를 선전하면서 사실상의 반공통일전선을 형성했다.

독일 영토에 사회주의국가가 출현한 탓에 서독의 지배 세력은 부득이 계급 관계에서 신중한 태도를 견지하면서 사회 분야에서 일정한 양보를 하지 않을 수 없었다. 그들은 양보를 대가로 노동자계급의 '충성심'을 강화하려 했다(The USSR Academy of Sciences 1987, 90~91).

이와 같은 조건에서 서독 노동자계급의 주류는 독일사회민주당SPD을 지지했고, 이 당은 서독 내에서 가장 대중적인 정당이었다. 독일사회민주당 지도부는 노동운동 내의 개량주의 노선을 대표하고 있었지만, 임금노동자의 계급 이익을 중요시했다. 1954년에 채택된 독일사회민주당의 강령은 당의 목표를 "사회주의 정신으로 사회를 재편성하는 일"로 규정하고, "사회주의만이 모든 사람의 능력을 방해받지 않고 발전시킬 수 있는 조건을 창출한다"고 표명했다(The USSR Academy of Sciences 1987, 93에서 재인용).

독일사회민주당은 아데나워 정부가 반민주적 정책을 펴고 극우 친파시스트 단체를 비호하는 것을 비판하고, 이들 단체의 활동 금지와 부르주아 민주주의 제도 강화를 요구했다. 독일사회민주당은 독일민주공화국을 '무력 해방' 하려는 것은 비현실적이라고 보았으며, 독일 재군비나 북대서양조약기구를 비롯한 군사 블록에 참가하는 것에 반대했다. 또한 서독에서의 독점체 및 금융과두 강화를 경계했으며, 노동조건과 사회보장 개선, 노동자 경영 참여 확대를 요구했다.

그러나 독일사회민주당 지도부의 반공주의 및 개량주의 경향, 확고한 실천력의 결여, 전투적 대중운동에 대한 우려 등은 결국 그들의 반독점, 반군국주의 선언을 무위로 돌렸다(The USSR Academy of Sciences 1987, 94).

독일사회민주당과 협력 관계를 취했던 서독 노동운동은 개량주의 노선을 견지하기는 했으나 독일사회민주당보다는 단호하게 행동했다.

1947년 초에는 이른바 '기아 데모'가 행해졌다. 1947년 들어 지독한 추위가 닥쳐 왔고, 실업이 만연한 데다 식량이 부족해 배급제가 운영되지 못하게 된 상황에서 노동자의 불만이 폭발했다. 3월에는 식량 제도 개선, 식량 관련 책임자 문책, 사회화 실시 등의 요구를 내건 파업이 루르 지방의 거의 모든 도시에서 발생했고, 곧이어 다른 지역으로까지 확대되었다. 4월 3일에는 루르 지역 탄광노동자 33만 명이 식량 특별배급제 폐지에 항의해 24시간 파업을 단행했다.

브라운슈바이크에서는 대중시위가 벌어져 영국군 시설과 자동차가 파손되었다. 시위 진압을 위해 영국군 장갑차가 동원되었다. 5월 9일 함부르크 시위에는 노동자 12만 명이 참가했다. 사태가 심각한 양상을 보이자 점령군이 강경 방침을 표명하고 진압에 나섰다. 1947년부터 1948년 초에 걸친 자연발생적인 노동자투쟁은 점령군의 개입으로 저지되었다. 이것이 전후 위기의 제1국면이다.

전후 위기의 제2국면은 통화개혁 직후에 일어난 노동자투쟁을 말한다. 1948년 6월 20일에 시행된 통화개혁은 생산 확대를 자극하는 동시에 물가 상승도 부추겨 잠시 동안 매우 위험한 양상을 드러냈던 것이다. 1948년 6월부터 12월까지 6개월 동안 생계비는 15퍼센트 상승한 반면 나치 시대의 임금 통제 정책이 유지되는 상태였으므로 실질임금은 오히려 저하되었다. 실업자 수도 76만 명에 이르렀다. 이러한 상황에서 8월부터 가을까지 각 지역에서 공인되지 않은 파업이 발생했다.

1948년 10월에는 임금 통제 정책이 해제되고 물가 상승 및 소득 격차가 더욱 확대되었기 때문에 노동조합으로서도 대책을 강구하지 않으면 안 되었다. 노동조합들이 11월 12일 24시간 파업을 결행하기로 결정함에 따라 영국 점령 지역에서 노동자 600만 명이, 미국 점령 지역에서 300만 명이 파업에 참가했다. 파업의 요구 조건은 10개 항으로 이루어져 있었는데, 그 가운데 핵심 내용은 통화개혁을 단행한 정부의 경제심의회가 '경제적 긴급사태'를 선언하고 경제 위기에 대한 구체적 조치를 강구하라는 것이었다. 요구 조건 가운데는 기초재 산업과 신용제도를 공공경제로 이행할 것도 포함되어 있었다. 그러나 경제심의회는 긴급사태 선언을 거부했으며, 전후 최대의 총파업은 아무런 성과 없이 끝났다(광민사 편집부 1981, 89~90).

1949년 10월, 독일연방공화국 노동조합 전국 중앙 조직인 독일노동조합총연맹DGB이 결성되면서 노동조합운동은 새로운 발전을 위한 계기를 맞았다. 독일노동조합총연맹은 '뮌헨 강령'으로 알려진 기본 강령에서 기간산업 공유화와 완전한 공동결정, 경제계획화 등을 제시했다.

독일노동조합총연맹은 또 '노동투쟁 지도를 위한 방침'을 채택했는데, 파업을 요구 실현을 위한 최후 수단으로 규정하고 투쟁의 개시와 수행은 노동조합 중앙지도부의 승인을 필요로 한다고 정했다. 투쟁의 시작과 지속을 위해서는 노동조합원 최저 75퍼센트 이상의 찬성이 필요하며, 이 방침에 따르지 않은 파업이나 지도부의 승인 없는 파업에 대해서는 노동조합이 지원할 수 없다고 밝혔다(광민사 편집부 1981, 91~92).

독일노동조합총연맹이 최초로 직면한 과제는 1950~1952년에 추진된 공동결정제 법제화를 둘러싼 문제였다. 1947년 3월 이후, 영국 점령 지역의 철강업 부문에서는 공동결정제가 이미 시행되고 있었다. 1946년 이후 경영평의회 설치가 인정되었지만, 그 권한에 대한 규정은 몇 개뿐이었고, 기업 단위의 노사관계는 미처 정착되지 못했다.

제2차 세계대전 이후 노동조합 지도자들은 경제민주화를 정치민주화의 선결 조건으로 보았으며, 경제 주요 부문의 사회화 및 사업장-기업-산업-국가 수준의 경제정책 등 여러 수준에 걸친 노동자의 직접 참여를 요구했다.

한편 독일 사용자들은 노동자들에 대한 지배권을 양보하지 않으려 했으나, 히틀러의 전쟁 수행에 협력한 결과로서 그들의 정치·도덕적 지위는 현저하게 약화된 상태였다. 더욱이 대기업들은 1946~1947년에 걸쳐 점령군의 지시에 따라 해체될 지경에 이르렀다. 그래서 석탄 및 철광 산업 사용자들은 공동결정권을 노동조합에 양보하는 대가로 해체 위기를 모면하고자 했다. 공동결정제를 둘러싼 노동조합 투쟁은 이러한 관행의 제도화를 목표로 한 것이었다.

독일노동조합총연맹이 아데나워 정부와 사용자 대표를 상대로 교섭을 벌인 결과, 1951년 5월 21일 '석탄·철광·철강 산업공동결정법'Gesetz über die Mitbestimmung der Arbeitnehmer in den Aufsichträten und Vorständen der Unternehmen des Bergbaus und der Eisen und Stahl erzeugenden industrie이 제정되었다.

1951년의 공동결정법은 1천 명 이상을 고용하는 석탄·철강 산업 사업장에만 적용되었다. 이 법은 감사회Aufsichtsrat에 노동자와 주주대표가 '동수로' 참여하도록 규정했다. 공동결정법의 또 한 가지 특징은 이사회에도 노동자 대표 한 사람이 참여한다는 것이다. 노동이사Aebeitsdirektor는 이사회 구성원으로서 회사 경영에 관해 다른 이사들과 동등한 표결권과 참가권을 가지며 보통 인사 문제를 담당했다.

1952년 10월 11일에 채택된 경영조직법Betriebsverfassungsgesetz은 사업장 차원의 공동결정과 경영조직 참여를 포괄적으로 규정한 법률이다. 이 법에

표 21-3 | 1949~1955년의 독일 파업 발생 추이

연도	파업 건수	파업 참가자 수	노동손실일수
1949	892	5,8184	270,716
1950	1,344	79,270	380,121
1951	1,528	174,325	1,592,892
1952	2,529	84,097	442,877
1953	1,395	50,025	1,488,218
1954	538	115,899	1,586,523
1955	866	597,353	846,647

자료: Michael Schneider 1991, *A Brief History of the German Trade Unions*, 390.

따르면 5인 이상 노동자가 고용되어 있는 사업장 노동자들은 자신의 이해를 대변할 종업원평의회를 설치할 수 있다. 종업원평의회는 일련의 사안들에 관해 정보청구권, 협의권, 공동결정권을 갖는다. 기업 조직 참가와 관련해서는 500인 이상의 유한회사 및 주식회사의 경우 감사회 의석의 3분의 1이 노동자 대표자들에게 할당된다(김형배 1974, 33).

이와 같은 노사관계의 진전이 있었음에도, 1950년대 초반 노동조합이 전개한 제도 개선 투쟁은 대체로 패배로 규정되었다. 애초에 설정한 목표를 달성하지 못했을 뿐만 아니라 노동과 자본 사이의 '신뢰에 찬 협력 관계', '평화 의무', '협약 자치' 등을 지나치게 강조해 노동조합운동의 체제 도전적 기능을 배제하게 만들었다. 그런데도 공동결정법과 경영조직법은 독일 노사관계를 규율하는 기본 제도가 되었으며, 노동운동 전략을 규정하는 중대한 계기가 되었다.

1949년부터 1955년 사이 파업 발생 추이는 〈표 21-3〉에서 보는 바와 같다. 1950년부터 1953년 사이의 파업 건수는 매해 1천 건을 넘었으며, 1952년의 경우에는 2,529건을 기록했다. 1954년과 1955년 들어서는 파업 건수가 감소했다. 파업 참가자 수에서는 1955년이 59만7,353명으로 가장 많았으며, 파업에 따른 노동손실일수는 1951년이 159만2,892일로 가장 길었다.

1951~1954년은 노동조합이 임금 인상을 위해 총파업을 벌인 시기였고, 자본가 측에서도 노동자 측의 공세에 대응해 강력한 억압 조치를 취한 시기였다. 노동조합운동이 경영조직법 투쟁에서 패배한 데다, 1953년 실시된 총선거에서 기독교민주연맹이 압승하고 독일사회민주당이 패배한 상황에서 노동조합은 확장임금 정책을 제안했다. 확장임금 정책이란 임금 인상이 잠재적 과잉생산 상태에서 소비 수요를 늘려 판매력을 증대하기 때문에 경기 부양과 완전고용 달성에 유용하다는 논거에서 설정된 것이다. 이러한 제안은 1954년의 독일노동조합총연맹 제3차 대회에서 지지를 받았으며, 이것을 기초로 하여 1955년 '행동 강령'이 작성되었다.

행동 강령은 ① 주 5일 40시간 노동제를 목표로 한 노동시간 단축, ② 임금 인상, ③ 사회보장 확충, ④ 모든 기업 및 정부기관에서 노사의 동등한 권리를 보장하는 공동결정제 실시, ⑤ 노동보호 개선 등의 5개 항목으로 이루어져 있다. 이 행동 강령은 노동조합의 일상적 요구만 제시할 뿐 장기적인 전략·목표에 대한 실천 계획은 밝히지 않았다는 점에서 결국 노동조합주의 노선의 견지로 볼 수 있다(광민사 편집부 1981, 96~97).

자유독일노동조합총연맹의 결성과 활동

한편 동독의 자유독일노동조합총연맹FDGB은 소련 점령 지구에서의 민주적 개혁을 준비하고 실행하는 데서 중요한 역할을 담당했다. 융커들이 소유한 토지를 분배하는 작업이 이루어질 때 노동조합 활동가 수천 명이 농촌으로 직접 가서 근로 농민들을 지원했으며, 이를 통해 노동자계급과 근로 농민의 동맹이 형성되었다. 또 노동조합은 중요한 기업을 경영하는 데서 원동력이 되었다. 전쟁범죄인이나 나치 범죄인 소유 기업의 몰수 및 접수도 노동조합의 적극적인 활동을 통해 이루어졌다. 행정기관의 비나치화 및 민주화는 노동조합의 협력 없이는 불가능했으며, 수많은 노동조합원이 노동자 권리를 대변하기 위해 행정기관에 참여했다.

1945~1946년에 자유독일노동조합총연맹 내에 산업별 노동조합이 결성되었으며, 산업별 노동조합이 지도하는 사업장 내 노동조합 조직이 만들어졌다. 1948년 11월에는 '산업별 노동조합의 더 한층 넓은 활동 범위'이라는 원칙이 채택되었다. 1950년 8월 30일부터 9월 3일까지 베를린에서 열린 자유독일노동조합총연맹 제3회 대회는 노동조합 활동의 중요 방침을 채택했다. 이 대회는 마르크스-레닌주의를 노동조합운동의 기본 노선으로 승인했으며, 국가가 수립한 5개년 계획을 수행하기 위해 적극 노력하기로 결정했다. 5개년 계획은 대중의 창의를 발전시키고 경쟁 운동을 조직하며 사람들의 생활 향상을 꾀하기 위한 새로운 임무를 노동조합운동에 부여했다.

이와 같은 새로운 임무를 수행하는 데서 사업장 단위 단체협약이 주요 수단이 되었다. 단체협약은 1951년부터 인민 소유 기업과 그 밖의 기업에서 체결되었다. 1951년 당시 5천 개 이상의 기업별 단체협약이 체결되었는데, 이것은 1951년의 국민경제계획을 완수하는 데 중요한 구실을 했다.

한편 노동조합 활동의 중대한 한계와 문제점이 제기되었는데, 그것은 노동자계급의 이익을 대표하는 노동조합의 임무를 충실하게 수행하지 못했다는 사실이다. 이와 같은 문제점을 시정하기 위한 방책으로 1951년 7월 14일~15일 열린 켐니츠협의회Chemnitz Räte는 노동조합 내 민주주의를 온전하게 전개할 것과 전체 노동조합원들을 적극적인 노동조합 활동에 참여시킬 것을 요구했다(바른케 1954, 105~108).

이 시기 동독에서 발생한 가장 격렬했던 노동자투쟁은 1953년 6월 17일 사건이었다. 사건의 발단은 동베를린 스탈린 거리에서 일하던 건설노동자들이 할당된 작업량norma을 줄여 줄 것을 요구해 파업에 돌입했는데, 이 투쟁은 전국으로 확대되어 6월 17일에는 250개소에서 파업 및 시위 형태로 전개되었다. 처음에는 경제적 요구가 중심이었으나, 나중에는 정치범 석방이나 자유선거 실시와 같은 정치적 요구가 제기되었다. 운동을 주도한 것은 공산당이나 독일사회민주당의 전통적 세력 기반이었던 대공장 노동자들이었다. 결국 정부는 소련군에 전차 지원을 요청했다. 이 과정에서 사망자가 발생했는데, 정부 발표로는 25명이었으나 각종 보고로는 300여 명에 이르렀다. 6월 17일 투쟁으로 울브리히트의 통치 방식은 더욱 강경해졌으며, 대중의 체제에 대한 불신은 한층 더 심화되었다. 1953년 한 해 동안 서독으로 탈출한 사람은 39만 명에 이르렀다(成瀬治 외 1987, 354~357).

동독에서 전개된 노동조합운동은 조직 확대, 조직 체계 확립, 단체협약 체결이라는 점에서 노동조합 일반의 기능을 수행하고는 있었으나 사회주의를 지향하는 동독 사회체제에서 국가정책이나 정당 체제에 대해 적극 지지하고 호응함으로써 노동조합운동은 차츰 체제 내로 깊숙이 편입되었다. 그리하여 정치권력과 체제에 대한 비판 및 견제 기능을 상실하게 되었다.

4. 이탈리아

기독교민주당 정권의 자본주의 복구 정책

1948년 선거 이후 기독교민주당PDC은 자신들의 권력을 강화하기 시작했으며, 지지 기반을 확대하기 위해 전력을 기울였다. 가스페리 정권은 바티칸과 교회 조직에서 벗어나 산업 및 금융 엘리트, 그리고 이후에는 대중에 접근했다.

기독교민주당이 당면한 첫 번째 과제는 남부 지역의 농업 문제를 해결하는 것이었다. 기독교민주당은 1950년에 이탈리아 남부 지역에 있는 대부분의 대토지와 중부·북부의 일부 토지들까지도 분할하는 3개 법률을 채택했다. 1에이커 이상의 대토지와 경작 및 개간되지 않아 가치 없는 땅을 수용할 수 있는 권리를 가진 '개혁위원회'가 설립되었다. 위원회는 농민들에게 장기 저리 대출과 새로운 기술 지원을 해주었고, 이와 함께 토지 개량 작업을 수행했다. 1950년대에 약 70만 헥타르의 땅이 농민 12만여 명에게 분배되었다. 그러나 이러한 수치는 농촌 인구의 약 5퍼센트에 지나지 않았으며, 대다수 농민들은 땅이 없든지 아니면 규모가 아주 작거나 척박한 토지를 가지고 있을 뿐이었다.

이처럼 농업개혁이 계획했던 그대로 충실하게 추진되지 못한 데는 정부의 예산 부족이나 지주들의 탈법 행위 탓도 있었지만, 무엇보다 정부가 북부 지역의 산업 발전이 경제 발전에 이르는 가장 쉬운 길이라고 생각한 탓이 컸다.

1950년대 기독교민주당의 성장은 1930년대 파시스트 국민당의 그것과 유사했다. 두 경우 모두 직업의 안정성에 대한 필요가 이념보다 훨씬 중요했다는 사실을 보여 주었다. 남부 지역에서 시행된 토지개혁의 실패는 오히려 당의 확장을 가져왔다. 1950년 이후 수십만 명의 농민들은 일자리를 찾아서 농촌을 떠나 남부 도시들로 이주했다. 농민들은 기꺼이 기독교민주당을 지지했고, 그 대가로 직업을 구하려는 실업자 무리에 합류했다. 운이 좋은 사람은 지역정부에서 일자리를 얻을 수 있었고, 어떤 사람들은 남부 산업 지역을 떠돌면서 범죄 행위에 빠져들었다. 그러나 대부분의 사람들은 짐을 꾸려 또다시 북부로 떠나갔다. 이곳에서 이주민들은 이탈리아의 '경제기적'을 위해 자신들의 값싼 노동력을 제공했다(듀건 2001, 363; 368).

1950년대 중반 이탈리아는 여러 측면에서 저개발 국가 수준을 벗어나지 못하고 있었다. 자동차, 철강, 화학 등의 산업이 상대적으로 발전했지만, 그나마 몇몇 근대화된 산업들도 거의 북서부 지역에 편중되어 있었다. 일반적으로 제조업은 노동집약적이고 수공업적인 특징을 지니고 있었다. 농업은 전체 노동력의 40퍼센트 이상을 차지하는 가장 큰 단일 고용 분야였으나 여전히 후진성을 면하지 못하고 있었다.

이런 상황에서 가스페리 정권은 유럽 통합을 이탈리아 경제의 심각한 구조적 불균형을 해소하고 특히 노동력의 자유로운 이동을 통해 방대한 실업 문제를 해결할 수 있는 계기라고 보았다. 그리하여 이탈리아는 유럽경제공동체 출범 당시부터 참여했다. 이탈리아가 획득한 이익은 막대했다. 많은 산업자본가들이 우려했지만, 가장 선진적인 경제 분야들은 1950년대 말까지 자유무역의 도전에 대처할 만한 충분한 경쟁력을 갖추게 되었다. 이탈리아는 급증하는 세계 수요에서 이익을 얻을 수 있는 위치가 됐다(듀건 2001, 370~371).

이탈리아노동총연맹의 노동계획 투쟁

이와 같은 정치·경제 상황 변화 속에서 이탈리아 노동운동은 분열로 인한 갖가지 어려움을 겪으면서도 당면 주요 과제 해결을 위해 과감한 투쟁을 전개했다. 1949~1954년의 연평균 파업 건수는 1,425건이었고, 1953년의 파업 참가자 수는 467만9,091명이었다. 1950년의 파업에 따른 노동손실일수는 무려 776만849일이었다. 1948년 7월 14일 이탈리아공산당PCI 사무총장

팔미로 톨리아티 암살 기도에 항의해 노동자 수백만 명이 가두로 진출했고, 1948년 7월 14~15일에는 항의 파업투쟁이 발생했다(The USSR Academy of the Sciences 1987, 75).

이 시기 이탈리아 노동운동의 전개를 노동조합 전국 중앙 조직의 분열, 각 조직의 운동 기조와 활동 양상, 주요 투쟁을 통해 살펴본다. 1945년 1월 통일노동조합운동을 표방하면서 출범한 이탈리아노동총연맹CGIL은 정치 노선이나 종교적 신조에 관계없이 모든 생산·사무직 노동자들을 포괄하는 노동자계급 전체의 통일노동조합으로서 자기 위상을 확고히 표방했다. 이 탈리아노동총연맹이 공산주의 계열과 사회주의 계열 조합원들뿐만 아니라 가톨릭 계열과 사회민주주의 계열, 공화주의 계열 노동조합원들까지 조직 내에 결속하고자 한 시도는 끝내 성공을 거두지 못했다. 1950년 4월의 이탈 리아노동조합총연맹CISL 분리와 이탈리아노동연맹UIL의 이탈이 그것을 말 해 준다.

그러나 이탈리아노동총연맹은 노동조합운동의 통일을 끊임없이 추구했 고, 노동자계급의 사회·정치·경제적 세력 증대와 강화를 위한 목표를 강령 의 핵심으로 설정했다. 이탈리아노동총연맹은 노동조합운동의 전략을 노동 자대중의 노동·생활 조건 개선을 위한 투쟁을 노동자계급의 혁명적 이해관 계(착취의 해소, 생산수단의 사회화) 관철과 결합하는 것으로 설정했다. 또 중 기 목표로서 '구조 개혁'을 내세웠는데, 기간산업 국유화를 비롯해 철저한 토지개혁, 전 사회의 민주적 계획 실현이 그 내용이었다(정병기 2000, 130).

이탈리아노동총연맹이 설정한 이와 같은 전략과 목표는 가스페리 정권 이 강행한 '자본주의 복구'와 맞부딪치면서 어려움을 겪었다. 실업 증가와 실질임금 정체는 노동자들을 고통 속으로 몰아넣었다. 이러한 조건에서 이 탈리아노동총연맹은 1949년 10월 제노바에서 열린 제2회 전국대회에서 노동운동 전략으로 '노동계획'을 채택했다. 노동계획의 주요 내용은 ① 독점적 전력회사 국유화 및 수력발전소 건설 촉진, ② 간척·관개및 토지개혁을 위한 공단 설립, ③ 도로·수도 등의 공공사업 실현과 주택·학교 등의 건축을 촉진하는 서민 건축공단 설립 등이었다. 이것은 이른바 '고용 증대와 경제 발전을 위해 불가결한 사회 기간시설 건설의 공적 지출 프로그램'이며, 경제구조 개혁을 포함해 정부의 경제정책을 개혁하라는 요구였다. 이 노동계획은 자본주의 사회에서 실행될 수 있는 계획으로서 제안되었으며, 국가의 완전고용 정책 시행을 위해서는 임금 인상 계획을 일정 수준에서 자제할 용의가 있음을 표명했다는 점에서 특징을 갖는다(齊藤隆夫 1999, 68~69).

노동계획을 실현하기 위한 투쟁 가운데 이른바 '역逆파업'Sciopero a rovescio 이 광범하게 벌어졌다. 역파업이란 수익성 부족을 이유로 한 폐업이나 이윤 저하에 따른 조직 전환이 불가피한 기업을 노동자들이 접수해 일시적으로 경영하는 방식이었다. 이미 폐업하기로 결정된 생산시설을 유지하고 합리화하고자 한 이러한 투쟁은 몇 해 동안 지속되었다. 많은 경우 노동자들은 폐업에 반대하는 투쟁에 그치지 않고 새로운 생산 공정 수단을 창출하고 특정 대지를 효율적으로 운용하는 법, 그리고 그것에 관련된 투자 계획까지 독자적 제안들을 제기했다(정병기 2000, 135).

이탈리아노동조합총연맹CISL은 당초 이탈리아노동총연맹을 공산당 지도부의 하부기관에 지나지 않는다고 비난했으나, 얼마 지나지 않아 노동조합 전국 중앙 조직들의 공동행동이 중요하다는 사실을 인식하게 되었다. 이탈리아노동조합총연맹은 정당의 영향력 행사를 비롯한 외부 개입을 배제하고 노동조합의 자율성을 확립한다고 강조했으나, 실제로 이탈리아노동조합총연맹은 기독교민주당 간부나 의회 의원을 겸직하는 경우가 대부분이었다. 그뿐만 아니라 이탈리아노동조합총연맹은 독자적인 노동조합 전략을

수립하기 위해 노력하는 과정에서 미국노동총연맹-산업별조직회의AFL-CIO
로부터 막대한 재정 지원을 받아 노동조합운동의 자주성마저 잃게 되었다.
그리고 이탈리아노동조합총연맹은 기업과 산업 부문의 생산성 향상이 임금
인상 요구의 합당한 한계라고 인정했으며, 실업 문제와 경제구조 위기를 해
결하는 것이나 정부 경제정책에 대한 요구를 '다원주의적' 참여를 통해 추
진하고자 했다.

다른 한편, 이탈리아노동연맹UIL은 가장 규모가 작고 늦게 설립된 처지
에서 자신의 존재를 설득력 있게 홍보하기 위해 각별한 노력을 기울여야 했
다. 이탈리아노동총연맹에 대한 이탈리아노동연맹의 비판도 이탈리아노동
조합총연맹의 그것과 크게 다르지 않았을 뿐만 아니라 오히려 더 공격적이
었다. 이탈리아노동조합총연맹에 대해서도 '종교적 어용'Regierungshörig이라
며 비난했다. 이탈리아노동연맹은 독자적인 노동조합운동 전략을 발전시킬
여유를 갖지 못한 채, 임금노동자들의 경제적 요구 해결에 집중할 수밖에
없었다. 이탈리아노동연맹은 특정 사안에 대한 이탈리아노동총연맹과의 연
대를 거부한 적은 없었지만, 국가의 주요 경제구조 문제, 예컨대 대량실업
문제나 남부 이탈리아의 빈곤 문제 해결을 위한 활동과 투쟁을 효과적으로
전개하지 못했다. 1950년 당시 세 조직의 현황을 보면, 이탈리아노동총연
맹의 조합원 수는 500만 명, 이탈리아노동조합총연맹 150만 명, 이탈리아
노동연맹 40만 명이었다(정병기 2000, 127~129; 132).

노동조합운동의 분열과 침체는 1950년대, 특히 1950년대 전반기의 '암
흑시대'를 초래했다. 정치적으로 자신들의 권력을 재구축한 지배 세력은 기
업과 지역에서도 지난날의 '집안 다스리기 입지'Herr im Hause Standpunkt를 확
고히 세우고자 했다. 여기에 대응하는 노동자들의 투쟁은 많은 경우 이탈리
아노동총연맹이 주도했다. 자본 측은 이러한 투쟁에 대해 가혹한 탄압으로

표 21-4 | 1949~1955년 이탈리아 파업 발생 추이

연도	파업 건수	파업 참가자 수	노동손실일수
1949	1,159	2,894,180	16,578,081
1950	1,250	3,537,104	7,760,849
1951	1,178	2,134,735	4,514,536
1952	1,558	1,471,878	3,530,630
1953	1,412	4,679,091	5,827,620
1954	1,990	2,045,268	5,376,743
1955	1,981	1,403,217	5,622,250

자료: ILO 1957, *Yearbooks of Labour Statistics.*
주: 하루 이상 지속되지 않은 파업 제외.

응수했다. 이탈리아노동총연맹에 소속된 노조 간부들과 활동가들은 실로 다양한 이유로 처벌받거나 해고당했다. 정부 측의 노동운동 탄압도 잔혹했다. 정부는 무장 경찰을 동원해 파업 및 시위를 저지했으며, 이 과정에서 수많은 유혈 충돌이 벌어졌다. 한 가지 사례로 1950년 1월 9일 모데나에서 열린 집회를 들 수 있다. 경찰이 집회 참가자들에게 발포해 노동자 6명이 사망하고 수십 명이 중경상을 입는 사태가 발생했다. 곧 온 도시가 분노에 휩싸였고, 걷잡을 수 없는 유혈 사태로 번졌다(정병기 2000, 133~134).

1949~1955년 사이에 이탈리아에서 발생한 파업 추이는 〈표 21-4〉에서 보는 바와 같다. 이 시기 이탈리아에서는 연평균 1,504건의 파업이 일어났으며, 1954년과 1955년에는 파업 발생 건수가 거의 2천 건에 이르렀다. 파업 참가자 수에서는 1950년이 353만7,104명으로 가장 많았다. 파업에 따른 노동손실일수는 1949년이 1,657만8,081일로 가장 많았다.

피아트 투쟁의 패배와 노동조합운동의 새로운 전망

1950년대 전반기 노동조합운동에서 특기할 사항은 1955년의 피아트FIAT

패배라 할 것이다. 1950년대 들어 이탈리아에서는 산업이 재편성되었고, 많은 부문에서 기업 구조조정과 대량 해고가 추진되었다. 이탈리아 최대의 자동차 독점자본인 피아트는 1948년에 이미 전쟁 이전의 생산 수준을 회복했으며, 미국의 자동차 대기업 생산방식을 도입해 생산체제를 재편성하기 시작했다. 피아트는 미국 원조를 받아 1950~1951년에 설비에 집중적으로 투자하고 종업원 1인당 자본 규모를 2~3배 늘렸으며, 광범한 기술·조직 혁신을 단행했다. 새로운 부서가 생기기도 하고 기존 부서가 폐지되기도 했다. 복잡한 작업의 세분화·단순화가 진행되었다. 고도로 자동화된 작업을 위해 자격 제도가 수정되었으며, 거기에 맞는 새로운 능력이 높게 평가되었고 전통적인 능력은 낮게 평가되었다. 직접 생산에 종사하는 노동자는 감소하고 간접·서비스 부문 종사자가 증가했다.

한편 피아트 관리부는 1954년을 전환의 해로 설정하고 억압·회유 정책을 한층 더 강화했다. 피아트에서는 1953년 이후 노동조합이 벌인 파업투쟁이 대부분 실패로 끝났다. 회사 측은 노동조합 활동가(특히 내부위원회 위원)를 빈번하게 해고하는 한편, 1955년 내부위원회 선거에 개입하면서 이탈리아노동총연맹 소속 금속노동조합연맹FIOM에 대한 압력을 강도 높게 행사했다. 금속노동조합연맹 소속 활동가들은 고립되었으며, 금속노동조합연맹이 현장에서 갖는 영향력도 날로 약화되었다. 드디어 금속노동조합연맹에 대한 노동자들의 지지가 결정적으로, 그것도 급속하게 허물어졌다. 금속노동조합연맹은 1955년 직장 대표 내부위원회 선거에서 36.7퍼센트밖에 획득하지 못했다. 이에 비해 이탈리아노동조합총연맹CISL은 40.5퍼센트의 높은 지지를 확보했고, 이탈리아노동연맹UIL은 22.45퍼센트를 획득했다. 2년 전인 1953년 선거에서 금속노동조합연맹이 71.36퍼센트를 확보했던 것에 비하면, 금속노동조합연맹의 패배임과 동시에 이탈리아노동총연맹의 패배라고 할 수 있다(小林勇 1978, 54).

자본이나 정부의 노동 탄압과 더불어 마피아나 네오 파시스트 폭력단 습격으로도 많은 노동자들이 희생당했다. 1948년 초부터 1950년 중반까지 62명(공산당원 48명)이 살해되었고, 3,162명이 부상당했으며 9만2,169명이 검거되었다(The USSR Academy of Sciences 1987, 76에서 재인용). 이와 같은 직접적인 탄압 이외에도 열성적인 노동조합 활동가들을 감시하고 노골적으로 차별하는 조치도 이루어졌다. 그 결과 북부 공업지역의 일부 대기업들에서 노동자들은 크게 패배했고, 노동조합운동은 침체를 맞았다.

이와 같은 중대 국면에 직면해, 노동운동 패배 및 침체의 원인과 그 대책에 대한 분석 작업이 1953년 이후 세 측면에서 이루어졌다.

첫째, 기술 진보의 의의와 그 사회적 영향을 중시하는 견해이다. 이 견해에 따르면, 기술혁신은 독점 대기업의 구조와 조직에 변화를 가져와 착취 관계(자본가-노동자)나 기술 관계(노동자-기계)에 질적인 수정을 초래했다. 좀더 구체적으로 본다면, 고도의 자동화·합리화는 노동의 사회화 과정을 진전시키고 그것이 점유의 사적 성격과 빚는 모순을 첨예화한다. 그래서 노동자계급은 새로운 생산력이 가져온 모순의 틀 안으로 편입된 상태에서 자본주의의 외피에 끊임없이 출구를 여는 일을 중대 임무로 하지 않을 수 없다. 이러한 임무를 수행하지 못할 때 노동조합운동은 곤경에 빠져들게 된다. 이 견해는 노동조합운동이 기계화·합리화 과정으로 초래되는 사회적 귀결에 주의를 기울일 필요가 있다고 하면서, 반독점 민주주의 투쟁을 강조한다.

둘째, 노동조합 주도의 기업주의 경향을 비판하면서 기술혁신 요구의 '비기업주의화'(지체된 부문과 지역 발전 요구)를 제안하는 견해이다. 이 견해는 피아트 노동자와 다른 다수 노동자 사이에 상이한 기술 수준, 기업 집중도, 노동자 의식이 존재한다고 주장한다. 이러한 조건에서도 지체된 부분과

앞선 부분의 요구를 조정하면서 전국 차원의 투쟁 수위와 보조를 맞추어 나가지 않으면 안 된다는 견해이다.

셋째, 헌법이 규정하는 자유와 민주주의 실현, 특히 직장에서의 실현을 통해 곤란을 타개해야 한다는 견해이다. 직장에서 민주주의를 실현해야만 진보와 전진이 보장되며, 그렇지 못할 경우 단체협약과 내부위원회 기능은 훼손된다는 것이다. 이 견해는 피아트 투쟁 패배 원인을 자본 측 공격에 따른 노동조합 대열의 분산에서 찾으면서, 차별과 억압에 대항한 노동자 동원과 투쟁 전개를 운동의 결정적 목표로 제시했다(齊藤隆夫 1999, 97~98).

1955년 5월에 열린 이탈리아노동총연맹 지도위원회는 이와 같은 견해들을 종합해 노동조합 정책 설정과 이탈리아노동총연맹이 전개한 활동에 잘못과 취약점과 결점이 있었다는 자기비판을 행하면서, 노동자의 새롭고 현실적 요구를 실현하기 위해 도식주의와 일반화를 제거할 필요가 있다고 밝혔다.

또 1956년 2월에 로마에서 열린 이탈리아노동총연맹 제4회 대회는 이탈리아노동총연맹이 범한 오류를 배타적·일반적 성격의 임금 요구 방식을 고수한 점과 생산과정을 비롯해 노동조합 조직 형태, 임금 체계, 경영자의 관리 및 억압 형태에서 진행되는 변화를 고려하지 않았다는 사실에서 찾았다. 이 오류의 근저에는 노동조합 민주주의의 기능 상실이 존재한다고 인정했다. 그래서 노동조합 활동은 각 산업별 조직의 요구를 노동자계급의 일반적 요구와 조정하면서 기업별 수준에서 결정적으로 실현해야 한다고 이탈리아노동총연맹은 강조했다. 또 산업 부문, 기업 그룹, 기업 등 각 층위에서의 보조 협약 체결을 위한 투쟁의 중요성을 인정했다. 보조 협약에서는 노동관계의 전 측면, 즉 작업 리듬과 속도, 라인의 속도, 인원, 교대제, 휴식, 자격, 임금, 성과 임금률, 생산 할증금, 여러 형태의 직접·간접 임금 등이 규정되어야 한다고 했다(齊藤隆夫 1999, 98).

5. 에스파냐

냉전체제에서 국제적 고립으로부터 탈피

제2차 세계대전 직후 프랑코 정권은 국제적으로 고립되어 있다가 냉전이
시작되자 미국과 관계 개선을 이루었다. 미국은 군사전략상의 필요에 따라
에스파냐에 접근했다. 프랑코는 한편으로는 파쇼 통치 체제를 수정하려 하
면서, 다른 한편으로는 공산주의에 대해 공격적인 태도를 취했다. 프랑코
정권은 냉전이라는 새로운 국제 환경에서 생명을 연장할 수 있었다. 마드리
드조약이 체결된 직후인 10월 1일, 프랑코는 코르테스Cortes Generales(의회)
연설에서 "이전부터 공산주의 위협을 경고해 온 우리 외교의 성취"라며 과
시했다. 에스파냐는 1955년 12월 15일 국제연합에 가입했으며, 1958년 1
월에는 유럽경제협력기구OEEC에 가입했다. 이로써 세계대전 직후의 국제적
고립 상태는 해소되었다(齊藤孝 외 1998, 191~192).

한편 에스파냐는 경제정책에서 준자유화 조치가 취해졌는데도 1950년
대 중반까지 여전히 고통에 시달리고 있었다. 국제수지 적자는 배로 늘어났
고, 기록적인 인플레이션이 노동자들의 실질임금을 저하시켰다. 이러한 상
황에서 불법적인 파업이 에스파냐 전역을 휩쓸었다. 신세대인 대학생들도
이전에 팔랑헤당이 지배해 온 공식적인 학생회 내부에서 반국가 운동을 조
직하기 시작했다. 체제 자체 내에서도 최초로 반대 소동이 일기 시작했다.
이전에 보여 준 교회의 열정적인 지지에도 균열이 생겼으며, 팔랑헤당과 군
대 사이의 긴장도 높아졌다.

프랑코는 원치 않게도 1957년 각료들을 해임해야 했다. 그런 다음 더욱 융통성 있는 팔랑헤당 당원들로 새로운 내각을 구성하고, 가톨릭 평신도 단체인 오푸스데이와 연계된 기술 관료들로 경제팀을 꾸렸다. 기술 관료의 등용 목적은 자립을 위한 '정형 기구'를 해체하고, 정치와 문화 또는 사회의 자유화는 단행하지 않은 채 서유럽의 호경기를 계기 삼아 경제의 문화를 개방하기 위한 것이었다. 이것은 경제성장과 그것에 따른 생활수준의 증가가 체제를 유지시켜 줄 것이라는 믿음을 근거로 추진되었다.

이런 목표가 실현되면 내전의 승리에 기초한 '기원의 정통성'이 번영 제공이라는 '성취의 정통성'으로 대체되리라는 기대였다. 프랑코는 페세타 Peseta를 태환 통화로 바꾸어 그 가치를 절반으로 절하하겠다는 기술 관료들의 1959년 안정화 계획을 받아들이지 않을 수 없었다. 이 계획은 또 공공지출을 줄이고 외국인 투자를 개방하는 것이었다. 이와 같은 경제정책의 실시에 따라 에스파냐 경제는 잠시 동안의 후퇴기를 지나 한동안 높은 경제성장률을 나타냈다(카 외 2006, 332).

새로운 노동관계 체계와 노동운동

프랑코 체제에서의 노동체제 변화와 자율적 노동운동 부활의 계기가 된 것은 1958년 이후의 단체교섭 제도 도입과 기업 수준의 공장위원회Jurados de empresa 설립이었다. 1958년 이전 특히 1947년과 1951년에 몇몇 산발적인 파업이 발생하기는 했으나, 규모가 그다지 크지는 않았다.

1950년대 말에서 1960년대 초에 걸쳐 프랑코 체제는 고립된 자급자족 경제에서 경제 개방을 통한 산업화를 추구하는 경제정책을 채택했다. 경제성장을 촉진해야 할 필요성에 따라 국가는 단체교섭 제도와 공장위원회 제도를 도입했고, 노사관계에 대한 국가 개입을 일정 정도 완화하기 시작했다. 프랑코 정권은 1958년에 제정된 단체협약법LCA에 따라 기업주와 '수직적 노동조합 체계'인 에스파냐노동조합조직OSE이나 공장위원회 사이의 단체교섭을 공식적으로 승인했다. 그러나 새로운 단체교섭 제도에서도 국가의 개입은 여전히 막강했다. 모든 단체협약은 노동부의 승인을 받아야 했고, 단체교섭이 교착 상태에 빠지면 당사자들은 노동부의 강제 중재를 받았다.

단체교섭은 주로 수직적 조합 내부에서 기업주와 노동자 대표 사이에 이루어졌고, 노동자들은 작업장 수준에서 자신들의 진정한 대표자를 선정하기 위해 노력했다. 노동자들의 요구안을 확정하고 노동자 대표를 선출하기 위해 대중집회가 자주 열렸다.

공장위원회는 수직적 조합의 틀 내에서 선출된 노동자 대표로 구성되었으며, 그 덕분에 저항 세력은 수직적 조합에 침투할 수 있게 되었다. 단체교섭 제도의 도입으로 공장위원회는 상당한 기능을 획득하게 되었다. 선거를 통해 공장위원회 위원을 선출하게 되자 저항 세력들이 노동자들에게 용이하게 접근할 수 있었고, 또한 합법적인 틀 내에서 집단적 행동을 조직할 수 있는 가능성도 열렸다. 이와 같은 공장위원회 전통은 현재의 에스파냐 노사관계에도 영향을 미치고 있다. 현재의 단체교섭 제도에서 노동조합의 대표권이 각 노동조합의 조직률에 기초하기보다는 공장위원회 선거에서 확보한 대의원 비율에 의존한다는 규칙은 바로 프랑코 체제 공장위원회의 역할과 관계가 있다(조효래 1992, 141~142).

새로운 노동관계 체계가 노동운동 발전에 어떤 영향을 미쳤는지에 대한 피시먼의 주장은 다음과 같다.

첫째, 새로운 노동조합 체계는 반정부 활동가들과 그 지도자들에게 합법적인 활동 공간을 제공했다.

둘째, 반정부 활동이 존재하지 않거나 노동자들이 이런 활동에 확신을 갖지 못한 곳에서 지도부를 만들어 냈다. 많은 경우, 이런 새로운 지도자들은 노동자들의 이해를 합법적으로 추구하는 것에 한계를 느낀 이후에는 반정부 활동에 가담했다.

셋째, 새로운 노동조합 체계는 회의나 집회를 위한 장소를 제공했다.

넷째, 새로운 노동조합 체계는 노동자들의 개인적인 불평이나 불만에 집중함으로써 반정부 활동을 촉진했다. 일상적인 불만을 해결하는 데 집중함으로써 단결된 행동을 전개할 수 있는 단체에 가입할 가능성을 증대시켰다(Fishman 1990, 113; 이희원 1997, 18에서 재인용).

6. 미국

매카시즘의 대두

미국은 제2차 세계대전 이후 10년 동안 혁명을 억누르기 위한 대외정책을 지지하지 않았던 급진주의자들은 배제하고 냉전의 진행과 반공 정책의 시행과 관련해 보수주의자와 자유주의자, 공화당과 민주당의 국민적 합의를 이끌어 내기 위해 노력을 기울여 왔다. 그러한 제휴는 공격적인 대외정책으로 보수파의 지지를 얻고, 국내 정책으로는 복지 프로그램(트루먼의 '페어딜'Fair Deal)으로 자유주의자들의 지지를 받았다(Zinn 2005, 427).

그러나 냉전이라는 새로운 사태가 전개되고 반공 분위기가 고조되면서 정부는 정부 기구의 개편과 정책 전환을 서둘렀다. 1947년 7월, 대통령이 제안한 국가안전보장법이 제정되고, 이에 따라 육·해·공 3군을 통괄하는 국방 장관이 새로 임명되었다. 또 국방의 기본 정책을 검토하는 국가안전보장회의NSC가 신설되었으며, 그 하부에 안전보장 관계 정보기관으로서 중앙정보국CIA이 설치되었다. 국가안전보장법은 전후 미국 대외정책의 기본 토대가 되었으며, 거기에 바탕을 둔 국방성·국가안전보장회의·중앙정보국은 미국이 냉전체제를 주도하는 데서 중핵기관으로 대두했다.

1948년 대통령 선거에서 트루먼은 반공주의와 사회·경제 개혁을 공약으로 제시해 승리했다. 민주당은 상원과 하원에서 다수당 지위를 유지했다. 1949년 1월 연두교서에서 트루먼은 공정 정책Fair Deal(페어딜)으로 불리는 일련의 사회·경제 정책을 제기하면서 "미국 국민은 모두 정부의 공정한 조치를 받을 권리를 가진다"라고 선언하고, 페어딜의 구체적인 정책을 발표했다(奧保喜 2009, 56~57).

민주당이 다수를 차지한 의회는 '공정노동기준법'Fair Labor Standard Act, FLSA 개정에 따라 최저임금을 인상했고, 공공주택법을 제정해 빈민지역의 재개발과 저소득자를 위한 공공주택 건설을 추진했으며 사회보장법을 개정해 수익자 층을 확대했다. 그러나 선거 때의 공약이었던 노사관계법The Labor-Management Relations Act인 태프트-하틀리 법 폐지와 공민권보호법 제정은 공화당과 민주당 보수파의 담합으로 그 실현이 저지되었다. 그리하여 적극적으로 추진되었던 페어딜도 국제 정세의 긴박한 긴장 속에서 트루먼 정부가 정책 방향을 전환하며 폐기되었다.

1950년 6월에 발발한 한국전쟁은 냉전을 격화시켰다. 트루먼 대통령은 국가안전보장회의 문서 68호의 각 조항을 채용해 대규모적인 재군비 계획을 실행에 옮기라고 명령했다. 트루먼 대통령은 1950년과 1951년에 아시아와 유럽 양 지역에서 군사력을 강화했다. 미국은 한국에 군사력을 증파하는 한편, 장제스에 대해 군사재정 원조를 제공하기로 결정하고 미국 해군을 타이완 해협에 파견해 중국 인민해방군의 대만 공격을 저지했다. 1950년에는 인도네시아에서 전쟁을 벌이고 있던 프랑스에 군사 원조를 제공하는 데 동의했다. 1951년에는 오키나와에 미군 주둔을 가능하게 하는 대일강화조약을 체결했다(Dockrill et al. 일본어판 2009, 69~71).

한국전쟁은 '매카시즘'McCarthyism에 새로운 생명을 불어넣었다. 1950년 초 위스콘신 주 출신 상원의원 매카시가 웨스트버지니아 주 휠링에서 공화당 여성 클럽을 대상으로 연설하면서 종이 몇 장을 치켜들고는 "여기 제 손에 205명의 명단이 있습니다. 공산당원이라는 사실이 국무장관에게 알려졌음에도 계속 국무부에서 일하면서 국무부 정책을 입안하는 사람들의 그 명단 말입니다"라고 외친 데서 이른바 매카시즘이 위세를 떨치기 시작했다(Zinn 2005, 430).

매카시는 1950~1954년 사이에 한국전쟁으로 고조된 미국 내 반공주의 여론에 힘입어 노동조합 간부와 활동가를 비롯해 정치계·학계·언론계 등에서 진보적인 성향을 가진 사람들을 색출하고 정적을 친공산주의자로 몰아 굴복시킴으로써 미국 전역을 반공 열풍 속으로 몰아넣었다. 유력한 정치가나 지식인들도 매카시즘 열풍에 두려움을 느끼고 매카시즘에 대해 반론을 제기하지 못했다. 매카시는 공무원과 육군 장교를 공산주의자로 고발한 사건을 계기로 1954년 12월 상원의 결의에 따라 국내치안분과 위원장 직에서 해임됐다. 그가 미국의 대외적 위신이나 지적知的 환경에 끼친 손해는 실로 막대한 것이었다.

한편, 한국전쟁은 미국 경제 활성화를 촉진했다. 1950년 초 기업의 고정자본 투자는 회복되어 1950년 중반에는 1948년의 정점보다 높은 수준에 이르렀으며, 이 수준은 뒤이은 5년 동안 유지되었다. 재화와 용역에 대한 정부 지출(이때는 군수용 지출)은 1950년 말부터 증가하기 시작했다. 군비 지

표 21-5 | 1946~1955년 미국 파업 발생 추이

연도	파업 건수	파업 참가자 수	노동손실일수
1946	4,985	4,600,000	116,000,000
1947	3,693	2,170,000	34,600,000
1948	3,419	1,960,000	34,100,000
1949	3,606	3,030,000	50,500,000
1950	4,843	2,410,000	38,800,000
1951	4,737	2,220,000	22,900,000
1952	5,117	3,540,000	59,100,000
1953	5,091	2,400,000	28,300,000
1954	3,468	1,530,000	22,600,000
1955	4,320	2,650,000	28,200,000

자료: ILO 1957, *Yearbooks of Labour Statistics*.
주: 6명 이상의 노동자가 참가하지 않은 파업과 하루 또는 총 교대 시간 동안 진행되지 않은 파업 제외, 파업에 간접적으로 관련된 노동자 수 제외.

출의 엄청난 증대는 많은 물자를 흡수한다는 사실만으로도 생산을 엄청나게 촉진하는 결과를 가져왔다(Armstrong et al. 1991, 108).

파업투쟁의 혁명적 고양과 태프트-하틀리 법 제정

제2차 세계대전 이후 정치·경제·사회적 상황이 급변하는 가운데서 노동자의 파업투쟁은 이전과 비교할 수 없을 정도로 격렬한 양상을 나타냈다. 1946~1955년의 파업 발생 추이는 〈표 21-5〉에서 보는 바와 같다. 1946~1955년 연평균 파업 건수는 4,328건이었으며, 파업 건수가 가장 많았던 1952년의 경우 파업 건수는 5,117건이었고, 파업 참가자 수는 354만 명이었으며, 노동손실일수는 5,910만 일이었다. 파업 참가자 수가 가장 많았던 1946년의 경우 파업 건수는 4,985건이었고, 파업 참가자 수는 460만 명에 이르렀으며, 파업에 따른 노동손실일수는 1억1,600만 일이었다. 노동자의 주요 요구는 임금 인상이었으며, 파업은 대부분 노동자의 승리로 마무리되었다. 노동자들의 파업투쟁이 격렬하게 전개된 것은 전쟁의 종료와 더불어 야기된 물가 상승으로부터 생활을 지키기 위해서이기도 했지만, 다른 한편 으로는 제2차 세계대전 이후 각국 노동자계급 투쟁의 혁명적 고양이 미국 노동사계급을 고무했기 때문이었다.

제2차 세계대전 이후 노동자계급의 투쟁이 혁명적으로 고양됨에 따라 미국의 독점자본은 적극적인 대응책을 강구하게 되었다. 1947년 6월, 반노 동자 입법으로 정평이 난 태프트-하틀리 법을 제정하게 된 것이다.

이 법은 와그너 법을 대폭 수정해 노사관계의 광범한 문제를 규율하는 포괄적인 법률이었다. 법은 사용자에게만 적용되었던 부당노동행위를 노동 단체에도 적용해 상세하게 열거함으로써 노동조합 활동에 제한을 가할 수 있게 되었다. 이를테면 노동조합의 단체교섭 거부, 2차적 또는 동정 보이콧 등이 그것이다. 또 노동조합 임원에 대해 공산당 당원이 아니라는 선서 공 술서를 제출할 의무를 규정했고, 각 주에 노동권확정법을 제정할 자유를 승 인했다. 이것은 개별 주가 주법州法으로 종업원의 의사와 상관없이 입사와 동시에 강제로 노조에 가입하는 행위를 금지하는 것을 인정하기 위한 것이 다. 즉, 클로즈드 숍을 금지하고 유니온 숍을 엄격하게 제한해 허용했다. 그 리고 법은 중대한 노동쟁의에 대해서는 국가비상사태라는 범주를 설정해 60일 동안의 냉각기간을 설정하는 권한을 대통령에게 부여해 여러 가지 제 한을 가할 수 있도록 했다(野村達明 2013, 238).

1948년 이후 냉전이 진행되고 반공 기조가 고조되면서 노동운동에 대한 탄압은 더욱 강화되었다. 1948년 여름에는 1945년에 재건된 공산당 간부 12명을 포함한 1천 명 이상의 진보적 활동가가 기소되었다. 한국전쟁 시기 에는 '국내보안법령', 즉 1950년의 '매캐런 우드McCarren Wood 보안법'을 포함 해 일련의 반노동자법이 채택되었다. 이 법률에 따라 설치된 '파괴활동규제

본부'의 임무는 공산주의 행동 단체, 공산주의자 전선체와 그 구성원을 면밀히 조사하고 의무적으로 등록하도록 하는 일이었다. 매캐런 우드 법 조항 가운데 하나는 공산주의 전선체에 소속된 개인이나 단체가 사법부에 등록을 거부한 경우에는 벌금 1만 달러나 5년 이하의 금고, 또는 두 가지를 동시에 부과할 수 있도록 규정했다. 1954년 8월에는 매캐런 우드 법이 개정됨에 따라 미국 공산당은 비합법 단체가 되어 법적 지위를 가진 조직에 주어지는 권리나 특권, 재산 등을 박탈당했다(The USSR Academy of Sciences 1987, 85~86).

이와 같은 상황에서 대부분의 노동조합 간부들은 노사협조적인 자세를 견지하거나 국가권력과 자본에 순종하려 했다. 이로써 노동운동은 장기간의 정체와 심각한 퇴보의 길로 들어섰다. 미국노동총연맹AFL과 산업별조직회의 CIO 지도자들은 태프트-하틀리 법 시행과 더불어 하부 노동조합 조직의 저항운동을 오로지 의회 테두리 안에만 묶어 두려 했다. 그들이 실행한 일이라고는 이 법률에 찬성하는 의원에 대한 반대 캠페인을 벌이는 것뿐이었다.

이런 가운데서도 광산노동조합·인쇄노동조합·철도노동조합 등은 태프트-하틀리 법의 주요 규정, 특히 클로즈드 숍 제도 금지에 반대하는 파업을 벌였다. 이들은 노동자의 완강하고 철저한 저항과 노동조합 지도부의 과감한 결단을 보여 주었다.

미국노동총연맹과 산업별조직회의의 통합

노동조합운동에 대한 정부 공격이 강화되면서, 1955년에는 미국노동총연맹AFL과 산업별조직회의CIO가 통합했다. 1955년 당시 조직노동자 수는 1,613만 명(조직율 32퍼센트)이었고, 대부분의 노동조합은 미국노동총연맹-

산업별조직회의AFL-CIO에 가맹했다. 미국노동총연맹-산업별조직회의는 조합원 1,263만 명을 포괄하는 미국 역사상 최대의 노동조합 조직이 되었다. 미국노동총연맹-산업별조직회의 조직 통합 과정에서 미국노동총연맹의 운동 기조와 강령이 채택됨으로써 개량주의 노선이 더욱 강화했다.

미국노동총연맹-산업별조직회의는 현대 자본주의 체제의 일부로서, 국제적으로는 반공 노선을 취한 국제자유노동조합연맹ICFTU을 중심으로 세계노동조합연맹WFTU에 대항해 활동했다. 미국노동총연맹-산업별조직회의가 추구한 노선은 실리적 노동조합주의Business Unionism였다. 미국에는 유력한 노동자 정당이 존재하지 않았기 때문에 노동조합은 사회운동으로서 기능했다기보다는 이익집단으로서의 기능을 수행했다(野村達明 2013, 243~244).

미국노동총연맹-산업별조직회의는 세계 많은 국가들의 정치와 노동운동에 개입해 오면서, '자유'에 속한다고 인정하는 노동조합에 대해서는 적극 지원하고, 공산주의와 관련을 갖고 있거나 공산당에 저항할 수 없다고 판단되는 노동조합은 적대시했다. 미국노동총연맹-산업별조직회의는 이러한 목적을 실현하기 위해 적지 않은 돈을 원조 자금으로 제공했으며, 연방 정부기관, 특히 중앙정보국CIA에서 나온 상당한 액수의 원조 자금을 전달하는 중개인 역할을 맡기도 했다. 미국노동총연맹-산업별조직회의는 기회 있을 때마다 긴장 완화 정책에 대해 반대 의사를 표명했다(마르티네 1983, 184).

7. 일본

미국의 점령 정책 전환과 민주자유당 집권

1948년 이후, 미국은 일본에 대한 정책을 전환했다. 그것은 세계정세의 변화를 반영했으며, 특히 냉전의 시작과 더불어 진행되었다. 미국의 정책 변화가 명확하게 공표된 것은 1948년 1월 6일에 나온 이른바 '로얄 성명'이다. 미국 육군 장관 케네스 클레이본 로얄이 발표한 이 성명의 핵심은 '미국이 극동 지역에서 전체주의 전쟁 위협에 대한 방어력을 키우려면 자주적인 일본을 키워야 한다'는 것이었다. 이것은 일본을 아시아의 반공 방벽防壁으로 세우려는 의도에서 나온 것으로 볼 수 있다. 이와 같은 정책 변화는 일본의 비무장화를 추구해 온 연합군총사령부GHQ의 종래 정책과는 배치되는 것이었다(犬丸義一 외 1989, 114).

1948년 12월, 일본 점령군 총사령관 맥아더는 일본 정부에 대해 '경제 9원칙'을 실행하도록 지시했다. 그 내용은 이러했다. ① 국가 예산에서 지출을 대폭 줄이고 세입을 늘려 적자재정을 해소할 것, ② 세제 개정을 통해 징세를 촉진·강화할 것, ③ 연합군총사령부가 인정하는 독점자본에 대해 융자를 허용하고, 그 밖의 기업에 대한 융자를 제한할 것, ④ 임금 안정 정책을 확립할 것, ⑤ 물가 통제를 강화할 것, ⑥ 무역과 외환 통제를 강화할 것, ⑦ 연합군총사령부가 인정하는 수출 산업에 생산 자재를 중점적으로 할당할 것, ⑧ 사회주의국가들과의 교류를 억제하고 국산 원료와 국내 공업 제품의 증산을 촉진할 것, ⑨ 식량 집하 계획을 효과적으로 개선할 것 등이었다. 이와 함께 1달러에 360엔이라는 단일환율이 설정되었다.

한편 1949년 1월에는 국회의원 총선거가 시행되었는데, 이 선거에서 요시다 시게루吉田茂가 이끄는 민주자유당이 국회 의석의 과반수인 264석을 차지함으로써 보수정당이 집권하게 되었다. 일본사회당은 가타야마 내각과 아시다 내각의 실적이 낮게 평가되었고, 아시다 내각 시기 불거진 '쇼와덴코 의혹 사건'으로 의석이 143에서 48석으로 줄어드는 참패를 당했다. 이에 반해 공산당은 300만 표를 획득해 의석 4개에서 35석으로 증가하는 약진을 보였다. 그리하여 민주자유당 대 공금고산당의 대결을 의미하는 이른바 '자공 대결 시대'自共對決時代가 열렸다(塩庄兵衛 1985, 133~135).

새로 들어선 요시다 내각은 노동자의 반격을 예상해 노동관계조정법을 개성해 '예고 없는' 파업을 금지하고, 1949년 3월에는 노동부 차관 명의로 경영자 측에 대해 노동조합 전임자 임금 지불 정지를 지시했다. 같은 해 4월에는 단체등규정령團體等規定令을 발표해 공산당을 비롯한 민주단체의 활동을 억압하기 시작했다.

보수 정권의 대두와 때를 같이해 미국은 경제 9원칙을 구체화하기 위해 디트로이트은행 총재 조지프 도지를 연합군총사령부의 최고 고문 자격으로 일본에 파견했다. '일본 경제의 자립과 안정'을 목표로 1949년도 일본 국가 예산에 대한 계획이 발표되었는데, 그것이 이른바 '도지 계획'이다. 일본 정부는 도지 계획에 따라 '행정기관직원정원법'을 만들고 현업 부문 노동자를 포함해 42만 명을 해고할 계획을 세웠다. 또 정부는 금융 긴축 정책(디플레이션 정책)을 시행했고, 이에 따라 많은 중소기업들이 도산했다. 농민들은 저곡가와 무거운 과세, 강제 공출 등으로 고통을 받았다. 민간 산업에 종사하는 노동자들도 기업의 경영난, 도산과 '합리화'에 따른 해고, 임금 인하와 체불 등 갖가지 어려움을 겪었다(犬丸義一 외 1989, 117).

일본 독점자본의 재기(再起)와 대량 해고

이와 같은 정치·경제 정세의 변화 속에서 노동조합은 고난에 찬 투쟁을 전개했다. 노동조합은 '합리화' 공격에 대응해 기업 정비 반대, 행정 정리 반대를 전면에 내걸고 중소기업가와 농민들에게 공동 투쟁을 벌일 것을 호소했으며, '민족 산업 방위'를 슬로건으로 삼아 지역주민 투쟁을 벌였다. 전국 각지에서 잇따라 투쟁이 전개되었는데, 그때마다 무장 경찰대가 출동했고 투쟁을 진압하는 과정에서 노동자와 경찰 사이에 충돌 사건이 발생해 많은 사람이 구속되고 부상자가 속출했다. 정원법이 통과된 5월 30일 밤에는 대중운동 탄압을 목표로 한 도쿄도 공안 조례 반대 시위에서 노동자 2명이 사망했다. 이에 항의해 도쿄교통노동조합은 무기한 파업에 들어갔다. 6월 9일, 일본국유철도(국철)에서는 10만 명 해고를 전제한 신교대제 도입에 반대해 파업이 일어났다. 이와 같이 전국에서 해고 반대, 노동운동 탄압 반대 파업·시위가 확산되었는데, 그 과정에서 선두에 선 노동조합은 민간 부문에서는 도시바東芝노동조합이었고, 관공 부문에서는 국철노동조합이었다. 그러나 국철 파업투쟁은 패배로 끝나고 말았다.

1949년에 전개된 노동자투쟁을 두고 패배라는 평가가 지배적이었다. 패배의 원인을 정부 탄압이나 '모략 사건'[5]으로 설명할 수는 없다는 주장이 상당한 설득력을 갖는다. 노동자투쟁이 투쟁 대상을 올바로 파악하지 못했고, 투쟁 대상에 대한 올바른 투쟁 방법을 선택하지 못했다는 지적이다. 미국의 일본 종속화 정책을 과소평가했고 일본 독점자본주의 부활도 정확히 파악

5_여기서 말하는 모략 사건이란 시모야마(下山), 미타카(三鷹), 마쓰카와(松川) 사건을 일컫는다. 시모야마 사건은 국철 총재 시모야마가 철도 선로에서 토막 난 시체로 발견되었는데, 사건의 범인이 국철노동조합이나 공산당이라는 소문이 퍼져 노동조합이 파업을 망설이게 된 일을 말한다. 범인은 끝내 밝혀지지 않았다. 미타카 사건은 국철이 2차 해고 대상자 6만2천 명을 발표한 며칠 뒤인 7월 15일 밤, 도쿄 서부의 미타카 역 구내에서 무인 전차가 달려 차단기를 돌파하고 역의 시설을 부숴 사망자 6명과 중경상자 14명을 낸 사건을 말한다. 범인은 국철 소속 노동자 다케우치 게이스케(竹內景助)였다. 마쓰카와 사건은 도시바가 전국에 산재하고 있는 44개 공장을 정리하고 미국의 제너럴일렉트릭 사와 제휴하는 '기업 합리화' 계획을 세워 1949년 7월 5일 노동자 4,600명을 해고하겠다고 발표한 시기에 일어났다. 7월 17일 새벽 공장 근처의 도호쿠(東北) 본선 가나야가와(金谷川)와 마쓰카와(松川) 역 사이에서 상행선 여객 열차가 전복해 기관차 승무원 3명이 죽는 사건이 일어났다. 사건 용의자로서 국철 조합원과 도시바 마쓰카와 조합원 각 10명, 합계 20명이 체포되었다.

하지 못해 요시다 내각의 '산업 파괴 정책'에만 공격을 집중하는 오류를 범했다는 것이다. 또한 노동운동 내부의 대립과 조직 분열이 1949년 투쟁 실패의 주요 원인의 하나로 규정되었다(塩庄兵衛 1985, 142~143).

노동조합운동의 후퇴 현상은 조직 동향에서도 나타났다. 1949년 6월 당시의 노동조합 수는 3만5천 개이고 조합원 수는 665만 명이었으며 조직률은 55.8퍼센트로서 전후 최고의 조직률을 기록했다. 그러나 다음 해인 1950년 6월에는 노동조합 수는 2만9천 개, 조합원수 577만 명이었으며 조직률은 46.2퍼센트를 기록해 노동조합 조직이 줄어들었다.

1950년대 들어 아시아 지역에서는 매우 큰 정세 변화가 일어나 긴장 상태가 조성되었다. 한 해 앞인 1949년 10월 1일에는 중국공산당이 주도한 중국혁명이 승리해 중화인민공화국이 성립했고, 1950년 6월 25일에는 한국전쟁이 발발했다. 이런 가운데 공산당에 대한 탄압과 노동운동에 대한 억압정책이 뒤이어 시행되었다.

1950년 6월 6일, 맥아더 사령부는 일본공산당 중앙위원회를 해산시키고 중앙위원 24명 전원에 대해 공직 추방 명령을 내렸다. 다음 날인 6월 7일에는 공산당 기관지『아카하타』赤旗 편집 간부 17명을 추방했다. 원래는 군국주의자나 파시스트를 추방하기 위한 것이었던 공직추방령이 이제는 노동자계급에 대한 파쇼적 탄압의 무기로 사용된 것이다. 6월 16일에는 일체의 집회와 시위가 전국적으로 무기한 금지되었다. 한국전쟁이 시작된 다음 날인 6월 26일에는『아카하타』발행이 정지되었으며, 공산당 국회의원도 추방되었고 공산당 활동은 사실상 비합법 상태에 들어갔다(犬丸義一 외 1989, 133~134).

1950년 7월부터 11월까지 미국 점령군은 공산당과 노동운동에 대한 레드 퍼지red purge, 즉 공산주의자 추방을 강도 높게 시행했다. 점령군은 공산당을 계속 탄압하면서 신문·방송 부문을 비롯해 전기·통신·영화 등의 부문에도 레드 퍼지를 적용했다. 이에 따라 직장에서 쫓겨난 공산당원과 활동가는 총 1만2천 명에 이르렀다. 레드 퍼지는 사상을 이유로 노동자를 탄압하고 생활권을 박탈하는 초헌법적 조치였다. 이러한 탄압은 미 점령군의 지시를 받는 일본 정부 당국과 경영자들이 직접 자행한 것이었지만, 노동조합운동 내부의 반공민주화동맹 간부도 협력했다. 8월 30일에는 전국노동조합연락협의회에 해산 명령을 내렸고, 간부 12명에 대해 추방 명령을 발동해 활동을 정지시켰다. 이러한 상황에서 레드 퍼지 반대 투쟁을 전개하기란 어려운 일이었다. 그리하여 노동조합운동은 전투력을 상실한 채 침체 국면으로 접어들었다(塩庄兵衛 1985, 148).

한편 한국전쟁과 노동운동에 대한 탄압이 진행되는 가운데 1950년 7월 11일 일본노동조합총평의회(총평)가 결성되었다. 총평은 반공 '민주화동맹'이 주도한 노동조합과 일본노동조합총동맹 조직 일부가 전국적으로 결집해 만든 노동조합 전국 중앙 조직이다. 총평은 가맹조합 연합체 2개, 단위산별노조연맹 15개, 노동조합원 377만 명, 참관 조직으로는 단위산별노조연맹 17개에 속한 63만 명으로 결성되었다.

총평은 결성대회 선언에서 "일본공산당의 노동조합 지배와 폭력혁명적인 방침을 배제하고 …… 자유롭게 민주적인 노동조합이 주도하는 노동전선 통일의 거대한 기초를 정착시켰다"고 밝혔다. 총평은 연합군총사령부의 지시에 따라 조직된 일종의 '도구'로서 반공과 노사협조주의를 기본 목표로 설정했다. 총평은 사회민주주의 세력과 지지·협력 관계를 맺고 한국전쟁에서 미국의 무력 개입을 지지하는 방침을 채택했다(犬丸義一 외 1989, 139~140).

이러한 선언과 방침이 발표·실행되었는데도, 인플레이션의 진행에 따른 실질임금의 저하와 노동 강화로 직장 단위에서 노동자투쟁이 전개되면서 총평은 차츰 변화하기 시작했다. 말하자면 길들여진 새에서 야생 새로 변화하는 것처럼 투쟁하는 조직으로의 변화, 즉 총평의 전투화가 진행되었다.

1951년 3월에 열린 총평 제2회 대회는 국제자유노동조합연맹ICFTU 가입안을 부결시켰으며, '평화 4원칙'을 채택했다. 평화 4원칙은 전면 강화[6] 요구, 군사기지 제공 반대, 중립 견지, 재군비 반대이다. 총평의 이와 같은 큰 변화는 한국전쟁 시기 노동운동에 대한 탄압 속에서도 민주주의와 민족 자주성 회복, 그리고 평화의 실현을 위해 투쟁을 전개해 온 노동자 선도 그룹의 활동과 그 영향을 받은 광범한 노동자 대중이 계급적으로 자각하고 투쟁의 전면에 나서게 되었음을 반영한 것이다(塩庄兵衛 1985, 156~157).

그러나 일본의 지배 세력은 노동자와 인민의 요구나 바람과는 상반되는 길로 나아갔다. 1951년 9월 8일, 요시다 수상을 전권대사로 하는 일본 지배 권력은 미국 샌프란시스코에서 열린 대일강화조약회의에서 종전 조약인 '샌프란시스코 강화조약'에 조인했다. 이 조약은 제2차 세계대전과 직접 관련있는 소련·중국·베트남·인도·미얀마 등을 제외한 채 미국·영국 등 49개국이 서명한 반강제 단독 강화였다. 이 조약 체결 결과 일본 영토인 오키나와沖繩와 오가사와라小笠原는 미국을 위한 군사기지로 장기간 이용되도록 승인되었다. 같은 날, 미국과 일본 대표 사이에 '미일안전보장조약'이 체결되었다. 이로써 일본은 미국의 반공 군사동맹 체제인 이른바 '샌프란시스코 체제' 속으로 편입되었다.

샌프란시스코 강화조약과 미일안전보장조약은 1952년 4월 28일부터 발효되었다. 조약의 발효에 따라 일본은 미군의 완전 점령 상태로부터 명목

6_대일(對日) 강화조약 체결과 관련해 소련과 중국을 제외한 단독 강화와 전면 강화로 여론이 나뉘었다.

상으로는 '독립'을 성취하게 되었으나 '반점령' 상태로 전환되었다. 이러한 사실이 노동운동을 둘러싼 조건을 변화시켰다.

모략 사건과 노동운동 탄압

이와 같은 정치 상황에서 지배 권력은 노동운동의 고양에 대비하는 여러 가지 조치를 취하고자 했다. 이런 시기에 여러 가지 모략 사건과 탄압 사건이 발생했다. 시라토리白鳥 경부 사살과 관련한 '시라토리' 사건, 오우메靑梅 선에서 일어난 열차 폭주·전복 사건인 '오우메' 사건, '피의 메이데이' 사건 등이 그것이었다.

이러한 사건을 구실로 '파괴활동방지법'과 같은 탄압법이 제정되었고, 이에 반대하는 파업투쟁이 총평을 중심으로 전개되었다. 파괴활동방지법 반대 파업은 전후 일본 노동자계급이 전개한 최초의 정치 파업으로서 14개 단위산별노조연맹 110만 명이 파업에 참가했으며 통일행동에는 노동자 약 400만 명이 참가했다. 이 파업은 총평의 전투력을 크게 고양시킨 계기가 되었다(犬丸義一 외 1989, 164~165).

총평은 1952년 2월 7일 제3회 대회를 열고 '총자본 대 총노동'이라는 운동 방침을 채택했다. 총평은 반공주의를 청산하고 평화, 독립, 민주주의, 생활 향상을 운동 기조로 내세우면서 '간부투쟁에서 대중투쟁으로'를 슬로건으로 설정했다(樋口篤三 1990, 197; 203).

한국전쟁이 계속되면서 휴전 교섭이 진행되는 가운데 1953년 들어 일본 경제는 불황을 맞이했고, 전 산업 분야에 걸쳐 해고를 비롯한 임금 인하, 조업 단축, 공장 폐쇄 등이 잇따라 발생했다. 노동조합은 이러한 사태를 맞아 새로운 투쟁 방법을 모색해 운동의 방향 전환을 시도했다. 특히 1952년 가을 탄광노조와 전기산업노조 파업은 총평이 전투적으로 바뀌는 전기가 되었다.

이 투쟁은 탄광노조와 전기산업노조가 총평의 시장바구니market basket 방식 임금 강령 초안(1952년 2월 발표)에 기초한 '이론 생계비'를 근거로 임금 인상을 요구한 데 대해 기업 측이 '합리화' 정책으로 맞선 것에서 비롯되었다. 단체교섭이 결렬되어 전국 규모의 파업투쟁이 1952년 9월부터 12월까지 전개되었으며, 탄광노조는 63일, 전기산업노조는 90일 동안 장기투쟁을 벌였다.

이 투쟁은 결국 중앙노동위원회의 조정안을 받아들여 전기산업노조는 20퍼센트, 탄광노조는 7퍼센트 임금을 인상하는 것으로 타결되었다. 이와 같은 임금 인상은 노동시간의 연장을 수반한 것이어서 투쟁의 직접적인 성과는 그다지 큰 편이 아니었다. 그러나 이 투쟁은 국민의 통일행동을 획기적으로 발전시키고 국철을 비롯한 다른 산업 노동자들을 고무했을 뿐만 아니라 석탄·전기 양쪽 노조에 무력을 사용하려 했던 정부와 독점자본의 '합리화' 전략, 재군비 등에 공격을 가했다는 성과를 거두었다(犬丸義一 외 1989, 169).

1953년에는 미쓰이三井광산노동조합연합회三鑛連 소속 노동자들은 보안 준법투쟁과 성과급 철폐투쟁을 두 축으로 하여 직장투쟁반과 지역투쟁반을 기초로 회사의 대량 해고를 철회하게 만들었다. 이 투쟁을 '영웅적인 113일 투쟁'이라고 부른다.

1950년대 초반의 파괴활동방지법 반대 파업, 탄광노조와 전기산업노조 투쟁, 미쓰이광산노동조합연합회 투쟁을 통한 총평의 전투화가 진행되면서 이에 반대하는 우파의 공격이 총평 내부에서 일어났다. 해원노조, 전국섬유노조동맹, 전국영화연극노조, 일본방송노조 등 네 노조가 연서로 탄광노조와 전기산업노조 파업은 '투쟁격발주의이며 정치적 편향을 띤 투쟁'이라고

표 21-6 | 1946~1955년 일본 파업 발생 추이

연도	파업 건수	파업 참가자 수	노동손실일수
1946	702	517,415	6,266,255
1947	464	218,832	5,035,783
1948	744	2,304,492	6,995,332
1949	554	1,122,123	4,320,688
1950	584	763,453	5,486,059
1951	576	1,162,585	6,014,512
1952	590	1,623,610	15,075,269
1953	611	1,341,229	4,279,220
1954	647	927,821	3,836,276
1955	659	1,033,346	3,467,008

자료: ILO 1957, *Yearbooks of Labour Statistics.*
주: 파업에 간접적으로 관련된 노동자 수와 4시간 이상 계속되지 않은 파업 제외.

비판했다. 이른바 '4단산單産 비판'이다. 이들 조직은 1953년 2월에 전국민
주주의노동운동연락협의회(민노련)을 조직했다가 1954년에는 총평에서 탈
퇴해 전일본노동조합회의(전노)를 결성했다. 전노는 그 후 1960년대에는
동맹회의를 거쳐 전일본노동총동맹(동맹)이 되었다. 한편 중립을 지키던 노
동조합들은 1956년 4월 중립노동조합연락회의(중립노련)을 결성했다(犬丸
義一 외 1989, 170~171).

총평의 전투화는 노동조합운동에만 한정되지 않고 국민운동 분야에도
큰 영향을 끼쳤다. 주목할 만한 새로운 투쟁은 아카바네(赤羽) 지역에 있는
일본철강의 PD공장(미군이 직접 관리하는 특수 공장)이나 미군기지에서 근무
하는 일본인 노동자의 반미 투쟁이었다. 안보조약에 따라 전국에 걸쳐 700
여 개소의 군사기지가 만들어졌고, 기지 반대 투쟁이 각지에서 전개되었는
데, 노동자와 농민과 학생이 투쟁의 중심이 되었다. 1952~1953년의 이시카
와石川 현 우치나다內灘에서 일어난 미군 사격장 설치 반대 투쟁을 비롯해
1955~1956년의 스나가와砂川 미군기지 확장 반대 투쟁 등 여러 곳에서 투

쟁이 전개되었다.

평화와 독립, 민주주의 실현을 위한 노동자투쟁은 단독 강화 반대 투쟁이나 생활 옹호 투쟁을 통해 전투력을 회복했다. 그 결과 1948년부터 침체되었던 파업투쟁도 다시 고양 국면에 들어섰다. 1946~1955년 사이의 파업 동향은 〈표 21-6〉에서 보는 바와 같다.

닛산자동차 파업 패배의 파장

1950년대 전반기 투쟁의 고양 국면에서, 1953년 여름에 일어난 닛산日産자동차 파업투쟁은 노동조합운동에 큰 파란을 안겨 주었다. 닛산자동차 파업은 임금 인상 요구에서 출발해 해고 반대 투쟁으로 전환했던 투쟁이다. 닛산자동차 노동조합은 직장 내 투쟁을 계획적으로 전개하고 다수 활동가를 양성해 현장 활동을 활발히 벌인 강한 노동조합으로 알려져 있었다. 그러나 회사 측이 주도면밀한 공격을 준비하고 있었다는 사실이 파업 시작과 더불어 드러났다. 격렬한 투쟁 끝에 노동조합은 분열되고 간부와 활동가들이 직장에서 쫓겨남으로써 파업투쟁은 패배로 끝났다. 닛산자동차 투쟁의 패배는 노동자의 강력한 저항을 제2 노동조합을 만들어 무너뜨린 전형적인 사례였다. 닛산자동차 투쟁의 패배는 우익 노선의 노동조합이 성장하는 계기가 되었다(塩庄兵衛 1985, 156~157).

이 밖에도 이 시기에 전개된 주요 투쟁으로 미쓰이 광산 해고 반대 투쟁, 아마가사키尼崎제강 '합리화' 반대 파업, 일본철강 무로란室蘭 쟁의, 오우미近江견사 여성노동자의 인권 파업[7] 등을 들 수 있다.

8. 그 밖의 자본주의국가들

스칸디나비아 국가들에서는 1940년대 말~1950년대 초에 노동운동에서 계급협조주의와 기회주의적 조류가 주류를 이루었다. 사회민주당은 경제적 어려움(인플레이션과 생산의 정체)을 이유로 제한된 사회 개량마저 중단했다. 반공주의 노선을 취한 스칸디나비아 국가들의 사회민주당은 프티부르주아지의 작은 정당들(덴마크의 급진당, 스웨덴의 농민동맹)과 연합했다. 덴마크와 노르웨이는 북대서양조약기구NATO에 가맹함으로써 스칸디나비아에서 '대서양 정책'의 주요한 거점이 되었다. 노르웨이는 사회민주주의자들이 노동당Arbeider Partiet으로 통합을 이루어 유일하게 일당 정부를 수립한 국가였다.

오스트리아에서는 전후 수년 동안 오스트리아사회당SPÖ과 보수 부르주아 정당인 오스트리아국민당이 세력 균형을 이루었다. 1940년대 말에 국민당이 우경화되었는데도 오스트리아사회당은 계속 국민당과 협력했다. 1949년에는 오스트리아사회당 지도부 내 좌파 그룹이 오스트리아사회당을 탈퇴해 1956년 오스트리아공산당KPÖ과 결합했다. 1950년 가을에는 노조 지도부가 임금 인상을 물가 상승과 연계시키지 않는다는 데 정부와 합의한 것에 저항하는 파업이 일어났다. 그러나 사회당이 파업을 지지하지 않았기 때문에 이 투쟁은 실패로 끝났으며, 그 뒤로 장기간에 걸친 투쟁의 퇴조기가 도래했다.

1955년 5월에는 미국·소련·영국·프랑스·오스트리아 대표들이 오스트

7_오우미견사의 전근대적인 노무 관리에 반대해 제기된 파업인데, 요구 조건은 불교 강제 반대, 결혼 자유 인정, 서신 개봉 반대, 소지품 검사 즉시 중지, 외출 자유, 연장근로수당 지급 등이었다. 여성노동자들은 106일 동안의 투쟁 끝에 승리를 쟁취했다.

리아의 독립 회복과 민주화에 관한 국가 조약을 체결했으며, 같은 해 10월에 오스트리아 의회가 중립법을 채택했다. 이것은 1950년대 국제 긴장 완화의 첫 신호였다(The USSR Academy of Sciences 1987, 100~101).

벨기에와 네덜란드에서는 사회민주당이 오스트리아나 스칸디나비아 국가에서와 같은 영향력을 갖지 못했으며, 종교 정당(벨기에의 기독교사회당, 네덜란드의 가톨릭국민당)과 자유당이 노동운동에서 유력한 지위를 차지하고 있었다. 부르주아 정당과 사회개량주의 정당이 격렬하게 투쟁하던 시기가 지나 양자의 협력 시기로 넘어갔다. 냉전 시기 사회민주당이 취한 반공 정책은 상호 협력을 더욱 용이하게 했다. 벨기에에서 1950년 6월 22일 파시즘 협력자 레오폴드 3세의 왕위 복귀 문제가 제기되었을 때는 이전의 반파시즘 투쟁 전통이 되살아났다. 노동자 약 50만 명이 참가한 항의 총파업이 벨기에 전역으로 확산되었으며, 모든 대도시에서 격렬한 시위가 이루어졌다. 결국 레오폴드 3세는 그의 아들 보두앵에게 왕위를 물려줄 수밖에 없었으며, 보두앵은 그가 성인이 된 1951년에야 즉위했다(The USSR Academy of Sciences 1987, 101~102).

캐나다 노동운동은 제2차 세계대전의 종료에 따라 큰 발전을 이룩했다. 이 시기에 자동차, 항공, 철강, 전기, 화학 산업 부문에서 노동조합이 결성되었다. 조직노동자 수는 1939년의 39만5천 명에서 1949년에는 100만 명으로 증가했다.

1947년부터 캐나다의 지배 세력은 미국과의 통합을 꾀했고, 이에 따라 미국의 정치·경제적 영향력이 강화되었다. 이 시기에 노동자계급이 제도적으로 보장받던 권리가 일련의 노동관계법 제정 및 개정으로 공격받았다. 이는 모두 미국의 유사한 법률을 모방한 것이었다.

노동조합운동은 전통적으로 세 개의 중앙 조직으로 분열되어 있었다.

1956년에는 이 가운데 두 개 조직, 캐나다직업노동회의TLCC와 캐나다노동회의CLC가 통합해 캐나다노동위원회CCL가 결성되었다. 이로써 노동조합운동은 어느 정도 강화되었으나, 이념에서는 노동조합주의를 극복하지 못했다.

오스트레일리아에서는 전후 초기에 노동운동이 고양되었다. 전쟁 기간에 진보 세력의 영향력이 확대되었고, 많은 대규모 노동조합(항만, 해운, 철강, 철도, 건설 노동조합) 지도부에 진보적 활동가가 선출되었다. 노동당 정권도 수립되었다.

이러한 상황에서 노동조합의 경제관리권 확대를 요구하며, 1945년 오스트레일리아노동조합평의회ACTU 대회에서는 이러한 요구를 포함한 결의를 채택했다. 오스트레일리아의 파업투쟁은 유례를 찾기 어려울 정도로 강한 대중적 성격을 띠었다. 노동당 정부는 노동자의 압력을 받아 민주화를 실시하겠다고 약속했으나, 정작 실현된 것은 국내 항공 노선의 국유화뿐이었다.

대중적 노동운동의 고양에 대응하기 위해 독점자본과 정부는 강제 중재 제도를 확대했다. 이것을 통해 지배 세력은 '위법' 파업에 참가한 노동조합에 벌금을 부과하고 노동조합 지도부를 구속하며 노동조합 내부 운영에 직접 개입할 수 있게 되었다(The USSR Academy of Sciences 1987, 88~89).

3장

사회주의 블록 국가의 노동운동

그는(스탈린) 설득과 해명,

다른 사람들과의 세심한 작업을 통해서가 아니라,

자신의 방침을 강요하고 자신의 견해에

무조건 복종할 것을 요구하는 방식으로 행동했습니다.

이에 저항하거나 자신의 관점을,

자신이 옳음을 주장하려는 사람들은 지도집단에서 배제되고

도덕적 그리고 육체적 파멸이 뒤따르는 운명에 처해졌습니다.

이는 제17차 전당대회(1934년 1월 26일~2월 10일) 이후에

특히 두드러졌는데, 그 시기에 사회주의의 대의에 헌신한

양심적이고 뛰어난 많은 당 활동가와 일반 당 일꾼들이

스탈린의 독재에 희생되었습니다.

(흐루쇼프 2006, 23~24)

1. 소련

냉전과 정치체제 변화

1940년대 말 냉전의 시작과 더불어 소련은 미국이 주도하는 자본주의 진영 국가들의 공세에 대처해야 했으며, 사회주의 블록의 공고화를 추진하는 한편 국내 정치·경제·사회 전반에 걸쳐 체제를 강화해야 했다.

소련은 1947년 공산주의 국가 정보국인 코민포름COMINFORM을 창설했고, 1949년에는 유럽 인민민주주의 국가들과 더불어 경제상호원조회의COMECON를 설립했다. 소련은 홉스봄이 설명한 바와 같이 지구상의 일부 지역, 즉 전쟁이 끝났을 때 적군赤軍 또는 다른 공산주의 군대가 점령한 지역을 지배했거나 우세한 영향력을 행사했다. 그러나 군사력으로 자신의 영향권을 더 이상 확대하려 하지는 않았다. 미국은 나머지 자본주의 세계에 대해서뿐만 아니라 이전 식민 열강의 남아 있는 제국주의 헤게모니를 장악함으로써 서반구와 대양大洋들에 대해서도 통제력과 지배력을 행사했다(Hobsbawm 1996, 226).

제2차 세계대전 이후 사회주의가 한 국가의 범위를 넘어섬으로써 사회주의국가들 사이의 새로운 국제 관계, 즉 사회주의 블록을 형성하는 일이 새로운 과제로 제기되었다. 동유럽 국가들은 초기 인민민주주의 시기에 형성된 '블록 체제'를 유지하면서 소련 정치체제와는 다른 인민민주주의 체제로 발전해 갔지만, 1947~1948년 냉전체제가 구축되면서 동유럽 정치체제의 '실질적'인 스탈린주의화가 진척되었다. 이 과정은 초기 인민민주주의적 사회주의 정치체제에서 국가·관료적 사회주의 정치체제로의 이행으로 볼 수 있다.

여기서 말하는 스탈린적 사회주의 체제의 특징은 다음과 같이 설명될 수 있다. ① 공산당이 사회주의 건설의 '절대적' 주체가 된다. ② 국가 기구를 통해 당 노선과 정책을 직접 관철하는 등 국가가 중요하게 활용된다. ③ 당이 국가권력을 장악하고 당이 국가기관화 된다. ④ 당·국가 관료층에게 계획 권한이 집중된 관료적 계획경제 체제가 수립된다. ⑤ 인민 주권 기구와 대중조직에 대해 당과 국가가 종속화를 강요한다. ⑥ 사회주의적 소유 관계에 기초한 비상품경제적·비가치법칙적 단일 계획경제 체제를 수립한다.[1] ⑦ 중공업을 우선시하여 경제발전을 추진한다(김세균 1990, 205).

동유럽 정치체제의 스탈린주의화가 진척된 이유는 동유럽이 소련 세력권에 편입됨으로써 소련이 동유럽에 대해 강력한 영향력을 행사할 수 있었다는 점과 동유럽 측에서도 소련의 정치·경제적 지원을 필요로 했다는 점, 그리고 유고슬라비아를 제외한 동유럽 국가들에서 스탈린주의 노선을 추종하는 분파가 사회주의운동의 주도권을 장악했다는 사실에서 찾을 수 있다.

이와 같이 소련은 냉전체제에서 사회주의 블록을 구축하고 공고히 하는 한편, 국내에서도 스탈린주의적 정치체제를 강화했으며 경제개발을 빠르고 강력하게 추진했다. 소련공산당은 "1950년대 소련공산당 활동은 국내에서도 새로운 상황에서 전개되었다. 소련 국민은 이제 혼자가 아니라 많은 나라 국민들과 협력해 창조적 활동을 수행했다"고 주장했다. 또 소련공산당은 "소련은 새로운 상황에서 활동하면서 소련에서만 사회주의사회를 발전시키는 것이 아니라, 전체 사회주의 체제를 발전시킬 것을 생각했다. 이러한

1_ 생산 관계가 사회주의적으로 전일화된 가운데 비상품경제적·비가치법칙적 계획경제는 생산의 집중, 기업들의 결합, 직접적인 생산과정에서의 생산과 과학의 결합 또는 육체노동과 정신노동 분리의 지양이 고도로 진척되며 사회적 생산력이 인민들의 증대하는 집단·개인적인 수요를 충분히 충족시킬 수 있을 정도로 높은 수준에 도달했을 때만 충실하게 작동할 수 있다(김세균 1990, 207).

과업을 순조롭게 해결하기 위해서는 소련 사회주의 국민경제와 그 주요 구성 부문인 공업과 농업을 비롯한 모든 부문을 될 수 있는 대로 가장 효율적으로 이용해야만 한다"고 밝혔다(포노말료프 1991, 177~178).

1952년 10월, 13년 만에 소련공산당 제19차 대회가 열렸다. 대회는 1951~1955년의 소련 발전 제5차 5개년 계획을 채택했다. 제5차 5개년 계획이 설정한 주요 목표는 중공업 우선 발전의 기조 위에 사회주의 경제를 더욱 진흥시키는 일이었다. 또 국민경제 전 부문에 걸친 기술 진보를 기초로 철강 공업, 석탄산업, 석유공업, 전화 사업, 기계제작 공업 등의 발전을 촉진하기로 결정했다. 5년 동안 공업생산 전체를 70퍼센트 정도 더 향상시키고, 그 가운데 생산수단 생산은 80퍼센트, 소비물자 생산은 60퍼센트 증산하기로 했다. 기계제작 공업과 금속 가공 공업의 생산고와 더불어 발전소 출력을 약 2배 늘리기로 계획했다.

또한 농업 분야에서 기계화를 추진해 수확률을 높이고 공유하는 가축 수를 늘림과 동시에 생산성을 증대시켜 농업과 축산업의 총생산고와 상품 생산고를 높이는 것을 과제로 삼았다. 근로대중의 생활수준과 문화 생활수준도 향상시키기로 계획했다. 이에 따라 국민소득은 60퍼센트 증가하는 것으로 설정되었다(포노말료프 1991, 152).

제19차 당대회는 '전연방공산당'(볼셰비키)이라는 당명[2]을 '소비에트연방공산당'으로 바꾸었다. 대회는 이와 함께 당 규약을 개정했다. 당대회는 당 중앙 기관의 구성을 개편했다. 당 중앙위원회의 조직국과 정치국을 폐지하고 그 대신 중앙위원회 상임간부회의presidium를 신설했다. 상임간부회의 위

2_제14차 당대회(1925년)가 '러시아공산당'(볼셰비키)을 '전연방공산당'(볼셰비키)으로 바꾸었다.

원은 25명으로 구성했으며, 그 안에 하나의 국을 설치해 9명의 위원을 선정했다. 위원은 스탈린, 말렌코프, 베리야, 니키타 흐루쇼프, 보로실로프, 라자리 카가노비치, 막심 사부로프, 미하일 페르부킨, 니콜라이 불가닌 등이었다. 스탈린은 위원 9명 가운데 5명으로 비공식 모임을 운영했다(김학준 2005, 363~364).

제19차 당대회가 열린 다음 해인 1953년 3월 5일, 20여 년 동안 소련의 국가권력을 장악했던 스탈린이 74세의 나이로 사망했다. 스탈린의 죽음은 소련에서는 물론이고 세계에서도 충격적인 사건이었다. 그러나 소련 국내에서는 '공황과 무질서'는 발생하지 않았으며, 순조롭게 후계 정권이 성립했다. 3월 7일에 발표된 신정권에서는 말렌코프가 총리직을 계승했으나, 1주일 뒤 당 서기국의 서기직을 사임했다. 이것은 당 중앙위원회 상임간부회의에 당 서기국 위원으로는 흐루쇼프만이 남게 되었음을 의미했다. 또 서기국에서 스탈린 다음 가는 서열을 차지했던 말렌코프의 뒤를 이어 흐루쇼프가 서기국을 장악함으로써 당을 이끌게 되었음을 의미했다. 제1 부수상과 내무부 장관에는 베리야가 임명되었다. 그리하여 말렌코프, 흐루쇼프, 베리야 중심의 체제가 성립되었다(김학준 2005, 378).

신정권은 스탈린의 폭압통치를 완화하는 실용화 정책을 폈다. 그리하여 '유태인 의사 음모사건'[3] 등이 공안기관에 의해 조작되었다고 규정하며 관련자들을 석방했다. 또 100만 명에 이르는 비정치범을 강제수용소에서 석

3_1953년 1월 소련 관영 매체들은 미국의 '지령'을 받아 1948년에 즈다노프와 소련군 비밀경찰 대장 알렉산드르 슈체르바코프를 의학적으로 살해한 혐의로 1952년 11월 9명의 의사들이 체포되었다고 보도했다. 체포된 의사 9명 가운데 7명이 유태인이었기 때문에 '유태인 의사 음모 사건'이라 불렀다(김학준 2005, 377).

방했고, 고문 금지 법안을 발표하기도 했다. 특히 소련의 위성국가들에 대한 소련의 통제를 완화하는 정책을 실시하기도 했다. 경제정책에 대한 당의 통제력도 줄었다.

1953년 6월, 비밀경찰의 책임관할 구역인 동베를린에서 소련에 반대하는 소요가 발생하자, 말렌코프와 흐루쇼프 등 반反베리야 세력은 베리야가 내무부의 권한을 이용해 개인적인 인기를 추구했고, 신정권 안에서 자기 세력을 확장하려 했다는 이유를 들어 베리야를 같은 해 6월 당에서 추방함과 동시에 구속했다. 공식 발표에 따르면, 베리야는 같은 해 12월에 처형되었다고 한다. 베리야는 1946년 종전의 내무인민위원부NKVD로부터 이름을 바꾼 내무부MVD와 비밀경찰인 국가공안부MGB를 장악해 왔으며, 스탈린에 맹종하면서 스탈린과 자신을 제외한 모든 사람들에게 무자비한 행동을 취했다.

베리야 추방 이후 정권의 중추는 말렌코프와 흐루쇼프 두 사람이었다. 1954년 봄부터 이들 사이에 심각한 정책 대결과 권력 다툼이 시작되었다. 말렌코프는 경공업 발달을 촉진해 국민의 생활수준 향상을 위한 소비재 생산을 증대시켜야 한다고 주장했다. 흐루쇼프는 카자흐스탄을 포함한 중앙아시아의 미개간지·휴경지 개간의 중요성을 강조하면서 이를 위한 농기구와 비료 생산 증대 등 중공업 우선 정책을 시행해야 한다고 주장했다.

소비재 생산을 앞세운 말렌코프의 정책 구상은 중류 시민층이나 도시 관료층의 환영을 받았으나, 군부는 소비재 생산을 군수 생산보다 우선시한 말렌코프의 정책에 반발했다. 흐루쇼프는 1954년 가을부터 아나스타스 미코얀과 뱌체슬라프 몰로토프의 지지를 얻어 중공업의 급속한 발전 필요성을 강조하면서 말렌코프를 비판하기 시작했다. 말렌코프는 결국 다음 해인 1955년 2월 총리직을 사임했고, 제1 부총리와 국방 장관 불가닌이 총리직을 계승했다(倉持俊一 1980, 330~331).

스탈린 사망 이후 소련공산당은 정치·경제 정책을 손보고 당 운영 혁신을 위한 조치를 취했을 뿐만 아니라, 한 걸음 더 나아가 스탈린 비판을 거침없이 제기했다. 스탈린 사망 이후의 소련 상황에 대한 소련공산당의 역사 서술 내용은 이러하다. 당이 수립한 정책들은 소련 사회와 국가 체제를 더욱 강화하고 노동자의 복지와 문화를 향상시키는 정책들이었다. 법질서를 유지하고 민주주의를 강화하기 위한 조치들이 강구되었는데, 일련의 민주화 조치, 정치범 석방, 강제수용소 축소와 폐쇄, 내무성 폐지 등이 그것이다.

당 조직의 운용과 활동에서도 중요한 변화가 이루어졌다. 당 중앙위원회 활동에서 집단지도 원칙이 부활되었다. 각 당 조직의 지도적 활동가가 당 활동에서 레닌주의 기준을 엄격히 지키고, 집단 의견을 존중하며 다수의 의지를 따르고 자신의 활동이 당의 신뢰에 부응할 것을 요구하는 원칙이다.

당은 당 활동과 국가 활동, 경제활동에서 중대한 결함을 드러냈다. 그 결함 가운데 많은 부분은 중요한 문제들을 결정할 때 집단주의를 준수하지 않고 개인의 의사로 결정한 데서 비롯된 것이었다. 또 경제적 자극이 과소평가됨으로써 생산을 증대시킬 수 있는 현실적 가능성과 생산의 예비 자원들이 충분히 가동되지 못하고 대중의 창의력이 제대로 발휘되지 못하는 결과를 낳았다.

당은 이러한 결함과 잘못을 극복하기 위한 노력을 기울였는데, 중앙위원회는 민주주의적 중앙집권 원칙을 기초로 당내 민주주의를 실질적으로 확충하려 시도했다. 당 규약에 따라 중앙위원회 총회가 정기적으로 열리게 되었으며, 당의 최고 지도 기관으로서 중앙위원회의 역할이 커졌다. 이 밖에도 1937~1938년 시기와 그 밖의 시기에 날조되었다고 의심되는 모든 사건들에 대한 조사가 시작되었다. 인민의 적으로 낙인 찍혀 부당한 판결을 받았던 수천 명의 당원과 소비에트 활동가, 경제 활동가, 콤소몰 활동가, 군인의 명예가 회복되었다(포노말료프 1991, 179; 181~183).

스탈린 비판

이와 같은 당의 자기혁신 노력과 변화가 진행되는 가운데, 스탈린 비판은 1956년 2월에 열린 제 20차 당대회에서 한층 더 구체적이고도 본격적으로 행해졌다. 스탈린 비판은 2월 25일 흐루쇼프의 "개인숭배와 그 결과들에 대해"O kul'te lichnosti I ego posledstviiakh라는 제목의 4시간에 걸친 유명한 보고 연설('비밀 연설' 또는 '스탈린 격하 연설')에서 공식적으로 행해졌다. 당시 흐루 쇼프는 소련공산당 중앙위원회 제1서기직을 맡고 있었다. 흐루쇼프의 연설 은 다음과 같이 시작된다.

"동지들! 당 중앙위원회의 제20차 전당대회 보고문에서, 전당대회 대의 원들의 몇몇 연설에서, 그리고 그 이전에는 소련공산당 중앙위원회 전체회 의에서 개인숭배와 그것의 해로운 결과들에 대해 적지 않게 이야기했습니 다."

"스탈린 사망 이후에 당 중앙위원회는 마르크스-레닌주의 정신에 어긋 나는 특정 개인에 대한 과대평가를, 즉 특정 개인을 신처럼 초자연적 성질 을 지닌 초인간적 존재로 만들도록 허용하지 않을 것임을 명확히 하는 노선 을 엄격하고 일관성 있게 추진하기 시작했습니다. 그런 사람은 마치 모든 것을 예견하며 모든 사람을 배려하고 모든 일을 할 수 있으며, 그 모든 행위 는 완전무결하다는 것입니다. 개인에 대한, 구체적으로 말하자면 스탈린에 대한 그러한 개념은 우리나라에서 오랫동안 조장되어 왔습니다"(흐루쇼프

2006, 15).

흐루쇼프의 연설은 다음과 같은 대목으로 이어진다.

"우리는 그런 스탈린이 살아 있을 때 일어났던 것과 유사한 그 어떤 일도 재발할 수 없도록 모든 가능성을 제거하기 위해서 이 문제를 진지하게 검토하고 올바르게 분석해야 합니다. 스탈린은 지도와 사업에서의 집단성을 전혀 용납하지 않고 자신에게 반대하는 것뿐만 아니라 자신의 변덕과 독단을 기준으로 자기 방침에 반대하는 것처럼 보이는 모든 것에 대해 무지막지한 폭력을 행사했습니다."

연설에는 또 이런 내용도 있다.

"스탈린은 '인민의 적'이라는 개념을 도입했습니다. 이 말은 논쟁 상대인 개인 또는 사람들의 사상적 잘못을 어떻게든 입증해야 할 필요성에서 단번에 벗어나게 해주었습니다. 이 말은 무언가 스탈린과 견해가 다르거나 단지 적대적 의도를 가졌다고 의심되는 모든 사람을, 그리고 단순히 중상모략을 받은 모든 사람을 혁명적 준법성의 모든 규범을 위반하면서 매우 잔혹하게 탄압할 수 있는 가능성을 제공했습니다."

흐루쇼프는 그 연설에서 "제17차 전당대회에서 선출된 당 중앙위원회 위원과 후보위원 139명 가운데 98명, 즉 70퍼센트가(주로 1937~1938년에) 체포되어 총살당했음이 확인되었습니다"라고 밝혔다(흐루쇼프 2006, 36).

흐루쇼프의 연설에서 주목되는 몇 대목을 더 인용하면 다음과 같다.

"당, 소비에트, 경제, 그리고 군사 분야 일꾼들의 대규모 체포는 우리나라에, 사회주의 건설 사업에 엄청난 손실을 가져왔습니다. 대규모 탄압은 당의 도덕·정치적 상태에 부정적인 영향을 미쳤으며, 확신을 뒤흔들었고 병적인 의심의 확산을 촉진시켰으며 공산주의자들 사이에 상호 불신을 심어 놓았습니다. 온갖 종류의 중상모략가와 출세주의자들이 날뛰었습니다."

"그는 무제한의 권력을 지닌 채 무자비한 독재를 자행했으며, 사람들을 도덕적으로 그리고 육체적으로 억눌렀습니다. 사람들이 자신의 의지를 내보일 수 없는 그런 상황이 형성되었습니다."

"위에서 보여 준 것처럼 스탈린은 이런 방식으로 사회주의적 준법성의 가장 난폭한 파괴, 즉 죄 없는 사람들의 거짓 고발과 거짓 자백을 초래했던 고문과 가혹행위를 전연방공산당(볼셰비키) 중앙위원회의 이름으로 승인했습니다."

"동지들! 개인숭배는 당 조직과 경제활동에서 잘못된 방법들의 확산을 촉진했고, 당내 민주주의와 소비에트 민주주의의 거침없는 파괴, 노골적인 관료화, 다양한 왜곡, 결함의 은폐, 현실 미화 등을 낳았습니다"(흐루쇼프 2006, 58~59; 98).

흐루쇼프는 단호한 자세로 개인숭배를 폭로하고 사상·이론 분야에서뿐만 아니라 실제 사업 분야에서도 적절한 결론을 도출할 필요가 있다면서 다음과 같은 사항이 불가피하다고 강조했다. 첫째, 마르크스-레닌주의 교리의 가장 중요한 명제를 다시 내세우며 그것을 우리의 모든 이데올로기 사업에서 일관성 있게 관철시켜야 한다. 둘째, 당의 모든 조직에서 레닌의 당 지도 원칙, 무엇보다도 최고 원칙인 집단지도 원칙의 엄격한 준수, 당 생활규범의 준수, 비판과 자기비판의 강화 등을 지속해야 한다. 셋째, 사회주의적 소비에트 민주주의에 관한 레닌의 원칙을 다시 세우며, 권력을 남용하는 자들의 전횡에 맞서 투쟁을 전개해야 한다(흐루쇼프 2006, 111~112).

흐루쇼프의 비밀 연설이 소련 국내외에 던진 충격은 실로 엄청난 것이었다. 특히 소련 국내와 동유럽에서는 자유화에 대한 큰 기대를 낳았다.

1956년 6월 30일, 소련공산당 중앙위원회는 '개인숭배와 그 결과의 극복에 대해'라는 결정을 발표했다. 결정은 "스탈린에 대한 개인숭배는 어느 정도 구체적이고 역사적인 조건 속에서 발생한 것"이라고 규정했다. 또 "스탈린은 소련의 사회주의적 승리만이 아니라 세계의 공산주의 운동과 해방운동이 발전하는 데도 커다란 공헌을 했다"고 인정하면서 "스탈린에 대한 개인숭배는 특히 그의 말년에 이르러 당과 국가를 지도하고 사회주의를 건설하는 과정에서 중대한 손실을 가져왔다"고 비판했다. 그리고 "개인숭배에 대한 당의 비판은 개인숭배가 낳은 결과인 해독을 씻어냄으로써 사회주의의 지위를 강화하는 것이 목적이었다. 당은 스탈린의 활동에 두 측면이 있음을 인정하고 그 긍정적인 측면은 가치를 인정해 주되 부정적인 측면은 비판하고 비난한다"고 밝혔다(포노말료프 1991, 203~204).

이와 같이 흐루쇼프와 소련공산당은 소련 사회주의 체제를 전면적으로 비판하고 부정했던 것이 아니라 스탈린 체제의 극단적인 병폐를 제거함으로써 소련 사회주의 체제를 강화하고자 했다. 그런 점에서 흐루쇼프의 비밀 연설과 당의 결정은 소련 사회주의 체제의 변화 가능성과 한계를 보여줌으로써 소련 사회주의 체제의 이상주의와 경직성에 대해, 그리고 잘못된 과거의 올바른 청산 방법이란 무엇인가에 대해 숙고하게 한다(흐루쇼프 2006, 6~10[역자 해설 부분]).

흐루쇼프의 비밀 연설을 두고 일리는 다소 다른 관점에서 다음과 같이 평가했다. "흐루쇼프의 폭로는 공산주의에 대한 충성을 공개적으로 찢어 놓았다. 비밀 연설은 개인·집단적으로 고뇌에 찬 자기비판을 이끌어 내는 한편, 커다란 불화와 함께 개혁에 대한 요구를 낳았다. 그리고 이러한 자기탐색의 정점에서 일어난 헝가리 침공은 아무것도 변하지 않았음을 시사했다. 처음에는 소련공산당 제20차 대회 직후에, 다음에는 '부다페스트의 포연 사이로' 공산주의자들이 새롭게 드러난 소련의 현실을 목도하면서, 억압의 기록뿐만 아니라 모스크바에 대한 충성이 수반했던 공공연한 거짓말과 대대적인 자기기만에 직면함에 따라 순응에 균열이 일어났다. 그 결과로 벌어진 논쟁은 볼셰비키화를 통한 혁명의 활력을 위해 내부 민주주의를 희생시킨 1920년대 중반 이후의 그 어떤 논쟁도 능가하는 것이었다. 이것은 공산주의의 커다란 딜레마였다." 일리는 흐루쇼프의 비밀 연설 이후 소련공산당 내에서 '자기비판'과 '자기탐색'의 노력이 행해졌으나 체제의 근본적인 변화는 이루어지지 않았다고 보았다(Eley 2002, 333).

'스탈린 비판'과 관련한 홉스봄의 견해는 대단히 신랄하며, 스탈린 개인 차원만이 아니라 체제와 정치·경제적 구조 차원으로도 접근한다. 먼저 스탈린 개인에 대한 평가부터 보기로 한다. 홉스봄은 "소련의 흑철 시대[4]의 계속을 이끈 스탈린은 유별나게 ― 어떤 사람들은 유일무이하다고 표현한다 ― 사납고, 무자비하고 도덕관념이 부족한 전제군주였다. 스탈린보다 더 전반적인 규모로 공포정치를 능숙하게 운용한 사람은 거의 없을 것이다"라고 지적했다(Hobsbawm 1996, 380).

홉스봄은 스탈린식 전제정치 또는 독재 체제 수립 배경을 다음과 같이 정리한다. ① 1917년 10월 사회주의혁명의 성공으로 수립된 '1국 사회주의' 체제의 유지·발전, ② 제2차 세계대전 종료 이후 '현존 사회주의'really existing socialism권의 형성, ③ 냉전의 시작에 따른 양 진영 사이의 정치·경제적 관계, ④ 단일 정당에 기반을 둔 사회주의 정치체제, ⑤ 지나치게 비대해진 관료제도, ⑥ 스탈린 개인의 폭군적 성향 등이다(Hobsbawm 1996, 374~392).

홉스봄은 스탈린 체제를 혹독하게 비판하면서도 근대화 정책의 급속한 시행에 따른 '강제성'에 대해서는 어느 정도 정당성을 인정하고 있다. "소련

4_ iron age. 그리스 신화 상의 황금시대, 은 시대, 청동시대에 뒤이은 인류사 최후이자 최악의 시대.

에서 추진된 어떤 급속한 근대화정책이든 당시 상황에서는 무자비할 수밖에 없었고, 그것은 대다수 인민들의 의사에 반해 추진되고 그들에게 상당한 희생을 부과하는 것이었기 때문에 어느 정도는 강제적일 수밖에 없었다. 그리고 '계획'을 통해 정책을 수행하는 중앙 집중화된 계획경제는 마찬가지로 불가피하게 경제적 사업보다는 군사작전에 더 가까웠다."

홉스봄은 결론 삼아 자신의 견해를 다음과 같이 밝혔다. "스탈린의 무시무시한 질주는 공산주의 사회의 유토피아적 목표를 향한 완강하고 지속적인 추구를 제외하면 아무런 의미를 갖지 못한다"(Hobsbawm 1996, 380; 390).

비자율적이고 시대역행적인 노동조합운동

1950년대 이후의 정치체제 변화와 스탈린 비판이 폭넓게 전개되는 가운데서도 노동조합운동 기조의 특별한 변화나 방향 전환은 이루어지지 않았다. 그것은 노동조합운동의 비자율성과 시대역행적인 경향을 말해 주는 것이며, 조합원들의 현실적 요구를 배제하는 비민주적 운영 구조를 반영하는 것이다.

소련의 유일한 노동조합 전국 중앙 조직은 전연방노동조합중앙평의회 AUCCTU이다. 1956년 6월에 열린 제11차 대회는 조합원이 4,024만 명이라고 발표했다. 이 조직은 43개의 산업별 노동조합으로 구성되어 있다. 1930년 당시에는 전국 노동조합이 23개에 지나지 않았고, 1944년에는 176개로 증가했으나 통합 작업이 이루어져 1949년에는 67개로 재편되었다. 노동조합운동은 사회주의 제도를 건설하고 공산주의를 지향하는 임무를 표방하고 있다.

소련의 노동조합운동은 경제발전을 위한 노동자의 책무를 강조한다. 전연방노동조합중앙평의회의 제11차 대회는 사회주의 생산의 특징적 방법에서 괄목할 만한 진전이 있었다고 보고했다. 또한 노동자의 약 90퍼센트가 사회주의 경쟁을 실시하고 있으며, 이에 따라 노동자의 잠재적인 창의력이 발휘되었고, 그 결과 산업 발전을 위한 90만 건 이상의 제안이 제출되었다고 보고되었다(Foster 1956, 519~520).

소비에트 노동조합은 사회보험제도와 공장 입법의 충실화에 노력을 기울여 왔다. 노동조합은 많은 시간과 노력을 들여 일반 교육을 비롯해 산업 교육, 체육 등 대중 교육의 발전을 위한 활동을 전개했다. 또한 노동조합과 지도부 활동에 대한 비판과 자기비판, 법적 규제의 전반적 강화, 민주적 노동조합운동에 관한 레닌주의 원칙 교육, 노동조합 협정과 노동관계법, 5개년 계획에 관한 대중 토론 조직, 유급 간부를 감축하기 위해 노동조합 운영에 노동조합원의 자발적인 참여를 촉진하는 일 등에 활동을 집중했다(Foster 1956, 521).

그러나 소련의 노동조합운동은 정부와 당에 대한 비판·통제·대항 기능을 상실한 채 체제 내로 포섭되어 독자적인 자기 책무와 기능을 실현하지 못했다. 소련 사회주의 체제에서 전개되는 노동조합운동의 노선이나 기조, 운영 원리 등은 스탈린 체제의 유지·강화를 위해 설정되었다. '스탈린 비판' 이후에도 소련의 노동조합운동 노선에는 이렇다 할 변화는 일어나지 않았다.

동유럽의 사회경제·정치 체제 변화와 스탈린 사회주의화 과정

동유럽 국가들의 인민민주주의 체제는 소련 군대가 진주해 있고, 반파시즘 인민전선 내부에서 사회주의 세력이 헤게모니를 장악했으며, 반파시즘·반독점 민주변혁에 대해 인민들이 광범한 지지를 보내는 등 객관적으로 무척 유리한 조건에서 출범했다. 그러나 냉전체제 수립과 더불어 동유럽 사회주의 체제의 스탈린주의화는 동유럽에서 독자적인 역량으로 사회주의를 정착시킬 수 있는 가능성을 차단했다. 스탈린주의적 사회주의 체제가 지닌 모순들은 동유럽 국가들에서 대단히 빠르게 증폭되고 표출되었다. 특히 스탈린주의적 사회주의 체제에서 추진된 정책들은 노동자 대중을 사회의 경제·정치적 발전 과정의 주체로서 끌어올리지 못했으며 오히려 부르주아적 요소들을 도입하고 자본주의국가들에 대한 의존성을 높였다.

동유럽 국가들의 인민민주주의 체제는 1947~1948년부터 큰 변화를 겪기 시작했으며, 1947~1956년 시기에 동유럽 국가들에서 추진된 초기 공업화는 비교적 순조롭게 이루어졌다. 그러나 이런 공업화는 국민의 소비생활을 심하게 억제했고, 이 때문에 인민들의 불만이 광범하게 누적되었다. 이런 가운데 1956년 소련공산당 제20차 대회에서 행해진 스탈린 비판은 동유럽 국가들에게 커다란 충격을 안겨 주었고, 이를 계기로 체제 개혁 운동이 추진되었다(김세균 1990, 218; 214).

이 시기 동유럽 국가들의 경제·정치체제 변화와 노동운동 동향을 국가별로 살펴본다.

2. 폴란드

스탈린주의 체제에 대한 비판

냉전이 본격화되고 1948년 6월 유고슬라비아가 코민포름에서 제명되던 시기, 폴란드는 스탈린주의 체제로 이행하기 시작했다. 이와 동시에 숙청이 단행되었다. 1948년 9월 이전까지 폴란드노동자당PPR 서기장이었던 브와디스와프 고무우카가 1949년 8월에 당 서기장 직에서 물러나고 11월 당에서 제명당했다. 고무우카가 코민포름 결성을 반대하고 강제적인 농업 집단화에 찬성하지 않았으며 민족주의 편향을 지니고 있다는 것이 숙청 이유였다. 전쟁 기간에 고무우카와 함께 국내에 머물며 투쟁한 '민족 공산주의자' 당 지도자들도 같은 시기에 숙청되었고 공개재판에 회부되었다. 고무우카는 1951년 7월에 구속되었으나 공개재판을 받지는 않았다. 1954년 말까지 정치범으로 투옥된 사람은 약 10만 명에 이르렀다. 1949년부터는 가톨릭교회에 대한 탄압이 시작되어 전 성직자의 4분의 1이 체포되었다(이정희 2005, 488~490).

1952년 7월, 사회주의 새 헌법이 공포되었으며, 이에 따라 3권 분립 원칙은 폐기되고 국가평의회Rada Państwa에 많은 권한이 집중되었다. 대통령직은 폐지되고, 그 대신 국가평의회 의장직이 설치되었다. 정식으로 인민공화국 칭호가 채택되었다. 의회는 15명으로 구성되는 국가평의회를 설치하고 이 위원회 위원장이 국가수반 역할을 수행했다.

1952년 11월에는 새 헌법에 따라 의회 선거가 실시되었다. 국민전선(정부 블록) 단일 후보자 명부에 따라 선거가 행해졌고, 국민전선은 99.8퍼센트의 지지를 획득했다. 폴란드통일노동자당PZPR은 의석 273석을 차지했고, 통일농민당ZSL은 90석, 민주당SD 25석, 무소속은 37석을 각각 획득했다. 새 의회는 알렉산드르 자바츠키를 국가평의회 의장으로, 비에루트를 국무회의 의장으로 선임했다. 부수상 8명은 정치국원을 겸하고 있었기 때문에 사실상 당과 정부가 일체가 된 상태였다(김광수 1999, 128).

한편, 경제정책에서는 사회주의 체제를 수립하기 위한 의욕적인 계획들이 추진되었다. 1947년에 시작된 3개년 계획은 기존 설비를 복구하고 활용해 생활수준을 향상시키는 일을 주요 목표로 설정했는데, 1950년에 시작된 6개년 계획은 폴란드를 후진 농업국에서 선진국 수준의 고도 공업국가로 전환하는 것을 목표로 삼았다. 6개년 계획에서는 공업 투자의 90퍼센트 정도가 중공업 부문에 집중되었으며, 그 결과 제철·조선·자동차·전기·합성화학 등의 새로운 공업이 부흥되었다.

공업생산고는 계획 기간에 131퍼센트 신장했으며, 급속한 공업화는 농촌 과잉인구 해소에 크게 기여했다. 그러나 이러한 경제계획은 균형과 효율을 고려하지 않고 특정 전략 산업에 자본과 노동을 집중 투입하는 방식으로 진행되었기 때문에 큰 낭비를 초래하기도 했다. 더욱이 급속도로 추진된 공업화는 국민의 소비생활에 큰 희생을 강요하는 결과를 가져왔다. 예컨대 1953년도 폴란드가 이룩한 축적률(국민소득 가운데 자본형성에 재투자된 부분의 비율)은 38.2퍼센트에 이르렀다. 결과를 놓고 보면, 소비재 산업은 경시되었고 그 기반마저 크게 훼손되었다. 농업에서도 투자 없이 집단화 정책만이 추구된 결과, 생산 의욕이 떨어지고 생산력은 대폭 감소했다. 1955년까지 국영농장과 협동조합 농장을 합쳐 전 농지의 21.6퍼센트만이 집단화되었다(동구사연구회 1990, 191).

폴란드 정치 상황이 스탈린주의 체제로 이행되고 경제개발 계획이 제대로 성과를 거두지 못하는 가운데, 1953년 3월의 스탈린의 죽음은 동유럽 여러 나라에서와 마찬가지로 폴란드에서도 체제의 동요를 불러일으켰다. 당시 폴란드 국민의 가장 큰 불만이었던 생활수준 저하와 경제계획 부실에 따른 비판이 불거졌다. 당은 곧 6개년 계획 수정을 약속하고 1954년 3월에 열린 폴란드통일노동자당 제2차 전당대회에서 이를 확인했다. 비에루트는 수상 자리를 요제프 시란키에비치에게 물려주고 당 서기장에 임명되었다. 그 뒤 18개월이 넘는 기간에 '자유화'와 '민주화'를 위한 추가 조치가 취해졌다. 스탈린 체제의 중요 보루였던 보안부(보안성)가 해체되고 그 책임자들이 자리에서 물러났다. 또 숙청 기간에 구속되었던 고무우카를 비롯한 당원들이 풀려났으며, 언론에 대한 검열도 어느 정도 완화되었다.

폴란드에서 스탈린 체제에 대해 먼저 공개적인 비판을 한 사람은 당내 지식인들이었다. 시인 아담 바지크의 장편 시 "어른을 위한 시"는 1955년 8월 작가동맹 기관시 『노바 쿨투라』*Nova Kultura*(신문화)에 발표되어 큰 파문을 불러일으켰다. 바지크는 전쟁 전 공산당 당원으로서 당시 "(사회주의) 건설의 서정시"를 발표함으로써 정부 당국으로부터 '계관시인'이란 칭호를 들었다. 그의 작품은 관제 신화와 실제 현실을 생생한 표현으로 대비시킴으로써 지배 질서에 만연한 허위를 고발했다.

다음은 "어른을 위한 시"의 한 구절이다.

> 그들은 소리치며 달려 왔네
> 사회주의 아래서는
> 잘린 손가락도 아프지 않다고
> 손가락을 잘랐네
> 무척이나 아팠네
> 그리고 신념도 잃었네(하먼 1994, 139)

스탈린주의에 대한 비판은 지식인 사이에서만 그치지 않았고, 당 최고지도부에서도 '개혁'을 지향하는 그룹이 형성되기 시작했다. 1956년 소련공산당 제20회 대회에서 흐루쇼프가 스탈린을 비판한 연설은 폴란드 사회에 큰 영향을 끼쳤다. 당 지도부도 신중한 자기비판을 해야만 했다. 이런 상황에서 당 서기장 비에루트가 소련공산당 대회에 참석했다가 모스크바에서 사망했다. 후임에는 당 정치국원 에드바르트 오하프가 선출되었다. 오하프는 전쟁 기간에 소련으로 망명해 있던 망명 그룹 출신으로 일찍이 스탈린이

'예리한 이를 가진 볼셰비키'라고 평가한 인물이었다. 그러나 교조주의적이라고 평가됐던 오하프는 의외로 정세에 유연하게 대응했다. 오하프는 민주화 강령 준비를 비롯해 임금 인상, 공업의 균등한 발전, 정치범에 대한 특별사면 등을 발표했다. 특별사면에 따라 반체제 운동으로 투옥된 3만 명이 석방되고 관리 상태에 있던 4만 명에 대한 고발·수배가 해제되었다(동구사연구회 1990, 194~195).

포즈난 봉기

이와 같이 정치 정세의 급격한 변화가 진행되는 가운데 '밑으로부터의 봉기' 또는 '내부로부터의 태동'이 일어나기 시작했다. 그 대표적인 사례가 '포즈난Poznan 봉기'였다. 포즈난 봉기는 포즈난 시에 위치한 스탈린 이름을 딴 주철 공장 지스포ZISPO에서 발단되었다. 지스포 공장노동자들의 불만은 몇 년 동안에 누적되어 온 것이었다. 1954년 이후로 임금수준은 3~5퍼센트가량 저하되었다. 정부는 연장 노동에 대해 규정된 임금을 지불하지 않았고, 노동자들은 물자 부족 때문에 상여금을 탈 수 있는 기준 작업량을 채우는 것이 거의 불가능했다.

지스포 노동자들은 1956년 6월 23일 사내에서 집회를 열고 대표자 30명을 선발해 바르샤바로 보내 요구 사항을 정부 당국에 전달했다. 정부 당국은 대표단이 제기한 요구 사항 가운데 세금의 초과징수분 반환과 정식 상여금 지급은 약속했지만, 임금 20퍼센트 인상에 대해서는 단호히 거부했다. 지스포 노동자들은 임금 인상 요구가 거부되었다는 소식을 듣고 분노를 감추지 못했다.

6월 28일, 아침 일찍부터 지스포 공장의 주간 및 야간 교대조 노동자들이 함께 도심지를 향해 행진을 시작했다. 노동자 1만6천 여 명은 "우리는 빵을 원한다", "우리는 낮은 물가 수준과 높은 임금을 원한다"라는 슬로건이 적힌 플래카드를 들고 시위를 벌였다. 포즈난 노동자와 시민들이 공장에서, 사무실에서, 상점에서, 집에서 거리로 나와 행진에 참가했다. 시청 앞 광장에서는 포즈난 주민 약 3분의 1 정도가 참여한 대규모 집회가 열렸다. 집회에서는 새로운 구호들이 등장하기 시작했는데, "우리는 자유를 원한다", "사이비 공산주의는 집어치워라", "소련을 타도하자" 등이 그것이었다.

포즈난 시위대는 정부 당국이 아무런 반응을 보이지 않자 점점 더 격렬해졌고 감옥을 습격해 죄수들을 석방했으며, 간수들이 사용하던 무기를 빼앗아 손에 들었다. 또 군중은 외국 방송의 전파를 방해하기 위해 사용되던 라디오 방송국을 파괴했다. 시위대가 비밀경찰 건물을 습격하려 하자, 정부 당국은 더 이상 사태를 관망할 수 없다는 판단에 따라 특수부대인 국가보안대를 투입했다. 폭동으로 변한 시위는 무력으로 진압되었다. 공식 발표에 따르면 포즈난 사태의 사망자는 53명, 부상자 300명, 구속자 323명에 이르렀다(하먼 1994, 143~145).

포즈난 봉기를 두고 폴란드 정부는 처음에는 "적의 첩자들이 거리에서 혼란을 야기했다. …… 포즈난에서 일어난 도발은 우리 조국의 적들이 계획한 것이다"라고 발표했으나, 뒤에는 당 지도자들이 "불평과 불만이 존재했다는 것은 분명한 사실이다. 그것을 잔악한 선동자들이 이용한 것이다"라고 밝혔다. 당 기관지는 한 걸음 더 나아가 7월 6일자로 "포즈난 노동자 파업의 상당 부분은 프롤레타리아 국가가 관료주의에 빠짐으로써 빚어진 사태이다"라고 시인했다(Synop 1957, 53; 하먼 1994, 147에서 재인용).

소련 당국은 외국 첩자들이 행한 도발이라는 당초 폴란드 정부 당국의 평가를 고집했다. 『프라우다』는 1956년 7월 1일자로 "제국주의자들과 폴란드의 반동적인 지하 첩자들은 …… 혼란을 선동하고 거리의 소요를 야기시켰다"고 보도했다(Zinner 1962, 136; 하먼 1994, 146에서 재인용).

폴란드 해방기념일인 7월 22일, 소련 수상 불가닌과 국방 장관 주코프가 돌연 바르샤바를 방문해 수정주의와 제국주의 도발 위험을 강력하게 경고했다. 그때 개최 중이었던 당 중앙위원회 제7회 총회의 토의와 결정에 영향을 끼치기 위해서였다. 제7회 총회는 소련의 압력에 아랑곳하지 않고 새로운 민주적 강령 채택을 비롯해 5개년 계획의 수정, 새로운 당대회 소집, 정치국 인사 이동, 고무우카의 당직 복귀 등 중요한 사항들을 결정했다.

민주화 강령은 1955년 11월에 채택한 제1차 강령을 대신하는 것으로, 종래의 강령보다 혁신적인 내용을 담았다. 강령에서는 당 기구의 역할 회복과 대중조직의 자치 확대, 국회와 국민평의회(지방의회) 강화, 산업 분권화, 생산 목표에 대해 노동자와 협의, 법 지배권 강화, 문화·보도 자유 확대, 부농·수련공·소기업 경영자·구舊 국내군·국내 거주 서방군 요원·소수민족 등에 대한 차별 철폐 등이 정책 과제로 설정되었다. 또 강령은 6개년 계획의 성과를 비판하고 그 기간에 노동자의 실질임금이 저하되었음을 처음으로 인정했다. 이로써 새로운 5개년 계획에서는 공업 부문에 대한 투자가 축소되었고, 많은 자원이 소비재 생산에 투입되게 되었다(동구사연구회 1990, 197).

노동자평의회 설립

이와 같은 개혁 작업이 진행되는 가운데, 1956년 여름 당 지도부는 심각한 분열 조짐을 드러냈다. 개혁파는 7월 하순에 열린 중앙위원회 제7회 총회에서 상대적 우세를 확인했다. 그러나 집행기관인 정치국에는 여전히 보수파가 다수를 차지하고 있었다. 보수파는 그들이 집회 장소로 즐겨 사용한 바르샤바 교외 당 간부 양성소의 명칭을 따 '나토린파'로 불렸다. 나토린파는 민주화 중지, 소련과의 긴밀한 협력, 임금 인상, 유태인 지도자 추방, 고무우카의 정치국 복귀와 같은 대중의 인기를 끌 수 있는 슬로건을 내걸었다. 나토린파는 군과 지방 당 기구에 많은 지지자를 확보하고 있었고, 당 밖에서는 볼레스와프 피아세키가 주도하는 친정부계 가톨릭 조직 '파스크'의 지지를 받고 있었다.

개혁파는 우선 여론의 지지를 획득할 수 있었고, 지식인과 주요 언론기관의 지지를 확보했다. 9월 들어 바르샤바에 있는 제란 자동차 공장에서 노동자평의회가 발족했고, 노동자평의회는 다른 공장에서도 조직되어 개혁파의 주요 거점이 되었다. 개혁파의 요구는 고무우카의 정권 복귀로 집약되었다. 이런 개혁파의 움직임을 막기 위해 나토린파는 10월 18일 쿠데타를 기도해 700명을 웃도는 개혁파 인사들을 체포할 계획을 세웠으며 이를 위해 소련에 군사 원조를 요청한 것으로 밝혀졌다. 그러나 이와 같은 움직임은 개혁파 장군 바츠와프 코마르가 지휘하는 치안부대의 힘으로 사전 봉쇄되었다(이정희 2005, 492~493).

다음 날인 10월 19일 당 중앙위원회 제8회 총회가 열리고 있는 가운데 돌연 흐루쇼프, 몰로토프, 미코얀, 카가노비치로 구성된 소련 당 대표단이 바르샤바 조약군 최고 사령관을 위시한 소련군 고급장교 11명과 함께 바르샤바에 도착했다. 긴박한 상황에서 양 정당의 교섭이 진행되었는데, 결국 사회주의 진영의 통일을 위태롭게 하지 않는다는 조건으로 소련 측은 고무우카의 당 서기장 선출을 용인하고 군사행동 중지를 지시했다. 10월 21일 고무우카는 당 서기장에 선출되고 콘스탄틴 로코솝스키를 위시한 나토린파는 정치국에서 밀려났다. 이른바 '10월의 봄'이 도래한 것이다.

사회주의를 향한 독자적인 길이라고 부르는 고무우카 노선은 기본적으로 1948년에 중단되었던 노선과 크게 다르지 않았다. 고무우카의 특징은 현실주의와 권위주의를 넘나드는 것이었으며, 정권 복귀 후 얼마간은 개혁 성향을 보였으나 점차 억압적인 경향을 강하게 나타냈다. 1956년 말에는 노동자평의회의 공동결정권 실행을 비롯한 개혁안이 발표되었으나, 지나치게 급진적이라 하여 끝내 받아들여지지 않았다. 기업은 다시 중앙 행정 당국의 직접 관리에 들어가게 되었고, 포즈난 봉기 이후 자연발생적으로 성립되어 한때 큰 세력을 발휘했던 노동자평의회도 차츰 권한을 잃고 유명무실한 존재로 남게 되었다(이정희 2005, 495~496).

노동조합운동이 당의 산하 기구처럼 편입된 상태에서 노동자평의회마저 기능과 권한을 완전 상실하게 됨에 따라 폴란드 노동자계급의 불만 표출이나 요구 제기는 정상적인 형태로 행해질 수 없게 되었다.

3. 체코슬로바키아

스탈린주의 체제의 공고화와 대규모 숙청

1948년 이른바 '2월 사건' 이후 스탈린주의 체제가 공고화되면서 체코슬로바키아에서는 대규모 숙청 및 테러 정치가 행해졌다. 1949년 가을에 시작된 첫 번째 숙청은 주로 소련에 대해 자주적 노선을 옹호했고, 숙청 대상은 일찍이 서유럽에 망명한 경험이 있는 사람들이었다. 다음 해인 1950년의 두 번째 숙청은 슬로바키아 자치정부 의장이었던 구스타우 후사크와 외무부 장관 블라디미르 클레멘티스 등 주로 슬로바키아공산당(1948년 9월에 통합된 체코슬로바키아공산당 내의 하부 조직) 지도자들을 대상으로 삼았다. 그들의 '분리주의 경향'이 구실이 되었다. 1951년 가을에 단행된 마지막 큰 규모의 숙청에서는 당 서기장 루돌프 슬란스키를 비롯해 주로 유태계 당 지도자가 희생되었다. 다음 해인 1952년 11월에는 클레멘티스·슬란스키를 포함해 14명에 대한 공개재판이 행해졌으며 티토주의 편향, 슬로바키아 민족주의, 시오니즘, 스파이 행위 등의 죄목으로 11명이 사형 또는 종신형이라는 중형에 처해졌다(동구사연구회 1990, 212).

숙청으로 처형되거나 구속된 사람은 무려 13만6천 명 이상이었다. 대통령 고트발트는 스탈린이 죽은 바로 뒤에 사망했고, 후임으로 전 수상이었던 안토닌 자포토츠키가 지명되었다. 당 서기장에는 안토닌 노보트니가 취임했다. 노보트니가 당 실권을 장악함으로써 체코슬로바키아에서 스탈린주의 체제가 존속하게 되었다. 소련공산당 제20차 대회 이후 체코슬로바키아에서는 좁은 범위에서나마 정치적인 자유화가 이루어졌다. 1956년 6월, 노보트니는 내무부 장관 루돌프 바라크가 주재하는 숙청 재판 조사위원회를 설치해 1950년대 초기 재판을 다시 조사하도록 했다. 그러나 조사 결과 취소된 것은 티토주의에 대한 고발뿐이었고 당시까지도 많은 사람들이 감옥에 갇혀 있었다. 같은 해 4~5월의 지식인과 학생들의 반체제 움직임은 재빨리 저지당했다. 1957년 11월 자포토츠키가 죽자 노보트니는 대통령직을 겸임하면서 강력한 지위를 구축했다.

이처럼 1950년대 체코슬로바키아는 가장 통제가 심한 공산당 정권의 하나였다. 스탈린주의에 대한 저항이 1950년대 동유럽의 모든 정권을 뒤흔들었지만 체코슬로바키아만은 거의 영향을 받지 않았다. 1956년에 지식인들이 의회에서 몇 차례 권위주의를 비판하는 연설을 했고, 개인숭배에 관한 비난 행위도 몇 차례 일어났다. 그러나 그 이후로도 당과 정부의 통제는 변함이 없었다. 인민 대중은 체념한 채 언제까지나 그 상황을 받아들일 것처럼 보였다. 1956년에 바르샤바에서는 다음과 같은 조롱조의 말이 나돌았다. "헝가리인은 폴란드인을 좇아서 행동했고, 폴란드인은 체코슬로바키아 인을 흉내 냈다. 그리고 체코슬로바키아인은 돼지처럼 행동했다"(하먼 1994, 252).

1950년대 중·하반기에 체코슬로바키아가 정치적으로 큰 변화를 보이지 않은 까닭은 헝가리와 폴란드의 경제가 심각한 곤경에 빠져 있을 때에도 안정적으로 경제성장을 이룩했기 때문이었다. 1953~1963년의 연 평균 8퍼센트로 추산되는 경제성장률은 주로 중공업 발전에 힘입은 것이었다. 체코슬로바키아는 전쟁 기간에 동유럽에서 가장 발달한 산업국가로 부상했고 산업화를 추진한 다른 공산권 국가들은 체코슬로바키아의 생산물을 수입하기에 바빴다. 결과적으로 체코슬로바키아에서 자행된 15년 동안의 스탈린주의적 억압은 가시적인 물질적 배상을 제공한 셈이었다(하먼 1994, 257~258).

노동자계급의 '2월 행동'

그렇다면 스탈린주의 체제가 유지되는 상황에서 공산당과 노동자 사이의 관계는 어떠했을가. 여기에 대해서는 1948년 2월 25일 공산당이 주도한 대규모 대중시위 행동, 이른바 '2월 사건'이 잘 설명해 준다.

1948년 2월, 노동자들의 움직임은 존재했지만 '봉기'라고 할 만한 일은 전혀 없었다. 공장위원회 대회가 소집되긴 했어도 단 하루뿐이었고, 그것도 정복 경찰관이 안내를 맡았다. 대표자들은 노동자들에게 2월 행동에 찬성하는 투표를 하도록 하고는 돌려보냈다. 총파업도 한 차례 있었지만, 불과 1시간 만에 끝났기 때문에 위기 국면에서 결정적 요소로 작용하지는 못했다. 몇 차례의 대대적인 시위도 위에서 조직한 것으로, 2월 행동에 반대하는 사람들을 향한 시위일 뿐이었다.

그 2월 행동에서 중요한 것은 이른바 '노동자민병대'가 수행한 역할이다. 노동자민병대의 비무장 대원들은 며칠 동안 프라하 거리를 순찰했으며, 전략적 요지를 경계했다. 노동자민병대는 노동자 대중이 자발적으로 만든 조직이 아니었다. 민병대는 공산당 지도 노선을 따르는, 공장 내 소수 공산당 당원들이 통제하고 있었다. 공산당 당국은 산업의 80퍼센트가 국유화된 상태였으므로 당원인 공장 경영자들로 하여금 노동조합을 엄격히 통제하도록 할 수 있었다(하먼 1994, 72~73).

체코슬로바키아의 정치·경제·사회적 상황을 통해 살펴본 바와 같이 내부에 존재해 온 갈등과 반목, 모순의 다양한 원천들은 드러나지 않은 채 억눌려 있었다. 모든 상황이 급격하게 변화한 것은 1960년대 초반의 일이었고, 1968년 '프라하의 봄'을 맞아 비로소 체코슬로바키아의 개혁 운동이 본격적으로 추진되었다.

4. 헝가리

새로운 진로

1949년 8월 신헌법 제정과 헝가리 인민공화국 수립 이후, 헝가리노동자당 MDP 서기장 라코시 마차시가 당과 정부의 실권을 장악하고 국가보위부 Allamvédelmi Hatósag를 앞세워 숙청을 단행해 스탈린주의 체제를 구축했다. 1949년 10월에는 일생 동안 공산당에 헌신한 전직 내무부 장관이자 당시 외무부 장관이었던 라슬로 라지크가 다른 주요 당원과 함께 재판에 회부되어 '파시스트 첩자'라는 죄목으로 처형되었다. 이 밖에도 수많은 사람들이 숙청되었고, 노동조합은 당의 지시를 실행하는 기구로 전락했다. 소련은 제 2차 세계대전 종료 이후 헝가리에 군대를 주둔하고 헝가리의 정당, 국가기관, 군에 큰 영향력을 행사하면서 정책 결정을 통제했다(이정희 2005, 524~525).

헝가리는 1947년부터 경제개발 계획을 추진했다. 1947년 8월부터 시작된 제1차 5개년 계획은 전쟁 피해 복구를 주요 목표로 삼았는데, 1949년 12월에 계획이 완료되었다. 곧이어 헝가리를 산업 주도 국가로 발전시키는 것을 목표로 하는 새로운 계획안이 수립되었다. 중공업에 집중 투자하고 소비재 생산을 상대적으로 축소하는 계획이었다.

농업 부문에서도 계획경제 체제가 도입되었다. 1948년에는 '농업 집단화' 계획이 발표되었는데, 계획은 농업 경영을 3단계로 구분했다. 즉 순수한 집단농장과 엄격한 형태의 조합, 그리고 느슨한 형태의 조합이었다. 농업 집단화를 추진한 결과, 1953년 3월에는 집단농장과 국영농장이 각각 전 농지의 26.5퍼센트와 12.2퍼센트에 이르렀다. 그러나 농업 집단화는 농민의 생산 의욕을 크게 감소시켰다. 1950~1954년 평균 곡물 생산고는 1911~1915년보다 밑돌았으며, 축산업도 심각한 영향을 받아 가축수가 15~33퍼센트 감소했다.

1950년부터 추진된 제1차 5개년 계획은 후진 농업국인 헝가리 경제를 급속한 공업화를 지향하도록 만들었다. 그것은 철강 도시 스탈린비아로슈와 같은 새로운 도시가 건설된 데서도 잘 반영되었다. 거의 완전고용 상태가 유지되었고, 농촌에서 도시로 노동력이 이동해 농촌 과잉인구가 해소되었다. 1945~1955년에는 연평균 5.6퍼센트의 경제성장을 이룩했다. 그러나 급속한 중공업화로 산업 사이의 불균형이 발생했고, 1949~1955년에 노동자의 실질소득은 약 18퍼센트 하락했다(이정희 2005, 526).

1953년 스탈린 사망과 더불어 헝가리에서도 스탈린주의에 대한 비판이 쏟아져 나왔다. 1949년부터 1953년까지 통치권을 행사했던 라코시는 1953년 7월 수상 자리에서 물러났고, 임레 너지가 새 수상으로 임명되었다. 너지는 굳이 분류하자면 모스크바에서 돌아온 사람이었으나 국민들 사이에서 비교적 높은 인기를 누렸으며, 수상 취임 후 여러 가지 개혁 정책을 발표했다. 중공업 발전 계획의 수정을 비롯해 경공업 및 식량산업 육성, 농업 집단화 정책 완화, 종교에 대한 관용, 정치범 석방, 지하 강제수용소 철폐 등이 그것이었다. 너지의 개혁 정책은 국민과 당으로부터 크게 환영을 받았다. 집단농장 탈퇴의 자유가 선포되자 가입 농민의 40퍼센트가 집단농장에서 탈퇴했고, 1954년에는 노동자 실질임금이 18퍼센트 인상되어 생활수준이 향상되었다. 강제수용소가 철폐되면서 수감자 10만 명이 풀려났다.

그러나 너지의 '새로운 진로'는 라코시가 이끄는 스탈린주의자들과 강경 보수파의 큰 반대에 부딪쳤다. 소련은 너지와 라코시의 권력 투쟁에 개입해, 너지에 대한 대항마로서 에르뇌 게뢰를 당 서기장으로 내세워 너지의 새 노선 저지를 기도했다(이정희 2005, 527; 하먼 1994, 126).

1956년 후반기 들어 헝가리에서는 잠재되어 있던 저항 열기가 들끓기 시작했다. 저항행동의 발단은 언제나 작은 데서부터 비롯되기 마련이다. 헝가리청년공산주의자DISZ 조직 내의 이른바 페퇴피Petöfi 서클의 활동이 당시의 정치 상황을 단적으로 보여 준다. 이 서클은 당원·지식인·학생들이 당면하고 있는 주요 문제들, 즉 노동운동사를 비롯해 스탈린주의부터 마르크스주의 경제학, 철학과 교조주의, 언론의 자유, 헝가리 농업 문제 등에 이르기까지 광범위한 문제들에 대해 학습하고 토론했다. 처음 토론에 참가했던 사람은 수십 명에 지나지 않았으나 차츰 그 수가 늘어나 수백 심지어 수천 명에 이르렀다.

당 지도부는 페퇴피 그룹에 대한 결의문을 채택했는데, "처음에 그러한 토론은 긍정적인 면을 갖고 있었다. 그러나 최근 우리 당 정책들에 반대하는 몇몇 요소들을 보면, 그들이 토론을 통해 그들 자신의 반당反黨적 관념을 은밀히 전파하려는 것을 알 수 있다"는 내용이었다. 이러한 당 결의가 나왔지만, 당 지도부는 더 이상 토론 집회를 막을 정도로 위력威力을 갖지 못했다. '진리'와 '자유'를 토론하는 지식인과 청년 그룹의 목소리는 점점 커졌으며, 노동자들은 자신들의 요구 사항을 공개적으로 제기하기 시작했다(하먼 1994, 175~177).

헝가리혁명

폴란드에서 포즈난 봉기가 일어난 1956년 7월 무렵부터 지식인과 노동자들의 저항 움직임과 국제 정세 변화 양상이 미묘하게 결합하면서 헝가리에서는 대중 저항 분위기가 고조되었다. 10월 9일에는 시민 30만 명이 결집한 가운데 숙청당한 희생자와 전 외무부 장관 라슬로 라지크의 장례식이 거행되었다. 10월 14일에는 당이 국민의 저항을 누그러뜨리기 위해 너지를 다시 당에 복귀시켰다.

이 무렵 폴란드로부터 '10월의 봄' 소식이 전해졌다. 10월 20일에는 헝가리 남부 도시 세게드에서 학생들의 집회가 열렸으며, 10월 22일에는 부다페스트에서 학생들과 작가들이 대규모 시위를 조직했다. 특히 부다페스트 공과대학 학생 집회에서는 '소련군의 헝가리 철퇴', '너지 전 수상 복귀', '복수정당제 총선거 실시', '기준 노동량norma 수정', '정치범 석방', '언론 자유', '스탈린 동상 철거' 등 16개 항목을 요구했다. 시위가 시작되자마자 곧바로 많은 시민들이 참가했다. 시위는 처음에는 평화적인 성격을 띠었으나 밤이 깊어가면서 점점 격렬한 양상을 보였다.

이날 발표된 작가동맹의 요구 사항은 다음과 같았다. 첫째, 우리는 사회주의 이념에 바탕을 둔 독자적 국가정책을 원한다. 둘째, 인민들의 화합을 해치는 소수민족 정책들에는 하나의 목적이 부가되어야 한다. 우리가 원하는 것은 우리의 동맹들, 즉 소련과 인민민주주의 국가들과의 진실되고 성실한 우애이다. 셋째, 국가의 경제 상태는 명확하게 밝혀져야 한다. 모든 노동자·농민·지식인들이 국가의 정치·사회·경제적 관리 체계에서 적당한 역할을 하지 못한다면 우리는 지금의 위기에서 헤어날 수 없다. 넷째, 공장은 노동자와 전문가가 운영해야 한다. 현재의 치욕적인 임금, 작업 기준, 사회보장제도 등은 개선되어야 한다. 다섯째, 우리의 농업정책은 새로운 토대 위에 세워져야 한다. 여섯째, 지금까지 지적한 사항들이 실현되려면 당과 국가 지도부의 구조 및 인사들이 교체되어야 한다. 일곱째, 현재 상황의 진전은 애국인민전선이 헝가리 사회 노동계층의 정치적 대표가 되어 줄 것을 요구하고 있다(Laski 1957, 29; 하먼 1994 181에서 재인용).

저녁 6시 무렵 시위대는 부다페스트 방송국 앞에 집결했으며, 학생대표가 전날 결의한 16개 항목을 요구했다. 게뢰 당서기장은 오후 8시에 라디오 방송을 통해 시위대를 '폭도', '파시스트'라고 표현하는 연설을 했다. 게뢰의 연설을 들은 군중은 분노했다. 연설이 있은 뒤 방송국 상층 창 너머로 최루탄이 투하되었으며, 이어 헝가리 치안경찰대AVH가 군중을 향해 발포했다. 시민 100명 정도가 넘어져 부상을 당했다. 게뢰 정부는 즉각 소련군의 출동을 요청한 다음 계엄령을 선포했다. 이러한 사태는 노동자와 학생의 반란을 촉발시킨 계기가 되었으며, 반정부 시위는 무장봉기로 전화했다. 시위대는 스스로 무장을 갖추고 소련군과 총격전을 벌였다. 인민 봉기는 전국으로 번져 나갔고, 시위에 가담한 병사나 병기공장 노동자들이 무기를 제공했다. 군중들은 영웅 광장 부근에 세워진 거대한 스탈린 동상을 밧줄로 끌어내렸다. 이른바 '1956년 헝가리혁명'이 시작된 것이다(矢田俊隆 2002, 237).

급기야 당 중앙위원회는 너지를 수상으로 지명하고 게뢰 대신 카다르 야노시를 당 서기장에 임명해 사태를 수습하려 했지만, 군중이 정부 기관을 점거하고 봉기가 지방으로까지 확산됨에 따라 정부 통제는 전혀 실효를 거두지 못했다. 이러한 상황에서 정부 기구나 당 기구가 급속하게 분열되었다. 비공산당계 정파들이 활동하면서 수도의 노동자평의회나 지방의 혁명위원회와 같은 새로운 대체 권력기관이 형성되기 시작했다(동구사연구회 1990, 201).

사태는 이미 정부 통제를 벗어나, 소련군조차 인민 봉기를 제압할 수 없는 지경에 이르렀다. 10월 25일에는 봉기가 더욱 확대되어 전국으로 파급되었으며, 부다페스트와 전국 각지에서 전투가 벌어졌다. 헝가리 군대도 봉기에 참가했으며, 소련군과 무력으로 충돌했다. 헝가리 군 25만 명은 봉기 시작부터 인민 측에 섰고, 소련군과 행동을 함께한 것은 일부 고급 장교와 국가 치안경찰대 관계자뿐이었다. 소련군은 전차부대가 중심이고 보병이나 포병부대는 제대로 편성하지 못했기 때문에 좁은 길이 많은 시내에서는 작전을 펴기가 어려웠다. 반면 헝가리 게릴라 부대는 소련군 전차를 습격하고 공공건물이나 당 본부를 점거하고 정치범을 석방했다. 공장이나 광산에서는 봉기 직후 노동자의 단결체로서 노동자평의회가 조직되었고, 공장평의회는 학생·병사·시민으로 구성된 각지 혁명평의회와 협력해 저항의 중심 세력이 되었으며, 총파업을 전개하기도 했다(矢田俊隆 2002, 239~240).

이와 같이 급박한 상황에서 너지는 혁명 세력의 요구를 받아들이고 통치 체제를 바꿈으로써 사태를 해결하려 했다. 10월 25일, 집단농장 탈퇴권 확인과 농산물 강제 공출제 철폐 방침을 발표했다. 10월 27일에는 철학자 루카치 죄르지와 소지주당 당수 틸디를 포함한 '애국인민전선' 정부가 발족했다. 10월 28일에는 소련군이 철수를 시작했고, 계엄령이 해제되었다. 10

월 29일에는 국가공안국이 해체되었다. 10월 30일에는 소지주당, 페테휘당(구 민족농민당), 사회민주당 대표를 포함한 연립내각이 수립되었다. 카다르는 노동자당 재건을 단념하고 11월 1일 헝가리사회주의노동자당MSM이라는 새로운 정당 결성을 발표했다(이정희 2005, 528).

소련은 처음에는 새로운 내각이 사태 수습에 적극적으로 나서자 이를 환영했으며, 부주의하게 개입한 것을 반성하고 빠른 시일 안에 철수할 것을 약속했다. 10월 30일 소련 정부는 사회주의국가들 사이의 관계가 지금까지 잘못되어 있었다는 점, 즉 완전한 평등, 영토 보전, 국가의 독립과 주권 존중, 상호 내정 불간섭 등의 원칙에 기초하지 않았음을 인정하고 소련의 경제·군사 고문과 군사기지에 대한 토의에 응할 용의가 있음을 발표했다(동구사연구회 1990, 201).

그러나 소련은 다른 한편으로 헝가리에 대한 군사 개입을 준비했다. 너지 정부가 인민 봉기 사태를 수습할 능력이 없다는 판단에 따른 것이었다. 소련은 10월 31일과 11월 1일에 걸쳐 본격적인 개입을 시작했다. 이에 너지 정부는 11월 1일 바르샤바조약기구 탈퇴와 헝가리 중립화를 선언하고 2일 후에는 여러 정당이 참여하는 광범위한 연립정부를 수립했다.

소련군은 헝가리 인민들의 격렬한 저항을 제압하면서 11월 4일 부다페스트를 다시 점령했다. 무장 저항은 10일 동안 계속되었으나 결국 종식되었다. 11월 4일에 유고슬라비아 대사관으로 피신했던 너지는 11월 22일 신변의 자유를 보장받고 대사관 밖으로 나왔으나, 소련군에 체포되어 루마니아 방면으로 납치되었다. 1958년 6월, 헝가리 법무부는 너지의 처형 사실을 발표했다.

한편 11월 1일 밤 수도에서 자취를 감추었던 카다르는 11월 4일 소련 서부의 우시호르트 시에서 '혁명노농정부'를 수립해 11월 7일 수도로 귀환했다. 소련군은 카다르에게 정권을 넘겨주었다. 그 뒤로도 인민의 저항은 각지에서 1주일 이상 계속되었으며, 사상자는 1만 명 하고도 수천 명에 이르렀다(이정희 2005, 529).

노동자평의회 주도의 노동자 저항 투쟁

헝가리 노동자들은 봉기가 진행되는 동안 거세게 투쟁했다. 그들은 10월 23일부터 일주일 동안 파업을 계속하면서 거리에서 싸웠고, 11월 4일부터 1주일 동안 압도적으로 우세했던 소련군에 대항해 싸웠다. 그들은 11월 21일에서 23일까지 그리고 12월 11일에서 13일까지 파업을 단행했다. 그 뒤로도 헝가리 노동자들은 계속 지역 차원에서 파업을 벌여 스스로를 방어하고자 했다.

이러한 노동자투쟁을 지도한 조직체는 노동자평의회였다. 노동자평의회는 봉기의 산물이었다. 평의회는 급속하게 너지 정부의 프로그램을 지시하는 봉기의 목소리가 되었고, 봉기가 진압될 무렵에는 카다르 정부에 대항하는 자주적 사회기관이 되었다. 4주일이 넘는 동안 노동자평의회는 사회를 대표하고, 조직하고, 통제하고, 유지했다. 노동자평의회의 하부 구조는 국가 전체 의지를 표현했다. 부다페스트 노동자평의회의 활동에 감명을 받은 많은 사람들은 노동자계급이 정당의 간섭 없이 현대 사회를 통제할 수 있다는 결론을 내렸다.

그러나 기존 노동조합은 "이른바 노동자평의회는 반혁명 기간에 노동자계급의 권력을 탈취하기 위한 무기로서 생겨났다"고 평가했다. 또한 "노동자평의회는 사회적 선동으로 노동자 대중을 현혹시켰다. 그들은 노동자계급의 이익을 위한다는 명분으로 여러 수단들을 도입했지만, 사실 그들은 노동자들의 이익을 해쳤다"고 비판했다(하면 1994, 245~248).

헝가리에서 무장 저항이 종식된 뒤에도 노동자평의회는 여전히 큰 영향력을 행사했다. 카다르는 집권 초에 자립적인 정치 세력의 존재를 허용했으나 소련 당국은 이와 같은 방침을 용납하지 않았다. 게다가 정당과 노동자평의회도 협력할 자세를 보이지 않자, 카다르 정부는 차츰 노동자평의회에 대해 강경한 태도를 취했다. 1956년 12월에는 공장 수준 이상의 노동자평의회 조직이 해산 명령을 받았다. 그다음 해인 1957년 11월 25일, 헝가리 정부는 마침내 노동자평의회 해체 법령까지 공포했다.

헝가리 봉기에 대한 일련의 박해 조치에 따라 약 2천여 명이 처형되었고 2만여 명이 투옥되었다. 또 봉기와 관련해 수천 명이 목숨을 잃었고, 20만 명이 망명을 했다. 1년 동안 국민총생산의 5분의 1에 해당하는 재화가 파괴되었다. 1955년에 시작된 제2차 5개년 계획은 미처 궤도에 오르지도 못했다(이정희 2005, 529~530).

'1956년의 헝가리혁명'은 비록 성공하지 못했지만, 헝가리는 결코 라코시 정권 시절의 공포와 궁핍 상태로 되돌아가지는 않았다. 헝가리 노동자들은 노동자평의회를 주축으로 투쟁을 전개함으로써 카다르에게 결코 잊지 못할 공포를 안겨 주었으며, 스탈린주의 체제가 완강해 보일지라도 인민 봉기를 통해 허물어뜨릴 수 있다는 교훈을 남겼다.

5. 유고슬라비아

티토의 독자 노선과 자주관리 사회주의

제2차 세계대전이 종료된 직후부터 소련은 동유럽 국가들의 해방자를 자처하면서 지배력을 행사하려 했지만, 유고슬라비아만은 티토 대통령을 비롯한 공산주의자들이 자력으로 독일 지배로부터 조국을 해방시켰다는 강한 자신감으로 소련 지시에 순응하지 않았다. 외교 노선에서도 독자적인 자세를 취했다.

1948년 1월 티토는 불가리아 수상 게오르기 디미트로프와 더불어 소련과 아무런 사전 협의 없이 유고슬라비아, 불가리아, 루마니아, 헝가리, 알바니아, 그리스로 구성되는 발칸연방 구상을 제시했다. 이러한 구상 자체로 소련과 유고슬라비아는 심하게 대립하게 되었다. 스탈린은 티토의 연방 안에 반대하면서 유고슬라비아와 불가리아로 구성되는 연방 구성안을 내놓았다. 유고슬라비아는 스탈린주의에 충실한 불가리아를 통해 소련이 유고슬라비아에 대한 영향력을 증대시키려 할 것을 우려해 스탈린의 제안을 거부했다.

같은 해 3월, 소련공산당은 유고슬라비아공산당KPJ 앞으로 내외 정책을 비판하는 서한을 보냈으며, 유고슬라비아공산당은 소련 측 비판에 대해 반론을 제기하는 답신을 보냈다. 이에 소련은 유고슬라비아 국내에 있는 친소련파를 동원해 유고슬라비아공산당 지도부의 전복을 꾀했으나 실패했다. 유고슬라비아공산당은 같은 해 4월에 친소파를 숙청했다.

사태가 이렇게까지 진전되자, 1948년 6월에 열린 코민포름 제2회 대회는 유고슬라비아공산당을 비판하는 결의를 채택하고 유고슬라비아공산당을 코민포름에서 제명했다. 제명 이유는 다음과 같았다. 첫째, 유고슬라비아공산당은 주요 국내·국제 정책에서 마르크스-레닌주의로부터 일탈했다. 둘째, 소련과 동유럽 공산당에 대해 비우호적인 태도를 취했다. 셋째, 농촌 지역에서 계급투쟁을 게을리 했으며(농민이 부농에 대해 적대적이지 않다는 이유로), 토지를 집단농장화하지 않고 있다. 넷째, 유고슬라비아공산당 지도자들이 민족주의적인 특성을 지니고 있다. 이 밖에도 코민포름 대회는 유고슬라비아공산당이 당을 인민전선에 종속시키며 마치 지하조직처럼 활동을 비밀에 부치고 있다는 점을 비판했다(奧保喜 2009, 63~64).

1949년 11월, 코민포름 제3회 대회는 '인명을 살상하며 스파이가 지배하는 유고슬라비아공산당에 관한 결의'를 채택했다. 유고슬라비아가 "부르주아 민족주의로부터 파시즘으로 이행"했으며, "제국주의 반동의 주구가 되었다"고 규정하고 각국 공산당의 주요 임무는 "자기 진영 안에 숨어 있는 티토 일파를 근절하는 것"이라고 선언했다(木戸蓊 1977, 343).

코민포름에서 추방당한 뒤, 유고슬라비아공산당은 1948년 7월 제5회 당대회를 열어 티토를 중심으로 일치단결할 것을 다짐했다. 이와 같이 유고슬라비아공산당은 물론이고 일반 국민들도 소련의 위협이 점점 강화되는 가운데서도 티토를 적극 지지했다. 이것은 세계대전 기간에 전개되었던 티토의 파르티잔 운동이 티토 정권 수립의 강력한 바탕이 되었기 때문이었다.

이와 같은 상황에서 유고슬라비아는 소련과는 다른 독자적인 사회주의 노선을 밟기 시작했다. 독자적인 사회주의 노선이란 중앙집권적인 계획경제를 부정하는 것이었으며, 티토를 중심으로 한 당 지도부는 소련이 추진하고 있는 집권적 계획경제가 필연적으로 관료주의 폐해를 초래할 수 있다고 주장했다. 다시 말해 소련 모델은 공산주의가 아니라 국가자본주의화된 관료 지배 체제라고 규정한 것이다. 유고슬라비아가 추구하는 사회주의는 '분권적'인 계획 시스템을 중시하면서, 의사결정의 분권화 원리에 따라 '노동자 자주관리' 기업을 기초로 하는 '사회주의적 시장경제' 시스템이라고 스스로 규정했다. 이러한 노선을 '티토주의' 또는 '자주관리사회주의'로 표현하기도 한다(猪木武德 2009, 185).

그렇다면 유고슬라비아의 자주관리사회주의의 이론적 기반은 무엇인

가. 유고슬라비아의 이론가들은 소련의 사회주의 모델이 집권적 관료 독재 체제로서, 사회주의의 이상 가운데 가장 핵심적인 내용, 즉 생산자의 자치적 결정과 생산수단의 사회화를 훼손한 퇴영화退嬰化된 제도라고 공박했다(Kolakowski 1979, 515; 안병영 1984, 154에서 재인용).

이들이 주로 논거로 내세우는 마르크스 사상의 요체는 다음과 같은 세 가지 내용으로 집약된다. ① 국가의 소멸과 생산자의 자유로운 연합에 의한 국가 대치代置, ② 노동자에 의한 사적私的 재산 몰수와 생산된 잉여가치에 대한 노동자의 직접 통제, ③ 생산과정의 상이한 기능 수행 등을 통한 기술적 분업의 폐지와 노동자의 성격 파탄 방지, 즉 노동 공동체work community 형성이 그것이다(Horvat 1975, 5; 안병영 1984, 154에서 재인용).

이러한 논의를 바탕으로 유고슬라비아 이론가들은 노동자들이 모든 주요한 생산 기능 수립에 직접 참여하는 자주관리 노동조직의 창설만이 정통적 마르크스주의로 귀의하는 길이라고 역설했다. 이들은 특히 생산수단의 국유화에 집착하는 소비에트형 공산주의에 반대하면서 생산수단의 사회화를 주장했다.

1950년 6월, 유고슬라비아 인민의회가 '노동자 집단에 의한 국가경제기업 및 상위 경제연합의 관리에 관한 기본법'(노동자자주관리법)을 제정함으로써 노동자자주관리가 마침내 제도화되었다. 우선 국영기업에 노동자자주관리 제도가 도입되었다. 이 제도는 기업의 경영 기능을 의사 형성 및 결정 기능과 관리 및 실행 기능으로 나누어, 앞의 기능을 노동자평의회가 담당하고 뒤의 기능을 정부기관이 임명하는 기업체 이하 전문 경영위원회가 담당하는 것으로 규정되어 있다. 경영진의 실행을 감시하는 기관으로는 관리위원회가 설치된다. 노동자평의회는 기업에 고용된 노동자 전원의 무기명·직접 투표로 선출되며, 관리위원회는 노동자평의회에서 선임된다. 여기서 노동자평의회는 각 기업의 내부 관리, 노동조건, 원재료 구입, 제품의 생산·판매·가격 등을 결정하는 권한을 갖는다. 그리하여 가격의 중앙 통제가 거의 다 철폐되었고, 가격의 대부분은 수요와 공급 원리에 따라 결정되었다. 이것이 '노동자자주관리사회주의' 또는 '시장사회주의'라는 경제체제로 나아가는 제1단계라 할 수 있다(奧保喜 2009, 395).

1952년 유고슬라비아공산당은 제6회 당대회를 열고 당명을 유고슬라비아공산주의자동맹으로 바꾸고, 당의 역할을 지령을 내리는 것이 아니라 설득과 주도권을 발휘하는 것으로 규정했다. 1953년 3월에 제정된 법령에 따라 농업 집단화가 폐지되었으며, 농민이 토지나 가축을 사유할 수 있게 됨으로써 대부분의 집단농장이 해산되었다.

1952~53년에 이르러 경제 영역에서 시행된 자주관리는 지역 공동체 자주관리로 보완되었다. 특히 1953년 1월의 헌법 규정에 따라 노동관리 제도는 생산자평의회 이름으로 코뮌으로부터 지역·공화국·연방 수준에 이르는 수직·정치적 의사결정 과정으로 통합되었다. 아울러 자주관리 제도는 1953년 이후 거의 모든 영역으로 확대되었으며, 지방의 서비스업, 교육 및 보건기구, 사회보험, 주택 건설 사업에 이어 1954년에는 철도와 체신 사업으로까지 확대되었다. 이것이 자주관리 체제 구축기라 할 수 있는 제2단계이다. 제3단계는 10년 후인 1963년 4월 헌법 개정과 더불어 국가 관료 조직과 이른바 사회정치 조직(유고슬라비아공산주의자동맹, 유고슬라비아사회주의연맹, 노동조합)에까지 자주관리 제도가 확대되어 사실상 모든 노동조직을 포괄하게 되는 시기를 말한다. 제3 단계 진행 상황에 대해서는 제22부 3장에서 구체적으로 살펴본다(안병영 1984, 163).

티토주의의 발현

한편 코민포름 가맹 국가들과 관계를 단절하게 됨으로써 유고슬라비아 경제는 큰 타격을 입었다. 유고슬라비아는 소련과 동유럽 국가들의 경제 봉쇄와 그것에 따른 곤란을 타개하기 위해 서유럽 국가들로부터 차관을 받아들이기로 결정했다. 이와 같은 노선 전환은 '티토주의'라는 독자적인 이데올로기로 발현되었다. 티토주의는 경제계획에서부터 정부 형태나 외교정책 그리고 서방국가와의 관계에 이르기까지 중대한 변화를 함축했다.

먼저 유고슬라비아는 경제 위기를 타개하기 위해 서유럽과 교역을 확대하고 원조를 받아들이기로 했다. 유고슬라비아는 전략적 금속류와 광산물을 서유럽에 수출했고, 미국은 수출금지령embargo을 해제했으며 융자를 허용하기 시작했다. 1950년에 유고슬라비아가 농산물 흉작에 따른 경제 위기를 맞게 되자, 미국·영국·프랑스 3국은 기근과 경제 위기를 막고 유고슬라비아가 자원개발을 추진할 수 있도록 지원 계획을 세웠다. 3국의 원조는 1958년까지 계속되었고, 원조 액수는 군수품 원조를 포함해 총 25억1,700만 달러에 이르렀다. 이러한 원조가 계속되는 동안에도 유고슬라비아는 산업화 계획을 포기하지 않았으며, 5개년 계획 시기를 연장해 1953년까지 몇 가지 주요 계획 목표를 달성했고 1957~1961년 동안의 장기 계획을 다시 추진했다.

강제적 농업 집단화의 실패와 1950년의 흉작 이후, 1953년 정부는 다시 농민이 집단농장(콜호스)에서 탈퇴할 수 있는 자유를 보장했다. 그리하여 콜호스 75퍼센트 이상이 해체되었다. 이에 따라 정부는 생산력을 높이기 위해 각종 조합에 가입하도록 권장해 1960년 당시에는 자유농민 90퍼센트가 각종 생산조합 또는 소비조합에 가입했다(이정희 2005, 558~559).

유고슬라비아는 1948년 코민포름에서 추방되어 소련과 결별한 뒤로 외교정책에서도 근본적인 변화를 추구했다. 유고슬라비아는 국제연합으로부터 독립적인 자세를 취했으며, 서방 측과는 적대적인 관계로부터 유연한 관계로 전환했다.

이와 같이 유고슬라비아가 티토주의를 추구하면서 정치·경제·국제 관계에서 큰 변화를 드러내고 있는 가운데, 1956년의 스탈린 비판은 유고슬라비아 공산당 지도자들을 고무했고, 유고슬라비아와 동유럽 국가들 사이의 관계 개선이 촉진되었다. 스탈린 비판 이후 루마니아·폴란드·헝가리·불가리아 공산당 지도자들이 잇따라 유고슬라비아를 방문했으며, 동유럽에서 유고슬라비아의 위상이 높아졌다. 그러나 헝가리 봉기와 소련군의 군사 개입 이후에는 동유럽 국가들이 소련 방침에 맞추어 유고슬라비아를 '수정주의'로 규정해 비판했다(이정희 2005, 561).

6. 루마니아

스탈린주의 강화와 인민의 요구 억압

1948년 6월 유고슬라비아가 코민포름에서 제명된 시점에 루마니아에서도 숙청이 단행되었으며, 스탈린주의가 더욱 강화되었다. 11월에는 루마니아 노동자당RWP이 제2차 세계대전 직후 대량으로 입당한 '출세주의자'와 '기회주의자'를 제거해야 한다는 결의문을 채택했고, 1950년 5월에 이르기까지 당원 총수의 20퍼센트에 해당하는 19만2천 명이 당에서 제명되었다. 숙청 작업이 끝난 뒤 게오르게 게오르기우-데지 당 서기장의 당내 지위는 확고해졌으며 그로자는 대국민회의 의장과 수상을 겸임하게 되었다.

이와 같은 숙청 배경에는 루마니아가 착수한 공업화 촉진 정책과 그것을 뒷받침하는 스탈린주의의 필요성이 존재하고 있었다. 1948년 6월에 시행된 대규모 국유화 작업에 이어 1951년부터는 제1차 5개년 계획이 추진되었다. 5개년 계획의 투자 목표는 공업 부문에 51.4퍼센트, 농업부문에 10퍼센트를 설정했다. 매년 실적은 계획을 밑돌았다. 애초에 기술 수준이 낮은 농업국에서 달성할 수 없는 무리한 목표였기 때문이었다. 농업 부문에서도 부농 일소와 농업 집단화 정책이 강행되었으나 농민의 거센 저항 때문에 성공을 거두지 못했다.

이러한 상황에서 1949년 이후에는 지방 단위 인민평의회 구성, 민병 조직 도입으로 감시망 설치, 경제범에게 중죄를 적용하는 신형법전 공표 등 국민총동원 체제가 이루어졌다. 1952년 9월 2일에는 헌법이 개정되고, 노동자당의 지도 역할이 명문화되었다. 1955년 12월, 제2차 당대회에서는 게오르기우-데지가 서기장으로 재선되었고 정치국원으로 니콜라에 체아우셰스쿠가 등장했으며, 젊은 열성 당원을 활용하는 문제와 당 지도체계 재건에 대한 규정, 중공업을 우선시하는 제2차 5개년 계획이 채택되었다(이정희 2005, 537~538).

1956년 2월 흐루쇼프의 스탈린 비판이 나온 뒤, 3월에는 노동자당 중앙위원회에서 지난날의 당 운영과 관련해 게오르기우-데지를 비판하는 목소리가 터져 나왔다. 이 무렵 노동자·지식인·학생이 민주화를 요구하는 움직임을 보이기 시작했다. 헝가리 봉기가 발생한 이후에는 헝가리인들이 많이 모여 사는 부쿠레슈티와 클루지, 티미쇼아라 등지에서 헝가리 봉기에 동조해 생활수준 향상과 러시아어 필수 교육 폐지 등을 요구하는 시위가 벌어졌다.

이에 정부는 한편으로는 시위 주동자를 엄격하게 탄압하면서, 다른 한편으로는 노동자의 최저임금 인상, 교육부 장관 경질 등의 무마 정책을 폈다. 루마니아에서 폴란드나 헝가리에서와 같은 대규모 인민 봉기가 일어나지 않은 이유로는 다음과 같은 점을 지적할 수 있다. ① 급진적 지식인층이 두텁지 않아서 '내부고발'이 취약했다는 점, ② 과거 숙청의 규모가 폴란드나 헝가리처럼 크지 않다는 점, ③ 경제 면에서 완화 정책이 부분적으로 지속되었다는 점, ④ 정치 면에서는 당의 지배 망이 철저하게 짜여 있었다는 점 등이 그것이다. 이러한 요인들과 함께 헝가리혁명 이후 소련의 견인 정책이 게오르기우-데지 정권을 궁지로부터 구출한 결정적 요인으로 작용했다(木戸蓊 1977, 353~354).

7. 불가리아

스탈린주의 체제와 계획경제 추진

불가리아노동자당은 1948년 8월 사회민주당 좌파를 끌어들여, 12월의 제5차 당대회에서 당명을 '공산당'으로 바꾸었다. 이 대회에서 디미트로프 서기장은 "인민민주주의는 프롤레타리아독재의 한 형태이다"이라는 이론을 동유럽에서는 처음으로 제기했다(木戸蓊 1977, 346~347).

1949년 3월에는 이 나라에서도 티토주의자 숙청이 이루어졌다. 병석에 있던 디미트로프 대신 수상 대리를 맡고 있던 트라이코 코스토프가 해임되었다. 코스토프는 제2차 세계대전 기간에 국내에서 저항운동을 조직했고, 디미트로프가 귀국할 때까지 공산당을 지도했던 인물이었다. 그는 디미트로프가 내각을 구성했을 때는 부수상 겸 경제계획위원회 의장에 취임했으며, 헌법의 기초와 2개년 계획 입안을 주도했다. 코스토프는 티토와 그다지 사이가 좋은 편이 아니었으나, 소련과 벌인 경제 교섭에서 소련 측의 가혹한 태도에 저항했다는 점에서는 티토와 공통점이 있었다. 예컨대 소련이 불가리아로부터 싼 가격으로 사들인 담배와 장미 기름을 자본주의국가 시장에 재수출한 데 대해 코스토프가 항의한 것으로 알려져 있다. 코스토프 후임 수상 대리에는 생애의 절반을 모스크바에서 보내고 디미트로프와 함께 귀국한 바실 고라로프가 취임했다. 같은 해 7월 디미트로프가 모스크바에서 사망한 뒤 코스토프는 체포되었고, 12월에 영국·미국과 조약을 맺은 티토와 결탁해 정권 전복을 기도했다는 죄목으로 재판에 회부되어 처형되었다. 이반 스테파노프 재무부 장관을 비롯한 여러 명도 같은 죄목으로 장기형을 언도받았다.

1949년 12월 18일, 신헌법에 따라 총선거가 실시되었다. 선거는 조국전선 통일 후보자 명부에 대한 신임 투표 방식으로 시행되었으며, 선거 결과 97.7퍼센트의 찬성표가 나왔다. 디미트로프 사망 이후 고라로프가 수상이 되었으나 1950년 1월에 고라로프도 죽고, 그 후임으로 모스크바에서 귀국한 불코 체르벤코프가 취임했다. 수상에 취임한 체르벤코프는 정권 전복 음모에 관여했다는 명목으로 미국 대사의 철수를 요구했고, 이에 대해 미국은 기독교 목사 체포와 외국인 신문 기자 추방 등의 사건을 비난하면서 1950년 2월 불가리아와 국교를 단절했다. 이 무렵 불가리아는 당내 숙청을 단행했는데, 1950년 5월까지 당원 9만3천 명이 추방되었다. 체르벤코프는 같은 해 11월에 당 서기장에 취임했고, 스탈린주의 체제를 강화했다(이정희 2005, 546~547).

불가리아도 다른 동유럽 국가들과 마찬가지로 계획경제를 추진했다. 1949년부터 1953년까지 제1차 5개년 계획에 따라 급속한 공업화를 추진했다. 총 투자의 40퍼센트가 공업에 할당되었고, 농업에는 13퍼센트가 투입되었다. 1948년을 100으로 했을 때 5개년 계획 달성 후의 생산 목표는 공업 부문 전체가 220, 중공업 326, 농업 137로 책정되었다. 당은 1952년에 4개년 계획이 달성되었다고 선언하고, 다시 1953년부터 제2차 5개년 계획을 추진했다(木戸蓊 1977, 347~348).

그러나 1953년 스탈린 사후 농업 생산의 부진과 담배 농장 노동자들의 저항 등에 따라 체르벤코프는 9월 들어 농업정책의 개선과 생활수준 향상, 인접 국가와의 관계 개선, 그리고 경제정책 수정을 발표했다. 1954년 2월과 3월에 걸친 공산당 제6차 대회에서 체르벤코프는 수상직을 유지했으나, 당 제1서기 직에는 토도르 지브코프가 지명되었다(이정희 2005, 547).

이와 같은 정치적 격변 속에서 노동자들은 작업장에서 국가 행정기구로 진출하거나 경제 분야로 상향 이동하기도 했으나, 노동조합운동의 독자·자율적 역할과 기능은 발휘될 수 없었다.

8. 알바니아

반유고슬라비아 노선과 수정주의 비판 강화

1948년 6월, 유고슬라비아가 코민포름에서 추방되자, 정치·경제·외교 정책에서 유고슬라비아에 크게 의존해 왔던 알바니아는 여러 면에서 일대 전환을 시도하게 되었다. 같은 해 7월에 열린 당 중앙위원회는 유고슬라비아를 강하게 비난했으며, 유고슬라비아의 신뢰를 받았던 부수상 코치 조제로 하여금 자기비판을 하도록 했다. 그리고 알바니아는 유고슬라비아와의 통상협정을 파기했다. 같은 해 11월에 열린 당대회에서 당명이 공산당에서 알바니아노동당PPSH으로 바뀌었으며, 조제는 모든 공직에서 추방당했다. 반면 이전에 공직에서 추방되었던 리리 벨리쇼바, 툭 야코바, 메흐메트 셰

후 등이 명예회복을 하게 되었다. 조제는 다음 해인 1949년 5월 재판에 회부되었으며 6월에 처형되었다(木戸蓊 1977, 356).

동유럽 국가들에서 스탈린주의 노선이 도입되는 가운데 알바니아에서는 티토주의자에 대한 대규모 숙청이 권력 상층부에서 하층부에 이르기까지 단행되었다. 1952년까지 숙청된 당원은 전체 당원의 약 15퍼센트인 6천여 명에 이르렀다.

스탈린이 죽은 뒤 사회주의권 전체에 걸쳐 '집단지도제'가 도입됨에 따라, 알바니아에서도 1954년 7월에 호자가 당 제1서기 직에 전임하고 수상 자리를 세후에게 넘겨주었다. 소련과 유고슬라비아의 관계가 회복된 뒤로도 반티토 공세를 펼쳤던 알바니아 정권은 1955년 들어 위기를 맞게 되었다. 당내에서도 소련의 신노선에 영합하는 경향이 강했지만, 호자는 같은 해 4월 당 중앙위원회에서 국회의장과 부수상을 역임했던 야코바와 당 선전부장 및 소련알바니아우호협회 의장을 지낸 베드리 스파히우를 '트로츠키주의자' 또는 '부르주아 민족주의자'로 비판해 추방·체포함으로써 반유고슬라비아 노선을 재확인했다(木戸蓊 1977, 356).

경제 면에서는 1949~1950년 2개년 계획이 추진된 이후 1951년부터 제1차 5개년 계획이 시행되었다. 계획의 목표는 생산재 부문에서 386퍼센트, 소비재 부문에서 324퍼센트, 농업 부문에서 111퍼센트 성장하는 것이었다. 실로 야심에 찬 계획이었다. 이 시기 추진된 경제 개발은 소련과 동유럽 국가들의 원조를 통해 이루어졌으며, 수천 명의 기술자들이 알바니아에 파견되었다.

스탈린 사후의 스탈린 비판이 알바니아에서는 큰 반향을 불러일으키지 않았다. 유고슬라비아와 소련 사이의 관계 개선 가능성이 높아지자, 알바니아는 유고슬라비아가 다시 알바니아를 지배하게 될지도 모른다는 의구심을

갖고 탈스탈린주의 노선을 거부했다. 알바니아노동당은 '수정주의 비판'을
다시 강화하고, 1956년 11월 말에는 반反호자 음모에 가담했다고 판단되는
파르티잔 출신 투사들을 처형하는 등 독자적인 노선을 택했다. 알바니아공
산당의 이와 같은 독지 노선은 1961년 드디어 소련과의 외교·이념적 단절
을 가져오는 요인이 되었다(이정희 2005, 568~569).

4장

아시아 국가의 노동운동

이것은 남녘을 해방하고 북녘을 지키며,

나라를 통일하기 위한 '인민의 전쟁'이다.

이것은 미국 침략자를 몰아내고 조국의 독립과 자유,

그리고 영토의 보전을 위한 투쟁이다. ……

전쟁은 5년, 10년, 20년, 그보다 더 오래 계속될지도 모른다.

하노이, 하이퐁, 그리고 다른 도시들이 황폐화될지도 모른다.

그러나 베트남 인민들은 결코 위협을 느끼지는 않을 것이다.

독립과 자유보다 더 귀중한 것은 없기 때문이다.

_호찌민

(Institute of Military History 2008, 164~165에서 재인용)

제2차 세계대전 이후 냉전체제가 시작되면서 아시아 국가들에서는 민족해방운동이 한층 더 고양되었다. 민족해방운동을 고양시킨 객관적 조건은 대체로 다음과 같이 설명될 수 있다. 첫째, 제2차 세계대전에서 일본 제국주의가 패배함과 동시에 미국을 제외한 영국·프랑스·네덜란드 등의 서유럽 제국주의 국가들도 전쟁에서 승리하기는 했지만 전쟁으로 약체화되어 전후에 반식민지·민족독립 운동의 고양을 억누를 수 없게 되었다는 사실이다. 둘째, 전후에 소련이 강대국으로 떠오른 한편 동유럽과 중국 등에서 인민민주주의 혁명이 승리함으로써 이들 사회주의·인민민주주의 국가들이 제국주의와 식민지주의를 견제함과 동시에 반식민지·민족해방 운동을 적극적으로 지원했다는 사실이다. 셋째, 아시아 지역뿐만 아니라 라틴아메리카와 아프리카 지역에서도 민족해방운동이 고양되어 상호 연대하면서 제국주의와 식민주의에 대항했다는 사실이다. 넷째, 전후에 역량을 확대·강화한 세계의 노동운동과 평화 세력이 식민지 해방운동을 지지했다는 사실이다.

이와 같은 객관적 조건과 함께 아시아의 인민은 전쟁 이전과 전쟁 기간에 전개한 민족 독립운동 경험을 바탕으로 전후에도 운동의 주체적 조건을 강화했다. 특히 광범한 사회 계층을 결집해 형성한 민족통일전선의 반제국주의·반파쇼 활동은 전후 인민대중을 동맹 세력으로 결집해 강력한 투쟁을 전개한 중요한 기초가 되었다(타니가와 요시히코 1971, 267).

냉전체제 시기 아시아 지역 국가들의 정치·경제·사회 상황 변화와 노동운동 전개 과정을 국가별로 살펴본다.

1. 중국

중국인민정치협상회의 공동 강령과 국가기관 인사 선출

1949년 10월 1일, 중화인민공화국이 수립되었다. 이것은 중국공산당이 국민당에 대항해 투쟁을 전개해 획득한 승리의 표지標識였다. 또 이것은 중국공산당이 광대한 영토와 세계 최대의 인구를 포괄하는 중국을 식민지 체제에서 해방시켜 전국을 통일하고 세계 사회주의 블록에서 한 축을 이루게 되었음을 의미했다.

중화인민공화국이 건국이념으로 표방한 것은 중국인민정치협상회의[1]가 채택한 공동 강령 내용이었다. 강령은 '중국의 독립·민주·평화·통일·부강'을 목표로 하는 '인민민주주의 국가'를 수립하고(제1조), '신민주주의 인민경제를 발전시키며'(제2조) 사회주의를 지향한다고 명시했다. 인민민주주의 또는 신민주주의의 내용으로는 '노동자계급이 지도하고 노농동맹을 기초로 하여 민주적 계급들과 국내 각 민족을 결집한 인민민주 독재 실현'과 '제국주의·봉건주의, 관료자본주의에 반대'한다는 내용을 제시했다.

중국인민정치협상회의의 공동 강령은 '국가 정권은 인민에 속한다'는 것으로, 인민이 국가 정권을 행사하는 기관은 각급(전국, 성省, 현縣 등) 인민대표대회(인대)와 인민정부이며, 각급 인민대표대회는 보통선거를 통해 설치

1_인민정치협상회의는 중화인민공화국 성립 선포 한 달 전인 1949년 9월에 열렸다. 중국인민정치협상회의는 공산당, 민주동맹, 국민당혁명위원회 등 14단위 당파 대표 165명(그 가운데 공산당은 16명) 외에 각 해방구를 대표하는 지구 대표 116명, 군 대표 71명, 노동조합·농민조합·소수민족으로 구성되는 '인민단체 대표' 235명, 그 밖의 저명인사·유력자 등 특별 초청 대상자 75명의 총 662명으로 구성되었다. 공산당 대표는 소수에 지나지 않았으나 해방구, 군, 노동조합, 농민조합은 공산당이 사실상 지도했기 때문에 중국인민정치협상회의에서 공산당은 다수파였으며 공산당 방침이 관철되었다(奧保喜 2009, 79).

되고 각급 인민정부를 선출한다고 규정했다. 보통선거로 선출되는 전국인민대표자대회가 열릴 때까지는 중국인민정치협상회의 전체회의가 국가 최고 기관으로서 그 직무를 대행한다.

1953년 말 이후 각급 인대 선거가 실시되었는데, 당시 중국인민정치협상회의 전체회의가 중앙인민정부 주석(1명), 부주석(6명), 중앙인민정부위원(56명), 중국인민정치협상회의 전국위원(180명)을 선출했다. 중국인민정치협상회의 전체회의는 3년마다 1회 열리며, 폐회 중에는 중앙인민정부위원회가 그 직무를 대행한다. 그 산하에 정무원(국가 정무의 최고 기관), 인민혁명군사위원회(군사 최고 통할 기관), 최고인민법원, 최고인민검찰서가 설치되어 있다. 이것은 3권 분립이 아니고 중앙인민정부위원회에 입법·사법·행정 권한이 집중되어 있는 체제이다(奧保喜 2009, 79~80).

중국인민정치협상회의는 중앙인민정부 주석에 마오쩌둥, 부주석에 공산당 당원 3명, 즉 인민해방군총사령 주더, 당내 서열 2위 류샤오치劉少奇, 동북인민정부 주석 가오강高崗을 선출했다. 비공산당 당원 3명, 즉 국민당혁명위원회 명예주석 쑹칭링宋慶齡, 국민당혁명위원회 주석 리지선李濟深, 민주동맹 주석 장란張瀾도 선출되었다. 최고인민검찰서 검찰장은 공산당 당원이 맡았고, 최고인민법원 원장은 민주동맹 출신이 임명되었다. 이와 같이 중국인민정치협상회의를 비롯해 중앙인민정부위원회나 주요 국가기관에 많은 비공산당 당원이 들어선 이유는 마오쩌둥의 신민주주의론에 따른 것이었다. 그러나 공산당은 중앙인민정부위원회를 비롯해 인민혁명군사위원회, 중국인민정치협상회의 전국위원회를 당 중앙정치국의 직접 지도를 받도록 했으며, 정무원·인민법원·검찰원에는 당 중앙 방침에 따라 공작을 담당할 당 그룹黨組을 설치했다. 이와 같이 국가 운영을 위한 리더십은 사실상 공산당이 행사했으며, 실제 권력은 공산당이 장악했다(구보 도루 2013, 62~63).

중화인민공화국은 건국과 더불어 각국에 신정부 수립 사실을 통지했는데, 이에 응답해 소련과 동유럽 사회주의국가들이 중화인민공화국을 승인하고 외교 관계를 수립했다. 이어서 북유럽 국가들과 인도네시아 등의 국가도 중국을 승인했다. 1950년 10월까지 이미 25개 국가가 중국을 승인했고, 그 가운데 17개 국가는 중국과 정식으로 외교 관계를 수립했다. 그 밖에 중국은 많은 국가 또는 지역과 통상 및 무역 관계를 회복하고 발전시켰다.

중소 동맹 수립

중화인민공화국 정부로서는 가장 중요한 외교정책 과제가 소련과 새로운 동맹조약을 체결하고 안전보장 및 경제원조 내용을 구체적으로 체결하는 일이었다. 이를 위해 신정권 수립 직후인 1949년 12월에 마오쩌둥 주석이 모스크바를 방문해 3개월 동안 체류하면서 스탈린과 회담했다. 그 결과 1950년 2월 14일에 '중소우호동맹상호원조조약'이 체결되었다. 조약 내용은 다음과 같다. ① 중국과 소련 양국은 한 국가가 일본과 그 동맹국으로부터 공격을 받아 전쟁 상태에 들어갈 경우 다른 국가는 곧바로 전력을 다해 군사원조와 그 밖의 원조를 행한다(군사동맹). ② 제2차 세계대전 동맹국과 더불어 가능한 빨리 대일본 강화를 체결한다. ③ 국민당 정권이 소련과 1945년 체결한 중소우호동맹조약에서 소련의 공동사용권이 규정된 뤼순항旅順港과 다롄항大連港, 중동철도와 남만주철도(합쳐 창춘長春철도로 이름을 고침) 등에 대해서는 소련이 1952년까지 중국에 반환하고, 소련은 중국에 발전소·철도·기계설비 등 금액으로 3억 달러 상당의 유상 차관(연리 1퍼센트)을 제공한다. ④ 중국은 신장新疆에서의 자원개발과 둥베이 조선 사업 등에서 소련과 함께 설립한 합병기업을 승인하고 외몽골(몽골인민공화국) 독립을 승인한다. 이 조약 안에는 두 개의 비밀 조항이 들어 있었다. 그 하나는 둥베이와 신장에서 소련 이외 외국인의 경제활동을 인정하지 않는다는 것이며, 다른 하나는 유사시 소련군이 둥베이 철도를 사용해 자유로이 이동할 수 있다는 것이다(奧保喜 2009, 82~83).

한편, 중화인민공화국 정부는 1950년에 황폐화된 국민경제를 회복시키기 위해 중앙정부 산하에 재정경제위원회라는 거대한 기구를 설치했다. 위원회는 생산력 회복과 인플레이션 억제, 유통 기구와 통화 제도 재건을 최우선 과제로 설정하고, 조세를 감면하고 대출이자를 인하하며 민간 기업과 시장경제 활성화를 중요시하는 정책을 채택했다. 당시 최대 산업이었던 면방적 업종에 대해서는 정부가 원료인 면화를 확보해 민간 기업에 제공하고, 면사를 위탁 생산하게 하는 지원책을 실시했다.

재정경제위원회에는 둥베이에서 경제 운영 경험을 쌓은 공산당 간부와 자원위원회 요직에 있던 국민당 정부 시절 전문가가 다수 등용되었다. 국민당 정부 시대의 국영기업은 그대로 운영되었고, 새로 국영기업을 증강하고 계획경제를 추진할 구상은 미처 세워져 있지 않았다. 1950년 봄 무렵에는 민간 기업과 시장경제에 활기가 생겨 경제가 호전될 조짐을 보였다.

중화인민공화국 정부가 건국 이후 3년 동안 경제 회복 정책을 추진한 결과, 1952년 말에는 상당한 성과를 거두었다. 1952년 말 중국 농공업 총생산액은 829억2천만 위안에 이르렀는데, 이는 1936년과 비교해 20퍼센트 증가한 것이고, 1949년과 비교해서는 77.5퍼센트 증가한 것이었다. 그 가운데 공업 총생산액은 343억3천만 위안이었는데, 이는 역사상 가장 높은 생산액에 비해서도 22퍼센트 증가한 것이었고, 1949년에 비해서는 144.9퍼센트 증가한 것이었다. 농업 총생산액은 483억9천만 위안이었으며, 이는 역사상 가장 높은 생산액에 비해 18.5퍼센트 증가한 것이었고, 1949년에 비해서는 48.5퍼센트 증가한 것이었다. 1952년의 철강 생산은 135만 톤, 석탄은 6,649만 톤, 식량은 3,088억 근, 면화는 2,600만 섬이 되어 모두 보기 드문 수준에 이르렀다.

3년 동안의 국민경제 회복 사업은 중국 국민경제 구조에도 중대한 변화를 가져왔다. 1952년 말, 공업 총생산액 가운데 국영 공업이 차지하는 생산액 비중이 1949년의 34.7퍼센트에서 56퍼센트로 증가했고, 국가자본주의 공업 비중은 1949년의 9.5퍼센트에서 26.9퍼센트로 증가했다. 사영 공업 비중은 1949년의 55.8퍼센트에서 17.1퍼센트로 감소했다. 이는 중국 국영 공업이 이미 공업에서 우세한 지위를 차지하기 시작했다는 사실을 드러내는 것이다. 이와 더불어 국영 상업 비중도 1949년의 14.5퍼센트에서 42.6 퍼센트로 상승했다. 사회주의 상업망이 형성되기 시작한 것이다. 교통·운수와 문교·위생 사업 또한 크게 발전했다. 3년 동안 전국적으로 수리해 복원하고 새로 건설한 철로가 2만4천 킬로미터, 공공도로가 12만7천 킬로미터에 이르렀다.

국민경제가 회복되고 국가재정 수지도 균형을 이루게 되었고, 물가도 안정되었으며, 인민의 물질문화 생활은 개선되고 향상되었다. 3년 동안 전국 노동자의 평균임금이 70퍼센트 정도 올랐다. 전국 공기업들에서는 노동보험 제도가 실시되었고, 국가기관·인민단체·학교·연구기관에서는 의료보험 제도가 실시되었다.

1953년부터는 제1차 5개년 계획(1953~1957년)이 추진되었다. 공업화 부문에서는 소련의 원조에 힘입어 중공업화가 진행되었다. 1957년까지 공업생산액은 연평균 증가율 18.0퍼센트를 기록했다. 농업은 공업에 비해 증가율이 낮기는 했으나 연평균 증가율이 4.5퍼센트로 다른 아시아 국가들에 비해서는 훨씬 높은 편이었다(浜林正夫 외 1996, 상권, 107~108).

농촌에서는 1950년에 제정된 토지개혁법을 바탕으로 하여 토지개혁이 실시되었다. 1953년까지 지주로부터 약 7억 무畝(1무는 99.174제곱미터)가 몰수되었고, 몰수된 토지는 일반 농민 약 3억 명에게 분배되었다. 소작농 등 가난한 농민들은 새로운 정권을 적극 지지했다.

그러나 공산당이 인민들로부터 압도적인 지지를 받았던 것은 아니었다. 사회주의 이념을 내세운 정당이 정권을 장악했다는 사실 자체는 민간 기업 소유자들이나 경영자들을 불안하게 만들었다. 실제로 인민군이 점령한 일부 도시에서는 중소기업 자산까지 몰수하는 반자본주의적인 정책이 실시되기도 했다. 이런 상황에서 1949년 당시 외국자본을 포함한 유력 민간 기업의 상당수가 국외 또는 홍콩이나 타이완으로 자금·기술·인재를 이동시켜, 대륙 경제 가운데 민간기업이 차지하는 비중은 급속하게 낮아졌다.

농촌에서 실시된 토지개혁도 실시 과정에서 많은 문제가 발생했다. 특히 토지 몰수 대상이었던 지주에 대한 인정 기준이 명확하지 않아 본래 자작농으로서 보호받아야 할 농민의 토지까지 몰수되는 경우도 많았으며, 또 사법제도에 근거하지 않고 농민의 고발에 따라 지주들에게 제재를 가한 경우도 있었다. 이런 경우는 오히려 농업생산 확대에 부정적인 영향을 끼쳤다 (구보 도루 2013, 65~67).

중화전국총공회의 주요 임무

중화인민공화국 수립 이후 노동자계급의 지위는 근본적으로 달라졌으며, 이로써 중국 노동운동은 새로운 발전 단계로 접어들었다. 중화전국총공회는 사회·경제적인 큰 도전에 직면한 가운데 다음과 같은 다섯 가지 구체적인 임무를 설정했다. 첫째, 노동자들을 동원해 생산을 회복·발전시킨다. 둘째, 노동자들을 교육해 실제 행동으로 인민민주 정권을 지원하도록 한다. 셋째, 노동자계급의 이익을 보호하고 노동자들의 생활을 개선한다. 넷째, 직공[2]에 대한 정치·문화·기술 교육을 강화한다. 다섯째, 노동조합 자체를 공고하게 건설한다(중화전국총공회 1999, 405~406).

노동자계급의 부문별 구성과 산업·지역별 분포를 보면 다음과 같다. 1949년 말 당시 전체 직공 809만 명 가운데 산업노동자는 약 300만 명으로 직공 전체의 37퍼센트를 차지했다. 산업노동자 가운데 129만 명은 정부 수립 후에 접수된 관료자본 기업에 소속되어 있었고, 164만 명은 민족자본이 경영하는 기업에 소속되어 있었다. 그 밖에 500만 명은 전국의 수백만 개 사영 상업이나 서비스 업종에 분포되어 있었다. 직공 809만 명 가운데 여성 직공은 61만 명이었다. 당시 전체 직공 가운데 문맹·반문맹이 60~80퍼센트를 차지했고, 탄광·광산·건축·운수 등의 업종에 종사하는 직공과 방직업종 여성노동자 가운데는 그 비중이 90퍼센트 이상이었다.

산업노동자들은 주로 방직·광산·탄광·철로·도로 보수·제련 등의 업종에 집중돼 있었다. 면방·제사·제분·권련·제지·제혁 등 경공업이 전체 공업의 74퍼센트를 차지했고, 대부분이 동남부 연해 일대의 도시에 집중되었다. 중공업 비중은 매우 낮았고, 채광과 제련 등 1차 가공업에 편중되어 있었다. 강철업의 80퍼센트는 랴오닝遼寧 성을 비롯한 몇 개 성의 도시에 집중되어 있는 상태였다. 톈진, 상하이, 광저우, 동북부 몇 개 도시에는 화공 원료, 일반 페인트 염료, 의약품 등을 생산하는 화공 산업이 분포하고 있었다.

신중국 수립 이후 노동조합운동은 노조 조직을 확대하고 정비하는 데

2_당과 정부기관, 문교·보건 계통의 지식인, 상당수 수공업 노동자와 점원을 제외한 노동자 또는 사업체 노동자를 말한다.

노력을 기울였다. 전국총공회는 산업별 체계를 기본으로 하고 산별노조 지방조직을 건설했는데, 대행정구, 성급 단위, 성 산하 시·현·기旗에 따라 각급 지방 노조 조직이 결성되었다. 1952년 당시 산업별노조와 주비위원회는 21개였고, 6개 대행정구에는 모두 52개의 각종 산업별노조가 조직되었다. 전국 조직노동자는 1,002만3천 명이었고, 기층 조직은 20만7천 개였다(중화전국총공회 1999, 407~408; 440).

이 시기 노동조합의 주요 사업과 활동을 살펴본다. 노동조합 조직이 결성된 뒤 맨 먼저 벌인 일은 정치 계몽 운동이었다. 정치 계몽운동은 신중국의 제1세대 노동자계급의 성장에 적지 않은 역할을 했고, 정치 교육을 통해 노동자계급의 이상과 자신들이 짊어지고 있는 역사적 사명을 깨닫게 됨으로써 노동자 스스로 무산계급의 세계관을 갖추게 되었다고 평가되었다(중화전국총공회 1999, 409).

다음으로 노동조합운동은 관료자본 기업을 접수·관리하는 과정에서 노동자·기술자·관리자로 하여금 일자리를 지키고 정상적인 생산을 뒷받침하도록 했다. 1949년 말까지 접수된 관료자본 기업은 전국적으로 모두 2,858개였고, 국민당의 중앙은행·중국은행·교통은행·중국농민은행 등 4개 은행과 중앙신탁국·우편저금송금국, 각 성과 지구에 분포된 2,400여 개의 지방은행, 독점적인 무역공사들도 접수되었다. 당은 관료자본 기업을 몰수·관리하고, 중국 내 제국주의자들의 특권과 제국주의 약탈 자산을 근절·접수해 이를 사회주의 성격의 국영 경제로 전환시켰다(중화전국총공회 1999, 411).

또 노동조합은 대중을 동원해 공업·광업 기업에 대한 민주개혁을 전개했다. 1950년 3월 당 중앙위원회와 정무원은 모든 기업과 국영기업 내부의 반혁명 세력을 정리하고 구舊중국 기업이 남긴 모든 억압적인 낡은 관리제도에 대해 민주개혁을 벌이도록 지시했다. 노동조합은 대중을 동원해 기업 내의 불합리하고 노동자들을 억압하는 제도나 규정을 개혁했고, 기업관리 위원회와 직공대표회의를 통해 기업 관리의 민주화를 추진했다. 이와 함께 노동조합은 1950년 한국전쟁 시기 '항미원조'抗美援朝와 반혁명 운동 진압, 농촌 토지개혁 투쟁 지원 등의 활동을 벌였다. 그리고 노동조합은 당 중앙 위원회의 방침에 따라 '3반反 운동'과 '5반反 운동'을 전개했다. 3반 운동이란 국가기업과 기업 단위나 일부 경제 부문 간부들 사이에 만연되어 있는 탐오 貪汚·낭비浪費·관료주의에 반대하는 운동이다. 5반 운동은 자본가들의 뇌물 공여, 탈세, 국가재산 절도, 노동력과 자재를 떼어먹는 일, 국가 경제 정보 절도에 반대하는 운동이다.

1950년 8월, 정무원은 '생산 관련 발명, 기술 개선, 합리화 건의의 장려 에 관한 결정'을 공포해 노동 경연의 전개를 촉진했고, 노동조합은 노동경 연에 적극 참여했다. 노동경연은 단순히 노동강도와 노동시간에 편중하던 방식에서 차츰 생산기술과 노동조직 개선, 관리 개선이라는 방식으로 발전 했다. 이와 병행해 노동조합은 노동조건 개선과 노동보험제도 확립을 위해 노력을 기울였다(중화전국총공회1999, 434~435).

1950년 6월 29일에는 '중화인민공화국 노동조합법'이 제정되었다. 노동 조합법은 모두 5장 26조로 구성되었는데, 인민민주독재 체제에서 노조 조 직의 지위와 기능을 규정했다. 노동조합법에 따르면, 노조는 국영 및 집체 기업에서 고용노동자와 직원 대중을 대표해 생산관리에 참여하고 행정 부 문과 단체협약을 체결할 권리를 가지며, 사영 기업에서는 자본 측과 교섭하 고 노사 협상 회의에 참가하며 자본 측과 단체협약을 체결할 권리를 갖는 다. 또 노동조합법은 노조가 노동자계급의 근본 이익을 보호하기 위해 노동 자와 직원 대중을 교육·조직하고, 인민정부의 법령을 수호하며 인민정부의 정책을 추진함으로써 노동자계급이 지도하는 인민정권을 공고화할 것을 규정했다. 그리고 노동조합법은 노동자들을 교육·조직해 새로운 노동 태도를 형성하고, 노동 기율을 준수하며, 생산 경연과 그 밖의 생산 운동을 전개함으로써 생산계획 완성을 뒷받침해야 한다고 했다(중화전국총공회 1999, 438).

이와 같이 중화인민공화국 수립 이후 노동자계급의 정치·사회·경제적 지위가 근본적으로 변화했고, 노동조합의 지위, 기능, 역할, 활동 방식, 업무 내용 등도 크게 바뀌었다. 이에 따라 노동조합운동이 국가의 이익, 집단의 이익, 개인의 이익 사이 관계를 잘 처리하지 못하고 대중으로부터 이탈하는 현상마저 나타났다. 이런 현상을 두고 마오쩌둥은 1951년 1월 당 정치국 확대회의에서 노동조합 사업에 관해 다음과 같이 지적했다.

노조가 대중으로부터 이탈하는 현상이 있다. 그러나 노조 일꾼들은 모두가 열심히 일하며, 다만 이들은 업무를 잘 알지 못하고 있을 뿐이다. 중앙위원회 제4차 전체회의는 노조 사업에 관해 논의하고 아울러 기업과 노조 사업을 중심으로 삼고 연구해야 할 것이다. 일부 기업에서는 당과 노조의 대중에 대한 관계가 정상적이지 않다. 대중으로부터 이탈 현상이 매우 많다. 당 전체가 이 문제에 주의해야 할 것이다(중화전국총공회 1999, 447).

노동조합운동의 이론·실천을 둘러싼 논쟁

이 시기에 몇 가지 노동조합에 관한 이론과 실천 문제에 관한 논쟁과 토론이 벌어졌다. 이러한 논쟁과 토론은 이후 신중국 노동조합운동 총노선을 규정하는 중요한 계기가 되었다.

논쟁의 발단은 1950년 7월 공산당 중남국 제3서기 덩즈후이鄧子恢의 '중남구 노조 사업에 관해'라는 보고서에서 비롯되었다. 그는 보고서에서 노조 사업이 대중으로부터 이탈하는 현상이 발생하는 이유는 노조 간부와 활동가들에게 명확한 계급 관점이 결여되어 있기 때문이라고 지적했다. 즉, 노조 간부와 활동가들이 노동자계급의 이익을 제때에 반영해 그것을 성실하게 대표하지 않으며, 업무 방식에 상당히 심각한 관료주의가 존재한다는 것이다. 그는 노동자계급의 이익을 대표하는 것이 노조 사업의 기본 과제라고 주장했다.

덩즈후이의 보고가 공개적으로 발표된 뒤, 먼저 둥베이 지역에서 논쟁이 일어났다. 공산당 둥베이 국의 제1서기 가오강은 덩즈후이 보고서가 사상적인 경계를 흐렸다고 주장했다. 1951년 4월 가오강은 '공영 공장에서 행정 부문과 노동조합의 자세가 일치함을 논함'이라는 글을 발표하고 덩즈후이의 주장을 신랄하게 비판했다. 가오강은 공영 공장에는 착취가 없고 계급 모순이 없으며, 행정 부문과 노동자들의 이익은 일치하고 행정 부문과 노조 사이에 의견 대립은 없다고 밝혔다(중화전국총공회 1999, 446~449).

중국 노동운동 지도자로 총공회 사업을 주관해 온 리리싼은 공산당 제7기 중앙위원회 제4차 전체회의를 위해 작성한 '신민주주의 시기 노동조합 사업의 몇 가지 문제에 관한 결의'의 초고와 마오쩌둥에게 보낸 '노조 사업에서 발생하는 논쟁의 원칙 문제와 이론 문제에 관한 의견'에서 노조의 기본 임무, 노조에 대한 당 지도, 노조 조직 건설 등의 쟁점에 대해 자신의 관점을 표명했다.

리리싼은 노조의 대중성을 강조하면서, 노조 사업에서 민주성과 대중성 원칙의 실행을 주장했다. 그는 노동자계급이 국가의 지도 계급으로 등장한 상황에서 생산 임무 완수, 노동자의 일상 이익 보호, 노동자 교육 실시, 조직 사업 강화를 노조의 4대 임무로 설정해야 한다고 강조했다. 또한 국영기업 노조는 생산 발전과 공공 이익, 개인 이익을 동시에 고려하는 정책을 관철함으로써 국가·기업·노동자 3자 사이 이해관계 문제를 올바르게 처리하고 노조와 경영자 사이의 관계를 원만히 만들어 가야 한다고 했다. 사영 기업의 경우, 노조 사업은 노동자와 자본가 양측의 이해관계를 고려하는 방침을 고수해 노자 관계를 잘 처리해야 한다고 주장했다. 노조와 당 관계에 대해서는 노조가 조직상 독립적이고 자주적으로 활동을 벌여야 하며, 노조에 대한 당의 지도는 노선·방침·정책에 대한 지도 이외에는 노조 조직 내부의 당원을 통해 당의 의도와 주장을 관철해야 한다고 지적했다(중화전국총공회 1999, 452~453).

리리싼의 이러한 주장에 대해 직접적인 비판이 제기되었다. 1951년 12월에 열린 총공회 당조 확대회의에서 리리싼의 업무상 오류와 결함이 제기되었다. 당조 확대회의에서 채택된 결의는 리리싼이 총공회를 주관해 지도했던 기간에 범한 오류를 다음과 같이 지적했다.

첫째, 리리싼이 노동자계급의 사회주의 기업에 대한 관계와 국민당 시기 자본주의 기업에 대한 관계를 혼동했다.

둘째, 리리싼은 노조와 노동자계급이 마땅히 당의 지도를 받아야 하는 문제에 관해 매우 부정확한 관념을 갖고 있었으며, 당의 노조에 대한 지도를 부정함으로써 리리싼은 매우 심각한 생디칼리즘(工團主義)의 오류를 범했다.

셋째, 리리싼의 지도 방법은 주관주의·형식주의·사무주의적이었으며 심지어 가부장적이었다(중화전국총공회 1999, 455).

이와 같은 리리싼 비판 결의에 대해 오늘날의 중화전국총공회는 "리리싼에 대한 비판은 사실적인 근거를 결여했고 실사구시적이지 않았다"면서 "총공회의 지도 사업에 씌운 경제주의와 생디칼리즘이라는 두 개의 모자는 유령과도 같이 오랫동안 많은 노조 일꾼들의 머리를 맴돌면서 이들의 사상을 가두고 개척 정신을 속박하는 질곡이 되었다"고 규정한다(중화전국총공회 1999, 456~457).

1953년 이후 국내외 정세가 빠르게 변화하면서 노동조합운동에 대한 논의도 새로운 단계로 접어들었다. 1953년부터 국민경제 제1차 5개년 계획이 실시되어 계획되었던 주요 지표가 1956년에 앞당겨 달성되었다. 국제적으로는 냉전체제가 심화되면서 자본주의국가들의 반공 이데올로기 공세가 강화되고, 사회주의 블록에서는 소련공산당 제20차 대회에서 사회주의 건설 과정에서 발생한 오류와 스탈린 개인숭배에 대한 비판이 거세게 일어났다.

이러한 정세 속에서 1956년 9월 중국공산당 제8차 전국대표대회가 열렸다. 대회는 결의를 통해 국내의 주요 문제는 선진적 사회주의 제도와 낙후된 사회생산력 사이의 모순으로 인해 발생하는 것이라고 규정했다. 이에 따라 당과 인민에게는 하루 빨리 자국을 낙후된 공업국에서 선진적 공업국으로 변화시키는 일이 당면 임무로 주어졌다.

대회에서 류샤오치는 '정치 보고'를 하면서 노조 사업과 관련해 다음과 같이 주장했다.

현재 우리나라 노조 조직은 이미 1,200만 명의 노조원을 가지고 있으며, 국가 건설에 중요한 역할을 발휘하고 있다. 당은 노조 사업에 대한 지도를 강화해야 하며, 노조를 통해 노동자계급을 조직하고 의식이 있으며 문화와 기술을 갖춘 계급으로 양성해야 한다. …… 사회주의 건설 사업에서 노조 조직은 한편으로는 설득과 교육의 방법으로 노동자 대중을 끌어들이고, 사회주의 노동 경연과 선진 생산자 운동을 통해 노동생산성의 향상을 위해서 끊임없이 투쟁해야 한다. 다른 한편으로 노조 조직은 대중의 생활에 세심하게 관심을 갖고 대중의 감독 기능을 발휘하게 하며, 모든 기업에서 법과 기율 위반, 그리고 대중 이익을 침해하고 대중 생활에 무관심한 관료주의 현상에 대해서 용감히 투쟁해야 한다(중화전국총공회 1999, 498).

노조는 제1차 5개년 계획 기간에 노동 경연 운동과 선진 생산자 운동을 추진했고, 노동 관련 법안 및 정책을 제정·수립하는 데 참여했다. 이런 가운데서도 노조 이론과 실천 문제에 대한 논의는 계속되었다. 총공회 지도자 라이뤄위賴若愚는 1954년에 발표한 '어떻게 대중에게 대응할 것인가?'라는 글에서 노조가 대중의 의지, 상황, 의식 정도에 바탕을 두고 대중을 교육하고 설득하는 것이 아니라 당의 정책과 주장에만 주의를 기울이고 그것을 수용하도록 대중에게 강요하고 있다고 주장했다. 라이뤄위는 노조 조직이 반드시 대중의 요구에 관심을 가지고 이를 만족시켜야 하며, 그렇게 함으로써 대중의 무한한 믿음을 획득할 수 있다고 했다.

1955년 9월 라이뤄위는 당 중앙위원회 지시를 바탕으로 '노조 사업에 대한 당의 지도를 강화하자'는 글을 주관해 작성했다. 라이뤄위는 여기서 노조에 대한 당 지도를 특히 강조했다.

당은 반드시 노조에 대한 지도를 강화하고 노조의 조직 기능을 충분히 발휘하게 해야 한다. 그럼으로써 당은 노동자계급으로 하여금 더욱 조직화되고, 의식을 갖추며 교양이 있는 계급이 되게 하고 더욱 자신의 주위에 긴밀하게 단결하게 할 수 있다. 당은 반드시 노조 조직을 이용해 일상적으로 직공 대중의 생활, 사상, 정서, 그리고 요구를 이해하며 대중의 물질·문화 생활에 큰 관심을 가져야 한다. …… 당의 지도와 대중의 지지는 노조의 모든 사업이 성공을 거두기 위한 가장 본질적인 조건이다. 노조의 가장 기본적인 기능은 당과 국가의 정책을 대중 가운데 관철하는 것이며, 당과 국가의 정책을 대중의 요구와 의지에 결합시키는 것이다(중화전국총공회 1999, 510).

라이뤄위는 직공 대중의 물질 이익과 민주권리 보호를 노동조합 조직의 고유한 임무로 분명하게 제시했다. 그는 또 노동조합의 고유한 역할이 대중과의 연계 및 생산에 대한 대중의 적극성 유도와 밀접한 관계가 있다는 점과 노동조합의 고유한 역할을 더욱 잘해 내기 위해서는 반드시 법률로써 노동조합에 일정한 권리가 부여되어야 한다는 점 등의 문제를 제기했다. 라이뤄위의 문제제기는 노동조합의 역할에 대한 기존의 인식을 깨뜨렸다. 라이뤄위가 제기한 정확하고 가치 있는 여러 가지 이론과 견해는 노동조합 이론의 건설과 노동조합의 실천에 적극적인 기여를 했다고 평가되었다(중화전국총공회 1999, 513).

2. 인도

헌법 제정과 총선거 실시

1947년 8월 15일, 인도는 200년 동안에 걸친 오랜 식민지 지배의 사슬을 끊고 드디어 자치령으로서 정치적 독립을 이룩했다. 파키스탄은 인도를 사이에 두고 동·서 양쪽의 두 지역으로 구성되는 국가로서 인도보다 하루 이른 8월 14일 독립을 선포했다. 인도와 파키스탄은 영연방 내의 자치령으로서 지위를 확보했지만, 인도 자체가 단일 연방 국가를 목표로 제헌의회의 기능을 살리게 되었다는 점에서는 영연방 내의 다른 자치령과는 달랐다.

이와 동시에 인도와 파키스탄의 독립은 인도 측 부르주아지와 지주계급과, 파키스탄 귀속을 요구하는 부르주아지와 지주계급 사이의 영토 분할을 바탕으로 한 것이었다. 이 영토 분할은 정치·경제적 통일체의 인위적 분할을 의미했다(中村平治 1993, 181). 자와할랄 네루는 독립 경축사에서 "오늘 우리는 자유와 주권을 가진 국민이 되었고, 스스로 과거의 족쇄를 제거했습니다. 이제 분명한 애정의 눈으로 세상을 보고 신뢰와 자신감을 가지고 미래를 내다봅시다"라고 선언했다(이옥순 2007, 270).

독립과 더불어 네루를 수상으로 하는 인도국민회의 내각이 출범해 행정권을 장악했다. 제헌의회가 입법권을 새롭게 행사하게 되었다. 사법권은 1949년 가을까지 영국 추밀원이 갖고 있었으나, 1950년 1월 인도 헌법 시행과 더불어 발족한 최고재판소가 이를 인계 받았다(中村平治 1993, 178~179).

이런 가운데, 1948년 1월 30일 간디는 나투람 고드세가 쏜 총탄에 맞아 숨졌다. 고드세는 마하라슈트라 지방 출신의 저널리스트로서, 1925년에 설립된 민족의용단RSS 구성원이었다. 고드세는 간디가 힌두와 무슬림의 통일·단결을 강조한 데 대해 불만을 품은 반국민회의파의 프티부르주아지였다. 그는 무슬림이야말로 인도의 분할을 가져온 장본인이며 모든 혼란의 근원이라고 생각했다.

간디의 죽음은 네루의 표현대로 인도 국민의 생명으로부터 빛이 사라지게 만들었고 도처에 암흑만을 깃들게 했으며, 간디에 대한 애도 분위기가 전국을 뒤덮었다.

독립 이후 제헌의회는 인도의 통치와 헌법 제정이라는 두 가지 중대 임무를 수행해야 했다. 1947년 8월 제헌의회는 헌법기초위원회를 선출했고, 위원장에는 불가촉천민 출신 빔라오 람지 암베드카르가 임명되었다. 1949

년 11월 26일 제헌의회는 헌법의 최종 초안을 채택했고, 2개월 뒤인 1950년 1월 26일 헌법이 공포되었다. 기존 헌법인 1935년의 인도통치법을 새로운 헌법으로 개편하는 데는 3년이란 세월이 걸렸다. 새로운 헌법이 지향하는 목표는 사회·경제·정치적 정의, 사상 표현과 신앙의 자유, 신분과 기회의 평등, 개인과 국민의 권위를 증진시키는 것이라고 명시했다. 인도 독립 헌법은 독일 바이마르공화국 헌법을 모델로 삼은 것으로 알려져 있다. 새로운 헌법은 의회민주주의 체제의 연방국가를 지향했으나 중앙정부의 힘이 막강해 국방, 외교, 화폐, 철도 등을 정부 단독으로 통제할 수 있게 되었다. 인도 헌법은 선거를 통해 지사를 뽑는 것이 아니라 중앙정부가 지방행정 장관을 임명하는 방식을 선택해 민주주의적인 절차와 과정을 무시했다.

명목상의 국가수반인 대통령에게는 비상 대권이 부여되었다. 영국 지배 체제에서 인도국민회의 대표들이 강력하게 반대했던 중앙 집중 통제 체제가 '대통령 지배'라는 이름으로 되살아났다. 대통령은 안보상의 이유를 들어 최고 6개월까지 헌법 질서를 완전히 중단시킬 수 있었으며, 이 비상 대권은 그 후 지방정부의 기능을 정지시키고 중앙의 직접 지배권을 확대하는 방편으로 사용되었다. 1950년 인도공화국 수립과 더불어 초대 대통령에는 라젠드라 프라사드가, 부통령에는 사르베팔리 라다크리슈난이, 초대 수상에는 네루가 취임했다(정병조 2005, 394~395).

1951년 10월부터 1952년 2월 사이에 실시된 연방의회 하원의 첫 번째 총선거에서 인도국민회의는 비록 총투표의 42퍼센트만 획득했지만 하원 의석 총 489석 가운데 362석을 차지해 다수당이 되었다. 공산당을 중심으로 한 '민주통일전선'은 연방의회에서 37석을 확보했다. 연방의회는 대통령이 임명하는 의원, 각 주의회에서 선출된 의원으로 구성되는 상원, 유권자 50만~75만 명당 한 사람씩 선출되는 하원으로 이루어진다. 상·하 양원과 각 주의 의원으로 구성되는 선거인단이 국가원수인 대통령을 선출한다. 대통령은 하원의 다수당 지도자를 수상으로 임명하며, 수상이 정치 실권을 행사한다. 초대 수상 네루는 인도 독립 직후부터 1964년까지 18년 동안 인도를 통치했다.

5개년 계획 추진과 네루 외교

네루 정권은 1951년부터 세 차례에 걸쳐 5개년 계획을 실시했다. 제1차 5개년 계획의 전략 목표는 토지개혁과 공업화였다.

독립한 인도에는 식민지 시대로부터 유지되어 온 유산인 강고한 지주제가 존속되고 있었다. 토지개혁은 1951년부터 1954년까지 각 주 정부 사업으로 전국에 걸쳐 실시되었다. 이 개혁의 중심 내용은 부재지주 폐지, 최고 토지 보유 면적 설정, 소작료 인하였다. 개혁의 실시로 불경작 지주 층은 큰 타격을 받게 되었고, 소작농 24만 명 이상이 토지소유권을 갖게 되었다. 그러나 토지개혁은 아주 불철저하게 이루어졌다. 어떤 주에서는 주 의회와 주 정부가 부르주아지나 봉건지주 세력과 결합해 토지개혁을 기피하거나 중도 반단中途半斷으로 끝냈다. 혹은 개혁 후에 도리어 토지 집중화가 진행되거나 토지 수탈이 더욱 심해지기도 했다(岡倉古志郎 외 1967, 80~81).

5개년 계획의 주요 목표인 공업화 전략은 세 가지 내용으로 요약될 수 있다. 첫 번째는 중공업화 추진이다. 이것은 자립적인 국민경제를 건설하기 위해서는 생산재 산업(중공업)을 키우는 일이 결정적으로 중요하다는 인식에 따른 것이다. 두 번째는 공기업 우선의 혼합경제를 추구하는 것으로, 기간산업은 모두 공기업이 지도권을 갖는다. 세 번째는 수입대체 공업화로, 가능한 한 수입을 줄이고 선진 자본주의국가로부터의 직접투자를 최소화하려는 것이다(奧保喜 2009, 317).

독립 이후 인도의 공업 발전상은 실로 괄목할 만한 것이었다. 1950년의 공업생산 지수를 100으로 잡았을 때 1960년에는 200, 1964년에는 280에 이르렀다. 특히 공공투자 부문에서 우선순위에 두었던 중공업은 큰 발전을 이룩했다. 제철 공업 생산량은 1956년의 400만 톤에서 1961년에는 1,100만 톤으로 증가하고 1966년에는 2,500만 톤에 이르렀다. 석탄 생산량은 1956년의 3,800만 톤에서 1961년에는 5,400만 톤으로 증가했고, 1966년에는 7,400만 톤이 되었다. 강철 생산량은 제2차 세계대전 기간에 겨우 100만 톤이었으나 1961년에는 300만 톤으로 증가했고, 1966년에는 700만 톤으로 크게 늘어났다. 전력 생산도 시간당 430억 킬로와트를 생산하게 됨으로써 1961년 이후 5년 만에 2배 이상의 발전 능력을 갖추게 되었다. 그러나 그 이후 인도 경제는 침체를 겪게 된다(정병조 2005, 397~398).

한편 이른바 '네루 외교'로 표현되는 인도의 외교정책은 한마디로 비동맹·평화 외교였다. 비동맹 정책은 몇 가지 주요 목표를 추구했다. 첫째는 국가의 완전한 독립이었다. 이는 인도가 자국의 이익과 정책을 결정할 수 있는 자유를 지녔음을 모든 국가가 인정하도록 하는 것이다. 둘째는 국제관계에서 뚜렷한 대의를 세우는 일이다. 비동맹 노선이 여러 나라의 인정을 획득하게 되면, 식민주의나 인종주의는 허물어지고 아시아 부흥은 물론 인도 근대화도 이룩될 수 있다는 논거이다. 셋째는 '제3세계'의 존립과 확대이다. 이것은 세계 평화를 위해 중재를 제공하고, 충돌하는 세력들 사이에서 일종의 완충국 역할을 하겠다는 의미였다. 이러한 목표는 어느 정도 달성되었다.

그러나 인도의 비동맹 정책은 국경을 맞대고 있는 파키스탄·중국과의 관계에서는 무력했다. 먼저 인도와 파키스탄 사이에는 카슈미르 귀속을 둘러싸고 대립이 일어났고, 평화적으로 해결하는 데 실패하여 1948년 제1차 인도-파키스탄 전쟁이 발생했다. 전쟁에는 국제연합군이 개입해 국제연합 조정위원회가 권고한 정전停戰 안에 따라 카슈미르의 3분의 1일이 파키스탄으로, 3분 2가 인도로 귀속되었다. 요컨대 인도는 카슈미르 귀속 문제를 자력으로 평화적인 방법에 따라 해결하지는 못한 것이다.

인도와 중국(중화인민공화국) 사이에도 국경 분쟁이 일어났는데, 1951년 중국이 티베트를 지배하자 중국과 인도 사이에 긴장이 조성되었다. 이 사태에 대응해 1954년 중국의 저우언라이와 인도의 네루가 회담을 벌여 '티베트와 인도의 통상과 교통에 관한 협정'을 체결했다. 이 협정에는 이른바 평화공존 5개 원칙이 포함되었는데, ① 주권과 영토 보전의 상호 존중, ② 상호 불가침, ③ 상대국의 내정 불간섭, ④ 평등과 호혜 이익, ⑤ 평화공존이 그것이다. 협정에 따라 인도와 중국 사이의 긴장은 일시적으로 완화되었으나, 그 뒤로도 분쟁은 계속 일어났다.

새로운 단계에 들어선 노동운동

인도가 독립을 선포한 이후 사회·정치적인 큰 변화가 진행되는 가운데 인도 노동운동도 새로운 단계에 들어섰다. 이 시기 노동운동은 조직에서나 역량에서나 투쟁에서나 큰 성장을 이룩했다. 그러나 노동운동은 두 가지 중대 문제에 직면했다. 노동운동 내부의 분열 문제와 새로운 역할과 목표 설정 문제였다.

먼저 조직 상황부터 살펴본다. 1954년 당시까지는 5개의 노동조합 전국 중앙 조직이 결성되어 있었다. 1920년에 결성되어 인도 공산당과 연계를 맺고 노동운동을 주도해 온 전인도노동조합회의AITUC를 비롯해 1939년 인도국민회의에서 분리된 그룹이 창당한 좌익민족주의 성향 정당과 연계된 노동조합통합회의TUCC, 1947년 인도국민회의 주도로 설립된 인도전국노동조합회의, 1948년에 조직됐으며 사회당과 연계된 전국노동조합센터HMS, 1949년 결성되어 통합사회당과 연계된 통일노동조합회의UTUC였다. 조직 현황을 보면, 전인도노동조합회의 75만8,314명, 인도전국노동조합회의가 154만8,568명, 전국노동조합센터가 80만4,337명, 통일노동조합회의가 38만4,962명이었다(www.jstor.org/discover/10.2307).

1955년 결성되어 인도국민당과 연계된 인도노동자단체BMS, 지역 정당들과 연계된 지역 노조 연합 조직들도 존재했다. 이와 같이 인도 노동조합 운동은 정치 노선에 따라 분열되어 있었고 조직 체계도 기업 단위로 구성되었다(Sharma 1982, 203).

이들 전국 중앙 조직의 이념이나 전략 목표는 무척 다양하고 상이하다. 전인도노동조합회의는 ① 사회주의국가 건설, ② 생산수단의 사회화와 국유화, ③ 노동자계급의 경제·사회적 조건 개선, ④ 고용에 관련되는 모든 사항에서 노동자의 이해, 권리, 기본 인권의 감시·촉진·수호를 규약상 목표로 설정했다. 인도전국노동조합회의는 '현존 사회 질서의 점진적인 개혁'을 기본 목표로 제시하면서 '모든 형태의 불평등 제거'를 강조한다. 전국노동조합센터는 '민주적이고 사회주의적인 사회 건설 추진'을 기본 목표로 내세웠다. 전국노동조합센터가 설정한 사회주의사회는 마르크스주의적 사회주의와는 다르다. 통일노동조합회의는 ① 사회주의사회 건설, ② 노동자·농민국가 건설, ③ 생산수단의 국유화와 사회화를 기본 목표로 설정했다. 이처럼 전국 중앙 조직들은 기본 목표 외에도 계급투쟁이나 파업, 그 밖의 투쟁 방침에서도 서로 다른 내용을 드러냈다(Sharma 1982, 221~222).

이 시기(1947~1956년) 노동조합 조직 실태는 〈표 21-7〉에서 보는 바와

표 21-7 | 노동조합 조직 실태(1947~1956년)

연도	노동자 수	등록 노조 수	결산보고서 제출 노조 수	결산보고서 제출 노조 조합원 수
1947~48		2,766	1,620	1,662,000
1948~49		3,159	1,848	1,960,000
1949~50		3,522	1,919	1,809,000
1950~51		3,760	2,002	1,757,000
1951~52	139,420,000*	4,623	2,556	1,996,000
1952~53		4,934	2,718	2,099,000
1953~54		6,029	3,295	2,113,000
1954~55		6,658	3,545	2,170,000
1955~56		8,095	4,007	2,275,000

자료: Debashish Bhattacherjee 1999, 43.

주: * 노동자 수는 1951년 수치임(*Indian Labour Book* 1993).

같다.

1947~1948년의 등록된 노동조합 수는 2,766개에서 1955~1956년의 8,095개로 크게 증가했으며, 그 가운데 연례 결산 보고서를 당국에 제출한 노동조합 수는 1,620개에서 4,007개로 늘어났으나 그 비율은 58.6퍼센트에서 49.5퍼센트로 줄어들었다. 결산 보고서를 제출한 노조 조합원은 1947~1948년의 166만2천 명에서 1955~1956년의 227만5천 명으로 늘어났으며, 노조당 평균 조합원 수는 1,026명에서 568명으로 줄어들었다. 1951년 당시 전체 노동자 수가 1억3,942만 명이고, 광산업과 제조업 종사 노동자 수가 1,300만2백 명인 데 비하면 조직률은 극히 저조한 편이었다.

다음으로 파업 발생 추이를 통해 노동자투쟁 양상을 살펴본다.

1948~1955년 사이 총파업 건수는 7,805건으로서 연평균 976건이었다. 파업 참가자 수는 같은 기간에 연평균 67만9,616명으로 나타났으며, 파업에 따른 노동손실일수는 연평균 585만6,680일을 기록했다. 이 기간 파업 건수와 파업 참가자 수는 독립 선언 다음 해인 1948년에 가장 많았으며, 파업에 따른 노동손실일수는 인도공화국 수립 연도인 1950년에 가장 많았다.

표 21-8 | 1948~1954년 인도의 파업 발생 추이

연도	파업 건수	파업 참가자 수	노동손실일수
1948	1,259	1,059,120	7,837,173
1949	920	685,857	6,600,595
1950	814	719,883	12,806,704
1951	1,071	691,321	3,818,928
1952	963	809,242	3,336,961
1953	772	466,607	3,382,608
1954	840	477,138	3,372,630
1955	1,166	527,767	5,697,848

자료: ILO 1957, *Yearbook of Statistics*.

인도 노동쟁의조정법(1947년 법)에 따르면, 정부가 노동쟁의에 개입해 조정할 수 있는 모든 권한을 갖고 있으며 노동법원의 중재 회부도 정부의 결정에 따르도록 되어 있다(백좌홈 2009, 197).

1950년과 1955년에 일어난 파업 가운데 대표적인 두 가지 사례를 살펴본다. 첫 번째 사례는 봄베이 면직물 파업이다. 1950년 여름에 일어난 이 파업은 보너스 액수를 둘러싸고 비롯된 것으로, 전국노동조합센터가 주도하는 섬유의류노동조합이 주축이 되었다. 그러나 파업의 실제 목적은 전국노동조합센터가 인도전국노동조합회의 노조에 대응할 수 있도록 법적인 배타적 교섭권을 확보하려는 것이었다. 그것은 봄베이 노사관계법상 법적인 배타적 교섭권 확보를 의미했다. 파업은 63일 동안 지속되었고, 인도 노동운동과 관련해 몇 가지 중요한 사실을 드러내 주었다. 첫째, 파업은 노조 경쟁의 성격이 어떠한가를 드러내 보여 주었다. 둘째, 파업은 봄베이 노사관계법의 결함을 입증했다. 셋째, 파업은 현장 노동자의 불만이 격렬하게 표출된 결과였다. 넷째, 파업은 피케팅에 관한 법적 제재를 명확히 보여 주었다. 봄베이 파업은 엄청난 희생을 치르고 끝났는데, 노동자 12명이 죽고(부상자는 200여 명), 6천만 일의 노동손실일수를 기록했다(Sharma 1982, 125).

1955년 사례는 칸푸르 섬유 파업으로, 칸푸르 섬유 노동자들이 1955년 5월 2일부터 섬유 공장 합리화를 둘러싸고 일으킨 총파업을 말한다. 칸푸르 섬유노동조합은 상급 단체나 정당 가입 여부와 관계없이 3개월 동안에 걸쳐 합리화 반대 투쟁에 참가했다. 특히 인도전국노동조합회의와 전국노동조합센터는 1951년에 합리화 투쟁에 대한 '델리 협정'을 체결한 바 있었다.

칸푸르 섬유 노동자 총파업은 다음과 같은 의의를 갖는다. 첫째, 칸푸르 파업은 합리화 문제를 제기한 산업 차원의 투쟁이었다. 둘째, 합리화 문제는 정치 노선에 관계없이 모든 노동조합의 단결을 이끌어냈다. 셋째, 파업은 배타적 대표권을 단일 연맹에만 부여한 주 정부 정책의 허점을 명백히 보여 주었다. 넷째, 칸푸르 파업은 섬유 노동자와 주 정부 사이의 교섭 관행을 바꾸었다. 다섯째, 파업은 1957년에 열린 제15회 인도노동회의ILC[3]에서 합리화 문제에 대응하는 정부와 기업주들의 태도를 바꾸는 데 기여했다 (Sharma 1982, 132~133).

3. 베트남

미국의 전쟁 개입

1949년 10월 중화인민공화국이 수립되면서 인도차이나전쟁은 중대 국면을 맞이했다. 미국은 지금까지의 소극적인 자세에서 전환해 프랑스군을 적

---

[3]_중앙정부, 노동조합 대표, 사용자 대표 사이의 3자 기구이다.

극 지원하기로 방침을 정했으며, 호찌민 정부군은 중국의 후원을 받아 총공세를 펴기 시작했다. 정규 부대를 퇴각과 공격의 모든 상황에서 유리한 지점으로 집중시키고, 거기서부터 고립된 적의 진지를 포위·공격하고 섬멸한다는 이른바 제2단계, 즉 균형 전략 단계에 들어간 것이다.

1950년 1월 18일 중국은 베트남 민주공화국을 세계 최초로 공식 승인하고 군사원조에 합의했다. 같은 해 1월 30일에는 소련도 베트남 민주공화국을 공식 인정하고 정식 외교 관계를 맺었다. 이에 대응해 2월 7일 미국 트루먼 정부는 지체 없이 바오 다이 베트남 정부를 공식 승인했다. 더 나아가 미국은 '도미노 이론'에 근거해 인도차이나의 공산화가 동남아시아의 공산화를 의미하는 것으로 규정해 이를 저지하기 위해 적극적인 자세를 취했다. 더욱이 1950년 6월에 발발한 한국전쟁은 미국의 경각심을 촉발시켰다.

1950년 6월 30일, 미국 공군 소속 C-47 화물 수송기 8대가 군수물자를 싣고 태평양을 건너 사이공 공항에 처음으로 도착했다. 곧이어 군사원조 고문단이 꾸려졌다. 1950년 1억 달러이던 대인도차이나 군사원조액은 1952년에는 3억 달러로, 1954년에는 13억 달러로 크게 불어났다. 1950년부터 1954년까지 미국 군사원조 총액은 약 28억 달러로 전쟁 비용의 60퍼센트를 차지했다. 당시 전쟁은 프랑스가 관장하고 있었기 때문에 원조는 거의 프랑스군을 통해 바오 다이 정부에 전달되었다. 미국의 원조는 더욱 구체화되어 상호방위원조협정Mutual Defense Assistance[4] 체결로 이어졌다(유인선

4_이 협정은 전문과 5개조로 되어 있고, 세칙은 3국(베트남, 캄보디아, 라오스)과 각각 교환된 공문에 명시되어 있다. 이 공문들은 미국-베트남 사이에서는 1951년 12월 18일과 1952년 1월 3, 16, 19일에, 미국-캄보디아 사이에서는 1951년 12월 18, 28일에, 미국-라오스 사이에서는 1951년 12월 18, 31일에 교환되었다. 이 협정에서는 미국과 프랑스 사이의 군사 관계를 나타내는 부분이 중요한데, 예컨대 캄보디아·프랑스·라오스·베트남 정부는 인도차이나에서 사용하기 위해 미국이 제공한 설비·자재의 수취와 유지를

2002, 378).

한편 1950년 1월 베트남 민주공화국 정부군은 프랑스군을 상대로 총공세를 폈다. 1월 총공세에서 총사령관 보응우옌잡이 지휘하는 정부군은 프랑스가 지배하고 있던 홍강 델타 방위선 안까지 깊숙이 침투했다.

9월 들어 베트남 인민의 저항 전쟁은 전쟁의 제3단계에 해당하는 '총반격'에 돌입했다. 베트남 인민군은 '국경 작전'에서 중국·베트남 국경지대를 해방하고 '호아빈 작전'(1951년 말~1952년 초)을 계기로 북부로 진격해 1952년 4월에는 라오스 국경지대를 장악했다. 뒤이어 1953년 가을에는 새로 부임한 프랑스군 사령관 앙리 나바르 장군이 미 국무성Pentagon 구상인 '나바르 계획'[5]에 따라 25만 명의 프랑스군과 32만 명의 바오 다이 베트남 군대를 전선에 배치해 18개월에 걸쳐 전국을 평정했다. 그리하여 1954년 초에는 베트남 인민군은 홍강 델타 지대와 디엔비엔푸를 제외한 북부 베트남, 중·남부의 광대한 지역을 해방했다. 이에 따라 최후의 결정적인 전장이 된 것이 디엔비엔푸였다(岡倉古志郎 외 1967, 하권, 70).

1954년 3월 13일, 보응우옌잡이 지휘하는 베트남 인민군은 디엔비엔푸의 프랑스 진지를 공격하기 시작했다. 프랑스군은 공중 폭격으로 맞섰으나 응우옌군의 진지는 위장이 잘 되어 있었기 때문에 찾아내기 어려웠고, 병력과 화기도 프랑스군이 예상했던 것보다 훨씬 강해 보응우옌잡의 공격을 저지하기 어려웠다. 2~3일 만에 프랑스군의 주요 진지가 함락되고 비행장도

위해 협력한다는 조항, 미국으로부터 원조를 제공받은 각국 정부는 미국 정부 승인을 받은 것 이외의 설비·자재 또는 인력 모두에 대한 권리를 유보한다는 조항, 미국이 제공한 원조는 주로 인도차이나의 프랑스 연합군에 배분된다는 조항 등이다(眞保潤一郎 1986, 130).

5_1953년 이후 베트남 인민군의 공격을 받고 프랑스 원정군 사령관 나바르 장군이 취했던 전술로서, 거점 주변을 무인지대로 만들어 방어하기 쉽게 하는 전술이다.

폭격을 받아 사용할 수 없게 되었다.

프랑스 정부는 미국의 지원을 얻어 긴급한 사태를 해결하고자 했으나, 미국은 영국 불참을 구실 삼아 프랑스의 제의를 받아들이지 않았다. 미국이 프랑스 참전 요청을 검토하는 동안 보응우옌잡은 디엔비엔푸 포위망을 좁혀 들어갔다. 이에 대항해 프랑스군은 진지를 최후까지 지켜내려 버텼고, 결국 치열한 전투가 벌어졌다. 그런 가운데 5월 7일 프랑스군의 항복으로 2개월 동안 계속되었던 디엔비엔푸 전투는 끝났다. 그러나 전쟁은 3개월 더 지속되었다. 프랑스군은 포위된 상태에서 1,600명이 전사하고 4,800명이 부상당했으며, 1,600명이 실종되었다. 포로가 된 프랑스군 8천 명은 포로수용소에 수용되었지만, 나중에 귀환한 사람은 그 절반에도 미치지 못했다. 베트남군(응우옌 군대)도 큰 피해를 입긴 마찬가지였다. 전사자가 7,900명이었고 부상자는 1만5천 명에 이르렀다(유인선 2002, 383~384).

제네바협정과 남북 분단

디엔비엔푸가 함락된 바로 다음 날인 5월 8일, 인도차이나 문제에 관한 제네바 회의[6]가 시작되었다. 제네바 회의는 많은 우여곡절 끝에 7월 20일(시계를 세워 놓았기 때문에 실제로는 21일 새벽) 마침내 종결되었다. 제네바협정의 주요 내용은 다음과 같다. ① 북위 17도선을 경계로 300일 이내에 베트

6_1954년 1월 베를린에서 영국의 앤서니 이든, 소련의 뱌체슬라프 몰로토프, 프랑스의 조르주 비도, 미국의 존 덜레스 등 4개국 외무 장관 회의가 열렸다. 이 회의는 2월 18일 발표한 공동선언문을 통해 한반도 문제를 해결하기 위해 4월 26일 제네바에서 회의를 개최할 것이며, 다른 몇몇 국가들을 참여시킨 가운데 인도차이나 문제를 논의하기로 했다는 사실을 밝혔다. 5월 8일 열린 회의에는 미국을 비롯한 5대 강국과 바오 다이 정부, 캄보디아, 라오스, 베트남 민주공화국 등 9개국 대표가 참석했다.

남민주공화국 정부군은 그 이북으로, 그리고 프랑스군은 그 이남으로 이동한다. ② 민간인도 자유의사에 따라 17도선 이남과 이북으로 거주 이전을 할 수 있다. ③ 군사경계선은 잠정적일 뿐이며, 정치적 통일 문제는 1956년 7월 이진에 총선거를 실시해 결정한다. ④ 이후 일체의 외국 군대는 증원될 수 없으며, 프랑스군은 총선거 때까지 주둔할 수 있다. ⑤ 캐나다·폴란드·인도 3개국으로 구성되는 국제감시위원회를 두어 협정 이행을 감시한다. 제네바협정은 인도차이나 3국의 주권, 독립, 영토 통일, 보전을 위한 큰 원칙이었다. 그러나 이 원칙은 현실에서 충실하게 이행되지는 못했다(유인선 2002, 387).

미국은 베트남 영토의 절반이 베트남민주공화국 지배 영역으로 설정된 데 불만을 나타내면서, 협정에 서명하지 않은 채 무력 개입만은 하지 않겠다는 성명을 발표했다. 바오 다이 정부도 휴전 조약에 반대하면서 서명을 거부했다.

제네바협정 체결로 제1차 인도차이나전쟁은 끝났지만, 전쟁 기간에 입은 베트남과 프랑스 군대 피해는 막대했다. 프랑스와 프랑스 연방 군대는 17만2천 명의 사상자를 냈으며, 베트남민주공화국 군대의 피해는 프랑스 측 사상자의 약 3배에 이르렀고 베트남 민간인 사망자도 15만 명에 이르는 것으로 발표되었다(Trucker 1999, 78; 유인선 2002, 388에서 재인용).

제네바협정에 따라 북위 17도 선을 '잠정적 군사경계선'으로 설정해 1954년 10월 베트남 인민군과 프랑스 연합군은 각각 북과 남으로 철수했다. 제네바협정에 따르면, 2년 후인 1956년 7월에 국제위원회의 감시 아래 남북통일을 위한 총선거를 실시해 베트남의 통일을 이룩하도록 되어 있었다. 이 협정 이후 양측은 군대와 군사요원 도입, 무기·탄약 증강, 군사기지 설치, 군사동맹 가입 등을 금지당했다.

이러한 상황에서 분단된 남·북 베트남은 각기 독자적인 정치체제와 정책을 펼치게 되었다. 먼저 북쪽의 베트남민주공화국부터 살펴본다.

제네바협정 체결에 따라 인도차이나에 평화가 회복되면서 베트남민주공화국은 통일, 독립, 민주주의를 실현하기 위해 모든 노력을 기울이지 않으면 안 되었다. 무엇보다 먼저 9년에 걸친 전쟁으로 폐허화된 국토를 재건하고 부흥하는 일이 최우선이었다. 전쟁 기간에 노동력 부족으로 14만 헥타르의 토지가 경작되지 못했고, 홍강 델타에 그물코처럼 널려 있는 관개용 수로灌漑用水路도 파괴된 채로 있었다. 소를 비롯한 가축 14만 두가 죽었다. 게다가 프랑스군은 철수할 때 수천 톤에 이르는 기계, 공구, 공공 재산을 떼어 내거나 파괴했다(坂本德松 1971, 182).

베트남 민주공화국은 '경제 부흥과 토지개혁 완수 3개년 계획(1955~1957년)'을 수립했다. 경제 부흥 목표는 전쟁 이전 최고조에 이르렀던 1939년 수준으로 설정했다. 토지개혁은 1953년 이후 일부 해방구에서 실시되었던 것인데, 이것이 북베트남 전체로 확대 실시되었다. 토지개혁은 농업 발전의 기초이자 공업화를 위한 불가결의 요건이었다.

북베트남에서는 1956년 여름까지 북부 평야 지대를 비롯해 중부와 일부 산악 지대에서 토지개혁이 마무리되었다. 지주가 점유하고 있던 81만 헥타르의 토지를 210만4,100호의 토지 없는 농민과 소규모 토지를 소유한 근로 농민에게 분배했다. 그러나 토지개혁 과정에서 혼란과 저항이 일어났다. 1956년 11월에는 응에안 지방에서 토지개혁에 반대하는 농민 반란이 발생했다. '농민 발동'에서는 봉건지주는 타도, 부농과는 협력, 중농과는 단결, 빈농·고농(雇農) 사이에는 의존이라는 원칙이 설정되었으나, 협력해야 할 대상과 단결한다든지 단결해야 할 대상과 협력한다든지 하는 적용상의 혼란도 있었다. 그런데도 1957년 말까지 식량생산은 400만 톤에 이르렀고,

공업·농업의 총생산량은 1939년 수준에 도달함으로써 최초의 3개년 계획은 거의 이룩되었다(坂本德松 1971, 183~184).

토지개혁이 마무리된 촌락에서는 농번기의 협동을 중심으로 하는 호조조互助組가 만들어졌다. 호조조는 빠르게 발전해 1955년 말에는 15만3천 개에 이르렀으며, 농가 40.5퍼센트가 참가했다. 그러나 호조조는 어디까지나 자본주의적 개인 경영의 상호부조 기관에 지나지 않았다. 당과 정부는 영세 농들이 생산의 한계와 토지 방기를 극복하기 위해 호조조를 사회주의적인 합작사로 발전시킬 수 있는 정책을 실시했다.

당시 베트남은 공업이 뒤떨어져 있었기 때문에 소련의 콜호스와 같은 대규모 기계농업 도입은 불가능했다. 당은 수전水田 경작 특유의 수리 관리, 공동 노동의 필요성 때문에 농업 부문에서도 사회주의화가 가능하다고 판단했다. 합작사는 1955년부터 실험에 들어가 8개사 정도 만들어졌는데, 중국의 농업정책에서 본 바와 마찬가지로 초급 합작사와 고급 합작사가 있었다.

초급 합작사는 조합원의 토지나 그 밖의 생산수단 공동출자에 따른 공동 경영이 중심이었지만, 개인의 생산수단에 대해서는 개인의 소유권이 인정되었다. 이윤은 노동력 대가와는 별도로 출자의 비율에 따라 분배되었다. 고급 합작사의 경우 소규모 자경지를 제외한 생산수단이 공유되고, 조합원은 노동력의 대가로만 보수를 받을 수 있었다(桜井由躬雄 외 1995, 219).

공업 부문에서는 1955년부터 1957년까지 경제 재건이 추진되었다. 공업 부문에 대한 투자는 해마다 증가했다. 1955년에는 6.9퍼센트에 지나지 않았던 것이 1957년에는 41.8퍼센트에 이르렀다. 1958년에는 석탄을 제외한 각 부문의 공업생산이 거의 전전 최고 수준이었던 1939년 수준에 도달했다.

경제 부흥과 토지개혁 시행 과정에서 통일전선 조직의 확대·강화가 추진되었다. 1955년 9월 5일, 민족통일전선 전국대회가 열렸으며 9월 10일에는 '베트남조국전선'이 결성되었다. 베트남조국전선에는 리엔베트聯越[7]를 중심으로 하여 종래의 가맹단체 외에도 광범한 층이 참가했는데, 리엔베트 800만 명을 포함해 1천만 명이 참가했다. 베트남조국전선의 강령은 제네바협정을 실시해 조국 베트남의 통일을 촉진하고, 이를 위해 북부를 공고히 하고 남부를 지원한다고 밝혔다. 나아가 통일전선 확대·강화와 병행해 국방력, 즉 군대의 정규화와 근대화를 촉진한다고 강조했다(坂本德松 1971, 184~185).

한편 남부 베트남에서는 제네바협정 원칙이 무시된 채 프랑스 식민 통치 대신 미국의 점령 정책이 본격화되었다. 제네바협정 성립 2주일 전인 1954년 7월 6일, 바오 다이는 응오딘지엠을 수상에 임명해 새로운 내각을 구성하도록 했다. 응오딘지엠이 정치적 실권을 장악해, 이른바 '응오딘지엠 정권'이 대두한 것이다. 미국은 제네바협정에 서명하지 않았음을 구실 삼아 프랑스 당국을 거치지 않고 응오딘지엠 정권에 대한 직접적인 군사원조를 추진했다. 응오딘지엠 정권은 북에서 내려온 가톨릭 난민을 조직해 사이공에 설치되어 있던 국제감시위원회를 습격하거나 프랑스인에 대한 테러 행위를 저질렀다. 프랑스는 미국과 응오딘지엠 정권의 압력에 굴복해 1956년 4월 인도차이나 사령부 폐쇄를 공식 선언했으며, 9월에는 마지막 군부대가

7_리엔베트(Lien Viet) 방식이란 호찌민이 베트남혁명에서 동원한 조직 방식의 하나이다. 호찌민은 1930~1940년대의 베트남에서 노동자와 농민이 아직 혁명 세력으로 충분히 성장하지 않았다고 보았다. 이에 따라 베트민(베트남독립동맹)과 베트민에 들어가지 않은 사회의 각 계급, 각 계층 조직, 개인으로부터 민족전선을 조직하여 그들이 프랑스 식민주의(후에 미국 제국주의)와 지역 반동 세력 및 지주와 싸우는 세력으로 성장시키는 방법을 실행했다.

사이공 항구를 떠났다.

1955년 10월 23일, 남부 베트남 정치체제를 군주제로 할 것인지 아니면 공화제로 할 것인지를 결정하는 국민투표가 실시되었는데, 그 결과에 따라 1955년 10월 26일 '베트남공화국' 수립이 선포되었다. 응오딘지엠이 공화국 초대 대통령에 취임했다.

베트남공화국은 전란으로 경제적인 큰 피해를 입었다. 베트남 남부의 주산물은 쌀과 고무였으며, 베트남공화국 수출품 가운데 80~90퍼센트를 차지한 것도 이 두 작물이었다. 그런데 전란 때문에 쌀과 고무가 큰 타격을 입었다. 예컨대 쌀의 경작 면적은 1944년의 262만 헥타르에서 1954년 166만 헥타르로 축소되었으며, 총 수확량도 284만 톤에서 208만 톤으로 감소되었다. 고무는 1951년 최저를 기록했다가 차츰 생산량이 증가했고, 1955년 이후에는 수출량이 전쟁 이전 수준을 넘어설 정도로 회복되었다. 그러나 전란기의 고무나무 관리 부실로 고무나무가 노화되고 생산 저하가 예상되었다. 이와 같은 상황을 반영해 무역 적자가 갈수록 증가했다(桜井由躬雄 외 1995, 229~230).

베트남공화국 정부는 처음부터 미국의 경제 지원에 크게 의존했다. 1956년부터 1963년까지 제공된 원조 총액은 70억 달러에 이르렀는데, 그 가운데 3분의 2가 군사 목적으로 사용되었다. 미국이 군사원조에 치중했던 것은 세계 전략의 관점에서 인도차이나를 군사적·정치적으로 중요시했기 때문이었다(유인선 2002, 396).

계급과 민족 해방을 목표로 한 노동운동

1946년 12월부터 진행된 제1차 인도차이나전쟁, 특히 디엔비엔푸 전투가 끝난 뒤 제네바협정이 체결되고 남·북 베트남이 분단되는 과정에서 노동조합운동은 무엇을 추구했는지를 살펴본다.

1950년 1월 1~15일 사이에 비엣박 저항 기지에서 제1회 전국노동조합회의가 소집되었다. 회의는 다음과 같은 결의를 채택했다.

> 노동자계급은 항시 인민의 권력을 지지하고 강화하며 발전시키지 않으면 안 되며, 국회와 인민위원회, 모든 레벨의 행정·경제 기구에 폭넓게 참여해야 한다. 그리고 노동자들은 다양한 형태의 군 분과, 특히 기술 분과에 입대함으로써 인민군 창설에 주축이 되지 않으면 안 된다. …… 민족통일전선의 핵심을 꾸리기 위해 농민들과의 동맹을 강화해야 한다. …… 또 인민의 다양한 부문과 광범한 연대를 실현해야 하며, 계급적 이해관계의 합리적 양보(자본가와 노동자 사이의 상호 이익)를 이끌어 내야 한다(Foreign Languages Publishing House 1988, 14~15).

대회는 다음과 같은 규정을 통과시켰다.

> 베트남노동총연맹(VGCL)은 국적, 피부, 종교적 신념, 성별에 관계없이 국내 모든 지식인과 육체노동자 조직이다. ① 계급과 민족의 완전한 해방을 위해 베트남 근로인민의 권리와 이익을 지키고 정신적·육체적 생활을 개선한다. ② 베트남에서의 저항 전쟁 승리와 인민의 민주정권 수립을 위해 국내 인민의 모든 계층과 연대를 유지한다. ③ 노동자의 권리와 이익, 그리고 세계평화와 민주주의를 지키기 위해 노동자계급을 분열시키고 전쟁 도발을 시도하며 모든 형태의 억압과 착취, 그리고 계략을 동원하는 국제 반동 세력에 대항해 투쟁하는 세계의 피억압 민족 노동자와 민주세력과 연대한다(Foreign Languages Publishing

House 1988, 15).

디엔비엔푸 전투 승리는 베트남 노동자계급과 노동조합 조직의 헌신적인 기여와 더불어 전 인민이 참여한 전면적인 저항 전쟁의 성과였다. 1954년 7월 제네바협정 체결 이후, 노동조합운동은 두 가지 전략을 세웠다. 북베트남에서 사회주의혁명을 전개하고, 남베트남에서는 민족해방을 이룩하며 조국 통일을 실현하는 일이었다. 그래서 노동조합은 각기 다른 방식으로 활동하며 임무를 수행하지 않으면 안 되었다. 특히 남베트남에서는 노동조합이 지하로 들어가 노동자와 노동인민의 노동·생활 향상과 민주적 권리를 위해 활동을 조직하고 실행해야 했다. 1950년대 후반에는 사이공, 다낭 그리고 다른 도시들에서 노동자와 다른 노동인민들이 생활 향상과 민주적 권리, 베트남의 통일을 위해 다양한 형태의 투쟁을 전개했다(Foreign Languages Publishing House 1988, 15).

4. 인도네시아

정치적 통일과 주요 당면 과제

1950년 8월 15일, 인도네시아공화국 잠정헌법이 공포되고, 네덜란드가 인도네시아 각지에 세웠던 괴뢰정권은 모두 인도네시아공화국으로 합병되었다. 인도네시아인의 통일된 정권이 실질적인 발걸음을 내딛게 된 것이다.

통일국가로서 인도네시아공화국은 수립되었지만, 인도네시아는 중대한 정치·경제·사회 문제들에 직면해 있었다.

첫 번째는 군부의 정치 개입 문제를 들 수 있다. 행정 체계의 공백과 경제·사회의 불안정은 군부의 정치 개입을 초래했다. 인도네시아 군부는 비록 강력한 통솔력과 조직 체계를 갖추지는 못했지만, 약 7년간의 '의회민주주의 경험기'(1950~1957년)를 통해 정치의 장에 깊숙이 관여하게 되었다(양승윤 2003, 26).

인도네시아공화국 출범 이전인 1950년 5월, 네덜란드령 동인도군 약 6만5천 명이 해체되었으며 그 가운데 2만6천 명이 중앙정부군에 통합되었다. 기존 중앙정부군 17만5천 명과 합쳐 20만 명으로 늘어난 국군을 유지하기에는 정부 재정 부담이 너무 컸다. 또 새로 편성된 국군 내부에서는 두 파벌 사이의 심한 알력이 발생했다. 정규 군사훈련을 받았고 직업군인이었던 구 네덜란드군 출신 장교들과 게릴라전에 참가했던 수카르노파 의용군 출신 군인들 사이의 갈등이 국군 통합을 어렵게 만들었다(이마가와 에이치 2011, 하권, 43).

두 번째는 정당들의 세력 기반이 취약해 실질적인 의회 정치가 시행되지 못했고, 대통령과 내각 사이의 충돌이 빚어져 정치적 불안정이 계속되었다는 사실이다. 인도네시아 정당들은 독립 이후 이념·종교·인종·문화를 대표해 난립 양상을 나타냈으나, 의회민주주의 시기를 거치면서 다수 정당들이 소멸했고 몇몇 정당들만이 실제 정당 구실을 할 수 있었다. 이 시기 대표적인 정당은 이슬람 사회에 바탕을 둔 마슈미당, 수카르노가 이끄는 인도네시아국민당PNI, 마디운 사건으로 당세가 약화되기는 했지만 합법적 지위를 유지한 인도네시아공산당PKI이었다. 한편, 군부는 그들 스스로 결정만 하면 독자적인 정치적 영향력을 행사할 수 있는 막강한 힘을 갖고 있었다. 정당들과 정치 세력 사이의 대립과 갈등으로 1950년부터 1957년 사이에 6차례나 내각이 교체되는 가운데 정치적인 불안정이 커졌다.

세 번째는 반정부 무력투쟁이 잇따라 발생했다는 사실이다. 순조로울 것으로 보였던 지방정권 통합 과정에서도 서西몰루카Molucca와 술라웨시 Sulawesi 등에서 친네덜란드파가 반란을 일으켰고, 그 이전인 1949년에는 서 西자와를 중심으로 원리파 이슬람교 지도부가 이끄는 '다룰 이슬람'Darul Islam(이슬람 세계)의 반란이 일어났다.

이와 같이 신생 인도네시아공화국은 정치적으로 독립을 이룩했지만, 정치·사회·경제적으로 해결해야 할 중대 과제들에 부딪쳤다. 이러한 상황에서 1957년을 전후해 수카르노는 그가 이전부터 주창해 왔던 '교도민주주의' 실행에 착수했다. 중앙집권적 성격을 지닌 교도민주주의 실행에는 큰 저항이 뒤따랐다. 군 장교들이 중심이 되어 공화국 정부와 수카르노에 대항해 직접 군사 행동을 벌였으며, 이에 대응해 수카르노 대통령은 계엄령을 선포하고 군 장교들의 저항을 진압함으로써 의회민주주의 체제를 마감하게 되었다(양승윤 2003, 27).

수카르노의 교도민주주의

교도민주주의는 수카르노가 제창한 인도네시아 특유의 민주주의로서, 일반 대중에 대한 엘리트의 교도적 역할을 강조하는 정치 이데올로기이다. 교도민주주의의 실행에 따라 판차실라Pancasila가 다시 국가 이념으로 정해졌고, 수카르노는 강력한 정치적 지도력을 갖게 되었다.

수카르노는 교도민주주의 권력구조로서 나사콤Nasakom 체제를 도입했다. 이것은 민족주의 세력과 종교 집단, 그리고 공산주의 세력으로 세력 균형을 이루려는 목적에서 고안된 것이었다. 군부의 일부 세력도 수카르노를 지지했는데, 육군 총사령관 압둘 해리스 나수티온은 군부를 결속해 수카르노 대통령에 대한 지지를 표명하면서 군부의 정치 참여를 본격화하기 시작했다. 수카르노에게는 군부의 정치적 영향력 증대를 견제할 수 있는 세력이 필요했다. 이때 민족독립·국민 통일·경제자립으로 표현되는 수카르노의 '인도네시아혁명'을 옹호하며 군부에 대한 견제 세력으로 등장한 것이 공산 당이었다. 수카르노의 나사콤 체제에 대해 군부와 이슬람 세력 등 반공 진 영은 크게 반발했으며, 끝내는 좌우의 대립 격화로 이어졌다(양승윤 2003, 28~29).

한편, 공화국의 입법부는 중앙국민위원회였다. 내각은 자주 교체되었는 데, 1950년 8월 공화국 수립 당시의 하타 내각으로부터 1953년 6월까지 마 슈미당의 무함마드 낫시르 내각, 위르조산조조 수키만 내각, 국민당의 윌로 포 내각 등 단명 내각이 구성되고 교체되었다. 윌로포 내각은 국민당과 마 슈미당의 연립내각(1952년 4월~1953년 6월)이었다. 그러나 두 정당은 호혜 적인 동반자가 아니었으며, 처음부터 자기 정당의 정치 세력 재정비를 위한 작업을 암암리에 진행하고 있었다. 국민당은 마슈미당이 앞으로 닥칠 총선 거에서 압승할 것을 크게 우려해 선거를 연기하도록 만들 새로운 동맹 대상 을 찾기 시작했다. 연합전선 전략을 펴고 있던 인도네시아공산당이 국민당 에 대해 지지를 드러냈다. 1951년 수키만 내각 때 구속되었던 공산당 간부 들이 이때 모두 석방되었다

국민당과 마슈미당 연립내각은 1953년까지 이렇다 할 만한 정치적 성과 를 거두지 못했다. 같은 해 3월에는 경찰이 북부 수마트라 메단 근교에서 외국인 소유 토지에 대한 무단 점유자들을 이주시키는 과정에서 농부 5명 이 살해되는 사건이 발생했다. 공산당은 토지 무단 점유자들을 옹호하고 나 섰고, 국민당과 동맹 관계를 유지하면서 윌로포 내각의 사임을 요구했다. 결국 국민당-마슈미당 연립내각은 1년 2개월 만에 수카르노 대통령에게 내 각 임무를 반환했다.

내각이 6주 이상 구성되지 못한 채, 정치 연합을 위한 다섯 차례의 협의 끝에 나흐다툴울라마NU(이슬람선교사연맹)와 복수 군소 정당의 지지를 받아낸 국민당의 알리 사스트로아미조요가 연립내각을 구성했다. 마슈미당과 국민당은 배제되었으며, 공산당 소속의 두 사람이 알리 내각에 포함되었다 (양승윤 2005, 436~439).

국민당과 더불어 공화국 통일 세력의 한 축인 공산당에 관해 살펴본다. 마디운 사건에서 타격을 입은 뒤, 공산당 재건은 중국에서 돌아온 알리민과 화교 출신 탄 린 지에 등의 주도로 이루어졌다. 한편으로 1949부터 1950년에 걸쳐 베이징에 머물렀던 D. N. 아이디트는 귀국 후 전인도네시아중앙노동자조직SOBSI을 재건해 당내에서 큰 발언권을 행사했다.

아이디트는 1950년 노동조합 중앙 조직을 중심으로, 고무산업의 경기가 호황이었던 한국전쟁 당시 사상 최대의 파업을 이끌었다. 그는 또 인민청년단을 조직했으며, 1951년에는 같은 세대인 무함마드 루크만·니요토 등과 함께 당의 지도권을 장악했다. 당의 중심인물이었던 알리민은 당 중앙위원회 의장으로 물러났다.

공산당은 1952년 공식 당원 수 10만 명이 넘는 대정당으로 성장했다. 공산당은 1953년 9월에는 농민조직인 인도네시아농민전선BTI을 재편해 농민투쟁을 강화했다. 이와 같은 대중조직을 이끈 아이디트는 같은 해 10월에 열린 당 중앙위원회에서 당 서기장으로 취임해 명실상부한 지도 체제를 확립했다. 그리하여 무소 방식의 노·농·프티부르주아·민족부르주아 4계급 단결을 목표로 한 통일전선을 제창했다.

국민당은 좌·우 폭넓은 연합체라 할 수 있는 민족주의 집단이었지만, 윌로포 내각 때부터는 좌파가 실권을 장악해 공산당과의 연대가 가능하게 되었다. 알리 내각이 들어서면서 아이디트 공산당은 신통일전선론에 따라 측면에서 내각을 지지했다.

알리 내각 시대 특기할 만한 것으로는 인도네시아가 중국이나 소련과 외교 관계를 맺기 시작함과 동시에 제2차 세계대전 이후 새롭게 발흥한 국가들과 우호 관계를 맺는 데 적극적이었다는 사실이다. 1955년 4월 반둥에서 아시아·아프리카 29개국 대표들이 모여 이른바 '반둥회의'를 개최한 것은 획기적인 일이었다(和田久德 외 1999, 253~254).

1950년대 초반 인도네시아 경제는 악화되었다. 주요 수출 품목의 하나인 고무 가격이 1952년 9월에 1951년 2월의 71퍼센트 수준으로 크게 하락함에 따라 정부 세입도 크게 격감되었다. 이러한 무역수지 악화를 개선하고 빈약한 외환 보유고를 지키기 위해 윌로포 내각은 사치성 물품에 100퍼센트에서 200퍼센트까지 높은 수입 관세를 부과했고, 계속하여 긴축 재정 정책을 시행했다. 1952년과 1953년 사이에는 윌로포 내각의 긴축 재정 정책에 힘입어 물가가 비교적 안정되었으나, 알리 내각이 들어선 이후에는 인플레이션이 더욱 가속화되었다. 알리 내각 2년여 동안 통화 공급이 무려 75퍼센트나 증가된 것이 주요 원인으로 작용했다. 수출이 심각한 타격을 입자 밀수가 횡행했다. 경제적으로 곤궁해진 지방의 군부대들도 현지 지방 세력가들과 담합해 밀수에 가담했다. 국민당과 긴밀한 관계를 유지해 왔던 공산당은 알리 내각의 부정부패와 무능한 경제정책에 대해 비판을 삼갔다(양승윤 2005, 437~440).

노동운동의 분열과 정당과의 연계

인도네시아공화국 수립 이후 노동운동은 복잡한 국내외 정세 변화 속에서 발전했다. 수카르노 정권은 출범 초기에 친노동적 태도를 취했으나, 파업을 경제 발전의 장애물로 인식하면서 차츰 반노동 경향으로 돌아섰다. 1951년에는 파업권을 제한했고, 단체교섭 시스템이 작동하지 않는 경우에는 임금과 노동시간과 노동조건을 강제 중재한다는 내용을 담은 비상사태법이 제정되었다. 이 법에 따라 노동쟁의 재정裁定을 위한 중앙과 지역 단위의 분쟁위원회가 조직되었다. 반식민주의 투쟁으로 고무된 인도네시아공화국의 혁명적 열기는 정부와 경제의 운용을 중시하는 실용주의로 서서히 대체되었다(Hadiz 1997, 47).

1955년 당시 인도네시아 인구는 8,400만 명이었고, 그 가운데 70퍼센트가 농민이었다. 산업 프롤레타리아트는 50만 명에 지나지 않았고 소규모 산업이나 수공업에 종사하는 노동자층은 200만 명 정도였으며, 농업과 임업 프롤레타리아트를 합치면 노동자계급 총수는 600만 명에 이르렀다. 노동자와 그 가족까지 포함하면 2천만 명으로, 전체 인구의 25퍼센트였다. 여기에 무토지 상태로 농촌에서 일하는 빈농도 상당수였다(Aidit 1957, 44). 1953년 당시 인도네시아에서 활동하던 2만5천 개 기업 가운데 종업원 수가 500명이 넘는 대기업은 575개, 100명 이상 500명 이하인 기업은 1,500개 정도였다. 대부분의 산업체들은 종업원 수가 20명을 넘지 않았고, 노동자의 다수는 마을·가족 중심의 수공업에 종사하고 있었다. 현대화된 경제 부문은 여전히 네덜란드를 비롯한 외국자본의 수중에 장악되어 있었다.

1957년 노동분쟁조정법이 제정되었다. 노동분쟁위원회에 노동자 대표와 정부 대표를 포함시키고, 노동자들의 합법적인 쟁의 행위의 조건과 절차를 더욱 까다롭게 규정한 법이었다. 그리고 노동부가 전국적인 노사 분쟁에 대해 거부권을 행사할 수 있게 했으며, 중앙정부의 개입권을 보장했다. 같은 해 계엄령이 선포됨으로써 파업권 행사는 더욱 어려워졌다. 1963년엔 필수 국가기관에서 파업을 금지하는 대통령 지령 제7호가 발표되었다. 정

표 21-9 | 1958년의 노동조합 조직 현황과 연계 정당

조직	노동조합원 수	연계 정당
SOBSI	2,733,000	공산당(PKI)
KBSI	376,000	인도네시아사회당(PSI)
SBII/GASBINDO	600,000	마슈미(MASYUMI)
KBKI	1,002,000	국민당(PNI)
HISSBI	261,000	노동당(PARTAI BURUH)
SORBI	281,000	국민당·공산당(MURBA)
SARBUMUSI	12,000	무슬림(NU)
GOBSII	1,000	무슬림(PSII)
GSBI	145,000	국민당(PNI)
KBIM	42,000	마슈미(MASYUMI)
SOBPantjasila	61,000	가톨릭당(가톨릭)
SBKI	n.a.	기독교당(PARKINDO)
지역	n.a.	
상급 단체 미가입	180,000	
전체	5,694,000	

자료: Hadiz, Vedi R. 1997, *Workers and the State in New Order Indonesia*.

부가 노동운동에 대해 점점 강경한 조치를 취했는데도 1950년대 초반의 정치적 분위기는 조직 노동에 대해 우호적이었으며, 노동조합은 대체로 고무된 상태였다.

1955년 당시 노동조합원 수는 569만4천 명으로 발표되었고, 1950년대 말 전국 수준의 노동조합은 150개였으며 상급 단체에 속하지 않은 지역 노조는 수백 개였다. 1955년 노동부는 전국과 지역의 노동조합 수가 1,501개에 이르고, 그 가운데 56퍼센트는 상급 단체가 없다고 밝혔다. 노동조직은 심하게 분절화되었으며, 다른 한편으로 전인도네시아중앙노동자조직SOBSI을 비롯한 주요 노동운동 조직은 정치적 경향을 강하게 띠었다. 1955년 공산당 소속으로 국회의원에 당선된 32명 가운데 최소 6명이 전인도네시아중앙노동자조직의 지도부 지위를 갖고 있었다. 대표적 인물로는 전인도네시아중앙노동자조직 위원장이며 공산당 중앙위원회 위원이었던 뇨노를 들 수 있다(Hadiz 1997, 47~49).

전인도네시아중앙노동자조직의 경쟁 조직들도 정당들과 밀접한 연관을 맺고 있었다. 인도네시아이슬람노동조합/통합이슬람인도네시아노동조합 SBII/GASBIINDO은 이슬람 온건파 정당으로 도시 중산층에 기반을 둔 인도네시아무슬림협의회MASYUMI(미슈미당)와 연계되어 있었고, 인도네시아무슬림노동조합SARBUMUSI은 이슬람 운동의 전통적 분파를 대표하는 이슬람선교사연맹NU의 농촌 조직과 관련을 맺었다. 인도네시아인민주의노동조합KBKI은 자바인 식민 관료priyayi와 국가 관료의 당인 인도네시아국민당PNI에 뿌리를 두었다. 전인도네시아노동자회의KBSI는 도시 지식인층이 주도한 사회민주주의 성향의 인도네시아사회당PSI의 지도를 받았다(Hadiz 1997, 40). 노동조합 조직 현황과 연계 정당은 〈표 21-9〉에서 보는 바와 같다.

1953~1956년 사이에는 전인도네시아중앙노동자조직와 인도네시아공화국플랜테이션노동조합SARBUPRI이 노동자들의 노동·생활 조건 개선을 위해 강력한 투쟁을 전개했다. 한편 노동조합운동은 인도네시아공산당과 더불어 소규모 임차농과 토지 없는 농민들의 요구를 지지하면서 토지개혁을 주장했다. 그리고 노동운동은 인도네시아공산당의 성장·강화를 위해 적극적인 노력을 기울였다. 1952년 인도네시아 공산당 당원과 후보 당원은 7,910명이었는데, 1954년에는 15만 명으로 크게 증가했다(소련과학아카데미 2012, 144~145).

노동운동 발전과 공산당의 역할

1954년 3월에 열린 인도네시아 공산당 제5회 대회는 공산당이 유력한 정치 세력으로 성장하는 과정에서 뚜렷한 계기가 되었다. 대회는 당 강령을 채택했는데, 그 주요 내용은 다음과 같다. "인도네시아의 민족해방과 민주 개혁 임무는 완성되지 않았으며, 완전한 민족독립과 민주·자유를 획득하고 생활을 개선하고자 하는 인도네시아 인민의 원망은 아직 실현되지 않았다."

"현재의 인도네시아는 반식민지·반봉건 국가이다. …… 만일 인도네시아가 반식민지·반봉건국가라면 독립·민주·선진적 국가로 전환하는 데서 그 가장 기본적 과제로 제기되는 것은 봉건지주와 매판 정부를 인민 정부, 즉 인민민주 정부로 바꾸는 것이다. 그 인민민주 정부는 과거 역대 정부와는 달리 완전히 새로운 정부이고, 인민대중 중심의 정부이며 완전한 민족독립을 실현하고자 하는 정부이다. 그리고 노동자계급의 지도 아래 노농동맹을 기초로 하는 민족통일전선 정부이다. 우리나라 경제의 후진성에 비추어 이러한 정부는 프롤레타리아독재 정부가 아니라 인민 독재 정부이다."

"이 정부는 사회주의 개혁을 실현하고자 하는 것이 아니라 민주개혁을 실현하고자 하는 것이다. 이 정부는 모든 반봉건·반제 세력을 단결하도록 하고 토지를 무상으로 농민에게 분배하며 인민의 권리를 보증하는 정부이다. 민족 공업·상업을 외국과의 경쟁에서 보호하고 노동자의 물질적 생활 수준을 향상시킴과 동시에 실업을 해소하는 정부이다. 요컨대 민주와 진보의 길을 거쳐 민족의 독립과 발전을 보증하는 정부이다"(谷川榮彦 1971, 40).

요약하면 인도네시아공산당은 봉건주의와 제국주의 잔재 일소를 목표로 하는 인민민주주의 혁명을 인도네시아혁명의 목표로 규정하고, 혁명을 노동자계급의 지도와 노농동맹을 기초로 하여 각 계층을 망라한 광범한 민족통일전선을 통해 달성한다고 밝혔다.

인도네시아공산당 제5차 대회가 열린 다음 해인 1955년 전인도네시아 중앙노동자조직의 제2차 대회가 열렸다. 이 대회에서는 민족경제 정상화를 강조한 강령이 채택되었으며, 노동자계급의 단결을 공고히 하고 노동자계급과 다른 사회계층, 특히 농민과 협력 체제를 강화해야 할 필요성을 명시한 규약이 제정되었다. 그리고 대회는 노동조합의 민주적 권리 쟁취를 위한 투쟁 전개를 촉구했다(소련과학아카데미 2012, 145~146).

5. 필리핀

민족독립·민주개혁·경제자립을 위한 인민의 투쟁

필리핀공화국 수립 이후에도 제국주의의 식민지 지배와 봉건제도의 잔재를 청산하고 진정한 민족독립과 민주개혁, 경제자립 달성을 목표로 한 인민의 투쟁이 곳곳에서 일어났다. 1949년 들어 후크발라합을 중심으로 무장투쟁이 결행되었다. 후크발라합은 제2차 세계대전 기간에 공산당의 주도로 중부 루손의 삼림지대를 거점 삼아 노동자·농민 대중을 주력으로 결성된 항일 무장 조직이었다. 전후에는 무기를 버리고 해산했으며, 각 단원은 평화적인 정치운동에 참가했다. 1949년 이후 후크발라합은 재편성되어 다시 무기를 들었고, 극히 곤란한 처지에 놓인 필리핀 경제, 완전하지 못한 민족독립, 반봉건적 착취 제도의 존속, 인민의 민주적 권리 침해, 관리의 부정행위 등에 대한 인민의 불만 증대를 배경으로 적극적인 투쟁을 벌이게 되었다. 후크발라합을 중심으로 한 저항 세력은 1950년부터 1954년까지 강대한 힘을 발휘했다.

1950년 무렵 후크발라합 세력은 정규군 1만2천 명, 예비군 10만 명[8]에 이르렀다. 당시 정부는 재정 파탄과 오직汚職으로 국민의 신뢰를 잃고 있었

8_정규군은 3만 명, 예비군은 25만 명에 이르렀다는 설명도 있다(Jeff Goodwin 2001, 119).

기 때문에 정부로서는 후크발라합이 크게 두려울 수밖에 없었다. 더욱이 필리핀을 둘러싼 아시아 정세는 중화인민공화국 수립 이후 긴장 상태로 접어들었다. 미국은 사태의 심각성을 깨닫고 필리핀 정부에 막대한 군사원조를 제공하는 한편, 후크발라합을 깨뜨리는 데 모든 지원을 다했다. 미국의 지지로 국방부 장관에 임명된 라몬 막사이사이는 미국 군사 사절단의 지도와 풍부한 군사력을 배경으로 후크발라합 소탕 작전을 펼쳤다. 1951년 후크발라합은 중부 루손에서 후퇴해 시에라마드레 산속으로 들어갔다. 산속으로 들어가거나 지하로 잠입한 부대는 곳곳에서 저항을 계속했으나, 끝내 조직을 다시 일으켜 세울 수는 없었다.

후크발라합 패배의 원인을 두고 공산당의 내부 비판이 대단히 준열했다. 후크발라합 패배의 가장 중요한 원인은 무엇보다 미국의 강력한 군사 지원이었지만, 후크발라합의 내부 요인, 특히 지도 조직인 공산당이 안고 있는 문제점도 제기되었다. 1968년에 재건된 필리핀공산당PKP은 다음과 같이 비판했다. 1948~1955년 당시 헤수스 라바 형제를 필두로 하는 지식인 그룹이 공산당 내에서 주도권을 장악하고 있었는데 이들은 폭동주의적 지도를 행하면서 후크발라합과 대중운동의 정치·사상 교육, 조직화, 세력 확장이라는 어려운 일은 추진하려 하지 않았다는 것이다. 또 '1950년 정치국 결의'에서는 국내외적으로 혁명 정세가 성숙해 있다는 잘못된 판단에 따라 후크발라합이 2년 안에 권력을 쟁취할 수 있다는 무모한 결정을 했다고 비판했다. 이러한 정치국 결의에 대해 루이스 타루크를 비롯한 간부이 강하게 반대한 바 있었으나, 투쟁 현장으로부터 제출된 반대 의견은 라바의 '이론'에 따라 묵살되었다는 것이다. 농업 불안이 해결되지 않는 한, 후크발라합의 퇴치는 불가능했다. 무력 진압 공로자 막사이사이도 이러한 사실을 인정했다. 그래서 '위로부터의 토지개혁'이 막사이사이 정권 이후 정치의 중요 과제가 되었다(池端雪浦 외 1977, 149~150).

막사이사이 정권의 민중 정치

막사이사이는 후크발라합 토벌에서 얻은 명성으로 1951년 11월에 실시한
대통령 선거에서 당선되었다. 이제 정치의 주도권은 자유당에서 국민당으
로 넘어갔다. 막사이사이는 '민중'tao을 위한 정치를 펴겠다고 선언했다. 그
가 민중 정치를 내세우게 된 배경으로 작용한 것은 미국의 필리핀 정치에
대한 위기감과 재정적 원조였다. 막사이사이는 미국이 바라는 대로 '성실한
민중정치가'로 자처하면서 정치 안정과 민중의 생활 향상을 위해 여러 가지
정책을 시행했다. 특히 농업개혁이 정책의 핵심 과제가 되었다. 그러나 그
의 정책은 일정한 한계를 보였다. 막사이사이를 둘러싼 정부와 국회는 지주
계급이 장악하고 있었으며, 막사이사이가 대통령으로 당선된 것도 지주계
급의 이익을 대변했기 때문이었다.

막사이사이가 시행한 농업정책은 농업소작법(1954년)과 토지개혁법
(1955년) 제정, 공유지입식公有地入植 사업, 농업협동조합FACOMA 육성, 촌락
개발 정책 등이었다. 주요 내용만 살펴본다. 소작법은 이전에 이미 제정되
어 있었지만, 막사이사이는 쌀농사를 짓는 농민 이외에도 해당 법을 적용받
을 수 있도록 범위를 확대했다. 그러나 지주가 지배하는 국회가 법률 집행
에 필요한 예산을 승인하지 않아 법률은 시행되지 못했다.

토지개혁법은 지주와 소작인 사이의 분쟁 상태에 있는 농지를 정부가
매입해 자작 농장을 창설한다고 규정했다. 그러나 국회에서 수정된 토지개
혁법마저 결코 실효를 갖지 못했다. 정부가 강제로 수용권을 행사한 것은
300헥타르를 상회하는 농지에 한정되었고, 그나마 이를 수용할 때 정당한

보상을 해야 했기 때문에 법률 집행에는 재정적 어려움이 뒤따랐다. 실제로 1955년 10월부터 1961년 6월 말까지 6년간 정부가 이 법률에 따라 취득한 농지는 2만 헥타르에 지나지 않았다.

공유지입식 사업은 인구 밀집 지역의 농업 분쟁을 국경지역 공유지에 자작 농장을 개설함으로써 해결하고자 하는 시책이다. 정부는 전국입식부흥국NARRA을 설치하고, 인구 밀집 지역(특히 중부 루손 지역) 사람들을 국경 지역으로 이주하게 함으로써 농촌 불안을 완화하는 데 어느 정도 효과를 거두었다. 다만 공유지로의 이주가 그 지역 주민의 전통적 토지소유권을 침해하는 경우도 있었다. 결과적으로 막사이사이의 농업정책은 기대했던 만큼 성과를 내지는 못했다. 1948년과 1960년의 센서스에서 소작농의 비율이 오히려 증가한 데서도 그런 사실이 확인된다(池端雪浦 외 1977, 151~152).

한편 막사이사이 정부는 미국의 막강한 지원에 힘입어 반공 작전을 강도 높게 수행하면서 친미 외교를 과감하게 추진했다. 1954년 9월 8일 이른바 '마닐라조약'으로 알려진 동남아시아 지역 집단방위조약에 필리핀 정부는 오스트레일리아, 프랑스, 뉴질랜드, 파키스탄, 타이, 영국, 미국 등과 함께 조인했다. 이것은 동남아시아에서 공산주의 침투를 방지하기 위한 집단방위조약으로서, 이 조약의 목표 달성을 위해 결성된 조직이 바로 동남아시아조약기구SEATO이다.

1954년 12월 15일 막사이사이 정권은 미국과 '로렐-랭글리 협정'Laurel-Langley Agreement을 체결했다. 이 협정은 미국인에게 필리필 내 천연자원 개발 및 토지소유에 대한 권리, 발전소를 직접 운영할 수 있는 권리를 보장하는 미국필리핀통상협정을 연장하는 내용을 담고 있었다. 미국인들은 이 협정에 따라 필리핀 경제의 모든 분야에서 필리핀인과 동등한 권리를 획득했으며, 각종 경제 사업에 참여할 수 있게 되었다.

로렐-랭글리 협정 외에도 필리핀은 1954년 미국 농업수출진흥원조법 Agricultural Trade Development and Assistance Act, 즉 공법 480호PL480에 따라 미국의 초과 생산된 농산물을 구입해야 했다. 필리핀은 공법 480호를 통해 자국 통화인 페소peso화로 미국 농산물을 구입하고, 미국은 그 페소화를 필리핀 국내에 비축해 두면서 경제개발 프로젝트에 사용했다. 이러한 정책들로 인해 필리핀의 대미 종속은 더욱 강화되었다(이마가와 에이치 2011, 하권, 126~127).

노동운동에 대한 통제 강화와 노동관계법 제정

미국의 신식민지주의 지배가 강화되고, 필리핀 정부 당국의 노동운동에 대한 탄압 정책이 기세를 더해 가는 가운데 노동운동은 새로운 도전에 직면하게 되었다. 1950년 6월, 미국 트루먼 대통령은 "필리핀 정부에 대한 미국의 군사원조를 확대하라"는 지시를 내렸다. 미군의 도움으로 필리핀 군인 5만 명이 무기를 재정비하고 파르티잔 타격 훈련을 받았다. 파르티잔 토벌 작전에는 육군만이 아니라 공군과 포병까지 동원되었으며, 초토화 전술이 사용되었다.

필리핀 막사이사이 정권은 공산당과 노동운동에 대한 탄압 조치를 강도 높게 시행했다. 1950년에는 필리핀공산당PKP과 노동조직회의CLO 상층 간부들을 구속했으며, 노동부는 공산주의자 전선체에 가입했다는 이유로 노동조직회의 등록을 취소했다. 1951년에는 필리핀노동연맹PFL과 노동조합총연맹TUCW의 활동이 금지되었다. 1950년 당시 노동조직회의는 78개 가맹조직, 조합원 10만 명을 포괄하고 있었다.

정부의 이와 같은 직접적인 탄압이 시행되고 있는 가운데, 노동조직회의의 비공산주의자 분파는 새로운 노조 연맹을 조직했다. 필리핀자유노동조합연합PAFLU, 전국노동조합총연맹NCFTU, 자유노동자연맹FFW, 필리핀노동조합평의회PTUC 등이 그것이다. 이러한 노조들은 '자본과 노동의 협력'을 추구하는, 전형적인 타협주의적이고 개량주의적인 노동조합들이었다(Sibal 2004, 35).

막사이사이 정권은 노동운동에 대한 탄압만으로는 노동자계급의 요구를 억누를 수 없다는 사실을 인식하고 1951~1953년 사이에 노동관계법 제정을 비롯해 최저임금제와 사회보장제도를 도입했다. 비록 많은 단서 조항을 두었지만, 이 법안들은 노동자들의 요구를 어느 정도 반영하려 했다(소련과학아카데미 2012, 157).

1953년에 제정된 '산업평화법'Industrial Peace Act; R.A.875은 노동 마그나카르타Magna Carta로 표현되기도 하는데, 이 새로운 노동관계법은 미국의 와그너법Wagner Act을 모방한 것으로 미국 경제 조사 사절단 소속 노동 고문관의 도움을 받아 기초되었다. 산업평화법의 주요 특징은 다음과 같다.

첫째, 법률상 노조 등록 요건은 등록비, 규약과 규정, 간부의 비공산주의자임을 진술하는 서약서, 설립 1년 이상인 노조의 경우 지난 1년 동안의 회계 보고 제출 등이다.

둘째, 법은 부당노동행위를 규정했으며, 최저임금법과 8시간 노동법 또는 대통령령으로 정한 임금 및 노동조건과 관련해 법원 권한을 제한했다.

셋째, 배타적 교섭 당사자를 결정하고 단체교섭 의무를 시행하기 위한 노조원의 투표와 법원의 관리 사항을 규정했다.

정부 당국의 정책과 법률 규정에 따라 단체교섭 제도가 정착되기 시작했다. 노동조합운동은 더욱 높은 수준의 임금, 더욱 짧은 노동시간, 더욱 좋은 노동조건으로 요약할 수 있는 경제적 조합주의를 추구했다. 1953~1956

년 사이의 노조원 수는 3배 가까이, 단체협약 적용 대상은 약 4배 증가했다
(Sibal 2004, 36).

1957년 3월 막사이사이가 비행기 추락사고로 사망함으로써 그의 개혁
노선은 좌절되고 부르주아 지배의 정치구조가 유지되었으며, 정부는 친정
부 노동조합을 토대로 하여 노동운동에 대한 탄압과 양보를 결합하는 방식
으로 노동자계급을 지배·통제했다(소련과학아카데미 2012, 157).

6. 말라야

말라야연방 독립

1948년 2월, 말라야연방Persekutuan Malaya; Federaton of Malaya협정이 발효되어
말라야 자치가 시행되었다. 말라야연방 출범에 따라 독립 쟁취를 위한 구체
적인 노력들이 행해졌다. 무엇보다 먼저 말레이인과 비말레이인의 정치적
통합이 요구되었으며, 특히 말레이인과 중국인 사이의 대립과 갈등을 해소
하는 일이야말로 말라야 독립을 위한 선결 조건이었다. 1948년 6월에 결행
된 말라야공산당MCP의 무장봉기는 말레이인과 중국인 사이의 반목을 더욱
증폭시켰다(양승윤 외 2010, 16).

말라야공산당의 무장봉기는 역설적이게도 두 가지 측면에서 말라야의
평화적인 독립 구상을 촉진했다.

첫째, 영국 식민 정부는 공산당의 무장투쟁에 대응해 비상사태를 선포
하고, 군인 10만 명과 최신형 병기를 투입해 진압 작전을 폈다. 또 말라야의
모든 반영국 정치단체를 불법화함과 동시에 공산당 봉기에 연루된 사람 2
만여 명을 구속함으로써 반제 독립 투쟁 세력을 크게 약화시켰다. 이러한

상황에서 공산당이 무장투쟁으로 실현하려 했던 신민주말라야New Democratic Malaya는 결코 성취되기 어려웠다. 또 반영 말라야인 정치조직인 말레이국민당MNP이 말레이반도와 인도네시아를 합병하는 방법으로 독립 쟁취를 구상한 '대말라야'Melayu Raya; Greater Malaya 안도 사실상 실현 불가능했다. 이와 같은 정세에서 말라야 독립을 위한 현실적인 방책은 영국 식민지 정부를 상대로 한 평화적인 교섭이었다. 민족해방 세력은 1951년, 1954년, 1955년에 식민 당국 측에 화평 교섭을 제안했으나 영국 측은 이를 거부했다.

둘째, 식민 당국은 온건하고 보수적인 중국인 보수 지도자들에게 말라야 중국인 사회의 합의와 협력을 이끌어 낼 정치기구의 설립을 제안했다. 이러한 제안을 받아들여 중국인 경제인들이 중심이 되어 1949년 2월 말라야중국인협회MCA를 발족시켰다. 뒤이어 1949년 4월에는 영국 식민 정부가 말라야인·중국인·인도인 세 민족 집단 정치 지도자들이 참가한 종족집단유대위원회CLC를 구성했다. 종족집단유대위원회는 말라야가 당면한 모든 현안을 협상과 타협으로 해결하고자 했다(양승윤 외 2010, 16~17).

1948년 제정된 말라야 헌법은 시민권을 엄격히 제한하고 있었으나, 말라야연방은 1952년에 이를 개정해 완화했다. 예컨대 1948년 헌법에는 시민권 획득을 위해서는 아버지가 연방에서 태어나야 한다는 조건이 있었으나, 1952년 헌법은 아버지와 어머니 가운데 한 사람이라도 연방에서 태어났다면 그 자식에게 시민권을 부여했다. 헌법 개정에 따라 1953년 중국인 시민권자 수는 115만 명으로 늘어났다.

1955년 7월, 연방입법의회 선거를 앞두고 통일말라야국민조직UMNO과 말라야중국인협회, 그리고 말라야인도인회의MIC가 연합해 동맹당AP을 결성했다. 동맹당은 1955년 7월 27일 시행된 연방입법의회 선거에서 의석 52개 가운데 의석 51개를 획득(나머지 1석은 범말라야이슬람당PMIP, 이후 말레이시아

이슬람당PAS으로 바뀌었다)함으로써 압승을 거두었고, 이를 계기로 말라야의 정치 지도자들은 국가 독립을 위한 구체적인 구상에 착수했다. 제2차 세계 대전 종료 이후 당시까지만 해도 말라야 독립 구상은 사실상 말레이국민당 중심의 요구 내지 운동에 지나지 않았으나, 연방입법의회 선거 과정에서부 터는 다민족의 통합 논의를 바탕으로 한 다수파의 요구가 되었다.

1955년에는 헌법이 개정되었다. 개정된 헌법에 따라 연방입법회의는 선 거를 통해 선출된 의원 52명 외에 유럽인 관리 3명, 술탄 총리 9명, 말라카 와 페낭으로부터 각 1명, 소수민족 및 직능 대표 32명 합계 46명을 고등판 무관이 임명하도록 되었다. 툰쿠 압둘 라만이 초대 수상이 되었으며, 의회 다수당에서 선출된 장관 10명과 고등판무관이 임명한 수상 비서실장, 검찰 총장, 재정·국방·경제 장관으로 구성되는 행정평의회가 설치되었다(池端雪 浦 외 1977, 328).

1955년 12월 말에 열린 통일말라야국민조직 총회에서 말라야 정치 지 도자들은 늦어도 1957년 8월까지 말라야 독립을 쟁취할 계획을 밝혔다. 이 와 같은 선언을 바탕으로 하여 적극적으로 추진된 말라야 독립 쟁취 노력은 1956년 6월 독립 말라야연방 헌법을 기초할 리드제헌위원회가 구성되면서 더욱 구체화되었다.

1956년 라만은 대표단을 이끌고 런던으로 가서 독립을 위한 최종 교섭 을 벌였다. 영국은 이미 1957년 8월 31일까지 말라야의 완전 독립을 승인 할 의사를 표명했기에, 양측 사이에 큰 대립은 없었다. 더 나아가 헌법기초 위원회가 설치되었고, 1957년의 헌법이 기초되었다.

1957년 8월 31일, 말라야연방은 영국연방 내의 한 국가로서 독립했다. 제헌위원회가 제정한 헌법은 말레이인의 전통적 특권을 유지하도록 규정했 으며, 독립 후 10년 동안은 말레이어와 영어를 공용어로 사용하되, 그 이후에는 말레이어를 유일한 국어로 채택한다고 명시했다. 시민권에 관해서는 속지주의 원칙에 따라 말레이인은 자동적으로 시민권을 가지며, 독립 이후 말라야에서 태어나는 모든 중국인과 인도인 후예들은 말라야의 시민권을 소유하게 되고 그 밖의 비말레이인은 독립 이후 계속해서 일정 기간 동안 말라야에 체류하고 소정의 기초 말레이어 지식을 습득하면 말레이인과 동등한 시민권을 획득할 수 있게 했다(奧保喜 2009, 112).

말라야연방 독립 그 자체로 다민족 사이의 대립과 갈등이 완화되고 국민국가로서 통합이 이루어진 것은 결코 아니었다. 신생독립국가 말라야연방의 최대 과제는 통합된 다민족 국가 건설이었다. 역대 정권들은 다민족 사회 말라야를 명실상부한 하나의 국민국가로 이끌기 위한 다양한 구상과 정책들을 채택했다.

말라야노동조합평의회 출범과 조직 확대

말라야연방 독립을 전후한 시기의 정세 변화는 말라야 노동운동의 전개를 규정하는 직접적인 요인으로 작용했다. 이 시기 노동운동에 대한 정부 정책과 제도 등을 검토하고 노동운동의 대응 양상을 살펴본다.

1950년 이후 노동조합운동은 공산주의자들의 영향으로부터 벗어나게 되었으며, 어떠한 정당이나 정파와도 직접적인 협력 관계를 맺지 않았다. 당시에는 광범한 계급적 지지를 확보한 정당, 즉 노동자의 이해관계를 지키거나 자본가의 이해관계를 대변하는 정당은 존재하지 않았다.

1950년 3월 25일과 26일 노동조합 대의원 111명이 참가한 가운데 말라야노동조합평의회MTUC 제2차 대의원대회가 쿠알라룸푸르에서 열렸다. 개회 연설은 "사용자와 좋은 관계를 유지하며 식민 정부에 협조한다"는 내용으로 이루어졌다. 제1차 대의원대회에 참가한 반공 정치조직 지도자 3명도 똑같이 참가했고, 영국 제국주의의 말라야 총독을 역임하고 동남아시아 총판무관에 취임한 맬컴 맥도널드가 축하 연설을 했으며, 브레이저가 대의원대회 고문으로 임명됐다. 대회는 말라야노동조합평의회의 출범을 선언하고 지도부를 선출했다. 말라야노동조합평의회 출범 당시 지도부는 나라야난을 중심으로 한 인도계가 주도했다(Zaidi 1975, 20~30).

당시 말라야의 노동관계법에 따르면, 16세 이상의 모든 노동자는 노동조합에 가입할 수 있으며 다만 경찰, 군인, 교도관은 노동조합 가입이 인정되지 않았다. 노조 지도자들에 대한 법적 제한이 노동운동 발전에 장애 요인이 되었다. 노동자들은 그 노동자가 고용되어 있는 직업, 직종 또는 산업을 대표하는 노동조합에만 가입할 수 있었다. 공공 부문에 종사하는 노동자들은 일의 성격이 유사하다 할지라도 민영 부문 노조에는 가입할 수 없었다. 사바와 사라왁 주의 노동자들은 동일한 주에서 일하는 사람들이 설립한 노조에만 가입할 수 있었으며, 동일한 회사나 조직이라 할지라도 말레이반도의 다른 주에서 일하는 사람들이 조직한 노동조합에는 가입할 수 없다 (Aminuddin 2009, 305).

이러한 제도적 제약 속에서도 말라야의 노동운동은 1950년대 들어 부활의 기세를 나타냈다. 말라야연방 독립이 선언되었을 무렵 노동조합원 수는 약 20만 명이었다. 노동조합 활동은 고충 처리와 노동자·기업주 사이의 분쟁 조정 등을 담당하는 노동위원회 참여로 제한되었다. 합법 노동조합은 공산당의 무력투쟁 노선을 지지하지도, 정치투쟁에 참여하지도 않았다.

1951년 8월 24일에서 26일까지 쿠알라룸푸르에서 "만인을 위한 단결, 자유, 정의, 평등"이라는 슬로건 아래 말라야노동조합평의회 제2차 연례대의원대회가 열렸다. 68개 가맹조직에서 온 대의원 156명과 참관인 19명이

표 21-10 | 1949~1957년 민족별 노동조합원 비율

연도	인도인	중국인	말레이인	기타	전체 노동조합원 수
1949	58%	24%	13%	5%	41,305
1950	58%	26%	12%	4%	54,579
1951	72%	14%	11%	3%	108,254
1952	69%	15%	13%	3%	127,846
1953	72%	12%	14%	2%	109,557
1954	65%	15%	18%	2%	113,470
1955	62%	16%	20%	2%	145,749
1956	62%	16%	21%	1%	232,174
1957	58%	21%	20.5%	0.5%	222,073

자료: 등록된 노동조합, 연차보고서; Bahari 1989, 86에서 재인용.

참석했다. 말라야노동조합평의회 규약이 만장일치로 제정되었다. 나라야난이 경쟁 후보 4명을 꺾고 다시 위원장에 선출되었고, 중앙위원회 선거도 이루어졌다. 21명 중앙위원 가운데 13명이 인도계였고, 중국계와 말레이계가 각각 4명씩이었다. 1951년 말 말라야노동조합평의회 산하에는 120개의 가맹 노조가 있었는데, 그중 59개가 공무원 노조였다. 당시 군정에 등록된 노동조합의 노동조합원 수는 10만8,254명이었고, 그 가운데 72퍼센트가 인도계, 14퍼센트가 중국계, 11퍼센트가 말레이계, 기타 3퍼센트였다(Zaidi 1975, 51~60).

1951년 영국 식민 정부는 퇴직 노동자의 연금을 위해 종업원공제기금법을 제정하고 종업원공제기금을 설치했다. 1952년 6월부터 1975년 6월까지는 노사가 각각 기본급의 5퍼센트씩 총10퍼센트를 적립했다. 1975년 7월부터 1980년 11월까지는 노동자 6퍼센트, 사용자 7퍼센트 총 13퍼센트를, 1980년 12월부터 1992년 12월까지는 노사가 각각 9퍼센트와 11퍼센트, 총 20퍼센트를 적립했다(Aminuddin 2013, 70).

1953년 노동조합 등록국에 등록된 노동조합 수는 231개였다. 그 가운데

표 21-11 | 1948~1955년 파업 발생 추이

연도	파업 참가자 수	노동손실일수
1948	34,037	370,464
1949	2,292	5,390
1950	4,925	37,067
1951	7,454	41,365
1952	12,801	44,489
1953	7,524	38,957
1954	10,011	50,831
1955	15,386	79,931

자료: 노동부, 연차보고서; Bahari 1989, 95에서 재인용.

138개가 공무원 노동조합(총 노동조합원 수는 4만1,450명)이었고, 93개가 민간 부문 노동조합이었다. 1953년에만 29개 노동조합이 신규로 등록했고, 12개가 등록을 취소당했다. 영국 식민 정부는 말라야노동조합평의회 설립에 깊이 관여했으며, 노동조합운동 전반에 대한 부정적 태도와 법률 규제를 멈추지 않았다. 식민 정부는 입법협의회에서 노동조합을 대표하는 의원의 수를 6명에서 4명으로 축소하려 했다. 당시 사용자를 대표하는 의원 수는 18명이었다. 정부와 노동조합운동 사이에 갈등이 고조되었다(Zaidi 1975, 66~77).

1954~1957년 사이 고무 농장, 주석 광산, 제조업 노동자들은 여러 차례 파업을 벌였다. 노동자계급의 지속적이고 적극적인 투쟁은 말라야 독립을 이끈 추동력 가운데 하나였다(소련과학아카데미 2012, 154~155).

1948년부터 1955년까지의 파업 발생 추이는 〈표 21-11〉에서 보는 바와 같다. 파업 건수는 나와 있지 않으나 파업 참가자 수와 파업에 따른 노동손실일수는 1948년이 3만4,037명과 37만464일로 가장 많았다. 그다음이 1955년으로, 각각 1만5,386명과 7만9,931일이었다. 이 기간에 연평균 파업 참가자 수는 1만1,803명이었고, 노동손실일수는 8만3,561일이었다.

7. 한국

남북 분단과 한국전쟁

1948년 8월 15일 대한민국 정부가 수립되고, 같은 해 9월 9일 조선민주주의인민공화국이 수립됨으로써 한반도에는 체제를 달리하는 두 개의 단독 정부가 들어섰다. 한반도 분단 체제가 형성된 것이다. 이로써 일본 제국주의 잔재 청산과 민주주의 제도 정착·발전, 인민의 경제적 요구 실현, 통일된 민족 국가 수립이라는 중대 과제는 난관에 부딪치게 되었다.

대한민국 단독 정부는 남북 협상을 주장한 민족주의자들마저 배제된 이승만과 한국민주당 중심의 극우 정권이었으며, 식민지 국가기구를 유지한 예속적인 반공 정권이었다. 이승만 정권은 통치 기반을 대외적으로는 미국과 국제연합에 두고, 국내에서는 식민지 관료와 경찰기구에 의존했다. 이승만 정권은 일제 시기 반민족 행위자들에 대한 처벌을 시도한 '반민족행위특별조사위원회'(반민특위) 활동을 정지시키는가 하면, 1948년 11월 20일 국가보안법을 제정하여 한반도를 반공 체제의 보루로 구축하려 했다(한국역사연구회 1989, 340~341).

일제 패망 이후 미국과 소련의 분할 점령이라는 현실적 조건에서 외세에 편승한 정치 세력의 책략으로 분단 체제가 성립됨으로써 민족 분열은 결정적인 것이 되었다(강만길 1984, 174).

냉전체제 속에서 남과 북의 분단 정권은 각기 체제를 강화하면서 자신들이 한반도 유일의 합법 정부라고 주장했다. 38선에서는 크고 작은 군사 충돌이 발생했는데, 이러한 군사 대결은 1950년 6월 25일 당시의 상황으로만 보면 북한 인민군이 총공세를 펴면서 전면적으로 확대되었다. 한국전쟁이 발발한 것이다.

한국전쟁의 전개 과정은 네 개의 국면으로 나눌 수 있다. 첫 번째 국면은 1950년 6월 25일부터 인천 상륙 작전이 행해졌던 9월 중순까지로 인민군의 공세 속에서 미군의 개입이 이루어졌던 시기이다. 두 번째 국면은 9월 중순 이후부터 북으로 진격한 국제연합군이 다시 후퇴하기 시작한 11월 말까지의 기간이다. 이 기간에는 중공군의 개입이 이루어졌다. 세 번째 국면은 11월 말 이후부터 휴전 협상이 시작되는 1951년 6월까지의 기간이다. 이 기간에는 국제연합군이 후퇴했고, 전쟁이 38선 부근에서 교착 상태에 들어갔다. 네 번째 국면은 6월 하순 이후부터 한국전쟁이 끝나는 시점인 1953년 7월까지이다. 이 기간에는 휴전 협상을 둘러싼 갈등이 계속되는 가운데 소모전이 이어졌다(한국역사연구회현대사연구반 1991, 42~43).

한국전쟁의 기원과 배경, 그리고 원인에 관해서는 여러 가지 관점과 주장이 제기되고 있다. 크게 보면 냉전의 기원과 한국전쟁의 원인을 소련의 팽창주의 정책에서 찾는 보수적 관점과, 미국의 제국주의적 정책에서 찾는 수정주의 관점으로 대별할 수 있다. 이 밖에도 근래 들어 진보적 연구자들이 한국전쟁에 대한 주체적이고 객관적인 연구를 시도하고 있다(한국역사연구회현대사연구반 1991, 21~22). 여기서는 그 기원과 성격에 관해 자세히 설명할 필요는 없을 것 같다.

한국전쟁은 참혹하고도 엄청난 피해를 남긴 채, 남북한 사이의 적대적 대결과 분단의 고착화를 불러왔다. 한국전쟁 이후 남한의 이승만 정권은 독재 체제를 한층 더 강화했으며, 대미 종속을 확대하고 심화했다.

먼저 한국전쟁이 초래한 인명 피해부터 살펴본다. 한국전쟁은 사망자 130만 명을 포함해 500만 명 이상의 사상자를 냈다. 당시 남북한 인구 3천만 명 가운데 7분의 1이 전쟁으로 피해를 입은 셈이었다. 특히 인구 1천만 명 정도였던 북한의 경우 전체 인구 가운데 4분의 1이 피해를 입었다. 이는 주로 미군의 공중 폭격에 따른 민간인 살상 때문이었다(한국역사연구회현대사연구반 1991, 61~62).

경제적 피해도 엄청난 규모였다. 남한에서는 전쟁이 교착 상태에 있던 1951년 6월 이전에 제조업의 48퍼센트, 농업의 14.3퍼센트, 광업의 3.2퍼센트가 파괴되었다. 당시 정부 발표에 따르면, 총 피해액은 약 30억3,200만 달러에 이르렀다. 이는 1945년부터 1961년까지 미국과 국제연합이 한국에 제공했던 원조 총액 31억3,900만 달러에 육박하는 액수이며, 전쟁 이전인 1949년 4월 1일~1950년 3월 31일 기준으로 집계된 총 국민소득의 2배가 넘는 규모였다.

북한은 전쟁 초기는 물론이고 휴전 협상이 진행되는 중에도 큰 피해를 입었다. 전쟁이 끝날 무렵 생산액은 1949년에 견주어 공업은 64퍼센트, 농업은 24퍼센트가 줄어들었다. 1954년 북한 당국의 공식 발표에 따르면, 총 피해액은 당시 화폐로 4,200억 원에 이르렀다. 이는 1949년 북한 총 국민소득의 6배에 해당하는 규모였다(한국역사연구회현대사연구반 1991, 62~63).

미국의 대한(對韓) 정책과 이승만 정권의 통치체제 강화

한국전쟁이 종료된 뒤 미국은 군사·정치·경제·이념 측면에서 한국에 대한 지배 체제를 공고히 했다. 먼저 1953년에 체결된 한미상호방위조약[9]과 1954년의 한미합의의사록에 따라 미군의 한국 주둔이 합법화되었으며, 미국의 군사기지화 정책이 효과적으로 수행되었다.

9_ 한미상호방위조약 제4조의 규정은 다음과 같다. "상호 합의에 의해 미합중국의 육군, 해군과 공군을 대한민국의 영토 내와 그 부근에 배치하는 권리를 대한민국은 이를 허여하고 미합중국은 이를 수락한다."

1950년대에 이루어진 미국의 경제원조는 한국 경제구조의 재편을 촉진한 중요한 요소였다. 미국이 미군정 시기와 이승만 정권 시기에 걸쳐 한국에 제공한 경제원조는 31억 달러에 이르렀다. 한국전쟁 이후 미국의 대한 원조는 방위 지원, 개발 증여, 잉여농산물 원조, 개발 차관으로 구성되어 있었는데, 이 가운데 군사 또는 준군사 원조가 80퍼센트 이상을 차지했다. 이러한 원조는 친미·반공 정권을 유지하고 육성하는 물적 기초이자 한국을 미국 잉여농산물 처리장으로, 미국 군수산업 생산물인 무기 판매시장으로, 그리고 대공산권 방어기지로 삼기 위한 주요 수단이었다.

원조 물자는 주로 소비재와 소비재 산업의 원료였다. 원조 물자 가운데 가장 많은 부분을 차지했던 미국 농산물은 한국 농업경제에 막대한 영향을 끼쳤다. 1956년부터 미국의 농업수출진흥원조법(PL480)에 따라 이루어진 농산물 원조는 한국 농업생산력을 감축시키고 농업경제에 큰 타격을 안겼다. 1950년대 주력 산업이었던 삼백三白 공업의 원료는 값싼 잉여농산물로 충당되어 국내의 밀과 면화 농업을 뿌리째 도태시켰다.

한국정부는 이 원조 물자를 자의적으로 처리할 수 없었고, 원조 물자를 판매한 대금은 대충자금으로 적립해야 했다. 이 대충자금은 한미합동경제위원회Combined Economic Board의 심사를 거친 뒤 사용할 수 있었다. 정부 재정 가운데 절반이 넘는 대충자금은 미국에서 무기를 사들이는 것을 비롯해 친미·반공 정권을 유지하는 데 사용되었다. 1950년대 한국경제는 이와 같이 원조경제를 통해 미국에 종속되었다.

1950년대 한국 경제가 재편되는 과정에서 관료 독점자본이 형성되고 성장했다. 초기 독점자본은 미군정과 이승만 정권에 기생한 친일매판 자본가 그룹, 일제시대 대지주에서 산업자본가로 변신하는 데 성공한 일부 지주들이었다. 이들은 귀속 재산 불하와 원조 물자 배정을 통해 자본축적을 이룩할 수 있었다. 각종 특혜를 받아 자본을 축적한 1950년대 자본가들은 필연코 정치권력과 결탁해 관료 독점자본으로 성장했다(역사학연구소 1995, 291~293).

한국전쟁 이후 이승만 정권은 군사·경제·이념 측면에서 직접 개입 및 지배를 시도하는 미국을 등에 업은 채 국내 권력 기반을 통해 통치체제를 강화해 나갔다. 이승만 정권의 권력은 미국의 정치적 개입과 경제원조를 배경으로 한 반공 이데올로기, 경찰·군부 및 극우 청년단체, 자유당을 근간으로 했다. 이 밖에도 매판적 관료 독점자본이 이승만 정권의 강력한 지지 세력이었다.

먼저 반공 이데올로기는 1950년대 미국이 한국을 소련과 중국을 봉쇄하는 전진기지로 설정한 냉전 상황에서 미국의 요구 실현과 외세의존적인 이승만 정권의 권위주의적인 권력 행사를 정당화하는 구실을 했다. 이승만 정권이 정권 유지를 위해 다른 한편으로 내세운 반일 이데올로기는 반공 이데올로기를 보완하여 사회통합적 기능을 수행했다.

다음으로 경찰과 군부, 극우 청년단체는 이승만 정권이 독재 체제를 구축하는 과정에서 최대의 그리고 실질적인 통치 기반이 되었다. 이승만 정권은 민주주의적 정치체제와 국민의 지지를 바탕으로 한 정권이 아니었기 때문에 오로지 억압적인 국가기구를 동원해 강압적 통치를 펼칠 수밖에 없었다.

자유당은 미국 원조 특혜로 성장한 매판 자본가계급을 기반으로 국회 내에서 세력을 형성하려는 목적에서 설립한 것이다. 그리하여 자유당은 행정부의 독단과 전횡을 비호하면서 정당의 고유 기능을 상실한 채 이승만의 권위주의적 통치를 뒷받침했다(한국역사연구회현대사연구반 1991, 98~101).

이승만 정권은 폭압적인 국가기구와 이데올로기 상징 조작, 미국의 실질적인 개입과 지배를 바탕으로 하여 통치체제를 유지할 수 있었다. 그러나 그러한 전제적인 억압 통치가 언제까지나 지속될 수는 없었다.

대한노총의 재편과 파쟁

대한민국 정부 수립 이후 노동운동이 재편되고 노동자투쟁의 양상이 변화했다. 정부 수립과 더불어 대한독립촉성노동총연맹(대한노총)이 남한의 유일한 합법적 전국 중앙 조직으로 자리 잡았다. 이승만 대통령은 조선노동조합전국평의회(전평) 세력을 꺾은 공로를 높게 평가해 대한노총 위원장 전진한을 초대 보건사회부 장관에 임명했다. 그러나 대한노총 위원장의 보건사회부 장관 임명이 대한노총 구성원들의 전적인 환영을 받은 일은 아니었다.

정부 수립 이후 노동운동 전개 과정을 대한노총 개편과 파쟁 발생으로부터 살펴본다. 대한노총은 1948년 8월 26일과 27일 이틀 동안 임시 대의원대회를 열고 강령과 규약을 개정하고 조직 명칭을 바꾸었다. 개정된 강령 내용은 다음과 같다.

1. 우리는 노동 대중의 복리와 사회적 지위 향상을 위해 투쟁한다.
1. 우리는 국민경제 재건과 만민공생의 균등 사회 건설을 기한다.
1. 우리는 민주주의적 자주 독립 국가로서 세계 평화에 공헌함을 기한다.

대의원대회는 강령 개정과 함께 조직 명칭을 대한독립촉성노동총연맹에서 대한노동총연맹으로 바꾸었다. 대회에서는 전진한 위원장의 유임 문제를 둘러싸고 찬성과 반대 두 파로 나뉘었다. 전진한 지지파는 반대파를

연도	총 인구	14세 이상 인구	취업자 수	사업체 수	종업원 수
1949	20,169	11,774	-	7,404	266
1955	21,502	12,637	-	4,344(1)	255
1956	22,307	-	-	6,536	220
1957	22,949	13,919	8,076	6,484	245

표 21-12 | 인구·고용 실태 （단위: 1천 명）

자료: 경제기획원, 「한국통계연감」 1961; 1965.
주: (1)은 1954년 수치임. 사업체 수와 종업원 수는 5인 이상 종사 사업체에 해당하는 수치임.
　　한국노동조합총연맹 1979, 431에서 재인용.

제명하기로 결정했고, 제명된 반대파는 '전국혁신위원회'를 조직해 다수파인 전진한 집행부와 대립했다.

이러한 대한노총 내부의 대립이 진행되는 가운데, 1949년 3월에 열린 대한노총 제3차 정기 대의원대회에서 이승만과 결별하고 장관직을 그만둔 전진한이 위원장 선거에서 낙선했고 혁신파가 헤게모니를 장악했다. 전진한 지지파는 대회 결정에 승복하지 않고 같은 해 4월 별도의 대회를 열어 전진한을 위원장으로 하는 집행부를 구성했다.

이와 같이 대한노총은 이른바 '3월파'와 '4월파'로 분열되어 파쟁을 계속했다. 대한노총의 파벌 싸움은 1949년 7월 이승만 대통령의 조정으로 겨우 수습되었으나, 그것은 어디까지나 미봉책에 지나지 않았다. 1952년 11월에는 대한노총 통합대회가 열렸으나, 싸움은 계속되었다. 한국전쟁 기간과 전쟁 이후에 열린 대의원대회도 조직 내 통합을 이룩하지 못한 채 자유당 정권의 기간단체 기능을 더해 갔다(이원보 2013, 141).

이 시기 노동조합운동의 조직 추이부터 살펴본다. 1947~1958년 사이의 노동조합과 조합원 수 추이는 〈표 21-13〉에서 보는 바와 같다.

한국전쟁 기간에 발표된 노동조합 조직에 관한 공식 통계에 따르면, 노

표 21-13 | 1947~1958년의 노동조합 및 조합원 수

	사업체 수	노동자 수	노동조합 수	조합원 수
1947	2,756	154,533	262	46,740
1951	4,300	266,429	233	108,993
1955	4,344	254,820	562	205,511
1958	6,072	236,401	634	248,507

자료: 1947년은 조선은행 조사부 『조선경제연보』 1948.
　　1951년은 『대한민국통계연감』, 1952.
　　1955년과 1958년은 보건사회부, 『통계연보』, 1962.
주: 사업체 노동자 수보다 조합원 수가 더 많은 것은 철도를 비롯한 사업체 이외 부문 노동자들이 포함되어 있기 때문임.
　　송종래 2004, 219에서 재인용.

동조합 수는 1947년의 262개에서 1951년 233개로 줄었다가 1955년에는 562개로, 1958년에는 634개로 증가했다. 노동조합원 수는 1951년 10만 8,993명에서 1958년 24만8,507명으로 크게 늘었다. 조직률은 아주 낮은 편이었다.

대한노총은 지역 조직과 산업별 조직의 이원적 체계를 취하고 있었다. 1951년 7월 당시 대한노총은 산하에 시도 지방연맹(산하에 지구연맹과 지부·분회)과 6개 산업별 연맹(철도, 광산, 전력, 해원, 조양사, 부두)으로 구성되어 있었다. 지역별 노조를 기본 구조로 하여 지방연맹 또는 지구연맹이 노동현장(지부·분회)에 막강한 통제력을 행사하고 중요한 역할을 수행하는 특징을 가지고 있었다(손종래 외 2004, 220~221).

노동관계법 제정과 파업투쟁의 고양

대한노총 주도의 노동조합운동이 파쟁과 분열을 계속하면서 이승만 정권의 정치도구로 전락하는 가운데서도 조직의 정비와 노조 조직화 작업은 진행되었다. 노동운동은 1948년 제헌 헌법에서 정한 '근로의 권리와 의무', 즉

근로조건 기준의 법제화, 노동 3권의 보장, 노동자의 이익분배 균점 권리 등의 규정과 1953년에 제정된 노동관계법(노동조합법, 노동쟁의조정법, 노동위원회법, 근로기준법)을 제도적 기반으로 하여 노동자계급의 주체적 투쟁을 통해 발전해 나갔다.

정부 수립 이후 한국전쟁 이전에도 철도연맹의 공무원법 수정 투쟁과 어용노조인 현업원노조 분쇄 투쟁, 조선전업電業 내 노조 결성을 위한 투쟁이 있었고, 한국전쟁 기간에도 조선방직 쟁의, 광산 노동자 임금 인상 투쟁이 일어났다. 그 이후에도 1950년대 전반기에 미군부대 한국인 종업원 파업, 하역노동자 임금 인상 투쟁 등이 전개되었다. 여기서는 조선방직 파업과 광산 노동자 투쟁, 부산 미군부대 한국인 종업원 파업투쟁을 살펴본다.

부산에 위치한 조선방직주식회사는 일제 때 설립된 귀속 사업체로서 1951년 당시만 해도 한 해에 85억 원의 순이익을 내고 노동자 6천여 명이 일하던 남한 최대의 방직공장이었다. 1951년 7월 이 회사 관리인들이 사기·배임 등의 혐의로 재판에 회부되자, 같은 해 9월 정부는 이승만의 지시에 따라 동화백화점 관리인 강일매를 후임 관리인으로 임명했다.

사장으로 취임한 강일매는 공장과 본사를 분리한다는 구실로 신규 직원 120명을 채용하고 20년 이상 근속한 60세 이상 노동자 20명을 해고했다. 또 강일매는 상공부의 임금 인상 지침도 무시한 채 기존 사원 370명에 대해 임금동결 조치를 했다. 그뿐만 아니라 노조 파괴를 목적으로 부당노동행위를 저질렀으며, 노조 핵심 간부들을 해고했다.

조선방직 노동자들은 강일매의 이러한 부당한 처사에 항의해 1952년 12월 15일부터 "강일매 사장 물러가라"라는 플래카드를 내걸고 투쟁에 들어갔다. 이에 강일매는 경찰과 폭력배를 동원해 노동자들을 탄압했으며, 대한노총 위원장의 교섭 요구마저 거부했다.

조선방직 노동자 투쟁이 확대되자, 대한노총은 조방쟁의위원회를 구성하고 강일매 파면을 내용으로 하여 사회부에 노동쟁의 조정을 신청했다. 사태의 심각성을 인식한 상공부는 강일매와 전무의 출근을 정지하고 해고된 노동사들을 복직시키겠다고 약속했고, 노동자들은 일단 쟁의행위를 중지했다. 노동자들이 투쟁을 중지했는데도 1953년 1월 31일 경찰은 노조 간부 7명과 여성노동자 5명을 구속했다. 한편, 상공부는 강일매 사장의 유임을 결정했다. 이에 대한노총은 3월 3일 24시간 시한부 파업을 단행하기로 결정했고, 국회는 강일매의 퇴사와 노동조합의 파업 중지를 촉구하는 결의를 했다. 파업대책위원회는 국회의 결의를 존중해 파업을 중지하겠다는 성명을 발표했다.

그런데도 정부는 국회 의결을 무시했고, 강일매는 어용노조를 조직해 탄압을 강화하는 한편 경찰을 동원해 노동자들을 체포·구속하도록 했다. 이승만 대통령까지 나서 "단순한 생산 발전만을 주장하는 사람들을 고용해다가 맡길 터이니 일하고 싶은 사람은 이 주장 밑에서 일해야 될 것이요"라고 경고하며 파업 노동자들을 위협했다.

조선방직 노동자들은 이에 굴하지 않고 3월 12일 일제히 파업에 들어갔으나, 경찰의 강경 탄압과 이승만의 강한 경고, 어용노조의 폭력에 위협을 느낀 대한노총 전진한 위원장은 파업을 취소하고 직장에 복귀할 것을 선언했다. 노동자들은 아무런 성과 없이 3월 13일 작업에 복귀했고, 파업투쟁에 대한 보복이 돌아왔다. 노동자 26명이 구속되었고, 여성노동자 600여 명이 해고당했다. 이렇게 하여 조선방직 파업투쟁은 3개월 만에 노동자들의 참담한 패배로 끝났다(이원보 2013, 146~148).

조선방직 쟁의는 비록 패배로 끝났지만, 조선방직 노동자투쟁은 노동관계법 제정의 계기가 되었고 노동관계법 제정에 따라 기업별 노조 조직 체계가 도입되면서 현장 조합주의가 대두하게 되었다(송종래 외 2004, 346~347).

1950년 5월에 제정된 대한석탄공사법에 따라 국가 소유 석탄광은 대한석탄공사(석공) 지역 영업소로 조직 개편되었다. 석탄 산업은 오래전부터 시설이 낙후되고 경영 부실로 경영 상태가 악화되어 저임금과 임금 체불이 고질화되었다. 1949년 4월에 결성된 전국광산노동연맹은 체불 노임 즉시 지불과 임금 인상을 주요 투쟁 목표로 설정하고, 1952년 2월 10일 석공 측에 체불 임금 청산과 임금 인상, 보상미 배급 등을 요구했다. 석공이 아무런 해결책을 내놓지 못하자, 전국광산노동연맹은 사회부와 상공부에 해결을 촉구했다. 사회부와 상공부로부터도 실효성 있는 답변을 듣지 못한 전국광산노동연맹은 국회에 이 문제의 해결을 탄원했다. 국회마저 부산 정치 파동에 따라 폐회된 상태였으므로 국가기관을 통한 해결을 기대하기는 어려운 상태였다.

전국광산노동연맹은 2월 26일 전국광산노동연맹쟁의대책위원회를 구성하고, 3월 3일 전국광산노동연맹 산하 탄광노동조합위원장의 공동 명의로 제시한 요구를 3월 10일까지 해결할 것을 촉구하면서 해결되지 않을 경우 총파업을 단행할 것이라는 최후통첩을 석공 측에 보냈다. 요구 사항은 ① 미불된 임금과 보상미를 즉시 지불할 것, ② 정부 기준 배급미가配給米價 인상으로 인한 인상 전과의 차액을 지불할 것, ③ 정부 기준 배급미에 대한 부양가족 제한을 폐지하고 부양가족 전원에게 급여할 것, ④ 야간근무 수당은 직원에만 제한할 것이 아니라 일용 종업원에게도 해당시켜 지급할 것, ⑤ 생명을 유지할 수 있는 임금으로 인상할 것 등이었다.

석공은 3월 14일 요구를 수락할 의사를 노조 측에 통고하고 다음 합의 사항에 동의함으로써 쟁의는 해결되었다. ① 체불 노임은 3월 20일까지 지불한다. ② 미가 인상 차액은 노동자 측의 요구대로 응한다. ③ 부양가족 배급 제한은 폐지한다. ④ 야간근무 수당은 일용부日傭夫에게도 해당시킨다. 임금 인상은 4월부터 대책을 세운다.

전국광산노동연맹은 임금 인상과 관련해 3월 18일부터 갱내 작업자에 대해서는 일낭 1만2,500원, 갱외 작업자에 대해서는 7,500원 선으로 하되, 정부 기준미가 인상 시에는 그 비율에 따라 임금 인상을 보장해 줄 것을 요구했다. 이는 재협상을 통해 부분적으로 관철할 수 있었다(송종래 외 2004, 348~349).

1954년 5월 27일 부산 미군기지에 종사하는 한국인 종업원들이 임금 인상과 노동조건 개선을 요구하며 노동쟁의를 제기했다. 미군종업원노조는 미 극동사령부와 단체교섭을 진행했는데, 2개월 반의 냉각기간이 경과하자 1954년 8월 9일 종업원 1만2천 명이 일제히 파업에 들어갔다. 그들은 이날 아침 6시에 부산역 광장에 집합해 투쟁 결의를 다지고 가두시위를 벌였다. 노조의 요구는 ① 최저임금을 시간당 70환[10]으로 인상하고 현재 재적 인원을 안착시키는 동시에 백홈Back Home 철폐, 스탠바이stand-by 시간 단축, 출근 시에 전前노임을 지불할 것, ② 한국 근로기준법을 적용할 것 등이었다.

노동자들은 8월 10일 24시간 파업을 종결하고, 아침 8시부터 직장에 복귀했다. 노조 측에서 교섭 재개 의사를 표시했으나 미군 측에서는 아무런 반응을 보이지 않았다. 노조는 여전히 파업 단행 의사를 강하게 표명했다.

8월 13일, 보사부는 부산 미군종업원노조의 쟁의를 위법행위라고 규정하고 경상남도 지사에게 파업을 중지시키라는 지시를 내렸다. 노조 측은 한국 정부가 미군 당국에 임금 인상을 권고하겠다는 약속을 받고 재파업 기일

10_1953년 2월 15~17일 사이에 화폐개혁이 실시되어 100원이 1환으로 바뀌었다.

로 정한 8월 17일을 25일까지로 연기하기로 결정했다.

9월 1일, 미 극동사령부는 부산 미군종업원노조가 요구하는 임금 인상 문제에 대해 부분적인 임금 인상을 시행하겠다고 미 후방기지 사령부를 통해 통보했다. 1시간당 1급 임금을 21환 50전으로, 2급 임금은 28환으로, 3급 임금은 37환으로, 4급 이상 임금은 80환으로 각각 인상하는 안이었다. 노조 측이 요구한 평균 110환에는 훨씬 못 미치는 액수였으나, 노조 측은 우선 이를 수락하고 9월 5일에 미군종업원노조 본부에서 전국대의원대회를 열어 일률적으로 시간당 70환을 계속 요구하기로 했다(한국노동조합총연맹 1979, 411).

5장

라틴아메리카 국가의 노동운동

20세기 하반기에 나타난 미국의 패권을 분석해 보자.

먼저 군사적 측면이다.

미국은 무기가 아니라 막대한 자국의 경제력과

그것을 기반으로 맡은 세계의 중심 역할로써 지배권을 잡았다.

특히 제2차 세계대전 종전 후인 1945년부터 몇 십 년 동안이 그랬다.

둘째는 정치적인 측면이다.

미국의 패권은 부유국들이 자신들의 체제가

공산 정권보다 낫다고 생각했기 때문에 가능했다.

라틴아메리카처럼 그런 의견의 일치가 없었던 곳에서는

사회주의혁명을 두려워하는 지배층과 군부의 연대가

미국의 패권을 인정했다.

셋째는 문화적 측면이다.

미국이 개척하고 전파한 부유한 소비사회의 매력과

할리우드가 세계를 사로잡았기 때문에 미국이 패권을 잡을 수 있었다.

넷째는 이념적 측면이다.

미국은 '독재'와 맞서는 '자유'의 본보기라는 데서 큰 덕을 봤다

(그러나 너무도 노골적으로 자유의 적들과

우호적인 관계를 유지하기도 했다).

(홉스봄 2008, 49~50)

냉전체제는 아메리카 지역의 국제 관계를 크게 바꾸어 놓았다. 미국은 '국가안보'를 외교정책의 최우선 과제로 삼았으며, 라틴아메리카를(그리고 그 밖의 개발도상국가들을 포함해) 공산주의와 자본주의, 전체주의 국가와 민주주의 국가, 소련과 미국의 갈등 원천으로 활용했다. 미국은 소련의 도전에 대응해 아메리카 지역 전체에서 정치적 주도권을 확대하고 강화하고자 했다. 반공산주의 '성전'聖戰을 벌이면서, 미국은 아메리카 지역 국가들과 군사·정치적 동맹을 제도화했다. 또 반공주의를 견지하는 한 권위주의 국가와도 협력하려 했다. 그리고 자국에 우호적인 정부로 하여금 투쟁적인 노동운동을 탄압하고 공산당을 불법화할 것을 독려(또는 강요)했고, 공산주의에 미온적인 정부에 대해서는 민주정부일지라도 군사력을 동원해 전복시키도록 뒤에서 조종했다. 아메리카 지역에서 지나치게 과장되어 있던 '소련의 위협'에 대한 두려움은 미국의 아메리카 지역 외교정책에 결정적인 기준으로 작동했다(스미스 2010, 161~162).

냉전체제가 점점 공고해지는 가운데, 제2차 세계대전 기간에 형성된 아메리카 국가들의 협조 체제는 미국의 강력한 반공 정책을 바탕으로 하여 아메리카 방위 체제를 강화하는 것으로 전환되었다. 이 과정은 미국 주도로 지역 기구로 발족한 아메리카국가기구OAS[1](이른바 미주기구)를 중심으로 전개되었다.

아메리카국가기구는 아메리카 국가들 사이의 정치·경제·사회·문화 영

1_미국이 주도해 아메리카 대륙의 지역적 협력을 위해 설립한 기구이다. 1951년 12월 캐나다를 제외한 모든 아메리카 지역 국가들이 참가해 기구를 설립했고, 쿠바는 회원국이었다가 1962년에 축출되었다. 아메리카 대륙의 평화와 안전 강화, 분쟁 원인의 방지와 분쟁의 평화적 해결, 가맹국의 정치·법률·경제 문제의 해결, 침략에 대한 공동행동 준비, 경제·문화·사회 발전 촉진, 협력 강화 등이 목적이다. 2018년 기준으로 아메리카대륙 35개국이 회원국으로 참여하고 있다.

역 협력 관계를 긴밀하게 할 목적에 따라 그 기구가 정한 헌장에 바탕을 두고 설치되었다. 아메리카국가기구 헌장은 1948년 콜롬비아의 보고타에서 열린 제9회 미주회의Pan-American Conference에서 채택되었으며, 1951년 12월부터 발효되었다. 이 보고타 회의는 라틴아메리카 지역 내 대미 관계의 전환점이 되었다. 집단 안전보장과 협조 관계를 추구하는 기구가 설립되었을 뿐만 아니라, 급속하게 진전된 미·소 냉전체제에서 아메리카국가기구가 아메리카 대륙 반공 체제의 교두보가 되었기 때문이다. 이와 동시에 아메리카국가기구의 대두는 라틴아메리카 국가들의 전후 정치 방향을 결정했다. 특히 1950년대부터 1960년대에 걸쳐 라틴아메리카 국가들에서 출현한 혁명운동과 급진적인 혁신 정권은 아메리카국가기구의 결정으로 고립되거나 봉쇄되었다. 그 전형적인 사례가 1950년대 과테말라혁명, 1959년의 쿠바혁명, 1965년 도미니카혁명의 좌절이었다(國本伊代 1992, 220~221).

이와 같이 라틴아메리카 국가들은 미국의 정치·경제·사회·문화 측면의 개입과 지배를 겪는 가운데 독자적인 발전 전략을 추구하기도 했다. 냉전체제 초기 라틴아메리카 국가들의 정세 변화와 노동운동 전개 과정을 국가별로 살펴본다.

1. 아르헨티나

페론 정권의 경제적 자립화 정책

1946년 6월 4일 대통령에 취임한 후안 도밍고 페론은 1951년 대통령 재선을 거쳐 1955년 9월 군사 쿠데타로 실각할 때까지 9년 가까이 대통령직을 유지했다. 이 시기에 실시한 정책은 1943~1945년 사이에 채택한 노선을 기본적으로 답습하면서 한층 더 발전시킨 것이었다. 특히 노동정책 면에서 성과가 두드러졌다. 1943~1948년 사이에 실질임금이 37퍼센트 증가했으며, 연금 수급자도 1944년의 200만 명에서 1955년에는 500만 명으로 늘어났다. 조직노동자도 같은 기간에 50만 명에서 500만 명으로 10배나 증가했다. 1949년 헌법(이른바 페론 헌법)에는 적정 임금과 기술 습득 등 열 가지 노동권이 규정되었다.

더욱이 페론 정부와 현장 노동자 사이를 연결하는 파이프로서 에바 페론이 이룩한 성과도 결코 지나칠 수 없다. 사생아로 태어나 어린 시절 갖은 고난을 겪은 에바는 1945년 10월 17일 사건 직후 페론과 결혼했다. 에바는 사회 문제에 깊은 관심을 갖고 1948년 7월 '에바 페론 재단'이라는 자선단체를 설립해 노동자들을 위한 주택, 고아원, 양로원 등을 짓고 운영했다.

페론은 경제 자립화 정책을 내걸고 주요 산업의 국유화와 외자 의존 탈피, 공업화를 통한 산업의 다각화를 추구했다. 주요 산업의 국유화와 관련해서는 페론 대통령 취임 직전에 파렐 정부가 실시했던 중앙은행 국유화(1946년 3월)에 이어 1946년 9월 전화 회사를 접수했다. 1947년 7월 9일에는 에스파냐로부터의 독립을 선언했던 투쿠만 시에서 '강력한 외국 자본주의로부터의 경제적 해방'을 추구한 '공화국 경제 독립 선언'을 발표했다. 1948년 2월 18일에는 영국계 철도를 국유화하는 내용의 안데스협정이 조인되었으며, 3월 1일자로 영국계 철도 국유화가 실시되었다. 그 밖에 해운업·항공업 등에 속하는 기업들이 국유화되었다.

1949년에 개정된 헌법 제40조는 천연자원과 공공사업은 국가가 직접 개발 및 운영한다고 규정했다. 페론 시대에 일련의 국유화 정책을 실시한 결과 자국 자본의 비율이 급속하게 높아져 1934년 72.8퍼센트였던 것이 1955년에는 94.9퍼센트에 이르렀다. 1930년대에 특히 두드러졌던 외자의

존형 경제정책은 페론 시대에 들어와 크게 수정되었다(中川文雄 외 1985, 366~368).

페론 정권은 경제적 독립을 실현하기 위해 두 차례에 걸쳐 5개년 계획을 세웠다. 제1차 5개년 계획(1947~1951년)이 실시된 뒤, 곧이어 시작된 제2차 5개년 계획(1952~1955년)은 페론 정권의 실각으로 마무리되지 못했다.

페론 정권이 시행한 경제정책을 5개년 계획 중심으로 살펴본다. 페론 정권의 경제정책 목표는 외국계 자산 국유화, 공업화, 국가주도형 경제개발 등이었다. 먼저 외국 자산 국유화는 주로 공공서비스 부문에서 이루어졌다. 냉동육 공장을 비롯해 외국인 소유 토지, 부동산, 상업, 금융 부문은 주요 대상에서 제외했다. 페론 정권 제1기에는 철도와 전화를 중심으로 외국계 자산 매수가 실시되었다. 1946년 12월에는 아르헨티나 정부가 프랑스인 소유의 철도망을 매수했고, 1948년 3월에는 영국인 소유의 철도를 국유화했다. 이 과정에서 아르헨티나 정부와 기업 소유자 사이의 교섭이 난항을 거듭했으나, 우여곡절을 끝에 타결되었다. 그 배경에는 양국의 경제 상태에 영향을 미치는 전후 국제 경제의 재편성이라는 중대한 문제가 도사리고 있었다. 전화 부문 국유화도 같은 방식으로 이루어졌다. 1946년 9월, 국제전화전신회사ITT 소유의 전화 회사United River Plate Telephone Company Limited가 아르헨티나 정부 소유로 이양되었다.

페론 정권은 이러한 국유화 작업이 외화 부족을 초래하고 경제개발에 장애 요인으로 작용한다는 사실을 인식해, 제2기 경제정책을 수정했다. 제2차 5개년 계획 기간에 석유 개발을 위한 외자를 도입하는 등 페론 정권 말기에는 다시 상당한 액수의 외자를 받아들였다(增田義郎 외 1977, 127~129).

다음으로 공업 육성 정책은 종속 경제 극복을 위한 외국자본의 지배 철폐와 농목업農牧業 중심 경제로부터의 탈피를 목표로 설정했다. 그러나 전통적인 수출 산업을 통해서는 외화를 충분히 벌어들이지 못했으며, 그 결과 공업화에 필요한 생산재나 연료 수입에 필요한 외화가 부족해졌다. 1948년 말에는 외국자본의 필요성을 인정하지 않을 수 없었다.

한편 공업화 과정에서는 경공업 우선 정책이 취해졌는데, 섬유와 의류 부문에서 고용 기회가 확대되었다. 경공업 중심의 공업화 단계에서 중화학·에너지 공업 발전 단계로 이행하기 위해서는 자본, 기술, 시장이 크게 발전해야 했다. 그러나 페론 정부는 대외적으로는 외자와 기술 도입을 막는 엄격한 배외주의를 취하고 있었으며, 대내적으로는 수출 산업이 부진 상태에 있었기 때문에 공업 육성 정책이 제대로 시행되지 못했다(增田義郞 외 1977, 130~132).

페론 정권 경제정책의 또 다른 특징은 국가주도형 경제를 추구한다는 것이었다. 국내의 많은 기간산업에 대한 외국의 지배를 약화시키고, 외국자본 소유였던 많은 기업을 국영기업으로 전환하는 것을 목표로 했으므로 국가가 주도권을 쥐는 것은 자연스러운 귀결이었다. 이러한 정책 목표에 따라 중앙은행 국유화, 공공서비스 부문 국영 사업 확대가 이루어졌고, 무역 부문을 국가가 관리하게 되었다.

페론 정권은 이와 같은 민족주의적인 경향이 농후한 경제정책을 실행하는 한편, 이른바 '정의주의'를 과감하게 추구했다. 1948년 12월, 페론 정권은 헌법을 개정해 대통령 임기를 6년으로 연장했다. 또 선거인단 제도를 폐지하고 직선제를 채택했으며, 제한 없는 재선을 허용해 중앙집권제를 강화했다.

1950년 9월, 페론 정권은 사회안전법을 제정했으며, 1951년에는 정의주의학회를 설립해 정의주의 선전을 강화했다. 1951년에는 노동총동맹CGT 내 페론 추종자들이 에바 페론을 부통령 후보로 추대하려다 군부와 마찰을 일으켰다. 그달 군부 일각에서 쿠데타를 시도하기도 했는데, 페론 정권은 쿠데타를 주동한 상당수 군인들을 체포했으며 이를 계기 삼아 권력 강화를 시도했다.

1951년에 실시된 대통령 선거에서 당선된 페론은 제2차 5개년 계획을 발표했다. 그러나 경기 침체와 억압적인 정책 시행에 따른 추종자들의 이탈 등으로 난관에 부딪혔다. 이에 따라 페론은 1953년에 칠레·에콰도르·페루와 호혜 무역협정을 체결하고, 아르헨티나와 갈등을 빚고 있던 영국과 교역 협정을 체결했으며 우루과이와도 우호 관계를 강화했다. 1953년 8월에는 외국인 투자 유치를 위해 과실 송금 허용과 산업은행 지원을 보장하는 새로운 법령을 제정했다. 1955년에는 자동차 메이커인 미국 카이저 사의 코르도바 공장 설립과 미국 스탠더드 사의 파타고니아 유전 지대 개발을 허용했다. 이와 같은 대외 개방 정책을 시행했음에도 페론 정권은 물가 상승과 부에노스아이레스에서 일어난 폭동 등으로 심대한 위기에서 허우적댔다.

페론의 퇴진과 군부 통치

한편 페론 정권은 노동조합운동과도 갈등을 빚게 되었으며, 가톨릭교회 측의 저항에 직면했다. 정부는 교회에 대한 보조금 지급을 중단하고 교회의 교육 통제를 금지했으며, 교회에 대한 과세법 제정과 정교政敎 분리를 규정한 헌법 개정안을 발표했다. 이에 가톨릭 세력이 강력하게 반발했다.

이러한 상황에서 1955년 하반기 들어 페론 정권에 반대하는 대규모 집회가 열렸다. 9월 19일에는 해군이 부에노스아이레스와 라플라타 정유소를 파괴하겠다고 위협하는 사태까지 벌어졌다. 상황이 급박해지자 페론은 권력을 의회에 위임한 뒤 파라과이 전함을 타고 에스파냐로 망명했다.

쿠데타를 준비하고 실행하는 과정에는 상당히 다양한 경향을 지닌 사회 세력들이 참여했지만, 실제로 주도한 세력은 외국 독점자본과 토착 부르주아 과두제 집단들이었다. 그들은 정치 상황이 급진화되거나 세력 관계가 노동자계급이나 근로자 대중 쪽으로 기울어지는 것을 결코 허용하지 않았다(소련과학아카데미 2012, 329).

정권을 계승한 것은 군부 지도자의 한 사람인 에두아르도 로나르디 장군이었다. 1955년 9월에 수립된 군사 정권은 조속한 민간 정부로의 복귀와 언론 자유를 약속했다. 그러나 로나르디 장군은 군부 내에서도 세력이 약한 파벌의 명목상 지도자였는데, 그는 막강한 영향력을 행사하는 자유주의 세력과 갈등을 빚었다. 로나르디는 페론 추종자들에 대한 척결을 주장하는 세력의 강력한 도전에 직면해 집권 60일 만인 1955년 11월에 참모총장 에우헤니오 아람부루 장군에게 정권을 이양했다(강석영 1996, 하권, 62~64).

페론주의 노동조합운동과 반페론주의 노동자투쟁

페론이 대통령에 취임한 뒤, 반페론주의 노동조합의 파괴가 신속하게 진행되었다. 그 첫 번째 단계는 1946년 6월 공산주의자들이 영향력을 발휘했던 조직들의 자진 해산이었다. 이러한 일은 페론 정부가 소련을 인정하고, 대중이 페론주의자들에 동조하고 있음을 공산주의자들이 인정함으로써 정당화되었다. 대중에 영향력을 발휘하는 공산주의자들은 페론주의 노동조합에 가입해야 했다.

다른 반페론주의 노동조합 그룹은 정부의 결정에 따라 해체되었다. 정부는 노동조합 내부 분쟁을 조장하거나 현장 노동자들의 요구에 따라 새 지도부를 구성하는 방식을 택했다. 또는 노동총연맹으로 하여금 '반란' 노동조합에 개입하도록 했다. 많은 경우 특정 노동조합이 정상적인 기능을 발휘하지 못하도록 만들기 위해 경찰력이 동원되었다.

반페론주의 노동조합에 대한 중대한 억압 조치는 1949년 중반에 취해졌는데, 그 가운데 한 가지가 사회주의자들이 영향력을 행사했던 독립노동조합아르헨티나노동자위원회COASI 본부를 경찰이 폐쇄 조치한 것이다. 이 조직은 페론이 대통령에 취임하기 전 사회주의 경향의 노동조합들이 설립했다. 여기에는 제화製靴노동조합, 섬유노동조합, 그리고 몇몇 소규모 노동조합이 가입해 있었다. 또 아르헨티나지역노동자연맹FORA 본부와 전국에 걸친 가맹 조직이 경찰에 의해 활동을 중지당했다. 독립 노동조합주의의 마지막 중요한 거점이 1950년 해상노동자 파업에 대한 진압의 결과로서 분쇄되었다(Alexander 2003a, 92~94).

한편 페론주의 노동운동은 더욱 정부의 도구가 되어 갔다. 1946년 말 당시 노동총연맹의 연맹 회의 구성 조직 89개 가운데 최소 33개 조직 이상이 일부 또는 전적으로 정부 재정 지원에 의존하고 있었다. 노동부는 '투쿠만 설탕제조노동조합연맹'처럼 간부들을 매수해 지배하거나 지방자치노동조합을 직접 조종했다. 노동조합 지도자들이 정부의 직책을 맡는 경우도 있었다.

페론주의 노동조합운동 내에서 일어난 독립적인 움직임은 가차 없이 억압당했다. 이를테면 통조림노동조합연맹처럼 노동조합의 자율성을 주장하던 노동조합은 결국 정부에 의해 해산당했다. 노동총연맹은 경쟁 노동조합을 결성하기 위해 노력했으나 실패하고 말았다. 페론주의 노동조합이 몇몇 중요한 파업을 일으켰으나, 정부에 의해 분쇄되었다. 그 가운데 하나는 1949년의 부에노스아이레스 신문 파업이었는데, 정부가 한 달 동안 신문 발행을 중지시켰다. 부에노스아이레스 그래픽노동조합연맹은 페론주의자들의 통제를 받는 노동조합이었는데도 '불법 파업'을 명분으로 경찰이 노동조합 본부를 점거했다. 파업은 1주일 이상 계속되지 못했다. 이 무렵 고무노동자 파업, 담배노동자 파업, 네덜란드인 소유 필립전기회사 노동자 파업이 일어났는데, 정부는 불법파업이라고 규정하며 탄압했다.

1949년 말 투쿠만설탕노동조합연맹이 정부가 승인을 거부했는데도 임금 인상 요구 파업을 일으켰다. 몇 주 동안 계속된 이 파업은 결국 노동조합간부 한 사람이 경찰에 의해 살해당한 뒤 끝났다. 파업 발생 당시 설탕노동조합연맹은 노동총연맹의 지도를 받고 있었으나, 파업이 종료된 뒤 연맹 지도부가 개편되었다. 지도부에는 페론주의자가 선출되었다.

정부와 페론주의 노동조합 사이의 심각한 갈등은 1950년 말부터 1951년 초까지 일어난 일련의 파업에서 드러났다. 첫 번째 파업은 1950년 11월 말 부에노스아이레스 행 철도노동자들이 임금 인상을 요구하며 제기한 것이다. 임시 파업위원회가 교통부와 교섭을 벌인 결과, 파업에서 요구된 대부분의 사항을 받아들인 협약이 체결되었다. 그러나 정부는 이 협약의 실행을 미루었으며, 몇 주일 뒤 철도노동자들은 다시 파업에 들어갔다. 협약은 다시 체결되었는데, 협약에는 임금 인상과 함께 철도노동조합 간부들의 해임에 관한 내용도 포함되어 있었다.

정부가 재차 협약을 시행하지 않아 다음 해 1월 23일 파업위원회는 다시 파업을 선언했다. 이번 파업은 총파업 성격을 띠게 되었고, 전국의 철도노동자 15만 명이 파업에 참가했다. 정부는 신속하게 움직였다. 정부는 철도노동자 파업이 불법이라고 선언하고, 대통령이 노동총연맹 연맹평의회를 대통령궁에서 열기로 하고 소집했다. '청원'의 결과로서 대통령은 파업 상황에 대해 '전쟁에 준하는 비상사태를 위한 법률'을 적용하기로 했다. 대통령은 이런 법률 규정대로 철도노동자들이 군사 지휘에 따라야 하며, 노동자들은 직장으로 복귀하라고 선언했다. 대부분의 노동자들은 직장으로 복귀했으나, 노동자 2천여 명은 불을 질렀으며, 100여 명은 체포되었고 많은 노동자들은 몇 주일 동안 외부와 연락이 닿지 않은 상태로 있었다. 정부는 이 파업을 철도노동자와 관련 없는 많은 수의 반페론주의자들을 순화시키는 기회로 활용했다(Alexander 2003a, 95~98).

1950년대 초, 페론에 대한 노동조합의 추종은 정기간행물이나 규약 등에서 분명하게 명시되었다. 예컨대 1950년에 발행된 상업노동조합연맹 규약 서문에는 '노동자 권리 선언'이 기재되어 있는데, 이것은 1947년 2월에 페론이 발표한 내용이었다. 노동조합 기본 문건의 전문은 연맹이 "노동자의 권리 선언을 원칙 선언으로 채택하기로 결의했으며, 그리하여 이 장엄한 십계명은 상업노동자들을 위한 영감의 원천이 되고 매일의 작업에서 격려가 될 뿐만 아니라 노동조합 활동을 위한 지도지침이 되며 노동조합 투쟁을 위한 목표와 이상의 빛나는 선언이 될 것"이라고 했다.

1950년대 초에는 정부 승인을 받은 모든 노동조합은 '노동자의 권리'를 규약 전문에 포함해야만 했다. 규약 전문은 노동조합 조직이 "정의주의 교의[2]에 충실하며, 모든 노동자들이 정당한 사회적 분배의 혜택을 받는 위대하고 강력한 조국을 건설하기 위해 절박한 요구의 원천으로부터 나오는 명령을 이행한다"라고 첫머리에 기재되었다.

페론은 여전히 페론 정권의 주요한 두 개의 지지세력 가운데 하나인 조직 노동 세력의 중요성을 의식하고 있었다. 이 같은 사실은 페론이 1950년 4월에 열린 노동총연맹 대회에서 한 연설에서 잘 표현되고 있다. 그는 모두

2_사회적으로는 정의로운 나라, 경제적으로는 자유로운 나라, 정치적으로는 주권을 확립한 나라를 강조하는, 페론이 주창한 개념.

에서 "나는 공화국의 대통령으로서 연설하기를 원하는 것이 아니라, 이 훌륭한 대회에 참가한 한 사람의 동지로서 이야기 하고자 한다"고 말했다. 그러나 사실상 노동조합운동의 역할은 페론 정권 유지를 위한 중요한 힘이었고 성권을 위한 종속되어 있는 조직의 하나였다(Alexander 2003a, 99~100). 1950년대 초까지는 분명히 노동총연맹과 가맹 노동조합의 지도자들은 페론 추종자들이 조종하고 있었다. 그러나 현장위원 레벨에서는 상대적으로 통제를 덜 받고 있었다. 현장의 금속 노동자, 건설노동자, 화학노동자들 가운데는 공산주의자들의 영향력을 받고 있는 경우도 많았다.

페론 정권의 위기와 노동운동의 대응

1950년대 들어 몇 가지 요소가 페론 정권의 토대를 허물고 있었으며, 조직 노동운동과 관련해서도 위험한 징후들이 나타났다. 그 가운데 하나가 경제 상황의 악화였다. 인플레이션은 계속되었고, 이에 따라 실질임금이 하락했다. 그리고 1950년대에 걸쳐 농산물 작황도 나빴다. 이와 같은 곤란한 경제 상황은 페론과 노동조합 지도부를 어려운 국면으로 이끌었으며, 1955년 3월에는 노동총연맹과 새로운 사용자 그룹인 경제총연맹이 주도해 생산성위원회를 만들었다.

정권의 관점에서 또 다른 부정적 요소는 1952년 에바 페론의 죽음이었다. 대중에게 '에비타'라는 애칭으로 불렸을 정도로 사랑받았던 그녀의 죽음은 노동운동에 특히 심대한 악영향을 미쳤다. 대통령은 더 이상 노동운동의 '질서 유지'를 아내에게 의뢰할 수 없게 된 것이다. 경제 위기와 군대 내의 불협화음, 많은 다른 문제들에 직면하여 페론이 에비타가 그랬던 것처럼 노동조합과 밀접한 관계를 유지하거나 통제하는 것은 불가능했다.

페론 정권은 에비타가 죽은 뒤 가톨릭교회와도 갈등을 빚었다. 페론은 성직자 두 사람을 추방했고, 공립학교에서 가톨릭 교육을 금지하는 법률을 제정했으며 이혼과 매춘을 합법화했다. 이와 같은 사실은 많은 페론 지지자들의 실망을 불러일으켰으며 현장 노동자들의 지지를 약화시키는 결과를 낳았다.

페론은 아르헨티나 노동자계급에게 그가 가장 힘 있게 호소력을 발휘했던 아르헨티나 민족주의자로서의 신임을 훼손하는 조치를 취했다. 그는 1920년 이후 석유를 탐사하고 정제하는 국영 석유회사인 정유재단이 국가의 수요를 충족할 정도로 충분히 생산하지 못한다는 사실을 두고 고심한 끝에 외국 기업의 진출을 허용하기로 결정한 것이다. 이 결정은 그 자체로서는 페론에게 특별히 불리하게 작용하지 않았을지 모른다. 그러나 미국의 스탠더드오일 사와 체결한 계약은 아르헨티나의 민족주의자들을 격분시켰으며, 페론에 대한 노동자들의 지지를 약화시키는 일임에 틀림없었다. 스탠더드오일이 활주로를 설치하고 항구 설비를 구축하게 되리라고 우려하는 목소리가 있었으며, 일부 민족주의자들은 스탠더드오일이 미국의 공군 기지나 해군 교두보를 만드는 발판이 될 가능성도 있다고 해석했다.

스탠더드오일과 체결한 계약은 통상적으로 페론의 지시를 잘 따랐던 의회의 반대에 부딪쳤고, 그 계약이 비준되기 전에 페론이 물러나지 않을 수 없었다. 1955년 9월 페론이 '페론주의 혁명'의 종말을 선언했을 때는 노동운동 지도자들은 페론의 몰락을 저지하기 위한 총파업을 결행할 의지나 능력도 갖지 못했다(Alexander 2003a, 102~104).

페론주의자들이 '가족주의' 국가 기치를 내걸고 노동운동 목적과 임무를 오직 경제적 이해관계로 제한하려 했는데도 페론 재임 기간(1946~1955년)에 노동자들의 파업투쟁은 계속되었다.

표 21-14 | 1948~1955년 아르헨티나 파업 발생 추이

연도	파업 발생 건수	파업 참가자 수	노동손실일수
1948	103	278,179	3,158,947
1949	36	29,164	510,352
1950	30	97,048	2,031,827
1951	23	16,356	152,243
1952	14	15,815	313,343
1953	40	5,506	59,294
1954	18	119,701	1,449,497
1955	21	11,990	144,120

자료: ILO 1955; 1957, *Yearbooks of Labour Statistics*.

1948~1955년의 아르헨티나 파업 발생 추이를 살펴본다. 〈표 21-14〉에서 보는 바와 같이 1948~1955년 사이에 일어난 파업 건수와 파업 참가자 수, 파업에 따른 노동손실일수는 다른 나라에 비해 훨씬 적은 편이다. 이와 같은 양상은 페로니즘에 따른 노동조합운동의 체제내적 포섭을 말해 주는 것으로 해석된다.

1948~1955년 사이의 총 파업 건수는 285건으로서 연평균 약 36건에 지니지 않는다. 파업 참가자 수가 가장 많은 1948년의 수치도 27만8,179명에 불과하고, 파업에 따른 노동손실일수도 1948년의 315만8,947일이 가장 많은 것이다.

1955년 9월, 페론이 정치권력을 상실함에 따라 노동조합운동을 민주화하고 재편하려는 움직임이 거세게 일어났다. 이러한 운동을 주도한 노조 세력은 지방자치체 공무원노조, 구舊 철도노조UF, 직물산업노조, 금속산업노조, 건설노조, 전화회사노조 지도자들이었다.

페론을 축출한 집권 그룹은 아르헨티나 노동운동에서 민주적 원칙을 되살리는 일을 지원했다. 페론 정권에 뒤이은 로나르디 정권은 노동조합운동에 대해 신중한 태도를 고수했다. 로나르디 정권은 노동조합운동이 자신의 문제를 스스로 해결할 수 있도록 자유방임주의적 정책을 시행했다. 로나르디 정권 다음에 들어선 아람부루 정권은 페론 정권의 노동총연맹에 대한 지배를 비난하는 포고를 발표해 페론주의자들의 노조 내 직위를 박탈했다. 아람부루 정권은 로나르디 정권과는 대조적으로 모든 부문에 대한 국가 간섭 정책을 폈다. 이러한 급변하는 정세 속에서 노동조합운동은 1956년 후반기부터 조직 재편과 새로운 지도부 구축을 위한 집중적인 노력을 기울였다 (Troncoso et al. 1962, 55~56).

2. 칠레

카를로스 이바녜스 델 캄포의 독재와 정당 정치의 재편

1940년대 후반 들어 급진당PR을 중심으로 한 인민전선FP 체제 14년 동안의 권력 기반이 서서히 쇠퇴하는 징후를 나타냈다. 1946년 성립한 급진당을 주축으로한 칠레공산당PCC·자유당PL과의 느슨한 연합정치는 칠레공산당의 진출에 위기감을 느낀 자유당이 정부로부터 이탈하고, 냉전의 개시와 미국 압력의 결과로서 1948년의 '민주적 방위법'에 따른 칠레공산당 각료의 해임과 비합법화(1958까지 계속되었다)로 막을 내리게 되었다. 그러나 칠레공산당과 칠레사회당PSC의 분열과 급진당의 편의적 거래 행태는 국민들에게 정당 정치에 대한 불만을 안겨 주었다. 1952년 9월에 실시된 대통령 선거에서는 여성들에게 참정권이 부여되었다는 새로운 요인이 겹쳐 카를로스 이바녜스 델 캄포가 좌·우의 광범한 지지(45.3퍼센트)를 얻어 대통령에 당선되었다. 그가 집권하면서 경제는 정체되었고, 인플레이션은 85퍼센트에 이를 정도로 치솟았다. 이바네스 델 캄포는 선거법 개정, 오직 방지, 반공법 철폐 등 국민이 바라는 공약 실행을 방기하면서 미국 경제 사절단을 초빙해 그 권고에 따라 긴축 정책을 폈다. 그리고 긴축 정책의 시행에 반대하는 노동조합에 대해서는 탄압을 가했다(中川文雄 외 1985, 206~207).

직접 선거로 대통령을 선출하고 유권자 수가 증가하며 오래된 정당들의 지지도가 떨어진 상태에서, 많은 국민들은 특정 정당이나 군부와 관련이 없는 후보에게 높은 관심을 나타냈다. 많은 국민들은 이바네스 델 캄포를 부정부패를 척결할 인물로 받아들였다(강석영 2003, 299~300).

이바네스 델 캄포는 재집권 후 의회제 필요성을 인정하고 1953년에는 의회 선거를 실시해 의회 내 지원 체제를 구축했다. 그리하여 이바네스 델 캄포는 전과는 달리 통합적이고 온건한 정책을 시행하려 노력했다. 그러나 국제시장에서 동銅 가격은 계속 떨어지고 곡물 생산이 감소함에 따라 파업이 빈번하게 발생했다. 게다가 외환 보유고가 고갈된 상태에서 물가 상승폭은 점점 더 커졌다. 이바네스 델 캄포 정부는 긴축 정책을 수립해 물가 억제선을 재조정하고 공공 비용을 축소했으며 신용 대출을 억제함으로써 물가상승률 폭을 그나마 줄일 수 있었다.

이와 같은 정책을 시행하는 가운데서도 동 가격은 계속 하락하고 국토 중앙부의 곡창지대에서 한발이 발생하자, 1957년 초부터 산티아고와 발파라이소에서 인민들이 격렬하게 저항하기 시작했다. 정치 상황은 대단히 혼란스러운 상태로 빠져들었다(강석영 2003, 301~302).

노동운동 통일운동과 칠레노동자중앙조직 건설

칠레에서 진행된 정치적인 급변, 경제적인 불황, 사회적인 불안 등은 칠레

노동운동 전개에도 직접적인 영향을 가져다주었다. 노동운동을 둘러싼 정세가 대단히 불리한 상황에서 칠레노동총연맹CTCH 내에서는 극심한 분열을 극복하기 위한 노력이 점점 힘을 얻었다. 산업별 전국노동조합들은 노동자 통일 전국 운동을 전개했다. 이와 같은 운동은 구체적으로 여러 가지 형태를 취했는데, 1950년 10월 2만 명이 참가한 집회, 1951년 메이데이 집회, 동광산 파업 지원 투쟁, 인플레 반대 통일위원회의 호소에 따른 파업 등이 그것이었다. 이러한 운동을 통해 노동자들은 노동운동의 분열은 기필코 극복되지 않으면 안 된다는 사실을 자각했다(巢山靖司 1981, 268).

1952년에는 노동통일위원회가 구성되었다. 오랜 논의를 벌인 끝에 1953년 2월에는 '칠레 노동자 단일 중앙 조직을 위한 전국대의원대회'가 소집되었다. 주요 참가 조직은 칠레피고용인전국위원회, 전국노동자통일운동, 단일노동조합운동 등이었다. 칠레노동총연맹 내 공산주의 세력과 비공산주의 세력이 참가했고, 아나르코 생디칼리스트 조직인 노동총동맹CGT도 참가했다.

회의가 채택한 결의문은 다음과 같다. 농촌과 도시 노동자들의 노동·생활 조건 개선과 자본가 착취의 폐해, 제국주의, 인플레이션, 높은 수준의 생계비, 투기, 직업병, 전염병, 사고, 문화적 방치, 실업으로부터의 해방을 추구한다. 회의가 설정한 가장 중요한 목표는 칠레노동자중앙조직CUTCH 창설이었다. 조직 목표는 실현되어 칠레노동자중앙조직이 드디어 출범했다(Troncoso et al. 1962, 66~67).

칠레노동자중앙조직은 산업별 연맹체 52개에 소속된 50만 명 이상의 조합원을 포괄하고 있었다. 칠레노동자중앙조직은 산업노동자와 농업노동자, 사무직 종사자를 포괄했다. 조직 내에서 공산주의자, 사회주의자, 가톨릭교도, 아나르코 생디칼리즘 지지자들이 연합했다. 이러한 연합이 이루어질 수

표 21-15 | 1948~1955년 칠레 파업 발생 추이

연도	파업 건수	파업 참가자 수	노동손실일수
1948	40	11,059	646,933
1949	50	20,844	738,754
1950	218	78,750	2,277,838
1951	193	88,633	1,565,414
1952	215	151,715	1,766,827
1953	208	123,108	1,452,887
1954	305	74,708	905,849
1955	274	128,206	1,099,165

자료: ILO 1955; 1957, *Yearbooks of Labour Statistics*.

있었던 것은 칠칠레공산당과 칠레사회당 사이의 협력이 긴밀해진 결과이기
도 했다.

노동자계급은 정치적 통일과 노동조합 통일을 추구하면서 일련의 행동
을 성공적으로 펼칠 수 있었다. 1954년 5월에 감행된 파업은 정치제도 민주
화와 반공법 폐지 투쟁에서 중대한 역할을 했다. 파업 참가자들은 구속된
칠레노동자중앙조직 지도자들의 석방과 노동자를 탄압하는 민주수호법 폐
지, 최저임금 인상 등을 요구했다. 노동자 약 70만 명이 참가한 대규모 파업
은 전국 총파업의 성격을 띠었다. 농민, 사무직 노동자, 학생들이 파업에 연
대했다. 지배 권력은 노동자대중의 압력에 못 이겨 구속된 노동조합 지도자
들을 석방했고, 최저임금 수준을 재검토했으며 의회는 민주수호법 폐지 문
제를 조속히 검토하겠다는 결의를 채택했다.

1955년 7월에 일어난 파업은 1954년 5월의 파업보다 훨씬 규모가 컸다.
이 파업에는 노동자 100만 명 이상이 참가했다. 파업 참가자들은 임금 인상
과 함께 노동자를 탄압하는 법률을 폐지할 것을 요구했다. 의회는 다양한
정치 세력의 주장을 조율하면서 노동자의 노동조합권 존중과 반민주적인

법률 폐지를 의결했다(소련과학아카데미 2012, 332).

1948~1955년 사이에 일어난 칠레의 파업 발생 추이를 살펴본다.

1948~1955년 사이에 일어난 파업 총 건수는 1,503건으로서 연평균 약 188건이었다. 파업 건수가 가장 많았던 해는 1954년으로서 305건이었고, 파업 참가자 수는 1952년 15만1,715명이 가장 많았다. 파업에 따른 노동손실일수는 1950년 227만7,838일이 가장 많았다. 칠레 노동자의 파업투쟁은 1950년대에 들어와 급격하게 고양되었다.

3. 브라질

두트라 정권의 경제정책과 바르가스의 재집권

1945년 12월 선거로 성립된 두트라 정권은 경제정책에서 자유주의와 개방주의 모델을 채택했다. 경제에 대한 국가 개입은 비판 대상이 되었고, 신국가에서 설정된 여러 가지 규제들도 차례로 폐지되었다. 시장의 자유화, 특히 상품 수입 자유화는 제2차 세계대전 말부터 지속되어 온 인플레이션을 억제하고 경제를 발전시키기 위해 채택한 정책이었다. 그러나 자유주의 정책은 실패로 끝났다. 브라질 통화가치가 상승하자, 갖가지 수입품들이 홍수처럼 밀려 들어왔다. 결국 외환은 고갈되고 경제정책은 아무런 효과도 거두지 못했다.

이러한 상황에 대처하기 위해 1947년 6월 정부는 정책을 전환해 수입허가제를 도입했다. 소비재 수입은 제한하고 설비·기계·연료 등 기간재 물품은 폭넓게 수입하는 조치였다. 이 새로운 경제정책은 국제수지 불균형과 인플레이션에 대처하기 위해 추진된 것이었지만, 결과를 놓고 보면 공업 발전에 더 유리하게 작용했다.

두트라 정권은 임기 말에 상당한 정도의 경제적 발전을 이룩할 수 있었다. 1947년부터는 경제성장률을 더욱 효과적으로 측정하기 위해 국내총생산이라는 연간 지표를 도입했다. 1947년을 기준으로 1948년에서 1950년까지 브라질 국내총생산은 평균 8퍼센트의 성장세를 보였다(파우스투 2012, 348~349).

두트라의 임기가 미처 중반을 지나기도 전에 차기 대통령 선거를 위한 움직임이 나타났다. 관심의 초점은 바르가스에게 집중되었다. 1950년 10월 3일 실시된 대통령 선거에서 브라질노동당PTB과 민주사회당PSD의 지지를 받은 바르가스가 유효투표의 48.7퍼센트를 획득해 대통령으로 당선되었다. 민주사회당 소속 주앙 카페 필류는 부통령으로 당선되었다.

1951년 1월 31일 대통령에 취임한 제툴리우 바르가스 대통령은 대외 부채 누적, 수출의 급속한 저하와 수입 증가로 야기된 경제 위기를 극복하고 재정을 안정시키기 위해 해외 자본과 기술 도입을 극대화하는 전략을 수립했다. 우선 5억 달러의 차관을 들여와 운송 체제와 에너지 개발에 공적 자금을 투입했다. 이것은 북동부 지역에 전력 공급을 확대하고 국내산 석탄 공급 문제를 해결하기 위한 방책이었다. 부분적으로 해운 시설과 항만 체계도 개선했다. 1952년에는 공업의 다각화를 촉진할 목적으로 '국립경제개발은행'을 설립했다(파우스투 2012, 353).

그러나 브라질에서는 1951~1954년 사이에 한국전쟁에 따른 특수물자 판매로 통화팽창이 초래되어 인플레이션이 발생했다. 1951년 물가상승률은 11퍼센트, 1952년은 26퍼센트를 기록했다. 브라질은 물가 폭등과 외환 관리 통제의 어려움을 겪는 와중에 바르가스는 정치적 부패로 중산층의 반발을 샀다. 또한 바르가스 정권은 1951년 석유 탐사 및 개발을 위해 브라질

석유공사Petrobras를 설립한 뒤, 1953년부터 석유 부문에서 민족주의와 국가 개입주의 정책을 표명해 차관이 중단되는 사태를 맞았다(강석영 1996, 하권, 138~139).

1953년 10월에는 이른바 '환율징수제'를 도입했다. 이것은 커피 수출로 거둬들인 달러를 국내 통화인 크루제이루[3]로 교환할 때 달러 가치를 낮게 책정하는 조치였다. 정부는 환율징수제 시행에 따라 커피 수출로 얻은 수익을 다른 경제 부문, 특히 공업 부문에 투입할 수 있었다. 커피 생산자들의 반발이 거세기는 했으나, 군대를 동원해 저항행동을 저지했다(파우스투 2012, 353~356).

바르가스 정부의 이와 같은 경제정책은 단기적으로 실질임금 하락을 가져왔으며, 신용 거래를 엄격하게 제한했을 뿐만 아니라 정부 지출을 줄여 국민 일반의 불만이 고조되었다. 결국 이러한 정치적 국면을 배경으로 야당인 전국민주연합UDN을 주축으로 한 반대파 정치인들이 바르가스의 경제적 개입주의에 강력하게 저항하기 시작했다. 이와 같은 상황에서도 1953년 노동부 장관인 주앙 굴라르는 인민주의적 재분배 정책을 주장하면서, 노동자 임금을 100퍼센트 인상해 노동조합과 산업별 연맹을 장악하고 이러한 방식을 통해 강력한 코포라티즘을 실현하고자 시도하다가 1954년 2월 군부의 저항에 부딪혀 사임했다. 바르가스는 1954년 8월 5일에 발생한 언론인 카를루스 라세르다 암살 음모[4] 사건을 계기로 일반 국민의 분노와 반대 세력

3_ 브라질은 인플레이션에 대처하기 위해 1942년에 1천 헤알을 1크루제이루(cruzeiro)로 하는 화폐개혁을 단행했다.

4_ 바르가스 측근들이 반정부 언론인 카를루스 라세르다를 제거하기 위해 대통령 경호실장 그레고리우 포르투나투에게 라세르다 처리를 맡긴 사건이다. 1954년 8월 5일 새벽 라세르다가 리우데자네이루에 있는 자택으로 들어서려는 순간 저격수가 암살을 시도했다. 라세르다는 가벼운 부상을 입는 데 그쳤고, 그

의 거센 공격, 그리고 반란 상태에 이른 공군의 압력에 직면했다. 대통령의 사임을 요구하는 운동은 거대한 규모로 확장되었다. 바르가스는 헌법이 보장하는 합법적인 대통령임을 주장하며 계속 버텼으나 8월 23일에 이르러서는 정부에 대한 군의 지지가 시리졌다는 사실이 확인되었다. 군 장성 27명이 서명한 대통령 사임 요구서가 국민들 앞에 발표되었으며, 공군과 일부 육군 대령급 82명이 불만을 드러냈는가 하면, 의회와 언론에서도 사임을 요구했다. 이러한 사태를 맞아 바르가스는 1954년 8월 24일 스스로 목숨을 끊었다(강석영 1996, 하권, 139).

바르가스 사망 이후 바르가스의 잔여 임기 16개월 동안 부통령이던 카페 필류를 비롯해 카를루스 코임브라 다 루스, 네레우 하무스가 건강상의 이유와 군부의 불만에 따른 내란 위기 등의 이유로 차례로 대통령직을 승계했다. 1955년 10월 3일 실시된 대통령 선거에서는 민주사회당 소속 주셀리누 쿠비체크가 대통령으로, 브라질노동당 소속 주앙 굴라르가 부통령으로 당선되었다. 쿠비체크와 굴라르는 1956년 1월 31일 취임했다.

노동운동에 대한 미국의 간섭

지금까지 1947년 이후 1956년에 이르기까지 브라질의 정치·경제 상황 변화를 살펴보았는데, 이와 같은 상황 변화들은 미국과 라틴아메리카 정부의 냉전체제 대응과 맞닿아 있었다. 냉전이 전개되면서 미국과 라틴아메리카 국가들은 공산주의 세력에 대처하기 위해 세 가지 전략을 활용했다. 첫 번

와 동행했던 후벤스 바즈 공군 소령이 사망했다.

째 전략은 공산당을 불법화하는 것이었고, 두 번째 전략은 노동조합운동에 대한 탄압을 강화하는 일이었으며, 세 번째 전략은 소련의 외교적으로 고립시키는 일이었다.

미국은 노동조합운동 탄압에 직접·간접적으로 가담했는데, 직접적으로는 노동 전문가를 대사관 직원으로 파견하는 방법을 통해서였으며, 간접적으로는 미국노동총연맹AFL의 반공주의 운동을 통해서였다. 미국노동총연맹은 세계노동조합연맹WFTU과 지역 연대조직인 라틴아메리카노동총동맹CTAL에 대항해 맹렬한 반대 운동을 폈다. 1948년 1월, 미국노동총연맹은 아메리카대륙지역노동자기구ORIT를 결성하는 데 성공했다. 워싱턴의 적극적인 지원을 포함한 강력한 국제적 지원에 힘입어, 아메리카대륙지역노동자기구와 그 지역 가맹 조직들은 차츰 라틴아메리카 노동운동에 대한 지배력을 확대하게 되었다(스미스 2010, 178~ 180).

두트라 정권은 미국의 반공주의 전략에 발맞추어 노동조합운동 내부의 공산주의자 활동을 엄격히 탄압했다. 정부는 1947년 공산주의자들이 영향력을 행사했던 브라질노동총연맹CGTB을 해산시켰다. 노동부는 "노동조합은 정치·사회적 운동과 독립적이어야 한다"고 규정한 법령 23046에 따라 전국 143개 노동조합의 지도부를 개편했으며, 총 944명의 간부를 노동조합에서 떠나가게 했다. 그러나 공산당은 계속 노동운동에 대해 상당한 정도의 영향력을 행사했다.

제2차 바르가스 정권 시기의 노동운동

1951년 1월 바르가스가 대통령에 취임하면서 노동운동의 상황은 크게 바뀌었다. 먼저 노동조합 선거에 대한 정부 규제가 사라져, 선거가 자율적으로 행해졌다. 바르가스는 노동조합의 국제 노동 기구 가입을 허용했는데, 이에 따라 브라질 노동조합들은 국제자유노동조합연맹ICFTU과 아메리카대륙지역노동자기구에 가입해 활동했다. 결국 브라질 노동조합운동은 미국의 냉전 전략에 동조하게 된 것이다(Troncoso et al. 1962, 80).

바르가스는 노동자계급의 적극적인 지지와 노동조합운동과의 긴밀한 유대를 추구했지만, 노동운동을 완전히 장악하지는 못했다. 1951년 한 해만 해도 약 300건의 파업이 발생했는데, 그 가운데 상당수가 대기업에서 발생했다. 이 시기 파업투쟁의 특징은 그 파급력이 광범했다는 점, 노동자계급 연대가 갈수록 넓어졌다는 점, 그리고 노동자의 경제적 요구와 정치적 요구가 결합되었다는 점을 들 수 있다.

1950년대 전반기 주요 파업투쟁 사례를 통해 노동조합운동 전개 과정을 살펴본다.

1951년과 1952년에는 임금 인상과 임금 체불 청산을 요구하는 여러 건의 소규모 파업이 일어났다. 그 하나는 혜시피의 섬유 노동자들이 임금 인상을 요구하며 1주일간 벌인 파업이었다. 또한 포르투알레그리 인쇄노동조합 노동자들이 29일 동안 투쟁을 벌여 승리한 파업도 있다.

1953년에 발생한 두 개의 대규모 파업은 대단히 전투적인 성격을 띠었다. 먼저 1953년 3월에 발생한 상파울루 총파업은 당시 노동조합운동의 대표적인 사례로 꼽을 수 있다. 이 파업은 당초 섬유산업에서 시작되었다가 금속 노동자, 목재가공 노동자, 전기기술 노동자, 인쇄 노동자, 제화노동자, 유리 제조 노동자 등이 참가하며 파업 참여 인원이 30만 명에 이르렀다. 은행 노동자들과 리우데자네이루 부두 노동자, 미나스제라이스 주의 광산 노동자들도 파업을 지원했다. 파업에서 제기된 요구 사항은 임금 60퍼센트 인상이었지만, 파업의 또 다른 목적은 파업권을 규제한 법률 폐지였다. 총파업은 경찰과 충돌을 거듭하면서 29일 동안 지속되었고, 끝내는 각 부문별 개별 협정이 체결된 뒤에 마무리되었다(파우스투 2012, 356~357).

상파울루 총파업은 임금 인상 32퍼센트라는 큰 성과를 획득했으며, 임금 인상의 혜택을 본 사람은 약 50만 명에 이르렀다. 파업투쟁의 승리는 노동조합운동의 권위를 높여 주었다. 노동자 8만여 명이 금속노동조합과 섬유노동조합에 새로 가입했다. 노동조합의 권리 보장 투쟁 과정에서도 노동자들은 정부로부터 일련의 중요한 양보를 이끌어 냈다. 진보적인 활동가가 노동조합의 지도적 직위를 맡는 것에 대한 일부 제한 규정이 폐지되었다. 비록 노동조합운동에 대한 바르가스 정부의 통제는 여전히 엄격했지만, 노동조합 활동에 대한 규제는 크게 완화되었다(소련과학아카데미 2012, 330).

다음 사례로는 1953년 6월에 일어난 리우데자네이루, 산투스, 벨렝의 선원 파업을 들 수 있다. 선원 파업에는 노동자 약 10만 명이 참가했다. 노동조합은 임금 인상과 노동조건 개선을 요구하는 한편, 노동부와 유착된 것으로 의심되는 선원노동조합 집행부 총사퇴를 주장했다. 선원노동조합 집행부 사퇴 요구는 노동부 장관 교체를 검토하던 바르가스의 구상과 맞아떨어졌다. 주앙 굴라르는 파업이 한창 진행되던 중에 노동부 장관에 취임해 중재자 역할을 수행했다. 국가 관리를 받고 있는 공공 부문 파업이었으므로 주앙 굴라르는 노동자들의 요구를 대부분 수용했다. 이와 함께 선원노동조합 집행부에 사퇴 압박을 넣어 노동자와 그 자신에게 더 가까운 새 집행부 선출을 유도했다(파우스투 2012, 357).

1954년 5월 1일, 정부는 최저임금을 100퍼센트 인상하는 법령을 공포했다. 이 법령을 전국에 걸쳐 실현하기 위한 파업이 전개되었는데, 이 파업에 수십만 명이 참가했다. 1954년 8월 24일 바르가스가 최후를 맞이했을 때는 전국적으로 노동자 수백만 명이 거리로 나와 헌법상의 자유 보장, 국가 자원 수호 투쟁 지속, 노동운동 탄압 중지, 새로운 최저임금제 시행 등을 요구했다. 1954년 9월 2일에는 24시간 시한부 파업이 발생했는데, 여기에는 100만 명 이상이 참가했다. 파업은 다른 계층 주민들의 지원을 받는 가운데 승리를 획득해 새로운 최저임금제를 시행하게 되었다(소련과학아카데미 2012, 331).

1954년 8월, 제2차 바르가스 정권이 돌연 종말을 고한 뒤 대통령직을 승계한 주앙 카페 필류 정권 시기에 몇몇 중대한 파업이 일어났다. 그 가운데 하나는 광산과 볼타레돈다에 있는 국유 철강 회사 부근의 금속복합단지에서 일어났다. 1955년 12월, 노동부 장관이 금속 노동자들의 노동조합 간부 선출을 거부함으로써 노동조합이 파업에 돌입했다. 상황이 심각하게 전개되자, 대통령은 군대를 동원했다. 그러나 파업은 계속되었으며, 결국 장관은 노동조합의 자율적인 선거를 허용했다(Alexander 2003b, 104).

이와 같은 투쟁이 전개되는 과정에서 가장 큰 영향력을 발휘한 정치 세력은 공산주의자들이었다. 1947년 브라질공산당이 합법적 활동을 금지당한 후, 공산주의자들은 노동조합운동에 대한 영향력을 증대시키기 위해 전력을 기울였다. 먼저 법적 지위를 상실하게 된 브라질노동총연맹의 기능과 역할을 노동조합 중앙 조직을 통해서가 아니라 노동운동의 실무 활동가를 통해서 복원하고자 했다.

공산주의자들의 영향력은 리우데자네이루나 상파울루에만 한정되지 않고 히우그랑지두술과 페르남부쿠 등 여러 지역의 금속, 섬유, 항공, 인쇄, 운수 부문 등의 노동조합들에까지 미쳤다. 전국 차원에서는 해상노동조합연맹에 가장 큰 영향을 미쳤다.

공산주의자들이 제2차 바르가스 정권 시기 노동조합운동에서 상대적으로 성공을 거둔 데는 몇 가지 요인이 있었다. 첫째는 심각한 인플레이션이 발생한 어려운 경제 상황이었다. 둘째는 바르가스의 재집권에 대한 노동자 계급의 광범위한 환멸이었다. 그것은 경제문제를 비롯한 각종 국정 수행에서 드러난 바르가스의 무능력에서 기인된 것이었다. 셋째는 공산주의자들의 헌신적 노력이었다(Alexander 2003b, 100~102).

4. 멕시코

친미 협조 노선 채택

미구엘 알레만 발데스 대통령 취임 3개월 후인 1947년 3월에는 해리 트루먼 미국 대통령이 멕시코시티를 방문해 100년 전 최후까지 미군에 저항하다 전사한 소년병(멕시코에서는 '영웅적 소년들'로 부른다) 기념비에 헌화했다. 발데스 대통령도 이어서 미국을 방문했는데, 역사상 처음으로 양국 수뇌가 서로 수도를 방문함으로써 두 나라 사이의 오랜 상호불신을 해소하게 되었다.

같은 해 5월에 체결한 양국 융자 협정에 따라 5천만 달러의 미국 수출입은행 융자가 결정되었고, 이를 계기로 멕시코 측은 미국 민간 자본 도입 방침을 밝혔다. 합병에 한해서 외자 비율은 49퍼센트 이하로 제한했다. 나아가 같은 해 9월에는 아메리카상호원조조약에도 조인해 냉전체제 아래서 미국의 동맹국이 되었으며, 1948년에는 아메리카국가기구OAS 설립에도 참가했다. 그 후 멕시코인의 불법 이민이 증가하자 미국노동총연맹AFL의 멕시코인 노동자 배척 움직임이 커졌다. 이에 따라 1951년에는 브라세로Baracero 협정(1942년의 계약 노동자 협정)이 개정되어 멕시코 측이 송출하는 노동자 수가 줄어들었다. 반면 멕시코를 방문하는 미국인 관광객은 급증했는데,

1952년에는 40만 명 이상이 멕시코를 찾았다. 이런 상황에서 발데스 정권은 철저한 대미 협조 노선을 취했으며, 경제적으로 고도성장 정책을 일관되게 추진했다. 자본 우선의 고도성장 정책에 따라 소득격차가 확대되었으며, 정치가와 관료들은 부정과 부패를 용이하게 저지를 수 있었다(二村久則 외 2006, 125~126).

1951년 3월, 미구엘 엔리케스 구스만을 비롯해 나이 많은 장성들, 라사로 카르데나스와 아빌라 카마초의 오랜 친구들이 집결해 국민정당연합FPP이라는 정당을 창설하여 제도혁명당PRI과 대결을 벌이기 시작했다. 구스만은 1952년 대통령 선거에서 제도혁명당과 대결을 벌였으나 패배했다.

1952년 12월 대통령 선거에서 발데스가 후계자로 지명한 아돌포 루이스 코르티네스가 당선되었다. 신정권의 기본 정책은 특히 경제 면에서는 거의 발데스 정권이 시행한 정책의 계승한 것이었다.

깨끗한 정치를 내세운 루이스 코르티네스 정권

'깨끗한 정치'를 슬로건으로 내건 코르티네스 정부는 한국전쟁 붐의 반작용에 따른 경기 침체와 국제수지 불안에 직면하게 되었다. 1954년 4월, 정부는 1달러당 8.65페소였던 통화가치를 1달러당 12.5페소로 평가절하하는 조치를 단행했으며, 그 결과 경기가 호전되어 1954년에는 경제성장률 9퍼센트, 1955년에는 11퍼센트를 기록했다. 그러나 그 반작용도 만만치 않았다. 자본재·중간재를 비롯한 수입 인플레이션이 발생했으며, 급격히 물가가 상승하고 사회 불안이 조성되었다. 평가절하의 효과는 거의 상쇄되었고, 이후 정부는 외자 도입을 통해 안정 성장 노선을 추구했으며, 20여 년 동안 고정환율을 유지했다.

코르티네스 정권 시기에는 대규모 건설 공사는 감소했지만, 발데스 정권 시기에 착공한 큰 프로젝트가 잇따라 완공되어 결과적으로는 생산력이 높아졌다. 이에 더해 페소화 평가절하 후 미국 민간 자본의 투자 증대에 따라 공업 부문의 성장은 더욱 가속화되었다.

1950년대에 들어와서도 경제성장은 계속되었다. 1940년대의 국내총생산 성장률이 연평균 6.7퍼센트였는데, 1950년대에는 연평균 5.7퍼센트였으며 공업 부문 성장률은 7.3퍼센트에 이르렀다. 농업생산은 1940년대에 연평균 8.2퍼센트씩 급성장하다가 1950년대 들어 절반 정도로 떨어져 4.3퍼센트를 유지했다.

한편 1950년대 들어 인구 폭발과 도시 문제의 심각성이 사회 문제로 떠올랐다. 1950년대 인구증가율은 3퍼센트 대를 넘어섰으며(1930년대에는 1.9퍼센트), 총인구는 1958년 3,200만 명에 이르렀다. 멕시코 전체 인구가 24년 동안 두 배로 증가했다. 대도시 인구집중이 급격하게 진행되어, 코르티네스 대통령 취임 당시 수도 멕시코시티의 인구는 300만 명이었는데, 6년 뒤에는 450만 명으로 증가했다. 농업의 근대화가 추진됨에 따라 농촌의 잉여노동력이 도시로 유입되었다. 공업 부문에는 노동자 150만 명이 고용되어 있는 상태였으므로 신규 노동력은 일자리를 찾기 어려웠다. 그 결과, 도시에는 실업자와 반실업자가 급증했다(二村久則 외 2006, 127~128).

코르티네스 정부는 사회보장 체계 확립, 유아 보호, 통합된 농촌개발 계획 수립, 도로·철도·송유관·전력산업 확대를 추진했다. 이와 같은 사업이 진행되는 가운데서도 1954년에는 물가 등귀로 노동자들의 파업이 빈번하게 발생했다. 이에 코르티네스 정부는 1954년 5월 새로운 경제계획을 발표해 노동자와 도시 하층민, 농민계층의 구매력 향상을 꾀했다. 정부 당국은 연방 및 국영 기업, 민간 기업에 대해 임금 10퍼센트 인상 안을 제안했다.

정권의 노동운동 억압 정책과 노동자의 저항

1948년에 시행된 통화 평가절하는 기본 소비상품 가격을 올렸으며, 이에 따라 국민의 불만이 커졌다. 이런 가운데서도 멕시코노동총연맹CTM에 소속된 연맹들은 발데스 정권에 대한 무조건적인 지지를 재확인했다. 이와는 대조적으로 철도노동조합STF은 사무총장 디아스 데 레온을 배척하고 멕시코시티 지부에 대한 군대의 지배를 저지하려는 운동을 전개했다. 노동조합 지역 조직에 대한 폭력 행위는 통상적으로 벌어졌으며, 1949년에는 시내 전차 운전노동자와 석유회사 노동자들이 군대의 공격 행위로 고통받았다. 1951년 1월, 광산 노동자와 그들의 가족 5천여 명이 코아우일라 주의 누에바로시타에서부터 수도 멕시코시티까지 걸어서 '굶주림의 행진'을 했다. 미국 회사인 아메리칸제련제철소의 노동 학대에 항의하는 행동이었다. 그들은 국가 주도의 관료적 간부들을 배척했으며, 끝내는 아무런 성과 없이 투쟁을 끝내야만 했다.

발데스의 억압 정책은 코르티네스의 회유 정책을 통해 계승되었다. 코르티네스는 거의 4천 건에 이르는 노동분쟁을 '우호적인 협정' 체결을 통해 해결했다. 이 정책은 온정주의적인 동시에 권위주의적인 것이었으며, 국가적 관료주의의 존속을 전제로 했다. 1954년에는 노동조합 조직을 통합하기 위한 또 다른 시도가 행해졌다. 멕시코노동총연맹CTM과 노동총동맹CGT, 멕시코지역노동자총연맹CROM을 포괄하는 노동자단일블록BUO을 설립했는데, 여기에는 광산노동조합과 철도노동조합 그리고 그 밖의 여러 노동조합들이 가입했다. 노동자단일블록은 자율적으로 운영되지 않고 제도혁명당의 통제에 따라 기능하도록 설계되어 있었다. 그러나 1958년 2월부터는 노동조합 민주주의 실현을 위한 운동이 여러 노동조합에서 일기 시작했다(Delarbe 1976, 146).

코르티네스 정부의 노동정책은 노동부 장관 아돌포 로페스 마테오스가 주도해 시행했다. 코르티네스의 임기 말에는 마테오스가 차기 대통령 후보로 지명되어 노동조합을 직접 통제했다. 코르티네스는 각종 이익집단, 특히 노동조합으로부터 큰 압력을 받았다. 그는 집권 6년 동안 질서 회복을 위해 신속하게 주지사를 교체해 국민의 지지를 얻으려 했고, 1955년에는 최초로 여성에게 투표권을 부여했다. 그런 가운데서도 코르티네스는 1958년 들어 농민, 교사, 철도 노동자들의 투쟁으로 어려움을 겪었다(강석영 1996, 상권, 159).

한편 멕시코 지배층은 공산주의의 침투를 막는다는 구실로 노동조합운동 내부에 자신들의 하수인들을 강제로 배치하려 했으며, 석유산업과 철도, 광산과 같은 규모가 큰 노동조합 지도부를 강압적으로 교체하기도 했다(소련과학아카데미 2012, 315).

5. 볼리비아

볼리비아혁명

볼리비아는 냉전의 절정기에 민족혁명운동이 활발하게 전개되었던 라틴아메리카 국가 가운데 하나였다. 주석광산 소유주들과 대지주의 이익을 옹호하고 자신들의 지배력을 공고히 하려던 집권 세력은 인민들의 저항을 억누르기 위해 극단적인 테러마저 불사했으나 별다른 효과를 거두지 못했다. 노동자투쟁, 그 가운데서도 광산 노동자들의 투쟁은 과두체제의 지배를 뒤흔드는 데 결정적인 역할을 했다. 볼리비아에서 전개된 파업운동은 새로운 계층의 노동자계급을 결속하면서 갈수록 확산되고 고양되었다.

1949년 5월, 광산 지역 여러 곳에서 파업투쟁이 맹렬하게 일어났다. 정부는 파업을 혹심하게 탄압했다. 노동자 1천 명 이상이 죽고, 수천 명이 실업자가 되어 거리로 내몰렸다. 1950년에 발생한 파업운동에는 더욱 광범위한 층의 노동자들이 참가해 폭발적인 양상을 드러냈다. 5월 총파업에는 광산 노동자를 비롯해 산업체 노동자, 다양한 직종의 사무직 노동자, 교육노동자가 참가했다. 정부는 광산 지역 여러 곳에 비행기 공격까지 감행하면서 노동자들의 저항행동을 제압하려 했다. 이와 같은 노동자계급 투쟁을 바탕으로 하여 드디어 1952년 4월 9일 인민 봉기의 불길이 타올랐다. 볼리비아 혁명이 시작된 것이다(소련과학아카데미 2012, 323).

먼저 볼리비아혁명의 정치적 배경부터 살펴본다. 1946년 7월, 쿠데타가 발생해 4일 동안 일반 인민 1천여 명이 희생되는 참극이 빚어졌고, 대통령 괄베르토 비야로엘도 함께 살해되었다. 그리하여 임시 정부(정부평의회Junta de Gobierno)가 수립되었다. 1947년 1월에 실시된 대통령 선거에서 엔리케 에르트소그가 당선되었다. 그는 집권 후 대기업에 유리한 정책을 시행하는 한편, 1947년 11월 미국 기업에 코차밤바와 수크레에 정유소 건설을 허가했다. 이 무렵 민족혁명운동이 고양되기 시작했다.

한편, 볼리비아의 주요 생산품인 주석산업이 불황을 맞았다. 제2차 세계대전이 끝난 뒤 동남아시아에서 주석이 생산되어 미국이 볼리비아산 주석 수입량을 크게 줄였기 때문이다. 이러한 상황에서 노동자들은 임금 인상을 요구했고, 광산주들은 높은 생산비와 낮은 국제시장 가격을 구실로 노동자 측의 요구를 거부했다. 농민들의 저항도 지속적으로 전개되었다. 1947년에 결성된 우쿠레냐농민조합이 농민반란을 주도했다. 이와 같은 정세를 반영해 1949년에는 마메르토 우리올라고이티아가 집권했다(강석영 1996, 하권, 269~270).

1951년 5월 6일, 대통령과 국회의원 총선거가 실시되었다. 광산 국유화, 농지개혁, 보통선거권 등 구체적인 강령을 명확하게 제시한 민족혁명운동 MNR은 진보 세력을 결집시켜 빅토르 파스 에스텐소로를 옹립했다. 선거 결과는 놀라울 정도였다. 제한 투표인데도 에스텐소로가 유효표 12만 표 가운데 45퍼센트를 획득해 대통령에 당선되었으며, 민족혁명운동 후보가 국회에도 대거 진출했다. 그런 가운데 5월 16일 우리올라고이티아가 사임하고 정권을 군사평의회에 인계한 뒤 칠레로 망명했다. 군부는 선거 무효를 주장하며 쿠데타를 일으켜 민족혁명운동을 비합법화했다. 그로부터 11개월 동안 군사평의회가 국가를 통치했다. 민족혁명운동 지도자 에스텐소로도 군사정권의 탄압을 피해 아르헨티나로 망명했다. 그러나 혁명 분위기는 여전히 살아 있었다.

그다음 해인 1952년 4월 9일, 군사평의회의 국가 통치에 반대하는 인민 봉기가 일어났다. 이것은 몇 달 동안의 격렬한 파업투쟁과 반복된 저항행동 끝에 일어난 반란이었다. 노동자들은 군대 무기고에서 무기를 빼앗아 시가전을 벌였다. 정부군 병사들이 잇따라 봉기군에 합류했다. 결국 무장한 광산 노동자들과 도시노동자들이 3일 동안 격렬한 전투를 벌인 끝에 정규 군대를 격퇴했다. 한편 평의회 구성원인 안토니오 셀레메 장군이 혁명 진영에 가담해 무장 경찰대에 인민 봉기를 지지할 것을 지령했다. 4월 9일부터 11일까지 라파스는 내란 상태에 빠져들었으며, 그 가운데서 에르난 실레스 수아소와 후안 레친 오켄도가 이끄는 비정규군이 정부군을 제압하고 임시정부를 수립했다. 4월 15일, 에스텐소로가 부에노스아이레스로부터 귀국해 대통령에 취임했다. 미국은 3개월 지나 민족혁명운동을 급진 세력에 대항하는 안전장치로 간주해 정권의 존재를 승인했다(中川文雄 외 1985, 118).

볼리비아 노동자계급은 인민 봉기를 승리로 이끄는 데 결정적인 역할을 수행했다. 볼리비아혁명은 라틴아메리카 국가들의 지배 체제에 또 하나의 중대한 파열구를 냈으며, 과테말라혁명과 함께 라틴아메리카 민족혁명운동을 발전시킨 중요한 동인이 되었다.

민족혁명운동 정부의 개혁정책

인민 봉기 바로 뒤인 4월 27일에는 노동조합 전국 중앙 조직으로서 볼리비아노동자총연맹COB이 결성되었다. 볼리비아노동자총연맹은 노동조합 연합체라기보다는 봉기에 가담한 민중의 통일 조직이라고 할 수 있다. 광산 노동자를 비롯해 임금노동자, 농민, 공무원, 학생, 소상인, 소작인, 수공업자, 경찰대(준경찰 조직 카라비네로스Carabineros), 봉기 희생자 가족, 밀수업자에 이르기까지 매우 다양한 계층으로 구성되어 있었기 때문이다(歷史学研究会 編 1996a, 284~285). 소수의 노동자 단체를 제외한 대부분의 주요 노동조합들이 볼리비아노동자총연맹에 가입했다. 에스텐소로 대통령은 민족혁명운동과 볼리비아노동자총연맹의 '공동 정부'co-goblerno 수립을 선언했으며, 볼리비아노동자총연맹은 '노농 각료'를 통해 자신들의 정책을 실현하고자 했다.

민족혁명운동 정권은 1952년 7월 선거법을 개정해 21세 이상의 모든 남녀에게 선거권을 부여했다. 이에 따라 유권자는 20만 명에서 100만 명으로 늘어났다. 같은 해 10월에는 광산국유화법이 공포되었다. 이 법은 전체 주석 생산량의 44퍼센트를 차지하고 있는 거대 독점기업으로서 주식의 28퍼센트를 미국인이 소유한 파티뇨Patiño, 대부분의 주식을 칠레인들이 소유하고 있고 생산의 25퍼센트를 차지하는 혹스차일드Hochschild, 스위스인과 영국인 소유로 생산의 7퍼센트를 차지하는 아라마요Aramayo 등 3대 주석 광산

회사를 국유화해 볼리비아광업진흥공사COMIBOL에 관리를 위임하는 내용을 규정했다.

1953년 8월에는 정부가 농지개혁에 관한 정령政令에 서명했으며, 연말에는 농지개혁 법안이 상정되어 1956년에 승인되었다. 최저 농지의 소유권은 인정하되 대토지Hacienda는 수용해 토지 없는 농민에게 분배했다. 그러나 기계 도입을 포함해 근대적인 농법을 취하고 있는 농장은 접수 대상에서 제외되었다. 또 무상 노동이나 현물 지대 등의 봉건적 소작 관계는 인정되는 등 크게 실효성이 있다고 평가하기는 어려웠다(歷史学研究会 編 1996a, 286).

민족혁명운동 정부는 경제개발을 의욕적으로 추진했는데, 산타크루스에 대규모 제당 공장을 건설하고 시멘트, 식품 가공, 고무 가공 공장 등을 건설했다. 석유는 볼리비아석유공사YPFB를 통해 1951~1955년 사이에 생산량을 5배로 증가시켰다. 당시 미국은 볼리비아의 경제 위기를 타개하기 위해 500만 달러 상당의 농산물을 제공했으며, 필수품 구매 자금으로 400만 달러 차관을 제공했다.[5]

한편 정부는 대농장과 주요 광산지대 등 인구 밀집 지역에 민족혁명운동 지부를 설치했다. 또 정규군을 해체하고 광산 노동자와 농민들에게 무기를 제공했고, 쿠데타를 예방하고 반혁명 세력 활동을 차단하기 위해 민병대를 조직했다. 이와 같은 일련의 인민 봉기와 개혁정책을 볼리비아혁명이라 규정한다(강석영 1996, 하권, 270~271).

5_미국은 볼리비아혁명에 과테말라혁명보다는 유연하게 대응했다. 그 까닭은 볼리비아에서 인민 봉기가 승리한 뒤 민족혁명운동 지도부의 주요 직책을 민족개량주의자들이 차지했기 때문인데, 그들은 근로자 대중을 설득해 자본주의 발전에 전적으로 협력하도록 하고, '유토피아적인' 혁명 목표를 위한 투쟁과 반제 국주의 투쟁을 그만두도록 했기 때문이었다(소련과학아카데미 2012, 318).

그러나 민족혁명운동이 목표로 한 '계급 협조'라는 연합 형태는 대내적으로 치명적인 취약점을 지니고 있었다. 많은 경우, 개혁은 각 분야에서 이미 자율적으로 추진한 혁명 행위를 추인하는 실정이었다. 혁명 초기에는 개혁 징책의 시행으로 노동자·농민의 소득분배도 순조롭게 진행되었고, 개발을 위한 정부 투자도 증대되었으며 정치적으로도 안정되었다. 그러나 대중의 소비수준을 향상시킴과 동시에 개발을 추진해야 하는 양면 작전이 볼리비아 경제의 한계를 뛰어넘어 실행되기는 어려웠다. 혁명 이후에도 주석에 의존해야 하는 볼리비아 경제는 국제수지 적자, 인플레이션, 통화 하락 등 대단히 심각한 사태에 직면하게 되었다. 특히 국영기업의 적자 보전을 위한 통화팽창에 따른 높은 인플레이션은 중간층에 부담을 안겨 혁명에서 이탈하게 만들었다. 결국 볼리비아는 경제적인 필요에 따라 종래부터 관계가 깊었던 미국과 그 영향을 받고 있는 국제통화기금IMF과 같은 국제금융기관의 원조에 의존할 수밖에 없었다. 이와 같이 볼리비아혁명은 대내외적인 조건에 따라 1950년대 중반에는 큰 기로에 서게 되었다(中川文雄 외 1985, 118~120).

볼리비아혁명과 노동조합운동의 발전

민족혁명의 승리와 더불어 새로운 노동조합 전국 중앙 조직 볼리비아노동자총연맹이 결성됨에 따라 1952년 4월 9일 이전에 존재했던 다른 전국 중앙 조직은 해체되었다. 한편 볼리비아광산노동조합연맹FSTMB 위원장 후안 레친 오켄도는 광산·석유부 장관에 취임했으며, 제조업노동조합연맹CGTF 위원장 헤르만 부트론은 노동부 장관으로 발탁되었다. 그 밖의 다른 민족혁명운동 노동조직 지도자들도 신정부에서 중요한 직책을 맡았다.

볼리비아노동자총연맹은 1954년 10월 30일부터 11월 17까지 대의원 310명이 참가한 가운데 제1차 대회를 개최했다. 대회에서 채택된 성명의 주요 내용은 다음과 같았다.

우리의 혁명은 민족적이며 민중적이다. 볼리비아 인민들이 수행한 민족해방투쟁을 사회해방을 위한 투쟁으로 전환하는 것은 빈농과 도시 중간계급 피착취자와의 밀접한 동맹을 주도할 노동자계급의 혁명적 역량이 어떤가에 달려 있다 (Alexander 2005, 96~97).

대회에서는 조직 체계 정비 계획이 세워졌는데, 조직의 최고 의결기구는 전국 노동자 대회이고, 대회에 파견된 대의원은 볼리비아노동자총연맹에 가맹한 전국 조직과 9개 지역에 설치된 지역 조직에서 선출된 사람들이었다. 전국 집행위원회 구성원들과 1956년 선거 이후 국회의원으로 당선된 노동조합원이 대의원대회에 대의원으로 참가했다. 대의원의 분포를 보면, 전체 대의원 310명 가운데 광산 노동자 60명, 농민 50명, 제조업 노동자 30명, 철도노동자 20명으로 이들이 약 절반을 차지했다.

볼리비아혁명 이후 노동조합운동은 빠르게 확장되었다. 제조업노동조합연맹 위원장이며 노동부 장관인 헤르만 부트론은 1952년 4월 이후 도시와 광산 지역에서 노동조합 500개가 새롭게 조직되었다고 주장했다. 여러 부문에 걸친 노동자들의 전국 노동조직이 새롭게 만들어졌다. 제조업 노동자의 지역 조직도 크게 확장되었다.

지난 몇 년 동안 침체 상태에 있던 볼리비아광산노동조합연맹은 빠르게 조직을 확대했으며, 1952년 8월에는 노동조합원이 8만 명에 이르렀다고 발표했다. 노동조합원의 대부분은 3대 광산에 소속되어 있었는데, 연맹은 민영으로 남아 있는 중소 광산에서 일하는 노동자들을 조직하기 위한 캠페인을 벌였다. 혁명 초기에 광산노동조합들은 투쟁을 통해 생활 조건 측면에서 상당한 성과를 획득했으며, 특히 건강 서비스 개선과 교육 시설 확충을 일정 정도 달성할 수 있었다.

철도노동조합연맹CSTF도 적극성을 발휘했다. 1950년 총파업 과정에서 정부의 가혹한 조치로 노동조합 간부 300명이 해고되었는데, 혁명 이후 이들은 모두 직장으로 복귀했다. 철도노동조합연맹은 볼리비아광산노동조합연맹 및 제조업노동조합연맹과 더불어 볼리비아노동자총연맹 내 최대 노동조합연맹의 하나가 되었다. 이 밖에도 많은 노동조합들이 1952년 혁명을 계기로 본래의 기능을 회복했으며, 새로운 발전의 전기를 맞았다.

한편 전국적인 노동조합 조직이 새로 설립되었다. 석유노동조합연맹CPW, 건설노동조합연맹CSC, 인쇄노동조합연맹FG 등이 결성되었고, 은행 노동자들도 전국적인 노동조합 조직을 결성했다.

크리스토프 미첼은 1960년 당시 주요 전국 조직의 노동조합원 수를 다음과 같이 추정했다. 광산 노동자 5만2천 명, 제조업노동자 2만8천 명, 철도노동자 2만5천 명, 건설노동자 1만8천 명, 공공 부문노동자 1만2천 명, 버스·트럭 운전노동자 1만2,500명이었다.

이와 같이 노동운동의 확장 및 세력 강화가 이루어졌는데도 노동관계의 특수성은 혁명 이후에도 크게 변화하지 않았다. 그것은 단체교섭 체계가 확립되지 않았다는 사실이다. 1952년 이전에 정부는 단체교섭을 권장하지 않았다. 이를테면 기업 단위 광산노동조합은 기업주로부터 임금 인상이나 광산채굴권을 획득했으며, 이런 협약도 어떤 법률상의 의무를 띤 교섭을 통한 것이 아니었다. 제조업 노동자의 경우에도 실제 상황은 동일했으며, 혁명 이후에도 실질적인 변화는 없었다. 단체교섭은 주로 불만처리 과정에 지나지 않았으며, 그런 과정을 통해서 때로 임금 인상이나 다른 노동조건 개선이 이루어지기도 했다(Alexander 2005, 84~86).

볼리비아 민족혁명 이후 초기에는 노동운동은 민족혁명운동의 전면적인 통제를 받았다. 그런 가운데서도 노동운동 내부에서는 민족혁명운동과 대립하는 두 개의 주요 정파가 존재했는데, 스탈린주의의 공산당PC 계열 그룹과 트로츠키주의의 혁명적노동자당POR 계열 그룹이 그것이었다. 이 밖에도 가톨릭노동청년회JOC, 사회민주당PSD 지향의 가톨릭 그룹이 활동하고 있었다. 그리고 라파스의 제조업 노동자 조직을 포함한 몇몇 노동조합과 수크레에 있는 볼리비아노동자총연맹의 지역 조직 내에 몇몇 소규모 정파 그룹이 있었다.

노동조합운동에 대한 트로츠키주의자들의 영향력은 몇 개의 영역에서 나타났다. 그 하나는 볼리비아노동자총연맹의 기관지인 『반란』*Rebelión*을 통해서였는데, 여기에는 레온 트로츠키가 직접 쓴 "볼리비아 노동자계급의 이데올로기적 견해"라는 문서가 실렸다. 그 내용은 다음과 같다.

볼리비아혁명은 직접적인 목표인 부르주아 민주주의와 연속된 결과로서 사회주의를 결합한 혁명의 성격을 갖지 않으면 안 된다. 혁명의 두 국면은 결코 분리될 수 없는 것이다. 그것은 권력을 장악한 노동자가 부르주아 민주주의의 한계에 멈추어서는 안 되며, 사유재산권에 대한 파업을 더욱 강화해 사회주의 방향으로 나아감으로써 혁명에 영구적인 성격을 부여해야 함을 의미한다(Rey 1952, 6; Alexander 2005, 81에서 재인용).

볼리비아노동자총연맹 결성 초기 몇 개월 동안에는 트로츠키 그룹이 민족혁명운동 통제 아래에 있는 조직에 대한 주요 도전 세력이었다. 이 기간에 트로츠키주의자 그룹은 스스로를 1917년 러시아혁명 시기 케렌스키 정부에 반대했던 볼셰비키 역할을 수행하는 것으로 규정했으며, 혁명적노동자당은 민족혁명운동의 '케렌스키주의자' 정부에 반대하는 볼리비아의 볼셰비키라고 주장했다.

그러나 1952년 10월 이후 볼리비아노동자총연맹의 지도부는 끝내 민족혁명운동이 장악하게 되었고, 그때까지 지도부에 들어와 있었던 트로츠키주의자 대부분은 밀려났다. 혁명적노동자당은 지역 조직이나 볼리비아노동자총연맹의 지역 연맹에 대해서만 영향력을 발휘할 수 있었다.

한편 1952년 4월 볼리비아 혁명 당시 공산당PC은 좌파혁명당PIR의 해산과 더불어 비교적 새롭게 등장한 조직으로서 혁명 초기에는 노동조합운동에 대해 영향력을 발휘할 수 있는 범위가 극히 한정되어 있었다. 1953년 중반에 공산당은 전통적으로 좌파혁명당의 영향력을 받아 왔던 철도노동조합연맹에 대해 자신들이 실질적인 영향력을 행사하고 있다고 주장했다. 1954년, 공산당은 볼리비아광산노동조합연맹에 발판을 구축했다고 발표했으며, 제조업노동조합연맹 대회의 파견 대의원 4분의 1이 공산주의자이거나 동조자라고 밝혔다. 혁명 초기에 공산주의자들은 때로 노동운동 내에서 혁명적노동자당의 트로츠키주의자들과는 달리 민족혁명운동 사람들과 제휴하기도 했다(Alexander 2005, 86~89).

공동 정부와 노동자 통제

혁명정부는 노동운동에 대해서는 특별한 의의를 갖는 두 가지의 신제도를 도입했다. 공동 정부co-goblerno와 노동자 통제control obrero가 그것이었다. 혁명정부가 출범하면서, 정부는 민족혁명운동과 볼리비아노동자총연맹의 공

동 정부 구성을 선언했다. 정부가 발족하면서 볼리비아노동자총연맹 지도
자 세 사람이 내각에 들었다. 광산·석유부 장관에 후안 레친 오켄도, 노동
부 장관에 헤르만 부트론, 농림부 장관에 우고 차베스가 임명되었다. 볼리
비아노동자총연맹은 민족혁명운동과 동맹 및 협력 관계를 맺게 되었다. 공
동 정부는 외형상으로는 혁명정부 출범 이후 20개월 반 동안 유지되었다.
그러나 1956년 말에서 1957년 초에 이르러 민족혁명운동 정부와 볼리비아
노동자총연맹 지도부는 대립하기 시작했다. 두 파트너 사이의 관계 주도권
은 정당 지도부 쪽으로 옮겨 갔으며, 노동운동으로부터는 멀어지기 시작했
다.

한편 노동자 통제는 노동자 대표자들에 의해 행해졌는데, 국유산업에
대해 일정한 정도의 통제가 이루어졌으며 어떤 경우에는 현장도 통제되었
다. 석탄산업의 경우, 노동자 통제가 3대 주석 회사 국유화 부분에서 이루
어졌는데, 그것은 '거부할 수 있는 권한을 가진 통제'였다. 볼리비아광업진
흥공사COMIBOL 이사회 구성원 7명 가운데 2명은 볼리비아광산노동조합연
맹에 의해 선출되었다. 더욱 중요한 것은 노동자 통제가 개별 광산 내 의사
결정 과정에서 행사되었는데, 광산 및 광산 노동자에 불리한 결정에 대해서
는 거부할 수 있었다는 점이었다(Alexander 2005, 89~91).

6. 과테말라

과테말라혁명과 미국의 침략 행위

미국 의회와 언론매체들이 '친공 정권'이라고 매도했던 후안 호세 아레발로
정권은 집권 기간에 22번에 걸친 쿠데타 위협에 직면해 임기 말에는 정권

유지에 급급할 수밖에 없었다. 1950년 대통령선거에서는 혁명행동당 후보로 중도 좌파연합을 주도한 국방 장관 하코보 아르벤스 구스만이 당선되었다.

미국의 반공 공격은 1951년 3월 아르벤스 정권 발족과 더불어 최고조에 이르렀다. 아르벤스 정권의 과테말라노동당PGT[6] 합법화 조치는 미국의 반공 정책에 어긋나는 일이어서 미국은 과테말라에 대한 원조를 중단했다. 이런 가운데 국내 보수 세력들의 움직임이 더욱 활발해졌다.

아르벤스는 신정부의 정책 목표를 식민지 경제구조의 종속 국가에서 경제적으로 독립된 국가로 전환하는 것으로 설정했다. 구체적으로는 전반적인 봉건 경제의 후진국가에서 근대 자본주의적 국가로 전환한다는 것이었다. 그리고 이러한 정책 목표를 실현함으로써 국민 절대 다수가 더욱 높은 생활수준을 영위할 수 있게 될 것이라고 강조했다. 이 목표의 핵심은 농업개혁이었다. 1952년 6월에 입법화된 농업개혁법은 농업의 '자본주의적' 발전을 목표로 한 것이었다. 그것은 미경작지, 부재지주 소유지, 제2차 세계대전 기간에 독일인으로부터 몰수한 토지 등을 수용 대상으로 했다. 무상 노동과 현물 지대 등 봉건적 제도 금지와 대농장의 비경작지 수용이 중심이었다. 모든 수용 토지는 3퍼센트 이자율의 25년 만기 채권으로 변제하도록 했으며, 토지 가격은 1952년 5월의 공시지가를 따르도록 했다. 그 뒤로 18개월 동안, 약 150만 에이커(약 6천 제곱킬로미터)가 약 10만 가구에 분배되었다(스미스 2010, 210~211). 아르벤스 정권이 추진한 토지개혁 중심의 일련의 개혁을 '과테말라혁명'이라 일컫는다.

6_ 과테말라공산당은 1952년 제2차 당대회에서 당명을 '과테말라노동당'으로 바꾸었다.

수용된 토지 가운데 미국인 소유의 '바나나 제국帝國'인 유나이티드프루트사UFCO 소유 토지가 25.2퍼센트를 차지했다. 이것은 유나이티드프루트사 소유지의 74퍼센트에 해당하는 면적이었다. 유나이티드프루트사는 바나나 생산을 위해 과테말라에 엄청난 토지를 소유하고 있었는데, 이 정도로 넓은 면적이 수용되었던 이유는 유나이티드프루트사가 전체 소유 토지 가운데 15퍼센트밖에 경작하지 않았기 때문이었다. 납부 세금을 기준으로 과테말라 정부는 1953년에 수용된 토지분에 대해 유나이티드프루트사에 2만 7,572달러를 채권으로 변상했다. 유나이티드프루트사를 대리해 미국 국무부는 1,584만5,849달러를 변상하라고 요구했다(歷史学研究会 編 1996a, 278).

아르벤스 정권의 농업개혁에 대해 유나이티드프루트사는 말할 것도 없고 미 행정부도 격렬하게 반발했다. 유나이티드프루트사 선전 담당자와 덜레스 형제[7]는 아르벤스 정부가 공산당에 대해 "유연하다"고 비난했으며, 이러한 자세는 미국과 자유 세계 전체의 안보를 위협한다고 선전했다. 또 이들은 과테말라에서 당한 패배는 소련이 파나마운하를 접수하는 결과를 빚게 될지도 모른다며 공포를 조장했다. 만약 과테말라가 무너지면 나머지 라틴아메리카도 뒤따를지 모른다고 경고했다(스미스 2010, 211).

이런 비난과 경고에 머무르지 않고 더 나아가 드와이트 아이젠하워 정부는 미국 중앙정보국CIA을 내세워 아르벤스 정권을 무너뜨리기 위한 구체적인 활동을 벌였다. 미국 중앙정보국은 온두라스에 망명 중이던 과테말라 대령 출신 카를로스 카스티요 아르마스를 대장으로 용병군을 조직했다. 용

7_국무 장관 존 덜레스와 그의 동생이며 중앙정보국 국장인 앨런 덜레스를 말하는데, 이들은 둘 다 유나이티드프루트사와 가까운 관계였던 뉴욕의 법률회사에서 일했다.

병군의 훈련과 자금·물자 원조는 미국 중앙정보국이 담당했다. 용병군은 중앙정보국으로부터 반군 라디오 방송국을 지원받아 운영했으며, 제2차 대전 당시의 전투기 몇 대를 제공받아 과테말라시티를 포격했다. 1954년 6월 18일, 용병군이 온두라스 국경을 넘었다. 6월 27일, 아르벤스 대통령은 사임을 요구하는 군 지휘부의 요구를 받아들였다(歷史学研究会 編 1996a, 278). 그는 대통령직을 떠나면서 미국에 대한 신랄한 비판을 담은 사퇴 연설을 했다.

> 유나이티드프루트사는 미국의 통치자들과 결탁해 우리에게 몹쓸 짓을 하고 있다. …… 그들은 반공주의를 구실로 삼고 있다. 그러나 진실은 매우 다르다. 진실은 과일회사와 라틴아메리카에 상당한 돈을 투자한 다른 미국 독점기업들의 금융이익에서 찾을 수 있다. 이 독점기업들은 과테말라에서의 선례가 다른 라틴아메리카 나라에도 나타날 것을 두려워하는 것이다(스미스 2010, 213).

반혁명 쿠데타와 인민의 저항 투쟁

아르벤스 대통령은 멕시코 대사관 담을 넘어 피신했다. 7월 8일, 카를로스 카스티요 아르마스가 미국 대사 전용기를 타고 수도에 들어와 권력을 장악했다. 아르마스는 1954년 9월에 대통령에 취임했다. 이로써 과테말라혁명은 실패로 끝나고 말았다.

과테말라혁명의 실패 원인은 그리 간단하지 않다. 미국의 직접적인 개입 외에도 라틴아메리카 내의 불리한 역관계도 중요한 원인이었다. 당시 라틴아메리카 몇몇 나라에서는 친제국주의 체제가 집권하고 있었고, 많은 국가들에서는 민주화 운동이 심각한 타격을 받은 상태였다. 노동자계급은 개혁이나 혁명을 주도할 만큼 조직화되지 못한 상태였으므로 광범한 동맹 세력을 결집시키지 못했다(소련과학아카데미 2012, 322).

미국의 이와 같은 개입과 책략은 라틴아메리카 여러 나라에서 항의행동을 불러일으켰다. 멕시코에서는 학생들과 노동자들이 집회를 열고 미국에 항의하는 행진을 벌였고, 온두라스에서는 학생들이 '월스트리트 기업'을 비난하는 시위를 감행했다. 파나마에서는 학생들이 24시간 수업 거부를 단행했고, 쿠바에서는 시위 군중이 국제연합뉴스 사무실과 북미전기회사에 돌을 투척했다. 아르헨티나에서는 의회가 미국 '침략'을 비난하는 결의안을 통과시켰으며, 칠레에서는 하원이 34 대 15로 미국이 저지른 공작을 매도했다(스미스 2010, 214).

과테말라 반혁명 사건은 단순히 미국 정부가 한 기업의 이익을 위해 군사 개입을 행한 것이 결코 아니었다. 유나이티드프루트사의 자산 수용은 미국 민간 기업 전체의 주요 관심 대상이었지만, 농지개혁 관계 기관에 과테말라노동자당 당원을 배치하는 일을 비롯해 급진파의 지지를 배경으로 정책을 추진한 아르벤스 정권 자체가 미국 정부 입장에서는 위험한 존재였다. 무엇보다도 미국의 '뒷마당'인 라틴아메리카에 반미 정권이 존재한다는 사실 자체가 미국으로서는 용납할 수 없는 일이었다.

임시 군사평의회라는 명칭의 과테말라 신정부는 혁명 시기의 사회·경제 입법을 거의 다 폐기했다. 농지개혁법에 따른 수용지도 옛 소유주에게 반환했다. 유나이티드프루트사는 수용지를 반환받았을 뿐만 아니라 새로운 토지까지 양도받았다. 유나이티드프루트사 노동조합과 중부아메리카국제철도회사IRCA 노동조합은 해산되었다. 또 이익송금에 대한 과세를 비롯한 외자 제한도 철폐되었다. 1955년에 제정된 신석유법에 따라 외국자본에 대한 석유개발 문호가 개방되었다.

이 밖에도 군사정부는 국가반공위원회를 설치했으며, 이어서 반공예방 형법을 제정했다. 이 법은 노동운동을 포함해 '생산 방해 행위'로 간주되는 범죄는 사형에 처할 수 있도록 했다. 1954년 11월, 쿠데타 발발 후 몇 개월 만에 국가반공위원회는 7만2천 명에 대한 자료를 수집했다. 이 위원회의 공식 목표는 20만 명이었다. 과테말라에서는 토지 없는 농민과 기아가 양산되었고, 반혁명 이후 30년에 걸쳐 군사독재 정권이 유지되었으며, 인디오 농민의 대량 학살이 되풀이되었다(歷史学研究会 編 1996a, 279~281).

냉전이 라틴아메리카 전역에 확산되자, 과테말라는 36년간의 긴 내전에 들어가갔다. 살육의 시기이자 역사의 공간이 된 36년이었다. 역대 군사정권은 전통적 지배 세력과 손잡고 농민, 원주민 공동체, 정치적 반대파, 게릴라 집단 등과 전쟁을 벌였다. 준군사 살인 집단들은 일련의 잔인한 테러를 저질렀다. 인구 400만 명 미만(1960년 기준)의 나라에서 폭력과 억압으로 20만 명에 이르는 사망자와 실종자가 생겨났다. 이 가운데 90퍼센트 이상은 친정부 세력의 폭력 행위에 따른 희생이었다. 반공 목표를 추구하는 과정에서, 그리고 아르벤스 축출에 대한 사후의 정당화를 추구하는 과정에서 미국은 우익 권위주의 정권을 실질적이고도 효과적으로 지원했다(스미스 2010, 215~216).

과테말라노동자총연맹의 결성과 노농 동맹의 형성

과테말라에서 혁명과 반혁명이 교차되는 가운데, 제국주의에 반대하고 사회진보를 추구하는 과테말라 인민의 투쟁은 1950년대 들어 새로운 단계에 들어섰다. 이 단계의 특징은 반제국주의 사회변혁 지향과 노동자계급 및 근로자 대중의 역할 증대이다. 이 과정에서 전개된 노동운동의 주요 흐름을 살펴본다.

먼저 노동조합운동 통합이 노동운동 통일을 촉진했다. 1951년 10월, 노동조합운동 통합을 위한 창립대회가 열렸고, 여기서 과테말라노동자총연맹 CGTG이 설립되었다. 과테말라노동자총연맹은 과테말라노동조합연맹FSG과 과테말라노동자연맹CTG, 과테말라지역노동자연맹FORG의 세 조직이 하나로 통합된 것이다. 과테말라노동자총연맹이 채택한 행동 강령은 경제·사회적 권리를 쟁취하기 위한 노동자투쟁의 과제와 함께 반제국주의 해방운동에서 노동자계급이 취해야 할 전략과 전술을 규정했다. 여기서 강조된 내용 가운데 하나는 농업개혁과 노농 동맹 형성에서 노동자계급이 수행해야 할 임무였다.

과테말라노동자총연맹은 아르벤스 정부가 추진하는 개혁에도 적극 관여했다. 이를테면 농업개혁 과정에서 유나이티드프루트사의 도발 행동이 강화되자, 이 회사 소유지에 있던 노동자들은 파업으로 대응했다. 농업개혁을 수행하는 과정에서 노동자 단체와 농민단체 사이에 협력이 강화되었는데, 그 주체는 과테말라노동자총연맹과 과테말라전국농민연맹CNCG이었다. 과테말라노동자총연맹은 1953년 당시 노동조합원 10만 명 이상을 포괄했으며, 과테말라전국농민연맹과 더불어 20만 명 이상의 강력한 세력을 형성했다.

과테말라노동자총연맹의 결성은 의심할 여지없이 노동운동의 발전을 위한 주요 계기였다. 그것은 농업개혁과 산업화를 촉진하기 위해서, 노동자의 권익을 옹호하기 위해서나 노동자의 단결을 위해서, 그리고 민주주의와 국민경제의 방위를 위해서 투쟁을 촉진했다. 그러나 1954년의 쿠데타는 이를 무참하게 무너뜨렸다(CIDAMO 2014, 5).

아르마스 군사정권의 반혁명과 노동운동 탄압

카를로스 카스티요 아르마스 군사정권은 노동조합 전국 중앙 조직과 투쟁적인 노동조합, 정당들의 해산을 명령했다. 군사정권 당국은 강도 높은 억압과 분열을 통해 노동운동을 제압하고자 했다. 1955년 군사정권은 미국노동총연맹-산업별조직회의AFL-CIO 상층 간부와 쿠바 바티스타의 지배를 받고 있던 쿠바노동연맹 간부들을 초청해 노동조합의 '재조직화'를 의뢰했다. 같은 해에 미국이 주도하고 있던 아메리카대륙지역노동자기구ORIT의 후원을 받아 과테말라노동조합평의회CSG가 설립되었다. 다른 한편으로 기독교민주주의 그룹은 1956년에 과테말라독립노동조합연맹FASGUA을 조직했다 (CIDAMO 2014, 6).

과테말라노동당 지도자의 한 사람인 H. 알바라도가 평가한 바에 따르면, 과테말라 노동자계급의 수가 증가하고 그들의 노동조합 조직력과 정치적 역량이 강화되면서, 과테말라 노동자계급은 더욱 활발한 정치적 역할을 담당하게 되었고 다수 인민에 대해 더 큰 영향력을 끼치기 시작했으며, 반봉건·반제국주의 혁명 투쟁에 앞장서게 되었다. 과테말라에서 반혁명 세력이 지배 권력을 휘두르는 상황에서도 전체 인민의 혁명·민족적 투쟁에서 노동자계급이 주도적 역할을 해낼 수 있는 더욱 유리한 조건은 계속 조성되고 있었다는 것이 노동운동의 자체 평가였다(소련과학아카데미 2012, 320~322).

7. 쿠바

바티스타 정권의 폭력 정치

1952년 3월, 풀헨시오 바티스타가 다시 전통적인 병영 반란Cuartelazo, 즉 쿠데타를 일으켜 정권을 장악했다. 그는 당시 민간인 27명의 공모자들이 주도면밀하게 수립한 계획에 따라 1952년 3월 10일 오후 콜롬비아 군사 캠프에 들어가 다음 날 새벽 쿠데타를 감행해 카를로스 프리오 소카레스를 물러나게 함으로써 완전히 쿠데타에 성공했다. 그는 1940~1944년에 집권한 뒤다시 권력을 장악해 언론을 탄압하고 대학 폐쇄 명령을 발동하고, 자신을 비난하거나 반대하는 이들을 추방·투옥하는 등 독재 정치를 펼쳤다. 또 의회를 폐쇄하고 계엄령을 발동해 저항 세력에 군법을 적용하겠다고 선언했다. 바티스타는 1955년부터 1959년 1월 1일 축출당할 때까지 잔혹한 억압과 폭력을 행사해 국민의 거센 저항을 불러일으켰다(강석영 1996, 상권, 327~328).

이와 같은 상황에서 정권에 대한 반란은 피할 수 없는 일이었다. 반란을 제압하기 위해 말 그대로 테러 체제가 도입되었다. 농촌에서는 지방경비대가 미국 기업이나 국내 과두정치 세력의 이익을 지켰다. 이른바 '마체테 Machete 계획'[8]이 실시되어, 농민들이 토지에서 추방되거나 유린당하는 경우가 많아졌다. 도시에서는 국가 경찰이 노동운동 지도자를 비롯해 진보주의자들을 박해했다.

억압기관으로는 경찰 조사국, 군 정보국SIM, 공산주의활동억지국BRAC 등이 있었으며, 이들 기관들은 모름지기 미국 중앙정보국과 결합되어 있었다. 특히 인민사회당PSP이 탄압의 중심 표적이 되었다. 1952년 5월 7일, 경찰이 당 본부와 지부 43개소를 습격해 당 간부 40명을 체포했다.

다음으로 바티스타의 경제정책을 살펴본다. 바티스타 정권이 쿠바의 막

8_정글도(刀)로도 불리는데, 정글에서 장애물을 제거할 때 쓰이는 예리한 칼을 일컫는다. 여기서는 무자비한 탄압 계획을 의미한다.

대한 자원을 미국 측에 유리하게 인도한 것을 비롯해 미국 투자가들에게 세제 혜택이나 각종 편의를 제공한 점에서는 역대 정권과 조금도 바를 바가 없었다. 바티스타 정부는 주석 광산이나 코발트 광산 개발을 미국 기업에 유리한 조건으로 맡겼다. 1955년부터 미국 기업 100여 개가 쿠바에서 활동을 시작했고, 그 뒤 기업 수는 300개로 늘어났다. 1958년 말 미국 기업은 전화 서비스의 90퍼센트 이상, 사탕 생산 50퍼센트, 광업 90퍼센트, 축산업 90퍼센트, 사회서비스 기업 80퍼센트를 지배하고 있었다. 그뿐만 아니라 무역에서도 미국에 완전히 의존하여, 쿠바 수출의 70퍼센트, 수입의 80퍼센트를 미국이 차지하고 있었다.

쿠바에 대한 미국의 투자 액수는 1953년에는 7억5,600만 달러였으며 1958년에는 10억 달러를 상회했다. 1952년 쿠바는 미국으로부터 총액 11억2,500만 달러의 차관을 들여왔다. 이러한 차관은 경제적 종속만 가져온 것이 아니라 독재를 위한 자금원조 성격을 띠었다. 1949년부터 1958년까지 쿠바에서 미국 독점자본이 취한 이익은 5억500만 달러였는데, 그 가운데 4억2,200만 달러는 미국으로 송금되고, 쿠바에서 재투자된 것은 불과 16퍼센트에 지나지 않았다(キューバ教育省 編 2011, 384).

바티스타가 행한 반민족적 경제정책의 하나는 사탕 생산의 제한이었다. 그 배경을 살펴본다. 제2차 세계대전 기간에는 사탕 가격이 상승했으나 1952년 무렵에는 수요가 감퇴함에 따라 가격도 하락했다. 사탕 생산이 계속해서 증가한 것도 한 가지 원인이었다. 바티스타는 가격 안정을 위해서 사탕 생산을 제한하라고 명령했다. 우선 1952년에 수확된 사탕의 일부를 판매 금지했다. 더 나아가 그 후 5년 동안 사탕 생산을 500만 톤으로 제한했다. 사탕 생산 할당 제도가 유지되고, 미국 정부가 쿠바 사탕 수입을 제한하는 새로운 법률을 제정함으로써 사탕 산업의 위기가 더욱 심각해졌다. 더욱이 쿠바는 단일 생산물에, 그것도 대미 수출에만 의존하고 있는 실정이었다. 쿠바가 사탕 생산을 제한하고 있을 때 다른 생산국은 생산을 계속 늘렸다. 이런 상황에서는 가격을 결코 안정시킬 수 없었다.

바티스타 정부는 경제·사회 발전 계획을 추진했는데, 이 계획의 실시를 위해 1955년에는 경제사회개발은행BANDES을 설치했다. 경제사회개발은행은 차관을 담당하는 기관이며, 차관의 대부분은 공공사업 부문에 충당했다. 경제사회개발은행은 군부나 독재 권력에 봉사하고 있는 쿠바노동자연합CTK, 바티스타 독재 권력이 이권을 쥐고 있는 사기업 등에 우선해서 융자했다.

투자 정책과 관련해 국가 자산의 투기와 남용, 공적 자금의 횡령이 일상적으로 행해졌다. 바티스타는 40개 기업의 주주였으며, 본인과 그 가족이 많은 액수의 뒷돈을 받고 차관공여계약에 서명했다. 그 때문에 경제사회개발은행의 비호를 받은 사업은 그 건설 비용이 과대하게 평가되었으며, 지불된 액수와 실제 소요된 액수의 차액은 바티스타와 그 측근 계좌로 들어갔다.

바티스타 정권 시기 신식민지공화국의 사회악은 심각한 지경에 이르렀다. 아바나시는 방탕한 도시가 되었으며, 전국에 걸쳐 매춘이 늘어났다. 실업과 빈곤 때문에 10만 명에 가까운 여성들이 이러한 치욕스러운 직업에 종사하게 되었다. 도박도 성행했다. 매년 총액 2억5,600만 페소가 도박판으로 들어갔으며, 도박에 투입된 액수가 국가예산을 초과할 정도였다. 국민들은 경제 위기 때문에 무거운 고통을 당하고 있었으며, 노동자들은 저임금으로 궁핍에 시달렸다. 농업노동자들의 상황은 특히 열악했다. 사탕산업에 종사하는 노동자는 사탕 생산 제한 정책 때문에 '죽음의 계절'을 맞아 혹심한 빈곤 상태에 빠져들었다(キューバ教育省 編 2011, 386).

봉기 노선에서 게릴라 노선으로

이와 같이 쿠바 사회가 심각한 위기에 놓인 상황에서 호세 마르티 탄생 100
주년 기념일인 1953년 7월 26일, 쿠바 청년 165명이 산티아고 몬카다
Moncada 병영을 습격하는 사건이 발생했다. 이 사건을 주도한 사람은 피델
카스트로였다. 그는 이곳을 근거지로 삼아 전국에 걸친 혁명운동을 전개하
려 했다. 그러나 혁명은 실패했고 카스트로는 체포되어 구속되었다. 변호사
였던 카스트로는 재판에서 자신을 변호했는데, 이때 그는 "역사가 나의 무
죄를 입증할 것이다"La Historia me absolvera라는 뜻깊은 말을 남겼다. 카스트
로는 변론을 통해 당시 쿠바 사회의 혼란 요인을 지적하면서 앞으로 쿠바가
어떤 재난에 직면할 것인지를 피력했으며, 국민들에게 또다시 새로운 식민
정책의 함정에 빠져서는 안 된다고 경고했다. 이 변론 내용은 당시 혁명 투
사들의 모범 강령이 되었으며, 이후 쿠바 정치혁명의 신념으로 자리 잡았다
(천샤오추에 2007, 141~142). 법정 진술과 변론 가운데 몇 대목을 소개한다.

> 우리가 인민과 연결될 수 있었다면, 그들은 우리에게 동조했을 것입니다. 인민
> 이야말로 우리의 동맹군입니다. 우리 계획은 가능한 빨리 라디오 중계소를 장
> 악하여 모든 국민에게 우리 지도자 고(故)에두아르도 R. 치바스의 마지막 연설
> 을 방송하는 것이었습니다. 그렇게 되면, 현 정권에 반대하는 공화국의 모든 정
> 치 지도자들이 우리 측에 가담해서 현 바티스타 독재 정권을 타도하게 될 것이
> 라고 우리는 생각했습니다(Huberman et al. 1960, 31).

> 인민이 일단 그들의 권리를 되찾고자 결정하게 되면, 어떤 무기나 어떤 폭력도
> 인민을 정복할 수 없습니다. 과거에서 현재에 이르기까지 그러한 사례는 수없
> 이 많습니다. 우리가 우리의 성공 기회를 담보하는 두 번째 고려 대상은 사회적

여건이었는데, 그것은 우리가 인민의 지원을 확신하고 있었기 때문이라고 저는 주장했습니다. …… 우리가 투쟁을 얘기할 때, 인민이란 약속을 받고도 기만당하면서 보상받지 못한 광범한 대중을 의미합니다. 그런 인민은 더욱 좋고 더욱 고귀하며 더욱 정의로운 국가를 바라며, 몇 세대에 걸쳐 부정과 모멸로 고통받아 왔기 때문에 조상 대대로 정의를 향한 열망을 가진 사람들입니다. 또 그들은 그들 생활의 모든 국면에서 크고 지혜로운 변화를 소망하며, 이러한 변화를 이룩하기 위해 어떤 일이나 혹은 어떤 사람을 믿게 되면, 특히 자기 자신을 믿게 되면 기꺼이 마지막 순간까지 그들의 생명을 바칠 준비가 되어 있는 사람들입니다(Huberman et al. 1960, 37).

이제 나의 변론을 끝맺으려 합니다만, 나는 변호인들이 흔히 그러하듯 이 피고인의 석방을 요구하지는 않습니다. 동지들이 피노스섬의 굴욕적인 감옥에서 고통당하고 있는 이때에 나 자신만을 위해 자유를 요청할 수는 없습니다. 나를 그곳으로 보내 그들과 함께 할 수 있도록 해주기 바랍니다. 대통령이 범죄자이자 약탈자인 이 공화국에서 정직한 사람이라면 죽거나 감옥에 갇힐 수밖에 없습니다. 감옥 생활에서 다른 사람의 경우와 마찬가지로 나에게도 어려움이 따를 것입니다. 감옥 생활이 무서운 위협과 사악한 고문으로 채워져 있음을 잘 알고 있습니다. 그러나 나는 나의 형제 70명을 죽인 저 파렴치한 폭군의 격분을 두려워하지 않듯이, 감옥을 두려워하지 않습니다. 나에게 선고를 내리십시오. 나는 아무래도 상관없습니다. 역사가 나의 무죄를 입증할 것입니다(Huberman et al. 1960, 47).

당시 카스트로는 15년형을 선고받았으나 1955년에 사면되었다. 그는 '7·26 운동'이라는 반바티스타 단체를 조직했다. 이 단체는 2차 혁명을 위해 조직된 단체로 그 역사적 의미가 자못 깊다. 단체 이름을 '7·26 운동'이라 지은 것은 카를로스 세스페데스[9]가 일으킨 10년 전쟁과 몬카다 습격 사건을 기념하기 위한 것이었다.

한편 비티스타는 전국적으로 혁명 세력을 색출하고 처벌하는 작업에 열심이었다. 쿠바 사회가 극도로 경직되자 카스트로는 일단 멕시코로 망명했는데, 여기서 아르헨티나 태생의 혁명운동가 체 게바라를 만난다. 카스트로는 1년 동안 빈틈없는 계획에 따른 철저한 훈련을 마치고 1956년 11월 25일 81명의 바르부도스Barbudos[10]와 함께 그란마 호를 타고 쿠바로 돌아와 2년 동안의 게릴라전에 들어갔다(천샤오추에 2007, 142).

독재 권력과 타협하고 반공주의를 추구한 쿠바노동총연맹

1940년대 말 이후, 특히 1952년 바티스타 재집권 이후 쿠바에서는 독재 체제가 한층 더 강화되었고, 역대 정권은 미국의 냉전체제 강화에 적극 동조했다. 다른 한편으로는 제국주의에 반대하고 사회변혁을 목표로 한 인민의

9_카를로스 세스페데스(1819~1874)는 쿠바의 혁명 영웅으로 비록 혁명에는 실패했지만 '10년 전쟁'을 시작해 쿠바 독립을 위한 기틀을 마련했다. 세스페데스는 에스파냐에서 유학하고 쿠바로 돌아오자 곧 변호사로 개업하는 한편, 시와 소책자를 썼으며 비밀리에 독립운동을 조직했다. 1868년경 혁명운동 지도자가 되어 같은 해 10월 10일 허술하게 무장한 약 200명의 투사를 이끌고 산티아고 시를 장악하고 쿠바 독립을 선언했다. 이 반란은 큰 지지를 받아 10월 말에는 1만2천 명의 의용군이 모였고 몇몇 전투에서 놀랄 만한 승리를 거두었다. 세스페데스는 국내에서 획득한 지지 기반을 넓혀 갔고, 혁명에 가담한 모든 노예들에게는 자유를 약속했다. 1869년 4월 10일, 혁명정부는 그를 대통령에 선출했다. 이어 대규모의 에스파냐 군대가 쿠바로 몰려오자 초기에는 선전했지만 결국 패해 후퇴하지 않을 수 없었다. 쿠바 재판소가 1873년 궐석 재판에서 그를 추방하기로 결정해 은신했으나, 결국 에스파냐 군인들에게 발각되어 사살되었다.

10_'수염이 덥수룩한 사람들'이라는 뜻으로 카스트로 게릴라 대원의 별칭이다.

투쟁이 점점 고양되었다. 이와 같은 첨예한 계급 간, 정치 세력 간의 대결 상황에서 노동운동은 운동의 이념적 목표와 기조를 상실한 채 정체되었다.

1952년 바티스타가 쿠데타를 통해 권력을 장악했을 때 쿠바노동총연맹 CTC은 정치적으로 중립을 지킨다는 명분을 내세웠지만, 노동조합 지도부 요직에 대통령 측근을 받아들이기로 결정했다. 이런 가운데 몇몇 전국 노동 조합연맹은 바티스타 쿠데타에 반대하는 총파업을 계획했으나 결코 실행하지 못한 채 포기하고 말았다. 한편 바티스타는 노동자 권리 보장을 약속했으며, 소카레스 대통령을 지지해 제기한 총파업에 대해 보복하지 않기로 했다.

이러한 타협 국면에서 노동조합은 정부로부터 몇 가지 양보를 얻어 낼 수 있었다. 1954년 바티스타는 노동조합비 점검 체계를 위한 '전국설탕노동자연맹'의 요청을 확정하는 법령을 공포했다. 이 법령에 따르면, 노동자 임금 1퍼센트를 조합비로 공제해 총 공제액 가운데 45퍼센트를 단위 노조에 배분하고 전국연맹에는 31.5퍼센트를, 쿠바노동총연맹에는 13.5퍼센트를, 국제 노동조직에는 10퍼센트를 배분하기로 했다.

쿠바노동총연맹은 페론주의자들을 배격하는 한편, 공산주의자들과 그 동조자들에 대한 추방운동을 벌였다. 1954년 6월, 쿠바노동총연맹은 특별 비상회의를 열어 공산주의자의 침투를 막기로 결정했다. 그리하여 쿠바노동총연맹과 산하 조직들은 공산주의자들을 회의에 참석시키지 않기로 하고 노동조합 공직에서 공산주의자들을 추방했다(Troncoso et al. 1962, 111~112).

1952년 당시 쿠바노동총연맹 지도부는 최소한 4개 그룹으로 분열되어 있었다. 첫 번째 그룹은 바티스타와 협력 관계를 맺은 쿠바노동총연맹 사무총장 에우세비오 무할 지지자들이었다. 두 번째 그룹은 노동당 창설 구상을 하고 있으면서 바티스타 정권에 대해 강한 반대 태도를 갖고 있는 사람들이었다. 세 번째 그룹은 노동운동과 바티스타 당 사이의 동맹 관계를 반대하는 바티스타 정부의 정보부 장관 에르네스토 드 라 페와 함께하는 사람들이다. 네 번째 그룹은 정통딩PA 지지자들로서 전국노동자위원회CON을 만들었던 사람들이다. 이 밖에도 노동조합운동과 바티스타 정권의 동맹 관계에 대해 반대하는 노동조합간부들은 노동조합 직책에서 배척당했으며, 그 가운데 상당한 수의 사람들은 독재 권력에 반대하는 지하운동에 참가했다. 결국 바티스타 정권이나 에우세비오 무할에 반대하는 몇몇 노동조합연맹은 쿠바노동총연맹 지도부에 의해 추방되었다(Alexander 2002, 142~143).

제2차 바티스타 독재 정권 시기에 제8차와 제9차 쿠바노동총연맹 대회가 열렸다. 이들 대회를 통해 당시의 노동운동 상황을 살펴본다.

제8차 대회는 1953년 5월에 아바나에서 개최되었으며, 대회에는 1,553개 노동조합을 대표해 2,665명의 대의원이 참석했다. 당시까지는 합법적으로 활동했던 공산주의자들은 약 600개 노동조합을 대표하는 자기 정파 대의원을 대회에 참석시켰다고 주장했다. 그러나 자격심사위원회는 쿠바노동총연맹에 가입하지 않은 노동조합이나 총연맹에 의무금을 납부하지 않은 노동조합, 그리고 실제 노동조합원 자격을 갖추지 않은 '종이' 노동조합에 대해서는 대의원 자격을 부여하지 않았다. 대회에서 채택된 결의는 임금 삭감 반대, 노동시간 연장 거부, 물가 통제 등 주로 경제적 요구를 반영한 것이었다.

1955년에 바티스타가 두 번째로 집권하고, 그다음 해인 1956년 4월에 제9회 총회가 노동자궁전Palacio de los Trabajadores에서 열렸다. 제9회 대회에서는 몇몇 산업에서의 노동일 단축과 경제발전 문제가 강조되었다. 대회에 제출된 의제 가운데는 부산물 활용을 통한 설탕산업의 다각화, 상업 해양의 확장, 전력화·조립·관개 촉진 등의 내용이 들어 있었다. 1957년 당시 쿠바 노동총연맹의 조직 현황을 보면, 산하 32개 전국 연맹에 1,641개 노동조합이 가맹하고 있었으며, 노동조합원은 120만 명이었다(Alexander 2002, 145~143).

바티스타 독재 정권 기간에 쿠바노동총연맹은 지역이나 세계 레벨에서 국제노동운동의 반공산주의 영역에서 아주 활발한 활동을 전개했다. 1948년에는 아메리카대륙노동자총연맹CIT 결성에 참가했으며, 1951년에는 아메리카대륙노동자총연맹을 대체하는 아메리카대륙지역노동자기구ORIT의 설립에 참가했으며 동시에 국제자유노동조합연맹의 아메리카 지역의 조직으로 참가했다. 아바나는 아메리카대륙지역노동자기구의 본부로 선정되었으며, 쿠바호텔레스트랑노동자연맹의 프란시스코 아길레르가 아메리카대륙지역노동자기구의 사무총장으로 선출되었다. 쿠바는 다른 주요 국제 노동단체의 중심이 되었다. 1955년 아바나는 제1회 설탕노동자세계대회의 무대가 되었으며, 국제운수노동자연맹 지역 본부도 아바나에 설치되었다(Alexander 2002, 147).

바티스타 독재 정권의 노동운동에 대한 탄압이 가중되는 가운데 공산주의자들의 투쟁은 지속적으로 전개되었다. 바티스타의 권력에 대한 공산주의자들의 저항행동은 노동 부문에서는 다소 느리게 진전되었다. 공산주의자들은 총연맹 구조 바깥에서 노동 그룹을 꾸리기 위해 노력을 기울였다. 그들은 요구방위위원회CDD[11]를 조직했다. 요구방위위원회는 노동조합운동에서 경쟁하는 조직도 아니었으며, 분파 조직도 아니었다. 그것은 노동조합

11_요구방위위원회는 노동조합은 아니나, 노동조합운동의 한 분파이다. 이 조직은 노동자 단결에 크게 기여했다.

의 통일을 위해 공헌하고, 노동자의 계급투쟁을 촉진하는 것을 목표로 하는 조직이었다. 몇몇 도시와 지역에서는 비교적 큰 규모의 지역위원회가 조직되었다. 1956년 2월에 열린 대회에서는 대의원 180명이 모여 전국위원회를 결성했다. 1956년 초 인민사회당PSP의 보고에 따르면, 219개 사업장에 위원회가 존재했으며, 공산주의자들의 지도를 받는 노동조합의 수는 80개였다고 한다.

바티스타 독재 정권 집권 후 첫 5년 동안 정부는 노동자의 단체교섭권을 인정해, 1958년에는 5천 개가 넘는 단체협약이 존재했다. 그러나 바티스타 정부가 노동조합운동을 강하게 규제하면서 단체교섭권도 차츰 통제를 받게 되었다. 이런 상황에서 노동분쟁도 급증했다(Alexander 2002, 149~152).

6장
아프리카 국가의 노동운동

최근까지 지상에 살고 있는 20억 인구는 5억의 '인간'과 15억의 '원주민'으로
구성되어 있다. 전자는 언어를 자유롭게 구사하고, 후자는 전자가 사용하고
있는 언어를 차용해서 쓰고 있다. …… 황금시대는 종말을 고했다. 입은
자유롭게 열리기 시작했다. 그것은 다름이 아니라 우리들이 자행한
비인간성을 고발하기 위해서다. …… 앞으로 내가 소개하는 알제리의
프란츠 파농은 유럽이 멸망하든 생존하든 그런 문제에 대해서는 전혀
개의하지 않는다. 그는 다만 식민지 원주민에게 외치고 호소하고 있을
따름이다. 모든 후진국의 원주민에게 단결을 호소하고 있는 것이다.
이러한 외침에 따라, 이러한 소리에 따라 제3세계는 드디어
자기를 발견하고 자기에게 대화를 하기 시작했다.

장 폴 사르트르
(北澤洋子 1982, 206에서 재인용)

제3세계는 이제 사회혁명에 대한 신념을 여태껏 지니고 있는 사람들의
희망과 믿음의 중심 기둥이 되고 있다. 제3세계는 인류의 대다수를
대표한다. 그것은 분출을 기다리는 전 지구적인 화산이자, 그 진동이 거대한
지진을 예고하는 지진 지역 같기도 하다. 황금시대의 안정되고
자유주의적인 자본주의 서방에서 스스로 '이데올로기의 종언'이라고 불렀던
어떤 대상에 대한 분석자(Bell 1960)조차 천 년에 걸친 혁명적 희망의
시대가 제3세계에서는 아직 끝나지 않았다는 사실을 인정했다. 제3세계는
10월 전통의 구   혁명가들이나 1950년대의 성공적인 범용을 유지했지만
천박함을 멀리했던 낭만주의자들에게만 중요했던 것은 아니었다.
인도주의적인 자유주의자와 온건한 사회민주주의자를 포함한 좌파 전체가

사회보장제 입법과 실질임금 인상 이상의 어떤 것을 필요로 했다.
제3세계는 그들의 이상을 보전할 수 있었다.
계몽주의의 큰 전통에 속한 정파들은 현실 정치뿐만 아니라 이상을 필요로 했다.
그들은 이상 없이는 살아남을 수 없었다.

(Hobsbawm 1996, 436~437)

제2차 세계대전은 아프리카 대륙의 식민지 지배 체제와 정치적 세력 관계에
중대한 변화를 가져다주었다. 세계대전이 종료된 1945년 이후에는
아프리카 인민의 반제국주의 저항운동이 크게 고양되었다.
아프리카 식민지·종속국 인민들은 점점 제국주의 지배 체제 타파와
민족해방을 위한 투쟁의 전면에 나섰다.
아프리카 인민은 제2차 세계대전 이후, 제국주의 지배의 결과에 대한
부분적인 항의 요구에서 출발해 정치단체나 노동조합 등의 조직을 매개로
자신들의 요구를 강령 형태로 표명했다.
이러한 반식민지 투쟁과 정치적 독립 쟁취 투쟁 과정에서
노동자계급이 차츰 중심 위치를 차지하기 시작했다.
식민지 체제 청산은 아프리카 국가들의 정치적 독립뿐만 아니라
프롤레타리아트의 사회 해방을 위해 필요한 전제 조건이었기 때문이다.
인민들의 요구·강령·조직이 아프리카 대륙 전체에 걸친 영역으로 확대되었으며,
민족 독립을 비롯해 식민지 지배 체제 폐지, 아프리카인에 대한 정치권력 이양 등이
당면 중심 요구로 제기되었다.
민족해방운동의 범위 및 성격에서의 이러한 변화는
1945년 이전부터 나타나기 시작했지만,
이제 그러한 변화는 결정적인 양상을 띠게 되었고
새로운 국면을 드러냈다.

(Woddis 1961, 24~25)

제2차 세계대전 기간 및 그 이후 시기 식민지 체제의 불안정과 민족해방 운동의 고양에 따라 유럽 식민주의 국가들은 아프리카 식민지 체제의 재편성을 서둘렀다. 한편, 식민지 체제가 재편성되기 시작했다는 사실은 제2차 세계대전이 지구상에서 아프리카의 비중을 키우고 아프리카와 유럽 국가들 사이의 관계를 변화시켰음을 반영하는 것이기도 했다. 이와 관련해 먼저 지적할 수 있는 점은 제2차 세계대전 발발에 따라 원료 공급지로서 아프리카 대륙의 비중이 두드러지게 커졌다는 사실이다. 이는 종래 유럽 국가들이 지배해 왔던 아시아 지역 식민지를 일본이 점령함에 따라 더욱 증대되었다. 전쟁 기간에 유럽 국가들은 광물자원과 농산물 수요에서 아프리카에 크게 의존했다. 세계대전 기간에 북아프리카는 전장戰場으로서, 나머지 아프리카 지역은 후방기지 역할을 했다.

다음으로 지적할 수 있는 것은 제2차 세계대전이 유럽 식민주의 국가들에게 직접으로 큰 타격을 안겨 주었다는 사실이다. 아프리카 대륙에 가장 광대한 식민지를 보유하고 있던 프랑스는 전쟁 발발 이후 9개월 만인 1940년 6월 독일에 항복했으며, 콩고 종주국이었던 벨기에는 독일의 공세를 18일 밖에 버티지 못했다. 영국은 제2차 세계대전 기간 내내 전투를 벌인 탓에 엄청난 국력 소모를 감수해야 했고 식민지 체제 유지에도 큰 곤란을 겪었다. 제2차 세계대전 기간에 중립과 '비교전'非交戰을 표방해 왔던 에스파냐와 포르투갈도 대전 후에는 식민지 체제의 전체적인 붕괴라는 역사적 조류의 변화를 결코 거스를 수 없었다. 이와 같은 요인들을 배경으로 하여 식민지 체제 재편성이 이루어지게 된 것이다(歷史学研究会 編 1996a, 244).

이 상에서 다루게 될 1940년대 말과 1950년대 전반기는 아프리카 국가들의 독립 실현을 위한 전 단계라 할 수 있다. 각 국가별 정치·경제 상황 변화와 노동운동 전개 과정을 살펴본다.

1. 이집트

나하스 정권 성립과 대英영국 투쟁

팔레스티나 전쟁에서 아랍 국가들이 당한 패배는 아랍 세계 전체에 큰 충격을 안겨 주었다. 아랍 국가들에서는 무능하고 부패한 봉건적 지배계급의 패전 책임이 엄중하게 추궁되었으며, 낙후된 사회·경제 제도에 대한 인민의 불만이 커졌다. 아랍 국가 가운데 팔레스티나 전쟁 패배의 충격을 가장 강하게 받은 국가는 아랍의 중심 역할을 했던 이집트였다.

팔레스티나 전쟁의 패배는 이집트 지배 권력 붕괴를 촉진했다. 굴욕적인 패전을 겪은 군 장교들은 국왕에 대한 충성심을 상실했고, 반정부 세력은 전쟁의 패인, 특히 국왕 측근의 병기 구입 독직 사건을 둘러싸고 정부에 대한 공격 태세를 강화했다. 전쟁에 많은 의용병을 보냈던 무슬림형제단은 '비밀 군사 부문'을 동원해 테러 활동을 전개하는가 하면, 장기 불황과 심각한 인플레이션, 실업문제 등으로 사회 혼란이 가중되었다. 1948년 12월 6일에는 무슬림형제단에 대한 해산 명령이 내려졌으며, 3주 뒤인 12월 28일에는 수상 집무실에서 경찰로 위장한 무슬림형제단원이 수상을 암살하는 사태가 벌어졌다. 이러한 상황에서 계엄령이 선포되면서 정치적으로 대단히 불안정한 국면이 이어졌다(山口直彥 2006, 311~312).

파루크 왕은 숙적이었던 나하스와 제휴하는 것으로 난국을 타개하고자 시도했다. 1950년 1월 3일, 전후 최초로 실시된 총선거에서 와프드당이 의석 319개 가운데 228개를 차지해 다섯 번째이자 마지막 나하스 정권이 발족했다. 나하스 정권은 국민의 지지를 이끌어 내기 위해 소작농들에게 농지를 분배하는 정책을 비롯해 개혁적인 사회·경제 정책을 펴는 한편, 현안으로 떠오른 대영 동맹조약 교섭을 벌이기 시작했다.

영국 측은 철수를 촉구하는 이집트 측의 요구에 대해 소련에 대응하는 '지역 방위 구상'에 참가하라는 조건을 제시했다. 그러나 이미 근 70년 동안 영국의 전략 거점으로 이용되어 왔던 이집트로서는 이러한 제안을 도무지 받아들일 수 없었다. 더욱이 영국이 상정하고 있는 '소련의 위협'이란 것은 이집트에서 현실감 없는 소리에 불과했고, 나하스 정권은 오히려 이집트에 주둔해 있는 영국군의 존재 그 자체가 소련과의 대립을 불러오지 않을까 우려했다. 19개월에 걸친 교섭은 아무런 결실 없이 끝났다.

1951년 10월 8일, 나하스 정권은 과감한 도박을 벌였다. 영국과 체결한 동맹조약의 일방적 파기와 수단 병합을 위한 법안을 국회에 제출한 것이다. 국회는 10월 16일 그 법안을 채택했고, 한 달 뒤인 11월 16일에는 파루크 왕이 정식으로 동맹조약 파기를 선언하고 스스로 수단 왕에 즉위했다.

이를 계기로 이집트 정부와 국민은 일치해 대영 투쟁을 벌이기 시작했다. 정부는 전국에 비상사태를 선언함과 동시에 영국인 관료를 일방적으로 해고했으며, 영국군 기지에 대한 물자와 노동력 공급을 중단했다. 영국 제품에 대한 불매 운동이 각지에서 전개되었고, 나하스 정권으로부터 활동 재개 수락을 받은 무슬림형제단을 선두로 우익 민족주의 세력, 공산주의 세력, 노동자, 학생 등이 수에즈운하 지대에 주둔한 영국군에 대한 게릴라 공격을 감행하기 시작했다. 이러한 사태를 맞아 영국은 주둔 군대를 대폭 증강해 대항했다.

1952년 1월 3일 영국 군대와 이집트 경찰대가 충돌했고, 1월 18일에는 영국 순양함 리버풀이 포트사이드 항을 공격했다. 1월 25일 영국군은 운하 지대에 근무하는 이집트 경찰의 무장해제를 요구하며 이스마일리아 경찰서를 전차와 장갑차를 동원해 포위했다. 이에 항복을 거부하는 이집트 경찰대와 영국군 사이에 격렬한 전투가 벌어졌다. 이 전투에서 이집트 경찰관 46

명이 죽고 72명이 중경상을 입었다.

영국군의 이스마일리아 경찰서 공격 소식이 전해지자, 이집트 국민의 반영 감정은 한꺼번에 폭발했다. 사건 다음 날인 1952년 1월 26일 토요일 아침, 키이로에서 경찰관이 파업에 들어갔으며, 그다음으로 무슬림형제단, 사회당(구 청년이집트당), 노동자, 학생 등이 참가한 대규모 반영 시위가 벌어졌다. 당초에는 질서 있게 행진을 진행하던 시위대는 정오 무렵에는 유럽계와 유태계 은행을 비롯해 항공사, 영화관, 백화점, 호텔 등을 습격하거나 불태웠다. 이 폭동으로 외국인을 포함해 76명이 사망하고 빌딩 400동이 불탔다. '검은 토요일'Black Saturday로 불리는 카이로 폭동은 결국 1952년 7월 23일 이집트혁명으로 이어졌다(山口直彦 2006, 312~314).

이집트혁명과 나세르의 등장

1952년 7월 23일, 자유장교단이 주도해 쿠데타를 결행했다. 쿠데타 목표는 군의 장악, 행정기구를 비롯한 주요 시설 확보, 국왕 폐위 등이었다. 자유장교단이 지휘한 군부대가 왕궁을 비롯한 주요 관청, 방송국, 우편국, 전화국, 역, 공항 등을 차례로 점거했다. 이른바 이집트혁명이 시작된 것이다. 같은 날 오후, 자유장교단은 알리 마히르에게 내각 구성을 맡겼다. 다음 날 알리 마히르 정부가 발족했는데, 자유장교단의 명목상 대표인 무함마드 나기브가 군총사령관에, 자유장교단의 실제 지도자인 가말 압델 나세르가 참모총장 대리에 취임했다. 7월 26일에는 파루크 왕이 이탈리아로 망명했다.

1952년 9월 7일, 알리 마히르 정부가 물러나고 나기브를 수상으로 하는 내각이 출범했다. 새 내각은 정치·경제·사회 전반에 걸친 구체제의 개혁에 착수했다. 이보다 앞서 쿠데타 성공 직후 자유장교단 집행위원회는 혁명위원회RCC로 개편되었다. 나기브 정부는 9월 9일 토지의 소유 상한을 300에이커로 규정한 농지법을 공포했다. 상한을 초과하는 농지는 유상으로 접수해 소유 농지 75에이커 이하의 영세 농민에게 분배했다. 왕실이 소유한 토지는 무상으로 접수되었고, 소작료의 대폭 인하가 실시되었다.

1953년 1월 16일 정부는 3년 동안의 과도적 군정을 선언하고, 무슬림형제단을 제외한 기성 정당과 노동조합을 해산하여 새로 결성된 해방전선NSF이라는 단일의 전국 조직으로 통합했다. 2월 10일에는 1952년 12월 10일에 폐지한 '1923년 헌법' 대신 기한 3년의 잠정 헌법을 공포했다. 6월 18일에는 명목상 국왕 지위에 있었던 아흐마드 푸아드(아흐마드 2세)를 폐위하고 공화제 수립을 선언했다. 초대 대통령 겸 수상에는 나기브가, 부수상 겸 내무부 장관에는 나세르가 취임했다. 이로써 무함마드 알리가 세운 왕조는 종말을 고했다(공일주 외 1998, 349~350).

혁명 주도 세력인 자유장교단 내부에서는 구체제의 폐해를 청산하는 데 대해서는 견해의 일치가 이루어졌지만, 쿠데타 이후의 체제에 대해서는 공통된 전망이 수립되지 않았다. 그 때문에 개혁이 차츰 급진화되면서 정책을 둘러싼 내부 대립이 일기 시작했다. 1954년 1월에는 무슬림형제단 비합법화를 계기로 나기브와 나세르가 대립했다. 나기브는 "군은 기본적으로 정치에 관여해서는 안 된다"면서 의회제 민주주의의 부활을 주장했다. 이에 대해 나세르는 "의회제 민주주의로 이행하는 것은 구체제를 부활시킬 뿐이다"라면서 군 주도의 급진적 개혁을 주장했다. 3개월에 걸친 의견 대립 끝에 군과 해방전선을 장악한 나세르가 전권을 행사하게 되었다. 1954년 10월에는 무슬림형제단이 나세르 암살을 기도했다는 혐의를 받아 무슬림 지도자와 수천 명의 지지자들이 체포되었고, 여러 사람이 사형선고를 받았다. 나기브는 반정부 음모를 기도한 무슬림형제단과 내통했다는 혐의로 대통령직에서 물러났다. 이로써 나세르 주도 체제가 확립되었다(山口直彦 2006, 324~325).

1955년 5월에 발표된 혁명 6원칙, 즉 ① 정치 생활 정화, ② 민주주의 확립, ③ 사회 정의 촉진, ④ 봉건 잔재 일소, ⑤ 강력한 국민군 창설, ⑥ 이집트의 완전한 독립과 주권 보장에 바탕을 둔 신헌법 초안이 1956년 1월 16일에 발표되었다. 같은 해 3월 1일에는 이집트 역사상 처음으로 여성에게도 참정권을 인정하는 새로운 선거법이 제정되었다. 6월 23일 시행된 국민투표 결과, 신헌법은 96퍼센트의 압도적 지지를 얻어 6월 24일부터 시행되었다. 이와 함께 나세르는 99.9퍼센트의 유효표를 획득해 제2대 대통령에 당선되었다(Beinin et al. 1998, 418).

'수에즈운하 기지에 관한 영국·이집트조약' 체결

혁명 정권은 구체제 개혁과 더불어 영국군 철수를 최대 목표로 설정했다. 이집트는 냉전체제의 변화하는 정세 속에서 영국과 교섭하며 우여곡절을 거친 끝에 1954년 10월 19일 '수에즈운하 기지에 관한 영국-이집트 조약' 체결을 이끌어 냈다. 이 조약에 따라 이집트 주둔 영국군은 20개월 이내 (1956년 6월 18일까지)에 수에즈운하 지대에서 철수하며, 영국군 기지는 2년 이내에 이집트 측에 반환하도록 되었다. 새로운 조약 체결에 따라 1936년에 체결된 '동맹조약'은 파기되었지만, 이후 7년 동안 제3국이 이집트와 주변 국가들(아랍연맹 가맹국과 터키)에 대해 공격을 가할 경우 영국군은 다시 기지를 사용할 수 있도록 했다.

한편, 구체제 시절부터의 현안이었던 수단 문제에 대해서도 이집트와 영국 사이에 교섭이 마무리 되어 1953년 2월 12일 '수단의 자치와 자결에 관한 영국-이집트 협정'이 체결되었다. 이집트와 통합할 것인가, 분리 독립할 것인가를 수단 스스로 결정하도록 한다는 내용이었다. 같은 해 11월 2일부터 7일까지 실시된 수단 최초의 의회 선거에서는 이집트와의 통합을 내세운 국민통일당NUP이 제1당이 되었지만, 수단 출신의 나기브가 해임되고 나세르가 급진적인 정책을 펴 통일 분위기는 급속히 냉각되었다. 1955년 12월 19일 수단 국회가 독립 결의를 채택해, 1956년 1월 1일 드디어 수단은 독립했다. 그리하여 반세기 이상 수단에 주둔했던 영국군은 1955년 11월 15일 철수를 완료했다(山口直彦 2006, 325~327).

노동운동의 전개

팔레스티나 전쟁 이후 1950년대 중반까지의 노동운동 전개를 파루크 구정권 시기, 와프드 정권 시기, 이집트 혁명 시기로 나누어 살펴본다.

구정권 시기

1949년 7월 팔레스티나 전쟁이 끝난 뒤, 계급과 집단 사이의 갈등이 첨예화해 이집트 사회는 정치·경제적 위기를 맞게 되었다. 거대 지주계급은 와프드당과 그 반대당을 지배하면서 자신들의 특권을 유지하는 데 강하게 집착했으며, 토지 보유 조건과 지대, 농업 재산에 대한 조세 문제에서 최소한의 개혁도 허용하려 하지 않았다. 거대 지주들은 면화 및 다른 농산물의 세계시장에 순조롭게 진출했다. 지주들의 사회적 지위와 정치적 권력은 이집트 봉건시대의 지배층과 다를 바 없었다.

이집트의 산업 부르주아지와 그들의 의회 대표자들은 때로는 사아디스트당과 제휴하면서 농업개혁의 필요성과 부의 분배 개선을 주장했다. 그러나 기본적으로 그들은 가난한 농민과 도시 민중의 폭발을 우려한다는 점에서는 지주들과 이해관계를 같이하면서 사회적 보수주의를 고수했다.

도시의 지식인층은 국가의 독립을 위한 투쟁을 적극적으로 이어 나갔다. 그러나 이러한 계층의 정치적 신념은 일관성을 잃은 파편화된 것이었다. 무슬림형제단, '젊은 이집트'(1950년 이후에는 사회당으로 인정되었다), '와프트 전위', 여러 공산주의 조직들은 도시 지식인층 가운데 중심적 그룹이었다.

이러한 가운데 노동자들은 민족해방노동자위원회WCNL를 설립했는데, 민족해방노동자위원회는 민족적이고 민주적인 책무를 수행하기 위한 독자적인 정치적 세력이 되었다. 노동자계급과 급진적인 지식인들은 민족운동에 새로운 내용과 지도성을 제공했다. 그러나 노동자계급은 소규모였으며, 이집트 자본주의의 불균형에 따라 분절화되었을 뿐만 아니라 정치적으로도 투쟁 경험이 많지 않았기 때문에 노동자계급이 주도해 민족운동을 통합할 수는 없었다(Benin et al. 1998, 395~396).

노동자계급과 급진적 지식인의 정치조직은 1946년의 탄압과 1948~1949년의 계엄령 시기에 갖가지 어려움을 겪었으며, 조직 해체를 당하기도 했다. 그러나 정치조직과 노동조합 활동은 1949년 말에서 1950년 초에 걸쳐 서서히 회복되기 시작했다. 1950년 1월에 실시된 선거에서 공산주의자들과 무슬림형제단은 와프드당을 지지했으며, 와프드당의 승리로 계엄령이 해제되고, 일상적인 정치 활동이 허용되었다. 이런 가운데 민족해방민주주의운동DMNL은 조직을 재건해, 빠르게 세력을 확장했다. 이와 같은 일은 노동운동에 활력을 불어넣었다.

와프드 정권 시기

와프드 정권은 노동정책 개혁을 시도했다. 산업 안전 및 보건 기준을 개선하기 위해 노동관계법을 제정했으며, 단체교섭 체결권을 노동조합에 부여했다. 정부의 가장 중요한 노동 시책은 1950년 2월 20일의 군사 명령 제99호였다. 성인 노동자의 하루 최저임금을 12.5피아스타pt로 규정한 명령이었다. 이는 임금수준과 계속 상승하는 생계비의 차이를 좁히려는 시도였다.

그러나 그 결과는 정부의 기대대로 귀결되지 못했다. 군사 명령을 적용하는 과정에서 첨예한 노동분쟁이 야기되었다. 많은 기업주들이 최저임금 시행을 거부하거나 기능 노동자들을 해고하고 임금이 낮은 신규 노동자들을 고용했다. 어떤 대기업은 임금 비용을 절감하기 위해 매년 지급하는 보너스와 부가급부를 지급하지 않았다. 생계비 수당 지급을 둘러싸고 경제의 모든 부문에서 파업과 저항이 일어났다. 1950년 3월에는 카이로의 전차노동자들이 승차 요금을 받지 않았고,. 4월에는 포트사이드와 알렉산드리아의 부두 노동자들이 3일 동안 파업을 단행했다.

규모가 큰 파업 사례의 하나로서 하왐디야Hawamdiyya설탕정제 회사 파업을 들 수 있다. 이 회사는 생계비 상승에 따른 임금 인상을 거부했으며, 정부에 설탕에 대한 소비세 삭감을 요구했다. 이런 가운데 1950년 12월 7일 결탕(설탕정제) 노동자 92명이 생계비 상승에 따른 임금 인상을 요구하며 2시간 경고 파업을 감행했다. 정부는 파업을 주도한 노동조합 간부들을 체포했다. 같은 해 12월 18일부터 다음 해인 1951년 1월 6일까지 노동자 4천 명이 파업에 돌입했다. 노동자들이 정부 시책의 이행을 요구했는데도 정부는 설탕노동자 파업에 대해 큰 관심을 나타내지 않았다. 파업이 계속되는 동안 수많은 노동조합과 저명한 인사들이 노동자들을 지지했으며, 광범위한 노동자 연대가 일어났다. 결국 설탕정제 노동자들은 1951년 2월에 정부의 설탕 보조금 제공을 명분으로 생계비 수당을 받게 되었다.

군사명령 제99호 시행을 위한 투쟁에서 중심적 역할을 수행한 것은 섬유 노동자들이었다. 슈브라엘케이마Shubra al-Khayma의 노동자 총 310명을 고용한 소규모 섬유공장 세 곳은 생계비 수당을 지급했으나, 다른 공장노동자 150명은 군사 명령 제99호 시행을 요구하다 해고당했다. 1950년 근 한 해에 걸쳐 슈브라엘케이마에 있는 몇몇 섬유공장과 카이로 교외의 다른 섬유센터는 생계비 수당 지불을 피하기 위해서 노동자들을 해고하거나 임금을 삭감했으며 그 밖의 여러 가지 책략을 사용했다. 이러한 상황에서 우여곡절 끝에 카이로 근방의 자이툰Zaytun에서 민족해방민주주의운동 주도 아래 대카이로기계화섬유노동조합GCMTWU이 설립되었다. 이 지역에는 거의 15개 섬유공장에 노동자 수천 명이 고용되어 있었다. 여러 곳에서 파업, 태업 등 저항행동이 일어났다.

1950년 한해에 걸쳐 알렉산드리아에 있는 시바히Sibahi 공장에서는 보기 드물게 치열한 투쟁이 전개되었다. 생계비 수당 및 후반기 임금 지불, 그 밖의 작은 문제들의 해결을 요구하는 파업이 2월, 6월, 8월에 일어났다. 특히 6월 파업이 전투적이었는데, 시바히 공장은 파업에 열성적으로 참가했던 노동자 1천 명 이상을 해고했으며, 블랙리스트를 작성해 다른 사업장에 취업하는 것을 막았다.

섬유산업 투쟁에 직면하고도 와프드 정권은 고용 안정이나 저임금 문제를 해결하지 못했다. 이에 따라 노동자들의 불만은 점점 커졌으며, 많은 노동자들과 노동조합 간부들이 민족해방민주주의운동의 영향권에 들게 되었다(Benin et al. 1998, 399~403).

민족해방민주주의운동이 섬유산업 다음으로 영향력을 발휘한 부문은 카이로운수노동조합이었다. 카이로운수노동조합 조합원들은 1950~1951년 노동조합운동이 부활하는 데서 중심 역할을 했다. 1951년에는 4개의 카이로택시노동조합이 통합해 카이로통합운전자노동조합CUDU을 결성했다. 1951년 1월 17~19일에는 전국의 34개 운수 부문 노동조합 대표들이 카이로에 모여 회의를 열고 택시·트럭·버스·전차 등 모든 운수산업 노동자의 요구 리스트를 채택했는데, 중심이 된 것은 임금과 노동조건 개선이었다. 1951년 2월 2일 다시 열린 회의에서는 '이집트합동운수노동조합회의'Congress of Egyptian joint Transport Drivers' and Workers' Union, CETDWU가 결성되었고, 택시 요금 40퍼센트 인상과 전차 및 버스 노동자의 임금 인상, 모든 운수노동자에 대한 노동법 적용, 운수노동자와 승객을 위한 자동차 소유주 부담의 보험 실시를 요구했다.

1950~1951년 사이에 노동조합원의 수가 증가하고 노동조합 간부들의 민족해방민주주의운동 가입이 늘어남에 따라 노동조합운동의 단결과 연대를 위한 움직임이 점점 커졌다. 1950년에는 이집트노동조합총연맹준비위원회PCGFETU가 결성되었는데, 이에 따라 노동조합운동에 대한 민족해방민주주의운동의 영향력이 더욱 증대되었다.

1952년 1월 27일, 이집트노동조합총연맹준비위원회는 이집트노동조합총연맹설립위원회FCGFETU로 개편되었으며, 이집트노동조합총연맹설립위원회의 법적인 위상은 불분명했다(Benin et al. 1998, 409; 414).

이집트혁명 시기

1952년 7월 23일 자유장교단이 주도해 쿠데타를 결행한 며칠 뒤인 7월 31일, 이집트노동조합총연맹설립위원회는 성명서를 발표했다. 이집트노동조합총연맹설립위원회는 군부에 대해 헌법을 지키고 의회 활동을 최대한 빨리 복원하며, 계엄령과 모든 억압적인 법안을 철회하고 정치 경찰을 폐지할 것을 촉구했다. 이집트노동조합총연맹설립위원회와 민족해방민주주의

운동은 민주주의의 빠른 회복을 요구하면서 군부의 '혁명'에 지지를 보냈다. 그러나 군부가 노동조합운동 지도부에서 공산주의자들을 배격할 방침을 내세우면서 혁명위원회와 민족해방민주주의운동 사이의 충돌은 불가피한 일이 되었다. 이러한 가운데 카프르알다와르Kafr al-Dawwar에서 일어난 노동자 투쟁은 결정적 요인으로 작용했다.

자유장교단이 권력을 장악한지 채 한 달도 안 된 시점에서 알렉산드리아 남쪽 섬유 단지 카프르알다와르에서 일어난 격렬한 파업과 시위에 대해 정부가 취한 대응으로 인해 정부와 노동조합운동 사이에 심각한 긴장이 조성되었다. 카프르알다와르에 있는 미스르파인 방적·제직 회사의 3개 공장에는 9천 명이 넘는 노동자들이 고용되어 있었으며, 1943년부터 회사의 지배를 받는 노동조합이 존재하고 있었다.

1951년 8월 9일, 바이다 다이어스 회사(미스르와 브리티시 브래드퍼드 다이어스 연합과의 합작회사)에서 파업이 일어났다. 노동자들의 요구는 보너스 인상과 해고된 노동자의 복직이었다. 파업이 오래 계속되지는 않았다. 8월 11일에는 미스르 공장노동자 4명이 노동조합 인정을 요구해 파업을 선동하다 체포되는 사건이 벌어졌다. 카프르알다와르 지역의 노동조합이 조직되지 않은 2개 공장에서 일어난 노동자들의 행동이 파업을 계속 유지하고 다른 노동자들의 집단행동을 유발하지는 않을까 정부 당국은 크게 불안해하고 있었다.

8월 12일에는 미스르 공장노동자 약 5백 명이 연좌 파업을 벌이면서 공장 안에서 농성을 전개했다. 노동자들은 이집트혁명과 나기브에 대한 지지를 호소하면서 다음과 같은 요구 조건을 제기했다. ① 권한을 남용하는 억압적인 회사 간부 교체, ② 자유로운 선거를 통한 노동조합 운영, ③ 회사 소유 건물에서 노조 사무실 사용, ④ 사무직과 생산직 노동자에게 동일한 보너스 지급, ⑤ 임금 인상, ⑥ 파업에 대한 책임 면제 등이 그것이었다.

정부는 파업에 강경하게 대처했다. 8월 13일 오전 3시, 정부 당국은 알렉산드리아로부터 군대를 동원해 파업을 진압했다. 이 과정에서 군인과 노동자 사이에 충돌이 벌어졌으며, 군인 2명, 경찰관 1명, 노동자 4명이 죽고 많은 사람이 부상을 당했다. 그 이후에도 크고 작은 파업투쟁이 발생했으며, 그때마다 경찰과 군대가 파업을 진압했다.

카프르알다와르에서의 파업투쟁에 대한 혁명위원회의 대응은 반공산주의와 노동자계급의 집단적 행동을 우려한 결과였다. 민족해방민주주의운동과 이집트노동조합총연맹설립위원회는 정권 내부에서의 세력 균형 변화를 바라면서도 혁명위원회에 계속 지지를 보냈다. 같은 해 10월 말에는 내무부 장관이 이집트노동조합총연맹설립위원회의 회합을 금지하고 노동조합 지도부에서 공산주의자들을 배척하기 위한 캠페인을 벌였다. 이러한 정부의 지침에 따라 공산주의자들의 노동조합에 대한 영향력이 약화되었다.

이집트노동조합총연맹설립위원회가 자기 역할을 제대로 수행하지 못하게 되는 상황이 빚어지면서 이와는 별도로 자유방위노동조합위원회TUCDL가 노동조합운동에 대한 친화적이고 협력적인 자세를 취할 것을 혁명위원회에 촉구했다. 자유방위노동조합위원회는 민족·정치적 요구를 아우른 이른바 '노동조합 서약'을 요구했다. 서약 내용은 다음과 같았다. ① 이집트와 수단으로부터 영국 군대 완전 철수, ② 새로운 국회를 위한 즉시 선거, ③ 계엄령 해제, ④ 영국 철수 이후 수단의 독립을 자유롭게 결정, ⑤ 이집트 산업 보호를 위한 지나친 외국자본 제한, ⑥ 최저임금법 제정, ⑦ 포괄적인 실업·재해·건강·퇴직 보험제도 설치, ⑧ 이집트노동조합총연맹설립위원회 활동 규제 해제와 노동조합 회의 개최 허용, ⑨ 노동조합 지도자 관련 노동관계법 조항 개정, ⑩ 민주적 권리의 신장과 특히 파업권에 대한 모든 제한의 철폐가 그것이다(Benin et al. 1998, 427~430).

서약이 발표되자, 혁명위원회는 모든 노동조합 활동에 대한 국가의 통제와 노동운동에 대한 감시를 강조하는 비민주적인 정책을 채택하고자 했다. 새 정부의 공식적인 슬로건은 '통일, 질서, 노동'이었으며, 이것은 신질서에서의 노동자 임무를 간명하게 표현한 것이었다. 이러한 정책은 자유장교단의 정치적 강령이었던 불명확한 민족주의 및 불충실한 사회개혁주의와 일맥상통했다. 정치적 조합주의corporatism는 이집트 노동운동이 시작된 이래로 현재까지 정치 활동의 공통적인 전망이 되어 온 노동자계급에 대한 온정적·간섭주의적 태도와 쉽게 결합되었다.

정치적 조합주의와 온정주의의 성공적인 이행을 위해서는 혁명위원회가 노동자계급에 영향력을 행사할 수 있는 지위에서 공산주의자들을 배척하고, 노동조합운동 내부에 정권을 적극적으로 지지하는 세력을 구축할 필요가 있었다. 혁명위원회는 이러한 필요에 따라 기존의 노동관계법 개정에 착수했다.

1952년 12월 8일, 정부는 노동조합이나 그 밖의 노동자 조직과 아무런 사전 협의도 없이 노동관계 법령을 세 개의 독립된 법률로 제정했다. 개별계약법, 노동분쟁 조정·중재법, 그리고 노동조합법이 그것이었다. 개별계약법은 해직 보상의 증액, 휴가 연장, 통근 편의 제공, 무상 의료 등을 규정했다. 노동분쟁 조정·중재법은 모든 분쟁에 대해 강제 중재가 적용된다는 내용으로, 사실상 파업 제기가 불가능했다. 노동조합법은 노동조합 결성의 자유를 보장했으며, 농업노동자에 대해서도 노동조합 가입을 인정했다. 노동조합은 산업별이 아니라 기업을 단위로 결성해야만 했고, 하나의 기업에서도 생산직 노동자와 사무직 노동자는 별개의 노동조합을 결성하도록 규정했다. 그 밖에도 단결권을 제약하는 법률 조항들이 있었다.

혁명위원회 정권의 이와 같은 정치적 조합주의와 온정주의의 실행은 노동조합을 국가 기구 내로 편입함으로써 노동운동의 자율성을 억제해 정상적인 발전을 가로막았다(Benin et al. 1998, 432~433).

이집트 노동자계급은 이집트혁명 과정에서 농민, 지식층, 애국 민족부르주아지와 함께 투쟁을 전개했다. 이집트혁명은 반제·반봉건을 목표로 민족 독립 실현을 위한 전제 조건을 만들었다. 혁명은 발전 첫 단계(1961년까지)에서 부르주아 민주주의 성격을 띠고 있었다. 그러나 민족 부르주아지가 경제적 독립과 사회 진보를 책임질 능력이 없다는 사실이 드러난 1960년대에는 나세르 정부가 사회주의적 지향을 갖는 정책을 공표했다. 나세르 정부가 시행한 반제국주의적 정책은 이집트 노동자계급의 큰 지지를 받았다(소련과학아카데미 2012, 164~165).

2. 리비아

리비아는 1951년 10월에 공포된 헌법에 따라 무함마드 이드리스와 그 후계자들이 통치하는 연방군주국이 되었다. 이에 따라 트리폴리타니아, 키레나이카, 페잔의 세 개 주로 구성된 리비아 왕국은 1951년 12월 독립을 선언했다. 연방정부는 외교·국방 등의 중요 문제에 권한을 갖지만, 국내 정치에 대해서는 3개 주의 지방정부에 큰 권한이 주어졌다. 수도는 벵가지와 트리폴리 두 도시로, 교대로 행정부가 옮겨가게 되었다. 국회는 상하 양원제로서, 세 주에서 동수의 의원을 내는 상원과 인구 비례로 의석수를 정하는 하원으로 구성되었다. 초대 왕으로는 무함마드 이드리스가 옹립되었으며, 왕은 수상이자 군 최고사령관이고 법안 제출권, 법안 거부권, 하원 해산권 등을 가졌다(공일주 외 1998, 233).

신정부는 여러 가지 정치·경제적 문제들에 직면하게 되었다. 그래서 리비아왕국은 서유럽의 기술 원조를 제공받아 자국 내의 경제 자원을 개발하려 노력했디. 관개시설 개량, 저수지 개발, 재조림再造林 확대, 농업 기술 교육, 식용유·과일·채소·생선 등과 같은 국내 제품과 원료 개발 산업의 확대 가능성 조사를 시행한 것은 이런 노력의 일환이었다.

대외 관계에서 리비아가 취한 중요한 조치는 1953년 3월 아랍연맹에 가입한 것이었고, 리비아는 이를 계기로 아랍 국가들과 우호 관계를 촉진하기 위해 노력했다. 이와 더불어 유럽 국가 및 미국과도 협정을 체결했다. 1953년 7월 영국과 체결한 조약의 내용은 영국이 리비아에서 군사기지를 유지하는 조건으로 경제개발을 위한 자금을 지원한다는 것이었다. 다음 해인 1954년 10월에는 미국과 조약을 체결했다. 미국은 경제원조를 약속하고 리비아는 공군기지 구축을 미국 측에 약속했다. 리비아는 프랑스와도 협정을 맺고 재정 원조를 받기로 했으며, 이탈리아와는 무역과 재정 지원에 관한 합의를 했다.

국내 정치에서 정치 실권은 국왕과 소수의 유력자가 장악하고 있었다. 독립 직후 정치 불안을 해소하기 위해 모든 정당을 비합법화했기 때문에 선거제도나 의회제도가 충실하게 기능하지 못했다. 또 세 주 사이의 대립은 수상과 각료를 주별로 배분하는 것으로 회피할 수 있었으나, 중앙정부와 지방정부의 대립이나 수도가 바뀌는 데 따른 비능률 행정 등은 골치였다. 더욱이 리비아는 정치 통합의 국내 조건이 민족운동을 통해 정비되지 않은 채 국제연합의 주도에 따라 독립이 실현된 터라 사태는 한층 더 심각했다. 이러한 상황에서 석유 발견 이후 급속하게 사회 변동이 진행되어, 정치체제 모순이 더욱 커지게 되었다(宮治一雄 2000, 141~142).

3. 알제리

전후 개혁의 좌절과 무장봉기

1948년부터 1954년까지의 알제리 정세는 '조직법' 실시를 둘러싼 대립을 축으로 하여 전개되었다. 여기서 조직법이란 1947년 9월 20일 프랑스 의회가 채택한 법률을 지칭한다. 이 법은 프랑스인과 알제리인 동수의 알제리 의회 성립, 지방자치 제도의 정비 등 공동 주권 구상의 연장선상에서 제정된 것으로서 민족차별은 철폐되고, 이슬람 축제일이나 아랍어 교육이 공식 인정됨을 규정했다. 이 개혁에 대해서는 현상 유지를 바라는 프랑스 식민자나 독립을 추구하는 민족주의자나 다 같이 불만을 나타냈다. 다만 프랑스 사회당과 공산당만은 높게 평가했다. 알제리 의회 선거는 실시되었으나, 다른 사항의 실시에는 의회의 승인(3분의 2 찬성을 요건으로 함)이 필요했는데 식민주의자들이 동의해 주지 않았다. 또한 식민지 정부는 민족운동에 대한 탄압도 중지하지 않았다(宮治一雄 1978, 159).

1946년 알제리에서 조직된 민주자유승리운동MTLD 내 특별조직OS이 무장봉기를 준비하기 시작했다는 것은 앞에서(제20부 6장) 설명한 바 있다. 1954년 7월 통합행동혁명위원회CRUA가 결성되었고, 이 위원회는 민족해방전선FLN이라는 이름으로 프랑스 식민통치에 대항하는 무장투쟁을 계획하고 실행했다. 1954년 11월 1일 민족해방전선이 콩스탄틴 지역 오레스Aurès 산을 비롯한 전국 약 30곳에서 무장봉기를 일으켜, 해방운동은 무장투쟁 단계로 돌입했다.

프랑스는 이와 같은 무장투쟁에 대해 한편으로는 진압을 위한 군사력을 1955년 초두의 7만6천 명에서 그해 말에는 17만 명으로 증강했으며, 다른 한편으로는 새 총독 자크 수스텔로 하여금 여러 가지 개혁정책을 실시하도록 함으로써 해방투쟁을 누그러뜨리려 했다. 아라비아어를 사용하는 학교교육 용인, 무슬림 공무원 등용 제한 완화, 지방자치 확대, 이슬람교에 대한 제약 폐지 등을 골자로 하는 1955년 9월의 수스텔 제안은 그 최초의 개혁 조치였다. 그러니 이 안은 알제리 의회가 거부했다.

1956년 8월, 민족해방전선은 지도자 회의에서 새로운 강령을 채택함과 동시에 알제리혁명전국평의회CNRA를 설치하고 군관구를 확정하는 등 조직 정비를 단행했다. 민족해방운동에 참여하는 정파들을 규합한 민족해방전선 지도부는 집단지도 체제를 유지하면서 내부 결속을 위해 적극적인 노력을 기울였다. 한편 민족해방전선은 알제리노동자총연맹UGTA, 알제리상인총연맹UGCA, 알제리무슬림학생총연맹UGEMA 등과의 밀접한 연계를 통해 대중적 기반을 넓혔다. 민족해방전선의 군사 부문인 알제리민족해방군ALN은 병력 3만 명 정도를 보유했으나 50만 명 이상으로 증강된 프랑스군에 대항해 무력투쟁을 계속해 나갔다(歴史学研究会 編 1996a, 251~252).

독립적인 노동조합운동 지향: 알제리노동조합총연맹 결성

알제리에서 전개된 민족해방투쟁이 무장투쟁으로 전화하는 과정에서 노동운동은 민족해방운동의 큰 축을 이루었다. 알제리 정치조직 및 노동조합운동의 주도에 따라 노동자계급은 민족해방운동에 적극적으로 참여했다. 이 과정에서 알제리 노동운동은 프랑스 노동조합운동의 영향권에서 벗어나 자율적인 운동을 개척하기 시작했다.

1954년 6월, 프랑스 노동총동맹CGT이 알제리의 자율적인 전국 중앙 조직 건설 원칙을 수용하여 알제리노동조합총연맹UGSA이 결성되었다. 알제리 노동조합총연맹의 조합원은 10만 명으로 추산되었으며, 지역별로는 알제 4

만 명, 오랑 4만 명, 콩스탕틴 2만 명으로 추정되었다.

알제리노동조합총연맹은 프랑스 노동총동맹과 불가분의 관계를 이어나갔으며, 알제리공산당과도 밀접한 관계를 유지했다. 알제리노동조합총연맹 조합원들은 대부분 1936년에 창당된 알제리공산당PCA이나 민주자유승리운동MTLD와 같은 민족주의 정당의 당원이나 지지자들이었다. 한편으로는 다른 노동조합들, 즉 프랑스기독교노동총동맹CFTC과 프랑스 노동총동맹-노동자의힘CGT-FO의 영향을 받고 있었다.

노동조합운동 분열의 가장 중요한 요인은 민족 문제에 관한 견해차였다. 알제리노동조합총연맹이 민족 독립을 요구하고 식민주의를 알제리 민중해방을 제약하는 기본 요소로 간주하는 반면, 다른 노동조합들은 공개적으로 이런 가능성에 대해 회의적이었으며 적의를 나타냈다. 그러나 알제리노동조합총연맹과 공산주의자들의 견해는 공산주의자가 아닌 유럽인들에게는 급진적인 것처럼 보였을지 모르지만, 알제리 민족주의자들의 관점에서는 근본적으로 보수적이었다(Anser 1992, 78~79).

알제리의 노동총동맹CGT이나 그 후의 알제리노동조합총연맹, 알제리공산당은 오랫동안 본국의 지부 또는 한 부문이었다. 알제리공산당은 1936년에 공식적으로 독립했으며, 노동조합의 거의 대부분은 1954년 이후 독자적인 체계를 갖추게 되었다. 이 경우에도 자율성은 실질적이기보다는 형식적이었다. 본국의 노동조합은 독립적이고 민족적 성격을 띤 노동조합을 만들려는 기도에 대해 늘 부정적이었다. 알제리에서 노동조합이나 정당의 자율성이 보장된 것은 본국 노동조합이나 정당의 진정한 관심의 결과이기보다는 전술적인 움직임 덕분이었다.

그러나 이와 같은 형식상의 자율성은 노동조합 내의 분열과 점점 커지는 알제리 민족주의자들의 불만을 해결하기에는 불충분했다. 그래서 알제리노동조합총연맹은 1956년 여름에 특단의 조치를 취하지 않을 수 없었는데, 노동총동맹과의 모든 관련성을 규약에서 삭제하고 스스로 독립적이고 민족적인 노동조합임을 천명했으며, 세계노동조합연맹WFTU에 직접 가입할 것을 선언했나. 알세리노동조합총연맹은 여러 경제 부문에서 조직을 포괄하고 있었다. 항만노동자조합, 광산노동조합, 지방자치체노동조합, 건설·공공노동조합, 철도·체신노동조합이 그것이었는데, 노동조합원은 1만5천 명에 지나지 않았다.

제2차 세계대전이 종료되고 알제리노동조합총연맹으로 노동조합의 조직 체제가 전환될 때까지 노동총동맹은 프랑스기독교노동총동맹이나 노동자의힘FO에 비해 상대적으로 급진적이고 전투적인 자세를 유지해 왔다. 다른 노동조합들은 식민 당국과 협력적인 관계를 맺고 있었던 반면, 알제리노동조합총연맹은 민족해방전선FLN이 주도하는 민족주의 운동과 긴밀한 동맹을 맺고 있었다. 알제리노동조합총연맹이 제기한 주요 프로그램과 요구들은 임금 인상을 비롯해 농촌 개혁, 실업 문제 해결 등 사회개혁에 관한 것이었다. 비록 식민지 문제가 민족해방을 위한 가장 주요한 장애 요인이기는 했으나, 이것은 언제나 불명확한 개념으로 표현되었으며 노동조합 요구의 리스트에서 맨 마지막에 올랐다. 알제리노동조합총연맹은 여러 차례 파업투쟁을 전개했다. 1954년 12월에는 여러 도시에서 실업 문제 해결을 위한 대중적 저항행동이 조직되었다. 같은 달에는 오랑에서 항만노동자 1,200명이 하역을 거부했으며, 이에 정부 당국은 직장 폐쇄를 단행했다. 이 운동은 그 뒤 알제의 항구로까지 확대되었다. 1955년 들어서는 파업투쟁이 가스, 전기, 수도, 철도, 광산, 제조업, 서비스 부문 등으로 확대되었다. 항만 노동자들은 빈번하게 파업을 벌였다. 농업노동자들은 1954년 여름에 대중 행동과 파업을 전개했다.

이와 같은 노동자투쟁과 민족주의자의 무장투쟁을 식민 당국은 엄격하게 탄압했다. 노동조합 간부들과 전투적인 활동가들은 구속되거나 괴롭힘을 당했다. 노동조합 사무실이 폐쇄되었고, 발간물도 금지되었다. 1956년 11월에는 알제리노동조합총연맹이 활동을 정지당했다(Anser 1992, 79~82).

1950년에서 1952년 사이 알제리에서는 여러 차례 정치파업이 일어났다. 그 가운데 대표적인 사례는 1950년 2월에 일어난 오랑 부두 노동자 파업이었는데, 노동자들이 베트남 인민의 해방전쟁을 제압하기 위한 무기 선적을 거부한 파업이었다. 부두 노동자들의 파업에 많은 사람들이 지지를 보냈다(소련과학아카데미 2012, 170).

4. 튀니지

튀니지공화국 탄생

제2차 세계대전 이후 튀니지 독립을 위한 민족해방투쟁이 지속적이고 맹렬한 형태로 전개됨에 따라 프랑스의 식민지 정책도 근본적인 변화를 나타냈다. 1950년대 들어서는 튀니지와 프랑스 사이에 튀니지 독립을 위한 정치협상이 구체적인 단계를 밟아 진행되었다.

1950년 4월, 민족해방투쟁 세력의 중심인 신데스투르당은 총독이 임명한 수상 주도의 정부와 국민이 직접 선출한 국회를 중심으로 하여 튀니지 주권과 행정 관리를 튀니지인에게 이양하는 내용의 방침을 제시했다. 신데스투르당은 튀니지 내의 프랑스인 이익은 시의회가 보호하며, 튀니지는 동등한 조건으로 프랑스와 협력할 것임을 밝혔다. 이 제안은 프랑스로부터 긍정적인 반응을 얻었으며, 1950년 8월에는 튀니지인과 프랑스인이 같은 수의 장관으로 구성된 새로운 튀니지 정부가 구성되었다. 새 정부의 목표는 프랑스 측과의 협조를 통해 튀니지 주권을 단계적으로 회복시키는 일이었다(공일주 외 1998, 284).

자치권의 확대 과정은 결코 순탄하지만은 않았다. 유럽인 거주자들의 반발과 프랑스 정부의 소극적 자세, 민족주의자들의 소외감 등으로 평화적 방법에 따른 주권 회복이 제대로 진전하지 못했다. 이에 따라 노동자들의 파업과 인민의 시위 투쟁이 빈번하게 발생했다. 이런 가운데 1952년 2월 프랑스 식민 당국이 하비브 부르기바와 신데스투르당 지도자들을 체포했으며, 이 사건을 계기로 전국적으로 저항운동이 확산되었다.

1954년 5월, 인도차이나 디엔비엔푸 전투에서 프랑스가 패배함에 따라 튀니지 정세도 변화했다. 1954년 7월, 새로 출범한 피에르 망데스-프랑스 정부가 튀니지 내정 자치를 인정하겠다고 약속했다. 이에 따라 교섭이 시작되었는데, 다음 해인 1955년 6월 3일의 협정으로 보호령 조약 대신 새로운 협력 관계가 설정되었다. 통감 대신 고등판무관이 임명되고, 아랍어가 공용어로서 인정되었다. 내정에 관한 튀니지인의 지위는 분명히 향상되었으나, 외교와 국방은 여전히 프랑스 정부가 장악하고 있었을 뿐만 아니라 프랑스인 식민자의 특권도 유지되었다. 부르기바의 정치 기조는 프랑스 정부와의 평화적 교섭을 통해 점진적으로 독립을 달성하는 것이었으며, 그 성과가 바로 1955년의 협정이었다. 그러나 이 협정은 독립이라는 목표와는 동떨어진 것임에 분명했다.

그 때문에 신데스투르당 내에서 강한 반발이 일어났다. 부르기바가 외유 중인 가운데 당 서기장이었던 살라 벤 유수프가 아랍 민족의 연대를 중시하는 관점에서 완전 독립을 이룰 때까지 무장투쟁을 포함한 대중운동을 계속할 것을 주장했다. 그러나 같은 해 11월에 열린 당대회에서는 부르기바의 방침이 승인되었으며, 벤 유수프의 해임으로 당내 부르기바의 지도력이 확고해졌다.

그러나 벤 유수프는 청년·학생층의 지지를 받아 당 외에서 반부르기바 세력에 가담했다. 당시 튀니지 자치 방침에 반대하는 세력은 데스투르당(헌법당)과 공산주의 세력, 튀니지 거주 유럽인 단체 등이었다(宮治一雄 2000, 152~153).

이처럼 튀니지 국내 정치 상황이 매우 불안정한 가운데, 부르기바가 이끄는 튀니지 대표단이 1956년 2월 파리에서 프랑스 정부와 독립에 관한 협상을 시작했다. 협상 결과, 그해 3월에 서명한 의정서에서 프랑스는 튀니지 독립을 공식으로 인정했다. 독립 선언 직후 실시된 제헌의회 선거에서 신데스투르당이 압승을 거두었고, 부르기바가 수상에 취임했다. 독립 이후에도 몇 년 동안에 걸쳐 튀니지 정부는 프랑스군 철수 문제를 둘러싸고 길고도 지루한 공방을 벌여야 했다(歷史学研究会 編 1996a, 257).

튀니지 독립과 노동운동의 역할

튀니지에서 전개된 민족해방운동에서 노동조합운동은 주요한 추진 세력의 하나였다. 노동조합운동은 프랑스 식민지 시절 시작되었으며, 반식민지 투쟁 속에서 발전해 왔다. 튀니지노동총동맹UGTT의 강령은 다음과 같은 내용을 담고 있다. "사회주의와 민족 경제 건설, 모든 형태의 종속으로부터 해방, 모든 노동자와 사회 저변 층의 요구를 담보하는 국부의 공정한 분배, 개인과 공공 부문의 자유 보장과 민주주의·인권 강화, 주권 회복을 위한 인민의 투쟁 지원과 세계에 걸친 민족해방운동과의 연대"가 그것이었다(Workers of World 2015, 19~20).

1950년에는 튀니지노동총동맹과 또 다른 전국 조직인 '튀니지근로인민
노동조합연합'oⅡⅡ 두 노동조합이 앙피다빌 농업노동자 파업에 대한 유혈
진압에 항의해 공동 파업과 시위, 그리고 항의집회를 조직했다. 1952년 2월
1일에는 식민주의자들의 테러 행위에 항의하는 총파업이 전개되었다. 파업
참가자들은 구속된 공산당 지도부와 노동조합 지도자 석방, 국제연합에서
튀니지 독립 문제 심의, 입법 의회 소집과 민족정부 구성 등을 요구했다.

이 시기 주요 도시들에서는 정치·경제적 성격을 띤 노동자계급의 시위
가 일어났다. 프랑스 당국은 경찰력을 동원해 파업을 억누르고 파업을 주도
한 정치인과 노동조합 지도자들을 구속했다. 1952년 12월 5일, 튀니지노동
총동맹 지도자인 파르하트 하세드가 살해당했다. 이에 항의해 튀니지 노동
자들이 3일 동안 총파업을 벌였다. 이와 같은 사례들은 노동자계급 정당과
노동조합 조직의 지도를 받는 북아프리카 아랍계 국가들의 노동자계급이
제국주의에 대항하고 정치적 독립을 쟁취하는 투쟁에서 적극적인 세력이었
음을 보여 준다(소련과학아카데미 2012, 170).

5. 모로코

모로코의 주권 회복

제2차 세계대전 이후 고양된 모로코 민족해방투쟁은 1950년대 들어 새로
운 전기를 맞이했다. 모로코 독립 투쟁에는 노동자계급과 민족 부르주아지
뿐만 아니라 술탄인 무함마드 5세를 비롯한 일부 봉건 세력도 참가했다.
1952년 3월, 무함마드 5세는 프랑스 정부에 대해 1912년의 페즈조약(모로
코를 프랑스의 보호령으로 한다는 내용의 조약) 폐기와 독립국가 건설에 관한

요구안을 제시했다. 노동자계급과 모로코공산당이 이 안을 지지했고, 주요 대도시들에서 시위와 파업이 단행되었다.

1952년 말 식민지 정부는 노동조합과 정당을 탄압했으며, 공산당을 불법화하고 이스티클랄당(독립당) 지도자들을 체포 투옥했다. 다음 해인 1953년 8월에는 식민지 당국이 무함마드 5세를 폐위해 모로코에서 추방했고, 그를 대신해 알라위 가문의 무함마드 이븐 아라파를 신임 술탄으로 임명했다. 이러한 조치에 대해 모로코 인민들은 신임 술탄에 대한 불복종, 프랑스 상품 불매 운동, 가두시위 등의 반대 운동을 지도부 없이 전개했다. 이러한 저항행동은 자연발생적 폭동으로 전화하기도 했다. 지방이나 산간 지역에서는 무장집단이 게릴라 활동을 시작해 차츰 조직화되었다.

프랑스 정부가 술탄을 폐위하는 과정에서 에스파냐 정부와 사전에 협의를 하지 않았기 때문에 에스파냐령 모로코 식민지 정부는 민족운동에 대해 독자적인 정책을 취했으며, 에스파냐령 모로코가 게릴라 활동의 기지가 되는 것을 묵인했다. 프랑스령 식민지 정부는 군대와 경찰을 동원해 도시의 대중운동과 지방의 게릴라 활동을 진압하려 했으나 실효를 거두지 못했다. 이에 불안을 느낀 프랑스인 식민자 과격파의 반대 테러도 격화해 1953년 이후에는 정치 위기가 고조되었다.

그동안 프랑스 정부는 1954년 디엔비엔푸 함락 뒤 튀니지에 대해 1954년 7월 내정 자치를 보장하겠다는 약속을 했으며, 또 알제리에서는 같은 해 11월 이후 무장봉기가 시작되었다. 이러한 정세에서 프랑스 정부는 모로코 독립을 전제로 한 정치적 해결을 모색하지 않을 수 없었다. 1955년 8월, 프랑스 정부는 술탄에서 폐위된 무함마드 5세와 교섭을 벌였다. 교섭 결과, 무함마드 이븐 아라파를 폐위하고 무함마드 5세를 술탄에 복위시켜 독립 준비를 위한 모로코인 내각을 발족시킨다는 결정이 내려졌다. 그리하여 같은 해 11월 무함마드 5세의 귀국, 12월 벳가이 내각 성립을 거쳐 다음 해인 1956년 3월 2일 독립협정이 조인되었다. 1912년 이후의 보호령 조약이 폐기되고 모로코 주권이 회복되었다. 이어서 1956년 4월 7일에는 북부 모로코에 대한 에스파냐 통치가 종결되었고, 같은 해 10월에는 국제 관리 상태에 있던 탕헤르의 지위도 바뀌었다. 1958년 모로코-에스파냐 협상에서 에스파냐는 보호령 시대부터 자국 관할이었던 남부 지역을 모로코에 양도했다. 그러나 에스파냐는 에스파냐령 사하라로 이름을 바꾼 영지들을 계속 소유하게 되었다(宮治一雄 1978, 145~147).

민족독립을 위한 노동자계급의 정치투쟁

1950년대 들어 노동자계급의 혁명적 활동이 치열하게 전개되었다. 1951년까지 법률상으로 노동자의 노동조합 결성권이 금지되어 있었다. 그러한 가운데서도 모로코인 노동자들은 독자적인 노동조합을 결성했다. 모로코의 조직된 노동자들은 민족 독립운동에 적극적으로 참가했다. 1954년 8월 20일 모로코에서 정치적 성격을 띤 총파업이 일어났다. 파업 참가자들은 정치 테러 중단, 민주적 자유 보장, 정치범 석방 등을 요구했다. 1954년 11월에는 정치파업의 새로운 파장이 여러 도시로 확대되었다. 산업 중심지 카사블랑카에서 일어난 파업은 특히 격렬한 양상을 나타냈다(소련과학아카데미 2012, 170).

6. 케냐

마우마우 반란

1949년 무렵부터 진행되어 온 키쿠유족 농민 중심의 토지 탈환 투쟁이 1952년에는 드디어 '마우마우Mau Mau 반란'이라는 형태로 전화되었다. 마우마우는 비밀결사 형식을 취했고, 구성원 가운데는 키쿠유족이 많았으며 그 밖의 집단에 속한 민족주의자도 다수였다. 마우마우는 케냐 산과 에버데어 산맥 중턱 깊은 삼림지대를 근거지로 하여 백인 농장과 아프리카인 협력자에 대한 공격을 감행했다. 이들의 공격 수단은 극히 원시적인 것이었지만, 마우마우에게는 자치정부 수립이라는 명확한 목표가 있었다.

식민지 정부 당국은 마우마우의 투쟁 진압을 위해 '앤빌 군사작전'Operation Anvil을 세워 마우마우 초토화 작전에 나섰다. 그러나 진압 작전이 무위로 돌아가자, 총독 에벌린 베어링은 1952년 10월에 마지막 수단으로 전국에 비상사태를 선포했다. 이와 같은 탄압 속에서도 마우마우의 무장투쟁은 더욱 격렬해졌다. 그리하여 영국군과 마우마우 사이에 치열한 전투가 벌어졌다. 1953년 3월, 마우마우가 나이바사 경찰서를 습격해 무기를 탈취한 때가 게릴라의 전력이 최고조에 이르렀던 시기였고, 그 이후 영국 정부가 파견한 정규군의 공군 공습을 포함한 평정 작전이 시작되었다. 이 과정에서 많은 사상자가 발생했다. 1956년 말 정부 발표에 따르면(아프리카인에 대해서는 과소 집계되었을 것으로 생각된다), 마우마우 측 사망자 1만1,500명, 체포자 2만9천 명, 투항자 2,700명이었으며, 정부 측으로는 유럽인 사망자 95명, 아시아인 사망자 29명, 아프리카인 사망자 1,920명, 부상자 2,385명이었다.

마우마우 투쟁이 강고해지면서 식민지 권력은 키쿠유족을 무더기로 강제수용소에 가두었고, 조모 케냐타를 비롯한 케냐아프리카인연합KAU 지도자 약 200명을 체포했다. 케냐아프리카인연합 부의장인 톰 음보텔라는 암살당했다. 이 무렵 투옥된 사람은 7만7천 명에 이르렀다(吉田昌夫 2000, 181).

1955~1956년 사이에 식민지 정부의 끈질긴 소탕 작전으로 케냐 산 부근에서 마우마우 지도자들이 잇따라 체포되어 마우마우의 저항 투쟁은 더이상 계속되지 못했다. 그러나 비상사태는 1960년까지 이어졌다. 이런 가운데 아프리카인 민족운동가들은 케냐타의 석방이 이루어지기 전까지는 어떠한 협상에도 응하지 않았다(김윤진 1994, 375~376).

마우마우 봉기로 집약된 토지 탈환 및 자치정부 수립을 위한 투쟁이 진행되는 가운데, 식민지 정부는 아프리카인들의 투쟁을 억누르기 위한 각종 정책을 입안하고 입법을 추진했다. 정부 당국은 게릴라와의 접촉을 막기 위해 전통적으로 흩어져 사는 키쿠유족을 한 촌락에 집결시켰다. 1954년 4월에는 '모루 작전'이라 불리는 나이로비 시 아프리카인 주민 검사를 통해 2만7천 명을 체포했다. 그러나 봉기의 원인이 되었던 토지 문제와 아프리카인 자치 문제를 회피할 수는 없었다(吉田昌夫 2000, 181~183).

노동운동 탄압 정책과 노동자계급의 저항 투쟁

케냐 식민지 정부는 정부와 철도청에 종사하는 노동자에 대해서는 정치활동 참가나 정치단체 가입을 금지했고, 유럽 등 세계 다른 지역에서 들여오는 노동 관련 정기간행물 수입을 금지했다. 또 임금동결법안인 '강제적 직업 검정과 임금 고정 계획'Compulsory Trade Testing and Wage Fixing Scheme이 채택되었다. 이어서 1949년 7월에는 3개의 법이 실시되었다. 전투적 노동조합 파괴를 목적으로 한 '노동조합등록법'Trade Union Registration Ordinance, 기아

임금률로서 강제노동을 도입하는 '노예노동법안'Slave Labour Bill, 정부에 전투적 노동조합 활동가를 추방하는 새로운 권한을 부여하는 '추방령'Deportation Ordinance이 그것이었다. 1950년 1월 주요 공공사업(수도, 전기, 보건, 병원, 위생, 운수) 부문에서 파업이 금지되었으며, 이이 더해 파업을 금지할 수 있는 권한을 총독에게 부여하는 법률이 도입되었다(Woddis 1961, 81).

이와 같은 전근대적인 악법이 시행되는 가운데 1949년 5월 1일에는 동아프리카노동조합회의EATUC가 결성되었다. 이 조직의 설립은 케냐 노동조합운동 발전에서 중대한 계기가 되었다. 동아프리카노동조합회의 출범 초기에는 노동조합원이 5천 명에 지나지 않았으나 1949년 말에는 1만 명으로 증가했다. 이 조직이 주도해 운수노동자 2천 명이 16일 동안 단행한 파업투쟁과 그 승리는 1950년대 파업투쟁의 서막이 되었다.

1950년 들어 식민지 당국은 반노동조합법의 새로운 시행으로 노동조합운동에 대한 공격을 한층 더 강화했다. 1950년 2월, 경찰은 또 하나의 전국 조직인 동아프리카노동자연맹이 조직한 모든 회합을 금지했다. 1952년 10월의 비상사태 선언을 계기 삼아 식민 당국은 노동운동을 철저하게 파괴하고자 했다. 그나마 잔존하고 있던 동아프리카노동동맹은 강제 해산되고, 지도자들은 구속되었다.

1952년 비상사태가 선포된 상태에서, 식민지 정부는 공식 등록된 노동조합을 묶어 케냐노동연맹KFL 설립을 유도했으며, 이 공인된 노동조합운동이 '책임성 있고', '충실하며', 전투적 행동은 단념하기를 기대했다. 비상사태 선언 이전의 등록된 노동조합 조합원은 약 6만 명이었는데, 이들 노동자는 군대, 경찰, 무장한 식민자들의 공격 목표가 되었다. 많은 노동조합원들이 마우마우단과 연관을 가졌다는 혐의를 받아 구속되거나 유죄 판결을 받았다(Woddis 1961, 117).

이와 같은 혹독한 탄압 속에서도, 전통적으로 케냐 노동조합운동의 거점이었던 나이로비나 몸바사 등에서는 파업을 비롯한 각종 형태의 투쟁이 잇따라 일어났다. 영국 의회의 케냐 조사단은 1954년 1월에 발표한 보고서에서 나이로비 정세를 다음과 같이 표현했다. '심각하고 중대한' 상황으로서, 몇 개월에 걸쳐 노동자들이 유럽인 소유의 버스나 그 밖의 기업들에서 보이콧을 행해 성공을 거두고 있다고 했다. 나이로비 노동자투쟁에 대해 정부는 군사력을 동원해 진압 작전을 폈으며, 투쟁을 주도한 노동자들을 구금했다.

1955년 3월, 몸바사 항만노동자들이 일당 2실링의 임금 인상을 요구하며 파업을 벌였다. 군대가 항만 지역에 동원되었는데도 노동자 수천 명이 이 투쟁에 참가했다. 기업주는 당장 직장에 복귀하지 않으면 전원 해고하겠다고 최후통첩을 했으나 이는 아무런 효과를 내지 못했고, 파업은 6일 동안 계속되었다. 노동자 측의 임금 인상 요구가 관철되고 그 밖의 요구 사항들이 교섭 대상이 되자 비로소 파업은 종료되었다(Woddis 1961, 119).

이 시기 대중운동은 나이로비를 중심으로 전개되었으며, 케냐노동연맹이 주요 추진 조직이었다. 그러나 1957년 식민지 정부가 노동조합운동을 비합법화하겠다고 압력을 행사함에 따라 케냐노동연맹은 경제투쟁에만 매달리게 되었다. 한편 나이로비인민회의당NPCP이 새롭게 창설되어 즉시 독립과 케냐타의 석방을 요구했다. 나이로비인민회의당은 이 시기 가장 강력한 민족주의 운동 세력으로 자리 잡았다(吉田昌夫 2000, 184).

7. 우간다

민족주의 운동의 고양

1950년 들어 식민지 당국은 부간다의 순조로운 국정 운영을 위해서는 무엇보다 먼저 평화와 질서를 보장할 수 있는 헌정憲政의 변화를 채택하지 않으면 안 된다는 사실을 깨닫게 되었다. 지금까지는 부간다, 우간다 동부 지역, 서부 지역에서 지명된 아프리카인 의원 3명이 입법회의Legislative Council에서 각 지역을 대표했다. 그러나 1950년에는 입법회의 의원 16명 가운데 아프리카 의원 8명이 참가하게 되었다. 입법 및 사법기구인 루키코는 의원 1명을 지명할 권리를 가졌으나 그 권리를 왕국의 최고 통치자인 카바카에게 위임했다.

1952년에 새로 임명된 총독 앤드루 코헨은 1953년 3월 카바카 무테사 2세와 연명으로 부간다 왕국 개혁안을 발표했다. 개혁안은 부간다 의회 의석 89개 가운데 60석을 지역 레벨의 간접선거를 통해 선출하고, 카바카는 부간다 정부 각료를 선임해 의회의 신임을 묻도록 했다. 또한 부간다는 우간다의 불가결한 부분이며, 우간다는 단일한 국가라고 선언했다.

같은 시기에 우간다 전역에서 민족주의 운동이 고양되기 시작했다. 1952년 3월에는 우간다아프리카인농민조합UAFU이 중심이 되어 우간다국민회의UNC를 창설했다. 우간다국민회의는 우간다 전 부족의 통합을 비롯해 우간다 자치 달성, 주민 본위의 경제 운용, 의무교육제도 시행 등을 주장했다. 우간다국민회의의 조직 기반은 농민조합운동이었지만, 그 지도층은 고등교육을 받은 엘리트들이 차지했으며, 간다족 출신자들이 많았다(吉田昌夫 2000, 188).

1953년에는 예상하지 못했던 사태가 벌어졌다. 영국 식민지 장관이 밝힌 '동아프리카 연방체'East African Federation 구성 제안에 대해 카바카를 위시해 우간다 국민들이 반대한 것이다. 부간다의 통치 형태 및 헌정 체계 변화에 대해 카바카와 루키코가 강력히 반대하자, 영국 정부는 카바카 무테사 2세를 체포헤 런던으로 이송했다. 영국 정부의 이와 같은 조치에 대해 간다인들은 반反영국 태세를 취했다.

부간다 정부는 우간다 총독의 행위가 부간다 협정 위반이라며 법정 투쟁을 벌였다. 지금까지 주민들에게 평판이 그다지 좋지 않았던 무테사 2세는 일약 간다족 반식민지 운동의 상징처럼 되었다. 우간다 전체 민족주의 운동을 추진하고자 했던 우간다국민회의도 부간다 왕 귀환 촉진 운동에 참여했다. 우간다 총독 코헨은 이 위기를 새로운 부간다 협정을 체결하는 것으로 극복하고자 했다. 1954년 11월, 우간다 고등재판소가 부간다 왕에 대해 유리한 해석을 표명한 후, 영국 정부는 왕의 귀환을 허용하는 결정을 내리고 새로운 부간다 협정의 대강에 대한 합의를 이끌어 내기 위해 노력을 기울였다.

1955년 신新부간다 협정에 따라 카바카는 헌법상의 군주로만 인정되며, 루키코는 총독의 동의를 얻어 카바카의 장관들을 지명할 권리를 가지게 되었고, 부간다는 우간다의 다른 지역과 마찬가지로 입법 회의의 의원을 선출하게 되었다. 1955년 5월 신부간다 협정 안이 부간다 의회에서 승인된 후, 카바카 무테사 2세는 그해 10월 부간다로 귀국했다(김윤진 1994, 367)

우간다노동조합회의 결성

이와 같이 아프리카 동부 영국 식민지 국가들에서 전개된 노동운동은 대단히 불리한 조건에서 발전했다. 영국 식민지 정부 당국은 아프리카인들의 권리 신장이나 노동조합 활동의 자유를 승인하려 하지 않았다. 그러나 갖가지 탄압과 금지 조치 속에서도 노동조합운동은 이어졌다. 1955년에는 우간다 노동조합회의UTUC가 결성되었다. 우간다노동조합회의에는 47개 노동조합 소속 조합원 2만6,300명이 가입해 있었다. 영국 식민지 국가들에서는 노동 조합이 주도해 경제투쟁뿐만 아니라 정치적 성격을 띤 일련의 대규모 파업 들이 일어났다(소련과학아카데미 2012, 172).

8. 골드코스트(지금의 가나)

골드코스트의 민족운동 발전과 가나의 독립

제2차 세계대전 직후 영국령에서는 헌법 제정을 통한 개혁이 진행되었다. 수장제(토착 권력)와 밀착된 간접통치제가 시대에 뒤떨어졌기 때문에 민족 주의의 모태라고 할 수 있는 중간계층(글을 읽을 수 있는 이른바 개화된 계층) 과 농업 부르주아지를 선거에 참여시키는 것을 개혁 목표로 했다. 말하자면 지금까지 임명제로 행사되었던 현지 행정 권력을 이제는 민주적인 외관을 갖춘 선거제로 선출하여, 인텔리겐치아와 민족 부르주아지가 현지 정치체 제에 직접 참가하는 장場을 조성한 것이다.

골드코스트의 경우가 이러한 식민지 지배 방식을 그대로 겪었다. 1946 년에 제정된 번스 헌법Burns Constitution은 입법평의회 의원의 다수를 아프리 카인에게 배정(아프리카인 21명, 유럽인 10명)했으며, 행정평의회(총독 자문기 관) 구성원 11명 가운데 3명을 아프리카인에 배정했다. 그러나 번스 헌법은 아프리카인의 선거권·피선거권에 대한 엄격한 제한 규정을 두었으므로, 대 표는 여전히 토착 권력이 독점했다. 그래서 번스 헌법은 통일골드코스트회의UGCC나 회의인민당CPP의 입법평의회 및 행정평의회 참여를 가로막았다.

이와 같은 번스 헌법의 시행 결과에 대해 골드코스트 인민들이 거세게 반발했다. 1948년의 복귀 병사 시위와 1950년의 즉시 자치를 요구하는 투쟁이 전개됨에 따라 영국 정부는 총독 후견을 받아 아프리카 의원 75명(유럽인 대표는 선임)으로 구성되는 지방의원 상층에 유럽인 3명과 아프리카인 8명으로 구성되는 내각 중심의 자치정부를 설치하기로 결정했다. 1951년 2월 8일에 실시한 총선거에서 회의인민당은 국회 의석 38개 가운데 34개를 획득했고, 감옥에 갇혀 있던 콰메 은크루마가 입후보해 당선되어 자치정부 행정수반이 되었다(西川潤 1971, 239~241).

이후 회의인민당의 독립운동은 '적극 행동'에서 '전술적 행동'으로 바뀌어, 평화적인 정치 교섭을 통해 추진되었다. 1952년 3월 5일 은크루마의 관직 명칭이 수상으로 되어, 내각을 구성할 수 있게 되었다. 회의인민당은 은크루마 내각에 직권 각료로서 영국인 3명이 입각하는 것을 반대했으며, 헌법 개정을 요구했다. 1953년 7월 10일, 은크루마는 민족주의 단체를 비롯한 130개 단체로부터 제출받은 헌법 개정 의견에 기초한 '헌법 개정 백서'를 작성해 영국 정부에 독립을 인정할 것을 요구했다. 헌법 개정 백서를 바탕으로 하여 1954년 헌법이 제정되었다. 이 헌법에 따라 국내 자치가 인정되었고 선출 의원 140명으로 구성되는 입법회의가 성립되었으며, 총독에 대해서가 아니라 의회에 대해 책임을 갖는 내각이 구성되었다.

1954년 6월 15일 예정대로 헌법에 기초한 선거가 실시되었다. 총선거에서 회의인민당은 전체 의석 104개 가운데 72석을 획득했으며, 다른 정당들이 나머지 32석을 차지했다. 은크루마의 독립 구상이 더욱 구체화되면서 영국 식민성은 광범한 권력을 갖춘 다섯 개 지역 의회와 영국 이권과 관련 있는 토착 권력 모임의 수장 회의를 설치했다. 헌법 개정은 이러한 지역 의회의 3분의 2가 승인하고 이에 더해 아크라 의회의 3분의 2가 찬성해야만 가능하도록 했다. 회의인민당은 1956년 실시된 선거에서도 승리했다(나카무라 히로미츠 1994, 137~138).

이와 같은 과정을 거쳐 1957년 3월 6일 드디어 가나(골드코스트 국호가 바뀌었다)가 독립을 성취했다. 가나 독립은 제2차 세계대전 이후 사하라 이남에서 이루어진 민족해방운동 승리의 상징으로 평가되었다. 그뿐만 아니라 은크루마의 표현대로 독립한 가나는 아프리카 내 범아프리카주의의 근거지가 되었으며, 이후 아프리카 통일 문제가 급격하게 부상하게 되었다(歷史学研究会 編 1996a, 261).

가나 독립 투쟁과 노동자계급의 적극 행동

가나 독립투쟁 과정에서 노동자계급의 역할도 대단히 강대했다. 노동조합은 1949년 회의인민당 창설 지지 세력 가운데 하나였다. 회의인민당의 기본 전술인 '적극 행동'positive action의 가장 극적인 실천 사례는 1950년 1월에 감행된 총파업이었다. 총파업은 노동조합의 적극적인 지도로 전개되었는데, 가나 노동자계급의 고양된 투쟁력을 보여 주었다. 10일 동안 전국의 경제 부문 전체가 완전히 마비되었으며, 상공업 부문의 기업, 철도, 항구, 우체국, 전신국 등이 업무를 중단했다. 영국 식민 당국은 비상사태를 선언하고 회의인민당과 노동조합 지도자들을 체포 및 투옥했다. 그러나 탄압으로 파업을 깨뜨릴 수는 없었다. 영국 정부는 아프리카인들의 정치적 권리를 확대하고 자치를 부여하는 헌법 개정을 실행할 준비가 되어 있다고 선언했다.

1951년 총선거에서 회의인민당이 승리를 거둠으로써 회의인민당 소속

의원들과 노동조합 지도자들이 석방되었고, 독립을 위한 새로운 국면이 전개되었다(소련과학아카데미 2012, 174).

1950년대에 친회의인민당 노동조합들은 노동조합운동의 강화·발전을 위해 회의인민당과 협력 관계를 유지했다. 골드코스트노동조합회의GCTUC는 이러한 협력 관계를 통해 산업관계법Industrial Relation Act, IRA 추진을 기도했다. 그러나 회의인민당의 많은 지도자들은 산업관계법 제정을 계기로 골드코스트노동조합회의가 지나치게 세력을 강화하는 것이 아닌지 우려했다. 이런 가운데 1958년 산업관계법이 제정되었다(Kraus 2007, 91).

9. 나이지리아

영국의 식민지 정책 변화와 민족운동의 고양

나이지리아에서도 골드코스트와 마찬가지로 헌법 제정을 통한 식민지 정책 변화가 이루어졌다. 1945년의 리처즈 헌법은 토착 권력 대신 형식적인 입법평의회에 아프리카인이 참가하는 것을 인정했으며, 1951년의 맥퍼슨 헌법은 지방선거에 보통선거제를 도입했다. 그러나 맥퍼슨 헌법은 리처즈 헌법이 설치한 3대 지역 의회로부터 선출된 간접대표로 의회를 꾸리도록 규정했다. 이에 따르면 봉건 수장의 세력이 강한 북부 쪽이 의석의 절반을 차지하게 되었다. 영국은 남부의 민족 부르주아지에 대해 북부의 수장 권력이라는 무거운 돌을 올려 균형을 이루고자 했다. 그 결과 반영 감정은 수그러들었으나 지역 사이의 대립은 오히려 심화되었다.

맥퍼슨 헌법의 발효에 따라 지역주의적 또는 부족적 색채가 강한 2개의 정당이 결성되었다. 북부 주에서는 전통적 수장 층을 중심으로 한 북부인민회의NPC가 결성되었고, 아마두 벨로가 총재로 취임했다. 서부 주에서는 욜바족의 문화 단체 에그베 오모 오두두와가 행동당AG으로 발전했다.

맥퍼슨 헌법은 나이지리아 인민의 자치에 대한 요구를 충족시키지는 못했다. 각 주의 행정심의회 의장은 부총재가 맡았으며, 나이지리아인에게 주어지는 권한은 크지 않았다. 1951년 나이지리아카메룬민족회의NCNC[1]와 행동당AG 양당은 1956년까지 완전 자치를 보장할 것을 요구했다. 1953년 3월 연방 하원에서 앤서니 에나호로가 '하원은 나이지리아가 1956년까지 완전 자치를 달성하는 것을 목표로 한다'는 결의안을 제출했다. 나이지리아카메룬민족회의와 행동당AG은 이 결의안에 찬성했으나, 북부 주 대표는 북부가 남부의 지배를 받게 되리라는 우려 때문에 반대했다. 이와 같이 북부와 남부 사이의 대립이 첨예한 상태에서, 행동당AG이 북부에 유세단을 파견한 1953년 5월 16일 카노에서 폭동이 발생했다. 폭동은 3일 동안 계속되었고, 이에 따라 36명이 사망하고 240명이 부상당했다(中村弘光 1994, 144~145).

1954년에 제정된 리틀턴 헌법은 한 걸음 더 나아가 지역 의회 기능을 강화하고, 중앙정부에 대한 관심을 지역 의회로 돌려 집중하게 만들었다. 이에 따라 발생하는 지역 대립 때문에 나이지리아 민족주의의 성숙은 더디게 진행되었다(西川潤 1971, 241~242).

맥퍼슨 헌법과 리틀턴 헌법은 나이지리아카메룬민족회의와 같은 조직에 결집해 성장하고 있는 나이지리아 민족 부르주아지에게 일정 정도 정치적 양보를 하여 북·서·동부 3주의 연방 성립, 중앙입법평의회 의원 수 확대, 선거를 통한 의원 선출 등을 제도화 하고, 각 주 수장은 아프리카인으로

1_1961년에 나이지리아시민전국회의(NCNC)로 바뀌었다.

하도록 했다. 그러나 나이지리아 자치는 결코 인정하지 않았다(岡倉古志郎 외 1967, 104).

이 시기 식민지 국가들의 독립을 향한 운동은 항시 영국 식민지 당국의 결정적인 통제를 받았다. 모든 헌법상의 제정·개정에 대해서는 현지 의견을 수용하는 형식을 취했으나, 종국에는 런던에서 기초하고 결정했다. 이럴 때 식민 당국은 기본 틀에서는 행정기관이 권력구조를 장악하도록 하면서 지역주의를 키워 민족 정부의 힘을 약화시키거나 소수파, 특히 백인과 수장층의 권익을 유지하기 위해 노력을 기울였다. 이것은 '식민지를 상실하는 것이 아니라 영국 연방의 성원을 하나 획득하는 것'이라는 기본 이념에 충실한 정책이었다(西川潤 1971, 241~243).

에누구 탄광노동자 파업투쟁

이 시기 나이지리아 노동운동은 민족해방운동과 계획적으로 결합되어 함께 고양되었다. 노동자계급은 민족해방투쟁에서 전위부대 역할을 수행했다. 영국 제국주의자들은 노동운동 발전을 억제하기 위해 한편으로는 갖가지 탄압 조치를 취하면서 다른 한편으로는 조직 분열 정책을 끊임없이 시행했다. 1948년 말에는 나이지리아노동조합TUCN 내부에서 분열이 일어나, 나이지리아전국노동연맹NNFL이라는 새로운 전국 중앙 조직이 결성되었다. 이러한 노동조합 조직 분열을 이용해 식민 당국은 엄격하면서도 직접적인 탄압을 가했다.

1949년 11월 18일, 에누구Enugu 탄광지대에서 탄광노동자 7,500명이 임금 인상을 요구해 파업을 일으켰을 때, 파업 참가자 가운데 21명이 경찰의 총에 맞아 사살되었고, 50명은 부상당했다. 탄광노동자에 대한 이와 같은

표 21-16 | 1945~1955년의 나이지리아 파업 발생 추이

연도	파업 건수	노동손실일수
1945	13	1,800,000
1946	10	132,000
1947	28	132,000
1948	20	-
1949	46	577,000
1950	19	286,351
1951	38	20,243
1952	26	59,847
1953	33	26,874
1954	30	12,166
1955	43	901,600

자료: Robin Cohen 1974, *Labour and Politics* 194; Zasha 1980, 135에서 재인용.

학살과 공격은 노동자들의 분노를 촉발했으며, 전국에 걸친 항의와 파업을 유발했다(Woddis 1961, 126).

에누구 사건은 대중의 분노를 촉발시켰다. 나이지리아 전역에서 파업, 집회, 시위 투쟁이 전개되었다. 식민지 당국은 몇몇 지역에서 비상사태를 선포했다. 파업은 경제적 요구 차원을 넘어 민족해방투쟁으로 나아갔다. 아프리카 근로인민의 대중 투쟁은 식민지 정부로 하여금 식민통치 체제를 재검토하게 만들었다(소련과학아카데미 2012, 174).

이러한 상황에서 건수는 많지는 않았지만 지속적으로 파업이 발생했다. 〈표 21-16〉에서 볼 수 있는 바와 같이 1945~1955년 사이의 연평균 파업 발생 건수는 28건으로 그다지 많은 편은 아니다. 파업 건수로는 1949년의 46건이 가장 많고 파업에 따른 노동손실일수에서는 1945년의 180만 일이 다른 해에 비해 압도적으로 많았다.

노동자들의 저항 투쟁이 전개되는 가운데 정부는 탄압 전술을 결코 방기하지 않았지만, 노동조합운동은 계속 발전했다. 1950년 당시 노동조합

수는 149개, 노동조합원 수는 12만5천 명이었다. 그 가운데 7만4천 명은 5개의 가장 큰 노동조합에 가입해 있었다. 나이지리아전국노동연맹은 고립된 노동조합과 우호 관계를 맺어 오다 1950년 5월에는 통일 조직 나이지리아노동회의NLC로 개편되었다(Woddis 1961, 126).

1950년 8월, 나이지리아노동회의 주도로 '유나이티드아프리카사의 노동조합'이 파업을 일으켜 생계비 수당 12.5실링을 획득하는 승리를 거두었다. 이 파업은 경제적 성과 외에도 이 회사가 영국 제국주의 지배를 온전한 형태로 상징하고 있다는 점에서 영국 제국주의 지배에 대한 나이지리아 노동자와 인민의 적대 감정을 고무하는 데 중대한 역할을 수행했다.

새로운 전국 중앙조직 전나이지리아노동조합연맹 결성

직접적인 탄압이 결코 용이하지 않다는 사실을 에누구 파업 경험을 통해 인식한 식민 당국은 노동조합 사이의 분열을 획책했다. 1950년 11월, 영국 식민 당국은 사전 준비를 충실히 하지 못한 채 감행된 파업투쟁을 무참히 깨뜨렸다. 그 결과 1951년에 나이지리아노동회의는 사실상 파괴되었다. 그로부터 2년 동안 노동조합은 위기 국면에 빠져들었다. 노동조합 간부들을 비롯한 노동조합 지도자들은 노동조합운동 재건을 위해서는 분열을 극복하는 일이 최대 과제가 되고 있음을 깨닫게 되었다.

이러한 상황에서 1953년 가을에 새로운 노동조합 중앙 조직을 설립하기 위한 창립대회가 열렸다. 1950년까지 노동조합 투쟁을 지도해 왔던 전투적인 간부들이 전나이지리아노동조합연맹ANTUF이라는 새로운 전국 중앙 조직의 지도부 내에서 상당한 영향력을 발휘했다. 애초 정부는 이 새로운 조직 승인을 거부했으나, 1954년 들어 정부는 전나이지리아노동조합연맹의 역량이 강화되고 기반이 확대됨에 따라 공식 승인하지 않을 수 없었다.

1956년 전나이지리아노동조합연맹에는 등록된 노동조합 45개, 노동조합원 18만1천 명이 가맹하고 있었으며, 나이지리아 조직노동자의 압도적 다수를 포괄했다. 전국교원노동조합과 지방정부종사자협회, 그리고 소수 노동조합 등 6개 노동조합만이 전나이지리아노동조합연맹에 가맹하지 않았다. 전나이지리아노동조합연맹은 제2회 대회의 결정에 따라 세계노동조합연맹WFTU과 국제자유노동조합연맹ICFTU 어디에도 가맹하지 않았다(Woddis 1961, 126~127).

10. 북로디지아(지금의 잠비아)

북로디지아의 광산 노동자 파업은 아프리카 전체 인민의 투쟁을 이해하는 데서 특별한 중요성을 갖는다. 임금 인상, 인종차별 반대, 교육·훈련, 숙련 직무로의 채용, 노동조합과 민주적 권리 등을 목표로 했던 이 장기적이고 지속적인 투쟁은 아프리카인 노동자들이 직면한 문제들을 대단히 첨예하고도 고도로 발전된 형태로 드러낸다(Woddis 1961, 88). 여기서는 북로디지아 광산 노동자 투쟁 발생의 배경과 그 전개 과정을 살펴본다.

로디지아는 1889년부터 영국 남아프리카회사의 지배를 받아 오다, 1911년부터 남로디지아와 북로디지아로 분리·통치되었다. 1923년 북로디지아는 영국 보호령이 되었으며, 1953년 로디지아-니아살란드 연방을 거쳐 1964년 잠비아공화국으로 독립했다.

1924년까지는 북로디지아에서 특허 회사가 광업권과 토지소유권을 독점해 농업과 광업 개발을 위한 이민 유치에 노력을 기울였다. 그러나 당초 유리한 기업을 설립할 기회는 한정적이었기에, 북로디지아의 경제개발은 거의 방치되다시피 했다. 그러나 1925년에 카탕가 국경 부근에서 대규모 구리 광맥이 발견됨으로써 북로디지아는 단번에 중앙아프리카에서 경제적으로 월등하게 중요한 지역으로 변모했다. 풍부한 매장량과 높은 품질을 자랑하는 북로디지아의 '구리 산출 지대'Copper Belt는 때마침 유럽 자동차 공업의 발달에 따른 구리 수요 증대와 맞닿아 크게 각광을 받게 되었다.

1929년에는 두 개의 거대 초국적 기업, 즉 로디지아앵글로아메리카사 AAC와 론셀렉션트러스트RST가 신속하게 개발에 착수했다. 미국 동업자조합의 압력으로 구리 가격이 급등했다. 이들 구리 광산에서 일하는 아프리카인의 수는 1927년의 8천 명에서 1930년에는 2만3천 명으로 크게 늘어났다.

구리는 곧 과잉 공급 상태가 되었으며, 게다가 1931년 11월에는 구리 가격이 폭락했다. 대공황은 중앙아프리카 경제에도 예외 없이 큰 타격을 안겨주었으며, 구리 산출 지대도 예외는 아니었다. 그러나 1935년 초반 들어 북로디지아 경제가 회복되기 시작했고, 제2차 세계대전이 발발한 1939년에는 구리광업 산출액이 1천만 파운드를 상회할 정도로 호황을 누렸다(星昭 외 1992, 153~155).

이와 같은 북로디지아 구리 산출 지대의 개발을 배경으로 하여 1935년부터 아프리카인 구리 광산 노동자의 장기적인 투쟁이 전개되었다. 북로디지아 광산 노동자 투쟁은 5개 막으로 이루어진 한편의 드라마였다.

제1막

첫 번째 막은 구리 광산에서 아직 노동조합이 결성되기 이전에 시작되었다. 구리는 1931년까지는 대규모 생산이 이루어지지 않았다. 이러한 상황에서

1935년 최초의 파업이 발생했다. 파업 진압을 위해 경찰관이 파업 참가자에게 발포하여 아프리카인 6명이 죽고 22명이 부상당했다.

이 파업은 구리 산출 지대에서 인두세를 12실링 6펜스에서 15실링으로 인상한 것이 발단이 되었다. 그러나 파업 발발 후 설치된 조사위원회 조사에 따르면, 파업의 근본 원인은 아프리카인들이 받는 형편없이 낮은 임금과 백인 노동자와의 격심한 임금 차별 때문이었다.

1940년 3월 또다시 파업이 발생했으며, 이번에는 파업 진압 과정에서 아프리카인 17명이 죽었고, 69명이 부상당했다. 파업은 생활비 상승에 상응하는 임금 인상, 더 나은 주택 조건, 주택 구역의 위생설비 개선을 요구하며 일어났다. 파업이 제기된 뒤, 임금과 복지시설에 대해 약간의 개선 조치가 취해졌으나 정부와 회사는 아프리카인 노동자의 조직과 대표권에 관해서는 이렇다 할 만한 정책을 내놓지 않았다. 광산회사들은 아프리카인을 위한 노동조합 조직을 인정하지 않으면서 그 대신 협의를 위한 부족대표자[2] 제도를 전 산업에 도입했다. 그러나 이 제도는 그곳 상황에 전혀 적합하지 않다는 사실이 곧바로 드러났다. 1943년에는 '보스위원회'가 부족대표자 제도와 병행해 설립되었으며, 부족대표자는 주택 지구에서 생활조건에 관여했고, 보스위원회는 순수하게 산업 관련 사항에 대해서만 개입했다.

그러나 진정한 노동조합을 설립하고자 하는 노력은 계속되었으며, 1948년에 보스위원회는 아프리카인 노동자 대표로 구성되는 '노동위원회'로 바뀌었다. 이 노동위원회는 불과 2~3개월 동안 계속되었을 뿐이었고, 아프리카인 광산 노동자들은 마지막 장애물을 걷어내고 4개의 주요 광산에서 광

2_ 이들 부족대표자는 1953년까지 그 기능을 이어 갔다. 그 이후로도 광산회사는 노동조합에 대항하는 무기로서 부족대표자 제도를 부활시키려 노력했다.

산 노동조합을 결성하는 권리를 쟁취했다. 1949년 5월, 이 4개의 개별 노동조합은 북로디지아아프리카인광산노동자노동조합NRAMTU으로 통합되었으며 같은 해 8월에는 회사가 노동조합을 공식으로 인정했다. 아프리카인 광산 노동자들이 스스로 노동조합을 조직함으로써 북로디지아 드라마의 제1막이 끝났다(Woddis 1961, 89~91).

제2막

두 번째 막에서는 노동조합의 성장과 강화, 임금과 노동조건의 잇따른 개선이 이루어졌다. 짧은 기간에 아프리카인 광산 노동자 대부분에 해당하는 3만5천 명이 노동조합에 가입했다. 이러한 조직력을 바탕으로 노동조합은 몇 년 동안에 걸쳐 임금 인상, 생계비 수당, 이윤 분배 보너스를 획득했다. 그뿐만 아니라 일련의 현물 지급을 기본 임금률의 현금 추가 지급으로 차츰 바꾸었다. 그 결과, 아프리카인 임금은 곧 노동조합이 결성될 당시의 임금에 비해 75퍼센트 정도 인상된 수준에 이르렀다(Woodis 1961, 91~92).

1952년에는 지금까지 구리 산출 지대에서 발생한 파업 가운데 가장 큰 규모의 파업투쟁이 일어났다. 1952년 파업은 사실상 아프리카 대륙의 역사에서 가장 주목할 만한 파업투쟁의 하나였다. 1952년의 파업투쟁은 이전과 달리 노동조합 조직이 중심이 되어 단결과 규율을 갖춘 상태에서 전개되었다.

파업은 아프리카인 광산 노동자의 임금 인상 요구에서 비롯되었다. 아프리카인 광산 노동자들은 매우 낮은 임금과 열악한 주택 조건에다 사회보장제도의 혜택마저 받지 못했다. 반면에 론앤털로프Roan Antelope, 무풀리라Mufulira, 로카나코퍼레이션Rhokana Corporation과 같은 광산회사의 이윤은 수백만 파운드에 이를 정도로 막대했다. 그런데도 이들 광산회사는 노동조합의 임금 인상 요구를 거부했다.

이와 같은 긴박한 상황에서 노동조합은 1952년 10월 19일 노동조합원의 파업 찬반 투표를 실시했는데, 광산 노동자 3만9천 명이 투표에 참가해 파업 결행을 결정했다. 1952년 10월 20일, 드디어 광산노동조합은 파업에 돌입했다. 파업이 3주 동안 이어지자, 노동·광산국은 노동자들이 직장에 복귀한다면 회사 측이 상당한 정도의 양보를 하게 될 것이라고 제안했다. 이런 제안에 대해 노동조합 최고평의회는 조합원들에게 직장에 복귀할 것을 권고하기로 결정했다. 노동조합원 대다수가 직장 복귀에 찬동했고, 일제히 일터로 복귀했다.

노동조합은 파업을 통해 자신들의 힘을 드러낸 한편, 외부 중재인 임명과 보조자 지명에 대한 권리를 획득한 뒤 중재 회부에 동의했다. 중재 재정은 최저 1교대당 1실링 2펜스부터 최고 1실링 8펜스까지 임금 인상 안을 제시했다. 임금 중재 안은 최저 기준으로는 80퍼센트 증가이고, 최고 기준으로는 15퍼센트 증가된 것이었다. 이와 같은 임금 인상으로 광산회사 측은 연 75만 파운드를 추가 지출해야 했다. 이 중재 재정은 노동조합의 1교대당 2실링 8펜스 임금 인상 요구를 완전히 수용한 것은 아니었지만, 파업 이전에 회사 측이 제안했던 최초의 안 1교대당 3펜스나 그다음에 나온 6펜스 인상 안보다는 훨씬 상회하는 액수였다. 전체로 본다면, 이 중재 재정은 광산 노동자들의 통일된 파업투쟁으로 쟁취한 성과였으며, 그것은 노동조합의 승리였다. 또 한 가지 특기할 사항은 구리 광산 노동자들이 획득한 임금 인상이 로디지아 전역에 광범한 반향을 불러일으켰다는 사실이다. 이로써 북로디지아 광산 노동자의 길고도 완강한 파업 드라마 제2막이 끝났다 (Woodis 1961, 96~97).

제3막

파업이 승리로 마무리되면서 정부와 광산회사 측은 아프리카인 광산 노동자들이 보인 높은 수준의 단결과 규율, 그리고 전투력을 깨뜨리기 위해 여러 가지 방책을 강구했다. 먼저 부족대표자를 부활시켜 그들을 권력 있는 직위에 배치해 노동조합의 영향력을 축소하고 노동자 사이의 분열을 획책했다. 그러나 노동자들은 부족으로서보다는 노동자계급으로서 자각하고 단결을 체득하고 있었기 때문에 정부와 회사의 노력은 허사가 되었다.

다음으로 채택한 방책은 노동조합의 지도력을 훼손시키기 위한 '도덕 재무장'Moral Rearmament 조직 설치였다. 이 조직은 철저한 계급 협조와 투쟁 방기를 설교했으며, 아프리카인봉급생활자단체라 불리는 기업별 노동조합의 설립을 원조했다. 그러나 이러한 방식은 사무직원과 관리자를 제외한 다른 노동자의 지지를 거의 얻지 못했다.

광산회사가 사용한 또 다른 방법은 유럽인 광산 노동자 6천 명과 아프리카인 저임금 노동자 3만7천 명을 대립시키거나 아프리카인 노동조합 내부에서 분열의 거점이 되는 소수의 비교적 임금이 높은 아프리카인 직군을 만드는 것이었다. 그러나 아프리카인 미숙련노동자 가운데 90퍼센트는 당시의 조건에서는 숙련노동자로 '승진'할 가능성이 전혀 없었다.

이와 같이 광산회사가 갖가지 방책을 동원했음에도 노동조합은 성장을 계속했다. 1954년 6월, 아프리카인 광산 노동자들은 처음으로 연차 유급휴가를 획득했으며, 50세 이상 광산 노동자와 근속 20년 이상 광산 노동자에 대한 연금을 확보했다.

1954년 말에는 북로디지아아프리카인광산노동자노동조합이 기본급 인상 교섭을 시작했다. 노동조합은 1교대당 10실링 8펜스의 임금 인상을 요구했다. 아프리카인 광산 노동자 임금을 200~300퍼센트 인상하는 셈이었으나, 이 요구가 실현된다 하더라도 아프리카인 광산 노동자 대부분은 여전히 1일 약 15실링 정도의 소득을 획득할 뿐이었다.

광산회사는 노동조합의 요구를 거부했고, 이에 노동조합은 조합원 파업 찬반 투표에서 찬성 1만8,110표 대 반대 365표라는 압도적인 지지를 얻어 1955년 1월 3일 파업을 선언했다. 아프리카인 광산 노동자 3만7천 명 대부분이 4개의 주요 광산, 즉 론앤털로프, 은카나Nkana, 무풀리라, 은창가Nchanga에서 곧바로 작업을 멈추었다. 파업에 돌입한 아프리카인 광산 노동자들은 정부와 기업으로부터 여러 가지 형태의 도발과 협박을 받았다. 은돌라Ndola 동쪽에 있는 경찰 훈련센터에서 무장 경찰 14개 분대가 현지에 파견되었다. 이 경찰 분대는 파업 기간 내내 구리 광산 구석구석을 감시했으며, 백인 식민자들이 모집한 예비 경찰관도 함께 동원되었다.

한편 회사는 주택지구의 식료품점을 통제함으로써 아프리카인 광산 노동자들을 굶주리게 만들어 그들을 굴복시키려 했으나, 이 방법 또한 북로디지아아프리카인광산노동자노동조합의 세심한 계획에 따라 실패했다. 아프리카인 광산 노동자들은 1952년의 경우와 마찬가지로 파업 기간에 필요한 식료품 몇 주치를 저장해 두었기 때문이다.

파업이 시작되어 처음 3주가 경과할 때까지 노동자 대열이 전혀 동요하지 않자, 회사는 더욱 거세게 위협했다. 1월 24일, 회사는 최후통첩을 발표했다. 그다음 날까지 직장에 복귀하지 않는 사람들에 대해서는 해고를 단행한다는 내용이었다.

이와 같은 갖가지 협박, 도발, 힘의 과시도 광산 노동자들의 단결을 깨뜨리지는 못했다. 1월 3일 파업에 참가한 압도적 다수가 끝까지 파업 대오를 유지했다. 이 파업의 두드러진 특징 가운데 하나는 영국 광산노동조합의 지원이었다. 파업은 58일에 걸쳐 아프리카인 광산 노동자의 결의와 단결을 보여 준 끝에 1955년 3월 2일 마무리되었다.

　회사는 추가로 노동자 약 7천 명을 채용했는데(주로 탕가니카 출신 노동자들이 파업 기간에 신규로 채용되었음), 모든 아프리카인 광산 노동자에 대해 이전 수준의 임금을 지급했으며, 과거의 실적, 연금, 장기근속 관련 권리를 유지한 상태에서 해고자를 다시 채용하기로 했다. 작업이 다시 시작되자, 회사는 생계비 수당과 이윤 분배 보너스를 지급하는 등 한 발 물러났다. 그러나 1교대당 10실링 8펜스라는 기본급 인상 요구는 조정에 회부되었음에도 거부되었다. 아프리카인 광산 노동자 파업 제3막은 이렇게 해서 끝났다 (Woodis 1961, 103~106).

제4막

북로디지아 광산 노동자 투쟁 제4막은 정부와 회사가 아프리카인 광산 노동자에 대한 역공세를 펴는 가운데 전개되었다. 광산회사가 아프리카인 '승진'이라는 제안을 실행에 옮기기 시작한 것은 58일 동안 진행된 파업투쟁 이후부터였다. 1955년 3월 회사는 아프리카인광산직원단체 설립에 착수하는 한편, 1955년 5월에는 노동조합과 체결한 협약을 6개월을 기한으로 하여 폐기하겠다고 통고했다. 이와 함께 회사는 직원단체에 포괄될 것으로 보이는 관리직과 간부직 범주의 일람표를 내놓고 거기에 해당하는 사람에 대해서는 종래의 티켓 제도[3] 대신 월급제를 적용한다는 제안을 했다. 이러한 승진 제안의 목적은 아프리카인 광산 노동자들을 분열시키려는 것임이 분

3_임금을 월급으로 주지 않고 티켓으로 주고 나중에 현금으로 바꾸어 주는 제도이다. 한 장의 티켓은 30 노동일을 기한으로 하고 있으며, 통상 35일에서 40일까지 적용되고 있었다.

명했다.

광산회사는 6월 21일 지금까지 관리직과 간부직에 있는 광산 노동자들에게 인정되어 왔던 티켓제와 월급제에 대한 선택권을 1956년 7월 1일부터 철회한다고 발표했다. 아프리카인 광산 노동자들에게는 월급제란 직원단체와 관련을 갖는 것으로 생각되기 때문에 회사 측의 이런 발표는 중대한 의미를 가졌다. 선택권이 유지되는 한, 노동조합은 여전히 관리직이나 간부직 범주에 속하는 티켓제 광산 노동자들을 대표해 투쟁을 벌일 수 있었다. 선택권이 적용되었던 아프리카인 광산 노동자 2,740명 가운데 620명이 월급제로 전환되는 것을 거부했고, 그 가운데 490명이 임금과 지위 저하를 포함해 다른 티켓제 작업으로 배치 전환되었으며 70명 이상이 사직했고 나머지 사람들이 해고되었다.

1956년 중반 들어 구리 산출 지대에는 일련의 단기적인, 그러나 강고하게 조직된 파업이 일어났다. 5월 23일 은창가 광산에서, 6월 18일 은카나 광산에서, 6월 20일 로카나 광산에서 파업이 발생했다. 6월 20일, 드디어 북로디지아아프리카인광산노동자노동조합 최고평의회는 구리 산출 지대의 티켓제 아프리카인 광산 노동자 전체에게 6월 22일부터 파업에 돌입할 것을 호소했다. 파업은 노동자 2만5천 명이 참가한 가운데 3일 동안 전개되었고, 7월 들어서는 광산에서 광산으로 더욱 확대되었다.

7월 말에는 특별히 충실하게 계획된 일련의 '회전 파업'rolling strike이 노동조합 최고평의회의 호소에 따라 진행되었다. 이 파업은 하나의 광산에서 파업을 일으켜 3일 또는 5일 동안 지속하고, 이어서 순번에 따라 다른 광산에서 파업을 행하는 방식이었다. 이 회전 파업은 8월 23일까지 계속되었다. 그로부터 5일 뒤에 노동조합은 무기한 연장근로 거부를 선언했고, 나아가 9월 초에는 몇 차례 파업을 단행했다. 1956년 5월부터 9월까지 파업은 13차례 전개되었다.

이러한 상황에서 정부는 지금까지 행사한 모든 형태의 지배와 억압 방식이 노동자들의 투쟁 대열을 흐트러뜨릴 수 없음을 깨닫고 더욱 강력한 방책을 강구하게 되었다. 1956년 9월 11일 총독 대리는 구리 산출 지대 서부 지역에서 비상사태를 선언하고, 다음 날 노동조합 사무총장 매슈 은클로마를 비롯해 최고평의회 간부 25명을 체포했다. 이들 대부분은 그 후 광산 산출 지대에서 추방되었으며, 돌아올 권리마저 박탈당했다.

사실상 노동조합을 파괴하고 광산 노동자광산 노동자들을 분열시키려는 음모에 대한 노동자들의 저항을 분쇄한 회사 측의 승리였다. 노동조합과 회사 사이에 임금협약이 체결되었는데, 협약은 최저임금을 받는 광산 노동자들에 대해 1티켓당 15실링(즉 1교대당 6펜스)의 임금을 인상한다는 내용이었다. 이로써 북로디지아 아프리카인 광산 노동자와 광산회사 사이에 벌어진 투쟁의 제4막은 회사 측의 승리로 막을 내렸다. 그러나 이 승리는 일시적인 것이었다.

1950년대 후반과 1960년대 초에도 북로디지아 아프리카인 구리광산 노동자의 투쟁은 계속되었으며, 강고한 투쟁을 통해 가시적인 성과를 쟁취했다. 이 시기의 투쟁은 제5막에 속한다.

1935년부터 1956년까지에 이르는 장기적인 북로디지아 구리광산 노동자의 파업투쟁은 노동·생활조건 개선뿐만 아니라 민족독립운동에서도 큰 역할을 담당했다. 북로디지아 노동자투쟁은 조직성과 전투성에서 많은 교훈을 남겼으며, 다른 아프리카인 노동자투쟁에도 큰 영향을 끼쳤다(Woodis 1961, 106~112).

11. 남아프리카공화국

아파르트헤이트 체제

1948년 5월에 실시된 총선거에서 승리한 국민당NP은 아파르트헤이트 정책을 강력하고도 구체적으로 시행할 목적으로 많은 법률과 행정에 이를 적용했다. 아파르트헤이트의 근간을 이루는 네 가지 원리는 다음과 같다. 첫째, 남아프리카 주민은 네 가지 인종 집단, 즉 백인·유색인[4]·인도인·아프리카인으로 구성되며, 각각의 인종은 고유의 문화를 지니고 있다. 둘째, 문명화된 인종인 백인은 국가로부터 절대적인 지배권을 부여받고 있다. 셋째, 흑인의 이익보다 백인의 이익이 우선되어야 한다. 국가는 종속적인 인종에 대해 평등한 시설을 제공할 의무를 지지 않는다. 넷째, 백인 인종집단은 아프리칸스어계와 영어계라는 단일 민족을 구성하고 있으나, 아프리카인은 몇 개(많게는 10개)의 개별 민족과 잠재적 민족에 속해 있다. 이러한 계산 방법에 따르면 백인 민족이 남아프리카 최대 민족인 것이다(Thompson 2001, 190).

1948년부터 1984년 사이에 아파르트헤이트 체계는 세 단계를 거쳐 발전했다. 첫 번째 단계는 고전적 또는 바아스캅baaskap(백인 지배권)이라 불리는 아파르트헤이트 시기로서 1950년대 말까지 진행되었다. 이 시기는 국민당이 아파르트헤이트 이념을 법률 형태로 구체화한 때였다. 두 번째 단계는 분리 발전separate development으로 불리는 시기이다. 분리 발전은 남아프리카공화국에서 변화의 압력이 다시 일어난 1973~1974년까지 계속되었다. 세

4_서로 인종이 다른 부모의 자식인 혼혈인을 말한다. 주로 유럽인 백인과 아프리카인 흑인 사이에서 태어난 사람을 일컫는다.

번째 단계는 다인종 간 협력multiracial co-option 시기라고 할 수 있으며, 이전 두 단계 시기보다 정치적 변화가 많았던 때이다. 세 번째 단계는 1984년까지 계속되었다(김윤진 2006, 261). 여기서는 첫 번째 단계의 진행 과정을 살펴본다.

아파르트헤이트의 원리에 따라 남아프리카 사회를 재구성하려는 시도는 오랜 기간에 걸쳐 마련된 일련의 관련법에 따라 구체화되었다. 백인과 아프리카인 사이의 '불법적인'(불건전한) 성적 관계를 범죄로 규정한 법은 이미 이전부터 존재했다. 국민당 정부는 1949년 '혼합결혼금지법'Prohibition of Mixed Marriages Act에 따라 다른 인종 사이의 결혼을 불법화함으로써 법적 근거를 만들었다. 더 나아가 1950년에 제정된 '부도덕법'Immoralrity Act은 백인과 유색인 사이의 '불법적'인 성관계를 범죄행위로 규정했다.

인종 분리를 성취하기 위해서는 전체 인구를 빈틈없는 구획으로 나누어야 했다. 이와 같은 목적을 위해 1950년 '인구등록법'Population Registration Act이 채택되었다. 이 법에 따라 모든 아프리카인의 인종 분류를 확인하는 인종 등록 절차가 마련되었다. 1950년 채택된 '공산주의탄압법'Suppression of Communism Act은 공산당 활동을 불법화했을 뿐만 아니라 남아프리카의 급격한 변화를 요구하는 사람들을 공산주의자로 지목해 억압하기 위한 효과적인 수단이 되었다.

아파르트헤이트의 주요 목표는 아프리카 원주민들의 보호지 밖 재산권과 남아프리카에 영구 거주권을 가진 원주민들의 권리를 부정하는 기존 법을 더욱 강화하는 것이었다. 1952년에는 도시에서 영구 시민권을 가질 수 있는 아프리카인의 범주를 더욱 좁게 규정한 '원주민개정법'Native Laws Amendment Act이 제정되었다. 이 법 제10조는 영구 시민권을 획득할 수 있는 대상을 특정한 도시에서 태어난 이후 그곳에서 15년 이상 거주한 사람들,

15년 동안 계속 해당 도시에서 고용되었거나 적어도 10년 이상 계속 같은 고용주에게 고용되었던 사람들로 제한했다. 이런 범주에 속하는 사람들의 거주권은 특정 도시로만 제한하고, 그들에게 도시 중심부로 이주하거나 거주할 권리는 부여하지 않았다.

또 아프리카인들의 도시 유입을 통제하는 주요 무기는 패스법을 강화하는 것이었다. 1952년에 채택된 패스법의 이름이 공교롭게도 '패스철폐법' Abolition of Passes Act이었고, 이것은 '문서강화법'Consolidation of Documents Act으로 소개되었다. 이 법에 따라 아프리카인들은 사진과 출생 장소, 세금 납부와 전과前科 경력 등에 관한 모든 정보를 기재한 패스를 가지고 다녀야 했다.

아프리카인들의 경제활동을 제한하는 법률도 채택되었다. 1953년에 제정된 '원주민노동자법'Native Labour Act은 아프리카인들이 제기하는 어떤 종류의 노사분쟁도 금지했다. 1956년 채택된 산업조정법Industrial Conciliation Act은 아프리카인들의 노동조합 결성과 단결 활동을 승인하지 않았으며, 백인들이나 유색인들이 조직하거나 가입한 노동조합에 가입하는 것을 금지했다(김윤진 2006, 265~266; 269).

한편, 1951년 국민당은 통상의 입법 절차에 따라(즉, 상·하 양원 각각의 단순 과반수에 따라) 공통의 선거인 명부에서 유색인 유권자를 배제하는 법률을 가결했다. 최고재판소 상소부는 이 법률이 무효라고 판결했다. 헌법에 따르면 이와 같은 법률이 가결되려면 상·하원 합동회의에서 3분의 2 이상의 찬성을 얻어야 했기 때문이다. 그래서 의회는 통상의 절차에 따라 또 다른 법률을 가결했다. 이의회에 고등재판소의 기능을 부여해 의회가 최고재판소 상소부의 판결을 재검토하거나 번복할 수 있는 권한을 가지도록 하는 법안이었다. 그러나 최고재판소 상소부는 이 법률의 무효를 선언했다. 국민당의 책략이 실패해 의회는 1955년 통상 절차에 따라 2개의 법률을 채택했다. 그중 하나는 상원에 충분한 수의 지명 의원을 충원해 상·하원 합동회의에서 의석 3분의 2를 확보하기 위한 것이었다. 다른 하나는 1956년에 제정된 것으로, 최고재판소 판사를 5명에서 11명으로 늘리는 법률이었다. 결국 1956년 새로운 법률이 공동 표결에서 3분의 2 이상의 찬성 다수를 획득했다. 최고재판소 상소부는 이 법률이 유효하다고 인정했다.

정부는 또 아프리카인 주민에 대한 행정도 바꾸었다. 1951년, 정부는 유일한 전국 규모의 아프리카인 기구인 '원주민대표심의회'Native Representative Council를 폐지했다. 그리하여 정부는 거류지를 8개(최종으로는 10개) 지역에 걸쳐 그룹으로 나누었다. 이들 지역 각각이 잠재적인 아프리카인 '민족'을 위한 '홈랜드'가 되었으며, 이곳은 백인 감독 아래 주로 전통적 수장에 의해 구성되는 한 무리의 반투Bantu 당국이 통치하게 되었다. 홈랜드에서 아프리카인 '민족'은 국토의 다른 장소에서는 부정되는 모든 권리를 획득해 '그 자신의 방향에 따라 발전'하게 되었다(Thompson 2001, 190~191).

국민당 정부는 교육제도에 대한 지배도 더욱 강화했다. 정부의 교육정책은 1953년 반투교육법Bantu Education Act 채택으로 구체화되었다. 모든 아프리카인 학교는 교회의 선교 목적에 따라 일찍부터 설립되었고, 그리하여 학교교육은 정부의 강력한 통제를 받아 왔다. 초등학교 상급 학년부터 영어와 함께 아프리칸스어를 강제적으로 사용하게 했다. 정부는 반투교육법에 따라 아프리카인 공교육 지배권을 주 행정당국으로부터 접수해 아프리카인 교육을 엄격하게 관리하는 틀을 마련했다(김윤진 2006, 272).

1953년 4월에 실시된 총선거에서 국민당이 승리를 거두었고, D. F. 말란은 신임을 얻어 아파르트헤이트를 한층 더 강력하게 추진했다. 1954년에는 J. G. 스트레이덤이 수상에 취임했다. 스트레이덤은 백인의 협조를 구하려는 정책 기조를 유지했고, 이를 위해 산업조정법이나 도시지역법을 개정해 인종차별 정책을 더욱 강화했다. 이 밖에도 반투도시지구법(1954년), 광산노동법(1956년) 등이 제정·시행되었다. 1956년에는 아프리카민족회의 ANC 의장을 포함해 아프리카인 140명을 반역 사건 혐의로 체포했고, 아프리카인 집회를 금지하는 '개정원주민법'을 제정했다. 1958년 4월에 실시된 총선거에서는 인종 문제가 쟁점으로 떠올랐으며, 이와 관련해 아프리카인의 분리 발전이 구상되었다. 선거 결과 국민당이 103석을 획득했고, 연합당이 53석을 차지했으며 노동당은 의석 모두를 잃었다(星昭 외 1992, 177~178).

아프리카인의 저항운동 고양

1948년 국민당의 성립과 아파르트헤이트 정책의 시행이 구체적으로 진행되는 가운데, 아프리카인 저항운동에 자리 잡고 있던 인종평등주의 노선은 힘을 잃게 되었고 무력투쟁 노선이 우세해졌다. 그리하여 1949년 J. S. 모로카가 아프리카민족회의 의장으로 선출되었고, 청년동맹 간부인 시술루가 사무총장이 되었다. 아프리카민족회의는 전국 규모의 시위, 파업, 보이콧, 시민 불복종, 비협조를 포함한 대중적 '행동 계획'을 채택했다.

정부가 1950년 공산주의탄압법을 제정해 모든 반정부 운동을 탄압하는 데 항의해 아프리카민족회의는 6월 26일 총파업을 단행했다. 다음 해 2월에는 "만일 정부가 이 법을 폐지하지 않는다면, 1952년 4월 6일 전국 규모의 항의 집회를 열 것이며, 그 이후에도 계속 일련의 항의 계획을 실행할 것이다"라는 내용의 서간을 수상에게 전달했다. 말란 수상은 이런 항의 계획에 대해 모든 수단을 동원해 저지할 것이라고 응답했다.

드디어 1952년 4월 6일, 항의 집회와 시위가 행해졌으며 2개월 뒤인 6월 26일에는 항의 캠페인이 단행되었다. 캠페인의 목적은 부정한 억압법을 폐지하는 것이었다. 훈련을 받은 지원자 그룹이 체포, 폭행, 벌금도 감수하면서 불복종 행동을 벌였다. 1952년 6월부터 9월까지 3개월 동안 아프리카인 5천 명 이상이 체포·투옥되었다. 또 같은 해 10월에는 2천 명 이상이 체포되었으며, 이와 같은 비폭력 저항은 세계의 주목을 끌었다.

이러한 저항행동에 대해 정부는 공산주의탄압법을 적용해 저항 단체 지도자들을 공산주의자로 지목하고 그들의 집회 참가를 금지했으며 그들에게 거주 지역 내 연금 조치를 취했다. 그러나 지도자들은 정부 조치를 무시한 채 행동을 계속했으며, 그 때문에 6개월 동안의 구류 처분을 받기도 했다.

1952년 10월 18일, 포트엘리자베스 근처에 있는 뉴브라이턴의 아프리카인 거주지에서 격렬한 저항행동이 일어났다. 11월에는 유사한 행동이 요하네스버그, 킴벌리, 이스트런던 등에서 발생했다. 이러한 저항 투쟁 과정에서 다수의 사상자가 발생했다. 정부는 이를 빌미로 '치안유지법'과 '개정범죄법'을 제정해 일체의 저항행동을 탄압했다. 같은 해 12월에 이르기까지 대부분의 지도자들은 체포되었고 캠페인은 마무리되었다(김윤진 2006, 280~281).

이와 같은 대규모 불복종 운동이 패배로 끝나기는 했으나, 운동의 전개 과정에서 아프리카민족회의의 존재는 널리 알려져 구성원도 초기의 소수 아프리카인 지식인 중심에서 아프리카인 대중으로 확대되어 그 회원 수도 10만 명에 이르게 되었다. 도시뿐만 아니라 농촌의 아프리카인들도 아프리카민족회의 활동에 참여했다.

1953년 말에 아프리카민족회의는 체제 개편을 단행했고, 앨버트 루툴리가 의장으로 선출되었다. 그러나 루툴리는 1년 동안 거주 구역 내에 연금

되었다. 1954년에는 아프리카민족회의, 남아프리카인도인회의SAIC, 남아프리카유색인민조직CPO, 민주주의자회의로 구성되는 실행회의가 루툴리 주도로 나탈에서 열렸다. 회의는 '자유헌장'을 기초할 인민회의 소집을 결의했다.

자유헌장 선언

1955년 6월 26일, 인민회의가 요하네스버그 근교 클립타운에서 열렸다. 회의에는 모든 종족을 대표하는 3천 명 이상(아프리카인 2천 명 이상, 인도인 320명, 유색인 230명, 백인 112명 등) 인원이 참석했다. 인민회의는 '자유헌장'을 채택했는데, 헌장은 서두에서 "남아프리카는 흑인이든 백인이든 거기에 살고 있는 모든 사람들에게 속하며, 어떤 정부도 인민의 의지에 바탕을 두지 않고서는 그 권위를 정당하게 주장할 수 없다"고 강력하게 밝혔다. 헌장은 기본 인권과 자유를 강조하면서 법 앞의 평등, 이동·집회·종교·언론·출판의 자유, 선거권과 노동권, 동일노동 동일임금, 주 40시간 노동, 최저임금, 연휴, 실업급여, 무상의료, 무상·평등 교육 보장 등을 요구했다.

자유헌장은 몇 가지 사회주의 이념을 포함했다. 이를테면 '지하 광물자원, 은행, 독점 산업은 인민 전체의 소유로 바뀌지 않으면 안 된다'든가, '인종에 근거한 토지소유 제한은 철폐되어야 하고, 모든 토지는 그것을 경작하고 있는 사람들에게 재분배되어야 한다'는 내용이 그러했다.

정부는 자유헌장 선언 운동에 대해 강도 높은 탄압으로 대응했다. 1956년 12월, 정부는 자유헌장 운동이 국가 전복을 획책하는 공산주의 음모라고 규정해 반역죄로 고발하고 지도자 156명을 체포했다. 법정에서는 피고 가운데 누가 폭력을 행사할 계획을 세웠는지를 증명할 설득력 있는 증거가 제시되지 않았고, 재판이 진행됨에 따라 지도자들은 풀려나게 되었다. 마지막으로 30명이 무죄판결을 받은 것은 1961년 3월이었다(Thompson 2001, 208~209).

이러한 반역 재판에 세계의 관심이 모였으며, 비난의 목소리가 높았다. 국내에서도 저항행동이 이어졌다. 이러한 가운데 아프리카민족회의 내부에서도 불만과 반발이 일어났으며, 1958년 11월에는 로버트 소부크웨와 그 지지자들이 다인종 연합 정책에 항의해 아프리카민족회의를 탈퇴하여 1959년 3월 범아프리카회의PAC를 결성했다. 범아프리카회의는 "아프리카인을 위한, 아프리카인에 의한, 아프리카인의 정부"라는 슬로건을 내걸었다.

노동운동 탄압과 남아프리카노동조합회의 결성

아파르트헤이트 체제에서 대규모 불복종 운동을 비롯한 대중적 저항 투쟁이 계속되는 가운데, 노동운동은 독자적인 흐름을 이루면서 발전했다. 1948년 성립한 말란 정권은 종래의 인종 평등주의 방향을 추구하던 노동운동을 탄압하면서 노동조합에 인종차별제를 도입했다. 먼저 1950년에 제정된 공산주의탄압법에 따라 정부는 남아프리카공산당을 비합법화하고, 공산주의 규정을 확대 해석해 노동운동을 탄압했다. 이에 따라 많은 노동조합 지도자들이 구속되었다.

정부의 이러한 정책은 저항을 불러일으킬 수밖에 없었다. 아프리카민족회의는 아파르트헤이트 확장 정책에 대항해 투쟁하는 대중운동의 중심이 되었다. 그러나 민중의 저항은 전반적으로 이전에 비해 약화되었다. 이런 가운데 1950년에 발족한 노동조합노동자평의회T&LC가 일정 정도의 노동조합원을 포괄했다. 이것은 노동조합운동의 재정비를 위한 시작이었다. 그러나 노동조합노동자평의회는 빠르게 분열되었다. 많은 노동조합원들이 남아프리카노동조합평의회TUCSA 결성을 위해 이탈했기 때문이었다. 노동조합 노동자평의회 내의 진보파들은 비유럽인노동조합평의회CNETU의 잔류파와 함께 1955년에 남아프리카노동조합회의SACTU를 결성했다. 당시 남아프리카노동조합회의는 당시 가맹 조직 19개에 소속된 노동조합원 2만 명을 포괄하고 있다고 주장했다(Baskin 1991, 11).

한편 1953년 국민당은 '원주민노동(분쟁해결)법'을 제정하고 아프리카인 노동자의 이익을 대표하는 '지역원주민노동위원회'를 설립하는 대신, 아프리카인 노동자의 파업과 직장 폐쇄를 금지했다. 1954년에는 '개정산업노동조정법' 안을 의회에 상정했다. 개정안의 특징은 다음과 같다. 첫째로, 아프리카인 직종 제한 규정을 도입한 것이다. 노동부 장관은 법 제77항에 따라 장관이 임명한 산업조정위원회 권고에 기초해 특정 인종을 위한 특정 직종을 확보하고 노동자 사이의 특정 인종 비율을 정하는 권한 행사로 백인 노동자를 보호했다. 둘째로, 노동조합에 인종별 조직 원칙을 도입한 것이다. 법 4(b)항은 백인과 유색인이 혼합된 새로운 인종 혼합 노동조합 등록을 금지했다.

이 법안을 둘러싸고 1954년 10월 더반에서 노동조합 회의가 열렸다. 회의에서 법안 찬성파는 백인과 일부 유색인 중심의 남아프리카노동조합평의회TUCSA를 결성했으며, 반대파는 1955년에 아프리카인과 인도인을 포함한 유색인 중심의 남아프리카노동조합회의를 설립했다. 남아프리카노동조합회의는 1956년 개정산업조정법 성립 후 아프리카민족회의와 협력해 최저임금제 요구와 버스법·집단거주법 반대를 위한 시위와 파업 등을 전개했으며, 이 때문에 많은 지도자들이 구속되었다.

한편 남아프리카노동조합평의회는 법으로 승인된 등록 노동조합을 동원한 세력 확대 방침을 결정하고 아프리카인 노동자들을 배제했다. 그러나

남아프리카노동조합평의회는 1959년 남아프리카를 방문한 국제자유노동
조합연맹 대표의 아프리카인 노동자 조직화 요청을 받아들여 경제투쟁을
중시하는 5개 아프리카인 노동조합과 연합해 자유아프리카인노동조합연합
FOFAIU을 결성했다. 한 걸음 더 나아가 남아프리카노동조합평의회는 국제
노동기구ILO의 요청에 따라 1962년 총회에서 아프리카인 노동자 가입 승인
을 결의했으며, 1965년에는 아프리카인노동조합 8개(조합원 2,012명)를 가
입시켰다(星昭 외 1992, 190~191).

　　당시 남아프리카 공화국 노동자계급이 택한 투쟁 방식은 정치 총파업이
었다. 1945년에서 1961년까지 다섯 차례의 총파업이 일어났다. 이들 파업
은 경제적인 요구 외에도 아파르트헤이트 체제에 반대해 전개된 것으로 인
종차별 관련법 폐지, 아프리카인의 기본권 보장을 요구 조건으로 내세웠다.
정치 총파업에 참가한 대다수는 아프리카인 노동자였으나 시간이 지나면서
파업 참가자 구성이 점점 다양화되었다. 인도인 노동자와 도시 중간층 노동
자 다수가 처음부터 아프리카인 노동자와 공동 행동에 나섰으며, 유색인 노
동자와 백인 민주주의자들은 이보다 늦은 시기에 비교적 폭넓게 파업운동
에 참가하기 시작했다(소련과학아카데미 2012, 183).

파업 발생 동향

1948년부터 1955년 사이 남아프리카공화국에서 일어난 파업 발생 추이는
〈표 21-17〉에서 보는 바와 같다.

　　1948년부터 1955년까지 발생한 파업 건수는 총 404건으로 연평균 50건
이었다. 파업 참가자 수는 1955년이 9,863명으로 가장 많았으며, 그다음이
1951년으로 8,273명이었다. 파업에 따른 노동손실일수는 1949년의 경우가

표 21-17 | 1948~1955년의 남아프리카공화국 파업 발생 추이

연도	파업 건수	파업 참가자 수	노동손실일수
1948	45	3,952	24,608
1949	37	7,143	35,977
1950	33	3,277	5,829
1951	40	8,273	13,029
1952	55	6,459	22,207
1953	32	2,658	2,782
1954	60	5,816	13,277
1955	102	9,863	16,797

자료: ILO 1965, *Yearbooks of Labour Statistics*.

3만5,977명으로 가장 많았으며, 그다음은 1948년으로 2만4,608명이었다. 파업 발생 추이를 통해 볼 때 이 시기의 법적 절차를 따른 파업은 그다지 많지 않았고, 파업 참가자 수나 노동손실일수도 작은 규모에 지나지 않았다.

참고문헌

강만길. 1984. 『한국현대사』. 창작과비평사.

강석영. 1996. 『라틴아메리카史』 상·하. 대한교과서주식회사.

_____. 2003. 『칠레史』. 한국외국어대학교출판부.

강석영·최영수. 2005. 『에스파냐·포르투갈사』. 대한교과서주식회사.

공일주·전완경. 1998. 『북아프리카사』. 대한교과서주식회사.

광민사 편집부. 1980. 『프랑스 노동운동사』. 광민사.

_____. 1981. 『독일 노동운동사』. 광민사.

구보 도루. 2013. 『중국 근현대사』 4. 강진아 옮김. 삼천리.

北澤洋子. 1982. 『第三世界의 革命: 아프리카 편』. 예맥.

김광수. 1999. 『역사로 본 동유럽의 정치와 경제』. 두남.

김광식. 1985. "미군정과 분단국가의 형성." 최장집 편. 『한국현대사 I : 1945~1950』. 열음사.

김상숙. 2016. 『10월 항쟁』, 돌베개.

김세균. 1990. "동유럽의 변혁과 사회주의 장래." 『사회과학과 정책연구』 12. 서울대학교 사회과학연구원.

김윤진. 1994. 『동아프리카사』. 대한교과서주식회사.

_____. 2006. 『남아프리카 역사』. 명지출판사.

김윤환·김낙중. 1982. 『한국노동운동사: 해방후 편』. 청사.

김종현. 2007. 『경제사』. 경문사.

김학준. 2005. 『러시아사』. 대한교과서주식회사.

김형배. 1974. 『노동법』. 고려대학교출판부.

竹前榮治. 1970. 『アメリカ對日本勞働政策の硏究』. 日本評論社.

_____. 1983. 『證言日本占領史』. 岩波書店.

동구사연구회. 1990. 『격동의 동구현대사』. 좋은책 편집부 옮김. 좋은책.

듀건, 크리스토퍼. 2001. 『미완의 통일 이탈리아사』. 김정하 옮김. 개마고원.

마르티네, 질. 1983. 『7개국 노동운동』. 온누리 편집부 옮김. 온누리.

마오쩌둥. 2008. 『모택동 선집』 4. 김승일 옮김. 범우사

眞保潤一郎. 1986. 『베트남 현대사』. 조성을 옮김. 미래사.

멕시코대학원. 2011. 『멕시코의 역사』. 김창민 옮김. 그린비.

민주주의민족전선. 1946. 『조선해방연보』. 문우관서관.

박세길. 1988.『다시 쓰는 한국현대사』1. 돌베개.

백좌흠. 2009. "인도 노동조합법: 노동조합 설립 및 승인과 관련된 문제점을 중심으로."『노동법 논총』17. 한국비교노동법학회.

보, 미셸. 1987.『자본주의의 역사』. 김윤자 옮김. 창작사.

서동만. 2005.『북조선 사회주의 체제 성립사: 1945~1961』. 선인.

소련과학아카데미국제노동운동연구소 편. 2012.『국제노동운동사 7권: 제2차 세계대전 후 노동자계급과 민족해방혁명』. 박재만·김선안·김영란·심성보·홍정현·염순천 옮김. 미출간.

송종래·이덕재·이우현·정주연·강신준. 2004.『한국노동운동사』4. 지식마당.

스미스, 피터 H. 2010.『라틴아메리카, 미국, 세계』. 이성형·홍욱헌 옮김. 까치.

스펙, W. A. 2002.『진보와 보수의 영국사』. 이내주 옮김. 개마고원.

시바타 마사요시. 1990.『동유럽 인민민주주의 혁명사』1. 사상과정치경제연구소 옮김. 소나무.

_____. 1991.『동유럽 인민민주주의 혁명사』2. 사상과정치경제연구소 옮김. 소나무.

塩庄兵衞. 1985.『일본노동운동사』. 우철민 옮김. 동녘.

안병영. 1984. "유고슬라비아 노동자자치관리제도."『제3세계연구』1. 한길사.

안태정. 2005.『조선노동조합전국평의회』. 현장에서미래를.

_____. 2014. "조선노동조합전국평의회·9월총파업·10월인민항쟁." 세계노동운동사연구회 제12차 특강 자료.

양동휴. 2006.『20세기 경제사』. 일조각.

양승윤. 2003.『인도네시아』. 한국외국어대학교출판부.

_____. 2005.『인도네시아사』. 대한교과서주식회사.

_____. 2010.『말레이시아』. 한국외국어대학교출판부.

_____ 외. 2007.『필리핀』. 한국외국어대학교출판부.

역사학연구소. 1995.『강좌 한국근현대사』. 풀빛.

유인선. 2002.『새로 쓴 베트남의 역사』. 이산.

이계현. 1996. "아르헨티나 노동운동과 페로니즘의 기원."『서양사 연구』19. 서울대학교 서양사연구회.

이대근. 1993.『세계경제론: 글로벌화와 국민경제』. 까치.

이마가와 에이치. 2011.『동남아시아 현대사와 세계열강의 자본주의 팽창』상·하. 이홍배 옮김. 이채.

이상협. 1996.『헝가리사』. 대한교과서주식회사.

이옥순. 2007.『인도 현대사』. 창비.

이원보. 2013.『한국노동운동사: 100년의 기록』. 한국노동사회연구소.

이일재. 2009.『노동자평의회와 공산주의 길』. 빛나는전망.

이정희. 2005.『동유럽사』. 대한교과서주식회사.

이종구. 1987. "일본에서의 노동개혁과 급진적 노동운동의 전개(1945~1950)."『아시아문화』3. 한림대학교아시아문화연구소.

이희원. 1997. "스페인 민주화와 노동운동." 성균관대학교 석사학위 논문.

일월서각 편집부 엮음. 1983. 『분단전후의 현대사』. 일월서각.

정병기. 2000. 『이탈리아 노동운동사』. 현장에서미래를.

정병조. 2005. 『인도사』. 대한교과서주식회사.

조길태. 2000. 『인도사』. 민음사.

조선은행 조사부. 1948. 『조선경제연보』.

_____. 1949. 『조선경제연보』.

조효래. 1992. "스페인의 민주화와 노사관계: 민주화를 위한 계급타협." 『동향과 전망』 18. 한국사회과학연구소

_____. 1995. "민주화와 노동정치: 한국·브라질·스페인 비교연구." 서울대학교 박사학위 논문.

중화전국총공회. 1999. 『중국노동조합운동사』. 김영진 옮김. 신서원.

천샤오추에. 2007. 『쿠바, 잔혹의 역사 매혹의 문화』. 양성희 옮김. 북돋움.

최영수. 2010. 『브라질사』. 한국외국어대학교출판부

최장집. 1984. "아르헨티나의 정치변동과 갈등구조." 『제3세계연구』. 한길사.

카, 레이몬드. 2006. 『스페인사』. 김원중·황보영조 옮김. 까치.

클리프, 토니. 2008. 『영국노동당의 역사: 희망과 배신의 100년』. 이수현 옮김. 책갈피.

킨, 벤자민·키스 헤인즈. 2014. 『라틴아메리카의 역사』 상·하. 김원중·이성훈 옮김. 그린비.

파우스투, 보리스. 2012. 『브라질의 역사』. 최해성 옮김. 그린비.

포노말료프, B. N.. 1991. 『소련공산당사』 5. 편집부 옮김. 거름.

풀브룩, 메리. 2001. 『분열과 통일의 독일사』. 김학이 옮김. 개마고원.

프라이스, 로저. 2001. 『혁명과 반동의 프랑스사』. 김경근·서이자 옮김. 개마고원.

하먼, 크리스. 1994. 『동유럽에서의 계급투쟁: 1945~1983』. 김형주 옮김. 갈무리.

한국노동조합총연맹. 1979. 『한국노동조합운동사』. 한국노동조합총연맹.

한국역사연구회 편. 1989. 『한국사 강의』. 한울아카데미.

한국역사연구회현대사연구반. 1991. 『한국현대사』 2. 풀빛.

흐루시초프, 니키타 세르게예비치. 2006. 『개인숭배와 그 결과들에 대해』. 박상철 옮김. 책세상.

Aidit, D. N. 1957. "Indonesian Society and the Indonesian Revolution: Basic Problem of the Indonesian Revolution." PDF file, http://www.marxist.org.

Alexander, Robert J. 2002. *A History of Organized Labor in Cuba*. Praeger Publishers.

_____. 2003a. *A History of Organized Labor in Argentina*. Praeger Publishers.

_____. 2003b. *A History of Organized Labor in Brazil*. Praeger Publishers.

_____. 2005. *A History of Organized Labor in Bolivia*. Praeger Publishers.

Alexandrov, V. 1986. *A Contemporary World History 1917~1945*. Progress Publisher[『세계현대사』, 홍성곤·박용민 옮김, 태암, 1990].

Alonso, Antonino. 1972, "El charrismo sindical y la insurgencia de los ferrovarois." *El movimento ferrocarrilero en México, 1958/1959*. Mexico: Editorial Era.

Aminuddin, Maimunah. 2009. "Employment Relation in Malasia: Past, Present and Future." *New Zealand Journal of Asian Studies* 11-1.

Ananaba, Wogo. 1979. *The Trade Union Movement in Africa-Promise and Performance*. New york: St Martin's Press.

Ancer, Layachi. 1992. "The Process of Working Class Formation in Algeria." Ph. D. Thesis, University of Leicester.

Armstrong, Philip, Andrew Glyn, and John Harrison. 1991. *Capitalism since 1945*. Basil Blackwell[『1945년 이후의 자본주의』, 김수행 옮김, 1993, 동아출판사].

Bahari, Azian Bin. 1989. "Malaysian Trades Union Congress(MTUC) 1949-1981: A Study of A National Labour Center." Ph. D. thesis, University of Warwick.

Baskin, Jeremy. 1991. *Striking Back-A History of Cosatu*. Verso.

Beinin, Joel and Lockman Zachary. 1998. *Wokers on the Nile*. The American Univesity in Cairo Press.

Beschloss, Michael R. 1991. *The Crisis Years: Kennedy and Khrushchev 1960~1963*, New York: Haper Collins Publishers.

CIDAMO. 2014. "The Workers Movement in Guatemala." NACL(https://nacla. org).

Coetzee, J. Albert. 1942. "Republikanisme in die Kaapkolonie."

Debashish Bhattacherjee. 1999. *Organized labour and economic liberalization India: Past, present and future*. International Institute for Labour Studies Geneva.

Delarbe, Raul Trejo. 1976. "The Mexican Labor Movement: 1917~1975." *Latin American Perspectives* 3-1. Translated by Aníbal Yáñez. Imperialism and the Working Class in Latin America, Sage Publications.

Delarbe, Raul Trejo. 1976. "The Mexican Labor Movement: 1917~1975." *Latin American Perspectives* 3-1. Translated by Aníbal Yáñez. Imperialism and the Working Class in Latin America, Sage Publications.

Dockrill, Michael L. and Michael F. Hopkins. 2006. *The Cold War,* Macmilan Publishers Limited[『冷戰』, 伊藤裕子 譯, 岩波書店, 2009].

Eley, Geoff. 2002. *Forging Democracy*. Oxford University Press[『The Left 1848~2000: 미완의 기획, 유럽좌파의 역사』, 유강은 옮김, 뿌리와이파리, 2008].

Fishman, R. M. 1990. *Working-Class Organization and the Return to Democracy in Spain*. Cornell University.

Foreign Languages Publishing House. 1988. *The Trade Union Movement in Vietnam*.

Foster, William Z. 1956. *Outline History of the World Trade Union Movement*. International Publishers[『세계노동운동사』 I · II, 정동철 옮김, 백산서당, 1986].

Goodwin, Jeff. 2001. *No Other Way Out*. Cambridge University Press.

Hadiz. Vedi R. 1997. *Workers and the state in New Order Indonesia*. Routledge.

Harman, Chris. 2008. *A People's History of The World.* Verso[『민중의 세계사』, 천경록 옮김, 책갈피, 2004].

Hobbes, Thomas. 1965. *Leviatan.* Oxford University Press.

Hobsbawm, Eric. 1996. *The Age of Extremes-A History of The World, 1914-1991.* New York: Pantheon Books[『극단의 시대: 20세기 역사』 상·하, 이용우 옮김, 까치, 1997].

_____. 2007. *Globalisation, Democracy, and Trrorism.* David Higham Association Limited[『폭력의 시대』, 이원기 옮김, 민음사, 2008].

Horvat, Branko et al. eds. 1975. *Self-governing Socialism* III. New York: International Arts and Sciences Press.

Huberman, Leo and Paul M. Sweezy. 1960. *Cuba-Anatomy of a Revolution.* Monthly Review Press.

ILO. 1985. "The Trade Unions Situation and Industrial Relation in Spain."

Iskandar Tedjasukman. 2009. "The Political Character of The Indonesian Trade Union Movement." Equinox Publishing(Asia) PTE LTD.

Kolakowski, Leszek. 1979. *Die Hauptstörmmungen des Marxismus* III, München.

Kraus, Jon. 2007. *Trade Unions and The Coming of Democracy in Africa.* Palgrave Macmillan.

Laski, Melvin J. 1957. *The Hungarian Revolution* (A White Book).

Meacham, Stewart. 1947. *Korean Labor Report.*

Otenyo, Eric E. 2016. "Politics and the Lack of Labor Militancy in Kenya: Trade Unionism after Independence." Michael Mwenda Kithinji, Mickie Mwanzia Koster, and Jerono P. Rotich eds. *Kenya After 50: Reconfiguring historical, political, and Policy Milestones.* New York: Palgrave Macmillan.

Pelling, Henry. 1992. *A History of British Trade Unionism.* Macmillan Press[『영국 노동운동의 역사』, 박홍규 옮김, 영남대학교출판부, 1992].

Rey, Juan. 1952. "The Bolivian Revolution Goes Left." *Labor Action.*

Schneider, Michael. 1991. *A Brief History of the German Trade Unions.* Bonn: J.H.W. Dietz Nachf.

Sharma, G. K. 1982. *Labour Movement in India.* Sterling Publishers Private Limited.

Sibal, Jorge V. 2004. "A Century of the Phillippine Labor Movement." *Illawarra Unity-Journal of the Illawara Branch of the Australian Society for the Study of Labour History* 4-1.

Stora, Benjamin. 1991. *Histoire de L'Algérie coloniale 1830~1954,* 1993, *Histoire de La guerre d'Algérie,* 1994, *Histoire de L'Algérie depuis L'indépendance,* La Découverte [『アルジェリアの歴史』, 小山田 紀子 驛, 小山田 紀子 驛, 明石書店, 2011].

Synop, K. 1957. *Spring in October.* London.

The USSR Academy of Sciences, The Institute of The International Working-Class Movement. 1985. *The International Working-Class Movement-Problems of History and Theory* 5. Moscow: Progress Publishers.

_____. 1987. *The International Working-Class Movement-Problems of History and Theory* 6. Moscow: Progress Publishers.

Thompson, Leonard. 2001. *A History of South Africa.* Yale University Press.

Troncoso, Moisaes Poblete and Ben G. Burnett. 1962. "*The Rise of the Latin-America Labor Movement.*

Trucker, Spencer C. 1999, *Vietnam.* London: UCL Press.

Woddis, Jack. 1961. *Africa-The Lion Awakes.* Lawrence & Wishart.

Yesufu, T. M. 1962. *An Introduction to Industrial Relation in Nigeria.* Oxford Unviersity Press.

Zaidi, S. J. H. 1975. *Malaysian Trade Union Congress 1949-1974.* Malaysian Trades Union Congress.

Zasha, James Achin. 1980. "The Development of The Nigerian Labour Movement." Master of Arts Thesis, McMaster University.

Zinn, Howard. 2005. *A People's History of the United States.* Harper Perennial Morden Classics[『미국 민중사』 1·2, 유강은 옮김, 이후, 2008].

Zinner, P. E. 1962. *Revolution in Hungary.* Columbia University Press.

キューバ教育省 編. 2011. 『キューバの歴史』. 後藤政子 譯. 明石書店.

岡倉古志郎·寺本光郎·犬丸義一. 1967. 『民族解放運動の歴史』 上·下. 勞働旬報社.

犬丸義一·辻岡靖仁·平野義政. 1989. 『前後日本勞働運動史』. 學習の友社.

谷川榮彦. 1971. 『東南アジアの民族革命』. 三省堂.

國本伊代. 1992. 『概說ラテンアメリカ史』. 新評論.

宮治一雄. 2000. 『アフリカ現代史 V: 北アフリカ』. 山川出版社.

吉田昌夫. 2000. 『アフリカ現代史 Ⅱ: 東アフリカ』. 山川出版社.

大阪市立經濟硏究所 編. 1965. 經濟學辭典. 岩波書店.

藤村道生. 1981. 『日本現代史』. 山川出版社.

歴史学研究会 編. 1982. 『現代歷史學の成果と課題 Ⅱ-3: 帝國主義と現代民主主義』. 靑木書店.

_____. 1996. 『解放の夢: 大戰後の世界』. 東京大學出版會.

木戸蓊. 1977. 『バルカン現代史』. 山川出版社.

浜林正夫·木村英亮·佐佐木爾. 1996. 『新版 前後世界史』 上. 大月書店.

山口直彦. 2006. 『エジプド近現代史』. 明石書店.

山田晉. 1980. 『イント民族運動史』. 敎育社.

西川大二朗. 1972. 『ラテンアメリカの民族主義』. 三省堂.

西川潤. 1971. 『アフリカの非植民地化』. 三省堂.

成瀬治·黑川康·伊東孝之. 1987. 『トイツ現代史』. 山川出版社.

星昭·林晃史. 1992. 『アフリカ現代史 Ⅰ: 南アフリカ』. 山川出版社.

小林勇. 1978. 『前後世界勞働組合運動史』. 學習の友社.

巢山靖司. 1981. 『ラテンアメリカ 變革の歴史』. 三省堂.

柴田三千雄・木谷勤. 1985.『世界現代史』. 山川出版社.

矢田俊隆. 2002.『ハンガリー-チェコスロヴァキア 現代史 』. 山川出版社.

桜井由躬雄・石澤良昭. 1995.『東南アジア現代史 Ⅲ: ヴェトナム・カンボジア・ラオス』. 山川出版社.

野村達明. 2013.『アメリカ勞働民衆の歴史』. ミネルヴァ書房.

奧保喜. 2009.『冷戰時代 世界史』. つげ書房新社.

二村久則・野田隆・牛田千鶴・志柿光浩. 2006.『ラテンアメリカ現代史』Ⅲ. 山川出版社.

柴田政義. 1975.『人民民主主義の 史的 展開』, 大月書店.

猪木武德. 2009.『前後世界經濟史』. 中央公論新社.

齊藤廣志・中川文雄. 1978.『ラテンアメリカ現代史 Ⅰ』. 山川出版社.

齊藤隆夫. 1999.『戰後イタリア勞働組合史論』. 禦茶の水書房.

齊藤孝・赤井彰・野野山眞輝帆. 1998.『スペイン・ポルトガル 現代史』. 山川出版社.

中尾美知子・竹内啓. 1984. "米軍政・全評・大韓勞總."『經濟學論集』51-1. 東京大學經濟學會.

中川文雄・松下洋・遲野井茂雄. 1985.『ラテンアメリカ現代史』Ⅱ. 山川出版社.

中村三登志. 1978.『中國勞働運動の歴史』. 亞紀書房.

中村平治. 1993.『南アジア現代史Ⅰ: イント』. 山川出版社.

中村弘光. 1994.『アフリカ現代史 Ⅳ: 西アフリカ』. 山川出版社.

增田義郎. 1998.『物語ラテンアメリカの歴史』. 中公新書.

增田義郎・高山智博・壽里順平・國本伊代・今井圭子・山田陸男・中川文雄・加茂雄三. 1977.
　　『ラテンアメリカのナショナリズム』. アジア經濟研究所.

池端雪浦・生田滋. 1977.『東南アジア現代史 Ⅱ: フィリピン・マレーシア・ シンガポール』. 山川出版社.

倉持俊一. 1980.『ソ連現代史』. 山川出版社.

樋口篤三. 1990.『日本勞働運動 歴史と教訓』. 第3書館.

坂本德松. 1971.『インドシナ人民戰爭』. 三省堂.

戶木田嘉久. 2003.『勞働運動の理論發展史: 前後日本の歴史的 教訓』. 新日本出版社.

和田久德・森弘之・鈴木恒之. 1999.『東南アジア現代史Ⅰ: 總說・インドネシア』. 山川出版社.

黃元起 編. 1954.『世界現代史』上・下. 山下龍三 譯. 靑木書店.

인명 찾아보기

670

조직명 찾아보기